Le milieu universitaire reste et demeure le moule de la formation de la pensée et de la transformation. Tous ceux qui veulent s'adapter à notre monde y passent. C'est le monde de la science. Mais aussi, c'est une terre de mission, car on dit qu'une « science sans conscience n'est que ruine de l'âme » (Rabelais). La réflexion de haute facture contenue dans cet ouvrage rend compte de ce qu'est le ministère des laïcs chrétiens dans ce contexte particulier et encourage la modalité à tendre la main à cette sodalité pour l'avancement du Royaume de Dieu.

Dr Édouard Ngungu
Aumônier à la paroisse protestante de l'Université de Kinshasa
Enseignant au Centre universitaire de missiologie, RD Congo

Le livre de Timothée Joset, *Le sacerdoce de tous les étudiants*, est une contribution scientifique bienvenue à l'importance missiologique du ministère auprès des étudiants dans divers contextes pour l'expansion rapide du christianisme mondial. Son analyse approfondie de l'éthique interne, de la théologie et du processus de formation, intégrant diverses identités culturelles et l'appréhension de la foi chrétienne, permet de comprendre pourquoi les étudiants et les diplômés de l'IFES continuent à jouer des rôles missionnaires significatifs dans toutes les sphères d'engagement. Il n'est pas non plus surprenant que les produits de ce processus interne se voient confier des rôles de leadership au sein de l'Église et de la société. Il ne fait aucun doute que l'impact vital du ministère étudiant dans les universités et dans l'univers dans son ensemble continuera à avoir des implications sur la configuration de la mosaïque mondiale du christianisme et de la mission. Je recommande ce livre à tous les étudiants de la mission de Dieu dans notre génération et au-delà.

Femi B Adeleye, PhD
Directeur, Langham Preaching en Afrique
Directeur exécutif, Institut for Christian impact, Ghana
Chercheur, Akrofi-Christaller Institute for Theology,
Mission and Culture, Akropong, Ghana

Basée sur d'intenses recherches archivistiques, cette ambitieuse histoire de l'IFES est à la fois théologique et internationale. Cette étude utile encouragera d'autres recherches sur l'importante contribution de l'IFES à l'émergence d'un christianisme évangélique mondial et multiculturel. Elle démontre de manière convaincante pourquoi l'analyse missiologique des réseaux mondiaux est essentielle pour comprendre le christianisme mondial d'aujourd'hui. Je la recommande vivement.

Dana L. Robert, PhD
William Fairfield Warren Distinguished Professor
Directrice, Center for Global Christianity and Mission
Université de Boston, Massachusetts, États-Unis

Ce livre est une contribution qui tombe à point nommé alors que nous célébrons les 75 ans de ministère de l'IFES depuis sa formation en 1947. Dans *The Day of His Power*, Pete Lowman (1983) a fourni un compte-rendu inspirant et passionnant des premières décennies de formation du Mouvement. Aujourd'hui, Timothée Joset nous propose une analyse fraîche, passionnée, énergique et pourtant réfléchie des 75 dernières années. Il évite les préjugés qu'un militant ardent pourrait avoir en explorant soigneusement la littérature qui défend ou critique les choix stratégiques et missiologiques faits par l'IFES au cours de son histoire.

Au-delà de la perspective purement descriptive d'un historien, il suggère et établit une base missionnaire cohérente pour l'engagement de l'IFES dans le ministère universitaire. Il trouve dans le concept du « sacerdoce de tous les croyants » le fil conducteur adéquat qui permet de comprendre la logique théologique, ecclésiologique et missiologique qui sous-tend le ministère et les choix stratégiques de l'IFES.

Ce livre est une lecture incontournable pour tous les responsables de l'IFES aujourd'hui. Il constitue un repère idéal dans le parcours de notre mouvement : il nous rappelle d'où nous venons, il stimule nos louanges sur notre situation actuelle et il nous donne confiance en l'avenir. En un mot, elle renforce notre sentiment d'identité, nourrit notre confiance dans la fidélité de Dieu et « loue ses merveilles jusqu'à la prochaine génération » (cf. Ps 145).

Dr Michel Kenmogne
Directeur exécutif/chef de la direction,
SIL International

En 75 ans, un remarquable mouvement de mission chrétienne auprès des étudiants universitaires s'est développé dans plus de 165 pays. Comment en est-on arrivé là ? Quels ont été les impulsions, les luttes et les tournants, les contextes sociopolitiques, les théologies et les inflexions qui ont façonné l'expansion remarquable de l'IFES jusqu'à aujourd'hui ?

Le livre érudit et profondément documenté de Timothée Joset retrace le pouvoir de la croyance en un sacerdoce exercé par les étudiants qui peut être transformateur sur le plan personnel et institutionnel. Il révèle comment les dirigeants de l'IFES ont été confrontés au déclin de l'impérialisme, au postcolonialisme et à la décolonisation, aux questions raciales et aux mouvements des droits civiques, à Vatican II et au Mouvements de Lausanne, ainsi qu'aux défis de l'endogénéisation et de la contextualité, alors que le monde majoritaire a injecté une nouvelle énergie dans la vision du ministère des étudiants.

Cet ouvrage indique avec perspicacité de nouvelles frontières où l'accent est mis non plus sur la défense de la doctrine, mais sur une approche plus socio-missiologique qui interagit avec l'ensemble de l'université et qui, à travers elle, atteint le monde. Tous les responsables de l'IFES et des missions mondiales à l'université bénéficieront immensément des riches perspectives et des questions de recherche que cette recherche apporte pour le monde d'aujourd'hui et annonce pour l'avenir.

Terence Halliday, PhD
Professeur émérite,
American Bar Foundation,
Australian National University, Canberra, Australie

Le ministère évangélique au sein des universités a joué un rôle crucial dans la définition des contours du christianisme mondial contemporain, notamment en réfutant le lien erroné trop souvent établi entre théologie conservatrice et indifférence à l'égard des questions de justice sociale. L'histoire de l'IFES, solidement documentée et théologiquement étayée écrite par Timothée Joset, deviendra une référence pour les futurs chercheurs.

Brian Stanley
Professeur de christianisme mondial,
Université d'Édimbourg

Le sacerdoce de tous les étudiants

GLOBAL LIBRARY

Le sacerdoce de tous les étudiants

Fondements historiques, théologiques et missiologiques d'un ministère universitaire international

Timothée Joset

GLOBAL LIBRARY

© Timothée Joset, 2023

Publié en 2023 par Langham Global Library
Une marque de Langham Publishing
www.langhampublishing.org

Les éditions Langham Publishing sont un ministère de Langham Partnership.

Langham Partnership
PO Box 296, Carlisle, Cumbria, CA3 9WZ, UK
www.langham.org

ISBN :
978-1-83973-868-5 Format papier
978-1-83973-047-4 Format ePub
978-1-83973-818-0 Format PDF

Conformément au « Copyright, Designs and Patents Act, 1988 », Timothée Joset déclare qu'il est en droit d'être reconnu comme étant l'auteur de cet ouvrage.

Tous droits réservés. La reproduction, la transmission ou la saisie informatique du présent ouvrage, en totalité ou en partie, sous quelque forme ou par quelque procédé que ce soit, électronique, mécanique, photographique, est interdite sans l'autorisation préalable de l'éditeur ou de la Copyright Licensing Agency. Pour toute demande d'autorisation de réutilisation du contenu publié par Langham Publishing, veuillez écrire à publishing@langham.org.

Les citations bibliques avec la mention « NBS » sont tirées de la Nouvelle Bible Segond © Société biblique française – Bibli'O, 2002. Avec autorisation.

Les citations bibliques avec la mention « BDS » sont tirées de La Bible du Semeur® Texte copyright © 1992, 1999, 2015 Biblica, Inc.® Utilisé avec la permission de Biblica, Inc.® Tous droits réservés.

Traduit de l'anglais par l'auteur Timothée Joset. Édition anglaise : *The Priesthood of All Students. Historical, Theological and Missiological Foundations of a University Ministry*, Carlisle, Langham Global Library, 2023.

Les citations qui figurent dans ce livre et sont tirées d'ouvrages en anglais ont toutes été traduites par l'auteur.

British Library Cataloguing in Publication Data
A catalogue record for this book is available from the British Library

ISBN : 978-1-83973-868-5

Mise en page et couverture : projectluz.com

Langham Partnership soutient activement le dialogue théologique et le droit pour un auteur de publier. Toutefois, elle ne partage pas nécessairement les opinions et avis avancés ni les travaux référencés dans cette publication et ne garantit pas son exactitude grammaticale et technique. Langham Partnership se dégage de toute responsabilité envers les personnes ou biens en ce qui concerne la lecture, l'utilisation ou l'interprétation du contenu publié.

Aux nombreuses femmes et aux nombreux hommes des cinq continents dont les noms n'apparaissent jamais dans cet ouvrage mais dont l'engagement missionnaire, souvent inaperçu, mais fidèle, caractérisé par la prière, sacrificiel et humble, a fait l'histoire, la théologie et la missiologie de l'IFES. Un jour, nous connaîtrons et nous nous réjouirons de votre témoignage qui a changé le monde.

Remerciements

Comme il est de coutume de le dire, je ne pourrai pas remercier correctement toutes les personnes qui m'ont soutenu dans le long projet de thèse de doctorat à partir de laquelle ce livre a été écrit. Je tiens cependant à remercier tout particulièrement au moins les personnes suivantes :

Mes parents, Josiane et Pierre-André Joset, pour leur amour de l'histoire, de la littérature, de la musique et de la réflexion théologique, qui ont ouvert la voie à mon parcours universitaire dans quatre pays, ainsi que pour leur soutien financier essentiel à l'aventure du doctorat.

Le professeur Dennis Ngien, pour l'impulsion initiale qu'il m'a donnée pour entreprendre des études de doctorat, avec son mentorat et son soutien pendant mes études théologiques à l'Université Tyndale (Canada) ; ainsi que le professeur Ronald Kydd, pour ses perspectives d'enseignement de l'histoire de l'Église extraordinairement larges.

Le professeur Mike Higton, dont le scepticisme initial à l'égard de mon projet s'est transformé en un soutien engagé, réactif et dévoué. J'ai toujours quitté les réunions régulières d'encadrement de ma thèse par Skype, puis par Zoom, encouragé, même si cela signifiait parfois réécrire ou couper des parties (importantes) de mon travail.

Le professeur Pete Ward, pour ses commentaires perspicaces sur la proposition de thèse originale ainsi que sur les versions antérieures de ce travail.

Le professeur Stefan Paas, dont j'ai découvert les écrits tardivement dans mes recherches mais dont la perspicacité missiologique est profondément éclairante.

Kirsty Thorburn, pour son introduction aux rouages de l'IFES alors que j'étais un jeune étudiant découvrant un conseil international. Pour son aide patiente dans ma navigation à travers l'histoire de l'IFES et pour m'avoir donné accès aux archives électroniques.

Tim Adams, secrétaire général de l'IFES, pour son amitié et sa confiance en me donnant un accès illimité aux archives de l'IFES.

Dr Femi Adeleye et Dr Augustin Ahoga, pour leur patience à initier un jeune étudiant blanc aux subtilités de l'Afrique postcoloniale et à la nécessité d'élargir ma compréhension théologique.

Dr Vinoth Ramachandra, pour sa lecture perspicace d'une version antérieure de cet ouvrage et pour m'avoir aidé à élargir mes perspectives théologiques et missiologiques.

Dr Daniel Bourdanné, à l'époque secrétaire général de l'IFES, pour ses encouragements à s'aventurer dans cette recherche et à gagner suffisamment de temps pour mener à bien ce travail. Pour l'exemple de son humilité au service de l'IFES.

Lindsay Brown, ancien secrétaire général de l'IFES, pour des discussions très utiles et encourageantes au début de ce projet.

Christian Schneeberger, le premier membre du personnel du GBEU qui m'a encadré alors que je découvrais le monde de l'université tout en assumant la direction du groupe local. Les nuits presque sans sommeil que nous avons passées à discuter de théologie pendant les camps et les formations m'ont grandement encouragé à affiner ma pensée et à être plus charitable.

Le professeur A. Donald MacLeod, biographe de Stacey Woods, pour son amitié inattendue et son soutien pendant que j'élaborais le projet de recherche qui a mené à ce travail.

Tony Lai et Iris Youngsun Eom, qui nous ont non seulement accueillis dans une nouvelle communauté au Canada, mais qui nous ont également guidés, ma femme et moi, dans l'exercice d'un ministère incroyablement innovant auprès d'étudiants étrangers. Le temps passé avec eux a été un complément extraordinaire aux études théologiques à l'université. De nombreuses idées recueillies au cours des réunions hebdomadaires du groupe d'étude biblique international ont été intégrées à cette recherche.

Igors Rautmanis et le Dr Kosta Milkov, deux mentors chers à mon cœur qui m'ont aidé à garder une santé spirituelle et mentale pendant ces années frénétiques de recherche et de ministère.

Célia Jeanneret, Esther Fernández Saá et Baptiste Bovay, étudiants du groupe GBU de Neuchâtel, qui m'ont aidé dans la mise à jour des citations à travers différentes langues ou encore joué avec Agathe pendant les révisions de cet ouvrage.

Le professeur Hannes Wiher, pour son mentorat dans le développement de mon acuité missiologique, pour son soutien, sa confiance et son amitié, pour son incitation à terminer ma thèse dans un délai raisonnable, et pour sa lecture efficace et ses commentaires perspicace sur une version antérieure de ce travail.

Rév. Dr McTair Wall, pour son amitié et son mentorat dans les complexités du monde de la missiologie francophone.

Tous ceux qui sont derrière le ministère de GBEU Suisse. Au cours des cinq dernières années, leur soutien financier à mon ministère a également rendu possible cette recherche et l'a maintenue ancrée dans la réalité du ministère auprès de l'université.

Jacqueline et Carmelo Cavaleri, mes beaux-parents, dont la table offre toujours des repas riches et savoureux, qui sont des pauses bienvenues loin de mon bureau.

Ma sœur Anne-Eve Favre et son mari Cédric, dont l'appartement était une oasis de calme et de repos appréciée lorsque nous prenions trop rarement congé.

Dr Bonnie Aebi, qui a patiemment et très efficacement relu l'ensemble du manuscrit pendant les dernières semaines de la rédaction finale de la thèse.

Yadira Maïté Colin, pour la révision experte et rapide de la traduction en espagnol de cet ouvrage.

Un certain nombre d'amis et de collègues de l'IFES qui ont lu des parties de versions antérieures de ce travail et ont fait des commentaires, posé des questions et fait des suggestions sur ce que je pouvais explorer.

De nombreux amis et collègues qui m'ont – parfois avec hésitation – régulièrement demandé où en était ce travail. J'ai souvent décliné des invitations, tardé à répondre à des courriels ou à des messages WhatsApp, ou écourté le temps passé ensemble afin de consacrer suffisamment d'heures au travail académique. Vos encouragements et vos prières ont été très importants.

Ma très chère épouse Natacha, qui me soutient sans relâche, sans laquelle ni mes études initiales de théologie ni le travail laborieux qu'implique un tel projet à long terme n'auraient été possibles. La concentration sur le travail académique a souvent signifié que les week-ends étaient courts, les vacances rares et l'appartement pas aussi propre et bien rangé qu'il aurait dû l'être. C'est une bénédiction incommensurable de cheminer dans le Seigneur avec elle, car « Qui trouve une épouse trouve le bonheur : c'est une faveur que l'Éternel lui a accordée » (Pr 18.22, BDS).

Et, de la manière la plus évidente, à Celui en qui j'ai la vie, le mouvement et l'être. *Soli Deo Gloria.*

Liste des abréviations

AG	Assemblée générale
AM	Assemblée mondiale
ASG	Secrétaire général associé
A.T.	Ancien Testament
BD	Base doctrinale
CE(I)	Comité exécutif (International)
CICCU	Union chrétienne inter-collégiale de Cambridge
COE	Conseil Œcuménique des Églises
EC	Église catholique romaine
EPSA	Afrique anglophone et lusophone
FUACE	Fédération universelle des associations chrétiennes d'étudiants
GBU	Groupes Bibliques Universitaires (francophonie)
IFES	Union Internationale des Groupes Bibliques Universitaires
IVCF	InterVarsity Christian Fellowship
IVF	Inter-Varsity Fellowship
N.T.	Nouveau Testament
OICCU	Oxford Inter-Collegiate Christian Union
part.	partie
SCM	Mouvement chrétien des étudiants
sect.	section
SG	Secrétaire général
SR	Secrétaire régional
UCCF	Universities and Colleges Christian Fellowship (Grande-Bretagne)

Introduction

L'International Fellowship of Evangelical Students (IFES) est l'un des ministères étudiants les plus diversifiés sur le plan ethnique, les plus étendus sur le plan géographique et les plus interconfessionnels. Le présent ouvrage explore la manière dont sa théologie s'est développée au cours de son histoire et propose une nouvelle manière de donner un sens à son travail. Je propose que la doctrine du *sacerdoce de tous les croyants*, combinée à une compréhension missiologique de l'ecclésiologie, offre une base solide pour comprendre son travail et son développement.

L'idée d'un sacerdoce de tous les croyants suggère l'*immédiateté*, la *médiation* et la *participation*. Les étudiantes et les étudiants, par la foi, ont un lien *immédiat* avec le Christ : ils n'ont pas besoin de compter sur la médiation d'un ordre sacerdotal ou de toute autre hiérarchie. De plus, les étudiants *sont les médiateurs* ou les *représentants* du Christ dans le monde, appelant ceux qui les entourent à une communion directe avec lui. Enfin, les étudiants participent au sacerdoce du Christ en vertu de leur *participation à l'ensemble du peuple sacerdotal de Dieu* : l'Église.

Contexte historique

Au fur et à mesure que les universités modernes se développent au XIXe siècle, des groupes d'étudiants partageant les mêmes idées se réunissent pour des activités d'intérêt commun. Dans de nombreux pays, les étudiants chrétiens se réunissent pour prier, étudier la Bible, témoigner ensemble et s'édifier mutuellement. Ces groupes se réunissent soit sous la supervision d'un clergé, comme dans le cas des « congrégations universitaires », soit sans cette supervision, comme dans le cas des « associations volontaires ». Certains aspirent à un engagement théologique et politique profond avec la société et l'université, tandis que d'autres donnent la priorité à la piété personnelle et au témoignage missionnaire.

Comme pour d'autres associations volontaires composées d'individus qui sont également membres d'Églises locales – notamment les sociétés missionnaires en plein essor – la question de la légitimité ecclésiologique de ces rassemblements est soulevée par les théologiens. Sur quelle base les laïcs peuvent-ils se réunir et s'engager dans des activités ecclésiales ? Quelle est leur relation avec les hiérarchies ecclésiastiques, et surtout qu'est-ce qui différencie ces rassemblements des Églises locales ? Doivent-ils être considérés comme des « Églises » et, dans le cas contraire, quel nom leur donner ?

Des réponses divergentes sont données à ces questions. L'opposition, la suspicion et, dans certains cas, l'excommunication n'empêchent pas l'émergence de tels groupes. Dans de nombreux cas, des étudiants chrétiens fortement impliqués dans des sociétés d'étudiants chrétiens pendant leurs études deviennent des membres profondément impliqués dans des Églises locales et des dirigeants reconnus d'autres organisations chrétiennes, bientôt appelées « organisations paraecclésiales », faute d'un meilleur terme générique. La plus célèbre de ces premières organisations est la Fédération universelle des associations chrétiennes d'étudiants (FUACE), fondée en 1895.

Outre les rassemblements liés aux églises d'État ou aux églises traditionnelles, les groupes évangéliques prennent également de l'importance à la fin du XIXe siècle. Ces groupes ne sont pas isolés des courants théologiques de l'époque. L'université encourageant la réflexion et l'élargissement des horizons, les groupes d'étudiants se retrouvent souvent embarqués dans les profonds débats théologiques qui divisent les Églises. De même, les groupes d'étudiants chrétiens se divisent en raison de questions théologiques ou missiologiques.

Fondée en 1947 et promouvant une éthique de décentralisation par le biais du leadership local et l'insistance sur l'initiative des étudiants, l'IFES se développe rapidement à l'ère de la décolonisation. L'IFES promeut une approche contextualisée de la pratique missionnaire évangélique en avance sur son temps, tout en insistant sur la validité universelle des principes fondamentaux de la foi évangélique. Cette éthique a permis à l'organisation de survivre dans la tourmente de l'appel des années 1960 à un « moratoire sur les missions ». Soutenir le leadership étudiant implique de soutenir la réflexion théologique laïque au sein de ses mouvements membres. De nombreux collaborateurs de l'IFES développent une « missiologie d'en bas », concevant l'engagement missionnaire en fonction des réalités de contextes universitaires très différents dans un monde très diversifié. À mesure que le monde change, de nouvelles questions sont soulevées par les étudiants sur les campus, et de nouvelles réponses théologiques doivent être abordées, comme le rôle des chrétiens dans un monde en révolutions (marxistes), l'ancrage culturel des formulations doctrinales chrétiennes ou les nouveaux défis à l'enseignement éthique chrétien traditionnel.

Les activités principales qui se déroulent sous l'égide de l'IFES sont l'étude de la Bible, les réunions de prière et le témoignage auprès des autres étudiants par le biais d'amitiés et d'événements publics sur les campus. Certains leaders étudiants développent un habitus de réflexion chrétienne dans des contextes qui les entraînent à contextualiser le message chrétien dans le monde majoritaire d'une manière peu fréquente dans les milieux évangéliques. Cela devient particulièrement évident lors du Congrès de Lausanne en 1974, où de nombreux orateurs influents sont issus de l'IFES. C'est l'IFES qui justement a été le contexte dans lequel ils ont développé leurs compétences en matière de leadership et de théologie, et où ils ont pu faire entendre une voix qu'ils n'auraient pas nécessairement pu faire entendre dans d'autres organisations missionnaires plus centralisées.

Il n'a jamais été possible pour les mouvements nationaux de l'IFES d'engager suffisamment d'équipiers pour encadrer en permanence les activités des groupes d'étudiants locaux répartis dans leurs pays respectifs. Dans de nombreux cas, les étudiants se réunissaient depuis longtemps avant qu'un membre du personnel n'entende parler de ces réunions. Cette ferme conviction de la capacité des étudiants à accompagner leurs camarades dans l'étude de la Bible, la prière et le témoignage était, chose plus importante encore, la conséquence d'une tradition évangélique profondément enracinée qui s'appuie sur la doctrine du « sacerdoce de tous les croyants ». Cette idée théologique, très débattue entre les nombreuses branches des traditions chrétiennes et enracinée dans le luthéranisme tardif, retravaillée dans la tradition des Églises évangéliques libres et surtout dans les assemblées de Frères – dont sont issus de nombreux premiers dirigeants de l'IFES – présume que *tout* étudiant chrétien peut être le médiateur de Dieu auprès de ses camarades, chrétiens ou non, en vertu de sa relation *immédiate* avec Dieu[1].

Le sacerdoce de tous les croyants

Je soutiens que la doctrine du « sacerdoce de tous les croyants » ou « sacerdoce universel » a été dès le départ essentielle à l'approche spécifiquement non cléricale de l'IFES en matière de ministère auprès des étudiants. Même si ce fondement théologique n'est que rarement mentionné explicitement dans les documents officiels, il fournit la justification implicite pour encourager les étudiants à exercer un ministère auprès d'autres étudiants bien avant qu'aucun d'entre eux ne puisse

---

1. Au moment de la publication de cet ouvrage, les règles de l'écriture dite « inclusive » ne sont pas fixées en français. Par souci de lisibilité, nous avons donc renoncé à recourir systématiquement aux doublets ou autres formes d'écriture non sexiste. Nous tenons simplement à souligner ici que tout ce qui suit s'applique aux étudiants et aux étudiantes, aux professeurs et aux professeures et à tous les membres des communautés chrétiennes et académiques, tout en sachant que dans les premières années des mouvements IFES, il y a souvent eu une majorité d'hommes dans les groupes et dans les différents échelons de direction, du fait essentiellement d'une sous-représentation des femmes dans le monde universitaire.

avoir une formation théologique formelle ou une accréditation officielle par les autorités ecclésiales. Elle explique également pourquoi la plupart des équipiers ne reçoivent qu'une formation théologique « en cours de route » et que seule une poignée de cadres supérieurs sont ordonnés (pasteurs, diacres) dans leurs traditions ecclésiales respectives. Une telle approche pragmatique du ministère amène les membres du clergé ou autres responsables de communautés des quatre coins du monde à contester la légitimité du ministère de l'IFES et à se demander si les groupes d'étudiants se considèrent comme des Églises locales sur le campus. Alors que c'était parfois le cas de manière fortuite, les responsables de l'IFES ont toujours pris soin de développer leur pensée ecclésiologique pour affirmer le fait que les groupes d'étudiants composés d'étudiants chrétiens, et donc membres de l'Église, n'étaient pas eux-mêmes des Églises mais le *bras missionnaire de l'Église locale* sur le campus, touchant une population spécifique nécessitant une compréhension particulière, et sociologiquement stratégique à la fois pour la société en général et pour la future direction de l'Église.

Je conclus qu'en dépit du défi que représentent les excès individualistes potentiels, le « sacerdoce de tous les croyants » fournit une base essentielle sur laquelle établir un ministère suffisamment flexible pour prendre en considération la grande volatilité du monde de l'enseignement supérieur et la variété des contextes sociaux, géographiques, ecclésiaux et économiques dans lesquels les mouvements IFES opèrent. Une telle flexibilité est nécessaire pour des raisons pratiques, mais aussi pour des raisons profondément missiologiques : si le message chrétien s'adresse à tous les êtres humains, ceux-ci doivent pouvoir y répondre de manière adaptée à leur culture, à leurs formes de pensée, à leur langue et à leurs aspirations.

Un héritage doctrinal commun et partagé offre une orientation solide et digne de confiance, mais le « dépôt de la foi » doit être approprié par ceux qui le reçoivent. Les étudiants sont les mieux placés pour identifier les défis rencontrés par leurs camarades dans le monde de l'enseignement supérieur. Il est crucial du point de vue missiologique de considérer le groupe cible dans ses propres termes. Si une dimension essentielle de l'enseignement universitaire consiste à former les étudiants à examiner le monde et à y réfléchir de manière critique, le message chrétien doit également être ouvert à un examen réfléchi. De tels « espaces sécuritaires », en dehors des contraintes des traditions et des loyautés ecclésiales, permettent des rencontres inter-traditions fructueuses qui favorisent la compréhension entre les chrétiens et les forment à interagir avec les autres, en *transmettant* l'Évangile dans un dialogue respectueux et réfléchi. Autrement, un ministère auprès des étudiants court le risque de ne permettre qu'une foi qui pourrait rester hermétique aux défis réels de la vie et des études que tout étudiant rencontre, et donc ne pas être durable une fois que les structures de soutien des groupes d'étudiants locaux sont abandonnées. En effet, les principes d'*immédiateté*, de *médiation* et de *participation* à l'Église et à la mission de Dieu peuvent soutenir la vie des chrétiens bien au-delà de leurs années d'université.

Méthodologie

L'idée que le sacerdoce de tous les croyants pourrait donner un sens au travail de l'IFES était d'abord une intuition personnelle basée sur ma connaissance approfondie de son travail et de son fonctionnement. Au fond, je ne prétends pas que le sacerdoce de tous les croyants est *la* manière dont les responsables et les membres de l'IFES expliquent leur travail, mais qu'il permet de rassembler les principales affirmations faites au sein de l'IFES et les principales pratiques de l'IFES en un tout théologiquement et missiologiquement cohérent.

Je voulais comprendre pourquoi l'IFES s'acquitte de sa mission de la manière dont elle le fait, et comment elle la légitime théologiquement. D'autres questions portaient sur la manière dont les laïcs développent progressivement une acuité théologique tout au long de leur engagement dans le mouvement – notamment les femmes – et sur la manière dont toute cette entreprise parvient à fonctionner à l'échelle mondiale. Pour avoir un aperçu préliminaire de ces domaines, j'ai lu les ouvrages publiés par des acteurs clés tels que les secrétaires généraux de l'IFES, mais aussi d'autres cadres supérieurs comme René Padilla, Zac Niringiye, Samuel Escobar, Vinoth Ramachandra ; et enfin des théologiens proches de l'IFES comme John Stott, Jim Stamoolis et Chris Wright, entre autres. Aucun d'entre eux n'a articulé le travail de l'IFES de la manière que je propose ici. Pourtant, la plupart d'entre eux ont fait de brèves allusions à la légitimité de la mission laïque, l'attribuant à l'importance de l'accès immédiat à Dieu comme prémisse nécessaire à l'étude de la Bible et à l'engagement missionnaire. Avant de commencer mon travail de thèse, j'ai discuté de mes idées avec Lindsay Brown et Chris Wright, et tous deux ont notamment confirmé que j'étais sur une voie prometteuse. Dans l'un des rares entretiens oraux que j'ai pu mener – en raison des contraintes d'espace de ce travail et du COVID-19 – Escobar a confirmé mes idées et m'a également orienté vers d'autres écrits de Padilla qui plaident essentiellement en faveur du ministère laïc dans le même sens que ce travail[2].

---

2. Samuel Escobar, Interview (Coma-Ruga, Espagne, 2018).

Ces conversations préliminaires ont orienté la manière dont j'ai entrepris mon travail sur les fonds d'archives[3]. J'ai étudié les documents internes : comptes-rendus des comités, correspondance, rapports, documents de conférence. Ils documentent la manière dont l'IFES a compris son propre travail et réfléchi à la manière de le présenter au monde extérieur. Toutes les discussions ne sont pas consignées dans les comptes-rendus, car beaucoup d'entre elles se déroulent de manière informelle, mais l'historien ne peut accéder à aucune d'entre elles, sauf par le biais d'une histoire orale très approfondie, qui est également limitée par la mémoire et les intérêts de chaque interlocuteur.

J'ai lu ces documents d'archives, auxquels j'avais obtenu un accès illimité, en les examinant thématiquement à travers trois principaux « concepts clés » : la théologie (la légitimation de la mission de l'IFES) ; l'ecclésiologie (la légitimation de la forme de la mission de l'IFES) ; et l'université (le contexte de la mission de l'IFES). Ces concepts étaient parfois explicites, parfois implicites, plus compréhensibles dans le contexte des documents examinés, de leurs auteurs et de leurs objectifs. J'ai pris des notes détaillées sur les principaux arguments des documents que j'ai lus – allant des mémorandums et des documents sur la vision plus formels aux bulletins d'information plus informels – et je les ai ensuite organisés dans une grande bibliothèque de thèmes et de sous-thèmes. Finalement, je n'ai retenu que les documents qui discutent le plus clairement des « concepts clés » ci-dessus, laissant de côté, à contrecœur, un nombre très important d'autres sources – notamment la correspondance d'acteurs plus locaux – qui rendraient la description plus substantielle sans pour autant modifier de manière significative l'argument que je propose ici. Cette recherche combine des idées issues des différentes branches de la théologie – systématique, biblique, pratique – mais aussi de l'histoire, offrant une combinaison d'analyse thématique comparative avec des éléments d'analyse contextuelle du discours. Bien qu'elle ne suive pas une approche strictement socio-scientifique comme une méthodologie de codage formelle, elle peut être comprise comme une sorte de spirale herméneutique à travers des couches de textes normatifs, d'expériences de terrain et de récits de ces expériences. Outre les documents internes, j'ai lu la plupart des documents publiés par l'IFES – revues, livres, bulletins d'information, documents de présentation, etc. – qui ont été publiés soit directement par l'IFES, soit par ses mouvements membres.

---

3. Les archives de l'IFES pour les années 1935-91 sont conservées au Billy Graham Archival Center à Wheaton, Illinois, États-Unis. Les archives des années suivantes se trouvaient encore au centre de service international de l'IFES à Oxford lorsque j'ai commencé mon travail d'archivage en 2016.

La partie historique n'est ni une histoire factuelle ni un catalogue des travaux de personnalités éminentes. Il ne s'agit pas d'une « histoire des grands hommes » mais plutôt d'une « histoire des idées théologiques », axée sur la manière dont les questions ecclésiologiques et missiologiques se sont posées au cours de l'histoire de l'IFES[4]. Étudier une organisation répartie, au moment de la rédaction de cet ouvrage, dans quelque 180 pays est une tâche ardue, et représenter équitablement la richesse de la diversité géographique, théologique, socio-économique et culturelle dépasse les forces d'un seul auteur. J'ai essayé, dans la mesure du possible, de donner une voix équitable à toutes les régions de l'IFES. Cependant, je suis conscient qu'il faudra encore beaucoup de travail à l'avenir pour rendre justice aux nombreux acteurs anonymes mais engagés qui ont façonné l'organisation tout au long de son histoire. Un domaine de travail important qui n'a pu être qu'effleuré tout au long de ce travail mais qui mériterait d'être approfondi est celui du ministère dans les écoles secondaires, qui est très bien développé dans de nombreux pays – bien plus important que le ministère universitaire. De même, il serait certainement intéressant que de futurs chercheurs s'intéressent au fonctionnement interne – direction, structures organisationnelles et financières, etc. d'une organisation de l'envergure des Nations-Unies, mais dont le budget ne représente qu'une fraction de celui des Nations-Unies.

L'une des limites dont j'étais conscient avant de commencer cette recherche est qu'un ministère comme l'IFES, qui travaille essentiellement avec des bénévoles et quelques employés généralement modestement rémunérés, n'investit généralement pas de grandes sommes d'argent pour écrire sur son travail. Certains mouvements nationaux ont publié des histoires plus ou moins approfondies – certaines sont citées dans cet ouvrage. L'IFES elle-même a publié quelques ouvrages pour présenter son travail. Cependant, dans l'ensemble, une extraordinaire richesse de sagesse et d'expérience sur les tenants et aboutissants du ministère universitaire se perd à mesure que chaque génération d'étudiants et d'équipiers poursuit son chemin vers d'autres activités et ministères.

De manière significative, il s'agit du premier ouvrage complet évaluant l'ensemble du travail de l'IFES d'un point de vue académique. De courts articles et une biographie approfondie de son premier secrétaire général existent, mais il reste encore beaucoup à faire, notamment pour découvrir le travail des

---

4. Par manque d'espace, je n'ai pas été en mesure de contextualiser historiquement tous les développements et discussions théologiques rapportés dans cet ouvrage. Pour cela, le lecteur est invité à se tourner vers des ouvrages tels que Brian STANLEY, *Christianity in the Twentieth Century. A World History*, Princeton, Princeton University Press, 2018.

nombreuses femmes engagées qui ont façonné la vie et le ministère de l'IFES[5]. Cet ouvrage vise à apporter un éclairage historique, théologique et missiologique sur un acteur important dans le monde des organisations étudiantes chrétiennes. Le terme « étudiants » est utilisé tout au long de ce document comme un terme générique pour désigner le noyau dur de l'IFES. Il peut parfois impliquer les élèves du secondaire et inclut certainement les étudiants de troisième cycle. De plus, si mon propos est convaincant, il pourrait être la base de potentielles nouvelles inflexions dans la vision de l'IFES : que l'organisation se considère plus délibérément comme un ministère auprès de l'université et pas seulement auprès de ceux qui ont le statut officiel d'étudiant – les professeurs, le personnel non académique et plus généralement, l'ensemble de l'entreprise universitaire.

À propos de l'auteur

L'IFES a été un élément essentiel de mon propre parcours universitaire. Je suis devenu responsable étudiant lors de ma dernière année de lycée et de ma première année d'université. J'ai passé d'innombrables heures dans des activités de groupes d'étudiants de toutes sortes en Suisse, en Allemagne et au Canada, assumant presque tous les niveaux de leadership. J'ai rédigé ce travail tout en travaillant à temps partiel pour le mouvement IFES de Suisse romande, les GBEU, ainsi qu'en voyageant régulièrement pour assister à des conférences IFES et en étant impliqué dans la formation des étudiants dans des groupes IFES sur trois continents. Très tôt, j'ai lu presque tout ce que je pouvais sur l'identité et la vision de notre travail. Lors de ma première année à l'université, la secrétaire générale des GBEU a suggéré que mon futur mémoire de master porte sur l'histoire du mouvement de l'IFES. Ce mémoire, soutenu en 2012, a été le début d'un parcours fascinant dont le présent ouvrage est l'aboutissement. Ce premier travail ayant été rédigé dans un département d'histoire, j'ai été frustré de ne pas consacrer plus d'énergie à la réflexion théologique. Tout au long de mes études théologiques ultérieures, je me suis rendu compte que le monde de la théologie ignorait presque tout du ministère étudiant, en particulier dans les universités laïques, et de la manière dont ses éclairages missiologiques pouvaient enrichir la réflexion théologique, y compris en matière ecclésiologique. La plupart de mes amis et collègues manquent tout simplement de temps pour écrire sur leur ministère.

C'est pourquoi je me suis lancé dans l'entreprise audacieuse d'écrire un récit de l'IFES qui, bien qu'étant celui d'un initié, se veut aussi équitablement critique

---

5. Une tentative notable de mettre en lumière ces puissantes influences est présentée par Vivienne STACEY, sous dir., *Mission Ventured. Dynamic Stories across a Challenging World*, Leicester, IVP, 2001.

qu'il peut l'être. C'est ainsi qu'un historien chrétien se propose d'écrire, même si cela signifie, parfois, devoir rapporter des éléments inconfortables : en fin de compte, tous les acteurs de l'IFES, en tant qu'humains, sont des pécheurs rachetés. C'est pourquoi il était crucial pour l'honnêteté intellectuelle de ce travail, ainsi que pour l'IFES, de laisser les voix critiques, qu'elles viennent de l'intérieur ou de l'extérieur du mouvement, s'exprimer de plein droit. Il serait faux de nous croire à l'abri d'une critique juste, d'une correction, ou même de la condamnation d'actions, d'écrits ou d'opinions pécheresses. En tant que partie de l'Église, l'IFES a besoin d'être corrigée et améliorée, comme nous tous.

Les lecteurs de l'IFES ayant une longue expérience pourraient avoir le sentiment que certains aspects du ministère ont été négligés ; d'autres, que j'ai trop insisté sur certains éléments ou mal interprété certaines actions ou certains écrits. Tel est le sort de l'historien qui navigue dans de vastes quantités d'archives et du théologien qui est obligé de limiter les thèmes sur lesquels il peut se concentrer. Supposons que des lecteurs extérieurs à l'IFES comprennent son travail dans la plupart de ses dimensions, y compris celles qu'ils considèrent comme les plus critiques. Supposons que des personnes ayant une longue expérience de l'IFES reconnaissent des éléments clés et (re)découvrent peut-être des aspects de ce ministère dont elles n'avaient pas conscience auparavant. Dans ce cas, le récit qui suit aura contribué à une meilleure compréhension mutuelle dans le monde très complexe de la théologie et du ministère chrétiens.

La conséquence de ce qui précède est que mon propre *Sitz im Leben* signifie que théologiquement, ce livre est écrit à partir de la tradition théologique *évangélique* de l'IFES. Essentiellement, dans ce qui suit et dans le dialogue avec d'autres traditions, je présumerai une sacramentologie faible, un souci assez marginal d'organisation ecclésiale, et une grande confiance dans la capacité des croyants à donner un sens à la Bible. Je propose une contribution à une discussion évangélique en cours et n'essaie pas de défendre la théologie évangélique, car de nombreux auteurs l'ont fait ailleurs[6]. Même si j'ai énormément lu d'auteurs non occidentaux, mon propre parcours académique est essentiellement occidental, mais avec l'espoir de ne pas être trop insulaire malgré tout.

Plan des chapitres

La première partie de cet ouvrage est une étude historique de l'évolution de l'IFES depuis sa fondation en 1947 jusqu'en 2000. L'étude porte principalement

---

6. Peut-être que le traitement le plus vigoureux et synthétique en français serait Alister E. McGrath, *La vérité pour passion. Cohérence et force de la pensée évangélique*, trad. Christophe Paya, Charols, Excelsis, 2008.

sur les réflexions et les débats théologiques. En tant que compte-rendu sélectif, il ne fournit pas un récit complet de la riche histoire de la manière dont des mouvements nationaux indépendants se sont rassemblés, ont travaillé en réseau, ont débattu de questions théologiques et missiologiques, et se sont parfois confrontés les uns aux autres.

Cette partie montrera qu'en ce qui concerne l'*immédiateté*, le travail de l'IFES s'articule autour d'une conviction forte de l'autorité de la Bible et la capacité de tous les croyants à découvrir par eux-mêmes un sens clair de l'Écriture. Au cours de l'histoire de l'IFES, des questions sont apparues sur la relation entre cette capacité et l'autorité de l'IFES en tant qu'organisme pour déterminer et exprimer ce qu'est ce sens clair des Écritures. L'IFES a répondu à ce défi en élaborant une *base doctrinale*, servant de résumé faisant autorité des éléments théologiques essentiels de la communauté. Cette base est née dans un contexte historique particulier et a depuis joué le rôle de marqueur d'identité et de frontière. Par conséquent, l'histoire de l'IFES soulève des questions sur la relation entre ce contexte d'origine et les nombreux autres contextes dans lesquels l'IFES opère.

En ce qui concerne la *médiation*, je montrerai d'abord comment l'histoire de l'IFES reflète différentes attitudes à l'égard des contextes intellectuels du ministère étudiant, y compris, en particulier dans les premières années, une attitude défensive qui a continué à façonner le mouvement de nombreuses manières. Deuxièmement, l'histoire de l'IFES montre un mouvement frappant et précoce vers la réflexion missiologique endogène, bien que des tensions persistent entre cette réflexion et une certaine supervision centrale, sans parler de toutes sortes de complexités relatives au rôle des envoyés (étrangers) dans les pays où ils servent.

En ce qui concerne la *participation*, je montrerai comment l'insistance sur l'immédiateté de l'accès de chaque étudiant à l'Écriture, et sur l'endogénéité[7] du ministère dans chaque contexte national, s'est accompagnée de toutes sortes de soutiens et d'encouragements autour de l'IFES. Des questions persistent cependant sur la mesure dans laquelle l'IFES dans son ensemble est capable de recevoir les fruits produits par la réflexion et de la pratique de chacun des contextes dans lesquels elle opère.

La deuxième partie complète le récit historique en offrant une description des activités principales des groupes IFES, basée sur les documents d'archives. Ces activités reposent sur des hypothèses théologiques profondes liées à ma compréhension du *sacerdoce de tous les croyants*. Le témoignage, la prière, la lecture de la Bible et la communion fraternelle sont autant d'activités des groupes

---

7. Voir la note 74 au chapitre 8 du présent ouvrage pour une explication du choix de ce terme.

locaux d'étudiants qui interrogent et répondent aux questions de l'*immédiateté*, de la *médiation* et de la *participation* ; il en va de même pour le rôle complexe des équipiers, qui se trouvent à l'intersection des groupes dirigés par des étudiants et des autorités ecclésiales.

La troisième partie montre qu'une réflexion ecclésiologique et missiologique substantielle a eu lieu au sein de l'IFES. Je soutiens que le *sacerdoce de tous les croyants* se comprend le mieux lorsqu'il s'inscrit dans une *ecclésiologie missionnaire* qui s'est développée lentement mais sûrement au sein de la communauté en dialogue avec son contexte et le monde chrétien au sens large[8]. Cette réflexion a mis du temps à émerger. Le premier contexte dans lequel elle a été esquissée est la déclaration théologique clé de l'IFES, sa base doctrinale, que j'examine en détail. Elle a également été formulée dans des écrits théologiques et missiologiques rédigés par des personnes influentes dans le monde de l'IFES et de plus en plus au-delà. Les expériences recueillies par ces auteurs ont progressivement façonné la manière dont ils ont conçu l'ecclésiologie d'une manière missionnaire conforme à l'appel de chaque croyant à *transmettre* ses convictions à son environnement.

La quatrième partie approfondit l'ensemble des ressources théologiques en examinant d'abord comment une lecture missionnaire d'un échantillon de textes bibliques peut fonder *une compréhension missionnaire du sacerdoce de tous les croyants et une ecclésiologie qui lui corresponde*, partant de l'appel du peuple d'Israël et se poursuivant dans la compréhension sacerdotale du peuple de Dieu dans l'Église. D'abord loin du terreau théologique habituel de l'IFES, les textes officiels de l'Église catholique romaine, ainsi que les écrits de Hans Küng, exposent de manière convaincante ce que je soutiens ensuite, à savoir que les organisations « paraecclésiales », une fois bien comprises dans le contexte d'une ecclésiologie missionnaire, ne sont ni à côté ni en dehors de l'Église, mais sont son incarnation même hors des murs des assemblées traditionnelles. Le missiologue Roland Allen, bien connu pour sa réflexion sur les réalités des missions au loin, est utile ici pour comprendre ce que signifie *transmettre* un message dans des pays lointains et se concentrer sur l'essentiel. En définitive, ce que font tous les croyants lorsqu'ils partagent le message de leur foi, c'est participer à la *missio Dei* qui, de par sa nature d'incarnation, est façonnée par les contextes dans lesquels l'Évangile est proclamé et reçu. Cette *participation* à la mission de Dieu façonne

---

8. La question n'est pas tranchée en français de l'utilisation des adjectifs « missionnaire » et « missionnels ». Dans ce qui suit, j'utilise les termes de manière pratiquement interchangeable pour désigner « ce qui est caractérisé par une attitude délibérée par rapport à la mission ».

l'identité des croyants qui se comprennent comme des *pèlerins et des prêtres* de l'Évangile apostolique.

La cinquième et dernière partie de cet ouvrage contient la proposition constructive d'une *missiologie pour l'université*, formalisant la manière dont le *sacerdoce de tous les croyants* aide à comprendre le ministère de l'IFES et peut inspirer plus largement le ministère étudiant. Les étudiants constituent un *public spécifique* avec des *besoins particuliers*, et ils représentent un défi pour les structures ecclésiales de la même manière que les études universitaires mettent au défi leur foi – ou son absence. Les étudiants étant des leaders en formation, une missiologie robuste prend leur sociologie au sérieux. Elle tient compte de leurs besoins d'expérimentation, en évaluant de manière critique leur foi et son lien avec le monde de l'université, qui est par essence en première ligne de l'exploration épistémologique. Cela correspond à la manière dont le *sacerdoce de tous les croyants* est compris et pratiqué : de la même manière que les étudiants ont un accès *immédiat* à Dieu, ils ont un accès étroit au savoir et aux personnes. Une *médiation multidimensionnelle* intense a lieu lorsque l'université *transmet la* connaissance aux étudiants qui, à leur tour, sont appelés à *transmettre* l'Évangile à l'université. En fin de compte, cela signifie *participer à la missio Dei* et être une bénédiction pour le campus qui, dans de nombreux cas, est une « terre étrangère » ecclésiale. Ce qui est en jeu, c'est un engagement créatif et fidèle avec les réalités contextuelles. L'articulation de l'*apostolicité* en tant qu'« envoi » est explorée dans le contexte de l'IFES en tant qu'organisation, puisqu'elle permet une réflexion sur le contexte de l'*impérialisme* et du *postcolonialisme*. Comme le monde universitaire est aussi un environnement mondialisé sous forte influence occidentale, cette dernière partie boucle la boucle avec des considérations sur la façon dont une mentalité de *pèlerins et de prêtres* peut encourager les étudiants à être des *témoins fidèles* dans le monde fascinant de l'université auquel Dieu les a appelés.

Partie 1

Un aperçu sélectif de l'histoire de l'IFES

Officiellement fondée en 1947, l'IFES s'est construite sur des modèles existants de ministère auprès des étudiants, mais s'est séparée d'autres structures pour diverses raisons. Dans ce qui suit, une brève esquisse historique des événements, personnes et orientations significatifs de l'IFES permettra au lecteur de se familiariser avec le contexte des considérations théologiques qui suivent cette section historique. Ce récit est très sélectif, se concentrant sur les événements, les personnes et les discussions qui semblent les plus illustratifs des développements théologiques et missiologiques au sein de l'IFES, en particulier en relation avec la thèse de ce travail.

1

Ministères étudiants avant l'IFES (1800-1909)[1]

Parmi les précurseurs de l'IFES[2], citons le *Jesus Lane Lot*, un groupe de jeunes étudiants engagés dans l'enseignement des Écritures et l'alphabétisation des personnes défavorisées de Cambridge, fondé en 1827 ; le « Daily Prayer Meeting » (DPM), fondé en 1862 par des étudiants de premier cycle qui avaient fait l'expérience de la prière quotidienne dans leur ancienne école ; et la Cambridge University Church Missionary Union, formée en 1875, qui comprenait 10 % des étudiants de premier cycle du lieu et qui a permis de structurer l'intérêt croissant des étudiants britanniques pour la mission mondiale à cette époque de colonisation mondiale. En succession rapide, la

---

1. Il s'agit d'un compte-rendu très sommaire. Pour de bons aperçus historiques, voir Tissington TATLOW, *The Story of the Student Christian Movement of Great Britain and Ireland*, Londres, SCM, 1933 ; Clarence SHEDD, *Two Centuries of Student Christian Movements. Their Origin and Inter-Collegiate Life*, New York, Association Press, 1934 ; Donald COGGAN, *Christ and the Colleges. A History of the Inter-Varsity Fellowship of Evangelical Unions*, Londres, Inter-Varsity, 1934 ; Ruth ROUSE, *The World's Student Christian Federation. A History of the First Thirty Years*, Londres, SCM, 1948 ; Douglas JOHNSON, *A Brief History of the International Fellowship of Evangelical Students*, Lausanne, IFES, 1964 ; David M. HOWARD, *Student Power in World Evangelism*, Downers Grove, IVP, 1970 ; Douglas JOHNSON, *Contending for the Faith. A History of the Evangelical Movement in the Universities and Colleges*, Leicester, IVP, 1979 ; Oliver R. BARCLAY, *Whatever Happened to the Jesus Lane Lot ?*, Leicester, IVP, 1977 ; Pete LOWMAN, *The Day of His Power. A History of the International Fellowship of Evangelical Students*, Leicester, Inter-Varsity, 1983 ; Philip POTTER et Thomas WIESER, *Seeking and Serving the Truth. The First Hundred Years of the World Student Christian Federation*, Genève, World Council of Churches, 1996 ; Oliver R. BARCLAY et Robert M. HORN, *From Cambridge to the World : 125 Years of Student Witness*, Leicester, IVP, 2002 ; Robin H. S. BOYD, *The Witness of the Student Christian Movement. Church Ahead of the Church*, Londres, SPCK, 2007 ; SHEDD, *Two Centuries*.
2. Il s'agit principalement de groupes anglophones, ce qui ne signifie pas qu'il n'y ait pas eu auparavant des groupes similaires dans d'autres pays. Leur histoire reste cependant en grande partie à écrire.

Cambridge Inter-Collegiate Christian Union (CICCU, 1877) et l'Oxford Inter-Collegiate Christian Union (OICCU, 1879) ont été fondées. Elles étaient dirigées par des étudiants indépendamment des aumôniers universitaires et visaient à rassembler les étudiants pour la prière, l'étude de la Bible et l'encouragement mutuel au témoignage dans le contexte universitaire. Le témoignage prenait principalement la forme de discussions personnelles avec les autres étudiants. Cependant, les étudiants de la CICCU ont rapidement ressenti le besoin d'une proclamation plus publique de leurs croyances et ont fait appel à l'évangéliste américain Moody comme orateur pour une mission à l'échelle de l'université en 1882, visant à raviver – ou à faire naître – une foi personnelle parmi les étudiants. Moody accepta de venir, bien qu'il ne soit pas lui-même diplômé de l'université. Un étudiant qui mena une résistance bruyante à la réunion fit le commentaire suivant : « Si des hommes sans instruction viennent enseigner à l'université, ils méritent d'être snobés[3]. » De nombreux étudiants n'ont pas apprécié cette montée de la piété évangélique.

Les Unions Chrétiennes[4] décidèrent rapidement que des liens plus étroits entre elles étaient nécessaires, et c'est ainsi que le Student Christian Movement (SCM) fut fondé dans le contexte des conférences de Keswick en 1893. Le premier SCM était essentiellement évangélique, « s'inspirant des traditions évangéliques de la CICCU, de Keswick et du revivalisme américain de Moody, Wilder et de l'école d'été des étudiants de Northfield[5] ». Il était également interconfessionnel, comprenant notamment des anglicans, des presbytériens et des ecclésiastiques libres ; et il était caractérisé par un « zèle missionnaire[6] ».

L'une des figures marquantes de cette période est l'Américain John Mott, qui avait lui-même été converti grâce à l'enseignement et aux conseils d'un étudiant britannique dans une mission universitaire aux États-Unis en 1886[7].

---

3. Dans BARCLAY, *Whatever Happened to the Jesus Lane Lot ?*, p. 24. L'étudiant s'est ensuite excusé personnellement auprès de Moody.
4. En anglais, et particulièrement en Angleterre, on désigne souvent un « Groupe biblique » par l'acronyme « CU » pour « Christian Union ». Cette abréviation est générique au même titre que « GBU ».
5. Martin WELLINGS, *Evangelicals Embattled. Responses of Evangelicals in the Church of England to Ritualism, Darwinism and Theological Liberalism 1890-1930*, Carlisle, Paternoster, 2003, p. 275.
6. *Ibid.*, p. 275.
7. Studd aurait conseillé à Mott « de ne pas s'appuyer sur les conclusions dogmatiques auxquelles sont parvenus d'autres personnes, qu'elles soient doctrinales ou autres, mais de le renvoyer aux sources originales, en lui ordonnant d'une part d'étudier son Nouveau Testament et, d'autre part, de s'appuyer en particulier sur une relation personnelle avec le Christ pour guider sa vie ». Basil MATHEWS, *John R. Mott, World Citizen*, New York, Harper, 1934, p. 47-50.

Mott était le président du nouveau Mouvement des étudiants volontaires (SVM) fondé en 1888 et voyageait beaucoup pour recruter des étudiants pour les missions – comprises à l'époque comme étant essentiellement « l'envoi de personnes à l'étranger[8] ». Fermement convaincu de l'importance de recruter des laïcs[9], il proclame que le but du SVM est « l'évangélisation du monde dans cette génération[10] ». Le comité de la SVM était « optimiste et pensait que si les 10 millions de chrétiens dans le monde témoignaient chacun à 100 personnes en quinze ans, alors toute la population actuelle de la terre entendrait l'Évangile d'ici l'an 1900[11] ». L'un des aspects théologiques clés de cette vision était l'espoir prémillénariste que la seconde venue du Christ pourrait être accélérée si la terre entière était touchée[12]. Cette tâche était considérée comme réalisable, à condition de trouver suffisamment de personnel. Les universités semblaient donc être l'un des terrains les plus prometteurs pour le recrutement. Comme l'a rappelé plus tard une figure centrale de la FUACE,

> Cette maxime fondamentale de la philosophie de la FUACE n'a pas été choisie fortuitement par un certain groupe de dirigeants. Ne semble-t-il pas que la pensée des étudiants chrétiens en tant qu'instrument ordonné pour la rédemption du monde doit être un fragment de la pensée éternelle de Dieu manifestée dans l'histoire au moment qu'il a choisi ?[13]

L'approche de Mott a eu une grande influence sur la compréhension structurelle du ministère missionnaire international. Comme le rappelle un de ses collègues, Mott pensait

> qu'au lieu d'essayer d'organiser les étudiants chrétiens sous un seul nom et selon un seul plan d'organisation, il vaudrait mieux encourager les étudiants chrétiens de chaque pays à développer des mouvements nationaux d'étudiants chrétiens qui leur soient propres et dont le nom, l'organisation et les activités soient adaptés

---

8. Sur Mott, voir MATHEWS, *John R. Mott* ; Robert C. MACKIE, *Layman Extraordinary. John R. Mott, 1865-1955*, Londres, Hodder and Stoughton, 1965 ; Charles Howard HOPKINS, *John R. Mott, 1865-1955. A Biography*, Grand Rapids, Eerdmans, 1979.
9. John Raleigh MOTT, *Liberating the Lay Forces of Christianity*, New York, Macmillan, 1932.
10. Dana L. ROBERT, « The Origin of the Student Volunteer Watchword. "The Evangelization of the World in This Generation" », *International Bulletin of Missionary Research* 10, no. 4, octobre 1986, p. 146-149.
11. *Ibid.*, p. 147.
12. *Ibid.*
13. ROUSE, *The World's Student Christian Federation*, p. 308.

à leur génie et à leur caractère particuliers, puis à les relier entre eux dans une fédération simple mais efficace[14].

Mott visait à encourager les initiatives locales pour la mission dans autant de contextes que possible. Cette priorité donnée au service du monde perdu sur les divisions et séparations ecclésiologiques était une caractéristique fondamentale des courants missionnaires contemporains, telle qu'exprimée au Congrès d'Édimbourg de 1910[15]. Elle reposait non seulement sur des prémisses pragmatiques mais aussi sur la théologie des évangéliques activistes :

> Pour les évangéliques, « l'Église » était le corps des vrais croyants[16], unis par une expérience commune de la grâce et de la dévotion au Christ comme sauveur, où qu'ils se trouvent. L'unité consistait en une ouverture commune à la Bible et à son enseignement, en une amitié spirituelle et en une coopération dans des causes communes, notamment la mission. Cette ecclésiologie était la base de l'« œcuménisme » qui caractérisait le mouvement. En plus d'être transnational, l'évangélisme était transconfessionnel. Cette capacité à créer des affinités plus larges a eu des conséquences organisationnelles importantes. En plus de sympathiser les uns avec les autres, les hommes et les femmes de la diaspora évangélique se sont réunis dans des organisations paraecclésiales qui sont devenues un trait distinctif du mouvement[17].

Ces mouvements se sont rassemblés autour d'un ensemble de croyances fondamentales – notamment l'autorité de la Bible, la naissance virginale et la divinité du Christ, le péché universel et ainsi de suite – qui ont formé un consensus suffisamment large et surtout transférable dans le monde entier. Cela a généré la « capacité de créer les organisations interconfessionnelles qui ont cherché à transformer les aspirations en réalisations. Ces organisations ont à leur tour

---

14. John MOTT, *The World's Student Christian Federation. Origin, Achievements, Forecast ; Achievements of the First Quarter-Century of the World's Student Christian Federation and Forecast of Unfinished Tasks*, (Londres ?), World's Student Christian Federation, 1920, p. 4.
15. Jeremy MORRIS, « Edinburgh 1910-2010. A Retrospective Assessment », *Ecclesiology*, septembre 2011.
16. La base doctrinale de l'IFES (clause D) mentionne explicitement « tous les vrais croyants » comme formant l'Église.
17. Geoffrey TRELOAR, *The Disruption of Evangelicalism. The Age of Torrey, Mott, McPherson and Hammond*, Londres, IVP, 2016, p. 3-4.

favorisé le sentiment d'appartenance à une communauté engagée dans le service social et, surtout, dans l'évangélisation et la mission[18] ».

Certaines de ces organisations ont ensuite formé l'IFES. Ces mouvements ont émergé de ces mouvements étudiants antérieurs préoccupés par la piété, la mission et (dans une moindre mesure) l'action sociale chrétienne, dans un contexte d'unité évangélique interconfessionnelle émergente dans la mission, étayée par un accord sur certains principes théologiques fondamentaux ; et dans le contexte d'une idée émergente des étudiants comme agents locaux clés de la mission mondiale. Pourtant, ces mouvements ont parfois été remis en question.

---

18. *Ibid.*, p. 5.

2

Le récit fondateur d'une séparation (1909-1935)

> Tout schisme au sein des cercles chrétiens doit être regretté ; mais lorsque notre bien le plus précieux, l'Évangile gratuit, est en jeu, nous n'osons pas transiger sur un seul point[1].

Il peut sembler curieux d'accorder une attention soutenue à l'histoire d'un groupe local spécifique, la CICCU, dans une esquisse historique sur l'IFES. Pourtant, la plupart des récits historiques de l'IFES mentionnent les événements de 1909-1911, qui ont conduit à une scission entre la CICCU et le SCM national, comme *l'événement fondateur* légitimant l'existence de l'IFES.

L'histoire ne sera qu'esquissée ici[2]. Fondée seize ans avant le SCM, la CICCU est restée pendant un certain temps l'un des principaux groupes membres du SCM. Cependant, à partir de la fin des années 1890, des divergences sont apparues entre la direction de la CICCU et du SCM, ce qui a conduit à un vote de désaffiliation du SCM en 1910[3]. De nombreux acteurs ont tenté pendant plusieurs

---

1. Johnson, *A Brief History*, p. 45. Johnson cite un des premiers dirigeants du Norges Kristelige Studentlag, qui deviendra plus tard le mouvement norvégien IFES.
2. Comptes-rendus concordants et divergents dans Cambridge Inter-Collegiate Christian Union, *Old Paths in Perilous Times*, 1ʳᵉ éd., Cambridge, 1913 ; Steve Bruce, « The Student Christian Movement and the Inter-Varsity Fellowship. A Sociological Study of Two Movements », thèse doctorale, University of Stirling, 1980 ; Barclay et Horn, *From Cambridge to the World* ; David Goodhew, « The Rise of the Cambridge Inter-Collegiate Christian Union, 1910–1971 », *The Journal of Ecclesiastical History* 54, no. 1, 2003, p. 62-88 ; Justin Thacker et Susannah Clark, « A Historical and Theological Exploration of the 1910 Disaffiliation of the Cambridge Inter-Collegiate Christian Union from the Student Christian Movement. Unpublished Conference Paper », Evangelicalism and Fundamentalism in Britain, Oxford, 2008.
3. Thacker et Clark notent que le vote n'a été effectué que par vingt-deux étudiants et, en outre, que « peu de personnes en dehors de l'environnement chrétien de Cambridge ont considéré les événements comme significatifs ». Thacker et Clark, « A Historical and

années d'influencer la CICCU dans un sens ou dans l'autre, la dernière tentative pour revenir sur la scission ayant échoué en 1919. La question fut considérée comme réglée, bien qu'elle ait agité les esprits des étudiants et des responsables d'église pendant de nombreuses années. Les « raisons précises de la désaffiliation sont restées disputées[4] ». Nous en explorons quelques-unes dans ce qui suit.

Statut de la Bible

Le rôle et le statut de la Bible dans la vie et le témoignage des chrétiens ont été intensément débattus. Manley[5], commentant plus tard les événements, affirmait :

> Il ne s'agit pas tant de l'« inspiration verbale » ou de l'« inerrance » de la Bible que de la conviction profonde que la Bible est la parole de Dieu, et donc vraie. L'IVF [Inter-Varsity Fellowship] va à la Bible pour être enseigné par elle : l'attitude typique du SCM est d'en discuter. Cela implique deux attitudes distinctes et opposées face aux théories actuelles de la critique biblique. Au sein de l'IVF, nous considérons que ces théories sapent la foi[6].

La réaction aux tendances contemporaines de la critique biblique ne concernait pas seulement les pratiques de piété privées et les événements publics : elle avait des implications plus larges pour l'engagement culturel des étudiants de la CICCU et surtout pour l'attitude des étudiants face aux défis intellectuels. Deux approches principales semblaient possibles : soit « s'engager dans les défis intellectuels mais cela risquait peut-être d'amoindrir sa vision de la Bible[7] », ou « se retirer des questions intellectuelles, en partant du principe que s'engager dans les débats reviendrait à nier la vérité biblique et à réduire à néant la simplicité du Christ[8] ».

Theological Exploration », p. 1.
4. *Ibid.*, p. 4. Les dirigeants de la CICCU ont exposé leur point de vue sur l'histoire dans Cambridge Inter-Collegiate Christian Union, *Old Paths in Perilous Times* (1re édition).
5. Ancien membre du Christ College, Cambridge, et rédacteur en chef de l'influent G. T. MANLEY, G. C. ROBINSON et A. M. STIBBS, *Le nouveau manuel de la Bible*, trad. Jacques Blocher, Nogent-sur-Marne, Institut Biblique, Groupes Bibliques Universitaires, 1947.
6. « G. T. Manley to J. C. Pollock », J. C. Pollock, Papers on the history of CICCU, Cambridge University Library, s.d. ; cité dans THACKER et CLARK, « A Historical and Theological Exploration », p. 9.
7. THACKER et CLARK, « A Historical and Theological Exploration », p. 5-6.
8. *Ibid.*

Cela a contribué à la division croissante entre les deux factions :

> Le SCM était le plus souvent attaqué pour son intellectualisme aride, pour avoir négligé la vie spirituelle au profit de l'étude. Leurs études bibliques étaient considérées par les évangéliques comme des études « sur » la Bible plutôt que « de » la Bible. De leur côté, les membres du SCM considéraient les évangéliques conservateurs comme des *lecteurs ignorants de shibboleths mal compris*, sincères mais aveugles... En restreignant artificiellement le sens des termes « intellectuel » et « spirituel », les deux parties à la controverse ont fait de l'étiquette qu'elles se donnaient un compliment et de celle attachée à leurs antagonistes, une insulte[9].

Comprendre l'expiation ?

La doctrine de l'expiation est généralement considérée comme le nœud du problème[10], et constitue l'un des marqueurs théologiques critiques de la base doctrinale de l'IFES ultérieure[11]. Cependant, ce n'était très probablement pas le cas en 1910[12], puisque la première édition de la brochure explicative *Old Paths* – écrite pour expliquer aux jeunes étudiants les raisons de la scission – ne mentionne jamais une vision pénale de l'expiation. En revanche, la deuxième édition de 1932, qui a été considérablement élargie, énonce la question comme suit :

> La doctrine fondamentale défendue par la CICCU est celle de l'expiation faite sur la croix par le Seigneur Jésus-Christ pour les péchés du monde entier. Le sang de Jésus est le thème entier

---

9. BRUCE, « The Student Christian Movement and the Inter-Varsity Fellowship », p. 209-210 ; c'est nous qui soulignons.
10. BARCLAY, *Whatever Happened to the Jesus Lane Lot ?*, p. 82.
11. Notamment par BRUCE, « The Student Christian Movement and the Inter-Varsity Fellowship », p. 219-220 ; ainsi que par BARCLAY et HORN, *From Cambridge to the World*, p. 86. La base doctrinale de l'IFES affirme « la rédemption de la culpabilité, de la peine, de la domination et de la pollution du péché, uniquement par la mort sacrificielle (en tant que notre représentant et substitut) du Seigneur Jésus-Christ, le Fils de Dieu incarné ». Voir le chapitre 11 du présent ouvrage. En français, on parle en générale de la doctrine de la *substitution pénale*. Pour un traitement proche de la théologie de l'IFES, voir Henri BLOCHER, *La doctrine du péché et de la rédemption*, coll. Didaskalia, Vaux-sur-Seine, Édifac, 2001.
12. THACKER et CLARK, « A Historical and Theological Exploration », p. 7-8.

de sa prédication, la croix et son application l'essence de son enseignement[13].

La question portait sur le besoin d'expiation plus que sur la théorie de l'expiation[14], car les dernières recherches archivistiques tendent à démontrer que les théories de l'expiation n'ont pas joué un rôle significatif dans la scission de 1910. Dans une observation qui soutient ce point de vue, Thacker et Clark font remarquer que dans la correspondance archivée datant immédiatement d'avant et d'après la scission, ni les lettres des membres de la CICCU ni celles des membres du SCM ne mentionnent de manière significative l'expiation comme étant une cause contestée[15]. Il semble donc que ce qui s'est passé, c'est que l'expiation a été rétrospectivement considérée comme ayant été centrale en 1910, suite au compte-rendu de 1932 de la réunion de 1919 décrite plus tard par l'historien interne Oliver Barclay comme « l'une des conversations les plus célèbres de l'histoire de l'IFES[16] ». Grubb a rapporté que

> Après une heure de conversation qui ne nous a menés nulle part, une question directe et vitale a été posée : « Le SCM considère-t-il le sang expiatoire de Jésus-Christ comme le point central de son message ? » Et la réponse donnée fut : « Non, pas comme central, bien qu'on lui accorde une place dans notre enseignement. » Cette réponse a réglé la question, car nous leur avons tout de suite expliqué que le sang expiatoire était tellement au cœur de notre message que nous ne pourrions jamais nous joindre à un mouvement qui lui accorderait une place moindre[17].

---

13. Cambridge Inter-Collegiate Christian Union, *Old Paths in Perilous Times*, sous dir. Basil F. C. Atkinson, 2ᵉ éd., Londres, IVF, 1932. Il est intéressant de noter que Chapman dit que le même Atkinson a introduit le jeune John Stott à l'idée de « l'immortalité conditionnelle », une doctrine explicitement combattue dans les révisions ultérieures de la base doctrinale de l'IVF-UCCF. Voir Alister CHAPMAN, « Evangelical or Fundamentalist ? The Case of John Stott », dans *Evangelicalism and Fundamentalism in the United Kingdom During the Twentieth Century*, sous dir. David W. Bebbington et David Ceri Jones, Oxford, OUP, 2013, p. 204.
14. Cambridge Inter-Collegiate Christian Union, *Old Paths in Perilous Times* (1ʳᵉ éd.), p. 13.
15. THACKER et CLARK, « A Historical and Theological Exploration », p. 9.
16. Oliver R. BARCLAY, « Guarding the Truth. The Place and Purpose of the Doctrinal Basis. Workshop at Formación 89 », *IFES Review* 27, 1989, p. 30.
17. COGGAN, *Christ and the Colleges*, p. 17 ; John POLLOCK, *A Cambridge Movement*, Londres, John Murray, 1953, p. 195 ; également dans BARCLAY, *Whatever Happened to the Jesus Lane Lot ?*, p. 82 ; THACKER et CLARK, « A Historical and Theological Exploration », p. 10.

La décision de 1919 de ne pas rejoindre le SCM n'est pas la seule démarche des futurs membres du groupe IVF. En 1925, l'OICCU a décidé de devenir « l'aile dévotionnelle » du SCM local mais s'est à nouveau séparée en 1927-1928[18].

Un Évangile social ?

Un motif fréquemment évoqué par les chercheurs présuppose l'indifférence des premiers évangéliques aux questions de justice sociale, mais cette approche a été contestée[19]. Treloar souligne que

> Bien plus substantiels qu'on ne le suppose généralement, les commentaires sociaux évangéliques du début du vingtième siècle ont donné un élan à l'application continue de l'Évangile aux conditions de la société contemporaine... Apparemment, partout où il y avait un besoin, les évangéliques de l'époque ont développé un ministère ou créé une institution pour atténuer les effets de ce besoin et remédier à ses causes[20].

Treloar note également « de nombreux livres analysant les problèmes sociaux contemporains, expliquant l'enseignement biblique pertinent et préconisant diverses réponses[21] » qui ont été écrits par des théologiens évangéliques, en plus de la signature de pétitions. Les membres de la CICCU ne considéraient cependant pas l'engagement social relevant de leurs prérogatives. En fait, *Old Paths in Perilous Times* plante le décor en affirmant avec force que

> Tout en estimant qu'il est toujours du devoir des chrétiens d'essayer de soulager la détresse, la CICCU ne peut s'enthousiasmer pour les projets visant à instaurer la paix dans le monde par le biais d'organismes politiques tels que la Société des Nations, ou à améliorer la situation sociale par des méthodes de réforme. Elle considère que le seul espoir pour le monde réside dans l'Évangile du Christ, par la régénération de l'individu[22].

---

18. Voir BRUCE, « The Student Christian Movement and the Inter-Varsity Fellowship », p. 228-229 ; WELLINGS, *Evangelicals Embattled*, p. 279.
19. Un traitement notablement équilibré et approfondi peut être trouvé dans Brian STEENSLAND et Philip GOFF, sous dir., *The New Evangelical Social Engagement*, Oxford, OUP, 2013.
20. TRELOAR, *The Disruption of Evangelicalism*, p. 99.
21. *Ibid.*, p. 93.
22. Cambridge Inter-Collegiate Christian Union, *Old Paths* (2e édition), 38.

Bruce interprète cela comme un argument en faveur de « l'inutilité de la réforme sociale[23] ». Une autre façon de comprendre cette réticence à être détourné de la « seule prédication de l'Évangile » est proposée par Barclay dans son propre récit de l'histoire de la CICCU :

> À une époque où peu de chrétiens nominaux connaissaient l'Évangile, se préoccuper des questions sociales semblait une distraction fatale du principal travail à accomplir, et les dirigeants de la CICCU pensaient pouvoir constater que les préoccupations sociales avaient conduit le SCM à l'inefficacité spirituelle. La CICCU a réagi de manière excessive face au SCM, tout comme les évangéliques en général. Les questions à poser auraient dû être les suivantes : premièrement, cette préoccupation est-elle biblique et deuxièmement, quelle sorte de priorité a-t-elle[24] ?

Cette ligne d'explication fusionne deux fils conducteurs : le besoin pragmatique de concentrer l'énergie d'un groupe, et un sens aigu de la priorité de la conversion de l'individu sur celle de l'engagement social. Cette dernière viendra plus tard dans la vie[25]. Cela dit, Barclay semble conscient de l'importance de l'implication sociale dans l'histoire de la désaffiliation, car il offre une explication intéressante basée sur la pertinence des questions sociales dans la vie étudiante. Commentant les membres de la CICCU qui se sont plus tard impliqués dans des questions de société, il note que

> Ils n'avaient peut-être pas cette attitude à l'égard des questions sociales lorsqu'ils étaient étudiants, mais une fois libérés de la nécessité de prendre position contre le SCM, il était plus facile de demander de manière plus ouverte ce que les enseignements de la Bible impliquent réellement pour les questions sociales... La CICCU considère de plus en plus que les préoccupations sociales sont justes, mais qu'elles doivent être laissées de côté jusqu'à ce que l'on se trouve dans le monde plus réel de l'emploi et de la communauté au sens large, où les problèmes et les opportunités ne sont plus des questions de salon. Il n'y a jamais eu qu'un très petit nombre de membres qui ont estimé, alors qu'ils étaient encore étudiants, que ces questions étaient hautement prioritaires[26].

---

23. BRUCE, « The Student Christian Movement and the Inter-Varsity Fellowship », p. 220.
24. BARCLAY, *Whatever Happened to the Jesus Lane Lot ?*, p. 119.
25. *Ibid.*, p. 120.
26. *Ibid.*

Si le fil conducteur de l'affirmation est indubitable, il n'en reste pas moins qu'elle met en évidence une autre explication potentielle qui, jusqu'à présent, n'a été qu'effleurée dans les récits et les analyses savantes du débat CICCU-SCM. Les documents contemporains donnent l'impression que le rejet de l'engagement social reposait sur des raisons essentiellement théologiques. Pourtant, les origines socio-économiques des étudiants et des partisans de longue date pourraient avoir joué un rôle jusqu'ici sous-estimé. Boyd observe que « la plupart des étudiants universitaires de l'époque venaient de familles aisées et avaient peu d'expérience de la vie des autres[27] ». Leur situation sociale a pu masquer des réalités plus sombres en dehors des cercles les plus aisés.

Conséquences à long terme

Reflétant l'importance de cet épisode pour l'auto-compréhension ultérieure de l'IVF Grande-Bretagne et même plus tard de l'IFES, Coggan résume la position délibérément séparatiste de la CICCU après 1919 :

> À partir de ce moment, il était parfaitement clair pour les membres de la CICCU que leur décision devait être la même que celle de leurs prédécesseurs avant la guerre. Bien qu'ils reconnaissent volontiers que des membres individuels du SCM puissent être de vrais serviteurs du Christ, en tant que mouvement, il a renié des vérités sur lesquelles il a été fondé, et la CICCU doit rester absolument séparée, afin de donner un témoignage clair dans l'Université de la voie du salut de Dieu par le Christ. Cette décision fut également le véritable fondement de l'IVF, car ce n'est que quelques mois plus tard que nous avons réalisé que si une CICCU était une nécessité à Cambridge, une union du même type était également une nécessité dans toutes les universités du monde, à l'exception de celles où le SCM conservait son témoignage original de la vérité de la Parole de Dieu[28].

Les dirigeants de l'IVF ont pris grand soin de s'assurer que les orateurs indésirables ne seraient pas autorisés à s'exprimer lors des événements de l'IVF, afin que les influences extérieures aux lignes convenues ne gagnent pas de terrain. Le principal moyen d'y parvenir était la déclaration doctrinale, car « la CICCU s'est rendu compte qu'une déclaration doctrinale claire et explicite était nécessaire

---

27. Boyd, *The Witness of the Student Christian Movement*, p. 29.
28. Coggan, *Christ and the Colleges*, p. 17.

dans un monde où presque toutes les grandes doctrines étaient mises en doute ou niées par les principaux théologiens et dignitaires de l'Église[29] ».

Cette pierre blanche historique allait façonner de manière significative l'IVF britannique mais aussi la future IFES. Treloar observe qu'au lieu de rester un accident local, la scission de la CICCU a été un événement aux effets étendus : « La disposition à prendre une position séparée au nom de la fidélité biblique s'est répandue au fur et à mesure que les étudiants de 1910 devenaient des leaders en divers endroits du monde[30]. » Bien souvent en effet, d'anciens membres de la CICCU sont devenus les membres actifs de groupes pionniers de l'IFES dans différents pays, notamment dans le contexte des nouvelles universités fondées dans le sillage de la décolonisation. Ils ont emporté le récit avec eux.

Si, pendant les années 1920, la CICCU était plutôt marginale[31], la décennie allait fournir la base de la force et de la résurgence ultérieures, culminant avec la fondation en 1928 de l'Inter-Varsity Fellowship. Les conférences se sont avérées être l'un des outils les plus importants pour relier les groupes d'étudiants, tant au niveau national qu'international[32]. Après que Grubb ait relancé les conférences Oxford-Cambridge[33], elles ont été élargies de sorte que la première « Conférence Inter-Varsity » officielle a été convoquée en 1921 à Londres[34]. L'aventure était une combinaison de réflexion stratégique et de vision. Grubb se souvient que l'impulsion de la fondation de l'IVF britannique lui est venue dans une vision et qu'elle était dès le départ orientée vers un développement mondial :

> Je ne me souviens pas du jour exact, mais c'est vers le milieu du trimestre de la Saint-Michel, en 1919, qu'*un jour, dans ma chambre, Dieu m'a donné la vision claire de l'IVF qui devait exister. J'ai vu que non seulement il devait y avoir ce témoin dans chaque université, mais*

---

29. BARCLAY, *Whatever Happened to the Jesus Lane Lot ?*, p. 87.
30. TRELOAR, *The Disruption of Evangelicalism*, p. 88.
31. GOODHEW, « The Rise of the Cambridge Inter-Collegiate Christian Union, 1910–1971 », p. 65.
32. Rouse note avec précision à propos de l'IVF britannique qu'elle « utilise les méthodes du S.C.M. – conférences, mouvement missionnaire bénévole, secrétaires itinérants, etc. et, à la date de rédaction de cet article, elle possède des branches dans de nombreux pays ». ROUSE, *The World's Student Christian Federation*, p. 293.
33. BRUCE, « The Student Christian Movement and the Inter-Varsity Fellowship », p. 230-231.
34. Quant à l'intrigant nom, qui est encore utilisé par de nombreux mouvements dans le monde aujourd'hui, il remonte à un événement bien précis : « En décembre, des étudiants d'Oxford, de Cambridge et de Londres se sont réunis pour une "Conférence Inter-Varsity" – appelée ainsi parce que la date choisie était celle du match de rugby "Inter-Varsity" entre Oxford et Cambridge, et donc le moment (pensait-on) où la plupart des étudiants chrétiens se trouveraient à Londres. » LOWMAN, *The Day of His Power*, p. 50.

que Dieu allait le faire. Le fait que Noel Palmer ait eu la vision de fonder une OICCU à Oxford et qu'il soit allé le faire, a probablement permis à Dieu de nous ouvrir les yeux sur une chose beaucoup plus grande : quoi qu'il en soit, le résultat immédiat a été que nous avons vu que le premier pas vers la réalisation de la vision serait d'avoir une conférence annuelle inter-universitaire, à laquelle nous rassemblerions autant de personnes que possible d'autres universités, et les enthousiasmerions avec la vision de fonder une branche dans leurs propres universités[35].

Une conséquence de cette vision du monde était l'habitude du mouvement britannique d'être influent en invitant d'autres étudiants à participer à leurs camps. Même si l'on ne trouve aucune mention directe de ce genre dans les écrits de l'IVF, l'hypothèse sous-jacente pourrait être celle des « penseurs chrétiens britanniques des années 1920 [qui] présentaient l'empire de leur nation comme étant uniquement engagé dans la diffusion des valeurs typiquement britanniques de liberté et de progrès vers la démocratie[36] ». Cependant, tout ne se passait pas en Grande-Bretagne ou à l'étranger : des camps et des conférences avaient lieu au Canada, en Suisse, en Norvège, en Suède et dans d'autres pays.

À ce moment-là, l'IFES n'existait pas, mais certaines de ses fondations – étudiées ici dans l'exemple de l'IVF Grande-Bretagne – ont été posées dans des mouvements se définissant en partie contre la théologie libérale, ou plus positivement comme une défense de l'autorité biblique et d'une sotériologie axée principalement sur la conversion individuelle. Cela a laissé des questions non résolues sur la relation de ces mouvements avec les questions sociales et les développements intellectuels contemporains.

---

35. Cité dans COGGAN, *Christ and the Colleges*, p. 19 ; c'est nous qui soulignons.
36. STANLEY, *Christianity in the Twentieth Century*, p. 16.

3

Se réunir pour des conférences (1934-1946)

En septembre 1934, la première conférence internationale des étudiants évangéliques se tient à Oslo, avec des délégations venues de Grande-Bretagne, du Danemark, d'Estonie, de Finlande, d'Allemagne, de Hongrie, de Lettonie, de Norvège et de Suède[1]. L'orateur principal, Hallesby, y prononce un discours remarqué intitulé « L'heure de Dieu ». Il insiste sur le fait que les courants théologiques avaient récemment poussé les mouvements étudiants vers la théologie libérale et que le moment était venu d'adopter une position plus ferme. Hallesby souligne le caractère traditionnel de son message contre l'influence moderniste :

> Nous ne voulions pas commencer quelque chose de nouveau, nous voulions seulement travailler sur les anciennes lignes sur lesquelles le travail des étudiants chrétiens avait été mené depuis le début. Dès le début, notre programme a été l'ancien, le plein Évangile, prêché pour le réveil, la conversion, et une nouvelle vie au service de notre Seigneur, chez nous et à l'étranger sur le champ de mission[2].

Un an plus tard, la deuxième conférence, réunie en Suède, rédige une constitution visant à structurer l'organisation des conférences. La première

---

1. LOWMAN, *The Day of His Power*, p. 67.
2. Ole HALLESBY, « The Distinctive Message of the Conservative Evangelical Movements. Address Given at the First International Conference of Evangelical Students, Oslo, September 1934 », dans *A Brief History of the International Fellowship of Evangelical Students*, sous dir. Douglas Johnson, Lausanne, IFES, 1964, p. 180.

clause énonçant les objectifs de la réunion était programmatique de la conception structurelle qui allait prévaloir :

> Les objectifs de la Conférence seront, en accord avec la base doctrinale de la Conférence, (a) d'unir et de renforcer les Unions évangéliques nationales, [et] (b) de chercher par tous les moyens parmi les étudiants de tous les pays du monde à stimuler la foi personnelle dans le Seigneur Jésus-Christ et à favoriser le travail d'évangélisation. (Mais rien dans cette clause ou ailleurs dans les présents statuts ne doit être interprété de manière à donner à la Conférence ou à ses comités le pouvoir de contrôler de quelque manière que ce soit les activités des Unions évangéliques nationales, qui doivent rester autonomes)[3].

Cette réunion a constitué une étape importante pour assurer la pérennité et encourager la collaboration entre les pays[4]. La plupart des principaux acteurs de la conférence de 1935 se sont retrouvés l'année suivante en Suisse pour une *Conférence internationale pour le renouveau des universités en Europe*. Décrite par l'une de ses figures prééminentes et futur président de l'IFES, M. Pache, comme « une petite convention internationale[5] », elle a permis de renforcer le travail étudiant en Europe continentale, mais aussi de restreindre le nombre de groupements similaires qui pourraient plus tard rejoindre la cause commune : « Comme nous nous étions fermement placés sur le terrain de l'inspiration de toute la Bible, de nombreuses personnalités, bien connues dans le monde étudiant, ont déclaré qu'elles ne pouvaient pas se joindre à nous[6]. »

Les mêmes hauts dirigeants ont été invités à se réunir à nouveau à Budapest en 1937 pour l'une des dernières réunions de l'avant-guerre. Il ne s'agissait pas d'un grand rassemblement de discussion mais d'une « conférence » au sens

---

3. « Constitution of the International Conference of Evangelical Students », 9 septembre 1935, part. 3, BGC #193.
4. « Cela prenait parfois la forme d'universitaires chrétiens associés aux mouvements étudiants (par exemple le professeur Hallesby ou le professeur Rendle Short) effectuant des tournées de conférences dans d'autres pays ; mais cela impliquait aussi l'échange d'équipes d'étudiants, dont la plupart voyageaient à leurs propres frais. » LOWMAN, *The Day of His Power*, p. 68.
5. Cité dans Paul GRUNER, *Menschenwege und Gotteswege im Studentenleben. Persönliche Erinnerungen aus der christlichen Studentenbewegung*, Berne, Buchhandlung der Evangelischen Gesellschaft, 1942, p. 389.
6. Cité dans GRUNER, *Menschenwege und Gotteswege im Studentenleben*, p. 389.

traditionnel du terme. Une note des délégués néerlandais observe en termes directs que

> cette conférence est assurément surchargée. Il faut se dépêcher d'aller chercher le repas, de le prendre à la hâte et de se dépêcher à nouveau pour la réunion... Nous aimerions en discuter. Par exemple, pourrait-on faire en sorte qu'une ou deux réunions de la conférence soient ouvertes à la discussion ? Nous considérons que la tendance de la conférence est principalement l'évangélisation ; s'il en est ainsi, nous pensons que la meilleure méthode d'évangélisation est de présenter la Parole de Dieu et non l'expérience personnelle. [Quelle que soit] l'importance de l'expérience personnelle [...] nous sommes pleinement convaincus que, comme méthode d'évangélisation, la transmission d'un message personnel doit être loin derrière la divulgation de la Parole de Dieu[7].

Un autre participant exhortait le comité de planification de la prochaine conférence à « planifier de manière à ce que des parties consécutives de l'Écriture soient commentées et à ce que des orateurs plus jeunes, virils et instruits soient choisis[8] ».

Ces notes ont été entendues et prises en compte dans le programme de la dernière réunion importante de l'ère pré-IFES, convoquée à Cambridge en juin 1939. Mille délégués de trente-trois pays différents s'y réunissent, dont huit cents étudiants[9]. « Christ notre liberté » était le titre du programme à la veille de la Seconde Guerre mondiale. Les principales sessions traitaient de sujets tels que « Les revendications universelles du Christ et le monde de la pensée, la vision évangélique du monde, le service chrétien et la vie professionnelle, le chrétien et l'organisation de la société, le défi des portes ouvertes [pour l'Évangile][10] ». L'aspect de la joie de la « communauté avec des personnes partageant les mêmes idées » semble avoir marqué les participants et les histoires qu'ils ont racontées aux dirigeants ultérieurs, comme Chua l'a raconté à propos de la conférence de Cambridge bien des années plus tard : « Depuis 1934, les étudiants évangéliques européens avaient énormément profité de ces rassemblements fraternels. Beaucoup d'entre eux devaient maintenir leur position évangélique au milieu

---

7. Au président recteur Hoïg, « Notice by the Dutch Delegates », 1935, BGC Box #193.
8. Capitaine Godfrey Buxton au Rektor Hoïg, 11 septembre 1937.
9. BARCLAY, *Whatever Happened to the Jesus Lane Lot ?*, p. 107.
10. Douglas JOHNSON, « Christ Our Freedom. International Conference of Evangelical Students Cambridge ; Advertisement Paper », 1939, BGC Box #193.

des moqueries des dirigeants d'églises théologiquement libéraux. Ils étaient grandement encouragés par les excellentes prédications bibliques et leur foi était confirmée par la communion avec des étudiants croyants partageant les mêmes idées[11]. »

Si les organisateurs de la conférence de Cambridge avaient envisagé la fondation d'un mouvement plus large, le déclenchement de la Seconde Guerre mondiale met ces plans en suspens. « En l'espace d'un an, certains des participants, entrés dans les forces armées, étaient tombés au service actif de leur pays[12] » ; mais cela n'empêche pas les étudiants de se réunir et les mouvements nationaux de poursuivre leur travail tant bien que mal. Les délégués étaient conscients de la situation mondiale :

> L'opinion générale dans la plupart des milieux en Grande-Bretagne est qu'une grande guerre européenne est inévitable + que seul un miracle pourrait empêcher la guerre d'éclater au début de l'automne. Il a été convenu qu'en cas de guerre, le contact serait maintenu entre les mouvements aussi longtemps que possible et que toute l'aide disponible serait apportée entre les mouvements pendant et après les hostilités. Il incombait au comité exécutif de se sentir tout particulièrement responsable de prendre contact les uns avec les autres dès que les communications auraient été rétablies entre leurs différents pays + de chercher à renforcer les amitiés qui subsistent + d'aller de l'avant dans la tâche de coopération chrétienne[13].

La collaboration prend la forme de contacts interpersonnels et de correspondance, ainsi que d'écrits théologiques. Ces contacts ont constitué le terreau de la fondation de l'IFES.

---

11. Chua Wee Hian, « With Evangelical Students », dans *Martyn Lloyd-Jones. Chosen by God*, sous dir. Christopher Catherwood, Crowborough, Highland Books, 1988, p. 111.
12. JOHNSON, *A Brief History*, p. 68.
13. « Minutes of Meetings of the Executive Committee of the IFES », Examination Hall, Cambridge, 27 juin 1939, p. 3, IFES e-archives.

4

Tout a commencé dans un monde en mutation (1946-1962)

Création d'une communauté

Au lendemain de la Seconde Guerre mondiale, l'humeur était à la reconstruction : « Dans l'ensemble, les évangéliques ont cherché à coopérer avec les énergies libérées par la guerre et la reconstruction afin de refaire le visage religieux du monde[1]. »

Les dirigeants évangéliques de l'entre-deux-guerres étaient déterminés à se réunir à nouveau et à reprendre l'œuvre de constitution d'un mouvement mondial d'étudiants évangéliques. En mars 1946, le comité exécutif nommé lors de la conférence de 1939 se réunit à Oxford avec des délégués de douze pays. Alors qu'il y avait eu quelques réticences avant la guerre à faire plus qu'organiser des conférences, la guerre avait changé les esprits. Johnson se souvient que « ceux qui avaient hésité face au danger de développer une organisation internationale lourde et pyramidale – et c'était probablement l'avis de la plupart des délégués présents – ont estimé qu'une nouvelle hésitation serait une désobéissance à un appel de Dieu[2] ».

La tâche principale de la réunion de 1946 était de préparer une constitution à approuver par les délégués d'une réunion officielle de fondation de l'IFES l'année suivante. Les amendements au projet de constitution sont résumés par Martyn

---
1. Mark HUTCHINSON et John WOLFFE, *A Short History of Global Evangelicalism*, New York, CUP, 2012, p. 180.
2. JOHNSON, *A Brief History*, p. 73. Johnson lui-même a assisté à toutes les conférences pré-IFES.

Lloyd-Jones[3], qui joue rapidement un rôle de premier plan dans les réunions des comités de l'IFES. En termes de personnel, « il a été convenu qu'il pourrait s'écouler un certain temps avant qu'un secrétaire itinérant au bon profil soit disponible – mais finalement un tel équipier ou de tels équipiers deviendraient indispensables pour une coordination adéquate[4] ». Deux pays ont été particulièrement remarqués lors de la conférence : la Chine, qui demandait par télégramme à être affiliée au mouvement international qui allait bientôt être fondé, et l'Allemagne, qui venait de perdre la Seconde Guerre mondiale. L'intérêt de la Chine est remarquable, car il a été interprété comme l'annonce d'une « nouvelle ère où les étudiants chrétiens de pays ayant peu ou pas d'héritage évangélique pourraient être accueillis comme membres de cette nouvelle communauté mondiale[5] ». On discute de la situation de l'Allemagne, et les délégués conviennent que « l'Église du Christ est le seul espoir du monde et de cette situation désespérée en Europe en particulier. Il appartient maintenant aux chrétiens de montrer la puissance de guérison de l'Évangile[6] ». Par conséquent, l'Allemagne restait sur le radar des délégués et les délégués allemands devaient être invités aux conférences dès que cela serait possible.

Les discussions par courrier se poursuivent au sujet de la création d'une organisation soutenant les mouvements étudiants nationaux. La principale préoccupation restait de s'assurer de la force de la vision et de la motivation missionnaires parmi les étudiants. La même année, la première conférence américaine sur les missions étrangères se réunit à Toronto. Ce qui sera plus tard connu sous le nom de « Conférence Urbana[7] » rassemble 575 étudiants. Les milieux liés à l'IFES étaient fidèles aux racines du mouvement des étudiants volontaires pour la mission. Beaucoup sont convaincus car la moitié des délégués de la Conférence de Toronto partent à l'étranger comme missionnaires[8].

---

3. Lloyd-Jones (1899-1981), prédicateur calviniste gallois, bien que n'ayant pas reçu de formation théologique formelle, était très impliqué dans les débuts de l'IVF britannique, en tant que président (1947-57) et président (1957-67) de l'IFES. D. Eryl DAVIES, « Lloyd-Jones, David Martyn », dans *Biographical Dictionary of Evangelicals*, sous dir. Timothy Larsen, Leicester, IVP, 2003, p. 370-374.
4. « Minutes of a Meeting of the General Committee of the IFES », Library of Regent's Park College, Oxford, 28 mars 1946, p. 7, BGC Box #193.
5. CHUA, « With Evangelical Students », p. 113.
6. « Minutes of a Meeting », 28 mars 1946, p. 5.
7. Nommé d'après le campus d'Urbana-Champaign (Chicago) où se dérouleront de nombreuses conférences ultérieures.
8. LOWMAN, *The Day of His Power*, p. 305.

La réunion de fondation de l'IFES a finalement lieu dans la chaleur du mois d'août 1947 à Boston, Massachusetts[9]. Des équipiers de mouvements nationaux, des pasteurs et quelques personnalités importantes assistent à la réunion du comité[10], montrant ainsi un parrainage plus large que celui des seuls dignitaires d'églises ou des futurs pasteurs de jeunesse. Il est toutefois à noter qu'aucun délégué étudiant n'est présent. Sur un ton anecdotique, Lowman rend les souvenirs stéréotypés de Stacey Woods sur l'interaction entre les sensibilités nationales et ecclésiales à gérer lors de la réunion :

> Pour ce qui est de la planification, il y avait la manière britannique, prudente et précise, de faire les choses – « On a toujours fait comme ça » ; il y avait l'assurance américaine, effrontée, que la manière américaine était la manière de Dieu ; il y avait l'Australie, intolérante, convaincue que tout le monde était déphasé sauf les Australiens ; il y avait la force tranquille et inébranlable des Orientaux – qui sans tenir compte de qui que ce soit ou de quoi que ce soit, sans discussion ni débat, feraient les choses à leur manière[11].

La relation entre les mouvements nationaux et la nouvelle organisation et le fonctionnement interne des mouvements nationaux relatif au rôle des étudiants sont longuement discutés. L'autonomie nationale est préservée car « il a été souligné que l'IFES n'était en aucun cas une super-organisation hiérarchique qui interférerait avec les Unions Évangéliques Nationales, mais qu'il s'agissait plutôt d'une association d'Unions Évangéliques Nationales partageant les mêmes idées pour un renforcement mutuel et pour l'évangélisation du monde étudiant[12] ».

La seconde question était également complexe : quel rôle organisationnel devait être accordé aux étudiants ? On ne peut que deviner le ton des débats résumés par Lowman : « Les Américains présents avaient l'impression que les Britanniques essayaient d'imposer aux États-Unis la façon de travailler de l'IVF, y

---

9. La plupart des coûts des réunions d'avant 1947 ont été couverts par l'IVF Grande-Bretagne, ainsi que par l'IVCF USA (notamment grâce aux fonds d'un homme d'affaires germano-américain, John Bolten, qui deviendra plus tard le trésorier de l'IFES).
10. « La délégation canadienne était dirigée par l'un de leurs amis de longue date, le juge John Reid, de la Cour internationale de justice de La Haye ; les Américains comprenaient le président du Rotary International, Herbert Taylor, le président de leur conseil d'administration ; parmi les Australiens se trouvait l'archevêque de Sydney, Howard Mowll, qui avait été président de la CICCU l'année suivant sa rupture avec le SCM. » LOWMAN, *The Day of His Power*, p. 79.
11. *Ibid.*, 80.
12. « Minutes of the First Meeting of the General Committee of the IFES », Phillips Brooks House, Harvard University, Cambridge, Massachusetts, 18 août 1947, p. 4, BGC Box #193.

compris un comité national des étudiants. Les Britanniques, en revanche, voyaient très mal comment un véritable mouvement d'étudiants pouvait exister sans un tel comité[13]. »

Woods se souvient que « le Canada et les États-Unis, simplistes et activistes, étaient impatients de faire bouger les choses en faisant de la publicité à tout va, mais l'Europe, conservatrice, voulait avancer prudemment, délibérément et sans trop se faire remarquer[14] ». La fondation a été communiquée par le biais de journaux d'Églises, de lettres et de télégrammes. La même réunion nomme Woods secrétaire général à temps partiel, dont le rôle sera d'assurer la liaison entre les mouvements de l'IFES, de parcourir le monde pour encourager l'émergence de nouveaux mouvements nationaux et de renforcer les mouvements existants. Inaugurant une tradition consistant à honorer les personnes qui ont soutenu sa cause et reconnaissant ses références en matière de travail étudiant, l'assemblée générale fondatrice invite Hallesby à devenir le premier président honoraire.

Un autre point intéressant pour notre travail est que les personnes impliquées dans l'IFES ont montré une conscience historique marquée dès le début, soucieuses de transmettre l'héritage de leurs actions. Le compte-rendu de 1947 note qu'il a été « proposé que le Dr D. Johnson prépare une histoire de l'IFES afin que le public puisse être informé de son origine, de son caractère et de son mode de fonctionnement. Il a été noté que le Dr Johnson disposait de documents sur ces questions[15] ». Johnson a effectivement écrit *A Brief History of the International Fellowship of Evangelical Students*, mais il n'a été publié qu'une vingtaine d'années plus tard, en 1964. Par ailleurs, le fait que, jusqu'à présent, les histoires de l'IFES n'aient été écrites que par des auteurs anglo-saxons[16] est significatif en ce qu'il explique l'importance accordée aux événements de 1911-1919 en Grande-Bretagne et la relation de la CICCU avec le SCM relatée plus tôt dans cet ouvrage.

Constitution

Basée sur la constitution de l'IVF Grande-Bretagne et sur la constitution de 1935 de la *Conférence internationale des étudiants évangéliques*, la constitution

---

13. LOWMAN, *The Day of His Power*, p. 80. Lowman s'appuie essentiellement sur les souvenirs de Johnson et de Woods.
14. C. Stacey WOODS, « IFES History Draft », manuscrit non publié, Lausanne, 1977, p. 4.
15. « Minutes of the Meeting of the Retiring Executive Committee of the IFES », Phillips Brooks House, Harvard University, Cambridge, Massachusetts, 18 août 1947, p. 3, BGC Box #193.
16. Johnson et Lowman du Royaume-Uni ; Lineham (non publié) de Nouvelle-Zélande.

de 1947 est laborieusement élaborée par les délégués, qui doivent tenir compte des préoccupations de nombreux membres potentiels différents. Je souligne ici trois aspects majeurs de la constitution.

Objectifs

Les objectifs de l'IFES sont énoncés dans la deuxième clause :

Chercher à éveiller et à approfondir la foi personnelle dans le Seigneur Jésus-Christ et à favoriser le travail d'évangélisation parmi les étudiants du monde entier.

Renforcer les Unions Évangéliques Nationales et assurer la communion fraternelle sur une base mondiale et régionale.

Organiser à intervalles réguliers des conférences internationales unies et régionales[17].

L'accent mis sur l'aspect personnel de la foi chrétienne est indubitable, de même que l'absence de toute mention des préoccupations sociales. Cette priorité est illustrée par le commentaire d'un ancien membre de la CICCU et de l'OICCU qui écrivait pour expliquer à un collègue du monde œcuménique ce qu'étaient les « évangéliques conservateurs » :

L'évangélique conservateur dit avec saint Paul : « Malheur à moi si je ne prêche pas l'Évangile » et, après avoir pris les dispositions nécessaires pour les études qui sont sa principale raison d'être à l'université et les loisirs physiques et sociaux indispensables à sa santé, il s'efforce de consacrer le temps qu'il peut à l'étude de la Bible, à la prière et à l'évangélisation personnelle. Ainsi, lorsque l'aumônier de l'université, son ministre ou le secrétaire du SCM ou d'une société confessionnelle vient lui dire : « J'admire votre zèle, je partage votre désir d'évangéliser, mais ne devrions-nous pas aussi faire X, Y et Z ? À cela vient la réplique : « Si vous n'étudiez pas les problèmes de la foi, de l'Église et de la société, comment pouvez-vous présenter l'Évangile de manière pertinente ? » « Mais ne voyez-vous pas, répond le membre de la CU, que vous tombez dans la tentation

---

17. « Constitution of the International Fellowship of Evangelical Students », août 1947, sect. 2, BGC #193.

principale du chrétien intellectuel qui parle de prêcher l'Évangile au lieu de le prêcher ? »[18]

Ecclésiologie

L'ecclésiologie ne semblait pas préoccuper les délégués de la réunion. Ils venaient de différentes Églises et devaient mettre de côté leurs différences confessionnelles. La constitution ne mentionne d'ailleurs l'Église que deux fois. La première mention fait partie de la base doctrinale, qui stipule que l'IFES affirme sa croyance dans « les vérités fondamentales du christianisme, y compris », parmi dix autres points, « l'Église universelle une et sainte qui est le corps du Christ et à laquelle appartiennent tous les vrais croyants[19] ». Notez que ce qui compte ici, c'est l'Église invisible, qui libère ses membres de s'associer avec qui bon leur semble. La deuxième mention de l'Église est la disposition selon laquelle « l'Association n'est engagée dans aucune forme particulière d'ordre ecclésiastique dans la mesure où elle est interconfessionnelle[20] ».

Non-collaboration

Une clause de non-collaboration, dérivée de la constitution britannique de 1924 de l'IVF[21], est également approuvée : « Le Comité Général International et le Comité Exécutif International peuvent organiser des activités conjointes au nom de l'organisation uniquement avec les organisations religieuses dont la base de la foi et les objectifs sont équivalents à ceux du mouvement[22]. »

Occasionnant de nombreux débats au fil des ans, cette clause vise à empêcher toute association avec la FUACE. Elle est invoquée lors de la première réunion, où

---

18. Martin H. CRESSEY, *The Conservative Evangelical in the Ecumenical Movement*, Londres, Student Christian Movement, 1960, p. 3.
19. « Constitution », septembre 1935, part. 4.
20. « Constitution », août 1947, sect. 5.
21. Il se lit comme suit « En ce qui concerne la Conférence, aucune réunion conjointe ne sera organisée avec un organisme religieux qui ne soutient pas substantiellement les vérités énoncées dans les fondements de la Conférence ». Constitution réimprimée en annexe 2 dans JOHNSON, *Contending for the Faith*, p. 262. Dans les cercles de la FUACE, cette clause était bien connue, comme le démontre cette citation de Rouse : « Dans la plupart des pays, la fidélité à ses principes est considérée comme exigeant la non-coopération avec tout mouvement qui n'accepte pas toutes ses croyances théologiques dans leur intégralité, ce qui en a fait un facteur de division dans les universités. » ROUSE, *World's Student Christian Federation*, p. 293.
22. « Constitution », août 1947, sect. 9.

« il a été décidé que les mouvements étudiants de Finlande et d'Afrique du Sud, qui ont actuellement exprimé le désir de maintenir des relations avec la FUACE, devraient être invités à devenir membres associés de l'IFES[23] », car « il nous était impossible de permettre à une Union évangélique nationale d'avoir un statut à part entière en tant que membre de l'IFES tout en maintenant une affiliation avec la FUACE[24] ». Ce schéma d'opposition caractérise les relations entre l'IFES et les cercles œcuméniques dans les années 1950 et au-delà.

L'IFES se considérait comme un mouvement orienté vers la mission, tout comme la FUACE, mais ses fondements théologiques étaient plus stricts. Elle acceptait les différences ecclésiologiques dans ce cadre doctrinal et se définissait en opposition à d'autres approches jugées libérales. La conséquence logique de l'application d'un principe de non-collaboration est que le témoignage chrétien sur les campus ne peut pas nécessairement être unifié – du moins structurellement. C'était un point de discorde majeur entre l'IFES et la FUACE, car l'existence même de l'IFES menaçait le front supposé unifié de la FUACE.

Ils n'étaient pas seuls : la FUACE et les premières années de l'IFES

Si la confrontation officielle avec les cercles SCM pouvait, dans l'ensemble, rester marginale dans le contexte britannique du début du XXe siècle, la mondialisation rapide de l'après-guerre allait s'avérer être un contexte très différent pour exercer son ministère. Les branches locales du SCM affiliées à la Fédération universelle des associations chrétiennes d'étudiants trouvent un nouvel élan avec l'élan œcuménique qui allait culminer avec la fondation du Conseil œcuménique des Églises (COE) en 1948. L'immédiat après-guerre voit de nouveaux mouvements nationaux de l'IFES se structurer officiellement et, à plusieurs reprises, ces mouvements sont fondés en opposition directe avec les groupes locaux de la FUACE, ce qui entraîne des tensions et des discussions. La principale question posée était de savoir s'il était concevable que le témoignage chrétien sur le campus soit divisé au moment même où les Églises semblaient se rassembler.

Trois lignes de fracture importantes émergent d'une lecture attentive des sources d'archives de la FUACE sur l'IFES. Ces lignes sont en quelque sorte similaires à celles de l'histoire du SCM-CICCU de 1910-1919 mais s'articulent

---

23. « Minutes of the First Meeting of the General Committee of the Fully Constituted IFES », Phillips Brooks House, Harvard University, Cambridge, Massachusetts, 23 août 1947, p. 3, BGC Box #193.

24. *Ibid.*

sur la toile de fond des ministères des deux organisations sur la scène mondiale. Dans ce qui suit, les principales divergences *théologiques*, *ecclésiologiques* et *missiologiques* seront présentées de manière assez détaillée, car cela permettra de mieux comprendre comment la théologie de l'IFES était perçue par l'autre acteur majeur du ministère étudiant à cette époque. Et si le « sacerdoce de tous les croyants » n'est jamais mentionné comme un point de discorde sous-jacent, il est pourtant possible de le voir « un creux » dans nombre de discussions.

Un mot sur le contexte d'abord. Les milieux de la FUACE n'ont pas commencé à s'intéresser à l'IFES lorsque cette dernière a été officiellement fondée en 1947. Les comptes-rendus de discussion internes montrent que la FUACE était inquiète de la perspective de l'émergence de l'IFES à l'échelle mondiale, ayant été témoin des conférences de l'entre-deux-guerres parrainées par l'IVF britannique[25]. Face à l'imminence du lancement officiel de l'IFES prévu pour août 1947, le comité exécutif de la FUACE charge son secrétaire général, l'Écossais Robert Mackie, de rédiger un rapport intitulé « Les relations des mouvements nationaux d'étudiants chrétiens et de la FUACE avec l'Inter-Varsity Fellowship of Evangelical Unions ». Ce document, qui contient l'évaluation personnelle du Secrétaire général sur l'IFES, ainsi que des extraits de correspondance et des rapports des mouvements nationaux de la FUACE sur leurs relations avec les mouvements de l'IFES, continue à être peaufiné et modifié pendant près de dix ans. Face à la croissance rapide de l'IFES dans le monde, la FUACE tente d'organiser une consultation conjointe dans les années 1950, mais toutes les tentatives demeurent infructueuses parce que le comité exécutif (CE) de l'IFES conseille à son Secrétaire général de refuser de telles invitations. La situation est cependant considérée comme suffisamment sérieuse, puisque la FUACE convoque une consultation mondiale sur l'IFES en mars 1956 en Suisse, en vue de préparer une prise de position officielle à distribuer à la FUACE après la réunion de son assemblée générale en été de la même année[26].

---

25. Robert Mackie affirme qu'il « a été assuré personnellement par un dirigeant de l'IVF en 1936 qu'il n'y avait aucune intention de former une organisation *mondiale* ». Robert C. Mackie, « The Relationships of National Student Christian Movements and the W.S.C.F. to the Inter-Varsity Fellowship of Evangelical Unions », document privé à l'usage de la FUACE et non une déclaration officielle, Genève, Fédération universelle des associations chrétiennes d'étudiants, septembre 1946, Archives FUACE 213.16.39/2.
26. Stacey Woods a toutefois été consultée sur l'opportunité d'inviter un certain orateur à la consultation. Philippe Maury, Lettre au Révérend Sverre Magelssen (14 février 1956), Archives FUACE 213.14.76/2. Aucune réponse de Magelssen n'a pu être trouvée et son nom ne figure pas sur la liste des participants. Il est cependant remarquable qu'il ait été un initié de l'IFES, faisant partie de son comité exécutif jusqu'à sa démission en 1955.

Un « mémorandum à l'usage des mouvements chrétiens d'étudiants et de leurs dirigeants[27] » est finalement mis à disposition des cercles de la FUACE en 1957. Ce document est parmi les derniers conservés dans les dossiers de l'IFES dans les archives de la FUACE[28]. Alors que « cette consultation n'a pas été en mesure de formuler des recommandations pour une action pratique, [elle] a fait un travail fructueux dans plusieurs commissions qui ont essayé en particulier de définir les différences entre l'IVF et le SCM et de revoir la position et le programme du SCM à cette lumière[29] ». Ce dernier mémorandum et les documents produits en préparation de la consultation sont des documents détaillés qui montrent le sérieux avec lequel les dirigeants de la FUACE ont cherché à comprendre l'IFES et sa position pendant près de vingt ans. Ce sont ces documents qui sont à la base de notre analyse[30], qui vise à comprendre comment l'IFES était perçu par un autre ministère ayant des objectifs similaires mais une perspective théologique différente.

---

27. Fédération universelle des associations chrétiennes d'étudiants, « The Relationships of the World's Student Federation and Student Christian Movements with the International Fellowship of Evangelical Students and Inter-Varsity Fellowships », Symposium for the use of Student Christian Movements and Their Leaders, Genève, Fédération universelle des associations chrétiennes d'étudiants, 1957, WSCF Archive 211.16.39/1.
28. Outre les documents internes (comptes-rendus, correspondance, rapports nationaux, résumés de discussions, publications de l'IFES), les boîtes d'archives de la FUACE sur l'IFES contiennent également plusieurs documents universitaires examinant les différences entre les deux mouvements, notamment Verna Claire Volz, « The InterVarsity Christian Fellowship and the Lacks in the Student Christian Movement Program Which Its Rise Reveals », essai de maîtrise commandé par la Commission des programmes du National Intercollegiate Christian Council (YMCA), Union Theological Seminary, 1945, WSCF Archive 213.14.66/1 ; Ruth E. Shinn, « The International Fellowship of Evangelical Students (Inter-Varsity). Its Role in the Ecumenical Life of Christian Student Movements », thèse de licence, Yale Divinity School, 1955, Archives FUACE 213.16.39/2 ; David Foster Williams, « A Comparison of the Work of the Student Christian Movement and the Inter-Varsity Fellowship as Each Is Found in Latin America », mémoire de master, The Biblical Seminary in New York, 1959, Archives FUACE 213.16.39/1.
29. Fédération universelle des associations chrétiennes d'étudiants, « Relations », p. 3.
30. Le présent travail est à ma connaissance le premier à utiliser les sources d'archives de la FUACE pour étudier l'IFES. Partant du constat qu'aucune différence significative n'est faite dans les rapports de la FUACE entre « SCM » et « WSCF », nous avons utilisé indifféremment SCM/WSCF et IVF/IFES, malgré le fait que, à proprement parler, les groupes « IVF » analysés dans les documents se réfèrent surtout à des groupes britanniques affiliés ou en voie d'affiliation à l'IFES, et que les groupes membres de l'IFES en Amérique du Nord, par exemple, étaient plutôt appelés « IVCF ». Il n'est jamais fait mention d'autres noms tels que « GBU » pour la France ou « GBEU » pour la Suisse, malgré le fait qu'ils existaient, qu'ils étaient membres fondateurs de l'IFES et qu'ils étaient aussi régulièrement en contact et en conflit avec les groupes locaux liés à la FUACE.

Particularismes théologiques

L'une des principales contributions de l'I.V.F. à l'Université est le témoignage définitif d'un dogme particulier. Celui qui l'accepte est chrétien ; celui qui ne l'accepte pas ne l'est pas. Les faits ou les idées qui ne sont pas conformes à cet enseignement sont considérés comme faux, ou sont conservés dans un autre compartiment de l'esprit[31].

Les documents de la FUACE, que ce soit dans des notes informelles ou des déclarations officielles, affirment que le principal problème de la théologie de l'IFES est sa « particularité », ce qui signifie qu'elle n'était soit pas assez inclusive des membres d'autres Églises, soit pas assez à jour. Un exemple à cet égard est la difficulté rencontrée par la FUACE pour donner un sens à la théologie de l'IFES, que la FUACE considérait comme l'héritage d'un conflit révolu :

> *Bien qu'il soit tout simplement stupide de qualifier la position de l'I.V.F. de « fondamentaliste »*, il existe certaines caractéristiques qui, mises ensemble, produisent une position étrangement rigide. J'avoue que toute définition m'échappe encore. Les groupes I.V.F. affirment qu'ils n'ont aucune idée préconçue de la Bible et n'y ajoutent rien. Ils sont particulièrement attachés à l'étude textuelle, et les dirigeants ne craignent certainement pas de s'engager dans des réflexions radicales. Mais tous les autres, qu'il s'agisse de Karl Barth ou de C. H. Dodd, qui traitent fidèlement de la Bible, mais n'en parlent pas, ou ne la comprennent pas, exactement comme le font les dirigeants de l'I.V.F., sont taxés de « libéralisme ». Il ne sert à rien de faire remarquer qu'en flagellant le « libéralisme » dans les cercles de la Fédération, on flagelle en grande partie un cheval mort ; il ne sert à rien de faire remarquer que personne ne va à la Bible sans aucune idée préconçue et n'y ajoute rien. Une controverse passée s'est figée, et ne peut être dépassée[32].

---

31. Mackie, « The Relationships of National Student Christian Movements », septembre 1946, p. 8.
32. Robert C. Mackie, « The Relationships of National Student Christian Movements and the WSCF to the Inter-Varsity Fellowship of Evangelical Unions and the International Fellowship of Evangelical Students. Memorandum 2 », Genève, Fédération universelle des associations chrétiennes d'étudiants, août 1947, p. 4, Archives FUACE 213.16.39/2 ; c'est nous qui soulignons. Ce mot de prudence linguistique ne semble pas avoir déteint sur la base du mouvement. En août 1957, le CE de l'IFES notait qu'« après une discussion considérable concernant la situation religieuse dans le monde et l'identification de l'IFES à une définition erronée du fondamentalisme et du séparatisme, *il a été convenu que l'IFES devait prendre*

La position antithéologique relative des responsables de l'IFES semble avoir exaspéré la FUACE qui aurait voulu « passer à autre chose », mais la relation des deux mouvements à l'histoire de la théologie devait être un sujet de désaccord durable et sérieux. D'un côté, la FUACE s'est lassée des déclarations doctrinales fortes par nécessité de rester en phase avec le langage de l'époque. De l'autre, l'IFES avait le souci de s'accrocher à ce qu'elle considère comme le « dépôt de la foi ». Les cercles de la FUACE affirmaient que « si le SCM s'est développé en théologie comme les Églises se sont largement développées, la position de l'IVCF a peu changé depuis la fin du siècle[33] », mais les dirigeants de l'IFES étaient prompts à affirmer que leur position était orthodoxe :

> Nous vous invitons à ignorer l'opinion si fréquemment avancée dans l'entre-deux-guerres selon laquelle une position doctrinale forte conduit nécessairement à l'inverse de l'unité. L'histoire de l'Église ne prête pas son concours à une telle opinion, si ce n'est qu'il y a eu une pseudo-unité en période de stérilité. Sur le plan de la politique pratique, nous avons l'impression que l'Église romaine a beaucoup gagné ces dernières années en affirmant fortement son dogme. Nous croyons sincèrement qu'une réunion de la chrétienté est impossible sans une position doctrinale forte qui, dans la nature même des choses, devra être aussi conforme que possible, dans tous ses aspects essentiels, à celle prescrite par notre Seigneur et les Apôtres. Sans la réaffirmation et la ré-acceptation d'une théologie biblique, l'achèvement de la tâche œcuménique, même si elle était possible, serait inefficace ou même dangereuse[34].

Étant donné l'aversion normalement forte de Johnson pour la théologie catholique, il est intéressant de le voir faire appel au catholicisme pour soutenir ses vues sur l'importance de la doctrine dans son organisation. En outre, l'appel à « l'histoire de l'Église » est un motif récurrent dans l'histoire de l'IFES qui, étrangement, est rarement, voire jamais, étayé. On peut donc se demander s'il

---

la position d'être un mouvement étudiant séparatiste dans la situation mondiale actuelle et ne pas s'excuser pour ce fait. Être conservateur et biblique dans sa pensée ecclésiastique. Il a également été convenu qu'une déclaration informative et positive concernant l'IFES, sa position doctrinale et son accent, avec un accent particulier sur les définitions, serait utile aux jeunes mouvements ou groupes d'étudiants pionniers qui sont sous la pression du SCM ». « Minutes of the Meeting of the Executive Committee of the IFES », Branksome Hall, Toronto, Canada, 31 août au 3 septembre 1956, p. 3, IFES e-archives ; c'est nous qui soulignons.

33. Volz, « The InterVarsity Christian Fellowship », p. 37.
34. Douglas Johnson, Letter to Greer, 22 avril 1943, p. 2, WSCF Archive 213.13.94/7.

s'agit d'une référence implicite à la force des convictions des Réformateurs ou à toute autre personne qui aurait pu occuper une place importante dans la perception des personnes impliquées dans l'IFES.

Alors que les personnes liées à l'IFES affirmaient que leur base doctrinale – sur laquelle nous reviendrons plus en détail ci-dessous – n'était « que » la réécriture contemporaine de certaines des vérités les plus fondamentales, les acteurs de la FUACE rétorquaient que les dirigeants de l'IFES avaient ajouté à des vues communément admises – des vues particulières liées à leurs goûts théologiques respectifs. À proprement parler, l'analyse de la FUACE est correcte : depuis sa version adoptée en 1947 jusqu'à aujourd'hui, la constitution de l'IFES stipule dans son introduction à la base doctrinale que « la base doctrinale de la communauté sera les vérités fondamentales du christianisme, y compris... [puis suivent les onze points de la BD][35] ». Comme l'a montré l'histoire précédente de la controverse SCM-IVF Cambridge, la doctrine de la substitution pénale était un point litigieux[36]. Ce qui est intéressant, cependant, c'est que même si l'IVF britannique a probablement été la plus influente dans la formation de l'IFES, la base doctrinale de l'organisation mondiale a introduit une clause sur l'Église qui, même si elle est assez minimaliste dans sa portée, répond à un reproche exprimé en 1943 par Mackie à Johnson :

> Si nous devions la développer, je doute que nous le fassions comme vous l'avez fait, car nous ne pensons pas que votre déclaration soit pleinement biblique, que ce soit dans ses accents ou dans sa phraséologie. Nous citerions le fait qu'elle ne mentionne même pas l'Église et qu'elle énonce une théorie particulière de l'expiation. S'il doit y avoir une base doctrinale, qu'elle soit bonne[37].

La position positiviste à l'égard de la doctrine qui était caractéristique des personnes liées à la FUACE est, en outre, évidente dans l'affirmation selon laquelle l'attachement des personnes de l'IFES à leur base doctrinale devait être attribué à

---

35. « Constitution », août 1947.
36. Lors de la réunion de 1956, ce point a été rediscuté et la conclusion a été que « l'IVF n'a pas une doctrine adéquate de l'expiation. Elle est légaliste. Il y a un élément légal dans la justification, mais l'union vivante personnelle avec le Christ dans tous ses aspects surmonte le légalisme ; et ... il y a un fort courant de sainteté dans l'IVF à certains moments, et une insistance sur la vie sainte qui ne peut être rejetée comme un simple exercice de religiosité ». Peter KREYSSIG, « The Reality of the New Life in Terms of Conversion, Regeneration, and Sanctification », résumé du discours prononcé lors de la consultation œcuménique de la FUACE en 1956, Céligny, 1956, p. 2, Archives FUACE 213.16.39/2.
37. Robert C. MACKIE, « Draft Letter Enclosed in Confidential Memorandum on the Relationships of the WSCF and IVF Britain », lettre à Douglas Johnson, avril 1943, p. 5-6, WSCF Archive 213.16.94.

un manque de maturité : « Je me demande combien de vos anciens membres qui sont maintenant dans le ministère chrétien peuvent accepter votre base actuelle sans restriction mentale. La considérez-vous comme impossible à améliorer ?[38] »

Si la réponse à cette dernière question était négative dans les années 1940, car la fondation de l'IFES était encore inachevée, elle s'est avérée plutôt positive par la suite, car la base doctrinale n'a pas été modifiée de manière significative depuis la réunion de fondation de l'IFES[39].

De manière cohérente avec le refus de s'engager dans la rencontre œcuménique, la politique d'adhésion de l'IFES est plus restrictive que celle de la FUACE. Dès le départ, les raisons n'étaient cependant pas pragmatiques, mais plutôt théologiques. Dans une analyse claire et précise, qui mérite d'être citée en détail, Robert Mackie présente les différences de la manière suivante :

> L'acceptation d'une variété d'interprétations de la vérité chrétienne est l'une des essences de l'œcuménisme. La formulation des noms des deux organismes internationaux exprime ici une différence fondamentale entre eux. L'IFES applique le mot évangélique aux étudiants qui en sont membres, tandis que la FUACE applique le mot chrétien à la communauté dans laquelle les étudiants sont accueillis. Ceci est largement vrai aussi à l'échelle nationale. Cette différence signifie que l'adhésion aux mouvements nationaux de l'IFES est limitée à une définition évangélique, alors que les mouvements nationaux au sein de la FUACE sont, pour la plupart, ouverts à tous les étudiants qui désirent sérieusement participer à la vie d'une fraternité chrétienne[40].

Rien n'est surprenant dans cette citation : la même logique à l'œuvre dans le refus du mouvement œcuménique fondé sur une ecclésiologie divergente, motivée par la théologie, empêcherait l'unité du monde étudiant dans le monde ecclésial général. La logique est impeccable, mais les perspectives d'une meilleure compréhension mutuelle étaient alors bien faibles. Ce qui n'est pas mentionné, cependant, et qui donne l'impression qu'ils étaient sectaires, c'est que les groupes de l'IFES ont toujours été encouragés à être ouverts à tous ceux qui voulaient assister à leurs réunions – comme la conséquence logique d'un groupe missionnaire par nature. C'était – et c'est toujours le cas dans la plupart des cas – les postes de responsables qui étaient réservés à ceux qui signaient la

---

38. *Ibid.*
39. À l'exception d'un amendement de 2007 adoptant un langage plus inclusif.
40. Mackie, « The Relationships... Memorandum 2 », août 1947, p. 4.

base doctrinale et étaient d'accord avec les buts et objectifs de l'IVF, qui étaient beaucoup plus stricts que ceux du SCM. Avant d'aborder la question du mouvement œcuménique, il est toutefois important de noter que des facteurs sociologiques étaient en jeu : les auteurs de la FUACE prétendaient régulièrement que la théologie de l'IFES était essentiellement le résultat de leur statut de minorité, de leurs références académiques moindres et d'un manque d'intégrité intellectuelle. La rhétorique de « forteresse » que l'on retrouve dans les documents de l'IFES vérifie amplement la première thèse, tandis que les deux autres dimensions ont été exagérées principalement dans un souci de différenciation. Quoi qu'il en soit, de telles attitudes n'ont pas facilité la diplomatie.

Diplomatie œcuménique : le rejet de l'IFES par le mouvement œcuménique

L'essence même du mouvement œcuménique était de rapprocher les Églises les unes des autres, en favorisant la compréhension et la reconnaissance mutuelles[41]. C'est pourquoi l'apparition de l'IFES à l'échelle mondiale ne pouvait que poser problème aux cercles œcuméniques : elle semblait être une nouvelle scission du monde chrétien déjà très diversifié si, en effet, « la division entre Intervarsity et SCM n'est pas moins une division dans la vie de l'Église et une division entre des dénominations particulières[42] ». La raison de cette « scission » ou de l'apparition d'un nouveau mouvement a apparemment fait l'objet d'un examen de conscience au sein de la FUACE :

> Nous devons tout d'abord reconnaître que la croissance d'une organisation chrétienne parallèle parmi les étudiants, et sa propagation dans de nombreux pays, doit être dans une certaine mesure un jugement sur les mouvements chrétiens d'étudiants affiliés à la Fédération universelle des associations chrétiennes d'étudiants. S'il y a une division dans le témoignage chrétien dans les universités, nous partageons la responsabilité de cette division. Si une autre présentation de la vérité chrétienne a eu plus d'attrait, il doit y avoir quelque chose de défectueux dans la nôtre. Si une

---

41. La place manque ici pour une histoire même sommaire de l'œcuménisme. Pour le cadre temporel de ce travail, voir John Briggs, Mercy Amba Oduyoye et Georges Tsetsis, sous dir., *A History of the Ecumenical Movement*, vol. 3, *1968-2000*, 3 vols., Genève, Conseil œcuménique des Églises, 1986.
42. « Report of the Commission on the Student Christian Community in the University », Groupes de travail de la consultation œcuménique de la FUACE de 1956, Céligny, 1956, p. 1, Archives FUACE 213.16.39/2.

autre fraternité semble plus convaincante pour les étudiants, alors la nôtre doit manquer de certaines caractéristiques essentielles[43].

Si la question n'est pas encore au premier plan, un motif missiologique est présent. Au-delà de la réalité des responsables d'églises ou des équipiers divisés, se pose la question de l'attrait de chaque mouvement pour son public principal : la population étudiante. La croissance rapide de l'IFES allait continuer à être une source de préoccupation majeure dans les milieux SCM.

En fait, dans presque chaque document de discussion, lettre, compte-rendu ou autre document mentionnant l'existence de l'IFES en même temps que les mouvements de la FUACE, le même argument revient : il ne devrait pas y avoir de témoignage divisé. Alors que les membres de l'IFES auraient probablement été d'accord pour dire qu'un témoignage divisé n'était pas le bienvenu, il n'a pas été facile de trouver un accord sur la solution en raison des racines de la division : alors que la FUACE comprenait l'Église comme incluant toutes les personnes confessant être chrétiennes, l'IFES affirmait la nécessité d'un accord théologique et, plus encore, d'une pureté théologique, pour un témoignage commun. On comprend la perplexité de Maury qui rapporte qu'il a

> toujours été impressionné par la crainte manifestée par les membres de l'IFES de voir l'hérésie, sous une forme ou une autre, s'introduire dans leur milieu ou, d'une manière générale, dans la vie de l'Église. Chaque fois que j'ai discuté avec eux des dangers de l'œcuménisme, ils m'ont répondu que, dans le mouvement œcuménique, il y a des gens dont ils ne peuvent pas partager la foi. Je pense qu'ils diront la même chose de la Fédération[44].

Maury concède en outre qu'« il y a dans la Fédération des gens avec la foi desquels je ne suis pas moi-même d'accord, et que je considère comme des hérétiques[45] », mais cela ne le concerne pas vraiment, puisque sa compréhension de l'Église ne repose pas sur un accord théologique[46]. Cette forte divergence ecclésiologique, sur laquelle nous reviendrons bientôt plus en détail, entrave

---

43. MACKIE, « Relationships », septembre 1946, p. 4.
44. Philippe MAURY, « Document IV et notes supplémentaires du symposium de la FUACE de 1957 », lettre à la South African Student Christian Association, décembre 1954, p. 5, Archives FUACE 211.16.39/1.
45. *Ibid.*
46. Et en effet, cette tolérance de l'hérésie au sein de la FUACE était une ligne rouge pour l'IFES. Comme le résume Boyd, « Le SCM était en effet considéré comme un corps hérétique, qui ne pouvait être approché que par la proclamation de l'Évangile, et non par le partage d'une étude biblique ». BOYD, *The Witness of the Student Christian Movement*, p. 85.

toute possibilité de fusion entre les deux mouvements, au grand dam du Secrétaire général de la FUACE, qui conclut que l'IVF

> est contre le mouvement œcuménique tel qu'il est connu actuellement. Elle estime qu'il est mauvais et qu'il faut s'y opposer, que ce soit secrètement ou ouvertement. L'I.V.F. croit que nous ne pouvons pas atteindre le degré de compréhension que nous avons atteint sans compromettre la foi. Par exemple, l'I.V.F. est anti-sacerdotal et n'accepte pas les vues ou les pratiques « catholiques ». Par conséquent, toute relation constructive entre protestants et orthodoxes, et encore moins entre protestants et catholiques romains, constitue une trahison fondamentale de la foi évangélique. En fait, il peut y avoir la même trahison au sein de l'anglicanisme et du luthéranisme, et tout ce qui relève de la Haute Église est contraire à l'Évangile[47].

Le caractère très évangélique de l'IFES ne pouvait donc pas être facilement mis de côté pour une coopération : pour l'IFES, renoncer à sa spécificité théologique aurait sapé son fondement même. On pourrait même analyser le conflit entre la FUACE et l'IFES comme une guerre par procuration entre le COE et l'Alliance évangélique mondiale, même si cette dernière n'est presque jamais mentionnée dans la documentation[48]. Il y avait deux visions de ce que signifie être « Église », et donc deux approches du ministère étudiant. C'est vers une analyse plus approfondie des arguments ecclésiologiques avancés par la FUACE que nous nous tournons maintenant.

La FUACE et l'IFES et leurs relations avec l'autorité de l'Église

> En fait, je suis plutôt convaincu personnellement que la différence fondamentale entre l'IFES et la Fédération réside plutôt dans notre conception d'une attitude envers l'Église[49].

Deux arguments principaux sont avancés par la FUACE : le premier est que l'Église est la communauté, appelée par Dieu, à laquelle appartiennent tous ceux qui se disent chrétiens ; le second, que si l'IFES a affirmé qu'elle n'était pas une Église, son mépris des autorités ecclésiastiques établies, couplé à la promulgation d'une déclaration de foi, revient pratiquement à fonctionner comme

---

47. MACKIE, « Relationships ... Memorandum 2 », août 1947, p. 5.
48. Lane SCRUGGS, « Evangelicalism and Ecumenism. The World Evangelical Alliance and Church Unit », *Fides et Historia* 49, no. 1, 2017, p. 85-103.
49. MAURY, « Document IV », p. 3.

une nouvelle Église, ou du moins une dénomination – ce second point étant un péché impardonnable aux yeux de la FUACE. Maury résume ainsi la situation :

> Notre unité chrétienne les uns avec les autres est le résultat non pas d'un accord théologique, ni même d'un amour mutuel, mais de l'amour éternel de Dieu pour nous. Si nous ne parvenons pas à prêcher l'Évangile du salut ou à vivre cet Évangile dans nos relations personnelles, sociales et raciales, nous nous opposons à l'unité que Dieu a fondée en Jésus-Christ, mais nous ne l'annulons pas. L'Église de Jésus-Christ est une, non pas comme un simple accomplissement de chrétiens, mais comme la plénitude de celui qui remplit tout en tous. Les hommes ont divisé l'Église et ont ainsi déchiré et déformé la vérité de Dieu, mais la vérité demeure dans l'Église, qui est encore reconnaissable par la foi à travers les Églises existantes[50].

L'analyse de Maury mêle des arguments sotériologiques, missiologiques et ecclésiologiques. L'IFES répondrait que leur compréhension de la mission et de l'Église diffère. Maury comprend bien l'IFES, cependant, si l'on considère l'affirmation de Johnson selon laquelle « notre définition de l'"ecclesia" prend la forme du Nouveau Testament, c'est-à-dire la communauté de tous les vrais croyants. À long terme, nous sommes sûrs que les amis de l'union œcuménique ont tout à gagner et rien de valable à perdre en adhérant complètement à une définition néotestamentaire de l'Église[51] ».

La conséquence évidente de cette compréhension de l'Église en tant qu'assemblée de « vrais croyants[52] » a conduit l'IFES, comme nous l'avons vu plus haut, à développer très tôt sa base doctrinale comme moyen de définir non seulement son ministère mais aussi ce qui devait être « dedans » et ce qui devait être tenu à l'écart. Ainsi, le caractère inclusif de la FUACE rendait la coopération improbable, comme Woods l'avait laissé entendre à Maury peu avant

---

50. Dans Robert C. MACKIE, « Statement on the Relationship of the Federation with I.F.E.S. », official position paper, 1957 Symposium for the Use of Student Christian Movements and Their Leaders, Genève, Fédération universelle des associations chrétiennes d'étudiants, 1949, p. 5, WSCF Archive 213.16.39/1.
51. JOHNSON, lettre à Greer, p. 3.
52. Le point J de la base doctrinale affirme que l'IFES croit en « L'Église une, sainte, et universelle, à laquelle appartiennent tous les vrais croyants, est le corps du Christ ». « Constitution », août 1947, p. 2.

la consultation de la FUACE. Dans un rare moment de distanciation apparente avec le CE, Woods aurait déclaré que

> ce qui rendait impossible la coopération ou l'unification à l'heure actuelle, c'était l'attitude d'un certain nombre de membres de l'IFES sur la conception de l'Église et de la communauté chrétienne, à savoir une communauté fondée sur un accord théologique, alors que dans le Mouvement œcuménique, elle est fondée principalement sur la reconnaissance commune que Dieu en Jésus-Christ est créateur de l'Église[53].

D'après ce que l'on peut lire dans d'autres sources rédigées directement par Woods, cela ressemble à une manœuvre tactique de sa part. Cela pourrait toutefois indiquer que sa propre approche était peut-être plus pragmatique que celle des autres membres du CE de l'IFES[54].

L'idée que l'IFES se fait de l'Église en tant que communauté fondée sur un accord théologique ne peut être comprise correctement sans tenir compte de l'éthique très protestante de l'IFES. Les individus peuvent s'accorder sur des convictions théologiques en tant que communauté, mais lorsque l'on considère la question de l'adhésion, il semble logique de conclure qu'un individu doit avoir développé ses convictions et pris sa décision avant de rejoindre l'IFES. Cette conviction théologique peut, bien sûr, être le fruit d'une vie dans une communauté ecclésiale théologiquement proche de l'IFES, mais il semble peu probable de pouvoir la comprendre sans un certain degré d'individualisme. Ce « sacerdoce du croyant » permet à l'étudiant d'être « apte à devenir membre ». La plupart de ceux qui, à la FUACE, étaient activement en contact avec les dirigeants de l'IFES au niveau des responsables, étaient protestants, certains ayant grandi dans des foyers évangéliques ; cela les aurait rendus enclins à l'idée courante chez les catholiques romains, que les protestants sont irrémédiablement individualistes. Pourtant, c'est exactement le même argument que la FUACE allait opposer à

---

53. Philippe Maury, « Memorandum on IFES. Report on a Meeting with Stacey Woods », Chicago, 21 décembre 1955, p. 1, WSCF Archive 213.16.39.
54. Maury rapporte encore que « Stacey Woods, de son côté, m'a dit que, tout en étant personnellement très soucieux de réaliser cette sorte de *rapprochement* et même d'unité, il ne pouvait, dans les circonstances actuelles, que procéder très lentement et avec une grande prudence, en raison des divisions qui existent au sein même de l'I.F.E.S., entre ce que nous pourrions appeler les éléments ouverts et les éléments inflexibles. Alors qu'il semble que le groupe américain, par exemple, serait beaucoup plus ouvert aux contacts œcuméniques... au contraire, les Britanniques et les mouvements norvégien et hollandais représentent actuellement les groupes les plus inflexibles de l'I.F.E.S. ». Maury, « Memorandum on IFES », p. 1.

l'IFES : sa théologie était trop individualiste, voire libérale, comme le montre cet extrait plutôt ironique de la longue lettre de Maury :

> À diverses reprises, lorsque j'ai discuté avec des dirigeants et des membres de l'IFES, j'ai été impressionné à la fois par un certain manque d'intérêt de leur part pour la réalité visible de l'Église – je veux dire nos Églises historiques – et par ce que *je pourrais appeler, au risque de choquer certains de mes amis de l'IFES, une conception très libérale de l'Église.* Sur le premier point, *j'ai toujours eu le sentiment que l'IFES mettait davantage l'accent sur l'importance de la foi individuelle, de l'obéissance individuelle, de la piété individuelle, que sur la participation à la communauté de l'Église. Plus encore, j'ai été surpris par le manque d'intérêt pour les différents signes de la vie de l'Église.* Je pense, par exemple, aux confessions de foi historiques de l'Église, aux autorités visibles des Églises, à la vie des congrégations locales. (Dans certains cas, cela va jusqu'à un certain manque d'intérêt pour la vie sacramentelle, mais je sais que ce n'est pas universel.) Pour être plus précis, *je critiquerais fortement l'IFES sur deux points distincts : dans de nombreux cas, elle ne se sent pas vraiment responsable d'amener ses membres à participer activement à la vie de l'Église ; et en second lieu, en appelant ses membres à souscrire à une déclaration doctrinale sous forme de confession de foi, elle se substitue réellement à l'Église, et se comporte même comme si elle était une nouvelle dénomination ou confession.* Je pense que sur ce point, il y a vraiment une différence considérable entre la Fédération et l'IFES[55].

Il est en effet ironique de considérer la position de l'IFES comme « libérale » alors que l'IFES affirme constamment que son émergence a été rendue nécessaire par le libéralisme théologique. Outre la question sacramentelle, qui s'explique facilement par le grand nombre de responsables IFES issus de traditions d'Église « libres » ou en tout cas peu liturgiques, la question de l'appartenance des étudiants et des diplômés aux Églises était en effet un sujet de préoccupation constant pour l'IFES[56]. Comme l'écrira un jeune diplômé quelques décennies

---

55. MAURY, « Document IV », p. 4 ; c'est nous qui soulignons.
56. Ce qui ne signifie pas non plus que tout a toujours été facile pour les étudiants du SCM. Tatlow raconte l'histoire de la fondation en 1912 de « The Auxiliary of the Student Movement of Great Britain and Ireland » – dont il a assumé la présidence – qui avait deux objectifs : « Réunir dans une communauté d'intercession et de don les anciens membres du mouvement chrétien étudiant. Aider les membres à passer au service actif de l'Église

plus tard, « l'enseignement évangélique sur la manière dont le corps du Christ se manifeste à travers ses membres individuels peut difficilement être mis en défaut. Mais il y a autre chose à souligner. Tout diplômé chrétien doit voir la préoccupation exprimée dans l'Écriture pour l'Église locale individuelle[57]. » Ce qui est frappant, c'est que de plus en plus d'articles sont parus sur le thème de l'intégration des étudiants dans les Églises locales au cours des dernières années de l'IFES, mais qu'il y en a eu moins dans la période contemporaine aux consultations de la FUACE. Cela ne signifie pas, cependant, que les écrits de l'IFES n'ont pas démontré, très tôt, un souci régulier d'encourager les étudiants à faire partie des communautés locales :

> Le groupe chrétien n'est pas une Église, car il lui manque, entre autres, la maturité des vrais anciens et les moyens de pratiquer les ordonnances ; il ne témoigne pas non plus directement à la « société en général ». L'étudiant, en tant que membre de la « société en général », devrait être membre d'une Église locale et son adhésion au groupe chrétien ne devrait pas être considérée comme un substitut[58].

La deuxième accusation de la lettre de Maury est cependant beaucoup plus substantielle sur le plan ecclésiologique que la référence à l'individualisme : « En demandant à ses membres de souscrire à une déclaration doctrinale sous forme de confession de foi, elle se substitue réellement à l'Église[59]. » Aux yeux du Secrétaire général de la FUACE, il était évident que le fondement doctrinal de l'IFES était en fait la création d'une nouvelle Église. Dans la même veine et en termes non équivoques, la « Commission sur la vérité et la doctrine » de la consultation de 1956 affirme que « la formulation et l'acceptation de la doctrine sont la tâche des Églises[60] ». Tout aussi claire avait été la réponse rapportée d'une délégation SCM à la première convention missionnaire nord-américaine de l'IVCF en 1946[61] à la remarque d'un membre du personnel local selon laquelle la base

---

chrétienne. » Tatlow, *The Story of the Student Christian Movement of Great Britain and Ireland*, p. 728. Bruce analyse cette création comme une reconnaissance implicite que les Églises étaient trop « étroites » pour accueillir les jeunes diplômés. Bruce, « The Student Christian Movement and the Inter-Varsity Fellowship », p. 267.

57. Swee-Eng Aw, « But When I Left College I Couldn't Fit into a Church », *In Touch* 1, 1984, p. 3.
58. James Johnston, « A Biblical Philosophy of Student Witness », *IFES Journal* 2, 1966, p. 8.
59. Maury, « Document IV », p. 4.
60. « Report of the Commission on Truth and Doctrine », Groupes de travail de la consultation œcuménique de la FUACE de 1956, Céligny, 1956, p. 1, Archives FUACE 213.16.39/2.
61. Plus tard, les conventions d'Urbana.

doctrinale était simplement un prolongement contemporain de la doctrine des réformateurs :

> Notre réaction est que même si ces points peuvent être trouvés dans les déclarations doctrinales des Églises, un groupe d'étudiants n'est pas l'organe pour formaliser et appliquer les règles, en particulier lorsque les tribunaux les plus autoritaires des Églises citées n'ont pas été consultés et n'accepteraient pas le processus[62].

Le fossé pourrait difficilement être plus profond : d'un côté, un mouvement d'étudiants qui s'en remet aux Églises pour définir les doctrines et qui est heureux de « porter humblement le fardeau de la désunion chrétienne[63] » ; de l'autre, un autre mouvement qui considère qu'il est nécessaire de fixer par écrit ses croyances fondamentales pour assurer un terrain d'entente satisfaisant pour le ministère[64]. La déclaration doctrinale est donc le champ d'une bataille acharnée entre l'IFES et la FUACE :

> La raison pour laquelle la Fédération ne détient aucune base doctrinale détaillée et ne demande pas à ses membres de souscrire à une déclaration de foi personnelle est notre conviction que la confession de foi est à proprement parler l'une des marques de l'Église, et nous ne souhaitons pas que nos membres confessent leur foi sauf dans la communion de leur Église particulière dans laquelle ils ont été baptisés et reçus[65].

Ce qui est en jeu ici est une question de non-négociables. Pour l'IFES comme pour la FUACE, le témoignage est la priorité. Pour cette dernière, cependant, l'unité

---

62. Hilda BENSON, le révérend Candy DOUGLAS et le révérend Gerald HUTCHISON, « Extracts from a Report on the Conference for Missionary Advance, Toronto, 1946 », Toronto, Fédération universelle des associations chrétiennes d'étudiants, janvier 1947, p. 11, Archives FUACE 213.16.39/2.
63. MACKIE, « Statement on the Relationship of the Federation with I.F.E.S. », p. 9.
64. Un aspect négligé par les analystes de la FUACE, cependant, est que l'IFES exige des mouvements nationaux candidats à l'adhésion qu'ils soumettent des lettres de recommandation de pasteurs locaux afin de s'assurer que ces nouveaux mouvements sont connus des chrétiens du pays. Cette exigence démontre le respect des communautés ecclésiales locales.
65. MAURY, « Document IV », p. 4-5. Même si la plupart des documents tendent à donner l'impression d'une relation très claire entre la FUACE et les Églises, il a été noté lors de la consultation de 1956 que la question restait complexe : « Parce que la compréhension actuelle par le SCM de sa relation avec l'Église n'est pas entièrement satisfaisante, nous demandons [une] clarification continue de cette question. Un endroit où cela pourrait être fait serait en relation avec la révision des objectifs de la constitution de la FUACE. » « Report of the Commission on the Student Christian Community », p. 1.

des chrétiens sur le campus sera l'argument le plus efficace pour que d'autres – qui ne peuvent pas être classés au préalable dans des catégories chrétiennes/ non chrétiennes – considèrent la foi chrétienne. Pour l'IFES, c'est le *contenu convaincant de la foi* (doctrine) qui convaincra les non-chrétiens de considérer la foi chrétienne. De là découlent les convictions ecclésiologiques : l'unité avec les Églises locales actuelles pour témoigner et la soumission à leur autorité, par opposition à l'unité de doctrine entre les Églises locales, rassemblant « tous les vrais croyants » pour le témoignage[66]. Finalement, la question ecclésiologique devient aussi une question de pouvoir et d'autorité[67] : à l'esprit plus libre de ceux de l'IFES répondent les défenseurs de la FUACE à l'esprit plus clérical[68]. Formée dans le but de régler la question, la déclaration officielle de la FUACE est sans équivoque : « Dans la Fédération, nous cherchons à être fidèles à l'enseignement et aux traditions de nos propres Églises, sachant qu'il existe une vérité de Dieu qu'elles représentent partiellement. Nous ne cherchons pas à construire une secte avec un credo qui lui serait propre[69]. »

L'accusation de sectarisme est violente et reflète les luttes de pouvoir à l'œuvre dans le conflit entre l'IFES et la FUACE. Alors que les documents de cette dernière mentionnent rarement leurs liens avec le COE, les groupes SCM sont principalement liés aux Églises traditionnelles établies, même dans le monde majoritaire où ils ont souvent hérité des anciennes structures coloniales. Lorsque l'IFES entre en scène, elle ne peut que représenter un défi pour les dirigeants. Comme le résume bien Stackhouse, il existe un lien plus étroit entre les Églises établies et la culture qu'avec les mouvements « sectaires » ou « séparatistes » :

---

66. « La Fédération considère que l'évangélisation est inéluctablement liée à l'œcuménisme parce que la division scandaleuse de l'Église nie son message de rédemption et de réconciliation au monde non chrétien. La Fédération des étudiants évangéliques voit dans l'œcuménisme un détournement confus et dangereux de la tâche consistant à rendre un témoignage clair à Jésus-Christ. » SHINN, « The International Fellowship of Evangelical Students », p. 31.

67. Parlant du contexte américain, un haut responsable de la FUACE a fait une analyse similaire : « Sur une génération d'étudiants qui peut être caractérisée, si je peux généraliser, par un manque de conviction, d'engagement et de relations communautaires, cet effort s'est avéré très attrayant pour de nombreux étudiants. Je réagis à la croissance de l'I.V.F. comme un jugement sur une grande partie du travail étudiant organisé, c'est-à-dire dominé ou parrainé par l'Église. » Roger BLANCHARD, « Concerns of Proposed Ecumenical Consultation » (c.1955), 54, WSCF Archive 213.16.39/2.

68. La relation de la théologie de l'IFES, même si elle est très implicite, avec la compréhension de J. N. Darby de l'apostasie de l'Église ne doit pas être négligée. Étant donné le nombre de membres influents issus des assemblées de Frères dans les premiers dirigeants de l'IFES, il est difficilement concevable que cela n'ait pas été quelque peu important.

69. MACKIE, « Statement on the Relationship of the Federation with I.F.E.S. », p. 9.

Une « Église » est une dénomination qui jouit d'un statut dans la culture, qui participe à la culture, et qui manifeste en fait quelque chose comme un intérêt propriétaire dans la culture. Elle inclut de nombreuses personnes dont l'allégeance n'est que nominale et comprend généralement une variété de points de vue et de pratiques (vestige de l'idée d'« Église territoriale ») dans le cadre de sa stature de dénomination largement « acceptée » et « acceptante ». La « secte », en revanche, ne jouit d'aucun statut dans la culture, mais s'en sépare plutôt consciemment. Elle est composée uniquement de « croyants », uniquement de ceux qui y adhèrent consciemment et qui maintiennent sa discipline intellectuelle et comportementale[70].

À l'inverse, contre le recours aux autorités ecclésiastiques établies pour délimiter la doctrine, Woods a une approche plus directe qui trahit manifestement ses propres origines dans les assemblées de Frères. Au lieu de faire appel à la tradition historique, il fait appel à l'histoire de « l'homme ordinaire » :

À travers les âges, Dieu le Saint-Esprit a donné aux hommes sincères de Dieu une compréhension *commune* de toute vérité vitale et essentielle. Depuis les premiers jours de l'Église jusqu'à aujourd'hui, Dieu a donné une compréhension *commune*, une interprétation *commune*, une conviction *commune* concernant toutes les questions fondamentales de la foi et de la pratique chrétiennes. Cette interprétation n'est pas un jugement personnel subjectif, mais elle *a cette mesure d'autorité objective qui vient de la voix commune des hommes de Dieu à travers les âges.* Partout où la Bible est considérée comme la parole de Dieu faisant autorité, et où l'on dépend humblement de la lumière et de la direction du Saint-Esprit à travers cette parole, la véritable doctrine chrétienne a émergé, et Dieu le Saint-Esprit a conduit les chrétiens sincères à une compréhension *commune* de sa pensée et de sa volonté[71].

L'idée des « hommes sincères » à qui Dieu s'est révélé au cours de l'histoire est très importante pour Woods : il existe une communauté, mais il s'agit en réalité d'une « communauté imaginée[72] » des fidèles, d'une « Église de tous les vrais

---

70. John G. STACKHOUSE, *Canadian Evangelicalism in the Twentieth Century. An Introduction to Its Character*, Toronto, University of Toronto Press, 1993, p. 13.
71. C. Stacey WOODS, *What Is Biblical Christianity ?* (IVCF USA, s.d.) ; cité dans SHINN, « The International Fellowship of Evangelical Students », p. 14, italiques dans l'original de Shinn.
72. En référence à l'ouvrage important : Benedict R. ANDERSON, *L'imaginaire national. Réflexions sur l'origine et l'essor du nationalisme*, original en anglais 1983, Paris, La Découverte, 2015.

croyants » et non d'une institution. C'est un mélange fascinant d'individualisme et de communautarisme que présente le premier secrétaire général (SG) de l'IFES. Écrivant dans le périodique de l'IVCF américain, le ton est assez populiste[73], mais pas simpliste : au cœur de son plaidoyer se trouve une conviction profonde que Dieu se révèle aux individus et que l'Église vient ensuite[74]. Cette idée est d'ailleurs fortement déplorée par les milieux de la FUACE, comme le montre l'analyse suivante de cette citation de Shinn. Pour elle, Woods

> ne définit pas en termes historiques quels sont les hommes à travers les âges qui ont tenu ces vérités, la vérité doctrinale tenue par les fragments de l'Église avec lesquels Woods et l'IFES sont d'accord. Il semblerait que Woods ait commencé par l'accent protestant sur la liberté de lire les Écritures sous la direction du Saint-Esprit[75].

Nous trouvons ici un mélange des accusations d'individualisme et de particularisme théologique. L'idée que les gens lisent la Bible par eux-mêmes et ne s'en remettent pas à la supervision d'un clerc semble être une pierre d'achoppement aux yeux de Shinn. Ainsi, alors que Woods et ses collègues se considéraient comme les héritiers de la théologie orthodoxe, ils sont accusés de n'être les représentants que de « ces fragments de l'Église ». La conséquence logique, pour Shinn, est l'ostracisme théologique :

> Il a donc donné à ses idées... une validité et une autorité uniques – un droit de rejeter les autres comme non chrétiens – aussi arbitraires que l'autorité qu'un ecclésiastique de haut rang revendique pour sa doctrine sur des bases historiques. Pour prendre un exemple crucial, Woods revendique comme une compréhension commune, comme la seule compréhension donnée aux hommes de Dieu sincères à travers les âges, la doctrine substitutive de l'expiation[76].

Il n'y a rien de nouveau dans cette affirmation d'une personne liée à la FUACE selon laquelle la doctrine de la substitution pénale est trop marginale en théologie pour devenir un test décisif de la communion chrétienne. Cependant, ce qui est rare, c'est de voir une allusion à l'alternative théologique des dirigeants de la

---

73. Pour une discussion éclairante sur les liens entre la culture américaine et la théologie, voir Nathan O. Hatch, « Evangelicalism as a Democratic Movement », dans *Evangelicalism and Modern America*, sous dir. George M. Marsden, Grand Rapids, Eerdmans, 1984, p. 71-82.
74. Woods était diplômé du Dallas Theological Seminary. Son dispensationalisme personnel peut avoir fait surface ou du moins avoir été compris par certains de ses interlocuteurs.
75. Shinn, « The International Fellowship of Evangelical Students », p. 15.
76. *Ibid.*

FUACE. Dans la suite de la citation ci-dessus, Shinn fait référence au livre influent de Gustaf Aulén, *Christus Victor*[77], indiquant le modèle d'expiation préféré dans les cercles de la FUACE[78]. Il n'y a cependant pas de véritable discussion théologique : La vision de l'IFES sur l'expiation est – conformément à l'argument d'Aulén – jugée individualiste et donc incompatible avec les préoccupations missiologiques de l'époque[79].

Woods est bien conscient des critiques soulevées par la position de l'IFES et y répond en général en termes très clairs. Sa position, cependant, est beaucoup moins préoccupée par les expressions locales de la vie ecclésiale que par la solidité théologique de ceux qui sont membres de son organisation. Un an après la consultation de la FUACE, Woods écrit que

> face à la critique selon laquelle l'union évangélique est indépendante ou n'a aucun lien avec l'Église, l'union évangélique devrait affirmer sa véritable unité avec l'Église historique de Jésus-Christ dans l'évangélisation universitaire, *une unité qui n'est pas une simple externalité* mais qui est inhérente à la vie et au témoignage biblique de l'union évangélique. De même, les Églises qui témoignent véritablement de la « foi remise une fois pour toutes aux saints » pourraient utilement affirmer leur unité spirituelle avec les unions évangéliques dans les universités du monde entier[80].

Ici aussi, le langage est clair et net. Il y a soit une unité théologique avec « l'Église historique de Jésus-Christ », soit une unité « qui est une simple externalité ». Alors que ceux de la FUACE considèrent la diversité théologique comme un atout, Woods et ses collègues la voient comme une menace, citant Jude 3, un verset du Nouveau Testament que l'on retrouve souvent dans les documents de l'IFES. Le souci de prévenir l'hérésie au sein de l'IFES laisse

---

77. Gustaf AULÉN, *Christus Victor. La notion chrétienne de rédemption*, trad. G. Hoffmann-Sigel, Paris, Aubier, 1949.
78. Ceci est cohérent avec la préoccupation plus générale des milieux de la FUACE et du COE pour la théologie politique et la lutte contre les injustices structurelles.
79. Cela ne signifie pas que Woods était inconscient de la théologie du Christus Victor, comme le montre la citation suivante. Il ne mentionne cependant pas le péché structurel, même s'il aurait pu être subsumé sous « la chair et le diable » dans l'esprit de Woods : « Au Calvaire, le Christ, le dernier Adam, Christus Victor, en plus de supprimer le péché par le sacrifice de lui-même et de mourir comme notre substitut, a traité la question cosmique du péché. Il est devenu vainqueur du monde, de la chair et du diable, et par droit de conquête morale et spirituelle, il a légalement vaincu Satan. Et ainsi, ce monde est redevenu celui de Dieu. » C. Stacey WOODS, *Some Ways of God*, Downers Grove, InterVarsity Press, 1975, p. 33.
80. C. Stacey WOODS, « Evangelical Unions and the Church », *IFES Journal* 10, no. 3, 1957, p. 5 ; c'est nous qui soulignons.

perplexe les membres de la FUACE comme Maury, qui rétorquent que « l'Église est le corps du Christ rassemblé par son action rédemptrice. Bien sûr, il y a de l'hérésie et de l'incrédulité dans l'Église[81] ».

Interagir avec le monde étudiant : différences missiologiques

Lors de la consultation de 1956, un dernier point de désaccord sérieux entre la FUACE et l'IFES apparaît : la question missiologique du rapport entre les groupes d'étudiants et le monde. Mais avant d'examiner en détail les points de désaccords, et de peur que le lecteur ne se demande si les mouvements de la FUACE étaient les tenants d'une quelconque « théologie séculière » uniquement intéressée par « le monde », et l'IFES, par des approches « piétistes » de l'évangélisation, il est essentiel de souligner qu'au moins jusqu'au milieu des années 1950, les deux mouvements avaient un sens très clair de leur appel à témoigner – à participer à la mission – sur le campus. Dans une déclaration que tous les responsables de l'IFES auraient signée sans hésitation, la Commission sur la « Communauté des étudiants à l'université » affirme que « la communauté chrétienne ne peut exister pour elle-même. Dieu la donne pour témoigner dans le monde de son Salut du monde. La communauté et la mission sont inséparables. Sans mission, la communauté cesse d'être chrétienne[82] ». Il en va de même d'une considération plutôt rare sur la nécessité d'une organisation paraecclésiale, toujours écrite par Maury à ses destinataires sud-africains :

> La seule justification de l'existence de mouvements qui regroupent des étudiants ou des élèves chrétiens indépendamment des autres membres de l'Église, la raison pour laquelle il y a un besoin de mouvements chrétiens étudiants en dehors des congrégations locales ne découle, à mon avis, que du besoin d'un instrument particulier pour évangéliser les universités et les écoles[83].

Comme nous l'avons vu ci-dessus, la FUACE considère que la théologie et la pratique de l'IFES sont trop étrangères au monde. Cette analyse semble découler du souci de pureté doctrinale de l'IFES, exprimé dans son insistance sur l'accord doctrinal et les politiques de non-coopération. À l'inverse, la FUACE est fière de s'engager dans le monde étudiant d'une manière beaucoup plus approfondie.

---

81. Maury, « Document IV », p. 5.
82. « Report of the Commission on the Student Christian Community », p. 1.
83. Maury, « Document IV », p. 8.

C'est comme si la clarté de la doctrine et l'engagement avec le monde étaient incompatibles :

> L'IVF insiste sur la pureté de vie et de doctrine pour que l'évangélisation soit efficace. La Fédération tend à mettre l'accent sur la maîtrise de la langue du monde pour parler avec les étudiants de son monde ; et cherche à utiliser cette langue avec honnêteté et intégrité. La discipline de la Fédération est celle de l'amour (identification) et de l'intégrité. En fait, la vraie différence est une question d'accentuation[84].

Conformément à son caractère inclusif, la théologie de la FUACE présume que le salut est un processus potentiellement très large, voire communautaire. À l'inverse, les mouvements de l'IFES, cohérents avec l'accent plus marqué de la théologie évangélique sur la piété individuelle, ont tendance à cibler les étudiants individuellement plutôt que la communauté universitaire au sens large. Pour reprendre brièvement les termes d'un analyste de la FUACE, « le groupe fondamentaliste pose les exigences en matière de doctrine et de discipline mais ne soulève aucune question sur la société dont il fait partie[85] ». Dans la même veine, John Deschner, futur modérateur de la commission « Foi et Constitution » du COE, affirme que

> l'IVF s'adresse à l'étudiant lui-même, en tant qu'individu, en tant que descendant d'Adam[86]. La Fédération essaie de s'adresser à l'étudiant dans une situation concrète, de parler de ses problèmes et de la forme que doit prendre sa formation à l'université. La différence réside dans la méthode plutôt que dans le principe[87].

Cette différence de méthode a toutefois des implications missiologiques de grande ampleur. Soit un groupe d'étudiants se considère comme partie intégrante d'une communauté d'étudiants et ses membres doivent donc s'engager dans la tâche ardue de comprendre soigneusement le terrain de leur témoignage afin de l'atteindre de manière pertinente ; soit ils considèrent que la vie universitaire est plutôt accidentelle et, du moins en partie, sans importance pour la manière

---

84. John DESCHNER, « Evangelism », Summary of address given at the 1956 WSCF Ecumenical Consultation, Céligny, 1956, p. 2, Archives FUACE 213.16.39/2.
85. VOLZ, « The InterVarsity Christian Fellowship », p. 19-20.
86. Ici, l'hypothèse sous-jacente est à nouveau le débat sur la doctrine personnelle (substitutive) versus la doctrine plus communautaire (*Christus Victor*) de l'expiation.
87. DESCHNER, « Evangelism », p. 1.

dont le message chrétien est vécu et transmis. Ainsi, la Commission de la FUACE sur l'évangélisation rapporte en 1956 que

> l'ensemble de la vie et du programme du SCM doit être considéré à la lumière de son cadre concret au sein de l'ensemble de la communauté universitaire. Dieu a appelé le SCM à rendre son témoignage chrétien pertinent et stimulant pour tous les étudiants et enseignants, ainsi que pour les responsabilités particulières de l'ensemble de la communauté chrétienne de l'université[88].

Cette déclaration et le ton général du rapport impliquent qu'il s'agissait d'une différence majeure entre la FUACE et l'IFES, et il est frappant de trouver très peu de prises de position aussi articulées sur le thème du témoignage et de la communauté universitaire dans les documents contemporains de l'IFES. Notons que les années 1970 verront beaucoup plus de ces préoccupations émerger et être défendues, une fois que les mouvements SCM auront considérablement perdu de leur influence[89]. La FUACE se donne beaucoup de mal pour souligner la nécessité de « faire entendre une voix chrétienne dans la communauté universitaire. » Exemplaire à cet égard est l'extrait suivant du même rapport qui, même sans fournir beaucoup de détails concrets, montre néanmoins une approche remarquablement contextualisée, s'adressant non seulement aux étudiants mais aussi aux enseignants et à la recherche :

> *L'Évangile doit être proclamé dans ce contexte de telle sorte qu'il puisse conduire à l'engagement total des personnes, faisant d'elles des étudiants et des enseignants chrétiens – des chrétiens qui trouvent, dans leur vie académique commune et leur travail quotidien d'enseignement, d'étude, de recherche, une vocation à laquelle Dieu les a appelés. La tâche de la communauté chrétienne d'étudiants ne doit donc pas être conçue indépendamment du travail universitaire, mais comme ayant une relation intégrale avec celui-ci.* Il ne s'agit pas d'évangéliser en pensant aux implications intellectuelles, mais d'évangéliser les personnes dans et par leur vie intellectuelle, ainsi que par les aspects émotionnels et autres de leur vie. Cela exige des formes de témoignage chrétien où le Seigneur de la Vérité peut prononcer sa parole de jugement, de rédemption et d'illumination

---

88. « Report of the Commission on Evangelism », working groups of the 1956 WSCF Ecumenical Consultation, Céligny, 1956, p. 2, Archives FUACE 213.16.39/2.
89. Ronald PRESTON, « The Collapse of the SCM », *Theology* 89, no. 732, 1986, p. 431-440 ; Risto LEHTONEN, *Story of a Storm. The Ecumenical Student Movement in the Turmoil of Revolution, 1968 to 1973*, Grand Rapids, Eerdmans, 1998.

dans la recherche de la vérité par la communauté universitaire, incitant les personnes à s'engager pleinement et à avoir une vocation chrétienne. Le *témoignage chrétien, rendu concrètement dans le cadre de l'Université, devrait servir à la fois à renouveler et à soutenir le ferment intellectuel qui est essentiel au caractère rationnel de l'Université*[90].

Le souci et l'attention portés à l'université en tant qu'institution d'enseignement supérieur sont frappants et rarement présents dans les documents de l'IFES de la même période. Dans ces documents de l'IFES, l'intérêt pour l'université est presque toujours subsumé à la nécessité d'atteindre sa population d'une manière amicale, mais l'approche est toujours très proche de la « proclamation ». À cela, la FUACE – soit dans un rejet implicite des « semaines de mission » de l'IVF, soit comme une observation générale – ajoute que

> nous croyons que la proclamation directe de l'Évangile est une activité essentielle de la Fédération. Elle se fait dans le cadre des cultes, des admissions à l'université, des études bibliques et de toute autre forme de témoignage à laquelle la Fédération peut être appelée... Ceci étant dit, *nous insistons, d'autre part, sur le fait que dans nos universités sécularisées, de nombreux étudiants ne seront jamais atteints par ce que l'on appelle l'évangélisation directe. Nous devons vivre parmi eux simplement comme des hommes parmi les hommes, convaincus que la vie nouvelle que le Christ a commencée en nous devrait nous rendre non pas moins, mais plus pleinement humains, partageant les intérêts et les problèmes de nos camarades étudiants*[91].

Cette préoccupation pour les problèmes des étudiants sur le campus – en gros une préoccupation sociopolitique – devrait avoir des implications programmatiques, comme le soutient Maury, en donnant du fil à retordre aux groupes IFES :

> Dans la plupart des cas, le programme d'un groupe IVF accordera beaucoup moins d'attention aux questions politiques et sociales que celui d'un SCM dans des situations similaires. On pourrait dire que l'IVF a souvent tendance à adopter une position « apolitique », que les groupes SCM critiqueront comme étant « de facto conservatrice »

---

90. « Report of the Commission on Evangelism », p. 3 ; c'est nous qui soulignons.
91. *Ibid.*, p. 2 ; c'est nous qui soulignons.

et « piétiste » [...] À moins que je ne me trompe complètement, je pense que l'une des principales différences entre l'IVF et le SCM réside dans leur compréhension différente de l'évangélisation dans le monde. Alors que dans la Fédération nous avons beaucoup insisté sur la signification évangélique de notre « présence » dans le monde, dans l'IVF l'évangélisation revient souvent à un appel à s'éloigner du monde. Alors que dans la FUACE nous avons souligné la place de l'action politique et sociale dans l'évangélisation, les membres de l'IVF regardent les questions politiques et sociales avec une suspicion consciente ou implicite, comme des tentations et des menaces pour la pureté chrétienne[92].

Là encore, le reproche est sévère : ne pas s'engager dans l'activisme social signifie soutenir le statu quo. Bien que cela ne soit pas vrai pour de nombreuses questions sociales, comme le montre le seul exemple de la position de Stacey Woods sur l'intégration raciale, une position très impopulaire à l'époque de son mandat à l'IVCF USA[93], époque durant laquelle il était en effet de règle de ne pas s'engager dans les débats politiques. David Adeney, fort de son expérience de ministère international, explique que

> *l'IFES ne se laisse pas entraîner dans les problèmes sociaux et politiques du moment. Elle est inspirée par une seule passion, « prêcher le Christ ». Elle reconnaît cependant que ses membres doivent être conscients des problèmes de l'université et de la société dans laquelle ils vivent.* Ils sont appelés à être « dans le monde, mais pas du monde », et leur témoignage chrétien les amènera à s'opposer à ce qui est mauvais et à faire preuve de sympathie et de compassion pour ceux qui sont

---

92. Maury, « Document IV », p. 11. Ce jugement sévère de l'IFES avait cependant été quelque peu atténué lors de la discussion qui avait suivi le rapport de la Commission d'évangélisation de 1956, qui concluait : « On a fait remarquer que l'IFES, comme on le voit dans ses publications, s'intéresse probablement plus à la culture qu'on ne pourrait le croire. » Deschner, « Evangelism », p. 3.
93. A. Donald MacLeod, *C. Stacey Woods and the Evangelical Rediscovery of the University*, Downers Grove, IVP Academic, 2007, p. 112-114. Dans un rapport intriguant, cependant, le secrétaire général de la FUACE offre une évaluation plutôt positive des sensibilités de Stacey Woods à l'égard des questions sociales : « Je l'ai trouvé très ouvert et très stimulant à bien des égards. J'ai été particulièrement impressionné par son ouverture, très nouvelle pour moi dans l'IVF, aux questions politiques. La façon dont il a parlé de la révolution sociale et politique de notre temps, l'attitude qu'il a prise concernant l'offensive sectaire des extrémistes de l'I.C.C.C. et d'autres groupes de ce genre et les dangers qu'ils représentent en Asie avec l'identification qu'ils appellent de leurs vœux entre le christianisme et l'anticommunisme, était très intéressant et encourageant. » Maury, « Memorandum on IFES », p. 2.

dans le besoin autour d'eux. Ils ne peuvent s'isoler du péché et de la souffrance de leurs semblables. L'importance qu'ils accordent à la communion avec le Seigneur ressuscité et leur détermination à ne rien connaître d'autre que le Christ et son crucifix devraient faire grandir leur amour pour ceux qu'ils sont appelés à servir au nom du Seigneur Jésus[94].

Adeney, ayant servi en Grande-Bretagne, aux États-Unis et en Chine, ne pouvait pas être insensible aux nécessités d'être prudent en matière de politique[95]. Néanmoins, l'accusation de piétisme était fréquente et Woods l'avait probablement entendue plusieurs fois. Plus tard, une fois à la retraite, il aurait plus de temps pour réfléchir à la question, se référant au même passage biblique qu'Adeney pour fournir une analyse socio-théologique :

> Une erreur fréquente de *certains chrétiens évangéliques sincères mais peu sûrs d'eux* est d'exagérer la doctrine de la séparation du chrétien d'avec le monde. Ils interprètent à tort la prière du Christ dans Jean 17.16 : « Ils ne sont pas du monde, comme moi je ne suis pas du monde. » Ils ne voient pas que l'application de cette prière se trouve aux versets 15 et 18 de ce même chapitre. Le Christ a prié pour que les siens soient préservés du mal de ce monde, mais ils sont envoyés par le Christ dans le monde de la même manière, dans les mêmes conditions et avec le même ministère que le Seigneur lui-même avait été envoyé par Dieu le Père[96].

En outre, il ressort clairement de la liste des experts convoqués lors de la consultation de 1956 et d'autres documents que l'intérêt de la FUACE pour la pratique et la vision de l'IFES était presque entièrement limité aux réalités de l'Amérique du Nord et des îles britanniques. Il est donc remarquable que dans son histoire du mouvement américain, écrite après qu'il se soit retiré de la direction de l'IFES, Stacey Woods affirme dans un langage plutôt sans équivoque et, d'ailleurs, encore plus concret que le rapport de la FUACE ci-dessus que

---

94. David H. ADENEY, « Student Work in Southeast Asia », *IFES Journal* 12, no. 1, 1959, p. 9 ; c'est nous qui soulignons.
95. Il a lui-même dû quitter la Chine après la prise du pouvoir par les communistes. Voir David H. ADENEY, *China. Christian Students Face the Revolution*, Londres, IVP, 1973 ; et Carolyn ARMITAGE, *Reaching for the Goal. The Life Story of David Adeney – Ordinary Man, Extraordinary Vision*, Wheaton, OMF Books, 1993.
96. C. Stacey WOODS, *The Growth of a Work of God. The Story of the Early Days of the Inter-Varsity Christian Fellowship of the United States of America as Told by Its First General Secretary*, Downers Grove, IVP, 1978, p. 64 ; c'est nous qui soulignons.

> *Rien n'est plus tragique que lorsqu'un étudiant ou un membre du corps professoral ne participe pas pleinement à la vie de l'université mais vit dans un ghetto chrétien et n'a de participation sociale et personnelle qu'avec la branche locale d'InterVarsity et/ou une Église locale. Les étudiants et les professeurs chrétiens font véritablement partie de la communauté universitaire, avec tous les privilèges, les possibilités et les responsabilités que l'université offre. Si un étudiant ne participe pas à la vie de l'université, il ne recevra au mieux qu'une éducation tronquée […] Pour un témoignage efficace sur le campus et une évangélisation « amicale », un étudiant chrétien, en plus de participer pleinement et activement à la branche locale d'Inter-Varsity, devrait être actif dans au moins une autre société universitaire. Il devrait chercher à faire partie de l'équipe du journal du campus ou du gouvernement étudiant. Il pourra ainsi exercer une influence pour le Christ et se faire des amis parmi ceux qui finiront peut-être par participer à un groupe d'étude biblique évangélique. Une telle position peut également être d'une aide précieuse pour organiser des réunions publiques dans l'université où l'Évangile peut être présenté ou une conférence apologétique donnée. Divers clubs sociaux et clubs sportifs offrent un contact naturel entre chrétiens et non-chrétiens sans aucun compromis dans la vie ou le témoignage[97].*

À la lumière de cette longue citation, il est donc clair que la ligne de démarcation entre la FUACE et l'IFES était l'aboutissement pratique – la *hiérarchisation* – des différences missiologiques fondées sur des prémisses théologiques divergentes. Étant donné l'influence relativement forte du (pré) millénarisme dans les milieux de l'IFES – un aspect théologique sur lequel nous reviendrons[98] – la nécessité de prêcher l'Évangile était considérée comme plus urgente à la lumière du retour imminent du Christ que tout engagement social de grande envergure. En regardant ce qui a été examiné jusqu'ici, nous pouvons donc suggérer que la situation était beaucoup plus nuancée que Maury aurait voulu le faire croire dans son résumé :

> Je dirais que nous sommes ici divisés sur une question très importante, celle de la relation entre l'Église et le monde. […] Je suis

---

97. *Ibid.*, p. 65 ; c'est nous qui soulignons.
98. Il ne faut pas oublier que la période contemporaine aux débats examinés dans ce chapitre était le début complexe de la guerre froide, une période de tensions géostratégiques intenses susceptibles d'alimenter les imaginaires apocalyptiques.

même certain qu'il y a parmi les membres de la FUACE beaucoup de désaccords sur ces questions. Mais il me semble que nous sommes au moins d'accord pour reconnaître que nous ne pouvons tout simplement pas éluder la question, que le monde est en réalité le lieu de notre obéissance, ainsi que l'objet de l'amour de Dieu, et que nous sommes donc appelés à l'aimer (même si cela signifie lutter contre lui) et à ne jamais y échapper ni à appeler à une telle évasion[99].

---

99. MAURY, « Document IV », p. 11. Même si la FUACE semble absolument certaine de la supériorité missiologique de son approche, cela ne signifie pas qu'elle la considère comme étant également sans danger. L'avertissement précoce, mais presque prophétique, de Volz pointe vers un manque potentiel d'intérêt pour l'Église de la part des étudiants et autres membres de l'Église qui s'engagent dans l'activisme social : « Si nous sommes vraiment critiques à l'égard de notre christianisme libéral, nous constatons que les étudiants et d'autres personnes se tournent souvent vers des groupes sociaux ou politiques séculiers, à partir de la motivation acquise dans leur expérience et leur milieu ecclésial. Ils ne voient l'Église que comme elle est si souvent vue de manière évidente, une société de compromis contre l'ordre décadent dont ils veulent se révolter. Ils pourraient comprendre le christianisme qui a suivi le Christ, mais ne voient pas l'Église comme étant proche de cela. » VOLZ, « The InterVarsity Christian Fellowship », p. 19-20.

5

Une Bonne Nouvelle pour un monde en révolutions ?

Les années 1960

Il est maintenant temps de se tourner vers les années 1960, riches en événements. De nombreux auteurs ont constaté d'importants changements dans l'atmosphère sociale de cette décennie, notamment d'un point de vue religieux[1]. Le résumé de Gebara sur les sentiments de l'époque rappellera au lecteur le contexte dans lequel se déroulent les développements suivants de l'histoire de l'IFES :

> Les manifestations anti-autoritaires de toutes sortes sont devenues la ligne directrice du nouvel ordre mondial et un point de référence pour des formes alternatives de coexistence humaine. Des termes tels que liberté, participation, responsabilité, démocratie, citoyenneté et justice sociale faisaient partie intégrante de notre vocabulaire et de nos rêves. Le droit d'être différent, de rompre avec les normes établies, de créer son propre groupe, son propre art, sa

---

1. Pour un compte-rendu détaillé pour l'Occident, voir Hugh McLeod, *The Religious Crisis of the 1960s*, Oxford, Oxford University Press, 2007. Parmi les autres traitements importants, citons Sydney E. Ahlstrom, « The Radical Turn in Theology and Ethics. Why It Occurred in the 1960s », *Annals of the American Academy of Political and Social Science* 387, janvier 1970, p. 1-13 ; Robi Morder, « Années 1960. Crise des jeunesses, mutations de la jeunesse », *Matériaux pour l'histoire de notre temps* 74, 2004, p. 62-69 ; Callum G. Brown, « What Was the Religious Crisis of the 1960s ? », *Journal of Religious History* 34, no. 4, 2010, p. 468-479.

propre musique ou sa propre vie sexuelle, étaient des éléments que
l'on retrouvait en de nombreux endroits[2].

De même, Woods signale à la réunion de l'IFES de 1963 que l'IFES était à la croisée des chemins :

> parce qu'en raison de la croissance et de l'acceptation, il y avait le danger de la complaisance, de la froideur et de l'inefficacité ; que dans le monde d'aujourd'hui, il y avait des modèles changeants d'évangélisation mondiale, en particulier en ce qui concerne les formes traditionnelles de l'entreprise missionnaire étrangère ; que l'évangélisation doit être la tâche de chaque mouvement national, et que, par-dessus tout, il y avait aujourd'hui un appel à un engagement nouveau, une vie de sacrifice et un nouveau mandat de Dieu[3].

Le fait que le SG lance un avertissement contre la *complaisance* reflète son esprit pionnier et son inquiétude de perdre l'esprit d'aventure caractéristique des premiers jours : l'IFES compte désormais vingt-six mouvements nationaux.

La théologie, tout comme la pratique, avait besoin d'être repensée. James Houston, l'un des fondateurs du Regent College, l'influente faculté évangélique de Vancouver fondée en 1968[4], se souvient que dans le sillage des révoltes étudiantes et de la crise autour de la guerre du Vietnam,

> tout le monde a commencé à voir les choses de manière plus holistique. Nous étions à la recherche de liens et de vie. L'état d'esprit technocratique et l'impact de la vie avec la science et le scientisme – il y a eu une forte réaction à cela. Leur réductionnisme nous trompait. Le désir de voir la théologie produire de la sagesse, la guérison de l'âme, le soin de l'âme et l'enseignement de l'âme s'est

---

2. Ivone GEBARA, « The Movement of May 1968 and Theology in Latin America », *The Ecumenical Review* 70, no. 2, 23 septembre 2018, p. 266-267.
3. « Minutes of the Meeting of the Sixth General Committee of the IFES », Nyack, New York, 1963, p. 27, IFES e-archives.
4. Regent a joué un rôle important dans l'histoire de l'IFES en raison des nombreux équipiers qui y ont étudié la théologie, la plupart du temps pendant des années sabbatiques. La réduction de 50 % sur les frais de scolarité pour les équipiers de l'IFES est une forte incitation, en particulier pour les candidats du monde majoritaire. Voir Regent College, Admissions & Finance, « Tuition Discounts », consulté le 14 juillet 2020, https://www.regent-college.edu/admissions-finance/costs/tuition-discounts.

accru. Et c'est ce que la théologie spirituelle prétendait faire, être plus holistique, plus intégrée[5].

Les responsables de l'IFES devaient s'adapter à un nouveau contexte pour garantir l'aptitude de l'organisation à affronter les temps nouveaux. Des défis révolutionnaires avaient été relevés depuis un certain temps déjà par les mouvements de l'IFES, notamment en Chine, où les étudiants avaient subi d'importantes pressions de la part des autorités communistes[6].

Comme mentionné précédemment, l'IVF chinois avait été un membre fondateur de l'IFES en 1947, avant d'être interdit par les autorités communistes. Cette expérience directe d'un mouvement étudiant traversant une période de révolution et faisant face à des défis importants pourrait expliquer dans une certaine mesure le niveau de prudence exprimé par les responsables de l'IFES à l'égard des entreprises révolutionnaires. En fait, David Adeney, missionnaire britannique en Chine et plus tard secrétaire général associé de l'IFES chargé de l'Extrême-Orient, publie un compte-rendu saisissant, et essentiellement de première main, de ce que les étudiants chinois subissent avant et immédiatement après la prise du pouvoir par les communistes. La brochure est publiée en 1973, Adeney étant devenu entre-temps vice-président de l'IFES. Si la description générale est clairement historique, l'insistance de l'auteur sur les défis politiques rencontrés par les étudiants chinois semble indiquer deux objectifs plus larges.

Le premier consiste essentiellement à décourager l'intérêt des étudiants potentiels pour les bienfaits du communisme, dépeint non seulement comme une religion mais comme « un mouvement missionnaire dynamique aspirant à la conquête du monde entier[7] », tentant essentiellement de fournir des substituts à la doctrine et à la pratique chrétiennes. Ainsi, pour le lectorat occidental qui aurait pu être tenté de succomber aux sirènes du communisme comme une solution valable, porteuse de sens et prometteuse aux problèmes de l'époque, Adeney dépeint une approche totalitaire de la vie et un appel à l'abandon total

---

5. Mark FILIATREAU, « Honouring Our Elders. Dr James Houston, fondateur du Regent College », *BC Christian News*, juin 2001, https://web.archive.org/web/20090519095349/https://canadianchristianity.com/cgi-bin/bc.cgi?bc/bccn/0601/supelders. Hutchinson et Wolffe notent que sous Houston et « avec l'ajout ultérieur de Jim Packer, Regent aurait une influence significative en canalisant les influences britanniques dans l'évangélisme américain et en développant un réseau mondial de diplômés (sur le modèle de l'IVCF) ». HUTCHINSON et WOLFFE, *A Short History of Global Evangelicalism*, p. 197.
6. L'histoire vivante est racontée dans ADENEY, *China*.
7. *Ibid.*, p. 41.

aux principes d'une nouvelle « foi ». Comme le note le biographe d'Adeney, le ministère auprès des étudiants était devenu de plus en plus difficile en Chine :

> On attendait des jeunes qu'ils écrivent l'histoire de leur vie et de leurs croyances, en se critiquant eux-mêmes, puis en soumettant ce qu'ils disaient à la critique de leurs camarades. Les nouveaux dirigeants considéraient la réforme personnelle comme la voie vers un soutien sans réserve à la révolution. Les étudiants chrétiens qui osaient exprimer leurs croyances dans les groupes d'étude étaient sévèrement réprimandés pour leur attachement à des coutumes dépassées, et pire encore pour avoir suivi une religion épousée par les impérialistes détestés. L'endoctrinement occupe une grande partie de la journée, laissant peu de temps pour les réunions chrétiennes. Peu à peu, la liberté chrétienne est étranglée[8].

Les méthodes employées par les dirigeants communistes présentent en effet une ressemblance frappante avec les pratiques évangéliques de la tenue d'un journal et de la repentance. Mais les luttes ne se limitaient pas aux questions doctrinales. Le lien entre la transformation sociale et l'évangélisation était crucial et, comme d'habitude, les approches différentes de celle de l'IFES ont été remises en question en termes clairs :

> Comme les apôtres, les étudiants chrétiens avaient davantage foi dans le pouvoir transformateur du Christ que dans le succès de tout changement politique. Des groupes non évangéliques tels que l'UCJ [Unions chrétiennes de jeunes gens, YMCA en anglais], persuadés que le changement social plutôt que le changement spirituel était le besoin pressant de la Chine, se sont ouvertement opposés à cette position et ont ainsi renforcé l'isolement des évangéliques[9].

Ceci nous amène au deuxième objectif évident d'Adeney : un plaidoyer contre l'isolationnisme culturel de part la nécessité d'un témoignage chrétien holistique. Dans une description ressemblant à un sermon d'édification, Adeney rappelle à son lectorat que le quiétisme n'est pas une approche possible face à un bouleversement social tel qu'une révolution :

> La liberté de silence n'existait pas en Chine communiste. Les étudiants chrétiens n'étaient jamais autorisés à se taire lorsque des questions de religion étaient discutées. On attendait d'eux

---

8. Armitage, *Reaching for the Goal*, p. 121.
9. *Ibid.*, p. 118.

qu'ils prennent part aux discussions de groupe et ils étaient tenus d'exprimer leur opinion sur l'enseignement dispensé. Si l'on savait qu'ils avaient des antécédents religieux, ils étaient obligés de répondre à des questions destinées à ridiculiser la foi chrétienne. *Bien entendu, bon nombre des questions posées n'étaient pas nouvelles et ne se limitaient pas aux pays communistes.* Les chrétiens étaient constamment raillés en accusant le christianisme d'être irréaliste : « Vous, les chrétiens, vous parlez de l'importance de l'amour, mais comment pouvez-vous résoudre les problèmes économiques de ce monde par la charité ? Au diable votre charité, nous voulons la justice ! » *Les chrétiens qui s'étaient surtout préoccupés de prêcher l'Évangile du salut aux individus ont découvert qu'ils devaient désormais expliquer la pertinence de leur message pour la société dans son ensemble. On attendait d'eux qu'ils aient une vision chrétienne du monde*[10].

Les défis auxquels sont confrontés les étudiants chinois servent d'exemple aux défis que d'autres étudiants peuvent rencontrer ailleurs à tout moment, ce qui explique le plaidoyer d'Adeney pour une réflexion approfondie sur les questions d'aujourd'hui :

> Il est important que les chrétiens fassent honnêtement face aux critiques qui émanent du monde non chrétien. *Trop souvent, nous avons vécu dans une existence de type ghetto, sans contact avec les nombreuses questions difficiles qui sont débattues dans les groupes d'étudiants du monde entier.* Si la lecture se limite à un petit nombre d'auteurs évangéliques, il n'y a guère d'incitation à faire face aux questions brûlantes de notre époque ou à comprendre la pensée d'un grand nombre de personnes dont la perspective est diamétralement opposée à la vision chrétienne de la vie[11].

---

10. ADENEY, *China*, p. 56 ; c'est nous qui soulignons.
11. *Ibid.*, p. 63 ; c'est nous qui soulignons. Adeney n'était pas le seul à préconiser un engagement réfléchi avec la doctrine communiste. Un groupe de travail ad hoc au cours de l'AG 1963 avait notamment recommandé que les membres de l'IFES entrant en contact avec le communisme devaient « comprendre et admettre les défauts et les crimes du christianisme nominal qui ont indirectement contribué à la montée du communisme. Malgré l'incompatibilité totale entre le Christ et le communisme, montrez un amour chaleureux, digne du Christ, à chaque adhérent. L'amour est plus fort que la haine. En critiquant certains aspects du communisme, nous devons aussi exprimer clairement notre soutien au progrès social et à la justice ». « Report on the Working Party Held on Suggestions for Our Behavior toward Communism », Nyack, New York, IFES General Committee 1963, p. 1, IFES e-archives, GC 1963 minutes, Appendix H.

Les questions relatives à la pertinence de la foi chrétienne pour les questions de la vie quotidienne ne se limitent évidemment pas à la Chine communiste, mais caractérisent bon nombre des discussions menées au sein de l'IFES dans les années 1960.

Les deux manières d'écouter et de s'affirmer

Commentant les protestations étudiantes de la fin des années 1960 et du début des années 1970, les publications de l'IFES présentent le plus souvent deux approches possibles : écouter ou affirmer[12].

À l'écoute du monde ?

Comme le montrent les événements autour de 1968, les cercles de la FUACE sont désireux d'écouter ce que le monde avait à dire aux chrétiens, même si cela signifie parfois être sévèrement critiqués. Ce n'était pas une nouveauté dans les cercles œcuméniques ; l'écoute du monde était depuis longtemps à l'ordre du jour, comme le montre l'extrait suivant de 1953 :

> Pour annoncer l'Évangile de Jésus-Christ, les chrétiens doivent être capables de voir ce qui se passe réellement dans le monde d'aujourd'hui. Parce que l'ordre que Dieu introduit en Jésus-Christ embrasse tous les hommes et l'ensemble de la vie humaine, jugeant et sauvant, la mission chrétienne est une préoccupation pour les hommes vus en relation avec Dieu et les uns avec les autres. Elle ne peut pas être simplement une préoccupation des personnes dans un aspect de leur vie (par exemple « l'esprit » plutôt que « le corps ») ou pour les personnes hors de toute relation les unes avec les autres. Elle doit donc tenir compte des structures sociales et politiques, car elle doit tenir compte des personnes telles qu'elles sont dans leur vie quotidienne. Les chrétiens eux-mêmes ne sont le peuple de

---

12. Ce cadre rend synthétiquement les principales approches que l'on peut trouver, même si, en réalité, plus de nuances étaient présentes au sein de la fraternité. Une catégorisation claire à la Niebuhr ne se trouve cependant pas dans les archives. La plus ancienne référence documentée à ce classique (publié en 1951, jamais traduit en français) remonte à 1988, où le compte-rendu du CE note que « Un exemplaire de *Christ et culture* de Richard Niebuhr doit être distribué aux membres du Comité si possible ». « Minutes of the Meeting of the Executive Committee of the IFES », London Bible College, Northwood, Angleterre, août 1988, p. 11, IFES e-archives. L'idée de « laisser le monde fixer l'ordre du jour » n'a jamais fait partie des perspectives de l'IFES.

Dieu que dans ce type de monde, et ne constituent pas une enclave séparée du monde[13].

La prise en compte du contexte et l'écoute des contemporains étaient à l'ordre du jour. Le célèbre ouvrage *Dieu sans Dieu* de l'évêque Robinson était emblématique de cette missiologie en 1963, date de la parution de l'édition anglaise originale par le SCM britannique[14]. L'objectif principal du livre : « dénoncer l'imagerie insatisfaisante que les théologiens chrétiens avaient communément utilisée pour parler de Dieu[15] », en essayant de discréditer le vocabulaire conservateur auquel étaient associés les théologiens proches de l'IFES. Pour le monde anglophone, Packer répond en termes clairs avec *Keep Yourselves from Idols*[16], et pour les pays francophones, Blocher écrit une critique cinglante dans la même veine[17]. D'un point de vue conservateur, l'impact social du livre a été important, comme le souligne McLeod :

> Les libéraux comme Robinson ont fatalement ouvert la voie au doute et à une croissance massive de l'agnosticisme. Les débats qu'il a suscités ont permis aux sceptiques « d'admettre réellement leur incrédulité » et ont aliéné beaucoup de ceux qui avaient accepté le christianisme de manière passive et irréfléchie. Il cite un ancien pratiquant de l'Église disant que « maintenant les pasteurs contredisent tout ce qu'ils ont dit[18] ».

L'idée même d'« admettre son incrédulité » est totalement étrangère à la rhétorique de l'IFES. Alors que les années 60 battent leur plein, Woods est toujours secrétaire général et fait tout son possible pour déplorer le changement d'humeur de l'époque, soulignant les différences incommensurables entre les chrétiens et le monde :

> Le chrétien a une norme de valeurs totalement différente de celle du non-chrétien. Il pense différemment, il réagit différemment, il a un ensemble différent de jugements de valeur. Sa vie est vécue dans

---

13. « Minutes of the WSCF General Committee », Nasrapur, 1953 ; cité dans POTTER et WIESER, *Seeking and Serving the Truth*, p. 163.
14. John A. T. ROBINSON, *Dieu sans Dieu*, Paris, Nouv. Ed. latines, 1964.
15. Michael WALSH, « The Religious Ferment of the Sixties », dans *World Christianities c.1914-c.2000*, sous dir. Hugh McLeod, vol. 9 de *The Cambridge History of Christianity*, Cambridge, Cambridge University Press, 2006, p. 306.
16. J. I. PACKER, *Keep Yourselves from Idols*, Londres, Church Book Room, 1963.
17. Henri BLOCHER, « Lu et commenté. Dieu sans Dieu », *Chantiers*, 1965, p. 26-30.
18. Hugh MCLEOD, « The Religious Crisis of the 1960s », *Journal of Modern European History* 3, no. 2, 2005, p. 207.

la perspective de l'éternité, alors que l'homme non converti ne vit que dans le contexte de son temps. L'homme non converti est de cette terre, et l'homme chrétien est essentiellement un être éternel, spirituel, céleste[19].

Le lecteur remarque que l'IFES a le sentiment d'être en difficulté. La rhétorique de Robinson était perçue comme l'exact opposé de ce à quoi ils aspiraient. Accepter ce nouveau cadre d'existence théologique aurait été une capitulation, mettant en danger l'existence de l'IFES. Par conséquent, la première réponse à l'époque est une réaffirmation de la vérité, mais avec un sens aigu du contexte. La *médiation* de l'Évangile était considérée comme un mouvement à sens unique, et il n'y avait pas grand-chose à apprendre du monde.

Affirmer la vérité dans son contexte

Conscient des changements en cours, Woods évalue « une population mondiale en pleine explosion, une proportion décroissante de chrétiens professants dans le monde, sans parler de la proportion de ceux qui, dans la chrétienté, sont vraiment régénérés[20] ». Il déplore une sécularisation croissante et la perte d'influence de l'Église, ainsi que le problème que « de nombreux évangéliques, en particulier les diplômés, dans un effort pour se faire accepter dans la société sociologique-scientifique actuelle, continueront à compromettre leur christianisme biblique[21] ». Le récit historique de la « pente glissante » du SCM refaisait surface. Cependant, l'évaluation de la théologie de la FUACE par l'IFES n'était pas seulement le résultat de préjugés et de propagande internes. Stacey Woods raconte l'histoire d'une étude réalisée par la Yale Divinity School pour examiner

> la différence essentielle d'éthique entre l'Inter-Varsity Christian Fellowship au Canada et aux États-Unis – des associations chrétiennes d'étudiants en plein essor – et le Mouvement chrétien des étudiants (Fédération universelle des associations chrétiennes d'étudiants) qui montrait déjà des signes de déclin. Je m'attendais pleinement à ce que cette différence soit perçue comme notre position doctrinale concernant l'Écriture. Ce ne fut pas le cas.

---

19. C. Stacey Woods, « The Medium Is the Message », *IFES Journal* 21, no. 1, 1968, p. 9.
20. C. Stacey Woods, « God's Initiative and Ours », *IFES Journal* 1, 1966, p. 3.
21. C. Stacey Woods, « Perspectives and Priorities in the 1970s », *IFES Journal* 23, no. 2, 1970, p. 2.

La conclusion était qu'Inter-Varsity dépendait consciemment du Saint-Esprit, de sa direction et de sa capacité. Nous croyions au surnaturalisme, contrairement au Mouvement chrétien des étudiants, qui était jugé beaucoup plus naturaliste et humaniste[22].

Le problème était à la fois missiologique et sociologique : comment l'IFES pouvait-elle *transmettre* au mieux ce qu'elle considérait comme le « noyau de l'Évangile » à son public dans un monde en mutation rapide ? Woods plaidait en faveur d'une réaffirmation de la fidélité biblique, mais aussi de l'idée que les adhérents de l'IFES pourraient, après tout, appartenir à un petit « reste » de fidèles. Le ton général de Woods est pessimiste, comme l'illustre le rapport suivant :

> Je pense que nous sommes tous conscients d'une confusion croissante, tant dans la doctrine que dans la pratique dans le monde évangélique, ainsi que des pressions exercées par le monde ecclésiastique et le monde séculier. Des questions telles que la doctrine biblique de l'évangélisation, la vraie nature de la régénération et de la conversion, la doctrine de la sanctification, sont des exemples de cette confusion. Il y a le danger de succomber à des méthodes rapides et simplistes qui semblent garantir les résultats escomptés en grand nombre. À certains égards, les évangéliques semblent être plus forts numériquement et exercer une plus grande influence. Pourtant, d'un autre côté, notre influence sur la situation ecclésiale mondiale semble faible et le message de l'Évangile ne suscite guère de réaction de la part du monde séculier. Nous ne semblons pas capables d'arrêter dans une mesure appréciable la pourriture et la décadence morales et éthiques qui détruisent le monde occidental. Notre plus grand besoin est celui d'un réveil donné par Dieu[23].

Le lecteur remarque une désorientation désabusée. Woods avait lancé des ministères étudiants dans les années 1930, alors que l'influence chrétienne était encore forte, mais il avait l'impression que tout était en train de décliner[24].

---

22. Woods, *The Growth of a Work of God*, p. 145.
23. C. Stacey Woods, « Report of the General Secretary to the Seventh General Committee of the IFES », Wuppertal-Barmen, Allemagne, 1967, p. 4, IFES e-archives, EC 1967 minutes, Appendix B.
24. Il écrira en 1975 que « nous avons un nouveau style de vie. La société est devenue permissive et indulgente. Une augmentation effrayante de la violence, de la cruauté, de la brutalité et du crime est profondément troublante. Les relations entre hommes et femmes, maris et

Pourtant, l'influence chrétienne dans le monde ne déclinait pas partout. Même en Europe, le christianisme était encore très influent dans l'immédiat après-guerre[25], et un homme ayant autant voyagé que lui aurait pu remarquer que de nombreux leaders des mouvements de décolonisation étaient chrétiens, tout comme les membres du mouvement des droits civiques aux États-Unis. Ce qu'il voyait, cependant, c'est que « de nombreux pays ferment leurs portes à la propagande et à l'évangélisation chrétiennes étrangères professionnelles[26] ». Ainsi, si Woods était catégorique sur le fait que les mouvements nationaux de l'IFES étaient bien plus des initiatives locales que des importations étrangères, il déplorait néanmoins les possibilités perdues d'envoyer des « professionnels » pour le ministère. L'appel aux professionnels est particulièrement intéressant car il va à l'encontre de l'accent que Woods met par ailleurs sur l'initiative des étudiants :

> L'initiative et la responsabilité des étudiants ne signifient pas que seuls les étudiants s'occupent de l'enseignement, de la prédication, de l'évangélisation à l'université. Ces étudiants font constamment appel à de l'aide, que ce soit de la part de diplômés, d'enseignants et de pasteurs. Cependant, la responsabilité du témoignage auprès du corps étudiant non converti est assumée par les étudiants chrétiens eux-mêmes. Ils doivent prendre l'initiative de l'intercession, du témoignage personnel et de l'organisation. Ils doivent réfléchir, planifier et se préparer. C'est leur vision, leur tâche donnée par Dieu[27].

Le fait qu'un homme d'âge mûr affirme les devoirs et les responsabilités des jeunes étudiants en des termes aussi forts aurait pu ressembler à du paternalisme pour des observateurs extérieurs. Cela reflète néanmoins la flexibilité contextuelle de l'approche de l'IFES en matière de ministère auprès des étudiants : la conviction des premiers responsables tout comme de leurs sucesseurs, que le ministère chrétien devait être exercé par les étudiants était

---

épouses, parents et enfants ne sont plus ce qu'elles étaient dans les années 1940 ». Woods, *Some Ways of God*, p. 21.

25. De nombreuses études approfondies explorent les flux et reflux de l'influence chrétienne dans l'après-guerre, notamment Grace Davie, *Religion in Modern Europe. A Memory Mutates*, European Societies, Oxford, OUP, 2000 ; Detlef Pollack et Gert Pickel, « Religious Individualization or Secularization », dans *The Role of Religion in Modern Societies*, sous dir. Detlef Pollack et Daniel V. A. Olson, New York, Routledge, 2008, p. 191-220 ; Callum Brown, « Religious Crisis ».
26. Woods, « God's Initiative and Ours », p. 3.
27. C. Stacey Woods, « Student Work. Strategy and Tactics », *IFES Journal* 1, 1966, p. 14.

inébranlable. Ayant un accès *direct* à Dieu, les étudiants sauraient comment en être les meilleurs *médiateurs* dans toutes les circonstances où ils se trouveraient. Selon les mots de Voelkel, associé de longue date de l'IFES en Amérique latine,

> Le changement a délogé les étudiants de leur cadre traditionnel. Comme jamais auparavant, ils sont ouverts aux idées nouvelles et à une cause digne de leur vie et de leur mort. Il semble très probable, d'après ce que l'on observe ici et là, que le changement les a en fait préparés à entendre l'appel du Christ – à devenir ses éternels révolutionnaires[28]. C'est le moment d'agir. Les ouvriers ne sont que trop peu nombreux dans cette partie de plus en plus importante de la société. Que Dieu suscite une vaste armée de moissonneurs audacieux pour faire le travail[29] !

L'équilibre entre la prédication et l'écoute n'était pas considéré comme une tâche facile. Mais la question de trouver un équilibre entre affirmation doctrinale et écoute du monde n'était pas l'apanage des seuls évangéliques. Les années 1960 ont également été marquées, dans le monde religieux, par le Concile Vatican II, qui s'est réuni de 1962 à 1965 et qui visait un *aggiornamento* (mise à jour) de l'Église catholique romaine. L'accent mis sur la lecture de la Bible et sur l'utilisation des langues vernaculaires dans la célébration de la messe est particulièrement pertinent pour notre sujet. Willaime soutient que la montée de l'individualisme, caractéristique des années 1960, était concomitante d'un engagement intellectuel et donc d'une « protestantisation des sentiments religieux » :

> Le développement de l'œcuménisme est inséparable de l'évolution du sentiment religieux contemporain et des organisations religieuses elles-mêmes. L'individualisation et l'intellectualisation du sentiment religieux liée à la montée des couches intellectuelles et à l'élévation du niveau culturel de la population, les remises en cause des schémas d'autorité, ont favorisé une évolution qui, à certains égards, peut être interprétée comme une « protestantisation » du sentiment religieux (passage du latin à la langue vernaculaire, promotion du laïcat, réforme liturgique, plus grande place accordée à la Bible, une

---

28. Voelkel met une citation intéressante de Nikolai Berdyaev en épigraphe de son livre : « Le chrétien est l'éternel révolutionnaire qui n'est satisfait par aucun régime de vie parce qu'il cherche le Royaume de Dieu et sa justice, parce qu'il aspire à la transformation plus radicale des hommes, de la société et du monde. »
29. Jack VOELKEL, *Student Evangelism in a World of Revolution*, Contemporary Evangelical Perspectives, Grand Rapids, Zondervan, 1974, p. 37.

certaine décléricalisation du personnage du prêtre, l'utilisation du langage de la signification plus que celui de la substance)[30].

Cette tension de légitimation entre l'autorité hiérarchique et l'auto-promotion au ministère est une question récurrente pour les ministères paraecclésiaux. Pourtant, l'IFES ne peut se comprendre en dehors d'une dimension profondément individuelle de la foi et de la vocation missionnaire, même si aucune n'est hermétique aux débats théologiques du moment.

En fin de compte, les courants étaient trop forts pour que l'« opposition » ou la « capitulation » soient une position durable, et il a fallu la perspicacité théologique de John Stott, dont l'influence grandissait au sein de l'IFES[31], pour proposer un compromis entre deux approches principales pour les chrétiens concernant le monde. Le résumé que fait Stott des positions communément admises à l'époque est présenté dans le tableau ci-après.

Approche « œcuménique » traditionnelle	Approche « évangélique » traditionnelle
La préoccupation première de Dieu est le monde.	La préoccupation première de Dieu est le salut des âmes humaines.
Les actions de Dieu dans le monde visent avant tout à établir sa paix (shalom).	L'action de Dieu se manifeste par la conversion des individus.
La mission signifie que l'Église « découvre dans le monde » ce que Dieu fait déjà, parfois à travers des révolutions politiques.	La mission signifie que l'Église proclame l'Évangile, principalement par la prédication.
L'Église doit « se joindre au Christ » dans sa lutte contre l'injustice sociale.	L'activisme social est trop étroitement lié à « l'Évangile social » et doit être évité.

Pour Stott, se retirer simplement de l'engagement serait non biblique, car ce serait oublier que « Dieu n'a pas créé des âmes mais des corps-âmes appelés êtres humains, qui sont aussi des êtres sociaux, et qu'il se soucie de leurs corps et de leur société aussi bien que de leur relation avec lui-même et de leur destinée

---

30. Jean-Paul WILLAIME, *La précarité protestante. Sociologie du protestantisme contemporain*, coll. Histoire et Société 25, Genève, Labor et Fides, 1992, p. 163-164.
31. Basé sur John STOTT, *Christ the Controversialist*, Downers Grove, IVP, 1970, p. 188-189. L'un des traits théologiques distinctifs de Stott était sa capacité à servir de médiateur entre des positions divergentes au sein de l'évangélisme.

éternelle[32] ». Pourtant, il serait tout aussi peu biblique d'adopter une perspective purement « mondaine » en confondant la libération théologique avec les besoins spirituels des êtres humains. Par conséquent, pour Stott,

> l'Église entière est autant appelée (et chacun de ses membres) à s'engager dans le monde qu'à s'en séparer, et autant appelée à la « mondanité » qu'à la « sainteté ». Non pas à une mondanité qui serait impie, ni à une sainteté qui serait étrangère au monde, mais à une « sainte mondanité », une véritable séparation d'avec Dieu qui se vit dans le monde – le monde qu'il a créé et pour lequel il a envoyé son Fils afin de le racheter[33].

Les débats et les discussions qui ont eu lieu au sein de l'IFES au cours des décennies suivantes peuvent être lus à la lumière des attitudes possibles sur le continuum décrit par Stott.

Digression 1 : la question ethnique

L'affirmation de la doctrine n'est pas toujours facile. Dans les années 1960, la question des relations raciales devient de plus en plus pressante et en 1963, le CE est invité à prendre position sur la question. L'impulsion vient de Chandapilla, le SG indien, qui « estimait que l'IFES devait prendre une position ferme contre la discrimination raciale de quelque manière que ce soit, car une telle discrimination est à la fois non-chrétienne et pécheresse. En outre, les mouvements membres devraient s'engager à n'autoriser aucune forme de discrimination au sein de leur mouvement[34] ».

La question n'était pas facile à régler puisque la BD ne dit rien sur la race et l'ethnicité. Il s'agissait davantage d'une question de politique que de pratique réelle. Woods s'était catégoriquement opposé à la ségrégation dans les conférences étudiantes, même contre l'avis de certains membres du conseil d'administration américain[35], et les assemblées générales de l'IFES réunissaient des dirigeants d'autant de pays et d'ethnies qu'il y avait de mouvements membres[36]. Comment

---

32. *Ibid.*, p. 188.
33. *Ibid.*, p. 190.
34. « Minutes of the Meeting of the Executive Committee of the IFES », Uppigard, Norvège, 30 septembre 1965, p. 24, IFES e-archives.
35. MacLeod, *C. Stacey Woods*, p. 112-114.
36. La décision de Chandapilla semble avoir été plus tactique, face à l'activisme de la FUACE, qu'axée sur les controverses internes, car on cherche en vain dans les archives de l'IFES un engagement sur les questions raciales. La bourse étant mondiale, il aurait été difficile

le CE allait-il réagir à cette nouvelle situation sans compromettre la position habituelle consistant à ne pas s'impliquer dans les « affaires non essentielles » ? En effet, « il y a eu une discussion considérable au cours de laquelle nous nous sommes demandé s'il était sage que l'IFES adopte des résolutions et nous avons fait remarquer que si elle adopte une résolution sur une question, elle devrait, pour être cohérente, adopter des résolutions sur de nombreuses questions[37] ». Alors que la condamnation de la discrimination raciale n'aurait probablement pas dérangé les membres du CE étant donné leur propre conscience des différences culturelles, leurs préoccupations étaient plus larges : la FUACE était connue pour émettre des déclarations sur des questions politiques, et l'IFES voulait rester distincte de telles associations. Comme solution intermédiaire, le CE suggère donc que des articles soient rédigés dans le *Journal de l'IFES* et qu'éventuellement une étude biblique lors de l'AG de 1967 soit consacrée à la question. Puis, au lieu d'une résolution officielle qui aurait pu être contraignante et même potentiellement offensante pour certains donateurs, le CE adopte une motion modeste :

> le Comité affirme son adhésion au principe scripturaire exprimé dans Galates 3.28 : « Il n'y a plus ni Juif ni Grec, il n'y a plus ni esclave ni libre, il n'y a plus ni homme ni femme, car vous êtes tous un en Jésus-Christ. » Tout au long de son histoire, l'IFES a constamment démontré la réalité d'une communion en Christ qui ne connaît pas de barrières raciales et, par la grâce de Dieu, elle continuera à le faire ; non pas en adoptant des résolutions, mais en maintenant au sein de nos mouvements, et entre ces derniers, une étroite communion dans l'Évangile ouverte à toutes les races représentées dans les universités[38].

Une motion aussi claire mais modeste au sein d'un comité ne suffirait pas à régler la question une fois pour toutes. La question de l'Afrique du Sud était particulièrement pressante et occupait de nombreuses heures de discussion dans les réunions du CE et de l'assemblée générale. Il y avait la question de l'apartheid, mais aussi celle de l'appartenance aux différents mouvements nationaux, dont l'un était également membre de la FUACE, incitant les responsables de l'IFES

---

de soutenir un racisme manifeste. Cela ne signifie pas qu'aucun racisme systémique ou voilé n'aurait pu être à l'œuvre – notamment dans certaines relations asymétriques – mais il n'a jamais été défendu comme une option tenable.

37. « Minutes of the Meeting of the Executive Committee », 1965, p. 24.
38. *Ibid.*

à aborder l'éternelle question de la double appartenance[39]. Alors que l'IFES ne souhaite traditionnellement pas faire de déclarations politiques, elle est contrainte d'examiner la question en raison de la relation entre le christianisme et l'apartheid. Comme le notait Bentley-Taylor, envoyé spécial du SG, en 1967, la question était d'ordre missiologique :

> En général, l'apathie prévaut ; aux yeux de la plupart des étudiants africains, le christianisme est discrédité par la situation politique, tandis que les étudiants européens, même au sein de l'Union chrétienne, ne sont pas habitués à entretenir des relations personnelles cordiales avec ceux d'autres races ; et les deux parties risquent les foudres de leur groupe si elles tentent de sortir du cercle dans lequel elles sont prises[40].

Comme le montre l'histoire ultérieure de l'IFES, la question des relations ethniques n'a cessé de revenir au premier plan, non seulement en relation avec les questions raciales, mais aussi avec les questions relatives aux nations et à la citoyenneté. Certains mouvements sont encore séparés par des barrières linguistiques ou culturelles (comme le Canada, la Suisse ou la Belgique), et s'ils ne sont pas deux entités administratives, ils peuvent avoir plusieurs divisions de leurs ministères se concentrant sur les étudiants noirs, latinos ou asiatiques, comme dans InterVarsity USA par exemple[41]. Quoi qu'il en soit, le défi lancé par Escobar bien des années plus tard ne laisse pas beaucoup de place au doute :

> L'IFES a été un mouvement pionnier en matière de nouveaux partenariats par le biais d'équipes internationales. Mais les mouvements étudiants nationaux devront travailler à une meilleure intégration multiraciale et multiculturelle chez eux avant d'essayer à l'étranger. La mission à notre porte est le nouveau terrain d'entraînement pour les nouveaux partenariats qui porteront également la mission dans le monde entier[42].

---

39. La question des mouvements sud-africains et de leurs relations avec la FUACE et l'IFES fournirait suffisamment de matière pour un livre entier. Pour une introduction à l'histoire des contestations, voir LOWMAN, *The Day of His Power*, p. 272-278.
40. David BENTLEY-TAYLOR, « African Diary, Part II », *IFES Journal* 20, no. 3, 1967, p. 28.
41. InterVarsity, « Notre ministère », consulté le 22 mars 2023, https://intervarsity.org/our-ministry.
42. Samuel ESCOBAR, « A New Time for Mission. Plenary Address to IFES WA 1999 », Hyundai Learning Center, Yong-In, Corée du Sud, 23 juillet 1999, p. 4, IFES e-archives.

Digression 2 : un terrain neutre et un château

Dès ses débuts, l'adresse de correspondance du bureau de l'IFES International est la même que celle du domicile de Stacey Woods ou des bureaux loués à proximité de son domicile. Cela était logique au début de l'IFES, car Woods était encore le secrétaire général par intérim de l'IVCF Canada ainsi que de l'IVCF USA[43]. Cependant, la situation devient pesante au fur et à mesure de l'expansion de l'IFES car « certains gouvernements ont assimilé à tort un bureau américain à une loyauté envers la politique étrangère américaine[44] ». Il est donc décidé de déménager en Suisse, pays neutre, mais en prenant des précautions diplomatiques ; comme le rappelle Woods, « la seule stipulation était que si le déménagement devait se faire en Suisse, en raison de l'emplacement du Conseil œcuménique des Églises et de la Fédération universelle des associations chrétiennes d'étudiants, le bureau ne devait pas être à Genève[45] ». Même si l'adaptation à la Suisse francophone n'est pas facile pour Woods, le nouveau lieu, désormais à l'abri de l'association politique avec les États-Unis, devient rapidement un point de ralliement pour le personnel de l'IFES en quête de conseils ou venant rendre compte des activités. Woods lui-même se vantera plus tard que

> Les visiteurs étaient constamment étonnés par les bureaux très modestes et frugaux d'un mouvement international en pleine croissance. C'est cependant grâce à ces économies strictes que des fonds ont été disponibles pour une expansion mondiale et la conviction générale était que le moins possible devait être dépensé en frais généraux et que la plus grande partie de chaque dollar donné devait être envoyée à l'étranger pour l'évangélisation des étudiants[46].

Le déménagement en Suisse n'était pas seulement motivé par des raisons politiques, mais aussi par des raisons financières, permettant d'allouer davantage de fonds de manière flexible, comme le rappelle Woods : « Le fait d'avoir notre base à Lausanne, en Suisse, a entraîné une augmentation des contributions

---

43. Woods démissionne de l'IVCF Canada en 1952 et de l'IVCF USA en 1961.
44. LOWMAN, *The Day of His Power*, p. 359.
45. WOODS, « IFES History Draft », chap. 2, p. 7.
46. *Ibid.*, p. 9. Les explorations personnelles de l'auteur de cet ouvrage dans les différents lieux de Lausanne où Woods et le bureau de l'IFES étaient basés confirment la modestie des quartiers choisis.

suisses. L'IVF britannique était alors responsable de la prise en charge des coûts du travail en Afrique. Elle a ensuite confié cette responsabilité à l'IFES en 1973[47]. »

En outre, au milieu des années 1960, l'IFES acquiert Schloss Mittersill, un château médiéval situé dans le Tyrol autrichien, pour en faire un centre de formation international. Pour Woods, un tel centre de formation est un rêve qui se réalise et il consacre beaucoup d'énergie à ce projet. De nombreux événements de formation régionaux et internationaux mémorables, ainsi que des comités généraux, ont eu lieu dans le château. Le centre, qui connaît d'innombrables problèmes de gestion et de financement, est finalement vendu en 2009[48]. Il a toutefois connu son heure de gloire dans les années 1980, notamment en raison de sa situation géographique stratégique : il était beaucoup plus facile de faire venir des étudiants d'Europe de l'Est en Autriche que dans la plupart des autres pays occidentaux.

Qu'en est-il des missions ?

Dans les années 1960, le monde des missions est soumis à un examen approfondi, qui n'épargne pas l'IFES. Alors que « chez les protestants traditionnels, l'autocritique des pratiques missionnaires paternalistes a conduit à de nouvelles théories missionnaires de "partenariat" à partir des années 1960[49] », les membres de l'IFES prennent note des changements sans modifier significativement leurs approches globales de la mission. Fondée plus tard que de nombreuses autres organisations missionnaires et fonctionnant dans un cadre fédéraliste, l'IFES est plus contextuelle et met davantage l'accent sur le leadership local que de nombreuses entreprises plus anciennes.

À cet égard, le récit que fait Woods du travail de pionnier de l'IFES en Afrique dans le sillage de la décolonisation est éclairant. À la fin des années 1940, il était évident que la fondation de nombreuses nouvelles universités dans les nations africaines nouvellement indépendantes représentait un potentiel de croissance extraordinaire pour l'IFES. Cependant, elle n'était pas seule sur le terrain et

---

47. Annexe J du document « Minutes of the Meeting of the Executive Committee of the IFES », 1988, p. 1.
48. Pour en savoir plus sur le Schloss Mittersill, voir Alex WILLIAMS, *Holy Spy*, Budapest, Harmat, 2003 ; MACLEOD, *C. Stacey Woods*, chap. 15.
49. Dana L. ROBERT, *Christian Mission. How Christianity Became a World Religion*, Hoboken, Wiley & Sons, 2009, p. 71.

les anciens conflits avec la FUACE reprennent rapidement sous la forme d'une « guerre par procuration ». Dans le récit de Woods,

> La Fédération universelle des associations chrétiennes d'étudiants a rapidement pris des mesures pour empêcher la formation de tout mouvement étudiant évangélique dans ces nouvelles universités. La doctrine de l'unité œcuménique a été proclamée. Les autorités universitaires ont promis de ne pas autoriser un second mouvement chrétien sur leurs campus. Dans certains cas, des aumôniers universitaires ont été nommés pour contrôler l'activité religieuse des étudiants. La Fédération universelle des associations chrétiennes d'étudiants envoie son propre personnel en Afrique[50].

L'ère de la décolonisation ouvre la concurrence aux mouvements étudiants sur le continent africain et les cercles œcuméniques semblent avoir décidé d'éviter le témoignage divisé caractéristique des universités occidentales jusqu'alors. L'IFES était relativement impuissant face à ce refoulement : « La porte semblait bien fermée à l'IFES. Mais, sans que nous le sachions ou que nous nous en rendions compte, Dieu avait sa propre stratégie. Il avait sa propre "cinquième colonne" dans ces mêmes universités avec leurs vastes campus et leurs bâtiments impressionnants[51]. » Rien n'est laissé au hasard, et de la même manière que les anciens colons devaient « servir » les colonies, « lorsque l'appel a été lancé pour trouver un personnel enseignant pour ces nouvelles institutions, des diplômés chrétiens, en grande partie originaires de Grande-Bretagne et tous précédemment actifs dans les unions évangéliques locales, avaient postulé et obtenu des postes de conférenciers[52] ».

Une approche délibérée consistait à mettre en place des alliés au sein des universités, ce qui facilitait l'émergence de groupes IFES locaux avec l'aide de ces professeurs. Woods raconte la situation ainsi :

> Tout naturellement, ils ont fait ce que tout autre conférencier ou professeur chrétien aurait fait. Un dimanche après-midi, ces hommes invitaient des étudiants, dont beaucoup avaient fait leurs études secondaires dans des écoles missionnaires et dont certains étaient chrétiens, chez eux pour une prédication biblique, ou comme on dit en Angleterre, une « lecture » de la Bible. Cet exposé était suivi de questions, de discussions, de prières, de thé et de biscuits. Certains

---

50. Woods, *Some Ways of God*, p. 54.
51. *Ibid.*
52. *Ibid.*

de ces étudiants se sont convertis. Spontanément, de leur propre initiative, ils se sont regroupés, ont formé des Unions chrétiennes et ont demandé à être reconnus comme sociétés d'étudiants. Il n'y a pas eu de propagande de l'extérieur. L'IFES n'a jamais été mentionné. Face à l'initiative et à la responsabilité des étudiants, les autorités n'ont eu d'autre choix que d'accorder la reconnaissance demandée[53].

L'aspect « tout naturel » de ces initiatives est peut-être exagéré. Ces invitations étaient plutôt le fruit d'une réflexion stratégique approfondie visant à favoriser l'émergence de groupes évangéliques. Comme l'explique Johnson, « nous avons encouragé tous nos diplômés à l'étranger à réunir les étudiants pour la prière et l'étude de la Bible ; nous avons laissé l'initiative aux étudiants, sauf pour les tâches qu'ils n'avaient pas le temps de faire[54] ». Le côté fascinant des affirmations de Woods et Johnson est leur commentaire selon lequel les groupes locaux ont émergé « spontanément » et qu'il n'y avait « aucune propagande de l'extérieur ». Il n'y a peut-être pas eu d'affiches publicitaires ou de grandes cérémonies de lancement. Cependant, le fait que ces diplômés de l'IVF-UK aient contribué à encourager ces groupes à « se regrouper » est une preuve suffisante de l'importance du soutien à ces groupes « endogènes ».

Les dirigeants de l'IFES n'étaient pas prêts à remettre en question la pertinence de la vocation de tout chrétien au témoignage missionnaire, y compris au niveau international. Cela était également en accord avec la devise du COE « la mission sur les six continents », adoptée en 1963. Par conséquent, « les missionnaires devraient être désignés pour aller de n'importe où à n'importe quel endroit, selon les besoins[55] ».

La même année, l'un des huit mouvements nationaux accueillis au sein de l'IFES est une fédération de mouvements naissants, la Pan African Fellowship of Evangelical Students (PAFES), fondée en 1958. Cette infusion de sang africain dans la vie de l'IFES amène de nouvelles questions, dont l'une était la relation des missionnaires étrangers avec les pays nouvellement indépendants. Le compte-rendu de l'AG fait état d'une longue discussion à laquelle ont participé « des délégués de presque toutes les nations représentées ». Ils y affirment la « nécessité de repenser l'ensemble de la tâche des missions mondiales en se rendant compte que dans de nombreux pays, l'activité missionnaire étrangère telle que nous l'avons connue sera limitée[56] ». Il était alors légitime de remettre en

---

53. *Ibid.*, p. 54-55.
54. Comme cité dans LOWMAN, *The Day of His Power*, p. 242.
55. ROBERT, *Christian Mission*, p. 72.
56. « Minutes of the Meeting of the Sixth General Committee », 1963, p. 29.

question le rôle et la conduite des missionnaires, mais pas la validité universelle du mandat missionnaire. En accord avec l'éthique missionnaire évangélique traditionnelle, la motion suivante est acceptée, selon laquelle

> le comité exécutif ou un groupe de ses membres, comprenant des représentants d'Afrique, d'Asie et d'Amérique latine (c'est-à-dire des régions du monde où les missionnaires occidentaux sont devenus politiquement *personae non gratae*), devrait reconsidérer le rôle continu de l'effort missionnaire occidental à la lumière principalement de la commission universelle, mais non sans référence aux situations politiques, afin que les chrétiens occidentaux puissent savoir comment leurs frères de ces pays souhaitent qu'ils continuent à accomplir le commandement du Seigneur et que l'effort missionnaire de source occidentale soit réorienté si nécessaire[57].

Le fait que les délégués britanniques présentent la motion peut être considéré soit comme une reconnaissance implicite du fait que leur ancien leadership en Afrique était remis en question et qu'ils étaient prêts à le mettre en jeu, soit comme un moyen de garder la main sur le processus de discernement. Les échanges rapportés ne sont exempts ni de controverses ni de jeux de pouvoir, comme le montre un regard même superficiel sur les comptes-rendus de l'AG. Certains mouvements apparaissent beaucoup plus souvent que d'autres comme étant à l'origine de la lutte contre le changement, des inflexions théologiques potentielles ou des rapprochements avec d'autres organisations. Certains responsables exercent beaucoup d'influence sur d'autres responsables et mouvements nationaux ou sapent certains ministères qu'ils ne considèrent pas comme s'inscrivant dans les priorités générales de l'organisation. Quoi qu'il en soit, la discussion sur le rôle des missionnaires étrangers est loin d'être close en 1963. En effet, Chua se rappellera plus tard que son « baptême dans l'IFES a eu lieu lors de l'assemblée générale de 1967, où les conflits idéologiques étaient féroces. La plupart des délégués sont rentrés chez eux déprimés plutôt que rafraîchis[58]. » Notons que les débats étaient plutôt ceux des équipiers que ceux des étudiants – seuls 35 % des délégués étaient des étudiants[59]. Cependant, les

---

57. *Ibid.*, p. 30.
58. Chua Wee Hian, « IFES General Secretary's Report 1991 », Wheaton College, Wheaton, Illinois, États-Unis, 27 juillet au 4 août 1991, p. 3, IFES e-archives, GC 1991 minutes, Appendix D.
59. « Minutes of the Meeting of the Executive Committee of the IFES », Casa Moscia, Ascona, Suisse, 30 août au 3 septembre 1968, p. 14, IFES e-archives.

procédures de l'assemblée n'ont pas fait l'unanimité. Comme le note le compte-rendu,

> Les délégués asiatiques qui ont participé aux deux dernières Conférences de l'assemblée générale estiment qu'il y a un danger de donner une fausse impression sur la nature de l'IFES. On passe tellement de temps à discuter de détails organisationnels et constitutionnels que le sentiment d'être une véritable communauté dans l'Esprit est obscurci. Il nous semble que les séances de travail ont tendance à être dominées par certains délégués dont l'insistance sur les détails de l'organisation nous a détournés de la discussion sur les questions vraiment importantes. Nous ressentons le besoin de passer beaucoup plus de temps à prier, à partager et à faire *face aux grandes opportunités et difficultés de nos pays individuels*[60].

Cette critique représente une mise en évidence assez rare des différences de perception entre l'Occident et le reste du monde. Sur un ton intrigant et reflétant des sentiments mitigés, Bentley-Taylor, émissaire du SG et une voix importante dans le mouvement, rapporte de la réunion de l'AG de 1967 que

> Lorsque le travail missionnaire a été passé en revue, les Européens sont restés en retrait et les intervenants asiatiques, africains et sud-américains ont émis des critiques sans équivoque. Il a été suggéré que beaucoup ont rejeté l'interprétation occidentale du Christ, plutôt que Jésus-Christ lui-même. Un appel a été lancé en faveur d'un plus grand nombre de missionnaires non professionnels, asiatiques et européens. On a demandé que les missionnaires soient moins nombreux mais de meilleure qualité, que leur rôle soit modifié et qu'ils mettent davantage l'accent sur la formation des autres. Certains estimaient que les missionnaires n'avaient pas réussi à pénétrer dans les domaines les plus stratégiques de la vie d'une nation, en particulier qu'en Amérique latine, presque rien n'avait été fait dans les cercles intellectuels et dans les villes, de sorte que le faible niveau d'éducation des prédicateurs chrétiens d'aujourd'hui était rebutant pour les étudiants[61].

---

60. *Ibid.*, p. 3 ; c'est nous qui soulignons.
61. David Bentley-Taylor, « The Seventh IFES General Committee. An Appraisal », *IFES Journal* 20, no. 3, 1967, p. 11-12.

Pour quelqu'un qui avait passé les huit années de 1966 à 1974 à parcourir des « champs pionniers[62] », c'est une évaluation plutôt sans appel, et il poursuit en notant qu'il avait espéré « qu'il se trouve un non-Européen pour exprimer la vérité équilibrée du sacrifice des missionnaires et de leurs services[63] ». Passer au crible l'impérialisme et le sacrifice comme facteurs de motivation pour la mission était une tâche complexe. Il n'était pas facile pour les Européens d'accepter la critique sans cynisme, car, contrairement aux cercles œcuméniques, ils n'avaient pas été confrontés au célèbre appel de 1971 à un « moratoire sur les missions » lancé par le théologien kenyan Gatu, dont le discours était sans équivoque. Pour que le lecteur saisisse le contexte dans lequel évolue alors l'IFES, il est important de citer ce texte bien connu :

> Je vais faire valoir que le moment est venu de retirer les missionnaires étrangers de nombreuses régions du tiers monde, que les Églises du tiers monde doivent être autorisées à trouver leur propre identité et que la poursuite du mouvement missionnaire actuel est un obstacle à cette autonomie de l'Église. [...] J'ai commencé par dire que les missionnaires devraient être retirés du tiers monde pour une période d'au moins cinq ans. J'irai plus loin et dirai que les missionnaires devraient être retirés, point final. La raison en est que nous devons permettre à Dieu, le Saint-Esprit, de diriger notre prochaine action sans lui donner de calendrier. L'Évangile aura alors un effet plus profond et d'une plus grande portée que ce que notre christianisme missionnaire a fourni jusqu'à présent[64].

Bien qu'ils n'aient pas demandé un tel moratoire, les dirigeants évangéliques étroitement associés à l'IFES avaient exprimé un point de vue quelque peu similaire un an plus tôt dans la Déclaration de Cochabamba de 1970 :

> Nous reconnaissons notre dette envers les missionnaires qui nous ont apporté l'Évangile. En même temps, nous croyons qu'une réflexion théologique pertinente pour notre propre peuple doit tenir compte de la réalité dramatique de la scène latino-américaine et

---

62. Voir son mémoire plein d'anecdotes : David BENTLEY-TAYLOR, « Adventures of a Christian Envoy », manuscrit photocopié, Londres, 1992, IFES Archive, Oxford.
63. BENTLEY-TAYLOR, « Seventh IFES General Committee », p. 11-12.
64. John GATU, discours au Festival des missions, Milwaukee, États-Unis, 1971, publié dans *Church Herald*. Cité dans Bengt SUNDKLER et Christopher STEED, *A History of the Church in Africa*, Cambridge, CUP, 2001, p. 1027. Ce discours a suscité un débat prolongé dans les milieux missionnaires. Voir « The Moratorium Debate », *International Review of Mission* 64, no. 254, 1975, p. 148-164.

doit s'efforcer d'identifier et d'enlever les oripeaux étrangers dans lesquels le message a été enveloppé[65].

Cette évaluation nuancée de l'activité missionnaire va à l'encontre de nombreux récits contemporains qui voient la présence missionnaire occidentale sous un jour beaucoup plus sombre[66]. La préoccupation était ouvertement missiologique : les responsables de l'IFES croyaient au même Évangile et à l'importance de le transmettre à leurs concitoyens, mais les éléments culturels (occidentaux) devaient être éliminés pour permettre une appropriation endogène. L'influence des équipiers latino-américains de l'IFES sur la forme future du monde évangélique est également mise en évidence dans la déclaration adoptée à Lausanne en 1974, qui postule qu'« il peut être parfois nécessaire de réduire le nombre des missionnaires étrangers et de restreindre l'aide financière pour faciliter la croissance de l'Église indigène et l'aider à acquérir plus de confiance en elle-même, et débloquer ainsi des fonds pour les régions non évangélisées[67] ».

L'évaluation de plusieurs dirigeants de l'IFES du monde majoritaire suggère que l'IFES leur a fourni un cadre de liberté relative, qui leur a permis de développer leur propre éthique chrétienne contextuelle. En 1977, Escobar est déjà conscient de la nécessité de corriger les récits quand il affirme que

> nos mouvements d'étudiants ont été exposés, à l'université et dans certains ouvrages théologiques, à des analyses sociologiques des missions qui ont créé une attitude généralement négative. Je pense qu'il est nécessaire de la corriger. Bien sûr, de nombreux étudiants de nos mouvements ont également subi les effets d'une approche fondamentaliste naïve des missions, des relations entre missionnaires et nationaux, etc. Je considère comme une tâche importante d'établir des liens entre l'entreprise missionnaire et nos mouvements, d'informer sur les besoins, d'interpeller avec le commandement biblique de voir le monde avec une vision missionnaire[68].

---

65. « Evangelical Declaration of Cochabamba. At the Founding Meeting of the Fraternidad Teológica Latinoamericana, décembre, 1970 », *Journal of Latin American Theology* 11, no. 2, 2016, p. 186.
66. ROBERT, *Christian Mission*, p. 93.
67. Mouvement de Lausanne, « La déclaration de Lausanne », 1974, paragraphe 9, http://www.lausanne.org/fr/tous-les-documents/la-declaration-de-lausanne.html.
68. Samuel ESCOBAR, « Report of the IFES Associate General Secretary at Large », Oxon, Angleterre, 28 septembre au 3 octobre 1977, p. 2, IFES e-archives, EC 1977 minutes, Appendix E.

De même, Brown se réjouirait en 1997 que, à ses yeux, l'IFES ait contribué en avance sur son temps sur le plan missiologique :

> L'IFES a contribué au développement de nouveaux modèles de mission. Il y a cinquante ans, l'idée de mouvements autonomes dirigés par des nationaux s'unissant pour faire avancer la cause de l'Évangile était unique. Elle libérait la mission mondiale des contrôles des Églises et organisations occidentales et mettait en avant des valeurs telles que le respect des chrétiens locaux, la propriété nationale et le partage équitable des ressources. Aujourd'hui, ces valeurs sont considérées comme allant de soi dans la plupart des agences missionnaires et des institutions de formation[69].

Ces développements sont la conséquence de la conviction que tous les croyants ont un accès *immédiat* à Dieu et peuvent théologiser dans les contextes dans lesquels ils sont placés pour *transmettre* leur foi à leur environnement. Cela représente également un défi pour la communion fraternelle à laquelle ces croyants *participent* : un défi d'écoute et de respect mutuels.

Rester ferme pendant la tempête de 1968

L'année 1968 marque une étape importante dans l'histoire du ministère étudiant. L'IFES n'organise pas d'événement mondial. En revanche, la FUACE se réunit en Finlande pour une conférence d'étudiants, immédiatement suivie par l'assemblée de la Fédération à Uppsala, en Suède. Les deux réunions sont perturbées : certains orateurs des réunions plénières ne sont pas autorisés à s'adresser aux étudiants, et un esprit révolutionnaire caractérise également la réunion du COE[70]. Selon Lehtonen, l'atmosphère de l'époque était telle que « les étudiants cherchaient à se libérer du paternalisme et des structures autoritaires et hiérarchiques. La démocratisation de la société universitaire et certaines formes de socialisme étaient des objectifs apparents[71] ». McLeod note également

---

69. Lindsay Brown, « IFES Jubilee », *Highlights*, décembre 1997, p. 2.
70. Le récit historique du centenaire de la FUACE est curieusement silencieux sur cette période turbulente et attribue la plupart des défis aux difficultés financières ; voir Potter et Wieser, *Seeking and Serving the Truth*, qui ne mentionne pas une seule fois l'IFES. À l'inverse, le secrétaire général de la FUACE entre 1968 et 1973 a rédigé un récit détaillé des événements, publié notamment par un éditeur évangélique parce que les éditeurs de l'histoire officielle ne voulaient pas publier son récit ; voir Lehtonen, *Story of a Storm*, p. xix. Dans l'histoire la plus récente de la FUACE, Boyd offre un récit détaillé et nuancé incluant des voix critiques ; voir Boyd, *Student Christian Movement*, chap. 6.
71. Lehtonen, *Story of a Storm*, p. 58.

une réorientation des préoccupations des étudiants, soulignant que « lorsque la température politique a atteint un point d'ébullition en 1968, les organisations chrétiennes étudiantes se sont déchirées, car de nombreux membres ont décidé que le travail pour la révolution était la priorité absolue et que tout le reste n'était qu'accessoire[72] ».

Il n'est pas possible ici d'offrir un compte-rendu exhaustif et juste des événements de la FUACE et du COE. Cependant, quelle que soit la perspective que le lecteur adopte sur les événements relatés par plusieurs participants à ces réunions, ils ont été significatifs pour l'IFES, marquant la disparition de la FUACE en tant que concurrent institutionnel efficace. Après 1968-1972, la FUACE était considérée par l'IFES et d'autres analystes comme l'ombre de sa gloire passée. Selon les propres termes du secrétaire général de la FUACE, « la Fédération a laissé la responsabilité de l'évangélisation aux ministères plus fortement institutionnalisés des Églises et à un certain nombre d'organisations d'étudiants évangéliques[73] ». Bruce va jusqu'à qualifier cette période d'« effondrement du SCM[74] », tandis que Chua remarque :

> Avec la semi-disparition des SCM dans de nombreux pays, certains de nos mouvements les plus établis ont eu tendance à se reposer sur leurs lauriers et à rechercher la respectabilité. Cependant, plusieurs mouvements ont pris conscience de ce danger et ont appelé leurs membres à un nouvel engagement envers Jésus-Christ et à la proclamation de son Évangile[75].

Si les Occidentaux déplorent les pertes de membres importantes dans les Églises chrétiennes, d'autres encouragent leurs collègues à relever les nouveaux défis du moment. L'une des enquêtes régulières sur la situation mondiale publiées dans le *Journal de l'IFES* l'illustre bien :

> Nous vivons parmi les nouveaux païens. Les étudiants et les professeurs chrétiens de toutes les universités, à Paris et à Makerere, à Djakarta, à Rio de Janeiro et à Columbia, doivent faire face à ce fait qui les unit : ils sont minoritaires parmi les non-chrétiens. Mais ces païens parmi lesquels nous vivons ne ressemblent pas aux

---

72. Hugh McLeod, « The Crisis of Christianity in the West. Entering a Post-Christian Era ? », dans *World Christianities c.1914-c.2000*, sous dir. Hugh McLeod, vol. 9 de *The Cambridge History of Christianity*, Cambridge, CUP, 2006, p. 339.
73. Lehtonen, *Story of a Storm*, 325.
74. Preston, « The Collapse of the SCM ».
75. Chua Wee Hian, « Report of the General Secretary », Schloss Mittersill, Autriche, 1974, p. 1, IFES e-archives, EC 1974 minutes, Appendix A.

> catégories des manuels de religion. Très souvent, ce sont d'anciens chrétiens, d'anciens musulmans, d'anciens bouddhistes, mais ce sont aussi des hommes et des femmes d'un genre nouveau, transformés par la nouvelle société qui est en train de naître[76].

Affirmer ainsi que le monde est peuplé de « nouveaux païens » était un cadrage rhétorique audacieux visant à motiver les troupes de l'IFES. Comment les équipiers devaient-ils motiver les étudiants chrétiens sans les bousculer ? La question du paternalisme, bien que définie de manière vague, est également abordée dans un numéro important de l'*IFES Journal*. L'auteur – un équipier en Amérique latine – y souligne la différence entre le paternalisme religieux, supposé mauvais, et l'approche de l'IFES en matière de leadership, qu'il juge beaucoup plus authentique et efficace pour le témoignage sur le campus. Il exprime ainsi un contraste saisissant :

> Dans cette culture, depuis des siècles, la religion signifie aller chez le « padre » pour confesser ses péchés, découvrir la volonté de Dieu et faire dire une messe pour son bien-aimé mort au purgatoire. Faut-il s'étonner qu'en ce qui concerne les choses de Dieu, de nombreux étudiants se sentent « indignes » d'essayer de prendre des responsabilités et ont tendance à attendre que « les professionnels » le fassent[77] ?

Sans développer beaucoup plus sa critique, Hanks propose à ses collègues quelques points stratégiques pour « tuer le dragon du paternalisme[78] ». Ils devaient

> s'inscrire à l'université, encourager la prière à l'université, encourager l'étude de la Bible à l'université, mettre l'accent sur les études biographiques du leadership dans la Bible pour s'attaquer au modèle du *caudillo*, et enfin, encourager les pasteurs dans leur ministère auprès des étudiants. [...] Si vous pouvez aider et encourager les pasteurs à développer un ministère de prédication biblique textuelle, de prière compatissante envers leurs « étudiants rebelles » à l'université, vous pouvez accomplir plus que par votre ministère direct sur le campus[79].

---

76. Paul D. Fueter, « New Christians for New Pagans », *IFES Journal* 21, no. 3, 1968, p. 1.
77. Tom Hanks, « Paternalistic, Me ? », *IFES Journal* 21, no. 1, 1968, p. 2.
78. *Ibid.*, p. 3.
79. *Ibid.*, p. 5.

Les responsables de l'IFES essayent alors de marcher sur le chemin étroit de la tradition et de la nouveauté : le monde ne semblait jamais « fixer l'ordre du jour », mais l'IFES n'était pas non plus imperméable aux changements significatifs de l'humeur du jour. Ce difficile exercice de funambulisme a duré longtemps : lors de l'AG de 1971, de nombreuses tensions doctrinales et missiologiques reviennent sur le devant de la scène.

Des doctrines traditionnelles pour une époque turbulente : l'assemblée générale de 1971

Si 1968 est un tournant pour la FUACE, l'assemblée générale de l'IFES de 1971 est de la même manière un temps d'échanges assez houleux. Les tensions doctrinales sont nombreuses. Des documents circulent et sont discutés sur l'autorité de la Bible, mais les questions de procédures occupent également les délégués de manière significative. L'AG de 1971 représente également la fin de l'ère des pères fondateurs : Woods terminait son mandat de SG sortant, et le vice-président Lloyd-Jones faisait sa dernière apparition majeure en tant que prédicateur lors des plénières bibliques du matin. Ses exposés ont servi de testament théologique et sont résumés ainsi par Catherwood :

> « Quelle doit donc être notre méthode pour définir ce qu'est un évangélique ? La méthode, bien sûr, est avant tout biblique. Le grand slogan de la Réforme, *sola scriptura*, a toujours été le slogan du véritable évangélique. L'évangélique commence par la Bible. C'est un homme du Livre. C'est sa seule autorité et il s'y soumet en tout. » Il poursuit en rappelant à son auditoire, lors de la troisième conférence, après avoir cité la base de la foi de l'IFES qu'il avait contribué à élaborer quelque vingt-cinq ans plus tôt : « L'Écriture est notre *unique* autorité... notre seule autorité. »[80]

Le ton était donné : à une époque de bouleversements théologiques et sociaux, la position évangélique traditionnelle devait être conservée sans faiblir. Il est évident que la confrontation avec l'ambiance de l'époque n'a pas été évitée : l'agitation étudiante se poursuit dans de nombreux pays et la « question sociale » ne se limite pas aux cercles œcuméniques. La question de l'autorité non plus, qui, selon un rapport remarquablement négatif mais néanmoins publié de la

---

80. Christopher CATHERWOOD, *Martyn Lloyd-Jones. His Life and Relevance for the 21st Century*, Nottingham, IVP, 2015, p. 51.

formation des étudiants qui avait eu lieu juste avant l'AG était vraiment la pierre d'achoppement du moment, tout comme le lien entre la théorie et la pratique :

> Les hommes connus qui apportaient les messages du matin n'exposaient pas tant les textes bibliques que leurs applications de certaines vérités bibliques... Pour les groupes matures, l'exposition moins structurée à la Parole de Dieu était la communion nécessaire après une journée intensive. Mais certains des groupes plus jeunes ont pataugé soit dans le subjectivisme, soit dans une indifférence virtuelle aux textes choisis. Cela devrait peut-être être un avertissement pour nous : au moment où nous renforçons fortement l'énonciation de notre position biblique et encourageons vigoureusement la production de littérature biblique, nous devons simultanément prévoir dans les cours de formation une initiation maximale à l'examen personnel de la Bible sur un plan pratique[81].

Lors de l'AG, outre les exposés bibliques habituels, les documents de discussion suivants – qui reflètent bien la conscience qu'avaient les responsables du moment des enjeux contemporains – sont soumis à plusieurs groupes de travail :

1. L'agitation étudiante : ses causes, ses caractéristiques et ses remèdes.
2. Le christianisme et les autres religions.
3. Le salut de l'individu et la place du travail social dans le service chrétien.
4. Autorité, vérité permanente et normes changeantes.
5. La moralité chrétienne dans une société non chrétienne[82].

L'article de Bürki sur « l'agitation étudiante » est particulièrement intéressant en tant que fenêtre sur la pensée de la génération montante d'étudiants. Après avoir noté avec perspicacité que « l'agitation et la rébellion des étudiants sont une

---

81. « Instruction, Imitation, Initiation. A Composite Report (IFES Training Course, Mittersill, 1971) », *IFES Journal* 25, no. 3, 1971, p. 16.
82. « Minutes of the Meeting of the Eighth General Committee of the IFES – 1971 », Schloss Mittersill, Autriche, 28 août 1971, p. 23, IFES e-archives.

tradition universitaire depuis que les universités existent[83] », il donne les raisons de l'agitation récente comme étant, selon lui, essentiellement de trois ordres :

> (a) la dépendance prolongée de l'étudiant à l'égard de sa famille, (b) une conscience et une attitude critique aiguisées du fait des activités intellectuelles des étudiants, (c) le prestige des jeunes dans la société, phénomène relativement tardif, qui accroît leur sentiment d'irritation face à leur impuissance réelle dans la prise de décision[84].

Pour Bürki, l'émergence de cette impatience à l'égard de l'impuissance ressentie face aux questions d'autorité s'explique essentiellement par une crise du statut de la raison, comme il le note plus loin :

> La crise de l'autorité a son parallèle dans la crise de la raison autonome. La conviction de l'insignifiance des études académiques et de l'effet déshumanisant des méthodes analytiques des sciences humaines face aux besoins personnels et sociaux pousse les étudiants (a) à « s'échapper de la raison » (F. Schaeffer) et de la société en expérimentant les drogues, la méditation transcendantale, etc. (George B. Leonard, *Education and Ecstasy*), [et] (b) de s'engager dans des mouvements révolutionnaires de différents types. [...] « L'agitation étudiante reflète la situation complexe d'aliénation de la société actuelle avec sa sous-culture juvénile, son système de valeurs pluraliste, la polarisation des mouvements. »[85]

En citant des facteurs socio-économiques et en notant la « situation complexe d'aliénation dans la société actuelle avec sa sous-culture de jeunes, son système de valeurs pluraliste, la polarisation des mouvements », l'objectif principal de Bürki est d'essayer de proposer une perspective chrétienne sur les troubles et sur ce que pourrait être une réponse adéquate des groupes IFES. Prenant l'exemple d'une étude menée par le mouvement japonais de l'IFES KGK, montrant que les étudiants avaient tendance à être motivés par un fort sentiment de désespoir, Bürki poursuit en notant que la situation de troubles pourrait éventuellement amener son lot de difficultés pour les groupes chrétiens, étant donné que les principes fondamentaux de la foi étaient attaqués comme étant essentiellement

---

83. Hans Bürki, « Student Unrest. Its Causes, Characteristics and Cures », seminar paper, Schloss Mittersill, Autriche, 1971, p. 1, IFES e-archives, GC 1971 minutes, Appendix J. Il fait allusion à Francis A. Schaeffer, *Démission de la raison*, trad. Pierre Berthoud, Genève, Maison de La Bible, 1968.
84. Bürki, « Student Unrest », p. 1.
85. *Ibid.*

anti-humains : « la foi dans le seul Rédempteur du péché, l'obéissance au Seigneur de tous, maintient l'homme dans la servitude[86]. »

Ce que Bürki propose pour contrer cette accusation, c'est, d'une part, une prise de conscience renouvelée de la gravité de la situation ainsi que de la sévérité des accusations portées contre les chrétiens, mais, d'autre part, un rappel aux fondamentaux de la foi.

Dans un développement qui mérite d'être cité en détail, Bürki expose son approche :

> Les chrétiens doivent adopter une attitude véritablement critique et prophétique à l'égard des croyants et des conditions au sein de l'Église, de l'université et du monde dans son ensemble. Nous devons affronter sans détour le désespoir total actuel et refuser la fausseté et la tromperie du soi-disant processus de guérison de l'aliénation elle-même. Nous devons particulièrement analyser les présupposés des différents principes du nouveau libéralisme théologique et de son éthique sociale, et les exposer à la nature globale de l'Évangile[87].

L'engagement sensible associé à une affirmation énergique était le remède prescrit pour l'agitation des étudiants. Alors que les cercles de la FUACE préconisaient le *dialogue* comme moyen privilégié de s'engager dans le monde, Bürki est catégorique : une méthode uniquement dialogique ne porterait pas de fruits durables :

> Dans la formation des étudiants, nous devons réaffirmer et utiliser la méthode antithétique par laquelle la Bible enseigne sa vérité. Le Nouveau Testament désigne cette méthode par le mot *katekesis* (1 Co 14.19 ; cf. Dt 6.7) qui exclut la *dialektike* comme méthode d'enseignement de la vérité biblique. Cela ne signifie pas que le « dialogue » n'a aucune valeur dans l'évangélisation ; cela signifie que la vérité ultime sur Dieu, l'homme et le monde ne peut être comprise que si nous acceptons l'autorité de la Bible comme Parole de Dieu, c'est-à-dire si la révélation biblique est le cadre final de notre raisonnement[88].

Enfin, Bürki aborde brièvement la participation effective des groupes d'étudiants de l'IFES aux protestations et à l'agitation qui ont lieu sur leurs

---

86. *Ibid.*, p. 2.
87. *Ibid.*
88. *Ibid.*, p. 2-3.

campus. On peut remarquer une certaine appréhension concernant le lien entre la participation et l'observation d'une part, et le témoignage chrétien d'autre part, une appréhension que l'on retrouve également dans de nombreux autres documents ultérieurs de l'IFES :

> Les groupes d'étudiants chrétiens qui, d'une part, ont été impliqués de manière pratique dans les conflits étudiants et qui, d'autre part, ont essayé de réaliser les objectifs de communauté chrétienne dans un sens plus étroit, ont été grandement bénis. Si les étudiants chrétiens avaient formé des groupes séparés en plus de l'Union Chrétienne pour donner une direction aux problèmes pressants du campus d'une manière responsable et la mener à bien, alors leur témoignage au Christ aurait pu être plus efficace. Si de tels groupes spécialisés sont formés au sein de l'Union Chrétienne, les activités de témoignage de l'Union ont tendance à perdre leur vitalité. Il convient d'examiner si cette perte est une conséquence nécessaire. Il est important de clarifier la relation entre le but et les moyens dans ces groupes séparés (ou spécialisés). Ils devraient bénéficier du plein soutien et de la communion de l'ensemble de l'Union chrétienne et des Églises[89].

Aucune trace écrite des discussions qui ont eu lieu après la présentation des documents n'est conservée, mais on peut supposer qu'elles ont été tendues, car, lorsque les délégués demandent que les documents soient distribués à un cercle plus large au sein de l'IFES, « le professeur Wisløff a attiré l'attention sur le fait que ces documents n'étaient en aucun cas des documents officiels, et que des désaccords avaient été exprimés à certains moments lors de la discussion en groupe de ces documents[90] ». Cela indique un certain malaise de la part de certains hauts dirigeants à l'égard d'une nouvelle génération émergente de responsables. Comme l'a souligné le rapport critique déjà cité : « Nous ne sommes pas simplement des êtres qui pensent et prient. Nous sommes aussi des personnes qui ressentent, décident et agissent. Imaginez les "vieux" chrétiens (par exemple les équipiers !) en train de vivre une révolution[91]. » De nouveaux leaders émergeaient effectivement, comme le montrent les développements suivants.

---

89. *Ibid.*, p. 3.
90. « Minutes of the Meeting of the Eighth General Committee », 1971.
91. « Instruction, Imitation, Initiation », p. 16.

À la suite de ces nombreuses discussions, les participants ont décidé de demander au CE de rédiger une introduction à la base doctrinale de l'IFES, conformément à l'approche assertive précédemment explorée[92].

Dans un monde de révolutions, l'idée que les étudiants eux-mêmes étaient les principaux agents locaux de la mission mondiale est renforcée et rendue encore plus pertinente dans le sillage de la décolonisation. Dès lors, la relation de la mission endogène avec les structures et les courants théologiques internationaux sera un élément marqué de l'identité de l'IFES.

---

92. Voir plus loin dans l'ouvrage la section « Analyse théologique », p. 233, et le chapitre 11 : « Une base solide », p. 209.

6

Quand le Sud vient au Nord

Les années 1970

Les années 1970 ont été une période de réflexion théologique intense dans le monde majoritaire, considérée comme une « décennie d'or[1] ». Il est essentiel de passer brièvement en revue les aspects saillants de cette époque, car une partie essentielle des développements théologiques évangéliques latino-américains s'est produite grâce au travail de plusieurs cadres de l'IFES, notamment Escobar, Padilla et Arana[2]. De plus, en 1972, après vingt-cinq ans de mandat, Woods passe le relais du secrétariat général à Chua Wee Hian, originaire de Hong Kong, signe du pouvoir croissant des personnalités non occidentales au sein de la direction du mouvement et aussi de certains nouveaux enseignements[3].

L'arrivée de grandes figures théologiques du monde majoritaire signifie pour l'ensemble de la communauté évangélique une intense remise en question de ses prémisses théologiques. Ce nouveau groupe de personnalités influentes

---

1. Daniel SALINAS, *Latin American Evangelical Theology in the 1970s. The Golden Decade*, coll. Religion in the Americas Series, Leiden, Brill, 2009.
2. Tous trois avaient été les principaux instigateurs de la fondation de la Fraternité théologique latino-américaine (FTL) à Cochabamba en décembre 1970 où ils s'étaient déjà affrontés avec Peter Wagner du Fuller Seminary sur des questions herméneutiques. Voir MACLEOD, *C. Stacey Woods*, p. 220-221. Pour les travaux de la FTL, y compris de nombreux documents d'archives, voir « FTL. Fraternidad Teológica Latinoamericana », consulté le 27 juillet 2020, https://ftl-al.com/.
3. Chua a toujours montré un profond intérêt pour les relations que les étudiants entretiennent avec leurs familles, par exemple, en abordant la question des loyautés familiales dans le contexte des cultures communautaires, une considération attendue depuis longtemps dans l'enseignement de l'IFES sur l'évangélisation. Pour d'autres enseignements et beaucoup d'anecdotes de son ministère, voir CHUA Wee Hian, *Getting through Customs. The Global Jottings of Chua Wee Hian*, Leicester, Inter-Varsity Press, 1992.

était en partie le résultat de la pratique de l'IFES consistant à encourager le développement d'un leadership local. C'est du moins ainsi que Padilla et Chua le présenteront aux étudiants nord-américains lors de la conférence d'Urbana en 1973 :

> Chaque mouvement est indépendant. Chacun applique son propre programme. Chacun doit suivre la direction du Seigneur. Nous n'avons pas de méthodes d'évangélisation « prêtes à l'emploi » et n'établissons pas de programme pour quiconque. Nous essayons d'aider les étudiants en leur donnant une formation, notamment en ce qui concerne l'étude des Écritures[4].

Cela ne se passait pas seulement au sein de l'IFES, comme le suggèrent Hutchison et Wolffe,

> Les évangéliques occidentaux ont eu tendance à envoyer à l'étranger leurs missionnaires-ouvriers plutôt que leurs théologiens. Leur foi dans la suffisance de la croix signifiait également que les Africains, les Asiatiques et les autres devaient déterminer eux-mêmes ce que signifiait être un chrétien dans ce lieu. En retour, les Occidentaux qui ont été confrontés à ce nouveau dynamisme ont été mis à rude épreuve quant à la manière de gérer leurs propres traditions eurocentriques du siècle des Lumières[5].

Cette rencontre ne se déroule pas partout sans heurts[6]. Dans ce qui suit, je retrace l'histoire commune de l'IFES et du Congrès de Lausanne de 1974, mais il est important de la placer dans le contexte approprié de l'engagement théologique dans les circonstances complexes de l'Amérique latine d'après-guerre.

---

4. Chua Wee Hian et C. René Padilla, « God's Work in the World Today », dans *Jesus Christ. Lord of the Universe, Hope of the World ; Urbana 1973*, sous dir. David M. Howard, Downers Grove, IVP, 1974, p. 168.
5. Hutchinson et Wolffe, *A Short History*, p. 187.
6. Alister Chapman, « Evangelical International Relations in the Post-Colonial World. The Lausanne Movement and the Challenge of Diversity, 1974-89 », *Missiology* 37, no. 3, 2009, p. 355-368 ; Michael Clawson, « Misión Integral and Progressive Evangelicalism. The Latin American Influence on the North American Emerging Church », *Religions* 3, no. 3, 2012, p. 790-807 ; Brian Stanley, « "Lausanne 1974". The Challenge from the Majority World to Northern-Hemisphere Evangelicalism », *Journal of Ecclesiastical History* 64, no. 3, 2013, p. 533-551.

Se confronter au marxisme : l'Amérique latine et la mission intégrale

Le mouvement universitaire évangélique, souvent négligé dans l'histoire du protestantisme, en est venu à contribuer, par sa pensée avant-gardiste, aux efforts visant à exprimer la foi évangélique en termes applicables aux conditions du continent[7].

Le concept de *mission intégrale* est probablement la plus grande contribution théologique et missiologique de l'IFES à l'Église, du moins à la fin du XXe siècle[8]. Son initiateur, C. René Padilla, a défié le monde théologique de l'époque, principalement en raison de ses expériences de travail avec des étudiants dans toute l'Amérique latine.

Des universités dans la tourmente

L'IFES n'était pas seule à réfléchir aux questions missiologiques du moment. Kirkpatrick note que « les rapports des collaborateurs œcuméniques du SCM sont étonnamment similaires à ceux du personnel de l'IFES[9] ». Pour comprendre le contexte, il est essentiel de connaître la situation complexe des universités latino-américaines dans les années 1960 et 1970. La population étudiante avait atteint des chiffres jamais vus auparavant[10] ; Bürki note que « si, il y a encore 50 ans, l'enseignement universitaire était un luxe économique, il est aujourd'hui devenu une nécessité économique et nationale[11] ».

Arana[12] décrit les groupes marxistes d'Amérique latine comme « les groupes les plus actifs et les plus militants des universités [qui] présentent un attrait particulier par leur objectif de changer la vie en quelque chose de digne des

---

7. Lic Edgar Alan PERDOMO, « Una descripción histórica de la teología evangélica latinoamericana (Segunda de dos partes) », *Kairos* 33, 2003, p. 94-95.
8. Pour des analyses récentes en français, voir Evert Van de Poll, *Mission intégrale. Vivre, annoncer et manifester l'Évangile, pour que le monde croie*, coll. REMEEF, Charols, Excelsis, 2017 ; McTair WALL, sous dir., *Mission intégrale 2. Regards historiques, philosophiques, bibliques et théologiques*, coll. REMEEF, Charols, Excelsis, 2023.
9. David C. KIRKPATRICK, « C. René Padilla and the Origins of Integral Mission in Post-War Latin America », *The Journal of Ecclesiastical History* 67, no. 2, 2016, p. 362.
10. « Le nombre total de diplômés entre 1940 et 1950 n'était que de 62 584, alors que pour la seule année 1960, l'université comptait plus de 70 000 étudiants. » KIRKPATRICK, « C. René Padilla and the Origins of Integral Mission in Post-War Latin America », p. 356.
11. Hans BÜRKI, « The Confrontation of Evangelism with Ideology », *IFES Journal* 1, 1967, p. 25.
12. Le pasteur péruvien presbytérien Arana était secrétaire général associé (ASG) pour l'Amérique latine.

êtres humains[13] ». Cela représentait un défi important pour les chrétiens, car ils n'étaient pas considérés comme des alliés naturels de l'esprit révolutionnaire du moment :

> Il est indéniable que pour des millions et des millions de Latino-américains aujourd'hui, la voix de l'Église n'est pas la voix de Dieu et ses intérêts ne sont pas ceux de leurs pays respectifs. Ils la considèrent comme un symbole du passé, comme les vestiges d'une époque qu'il faut laisser derrière soi avec tout le fanatisme, l'injustice et l'intolérance qui la caractérisaient[14].

Comment les théologiens protestants et évangéliques, formés à l'université et n'appartenant donc pas aux populations les plus défavorisées, relèveraient-ils le défi si, comme le rappelle Gebara, « les pauvres remettaient en question l'Église institutionnelle et provoquaient un nouveau mouvement dans la théologie. De nombreux théologiens et communautés protestantes ont également été remis en question[15] » ? Voelkel rappelle l'anecdote suivante concernant Samuel Escobar :

> Sachant que Samuel avait autrefois été fortement attiré par le marxisme, je lui ai demandé : « Qu'est-ce qui t'a persuadé de suivre le Christ ? » Samuel a passé en revue ses années d'études. Les communistes avaient enflammé son imagination pour servir son pays et répondre aux besoins sociaux de son peuple (une vision qu'il n'avait jamais reçue dans sa propre Église protestante). Cependant, il a vite observé que la plupart des jeunes hommes passaient par un processus. Gagnés par un idéalisme altruiste à la cause communiste, la majorité d'entre eux se corrompt lentement lorsqu'ils commencent à goûter au pouvoir. Samuel a vu que l'égoïsme fondamental de l'individu est un problème que le communisme n'a pas le pouvoir de résoudre. Cette solution, il ne l'avait trouvée qu'en Jésus-Christ[16].

Le décor était planté pour de nouvelles approches[17]. Mais il fallait d'abord se poser des questions.

---

13. Pedro ARANA, « Evangelization in the Latin American University », *International Review of Mission* 63, no. 252, 1974, p. 508.
14. C. René PADILLA, « Student Witness in Latin America Today », *IFES Journal* 2, 1966, p. 14.
15. GEBARA, « The Movement of May 1968 », p. 265.
16. VOELKEL, *Student Evangelism*, p. 46.
17. Le développement de la théologie de la libération a constitué une réponse notable du côté des catholiques et des protestants traditionnels. Le nom du mouvement, notamment publié en anglais par SCM, est tiré de Gustavo GUTIÉRREZ, *Théologie de la libération*, trad. F. Malley OP, Bruxelles, Lumen Vitae, 1972. Tout au long de l'histoire de l'IFES, les personnes

Les réponses traditionnelles ne sont pas à la hauteur

> La plus grande question pratique qui se pose aujourd'hui à l'étudiant chrétien en Amérique latine n'est pas de savoir si le port du rouge à lèvres est permis ou non à une jeune fille chrétienne, mais de savoir quelle ligne de conduite l'étudiant doit adopter face aux problèmes sociaux dominants et aux idéologies qui prétendent pouvoir les résoudre[18].

Comme Padilla et Escobar l'ont souvent répété, leur pedigree évangélique impeccable ne les avait pas préparés aux défis qu'ils ont rencontrés[19]. Woods ne semblait pas non plus avoir pleinement conscience des difficultés qu'il allait rencontrer lorsqu'en 1958, il tente de dissuader Padilla d'entreprendre de nouvelles études, ce qui risquait de retarder son entrée en fonction comme équipier IFES. Padilla s'en souvient ainsi : « Il [Woods] a dit, "tu n'as pas besoin de faire plus d'études. Pourquoi ne pas simplement y aller ? Tu apprendras plus en faisant". [J'ai] répondu : "Eh bien, Stacey, donnez-moi du temps. Et je suis content d'être resté"[20]. » Pourtant, à son retour en Amérique latine après ses études au Wheaton College, Padilla se retrouve « sans éthique sociale. Mes années d'études aux États-Unis ne m'avaient pas préparé à la sorte de réflexion théologique dont on avait besoin de toute urgence dans une situation révolutionnaire[21] ! » De même, Escobar soutient, dans une brochure révolutionnaire de 1972, que

> Les évangéliques sont surpris par des questions pour lesquelles nous n'avons pas de réponses, car nous aurions dû y réfléchir il y a des années. Dans les Églises, le fossé des générations en est la preuve

---

préoccupées par l'approche de la mission intégrale défendue par Padilla et Escobar les ont régulièrement accusés d'être des théologiens de la libération (marxistes), un péché capital aux yeux de la plupart de leurs adversaires. Voir C. René PADILLA, « The Roads to Freedom. Liberation Theology », *In Touch* 2, 1979, p. 7.

18. PADILLA, « Student Witness in Latin America Today », p. 11.
19. Pour des récits de première main sur l'histoire du travail de l'IFES en Amérique latine, voir Samuel ESCOBAR, *La chispa y la llama. Breve historia de la Comunidad Internacional de Estudiantes Evangélicos en América Latina*, Buenos Aires, Ediciones Certeza, 1978 ; Samuel ESCOBAR, *La chispa y la llama. Volumen II*, Buenos Aires, Certeza Unida, 2022.
20. « T2. Oral History Interview with René Padilla », transcription de la bande audio, vol. 2, coll. 361, Wheaton College, 1987, p. 2, https://archives.wheaton.edu/repositories/4/archival_objects/238467.
21. C. René PADILLA, « My Theological Pilgrimage », dans *Shaping a Global Theological Mind*, sous dir. Darren C. Marks, Aldershot, Ashgate, 2008, p. 130.

évidente, et certains de nos meilleurs jeunes partent à la recherche des réponses ailleurs[22].

Le débat sur l'adéquation de la théologie évangélique occidentale aux réalités du monde devient donc une constante des décennies suivantes. En effet, l'IFES a entretenu une relation ambiguë avec le « quartier général » de l'activisme évangélique mondial, la Billy Graham Evangelistic Association (BGEA), car à leurs yeux, « une bataille pour l'Église en Amérique latine se déroulait entre les promoteurs libéraux et œcuméniques de l'Évangile social, et les évangéliques conservateurs comme eux qui mettaient l'accent sur la conversion personnelle au christianisme comme solution au péché individuel et social[23] ».

De nombreux jeunes employés de l'IFES se heurtent alors à la théologie promue par de nombreux missionnaires occidentaux, qui ne donnent aucune réponse aux questions des étudiants. Une telle approche risquait par la suite de diviser les vies des étudiants en une sphère sacrée et une sphère séculière : « Prenez le cas de l'étudiant chrétien qui a grandi entouré de parents croyants. Il a réussi à diviser sa vie en deux compartiments bien distincts : le sacré, qui comprend un assortiment d'activités religieuses, et le profane, qui comprend tout ce qui est lié à ses études[24]. »

Une autre insuffisance que les équipiers de l'IFES observent est le manque apparent d'engagement personnel à long terme des missionnaires, nécessaire au ministère auprès des étudiants universitaires :

> Une grande partie de la population mondiale actuelle (surtout parmi les étudiants universitaires et les intellectuels) se méfie de plus en plus du moindre signe de pratiques d'endoctrinement. Ils testeront à dessein l'authenticité de l'intérêt du chrétien à leur égard. Une grande partie de ce que l'on appelle « le problème du suivi » révèle un manque de préoccupation véritable pour la vie totale des autres personnes[25].

---

22. Samuel Escobar, « The Social Impact of the Gospel », dans *Is Revolution Change ?*, sous dir. Brian Griffiths, IVP Pocketbook, Londres, Inter-Varsity Press, 1972, p. 84.
23. Clawson, « Misión Integral and Progressive Evangelicalism », p. 791. La conférence CLADE 1, tenue en 1969, organisée par la Billy Graham Evangelistic Association promouvant notamment l'ouvrage de C. Peter Wagner : *Latin American Theology : Radical or Evangelical ? The Struggle for the Faith in a Young Church*, Grand Rapids, Eerdmans, 1970.
24. Padilla, « Student Witness in Latin America Today », p. 16.
25. Bürki, « The Confrontation of Evangelism with Ideology », p. 26. Le « suivi » décrit ici la manière dont les étudiants ayant manifesté de l'intérêt pour la foi chrétienne sont « suivis » par des étudiants ou des équipiers dans les premières étapes de leur vie de foi.

Si les collaborateurs latino-américains de l'IFES remettent en question certains fondements théologiques – allant jusqu'à qualifier le fondamentalisme de « distorsion de l'orthodoxie[26] », leur engagement envers l'autorité scripturaire reste intact. Ils réaffirment régulièrement que « le besoin du moment est de se tourner vers la Parole de Dieu en se soumettant au Saint-Esprit. Cela implique de revenir à la Bible et au Seigneur qui règne à travers elle, ainsi que de remettre en question nos "traditions évangéliques" à la lumière de la révélation écrite[27] ». Étant donné l'importance de l'herméneutique dans l'histoire et la théologie de l'IFES, l'histoire suivante racontée par Padilla mérite d'être citée dans son intégralité :

> À mon retour en Amérique latine en tant qu'équipier de l'IFES, les questions posées par les étudiants universitaires et d'autres personnes m'ont forcé à constater que l'approche historico-grammaticale de l'herméneutique était une étape bonne et nécessaire, mais qu'elle n'était pas suffisante. Le fait est que si je devais aider les étudiants universitaires chrétiens à témoigner de Jésus-Christ dans un contexte d'injustice et de pauvreté, il ne suffisait pas de leur apprendre à étudier les Écritures en se concentrant sur le message dans ses contextes originaux. Je devais les aider à relier l'enseignement biblique à la vie humaine dans toutes ses dimensions[28].

Cependant, les méthodes de ces équipiers de l'IFES ont été contestées. Les étudiants et les leaders étudiants ont essayé de faire part de leurs expériences aux dirigeants de leurs Églises locales, mais cela n'a pas toujours été bien reçu : « Il y avait très peu de compréhension de la part des dirigeants. En général, les pasteurs n'étaient pas très ouverts à l'idée d'un groupe d'étudiants interconfessionnel[29]. » Certains ont également exprimé leur soutien, mais dans l'ensemble, il s'agissait d'une tâche ardue et longue pour créer et renforcer les groupes IFES. Padilla se souvient :

> Il ne serait pas injuste de dire que pour certains missionnaires, peut-être même pour beaucoup d'entre eux, le mouvement étudiant était une sorte de menace. Nous discutions de questions sociales. Vous

---

26. Samuel ESCOBAR, « Social Concern and World Evangelism », dans *Christ the Liberator*, sous dir. John R. W. Stott, Urbana 70, Downers Grove, IVP, 1971, p. 104.
27. « Evangelical Declaration of Cochabamba », p. 187.
28. PADILLA, « My Theological Pilgrimage », p. 130.
29. « T2. Oral History Interview with René Padilla », p. 3.

ne pouviez pas [...] faire autre chose que cela. Je veux dire [...] il fallait discuter des questions sociales, et essayer de commencer à comprendre ou du moins explorer toute la question de la relation entre l'Évangile et la justice sociale. Vous voyez, au milieu d'une situation révolutionnaire, vous ne pouvez pas spiritualiser l'Évangile[30].

Notons que la réflexion missiologique intense qui commençait à être menée au sein de l'IFES, en particulier en Amérique latine, n'a guère trouvé d'écho dans le *Journal de l'IFES*. La publication a été interrompue en 1972 parce que « de l'avis général, l'*IFES Journal* ne répondait pas aux besoins des étudiants[31] ».

Une nouvelle théologie pour une nouvelle ère

Les nouveaux théologiens qui se développent alors au sein de l'IFES font face à deux fronts simultanément. Parfois, le ministère de l'IFES est considéré comme dangereux par les chrétiens en raison des réponses nouvelles apportées à des questions que les évangéliques n'avaient pas l'habitude d'aborder. Mais il est également considéré comme un danger par les révolutionnaires qui considèrent surtout le christianisme *évangélique* comme une importation étrangère. Comme le rappelle Padilla,

> nous étions probablement les seuls à essayer de fournir une éthique sociale chrétienne aux étudiants et à les aider à réfléchir à des questions liées à notre propre situation concrète de pauvreté et d'injustice. Nous étions souvent attaqués par des marxistes qui disaient que nous étions, eh bien, payés par la CIA ou ce genre de choses. Et pourtant, d'un autre côté, nous étions accusés par de bons frères et sœurs d'être marxistes[32].

Il n'était pas évident de développer une ligne d'argument théologiques qui répondrait à la fois aux récriminations des adversaires du mouvement, mais aussi de ses amis. Il s'agissait au contraire d'un exercice de longue haleine. La nouvelle réponse théologique la plus significative que les équipiers de l'IFES développent est sans doute ce qui allait bientôt être appelé la « mission intégrale ». Il s'agissait

---

30. *Ibid.*, p. 5.
31. « Minutes of the Meeting of the Executive Committee of the IFES », Sanden Bjerggard, Danemark, septembre 1972, p. 17, IFES e-archives. Les pertes de lectorat ont été attribuées au manque de publicité et à la mise en page démodée.
32. « T2. Oral History Interview with René Padilla », p. 5.

d'une réflexion critique de la théologie de la libération, qu'ils connaissaient de première main, Arana ayant assisté aux cours d'été de Gutiérrez qui sont devenus son magnum opus[33]. Contrairement à ce que prétendent certains critiques[34], l'inspiration de cette approche du témoignage missionnaire n'est pas un emprunt à la théologie de la libération. Elle partageait une profonde préoccupation pour les pauvres – connue sous le nom d'« option préférentielle pour les pauvres » – mais insiste également sur la *proclamation de l'Évangile*[35]. Kirkpatrick résume de manière très perspicace la mission intégrale développée par les collaborateurs de l'IFES :

> La proclamation de l'Évangile (*kerygma*) et la démonstration de l'Évangile qui se donne dans le service (*diakonía*) forment un tout indivisible (indissoluble). L'un sans l'autre est un Évangile incomplet, mutilé (*mutilado*) et, par conséquent, contraire à la volonté de Dieu. Dans cette perspective, il est insensé de s'interroger sur l'importance relative de l'évangélisation et de la responsabilité sociale. Cela reviendrait à s'interroger sur l'importance relative de l'aile droite et de l'aile gauche d'un avion[36].

Certaines des articulations les plus détaillées de cette nouvelle missiologie sont présentées publiquement lors du Congrès de Lausanne. Sur le terrain, la mission intégrale est promue lors de camps organisés pour les étudiants : les études et discussions bibliques ont lieu le matin, et l'après-midi est consacrée au service dans les quartiers pauvres. Dans les universités, les conférences d'évangélisation traditionnelles sont souvent complétées par des exposés abordant les questions urgentes des étudiants locaux d'un point de vue scientifique et proposant des approches chrétiennes. En effet, « les étudiants qui ne seront peut-être jamais persuadés d'aller à l'église ou même d'assister à une étude biblique organisée dans une salle de classe pourront cependant assister avec plaisir à une conférence traitant d'un problème contemporain dans une perspective chrétienne[37] ». Ces conférences innovantes sont ensuite souvent

---

33. David C. Kirkpatrick, *A Gospel for the Poor. Global Social Christianity and the Latin American Evangelical Left*, Philadelphie, University of Pennsylvania Press, 2019, p. 35.
34. Notamment Richard Quebedeaux, *The Worldly Evangelicals*, San Francisco, Harper & Row, 1980.
35. « Nous pensions également que, pour arriver à la conclusion de cette *option préférentielle*, il n'était pas nécessaire de dépendre de la sociologie marxiste avec sa prescription unique pour des contextes différents. » Pedro Arana, « Towards a Biblical Public Theology », *Journal of Latin American Theology* 11, no. 2, 2016, p. 35-59.
36. Kirkpatrick, « C. René Padilla and the Origins of Integral Mission », p. 368.
37. Padilla, « Student Witness in Latin America Today », p. 21.

publiées sous forme de livrets ou de documents ronéotypés et touchent un public relativement large[38].

Ainsi, l'engagement de l'IFES en faveur du leadership étudiant a permis d'apporter un éclairage missiologique essentiel pour atteindre le public spécifique des étudiants universitaires. Dans la description vivante que fait Padilla de la description de poste d'un équipier, comparée à celle d'un missionnaire étranger, l'image est claire :

> Il suffit de dire que sa tâche principale [celle de l'employé de l'IFES] est de former des disciples parmi les étudiants afin qu'ils deviennent à leur tour des témoins vivants au sein de l'université. Naturellement, il doit enseigner non seulement par la parole, mais aussi par l'exemple. Autrement, il est un fonctionnaire de l'Évangile. Mais il est loin de remplir sa mission s'il ne reconnaît pas pleinement qu'il n'y a pas de meilleur évangéliste parmi les étudiants que ceux qui sont eux-mêmes des étudiants, et que l'intervention continue d'étudiants évangélistes « à plein temps » peut produire des résultats statistiques immédiats, mais, à long terme, sera contraire au développement de leaders responsables[39].

La missiologie étudiante au service de l'Église

> L'IFES en Amérique latine a été à l'oirigine d'un nouveau style d'évangélisme, allant au fond des choses dans sa critique sociale et exceptionnellement conscient des dangers de l'impérialisme religieux[40].

À ce stade, le lecteur peut s'interroger sur la relation entre le développement de la mission intégrale et l'idée que le « sacerdoce de tous les croyants » est essentiel pour comprendre le ministère de l'IFES.

Les documents d'archives – qui insistent de plus en plus sur l'importance de la participation de l'Église locale – amènent l'historien à conclure que si les responsables ont besoin d'insister sur quelque chose, cela signifie que soit leur

---

38. Parmi ces séries de conférences publiées, les plus connues sont probablement Samuel Escobar, *Diálogo entre Cristo y Marx y otros ensayos*, Lima, AGEUP, 1969 ; Samuel Escobar, C. René Padilla et Edwin Yamauchi, sous dir. *Quien es Cristo hoy ?*, Buenos Aires, Ediciones Certeza, 1971.
39. Padilla, « Student Witness in Latin America Today », p. 19-20.
40. Stanley, *Christianity in the Twentieth Century*, p. 536.

audience a besoin qu'on lui rappelle un certain aspect, soit que les autres acteurs et les concurrents potentiels ont besoin d'être rassurés face aux préoccupations croissantes, soit les deux. L'IFES a puisé dans un réservoir de ressources humaines que les dirigeants d'églises ont également ciblé. De même, les étudiants et les équipiers de l'IFES ont pu trouver leur engagement dans la mission étudiante plus satisfaisant que celui au sein de leurs Églises locales.

Quoi qu'il en soit, le fait même que ce soit le Congrès de Lausanne qui ait favorisé de manière significative l'influence mondiale des principaux acteurs de l'IFES montre que leurs réflexions étaient considérées comme utiles pour un vaste éventail de ministères ecclésiaux et paraecclésiaux dans le monde entier. En raison de la nature d'improvisation et d'avant-garde du ministère étudiant, ils ont pu anticiper sur de nombreux dirigeants d'églises et ont donc servi l'Église par leur réflexion. Comme Padilla le note avec satisfaction,

> Le temps consacré au travail théologique en tant que tel était limité, mais on ne peut guère exagérer l'importance que l'accent mis par l'IFES sur le développement de mouvements nationaux autochtones dirigés par des étudiants a eu pour ceux d'entre nous qui ont eu le privilège de servir en tant qu'étudiants équipiers. Nous avions *la liberté de penser et de répondre de manière créative aux demandes de l'époque sans nous sentir obligés de nous conformer à un programme importé tout fait.* C'est pourquoi l'*IFES en Amérique latine est devenu une pépinière d'une théologie enracinée dans l'Écriture, mais en même temps profondément consciente de la nécessité de préciser les implications sociales pratiques du message biblique pour la vie et la mission* des chrétiens *en tant qu'individus et en tant que communautés* dans la région[41].

Cela pourrait expliquer la nature ambiguë de la relation que les équipiers de l'IFES en Amérique latine, dont nous avons exploré la pensée, entretenaient avec les responsables de mission. Ils étaient natifs du continent. Leur approche était résolument « missionnaire » par nature. Ils considéraient qu'ils avaient un message à proclamer et à incarner, et que leur tâche ne consistait pas seulement à « rejoindre » les forces révolutionnaires. Pourtant, en raison de leur insistance sur le leadership local, leurs relations avec les missionnaires étaient parfois tendues et critiques. Toutefois, cela ne s'est jamais traduit par un rejet pur et simple : bien au contraire, Escobar et Padilla ont souvent souligné l'importance du service

---

41. PADILLA, « My Theological Pilgrimage », p. 132 ; c'est nous qui soulignons. Pour plus de détails sur l'ecclésiologie de Padilla, voir le chapitre 12.

des missionnaires étrangers pour développer l'Évangile dans leur région. De même, Chua était catégorique sur le fait qu'un « nouveau leadership » et « une infusion massive de sang neuf » étaient essentiels pour une percée : « Je ne suis pas anti-occidental, et je n'ai aucune rancune à garder contre une quelconque société missionnaire[42]. » À cet égard, Robert note l'importance du rejet par les organisations évangéliques de l'appel à un « moratoire sur les missions ». Il semble plutôt avoir concentré leurs énergies et, par conséquent,

> Les chrétiens se sont organisés en un réseau indépendant pour évangéliser les « peuples non atteints », les millions de non-chrétiens qui n'avaient jamais entendu le nom de Jésus-Christ. Ce mouvement missionnaire de chrétiens conservateurs rejetait l'idée que la fin du colonialisme occidental impliquait la fin des missions interculturelles[43].

C'est une réaction à l'échec perçu du COE à maintenir la mission de l'Église clairement définie sur le plan théologique et missiologique[44] qui a incité un groupe de leaders évangéliques influents, dirigé par Billy Graham, à convoquer un sommet mondial alternatif à Lausanne en 1974[45]. Ce congrès marque une étape importante dans l'influence de l'IFES sur la scène évangélique mondiale. Selon Kirkpatrick, « le mouvement mondial des étudiants évangéliques a fourni des voies d'échange intellectuel qui ont traversé les larges frontières entre "conservateurs" et "libéraux", et entre "Occident" et "monde majoritaire"[46]. »

Quand l'IFES a changé le monde de la théologie : Lausanne 1974

En 1972, le comité exécutif a discuté de l'implication potentielle du SG récemment désigné, Chua Wee Hian, et de Samuel Escobar, à l'époque Secrétaire régional pour l'Amérique latine, dans le comité exécutif du prochain Congrès de Lausanne sur l'évangélisation mondiale[47]. D'autres ont écrit l'histoire de ce

---

42. Chua Wee Hian, « Breakthrough in the Seventies », *IFES Journal* 23, no. 2, 1970, p. 11.
43. Robert, *Christian Mission*, p. 72.
44. Walsh affirme que cette orientation vers les problèmes sociaux au détriment de la théologie était, entre autres facteurs, le résultat de l'influence du nouveau SG du COE, Eugene Carson Blake. Voir Walsh, « The Religious Ferment of the Sixties », p. 314.
45. Stanley, *Christianity in the Twentieth Century*, p. 210.
46. Kirkpatrick, « C. René Padilla and the Origins of Integral Mission », p. 354.
47. Ce n'était pas le premier congrès de ce type. Graham avait convoqué un congrès similaire – bien qu'avec une représentation du monde majoritaire beaucoup plus réduite – à Berlin en 1966. Escobar, Padilla et Woods y avaient participé, voire pris la parole. L'efficacité

congrès et son influence durable sur le monde évangélique[48]. Compte tenu de l'influence ultérieure des personnes associées à l'IFES dans le mouvement de Lausanne – « 90 % des dirigeants de World Vision en Afrique seraient des diplômés de l'IFES et près de 40 % des participants au Congrès de Lausanne 2010 étaient passés par des mouvements IFES[49] » – il est remarquable que la participation du personnel senior de l'IFES au premier congrès ait été longuement débattue au sein du CE de l'IFES. Aux yeux de certains hauts responsables de l'IFES, la participation prévisible de catholiques romains au congrès signifiait le risque d'un compromis doctrinal public[50]. Se méfiant d'une telle association possible, le président du conseil d'administration Oliver Barclay se retire prématurément du congrès[51]. Dans un exercice d'équilibrisme argumentatif rarement consigné dans les autres comptes-rendus, le comité note que

> Les arguments en faveur incluraient le fait d'avoir une « voix » et une « présence » de l'IFES dans cet organisme mondial. Cela permettrait également de réaffirmer l'engagement de l'IFES en faveur de l'évangélisation mondiale et de l'entreprise missionnaire. En outre, la présence du personnel de l'IFES susciterait la bienveillance des participants évangéliques au Congrès. Il a également été noté que de nombreux objectifs du Congrès se recoupaient avec ceux de l'IFES.

---

des orateurs de l'IFES lors de l'événement de 1974 pourrait en partie être attribuée à l'expérience acquise à Berlin.

48. Notamment CHAPMAN, « Evangelical International Relations » ; Robert J. SCHREITER, « From the Lausanne Covenant to the Cape Town Commitment. A Theological Assessment », *International Bulletin of Missionary Research* 35, no. 2, 2011, p. 88-90, 92 ; CLAWSON, « Misión Integral and Progressive Evangelicalism » ; Lars DAHLE, sous dir. *The Lausanne Movement. A Range of Perspectives*, Oxford, Wipf & Stock, 2014. En termes de composition, l'assistance était essentiellement constituée d'« experts » : « Moins de 10 % des participants étaient laïcs, alors que Graham avait espéré un tiers : pour un rassemblement évangélique, la prépondérance des ministres professionnels était stupéfiante. Plus encourageant encore était le fait que la moitié des participants avaient moins de quarante-quatre ans. » STANLEY, « Lausanne 1974 », p. 540.
49. Daniel BOURDANNÉ, « Préface », dans *Influence. L'impact de l'IFES sur la vie de ses diplômés*, Oxford, International Fellowship of Evangelical Students, 2015, p. 9.
50. « Minutes of the Meeting of the Executive Committee », 1972, p. 8. Ce compte-rendu note en outre que les relations entre l'Association Billy Graham (le principal organisateur du Congrès de Lausanne) et Hans Bürki (à l'époque Secrétaire général associé au sens large) étaient tendues après le Congrès de Berlin.
51. « Minutes of the Meeting of the Executive Committee », 1972, p. 15. Pour un compte-rendu plus détaillé de la controverse interne à l'IFES concernant la participation des équipiers de l'IFES au congrès – notamment les tentatives de Woods d'empêcher Escobar et Padilla de prononcer des discours en plénière – voir KIRKPATRICK, *A Gospel for the Poor*, chap. 1. Lorsque le congrès a eu lieu, Woods n'était plus SG.

Les inconvénients seraient l'apparence d'un compromis doctrinal et une charge de travail supplémentaire[52].

Un organisme international théologiquement très proche de l'IFES a convoqué une réunion. Plusieurs cadres supérieurs ont voulu y participer, mais ont rencontré une forte résistance[53], peut-être aussi à la lumière d'une récente AG ayant affirmé que « à la lumière des expériences passées […] les mouvements membres ne devraient pas s'engager dans des efforts de coopération avec une organisation, même évangélique, sans un accord écrit préalable[54] ». Les analyses astucieuses de Zald sur les conflits entre Églises mettent en évidence les facteurs personnels et contextuels en jeu dans des discussions similaires. Le sociologue note que

> Tout d'abord, les conflits dans la société en général et les préoccupations concernant divers aspects du changement social sont importés dans l'organisation par le biais des intérêts ou des préférences de valeurs des membres laïcs et du personnel professionnel. Dans la mesure où l'organisation religieuse n'est pas isolée de la société dans son ensemble par des structures ethniques et communautaires isolantes, il est difficile pour l'Église d'éviter d'être impliquée[55].

Dans ce cas, le « conflit » latent était le lien entre l'évangélisation et l'engagement social. Comme le note Clawson, avec le recul dont le conseil d'administration de l'IFES ne disposait pas à l'époque,

> Bien qu'initialement conçue comme un défi à l'accent mis par le Conseil œcuménique des Églises sur les préoccupations sociales plutôt que sur la conversion personnelle, la relation entre l'évangélisation et les problèmes sociaux est rapidement devenue un thème récurrent et important à Lausanne, en grande partie grâce

---

52. « Minutes of the Meeting of the Executive Committee », 1972, p. 16.
53. Le retrait du président du conseil aurait pu exercer une pression importante sur le SG désigné et son personnel. Les croisades de Graham aux Philippines en 1962 avaient provoqué des tensions importantes avec l'IVCF locale de l'IFES ; le risque ressenti était que la collaboration puisse « compromettre le témoignage évangélique de l'IVCF des Philippines ». « Minutes of the Meeting of the Executive Committee of the IFES », Lunteren, Pays-Bas ; Wuppertal-Barmen, Allemagne, 27 août au 1er septembre 1962, p. 21, IFES e-archives.
54. « Minutes of the Meeting of the Seventh General Committee of the IFES », Wuppertal-Barmen, Allemagne, 1967, p. 14, IFES e-archives.
55. Mayer N. Zald, « Theological Crucibles. Social Movements in and of Religion », *Review of Religious Research* 23, no. 4, 1982, p. 328.

aux discours pléniers provocateurs et largement discutés de Samuel Escobar et René Padilla[56].

Comme nous l'avons vu plus haut, le contexte du ministère en Amérique latine était sensiblement différent de celui des universités britanniques et américaines de classe moyenne, et l'engagement dans les questions sociales n'était pas une option facultative pour la plupart des équipiers de l'IFES du monde majoritaire. Zald relie également cet engagement au caractère essentiellement « idéologique » d'une organisation comme l'IFES. Ainsi,

> les membres et le personnel peuvent facilement justifier l'implication de l'organisation dans les questions du jour (contrairement aux membres d'un club de bowling ou au personnel d'un pressing, par exemple). [...] Les motifs d'adhésion peuvent être théologiques, œcuméniques ou plus purement pratiques. [...] Mais une fois que l'on a adhéré, les actions du partenaire de la coalition, l'organisation interconfessionnelle, se répercutent et engagent la dénomination dans des activités qu'elle n'aurait peut-être pas souhaitées, ce qui crée à son tour un conflit interne[57].

Au final, « plus de 80 % des intervenants étaient des équipiers, des anciens équipiers et des dirigeants de l'IFES et de nos mouvements nationaux[58] ». Compte tenu des préoccupations exprimées précédemment, il est frappant de constater à quel point l'IFES est devenue influente sur la scène missionnaire évangélique. Pour le SG, c'était le couronnement d'années d'efforts en matière d'enseignement, de publication et de relations avec les Églises. Le nœud du problème était d'abord théologique mais aussi méthodologique, comme le note Chua :

> Il était évident que l'accent mis sur l'enseignement aux étudiants et aux diplômés de tout le conseil de Dieu et sur le lien entre l'Évangile et chaque dimension de la vie avait donné une récolte abondante. Nous étions humblement surpris de penser que Dieu avait utilisé nos hommes pour être à l'avant-garde de la théologie et de la pratique

---

56. CLAWSON, « Misión Integral and Progressive Evangelicalism », p. 795. Il aurait été difficile de contester simplement le COE, étant donné qu'environ 40 % des participants au congrès étaient membres d'églises elles-mêmes impliquées dans le COE ; voir CHAPMAN, « Evangelical International Relations », p. 361.
57. ZALD, « Theological Crucibles », p. 328.
58. CHUA Wee Hian, « Staff Letter 15 », octobre 1974, p. 1, BGC Box #5.

évangéliques. Ainsi, d'une manière sans précédent, l'IFES a été catapultée dans une position de proéminence non recherchée[59].

Étant donné que les écrits de l'IFES insistent souvent sur l'importance de former les dirigeants de l'Église et de la société de demain, on peut se demander si cette importance n'a pas été recherchée. Cela dit, le passage cité ci-dessus est une rare preuve archivistique montrant que les dirigeants de l'IFES se considéraient également comme une avant-garde théologique[60]. Si les mises en garde contre la théologie libérale contemporaine et les tendances préoccupantes dans les Églises abondent, on remarque que l'IFES ne semble pas s'être efforcée d'encourager une réflexion théologique « pure » parallèlement aux questions liées à l'évangélisation au sens large. Il s'agit d'une approche résolument axée sur la « théologie pratique », où la théologie naît de la rencontre missionnaire entre le personnel et les étudiants. D'où l'insistance sur la pertinence missiologique des approches contextuelles et du leadership autochtone et étudiant. Le Congrès de Lausanne est l'un des rares événements pour lesquels les universitaires ont expressément noté l'influence de l'IFES :

> À long terme, l'importance du Mouvement de Lausanne – et des organisations affiliées telles que l'Alliance évangélique mondiale et l'International Fellowship of Evangelical Students – n'est pas seulement d'avoir réengagé les évangéliques nord-américains dans les missions interculturelles, mais d'avoir donné un élan à la prolifération des mouvements missionnaires non occidentaux dans les années 1980 et 1990[61].

Dans la lignée d'une réflexion missiologique articulée, les deux discours pléniers qui ont suscité le plus d'enthousiasme et d'indignation étaient en effet présentés par deux équipiers de l'IFES : René Padilla sur « L'évangélisation et le monde » et Samuel Escobar sur « L'évangélisation et la quête de liberté, de

---

59. *Ibid.*
60. L'une des raisons pour lesquelles les personnes liées à l'IFES ont pu se sentir particulièrement à l'aise au congrès était son caractère sérieux. Chua note fièrement que « bien avant le début du congrès, nous avons insisté auprès du comité pour que tous les participants fassent leurs devoirs de manière approfondie afin qu'une discussion intelligente ait lieu à Lausanne. Plus de 70 % des participants ont soumis des réponses, des critiques et des questions sur les communications plénières. C'est un record absolu pour un congrès international ! » CHUA, « Staff Letter 15 », p. 1.
61. ROBERT, *Christian Mission*, p. 72.

justice et d'épanouissement de l'homme[62] ». Stanley va même jusqu'à dire que « de même que l'on doit considérer que Vatican II a fait une différence irréversible dans le culte, la théologie et la position culturelle de l'Église catholique romaine, on peut raisonnablement conclure qu'après Lausanne, l'évangélisme mondial ne serait plus jamais tout à fait le même[63] ». Pour Stott, le principal enseignement missiologique est que « maintenant, il y a une volonté parmi les évangéliques d'accepter que si la mission (qui est la première de Dieu et la seconde de l'Église) est ce que Dieu envoie son peuple dans le monde pour faire, alors elle inclut l'activité sociale aussi bien que l'évangélisation[64] ».

La direction de l'IFES était consciente des changements qui se produisaient dans le monde théologique et les mettait en corrélation avec le monde des étudiants universitaires. Comme le notait Chua en 1975,

> Du milieu des années 1960 jusqu'en 1970, nous avons assisté à une période d'agitation et de révolution étudiante. Aujourd'hui, nous trouvons sur nos campus des étudiants d'humeur plus sobre et plus réfléchie, et donc plus ouverts à l'Évangile. C'est certainement le moment de semer et de récolter. Au cours des quatre dernières années, plusieurs de nos mouvements ont développé une approche saine et salutaire de l'évangélisation totale ou globale. L'Évangile est lié à la « personne entière » et le jeune disciple est instruit et intégré dans une communauté de vie. Cependant, nous devons prier pour que Dieu suscite davantage d'étudiants et d'équipiers ayant des dons d'« évangélistes », qui pourraient être utilisés en partenariat avec d'autres pour conduire les étudiants d'une position de non-foi à la foi en Jésus-Christ[65].

Un consensus total n'a pas pour autant été atteint au sein de la fraternité, et les tensions autour de l'idée de mission holistique ont refait surface à plusieurs reprises. L'un des points litigieux débattus par le CE était notamment la question du « personnel de l'IFES et de ses opinions publiques sur des

---

62. Kirkpatrick suppose que l'une des raisons pour lesquelles Padilla a été invité à prononcer un discours dont on savait qu'il avait un potentiel polémique était le fait qu'il était diplômé du Wheaton College. KIRKPATRICK, *A Gospel for the Poor*, p. 20. Pour une analyse plus détaillée des deux discours, voir l'annexe 1.
63. STANLEY, « Lausanne 1974 », p. 550.
64. John STOTT, « The Significance of Lausanne », *International Review of Mission* 64, no. 255, juillet 1975, p. 289.
65. CHUA Wee Hian, « Report of the General Secretary », Schloss Mittersill, Autriche, 1975, p. 2, IFES e-archives, compte-rendu du CG 1975, annexe.

sujets controversés[66] ». On peut lire entre les lignes l'implication de certaines personnes dans des discussions et des mandats politiques, qui était l'un des points « explosifs[67] » du CE de la fin des années 1970[68].

Des changements durables

Les débats font rage à la fois dans le monde extérieur à l'IFES et au sein de l'organisation. Sur le plan institutionnel, l'IFES reste ferme, mais ses dirigeants remarquent que des changements sont nécessaires. Peu après son départ, Woods écrit un récit anecdotique des premières années de l'IFES, dont certains commentaires peuvent être lus comme le testament d'un homme étrangement déçu. Revenant sur ses années de ministère frénétique, il mettait en garde son lectorat et, sans doute, son successeur :

> Je crains que nous n'ayons grandi de manière un peu incontrôlable. Si souvent, Dieu était en avance sur nous, ouvrant des portes, établissant le témoignage des étudiants, et nous avons dû faire des pieds et des mains pour le rattraper. En général, nous étions si occupés par le travail en cours que nous avions peu de temps pour planifier l'expansion dans d'autres pays[69].

Étant donné l'expansion rapide de l'organisation, et compte tenu de ses limites structurelles en partie auto-imposées ainsi que de l'accent mis sur l'initiative locale, il n'est pas étonnant que l'administration n'ait pas pu suivre tous les développements. Alors que le successeur de Woods, Chua, approchait de sa première décennie en tant que SG, il remarque que la manière dont l'Évangile était présenté nécessitait une sérieuse réflexion : « Je crois que nous devons fournir davantage d'informations à notre génération de penseurs. Nos contemporains sont assaillis d'opinions rivales. Ils traiteront les textes bibliques qu'on leur présentera de la même manière que les slogans commerciaux ! C'est-à-dire avec méfiance et parfois avec opposition[70]. »

Certains effets de l'agitation étudiante de la fin des années 1960 commençaient à se répercuter sur une nouvelle génération d'étudiants, et la persistance de la guerre froide signifiait que pour les dirigeants de l'IFES, l'époque

---

66. CHUA Wee Hian, « Staff Letter 31 », novembre 1978, p. 2, BGC Box #5.
67. *Ibid.*
68. L'un d'entre eux était le nombre croissant d'étudiants catholiques romains participant à des groupes IFES en Amérique latine, ce qui a provoqué de nombreux débats au sein du CE.
69. WOODS, *Some Ways of God*, p. 51.
70. CHUA, « Breakthrough in the Seventies », p. 9.

était à la récupération d'une vision missionnaire, applicable notamment aussi à l'Europe occidentale. Pour citer une dernière fois Woods, « Aujourd'hui, la plupart des étudiants universitaires sont presque aussi ignorants de la vérité de l'Évangile que certains aborigènes primitifs. Beaucoup sont dans une condition pire encore, en ce sens que, rejetant le peu de connaissances qu'ils ont, ils ont carrément renoncé à la foi chrétienne[71] ». Les pays « plus anciens » auraient donc besoin d'une attention sérieuse. Selon les mots du Secrétaire régional européen (SR) Kristensen : « L'Europe doit être considérée comme un champ de mission. Les Églises établies en Europe ne sont pas intéressées par l'évangélisation tandis que les Églises évangéliques sont repliées sur elles-mêmes et souvent engagées dans des débats et des controverses internes[72]. » La conscience missiologique développée dans les rangs de l'IFES devait être mise en pratique, des changements significatifs devaient avoir lieu dans la formation des étudiants, et ce qui avait été appris sur le terrain difficile du ministère étudiant devait être retransmis aux Églises. Préfigurant la nouvelle préoccupation de l'IFES pour le ministère des diplômés, dont il sera longuement question dans les années 1980, Escobar suggère en 1972 que

> la nouvelle génération dans les Églises devrait être mise au défi de se donner à une vie de service, de se rappeler qu'on leur a beaucoup donné et qu'on attend beaucoup d'eux. Cela signifie qu'une part importante de la préparation et de la formation de tous les jeunes à la vie chrétienne consistera à les exposer aux besoins de leur propre pays, afin qu'ils puissent apporter leur aide grâce au soutien de leur congrégation ou en choisissant leur lieu de travail en connaissance de cause[73].

Chua, ayant écouté les conseils de son prédécesseur, est occupé à regarder vers l'avenir[74], mais ne peut pas prévoir que la fin de la décennie à venir verrait la chute du communisme et l'ouverture d'un nombre stupéfiant de nouveaux champs de ministère :

> Les années 80 vont bientôt naître. La porte des possibilités est ouverte pour des avancées audacieuses. Nous avons besoin d'hommes de foi, de dévouement et de vision pour tenter de grands

---

71. Woods, *Some Ways of God*, p. 102.
72. « Minutes of the Meeting of the Tenth General Committee of the IFES – 1979 », Hurdal Verk, Norvège, 27 juillet 1979, p. 12, IFES e-archives.
73. Escobar, « The Social Impact of the Gospel », p. 97.
74. Chua Wee Hian, « Priorities 1 », avril 1988, p. 1, BGC Box #5.

exploits pour Dieu. Nous avons été témoins de changements sans précédent dans le monde islamique. La richesse pétrolière et la soif de technologie occidentale ont arraché les étudiants et la classe professionnelle à leurs fondements islamiques conservateurs. Cela signifie que les hommes d'affaires, les professeurs d'université et les ingénieurs chrétiens ont des possibilités inégalées d'être porteurs de l'Évangile dans ces pays « difficiles ». Il existe un autre phénomène. Une grande partie des étudiants musulmans étudient en Europe et en Amérique du Nord. Ceux-ci sont relativement plus ouverts à l'Évangile et nous avons besoin de personnes pour se lier d'amitié avec eux et les amener au Christ[75].

---

75. Chua Wee Hian, « The General Secretary's Perspective », Hurdal Verk, Norvège, 27 juillet 1979, p. 3, IFES e-archives, GC 1979 minutes, Appendix D.

7

Des partenariats en pleine expansion

Les années 1980

Tout au long des années 1980, l'IFES mène une réflexion approfondie sur sa structure, son identité et ses priorités. Le mouvement se développe considérablement en Europe de l'Est. Les anciennes colonies du monde majoritaire atteignent leur maturité et affirment leurs priorités. Le déplacement du centre de gravité du christianisme vers le Sud, dont on n'a pas encore pleinement conscience à l'époque, revêt une importance historique[1]. Comme les analystes l'ont dit sans ambages, « au jour de *Yom Kippour* 1973, il n'y avait que 17 millions d'Africains qui se décrivaient comme des "chrétiens nés de nouveau". Au cours des trois décennies suivantes, ce nombre allait passer à plus de 400 millions[2] ». L'IFES se développait rapidement, puisqu'en 1983, « le travail tertiaire entrepris par l'IFES s'élevait à 3 000 groupes et 150 000 étudiants, tandis que le travail dans les écoles secondaires comptait 5 000 groupes et 200 000 jeunes[3] ».

L'IFES semblait bien positionnée ; son engagement fondamental en faveur d'un leadership national et d'une large représentation garantissait que l'évolution

---

1. Dana L. ROBERT, « Shifting Southward. Global Christianity since 1945 », *International Bulletin of Missionary Research* 24, no. 2, 2000, p. 50-54.
2. HUTCHINSON et WOLFFE, *A Short History*, p. 244.
3. « Minutes of the Meeting of the Eleventh General Committee of the IFES », Ashburnham Place, Battle, Angleterre, 27 juillet 1983, p. 15, IFES e-archives.

des chiffres ne menaçait pas ses convictions fondamentales. Pourtant, Hutchinson et Wolffe affirment que dans les années 1980,

> l'effondrement mondial du volontariat – tant séculier que religieux – a représenté pour les évangéliques à la fois un défi (la société bénévole avait été leur forme traditionnelle) et une opportunité de passer de la réaction interconfessionnelle (en particulier la réaction à la révolution morale des années 1960) à l'action interconfessionnelle délibérée par le biais d'une action commune sans tenir compte des barrières traditionnelles de race, de classe, de sexe ou de religion[4].

Certains des leviers essentiels du partenariat étaient déjà en place car l'éthique de la coopération interconfessionnelle et transnationale était au cœur du fonctionnement de l'IFES depuis sa création. Les questions de l'équilibre des pouvoirs et du contrôle financier sont régulièrement et longuement discutées lors des réunions de la direction. Cependant, le fait qu'en 1983, seuls cinq des soixante-quinze mouvements membres fournissent 76 % des fonds du budget de l'IFES illustre bien le déséquilibre qui subsiste[5]. En outre, contrairement au Conseil de sécurité des Nations Unies, aucun « siège permanent » au sein du CE n'était prévu par la constitution, et pourtant, les nouveaux délégués à l'AG de 1983 ont systématiquement été choisis parmi les pays dont les délégués se retirent[6]. Ceci est important dans la mesure où le mouvement avait considérablement accru sa portée géographique depuis sa fondation. Pourtant, la liste des représentants montre que certains pays – notamment les plus riches – semblent avoir été, implicitement ou explicitement, jugés trop essentiels pour être écartés des délibérations[7].

Dans le monde majoritaire, des tensions autour du lien entre les organisations missionnaires et l'IFES existent également. Par exemple, « au Gabon, l'IFES a travaillé à travers un mouvement étudiant confessionnel au début des années 80. Même si ses missionnaires n'appréciaient pas le caractère interconfessionnel de l'IFES, les étudiants en ont saisi la vision[8] ». Toutefois, les débats sur le rôle des missionnaires étrangers ne se limitent pas au célèbre débat sur le « moratoire »

---

4. Hutchinson et Wolffe, *A Short History*, p. 257.
5. « Minutes of the Meeting of the Eleventh General Committee », 1983, p. 14.
6. En l'occurrence, le Canada, l'Allemagne et le Royaume-Uni.
7. Certaines exigences légales, notamment en matière de flux financiers (lois anti-blanchiment, exigences en matière d'organisation des structures de gouvernance, etc.) ont également pu jouer un rôle dans le choix des délégués.
8. Peter J. Lineham, « Students Reaching Students. A History of the International Fellowship of Evangelical Students », manuscrit non publié, 1997, p. 126.

évoqué au chapitre 5. Comme le CE en débat en 1983, l'IFES était consciente que l'histoire des missions n'était pas celle d'un succès sans failles :

> Les missionnaires ont souvent commis de graves erreurs. La plupart de nos pays ont d'abord entendu l'Évangile d'une manière qui avait des connotations choquantes d'impérialisme culturel ou militaire. Mais une Église a néanmoins été fondée. [...] De même, les équipiers nationaux ont parfois été aveugles aux éléments païens ou anti-chrétiens de leur propre culture. [...] Nous avons tous besoin de nous soutenir les uns les autres afin d'être plus bibliques dans notre pensée et notre vie, et les équipiers étrangers sont souvent d'une grande aide à cet égard, même si leur influence est mêlée à des œillères culturelles et qui doivent être corrigées par les dirigeants nationaux[9].

La distinction faite par Sanneh entre « christianisme global » et « christianisme mondial » semble saisir à la fois le potentiel et les tensions de ce nouveau développement et est pertinente pour une analyse de l'IFES[10]. Le « christianisme mondial » renverrait à une extension de l'évangélisme anglo-saxon transatlantique, tandis que le « christianisme mondial » décrit plutôt l'appropriation endogène de la foi chrétienne, où qu'elle se trouve. Les documents officiels et les discours de l'IFES insistent toujours sur l'endogénéité[11] et sur la contextualité ; cependant, la base doctrinale et d'autres exigences constitutionnelles limitent le niveau accepté de flexibilité locale et peuvent donc être interprétées comme favorisant davantage la reproduction de formes occidentales qu'une véritable endogénéisation du ministère étudiant. Il allait falloir un certain temps pour que ces enjeux complexes soient discutés de manière adéquate, mais en cette fin de siècle approchant, ils sont en tout cas régulièrement sur la table. Nous y reviendrons.

Je ne peux évidemment prétendre fournir un compte-rendu historique exhaustif de tous les événements et personnes qui ont façonné l'IFES dans les années 1980, mais l'exploration suivante des discussions théologiques importantes devrait aider celles et ceux qui s'y intéressent à se faire une idée des enjeux marquant de cette époque.

---

9. Joe CATERSON, « Proposals for Effective Partnership in Worldwide Student Evangelisation », plenary discussion paper, Ashburnham Place, Battle, East Sussex, Angleterre, 27 juillet 1983, p. 3, IFES e-archives, compte-rendu du CG 1983, annexe R.
10. Lamin O. SANNEH, *Whose Religion Is Christianity ? The Gospel beyond the West*, Grand Rapids, Eerdmans, 2003.
11. Voir la note 74 au chapitre 8 du présent ouvrage pour une explication du choix de ce terme.

1982-1983 : Qu'est-ce que l'IFES ?

Un court document intitulé « L'Union internationale des groupes bibliques universitaires : Qui sommes-nous ? Pourquoi existons-nous ? Comment fonctionnons-nous ?[12] », publié en 1982, présente une organisation qui arrive à maturité et tente de procéder à une sorte d'auto-évaluation. L'une des premières affirmations est celle de l'identité évangélique de l'association, définie comme l'engagement profond de l'IFES à « défendre, maintenir et propager les vérités bibliques », ces vérités ayant été trouvées dans la Bible, dont le caractère entièrement digne de confiance est réaffirmé. En plus du biblicisme traditionnel, le document affirme également la centralité de la base doctrinale[13]. L'exposé détaille ensuite le champ de mission et la stratégie déployée, insistant notamment sur le leadership des étudiants :

> Les étudiants constituent le point focal de l'IFES et, en fait, de toutes les Unions évangéliques nationales. Les universités et les lycées représentent de vastes champs de mission où il faut présenter aux étudiants les revendications du Christ comme le seul Sauveur et Seigneur sur la vie des hommes. *Les ambassadeurs les plus efficaces de l'Évangile sont les étudiants chrétiens engagés.* Nous savons que s'ils se soumettent à Dieu, les étudiants chrétiens peuvent être grandement utilisés par Lui pour témoigner de Son amour en Jésus-Christ, pour diriger leurs propres groupes chrétiens et pour aider leurs camarades étudiants à grandir en Lui. *Les groupes chrétiens liés à l'IFES sont en fait une mission d'étudiants pour les étudiants* ; à la base, les groupes locaux font preuve d'une grande responsabilité et l'initiative vient des étudiants eux-mêmes[14].

Cet extrait peut être lu comme la réaffirmation d'un discours déjà rodé d'auto-promotion. Cependant, l'influence des discussions missiologiques menées dans le monde chrétien au sens large et sur le rôle des missionnaires, l'importance du leadership local, etc. dans les Églises, est probablement aussi à l'arrière-plan de cette discussion interne. Ce n'est pas une nouveauté puisque la présentation s'empresse d'ajouter que les pères fondateurs de l'IFES « ont reconnu la nécessité

---

12. IFES, « The International Fellowship of Evangelical Students. Who Are We ? Why Do We Exist ? How Do We Function ? », Discipleship Training Center, Singapour, 17 août 1982, IFES e-archives, EC 1982 minutes, Appendix A. Les citations de la section suivante sont toutes tirées de ce court document.
13. Voir le chapitre 11 du présent ouvrage.
14. C'est nous qui soulignons.

d'un partenariat et d'une coopération internationale. En plus d'être un forum pour les nouvelles idées, l'IFES est une agence de renforcement mutuel et un cadre unique permettant aux mouvements membres de s'engager dans un travail étudiant pionnier[15] ».

Cet esprit de coopération s'inscrit bien dans le contexte des années 1980. Le document insiste également sur les aspects ecclésiologiques du travail de l'IFES. Si certains responsables ecclésiaux ont du mal à s'accorder sur la légitimité de l'IFES, le mouvement affirme hardiment que

> Une autre raison majeure de notre existence est l'engagement de toutes les Unions évangéliques nationales à équiper leurs membres étudiants pour le service dans l'Église de Dieu. L'exposition et l'enseignement systématiques de la Bible, la participation à des études bibliques en groupe, l'engagement personnel et collectif dans l'évangélisation et le suivi, les responsabilités de direction – tout cela donne aux étudiants des bases solides et une expérience utile pour servir la cause du Christ, tant pendant leurs études universitaires qu'après celles-ci[16].

Ce que l'on peut lire entre les lignes ici, c'est que la formation dispensée par les groupes de l'IFES se révélerait avoir une influence positive sur les Églises *en raison de la théologie* enseignée dans les groupes. L'accent mis sur « *l'exposition systématique* de la *Bible* » est également remarquable, car il n'a jamais fait partie du programme standard de formation des étudiants de l'IFES d'« exposer » la Bible, ce terme étant compris comme « prédication ».

L'examen de conscience théologique au sein de l'IFES va encore plus loin, notamment parce qu'un nombre croissant d'étudiants catholiques romains rejoignent les groupes de l'IFES. Les discussions menées au sein des hauts responsables et en consultation avec les mouvements nationaux aboutissent à un important document présenté par Escobar lors de l'AG de 1983 et intitulé « Notre héritage évangélique[17] ».

Le missiologue péruvien situe d'abord l'histoire de l'IFES dans le cadre de courants plus larges de l'Église, affirmant que le « développement de l'IFES en une communauté mondiale composée de forts mouvements indigènes est un

---
15. IFES, « The International Fellowship of Evangelical Students », p. 2.
16. *Ibid.*
17. Samuel ESCOBAR, « Our Evangelical Heritage. Major Paper Presented at the 1983 General Committee », *IFES Review* 14, 1983, p. 2-20. Les citations suivantes sont tirées de ce document.

processus qui ne peut être séparé de la vie de l'Église dans son ensemble. Il fait partie de l'une des avancées missionnaires les plus remarquables de l'histoire ». Ceci est remarquable dans la mesure où de nombreux récits de l'existence de l'IFES jusqu'à présent avaient tendance à se concentrer sur la « résistance » et les « fondations » plus que sur les aspects positifs de ce « mouvement divin ». Escobar n'ignore pas ces aspects, puisqu'il poursuit en disant que l'expansion de l'Église dans le monde « s'est faite, contre vents et marées, dans un siècle où les forces spirituelles et sociales semblaient présenter des obstacles insurmontables » – mais sa formulation est résolument positive. Par ailleurs, comme Escobar le note avec perspicacité,

> notre patrimoine n'est pas un lourd fardeau que les générations précédentes nous ont imposé pour nous garder sous contrôle. Parfois, le mot même d'« héritage » est repoussant pour les jeunes car il communique cette image. Mais ce que nous voyons dans notre propre histoire et dans l'histoire de l'Église, c'est que ces principes de base de la vérité et de la vie évangéliques ont été des vérités libératrices, des éléments dynamiques au sein de mouvements de renouveau que Dieu a utilisés pour maintenir son Église vivante en temps de crise ou de progrès. C'est ainsi que nous, à l'IFES, les comprenons.

Escobar souligne trois contributions apportées par l'IFES au cours de son histoire, qu'il attribue à la fidélité du mouvement à son héritage évangélique :

> Dans les pays anglophones, elle a permis aux évangéliques de reprendre l'initiative dans le domaine de la recherche théologique et biblique et dans la vie universitaire. Dans certains pays du tiers monde, il a ouvert le monde universitaire à l'évangélisation permanente par le biais de mouvements indigènes. Elle a produit une génération de leaders compétents dans le réveil évangélique mondial, qui combinent le feu missionnaire avec l'érudition biblique et la consécration à la vérité.

L'analyse d'Escobar illustre un profond intérêt pour les questions ecclésiologiques. Il envisage que la fidélité à l'héritage évangélique permettra à l'IFES de continuer à être « une force missionnaire en progression et un corps de personnes sérieusement soucieux de l'intégrité de l'Évangile – avec un ministère défini au sein de l'Église universelle ». Cette préoccupation est intensément missiologique et, comme le note un autre document de la même conférence, justifie ainsi l'établissement de priorités dans le recrutement des étudiants pour un engagement missionnaire :

> Nous affirmons que les étudiants, les équipiers, les diplômés et les sympathisants doivent s'efforcer d'atteindre les objectifs nationaux en diffusant l'Évangile dans leurs universités et écoles, en formant des chrétiens solides et en les équipant pour le service dans l'Église. En même temps, ils doivent aussi être sensibles à l'appel de Dieu à s'intéresser au travail des étudiants dans d'autres pays, en particulier ceux qui ont besoin d'aide[18].

Escobar développe un cadre positif pour l'IFES qui n'est « pas seulement un mouvement réactionnaire, développé pour contrer d'autres mouvements étudiants au nom de l'orthodoxie. Il résulte plutôt d'une préoccupation théologique et d'un sens pratique de la mission qui découle de la vérité. Il exprime un mouvement récurrent de l'Esprit de Dieu dans son Église ». Escobar prend à partie certains récits historiques, contrant les accusations selon lesquelles l'IFES est réactionnaire *ad extra* et affirmant la réflexion théologique contre le pragmatisme missionnaire *ad intra*. Escobar saisit d'ailleurs l'occasion pour contester l'idée qu'un « héritage » puisse nécessairement être uniforme :

> L'IFES est devenue une véritable « communauté internationale » et est en train de réaliser tout ce que signifient les deux premiers mots de son nom [communauté internationale]. Chaque mouvement a un passé historique différent et doit vivre dans des conditions sociales, politiques et ecclésiastiques très différentes. Nous nous réjouissons ensemble de notre héritage commun, mais il faut du temps et de l'expérience pour l'exprimer dans les différentes circonstances dans lesquelles nous vivons.

D'où le passage d'une orientation doctrinale traditionnelle à une orientation plus socio-missiologique : Escobar insiste sur le fait que « l'élément étudiant de notre nom » justifie les similitudes potentielles entre les mouvements, mais que « lorsque nous abordons d'autres aspects de notre vie, nous devons apprendre à reconnaître les différences ». Escobar ne se contente pas de reconnaître les différences régionales, il insiste sur les implications ecclésiologiques de ses observations :

> Une personne qui se considère comme évangélique dans l'un de ces pays a une expérience très différente de celle d'une autre

---

18. Caterson, « Proposals for Effective Partnership », p. 1.

personne. Par exemple, une histoire différente et, par conséquent, des manières différentes de vivre sa foi. Un évangélique britannique peut être un anglican ou un frère de Plymouth. Les conséquences de leur position évangélique sur leur vie d'Église, leur ministère et même leur carrière peuvent être très différentes en raison de l'histoire particulière du christianisme en Grande-Bretagne. Mais prenez l'évangélique péruvien, membre d'une minuscule minorité religieuse dans une culture catholique romaine. Pour lui, être évangélique signifie être rebaptisé dans 95 % des cas. Comparez-le avec l'évangélique norvégien qui serait presque certainement luthérien et qui ne demanderait jamais à une personne ayant fait une expérience de conversion de se faire rebaptiser. Pensez ensuite aux défis particuliers que doivent relever le Singapourien ou le Sénégalais qui vivent dans une société dominée par une majorité religieuse non chrétienne. Pour eux, être évangélique ne signifie pas tant se séparer et se distinguer d'une majorité nominalement chrétienne que d'être présent et de témoigner dans un environnement païen.

Pour Escobar, un ministère étudiant solide est au service de l'Église, car « là où l'Église est endormie ou n'a pas un bon ministère, nos mouvements étudiants doivent fournir un encadrement et des conseils sur l'application de la vérité à la vie quotidienne ». Tout au long de son histoire, l'IFES a dû faire face à la concurrence des Églises locales. Réglant la question en termes non équivoques, Escobar conclut que

> L'IFES est un mouvement paraecclésial. Les évangéliques sont convaincus que l'Église est importante et centrale dans le plan de Dieu révélé dans sa Parole. En tant que mouvement évangélique, l'IFES souligne qu'elle n'est pas une Église. Nous exprimons parfois notre rôle comme étant « un bras de l'Église » dans l'université. Nous avons insisté sur le fait que notre tâche d'évangélisation est terminée lorsqu'une personne qui a appris à connaître le Christ dans un groupe d'étudiants devient un membre actif d'une Église locale.

Pourtant, Escobar est tout aussi catégorique sur le fait que l'Église ne possède pas le monopole de la vérité. Non seulement les organisations paraecclésiales peuvent naître des déficiences missiologiques et théologiques au sein de l'Église, mais « ce n'est pas l'Église qui produit la vérité chrétienne, c'est l'inverse : la vérité chrétienne produit l'Église. De la même manière, ce n'est pas l'IFES qui a produit la vérité évangélique, mais l'IFES est le résultat de la vérité évangélique, l'Esprit de Dieu à travers sa Parole, en action ». Cette indépendance de la *vérité* par rapport à l'Église institutionnelle légitime donc l'existence de l'IFES et surtout son expansion mondiale, car « nous existons pour un but donné ; nous avons une mission ». En équilibrant sa valorisation de l'adaptation contextuelle et son rejet de toute forme d'impérialisme théologique, Escobar affirme qu'

> alors que l'IFES progresse vers les régions les plus reculées de la planète, les mouvements nationaux sont confrontés à la tâche de s'approprier notre héritage évangélique et de le mettre en œuvre dans leur propre situation. Il ne s'agit pas d'un simple exercice commercial. Nous n'avons pas de produit fini emballé appelé « héritage évangélique » fabriqué au Pérou, en Angleterre, aux Etats-Unis ou en Norvège, qui doit être vendu aux consommateurs sur les campus du monde entier. Il s'agit plutôt d'une vérité vivante que les personnes vivantes saisiront et appliqueront ensuite dans leurs circonstances très variées. Cela ne se produira que si l'IFES est une véritable communauté, s'il y a un respect mutuel de chaque mouvement national envers tous les autres, [et] une confiance dans le travail du Saint-Esprit dans chaque situation nationale. Ce que nous devons éviter, c'est toute forme d'impérialisme culturel qui se cache sous le manteau du « souci de notre héritage évangélique ».

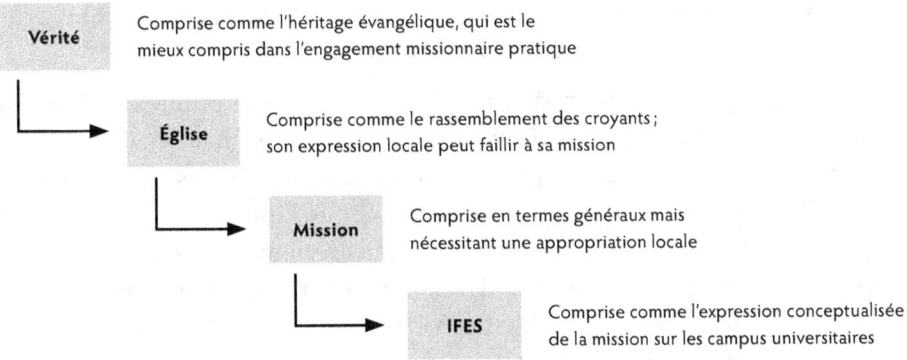

Figure 1

La figure 1 résume le développement d'Escobar.

Le document principal et la discussion menée au cours de l'AG de 1983 montrent une préoccupation manifeste pour le lien entre le ministère de l'IFES et le ministère de l'Église. Cela étant, l'idée que l'IFES existe en raison de certaines lacunes missionnaires des Églises locales demeure. Toutefois, l'IFES est ancrée dans le contexte plus large du « service à l'Église ». L'IFES ne réfléchissait évidemment pas dans un vide idéologique : plusieurs de ses dirigeants avaient été impliqués dans la Commission de coopération du mouvement de Lausanne qui a publié un document important, dont la lecture a été recommandée par Chua à ses dirigeants[19]. En outre, la nécessité de prendre le temps de réfléchir à la relation de l'IFES avec les Églises locales a été notée comme l'une des priorités du nouveau CE[20].

La question de l'intégration ecclésiale des étudiants impliqués dans les groupes de l'IFES a toujours été brûlante. Les dirigeants de l'IFES discutent de cette question plus longuement dans les années 1980, lorsqu'il devient évident qu'un travail parmi les diplômés plus délibéré était nécessaire pour ne pas « perdre » les étudiants dans lesquels tant d'énergie avait été investie. Ce sera une préoccupation récurrente pour la direction de l'IFES, rendue encore plus pressante par la nécessité de former des jeunes professionnels qui devront trouver leur place dans le monde complexe de l'Europe de l'Est post-communiste. L'assemblée générale de 1987 a noté avec perspicacité qu'

> une preuve de l'efficacité du travail de nos étudiants est un groupe croissant de diplômés qui servent le Christ dans le monde. *Cependant, il est évident qu'il y a un taux élevé de décrochage parmi nos diplômés dans de nombreux pays, ce qui indique que nos diplômés ont besoin d'un soutien continu.* En même temps, de nombreux mouvements estiment qu'un travail efficace des diplômés est nécessaire pour la survie et la croissance du travail des étudiants[21].

Si la stratégie de l'organisation, mesurée à l'aune de ses propres critères, est jugée insuffisante, ce qui précède est un appel à une réévaluation approfondie. Une telle observation allait provoquer de longues discussions dans les années 1980 et 1990. On observait également que l'IFES avait eu tendance à négliger les conférenciers et les professeurs chrétiens dans son ministère[22]. Même si l'absence d'un tel « investissement » est reconnue, l'importance du mot « étudiant » dans l'ensemble de la rhétorique de l'IFES est une preuve suffisante qu'un tel ministère n'a jamais été conçu comme faisant partie des

---

19. Le rapport a été publié la même année ; voir Mouvement de Lausanne, « Cooperating in World Evangelization ».
20. « Minutes of the Newly-Elected Executive Committee Meeting of the IFES », Ashburnham Place, Battle, Angleterre, 27 juillet 1983, p. 3, IFES e-archives.
21. « Minutes of the Meeting of the Twelfth General Committee of the IFES », El Hostel Duruelo, Boyaca, Colombie, 30 août au 8 septembre 1987, p. 27, IFES e-archives ; je souligne.
22. « Minutes of the Meeting of the Eleventh General Committee », 1983, p. 18.

activités principales de l'organisation. Les années 1980 sont néanmoins une période d'intense « introspection stratégique », les dirigeants de l'IFES tentant de donner un sens aux développements contextuels qu'ils observent. Comme le note Skaaheim, alors président du CE, le ministère auprès des étudiants est toujours d'actualité, compte tenu de l'urbanisation croissante du monde :

> Les sociétés missionnaires du monde entier voient le défi que représente cette situation et sont déjà en train de discuter de la manière de renforcer le travail missionnaire dans les villes et en particulier parmi les étudiants. Personnellement, je pense que nous allons assister à un changement radical de la stratégie missionnaire. La priorité sera de plus en plus donnée au travail parmi les étudiants et au travail missionnaire général dans les zones urbaines. Cela signifie également un changement de méthodes. Les méthodes traditionnelles ne seront pas suffisantes pour atteindre les étudiants avec l'Évangile. Les sociétés missionnaires se trouvent dans une position très exigeante, car elles doivent repenser l'ensemble de leur stratégie pour trouver la bonne voie de progression et de croissance[23].

Partenariats à l'échelle mondiale

Poursuivant l'« examen de conscience » méthodologique de la décennie, le président de l'IFES note que « nous ne pouvons pas nous attendre à suivre les modèles et les méthodes du début des années 1900, mais nous croyons qu'il existe un mandat immuable[24] ». En 1987, l'AG qui se tient pour la première fois en Amérique latine, à Bogota, aborde la complexe question de savoir quelle relation les missionnaires « étrangers » doivent entretenir avec leur champ d'action. Selon les termes du rapport d'un groupe de discussion de l'AG précédente de 1983, qui avait longuement traité la question de la tension entre « national » et « étranger »,

> les équipiers étrangers ne sont peut-être pas, d'un point de vue humain, idéaux, mais les équipiers nationaux ne le sont pas non plus – personne ne l'est ! Le meilleur homme pour accomplir l'œuvre de Dieu sera toujours l'homme appelé par Dieu, avec un caractère

---

23. Anfin Skaaheim, « IFES and a Global Strategy for Mission Work among Students », Discussion Document, Yahara Center, Madison, États-Unis, 21 avril 1985, p. 1, IFES e-archives, EC 1985 minutes, Appendix.
24. David H. Adeney, « Light to the Nations. 1987 IFES Presidential Address », *IFES Review* 23, 1987, p. 4.

semblable à celui du Christ et la capacité de communiquer l'Évangile et d'enseigner la Parole. Ce messager peut être « étranger » en raison de sa race, de sa couleur ou de sa culture, mais ses qualités fondamentales d'équiper pour le travail parmi les étudiants devraient l'aider à surmonter les difficultés culturelles[25].

Quelques années plus tard, Adeney souligne aussi les changements géopolitiques importants qui s'étaient produits dans l'histoire de l'IFES, notamment le fait qu'« en 1934, 99 % des pays d'Asie étaient sous domination coloniale. Les missionnaires étaient presque tous des Occidentaux, et les Églises asiatiques avaient relativement peu de dirigeants nationaux forts. Beaucoup de mes contemporains partaient dans des situations similaires en Afrique, en Inde et en Amérique latine[26] ». La situation avait changé en 1987, mais l'ancien cadre supérieur de l'IFES en Asie concluait encore que « peut-être inconsciemment, nous étions influencés par une forme insidieuse de fierté nationale liée à notre passé dans l'empire britannique[27] ».

Cette nouvelle constellation politique représenterait pour l'IFES à la fois un défi et une opportunité. Chua souligne avec perspicacité que « les missiologues nous disent que 83 nations ne permettent plus aux missionnaires traditionnels de travailler dans leur pays. La fabrication de tentes est et sera l'alternative la plus efficace au travail missionnaire[28] ». L'IFES devra recourir plus délibérément aux diplômés pour soutenir son travail. Comme l'explique Adeney,

> la plupart de ces pays ouvrent leurs portes aux enseignants, aux scientifiques et aux hommes d'affaires d'autres pays. Les chrétiens ayant des compétences professionnelles trouvent dans le monde entier des possibilités illimitées de servir dans une fonction séculière. La Bible est pleine d'exemples de différents types de personnes devenant des témoins du Dieu vivant. Non seulement les prophètes et les prophétesses, mais aussi les généraux et les hommes d'État, les agriculteurs et les bergers, les sages-femmes et les reines, les apôtres et les faiseurs de tente, ont tous été utilisés pour proclamer le message du royaume de Dieu. L'IFES est dans

---

25. CATERSON, « Proposals for Effective Partnership », p. 3.
26. ADENEY, « Light to the Nations », p. 6.
27. *Ibid.*
28. CHUA Wee Hian, « Major Trends and Developments in IFES », comité exécutif de l'IFES, 5 mai 1988, p. 2, IFES e-archives. La « fabrication de tente » rend ici l'expression anglaise consacrée de « tent-making » qui désigne un ministère bi-vocationnel de missionnaire et de travailleur séculier, à l'image de Paul en Actes 18.

une position unique pour jouer un rôle important dans l'appel et la formation à la fois du missionnaire traditionnel et de ceux qui sont décrits dans le récent livre de Tetsunao Yamamori comme « les nouveaux envoyés de Dieu[29]. »

Corrélée au nouveau paysage politique, la question de la représentativité interne devient pressante peu après l'AG de 1987. L'enjeu était la nomination du successeur de Chua. Une discussion animée a eu lieu lors de la réunion du CE de 1989, au cours de laquelle on se demande pourquoi les candidats du monde majoritaire n'avaient pas été examinés de manière plus approfondie, d'autant plus que l'AG de 1987 avait explicitement demandé que davantage de non-Occidentaux soient nommés au sein du personnel de l'IFES. Des délégués relèvent que les procédures étaient conçues selon les procédures habituelles de l'Occident, et « il a été souligné que la plupart des candidats des deux tiers-monde auraient tendance à refuser [une nomination] au départ et devraient être persuadés d'être pris en considération[30] ». Toute cette question provoque une agitation considérable au sein du comité, car aucun représentant non occidental ne faisait partie du comité de nomination. « On s'est inquiété de l'image internationale de l'IFES, de ce que penseraient les mouvements membres et aussi de la réaction du public chrétien, sachant que la représentation internationale de l'IFES avait toujours été admirée[31]. » C'est finalement le Gallois Lindsay Brown qui est nommé et assume la fonction jusqu'en 2007[32].

---

29. ADENEY, « Light to the Nations », p. 7. La référence est à Tetsunao YAMAMORI, *God's New Envoys. A Bold Strategy for Penetrating Closed Countries*, Portland, Multnomah Pub, 1987.
30. « Minutes of the Meeting of the Executive Committee of the IFES », Tao Fong Shan Christian Center, Hong Kong, 25 juillet 1989, p. 2, IFES e-archives.
31. « Minutes of the Meeting of the Executive Committe », 1989, p. 3.
32. Notons les critères utilisés pour choisir un SG tels que définis par la CEI : « Caractère : Il doit être pieux. Il doit avoir une stabilité théologique, une perspicacité, une fermeté, une sagesse, une maturité de caractère, une intégrité, une aptitude à la réconciliation. Il doit avoir des capacités interculturelles avérées. [...] Attitude envers l'Écriture : Il doit accepter pleinement la position de l'organisation sur l'Écriture. Il doit être capable d'enseigner l'Écriture et doit donner l'exemple de la pratique de son autorité dans sa vie. Il doit faire preuve d'une approche biblique (et non principalement pragmatique) des problèmes, en travaillant à partir de principes et en étant capable d'appliquer radicalement l'Écriture aux questions du jour. Compréhension de l'IFES : Il doit avoir une bonne compréhension de l'éthique et de l'histoire de l'IFES. Il doit avoir un engagement ferme envers sa base doctrinale et ses objectifs, et un engagement passionné envers notre héritage évangélique, l'évangélisation et la mission mondiale. » Annexe F des « Minutes of the Meeting of the Executive Committee », 1988, p. 1.

Le travail auprès des diplômés

Une partie de l'« audit stratégique » mené par l'IFES dans les années 1980 consistait à réexaminer le statut des diplômés. En 1987, significatif d'une prise de conscience ecclésiologique croissante, Adeney se réjouit de ce que

> L'IFES a le souci vital de former des leaders pour le futur ministère de l'Église. Après 40 ans, nous sommes maintenant en mesure de voir comment cet objectif est atteint. Il y a en effet beaucoup de choses pour lesquelles nous pouvons louer Dieu. Je suis encouragé lorsque je regarde en arrière et que je pense à certaines personnes que j'ai connues en tant qu'étudiants et qui occupent aujourd'hui des postes de direction dans le monde chrétien. Certains sont pasteurs et responsables dans l'Église, d'autres servent leur génération comme enseignants ou chercheurs[33].

Comme nous l'avons déjà noté ci-dessus, la transition de la vie étudiante et de l'engagement dans les groupes de l'IFES à la « vraie vie » et à l'engagement dans l'Église a toujours été une préoccupation des dirigeants de l'IFES. En 1988, la situation est considérée comme suffisamment sérieuse par le CEI pour solliciter deux rapports distincts sur la question de savoir si l'IFES devait commencer un ministère dédié aux étudiants diplômés. Dans ce qui suit, nous nous concentrerons sur les aspects ecclésiologiques des considérations débattues par les dirigeants.

Notons les perspectives divergentes présentées dans les deux rapports : le premier, rédigé par Moïse Napon, délégué pour l'Afrique francophone, présente des arguments solides en faveur du ministère des diplômés au sein de l'IFES, tandis que le second, rédigé par Robin Wells, SG de l'UCCF, rejette essentiellement l'idée en raison de la priorité du travail parmi les étudiants sur lequel l'IFES devrait se concentrer. Les deux articles ont ensuite été publiés dans *In Touch*, avec un post-scriptum sous forme de réponse du SG[34].

Fondamentalement, Napon affirme que si l'IFES s'implique trop dans le travail auprès des diplômés, il court le risque de suppléer les Églises. À l'inverse, ne pas en faire assez, c'est prendre le risque de laisser les diplômés mourir de faim et perdre le zèle missionnaire caractéristique de leur vie d'étudiants. Sa conclusion est que les avantages l'emportent largement sur les risques. Napon observe trois attitudes principales parmi les Églises envers les diplômés des GBU. La première, fondée sur l'histoire, est l'hostilité : « Certaines Églises sont

---

33. Adeney, « Light to the Nations », p. 4-5.
34. Chua Wee Hian, « Graduate Ministry. A Postscript from the General Secretary », *IFES Review* 26, 1989, p. 45-48.

hésitantes ou même hostiles à l'inclusion d'intellectuels dans leur leadership. À l'époque coloniale, être intellectuel équivalait à être dans l'incapacité d'avoir la foi. C'est pourquoi, même aujourd'hui, les diplômés font l'objet de suspicions, voire d'une opposition à leur leadership[35]. » Le second point est particulièrement pertinent pour notre étude, car il met en lumière la question des rôles respectifs des laïcs et des responsables (cléricaux). Selon Napon, certaines Églises

> ne sont pas conscientes de la présence des diplômés parce qu'ils sont nombreux ou à cause de la distinction qu'ils font entre laïcs et clercs, et les laïcs n'ont aucun rôle à jouer dans l'Église, ou enfin parce que les diplômés ne se distinguent pas spirituellement et qu'ils sont donc devenus des membres nominaux d'une Église, n'y assistant que le dimanche[36].

Soit le groupe local de l'IFES n'avait pas suffisamment bien formé ses diplômés pour qu'ils se distinguent suffisamment, soit les Églises étaient responsables de leur réticence à laisser les diplômés prendre des responsabilités. Alors que l'impatience de Napon envers le leadership ecclésial est évidente, il remet néanmoins clairement en question l'efficacité du ministère de l'IFES. Le dernier scénario observé par Napon est le cas où les Églises locales accueillent les diplômés de l'IFES et leur font confiance. Mais même dans ce cas, le risque est grand que les jeunes diplômés soient poussés à assumer des responsabilités étrangères à la formation qu'ils ont reçue dans les groupes de l'IFES, et qu'ils ne soient donc pas à la hauteur.

En plus de ces trois cas possibles, Napon met en évidence les défis éthiques très spécifiques rencontrés par les jeunes diplômés, qui ne sont peut-être pas communément discutés dans les contextes ecclésiaux. Les réflexions du leader africain reposent sur l'argument que le continent manque de bons leaders laïcs et qu'une bonne doctrine de l'Église exige que l'on prenne soin de tous ses membres.

> En Afrique, où nous manquons de leaders bien formés pour diriger l'Église professante, et où les laïcs sont encouragés à prêcher, il devient indispensable de fournir une bonne formation dans ce domaine. En effet, il est possible qu'une décision prise par un laïc affecte la vie entière de l'Église. Les diplômés du GBU ont donc besoin d'une formation approfondie afin de pouvoir apporter une

---

35. Moïse NAPON, « Ministry amongst Past Members of the GBU », London Bible College, Northwood, Angleterre, août 1988, p. 4, IFES e-archives.
36. *Ibid.*, p. 4.

contribution beaucoup plus efficace à une Église en développement (ou endormie)[37].

Alors que pour Napon, le manque de bons leaders dans l'Église et dans la société justifie un engagement plus profond de l'IFES dans la formation et l'éducation des diplômés, Wells soutient que l'IFES devrait se concentrer sur son activité principale traditionnelle : les étudiants. Le SG britannique affirme que le ministère auprès des diplômés pourrait être soutenu en raison de la nécessité de « répondre aux difficultés particulières et temporaires des diplômés à s'adapter au monde du travail et à la vie de l'Église, [...] de stimuler la réflexion des diplômés qui rencontrent des questions particulières dans leur travail ou leurs disciplines universitaires, [et enfin] de fournir un soutien spirituel général aux diplômés[38]. » Wells poursuit en précisant que l'UCCF a décidé que les deux premiers points relevaient de ses responsabilités et qu'ils étaient abordés par le biais de l'enseignement universitaire et de la création de réseaux dans les groupes professionnels après l'obtention du diplôme, tandis que le troisième point ne relevait pas de sa compétence, puisqu'il était du ressort des Églises locales. Wells avance ensuite son argument en faisant appel à d'autres considérations ecclésiologiques :

> La principale question qui s'est posée à ce sujet porte sur la doctrine de l'Église. On a toujours soigneusement insisté, dans les mouvements de l'IFES, sur le fait que le travail parmi les étudiants n'est pas une Église ou en concurrence avec l'Église. Bien sûr, dans aucun pays l'Église n'est parfaite, et dans de nombreux pays les Églises échouent particulièrement dans leur ministère auprès des personnes qui ont eu le privilège d'étudier. Mais il est également affirmé que cela ne nous autorise pas à créer quelque chose qui fasse le travail des Églises. L'éducation générale des chrétiens jusqu'à la maturité est le travail de l'Église. Et une partie de la gloire de l'Église est la diversité des âges, des capacités intellectuelles, etc. que l'on y trouve. Un ministère de diplômés peut miner tout cela[39].

Dans cet argument de Wells, le recours à des instances externes non nommées est frappant : il revient au lecteur de deviner qui « a toujours soigneusement insisté » et où « il est également affirmé ». Wells suppose que Napon et lui-même

---

37. *Ibid.*, p. 5.
38. Robin WELLS, « A Work amongst Graduates for a Student Movement ? », London Bible College, Northwood, Middlesex, Angleterre, août 1988, p. 2, IFES e-archives.
39. *Ibid.*, p. 2.

ont une compréhension différente de la doctrine de l'Église, alors qu'il parle d'une autre réalité. Quant à savoir pourquoi un ministère diplômé saperait le travail de l'Église, Wells ne fournit aucun autre argument. Il s'agit donc d'un cas, peu fréquent dans les documents d'archives, de hauts responsables de l'IFES ne se comprenant visiblement pas du tout. Il est cependant tout à fait conforme à l'insistance récurrente des responsables occidentaux sur l'« établissement de priorités » dans une logique de pénurie des forces et de ressources humaines. C'est ainsi qu'il faut comprendre la ligne d'argumentation suivante avec laquelle Wells poursuit :

> L'IFES existe pour le ministère parmi les étudiants. Je suggère que nous devons maintenir cette limite claire, cela nous permettra de nous concentrer sur cette tâche sans distraction. Laissez les autres organisations faire d'autres choses, quelle que soit leur importance, et même quelle que soit leur utilité pour nous – à moins qu'elles ne relèvent explicitement de notre objectif premier. Nous avons besoin de littérature pour notre travail, et souvent de littérature que personne d'autre ne peut produire. Alors, faisons-le. Mais ne faisons pas le travail des Églises[40].

En somme, si les deux visions semblent s'opposer l'une à l'autre, l'une plaidant pour une approche institutionnelle du ministère auprès des diplômés tandis que l'autre veut laisser les Églises locales assumer leurs responsabilités, elles s'accordent néanmoins sur la nécessité de former les étudiants diplômés pour leur engagement ultérieur dans l'Église et la société. Le conflit apparent découle de réalités contextuelles très différentes : Wells parle d'un contexte britannique avec des Églises évangéliques établies et solides ; Napon parle du contexte francophone de l'Afrique, où les Églises évangéliques existent principalement dans les pays à majorité musulmane et où la modestie des Églises est plus souvent la norme que l'exception. De manière intrigante, l'histoire du contexte britannique aurait pu soutenir exactement la même stratégie que celle préconisée par Napon : dans un contexte où l'évangélisme est faible, l'IFES doit soutenir les diplômés pour qu'ils puissent à leur tour soutenir leurs Églises. C'est d'ailleurs ce que Wells reconnaît avoir été la stratégie britannique des années 1930 et 1940[41].

La conclusion de la discussion du CE a été de charger le SG de rédiger une réponse officielle, publiée ultérieurement et soulignant essentiellement le fait

---

40. *Ibid.*, p. 3.
41. *Ibid.*

que, bien que le ministère des diplômés soit considéré comme très important, la variété des contextes signifie qu'« un fonctionnaire nommé au niveau central ne serait pas en mesure de remplir ce mandat de manière significative et que les régions devraient être fortement encouragées, par le biais des groupes de soutien régionaux, à envisager la nomination de secrétaires à temps partiel pour le travail parmi les diplômés[42] ».

La conclusion logique pour les responsables de l'IFES aurait pu être de décentraliser l'approche et de laisser les régions s'occuper de la question. Certaines régions finissent par développer de tels ministères, et le plan stratégique de 1993 mentionne l'objectif de « favoriser l'engagement des diplômés pour un témoignage étudiant continu dans leur pays et au-delà, et pour servir l'Église et la société[43] ». Ce soutien est réaffirmé en 1998, le plan stratégique indiquant que « nous encouragerons les mouvements nationaux, le cas échéant, à nommer du personnel à cette fin[44] ».

La question du ministère des diplômés n'est cependant pas la seule à préoccuper les dirigeants de l'IFES à la fin des années 1980. S'il y avait des questions concernant les diplômés de l'IFES, l'atmosphère changeait aussi rapidement dans les groupes d'étudiants. Si la direction de l'IFES insiste sur l'importance du leadership étudiant, elle observe néanmoins un changement dans l'attitude générale des leaders étudiants vis-à-vis des responsabilités. Certes, le secrétaire général était optimiste en 1987, remarquant que l'IFES avait « investi près d'un quart de million de dollars dans des conférences de formation au cours des quatre dernières années. C'est un investissement judicieux ![45] » Il déplorait néanmoins que « nous trouvions rarement des leaders "charismatiques" prêts à ouvrir de nouvelles voies et à motiver les autres à tenter de grandes choses pour Dieu. Nos communautés chrétiennes dépendent de plus en plus d'étudiants issus de foyers chrétiens stables pour servir de leaders[46] ». Il s'agit là d'un exemple relativement rare du sentiment croissant d'inadéquation de certaines approches traditionnelles utilisées par l'IFES au sein de la génération des années 1980, tant chez les étudiants que chez les jeunes équipiers. Ce malaise a également été évoqué plus longuement deux ans plus tard par la secrétaire de la formation de

---

42. Chua, « Graduate Ministry », p. 4.
43. Lindsay Brown, « Draft Global IFES Long Range Plan », Oak Hill College, Londres, Angleterre, 25 au 31 juillet 1993, p. 3, IFES e-archives, EC 1993 minutes, Appendix H.
44. « Second Draft of Global IFES Plan July 1999 – July 2003 », Bischofsheim, Allemagne, 28 juin au 3 juillet 1998, p. 9, IFES e-archives, EC 1998 minutes, Appendix I.
45. Chua Wee Hian, « IFES. The Big Picture », *In Touch* 3, 1987, p. 5.
46. Chua, « Major Trends », p. 1.

l'IFES. Donnant un retour sur leur travail aux intervenants du premier camp de formation européen Formación, elle semble assez perplexe :

> nous avons en effet affaire à une génération de jeunes équipiers (et plus encore d'étudiants) qui sont à bien des égards le produit de nos sociétés contemporaines. Dans de nombreux cas, le personnel n'est plus aussi « autonome » qu'il l'était auparavant. Cela peut s'expliquer par les changements intervenus dans l'éducation, la fragmentation de la vie familiale, les antécédents religieux, etc. J'en vois des indications dans le fait que la dimension pastorale de la conférence a été particulièrement appréciée, de même que les sessions plus « pratiques » sur le ministère étudiant et la formation à l'animation. Dans un sens, c'est ce à quoi on peut s'attendre et il n'y a rien de mal à cela. Cependant, j'ai l'impression que cela va de pair avec une réflexion moins rigoureuse, un engagement moindre dans le développement d'une pensée chrétienne, une moindre préoccupation pour les fondements doctrinaux de notre foi. Encore une fois, cela ne devrait pas nous surprendre car c'est aussi une caractéristique de la société moderne et de la vie de l'Église (du moins, de mon point de vue)[47].

L'air du temps était donc chargé de questions méthodologiques. Le leadership étudiant était-il toujours pertinent ? Les hypothèses des pères fondateurs étaient-elles encore applicables ? Comment l'IFES pouvait-elle relever les défis d'une nouvelle génération ? Alors que les années 1980 s'achevaient, la première préoccupation de la réunion de l'AG de 1987 à Bogota, en Colombie, était la question des partenariats au sein de l'organisation.

Un ministère d'étudiants à étudiants

Comme c'est le cas pour pratiquement toutes les réunions importantes, les dirigeants de l'IFES réaffirment leur confiance dans le leadership des étudiants, et plus encore à l'occasion du jubilé du quarantième anniversaire. Dans une citation emblématique, Chua affirme,

> Depuis notre fondation, nous nous sommes concentrés sur les étudiants. Nous croyons que, sous l'autorité de Dieu, les étudiants évangéliques peuvent être des témoins de première ligne pour le Christ sur leurs campus. *Les étudiants possèdent des dons et des*

---
47. Dr Sue Brown aux contributeurs de Formación 1989, 27 septembre 1989, p. 1, BGC Box #5.

capacités spirituelles pour gérer leurs communautés et pour s'édifier mutuellement dans la foi. Nous souhaitons expressément que, par cette formation et cet engagement sur le terrain, ces étudiants soient formés comme des leaders. Bien sûr, ils ont besoin des encouragements et de la contribution des équipiers. Mais, dans la tradition de l'IFES, le personnel ne domine pas et ne dirige pas la fraternité des étudiants. Il joue le rôle de formateur ou de coach[48].

Si la métaphore du « coaching » est récurrente et tente de rendre compte de la relation entre les équipiers et les étudiants responsables, l'affirmation explicite selon laquelle les étudiants « s'édifient mutuellement » est rare. Elle indique une mise au point de la réflexion théologique des dirigeants de l'IFES et une reconnaissance explicite de la maturité des étudiants. La publication, un an plus tard, dans *IFES Review*, d'un article intitulé « le ministère des étudiants envers les autres étudiants[49] », rédigé par deux jeunes femmes qui avaient été membres de l'équipe de l'IFES à Paris, en est l'illustration.

Le document vise à « examiner les moyens par lesquels les étudiants peuvent se soutenir les uns les autres. Ce commandement de Jésus [de s'aimer les uns les autres, Jean 13.34-35] nous semble être le fondement d'un tel soutien ». Contrairement aux présentations plus traditionnelles, dans des articles plus anciens, de l'importance de la piété individuelle pour un témoignage efficace, cet article insiste sur la dimension révélatrice et le potentiel d'encouragement de la communion chrétienne. En effet, « Dieu nous fait connaître personnellement son amour à travers les relations au sein du corps du Christ par son Esprit Saint. Notre foi s'établit dans le contexte des relations, et le groupe d'étudiants peut fournir une occasion précieuse d'établir cet aspect relationnel de notre foi ». Si aucune déficience de l'Église n'est directement évoquée dans ce passage, on est frappé par le recoupement significatif, bien qu'implicite, entre une Église locale en tant que « corps du Christ » et les fonctions attribuées ici au groupe d'étudiants. Le groupe local peut fournir le soutien rendu nécessaire par « la désintégration croissante de la vie familiale, [entraînant] des obstacles psychologiques et émotionnels [...] empêchant [les étudiants] d'entrer pleinement dans la guérison et la restauration qu'apporte le salut du Christ ». L'article reconnaît les défis rencontrés sur le campus, mais aussi « la tentation au sein des groupes d'étudiants [...] de voir le christianisme uniquement comme un ensemble de propositions intellectuelles,

---

48. CHUA, « IFES. The Big Picture », p. 5 ; c'est nous qui soulignons.
49. Julie DRANSFIELD et Cindy MERRITT, « The "One-Another" Ministry of Students to Students », *IFES Review* 24, 1988, p. 37-42. Sauf indication contraire, les citations qui suivent sont tirées de ce court article.

plutôt que comme un mode de vie basé sur la connaissance personnelle de l'amour de Dieu pour nous en Christ ». Plus tôt dans l'histoire de l'IFES, les lecteurs ont rencontré de tels avertissements dans les écrits de Woods, mais l'antidote proposé aurait plutôt été la lecture personnelle de la Bible et la prière. Cette dernière n'est pas oubliée : « Il n'y a rien de plus encourageant, de plus propice à la foi et à la guérison que de voir ensemble comment Dieu agit dans nos vies en réponse à la prière » ; cependant, l'approche présentée ici souligne qu'« il est important que le potentiel du groupe d'étudiants soit maximisé, non seulement en offrant une approche intellectuelle de la foi, mais en permettant à la compréhension de la vérité de trouver son expression de manière tangible dans les amitiés chrétiennes ». Contextualisant les réalités de la vie étudiante, les auteurs poursuivent en soulignant l'importance de consacrer du temps aux autres et d'être à l'écoute les uns des autres : « Nous pouvons tous penser à quelqu'un qui a contribué à notre croissance spirituelle parce qu'il était prêt à passer du temps avec nous. »

L'Église n'est mentionnée que de manière subsidiaire, particulièrement pertinente lorsque le potentiel pastoral d'un groupe d'étudiants atteint ses limites, notamment lorsque les étudiants sont confrontés à des crises émotionnelles particulièrement difficiles, auquel cas « il faut chercher de l'aide auprès d'un chrétien plus âgé et mature au sein de l'Église ». De manière surprenante, les auteurs poursuivent en suggérant une attitude d'écoute qui ressemble beaucoup à des événements de type « confession » : « Cela peut être une grande source de guérison de simplement permettre à quelqu'un de déverser tout ce qu'il a sur le cœur et l'esprit, en l'écoutant avec attention et compassion. Cela peut l'aider à clarifier ses pensées et à les mettre en perspective. »

Aucune mention n'est faite ici d'un « sacerdoce des étudiants ». En revanche, certaines des attitudes décrites et encouragées dans l'article entrent dans des catégories telles que le soin pastoral mutuel, les demandes à Dieu dans la prière, etc. À la fin de l'article, des lignes directrices pour des études bibliques plus approfondies sont proposées, énumérant différentes utilisations du mot *parakalein/paraklesis*, en particulier dans les écrits pauliniens. La définition du mot « encouragement » est fascinante : « un ministère mutuel informel entre chrétiens, lié à la prophétie. » L'article apporte sa pierre à l'édifice de notre étude : les étudiants sont considérés comme suffisamment matures pour exercer une certaine forme de *médiation* entre Dieu et les autres, c'est-à-dire une certaine forme de *médiation sacerdotale*. Nous reviendrons sur ce sujet ci-après pour une investigation théologique plus approfondie.

Outre les discussions sur la représentativité et la meilleure façon d'envisager un ministère qui soit fidèle à son héritage mais suffisamment souple pour s'adapter aux nouvelles réalités contextuelles, les années 1980 sont assurément une ère de croissance. Le SG rapporte en 1988 que pas moins de 270 000 lycéens et étudiants étaient impliqués dans l'IFES[50]. De même, l'humeur du moment est aux grands événements. La même année, la première conférence quadriennale d'évangélisation européenne a eu lieu à Würzburg, en Allemagne : « Les organisateurs européens avaient prévu 700 étudiants, et près de 1 300 se sont présentés. Jürgen Spiess, secrétaire général de SMD-West Germany, a parlé de la "mentalité de festival" qui imprègne les jeunes d'aujourd'hui[51]. »

Une autre des grandes tendances qui allait caractériser une grande partie de l'avenir du ministère de l'IFES était le redéveloppement des « semaines missionnaires » sous forme de séries de conférences organisées sur les campus. Cela coïncide également avec l'apparition de l'« apologétique » dans le langage de l'IFES. Comme le résume Lineham,

> La proclamation publique de l'Évangile était difficile dans une Europe sécularisée, et les conférences qui présentaient une apologétique du christianisme étaient souvent considérées comme plus appropriées. Au milieu des années 80, une nouvelle passion pour le travail d'évangélisation s'est développée. Elle a commencé lorsque des équipiers européens ont participé à la mission d'Oxford en 1984. Jürgen Spiess, le nouveau secrétaire général allemand, y a assisté et a ensuite demandé à ses collaborateurs d'organiser des missions sur leurs campus[52].

En fait, de telles conférences avaient lieu en Allemagne depuis longtemps déjà[53]. Ce n'était pas un phénomène nouveau, car des semaines missionnaires avaient eu lieu dans de nombreux campus depuis le début des mouvements étudiants en Europe et ailleurs.

La fin de la décennie est marquée par d'intenses débats sur la nature et l'orientation du ministère de l'IFES, de nombreuses heures et réunions étant consacrées à un examen de conscience stratégique. Outre les réaffirmations régulières du caractère et de l'héritage évangéliques du mouvement, son ecclésiologie atteint une certaine maturité et s'affirme progressivement sur le plan missiologique. Sur le terrain, de nombreux mouvements nationaux se

---

50. CHUA, « With Evangelical Students ».
51. CHUA, « Major Trends », p. 1.
52. LINEHAM, « Students Reaching Students », p. 57.
53. Pour l'histoire du mouvement IFES allemand, voir SMD, *Rechenschaft geben von unserer Hoffnung : Festschrift zum 50jährigen Bestehen der Studentenmission in Deutschland*, Marburg, SMD, 1999 et à paraître Hartmut Bärend, *SMD-Geschichte*, Marburg, SMD, 2023.

développent. D'autres favorisent l'émergence de mouvements dans des pays qui se sont progressivement ouverts dans les années 1990. L'importance du leadership étudiant est soulignée avec la même intensité que dans les décennies précédentes, mais ses fondements théologiques sont affinés.

8

Une nouvelle carte du monde pour clore un siècle

Les années 1990

La dernière décennie du XXe siècle est mouvementée pour l'IFES, avec un nombre inattendu de nouveaux pays s'ouvrant officiellement à son ministère. Ces nouvelles nations amènent avec elles de nouveaux intérêts théologiques, une nouvelle pondération des priorités et de nouvelles relations. S'ensuit la nécessité de reconsidérer la manière dont les mouvements nationaux se considèrent partie prenante de l'organisation internationale et le besoin d'adapter la structure de leadership à une génération d'étudiants qui changeait de manière significative. Comment adapter et s'approprier les fondements théologiques de l'IFES dans une nouvelle ère, notamment dans la rencontre avec l'orthodoxie orientale et le pentecôtisme ? En outre, l'éternelle question de la définition du statut ecclésiologique de l'IFES revient sur le devant de la scène. L'IFES commence également à se demander comment appréhender l'université en tant qu'institution, conséquence logique d'un intérêt croissant pour la mission holistique. De nombreuses discussions ont eu lieu pendant et entre les trois réunions de l'assemblée générale nouvellement intégrée dans des événements plus larges et plus représentatifs appelés « assemblées mondiales ».

Nouvelles nations, nouvelles réflexions

Neuf des dix pays fondateurs étaient occidentaux. L'organisation ayant désormais quatorze fois plus de membres qu'à l'origine, de nouveaux centres d'intérêt apparaissent, et les années 1990 sont marquées par une intense période d'introspection. Que signifiait « faire partie » d'une organisation aussi importante ? Quelles seraient les priorités, et qui aurait le droit de trancher entre elles ? Quelles stratégies fonctionneraient le mieux avec une nouvelle génération d'étudiants ? Comment les loyautés nationales et confessionnelles s'opposeraient-elles aux certitudes théologiques ?

Europe de l'Est

Lorsque l'Europe de l'Est s'ouvre officiellement au début des années 1990, l'IFES était depuis de nombreuses années un « pionnier » du travail des étudiants sous couverture, le centre de ce ministère étant Schloss Mittersill dans le Tyrol autrichien. Dès 1973, les dirigeants de l'IFES se vantaient de ce qu'

> au cours des quatre dernières années, nous avons été en mesure de créer environ vingt à trente groupes d'études bibliques. Ceux-ci n'ont pas de caractère officiel, mais Dieu a utilisé des équipiers spéciaux et des envoyés de l'IFES pour visiter et encourager ces étudiants. Nos équipiers ne sont pas des espions, impliqués dans des intrigues internationales et de l'espionnage politique. Au contraire, ce sont des Barnabas qui encouragent les étudiants d'Europe de l'Est à aimer et à servir le Seigneur vivant[1].

Pour un ministère qui a toujours insisté sur son éthique de « leadership endogène », il peut sembler bizarre d'entendre parler autant de « pionniers », comme si les pays de l'Est avaient été une *terra incognita* nécessitant une exploration. Les responsables de l'IFES savaient que le christianisme existait déjà en Europe de l'Est, mais ils ne semblaient pas satisfaits de son état. Williams fournit une description qui illustre bien la façon dont l'IFES voyait son travail :

> Dans certains de ces pays, il y avait eu un ministère auprès des étudiants lié à l'IFES avant la Seconde Guerre mondiale, mais les communistes l'avaient fermé, et de nombreux responsables d'églises estimaient qu'il n'y avait plus besoin de rien d'autre que de leur propre travail de jeunesse, souvent anémique, lié à l'Église. Ce sont les pasteurs que nous avons dû convaincre d'accepter de nouvelles idées concernant les étudiants qui puisse attirer des étudiants ; ils étaient beaucoup plus méfiants que les étudiants[2].

---

1. CHUA et PADILLA, « God's Work in the World Today », p. 173-174.
2. WILLIAMS, *Holy Spy*, p. 13.

Deux grands domaines de difficultés apparaissent dans ce récit saisissant : le défi des autorités politiques, peu enclines à l'influence ecclésiale et officiellement au service d'une doctrine d'État athée, mais aussi le défi des Églises se sentant assiégées, divisées sur la manière dont elles voulaient se lier, ou non, à l'État. La question de l'influence étrangère préoccupait non seulement l'État, mais aussi l'Église locale. Le premier s'inquiétait de l'influence politique, la seconde de la possibilité d'un déclin de la moralité[3]. En outre, quelle légitimité possédait un ministère d'étudiants à étudiants, sans supervision cléricale ? Comme le rappelle encore Williams, les fronts diplomatiques n'étaient pas toujours bien clairs entre « frères chrétiens » et « adversaires politiques » :

> Et qui étions-nous ? Qui nous employait ? Pourquoi voyagions-nous à la recherche d'étudiants chrétiens ? Presque personne ne connaissait l'IFES et nous n'aimions pas l'expliquer au cas où cela ressemblerait à une couverture pour une organisation étrangère interdite, ce qu'elle était en réalité. Cependant, elle n'était pas anticommuniste, mais essayait d'établir des mouvements membres dans les pays communistes, et se préoccupait principalement de faire naître des réseaux locaux efficaces d'étudiants témoignant de leur foi chrétienne auprès de leurs pairs. À cette époque, les organisations extérieures à la structure réelle des Églises étaient toutes interdites, en particulier les organisations internationales[4].

En des temps incertains, il est compréhensible que les responsables d'églises puissent craindre que des étudiants potentiellement plus enthousiastes et moins matures ne mettent en péril les relations soigneusement élaborées entre le clergé et l'État. Cependant, ce travail parmi les étudiants était réalisé la plupart du temps *en collaboration* avec les responsables d'églises. Il n'y avait pas de stratégie d'implantation d'Églises mais l'idée implicite selon laquelle encourager les étudiants à témoigner auprès de leurs camarades fortifierait l'Église. D'où le ton candide de Williams lorsqu'il décrit comment

> nous avons rendu visite aux pasteurs de toutes sortes d'Églises dans chaque ville de chaque pays qui se trouvait dans notre orbite. Ils posaient parfois des questions pointues. Ils devaient souvent se demander de qui nous étions l'agent. Mais ils ont été d'une courtoisie sans faille et nous ont souvent reçus avec une hospitalité extrêmement généreuse. Les pasteurs connaissaient les étudiants

---
3. *Ibid.*
4. *Ibid.*

clés de leurs congrégations, ceux qui étaient enthousiastes et que nous voulions former et équiper pour qu'ils soient encore plus enthousiastes et engagés à être des témoins chrétiens auprès de leurs pairs[5].

L'ampleur du présent ouvrage ne permet pas de raconter les histoires fascinantes de personnes qui se rencontrent pour la première fois et qui sont unies par une vision commune après une tasse de thé et un échange de nouvelles sur une connaissance commune. L'importance de la collaboration entre les organisations missionnaires mais aussi entre les Églises locales a été régulièrement soulignée. On peut dire qu'au moins à l'époque communiste, un tel ministère favorisait une certaine forme d'« œcuménisme évangélique », en offrant des lieux de rencontre aux chrétiens, sans tenir compte des clivages traditionnels, qu'ils soient confessionnels –

> en tant que chrétiens, nous avons travaillé ensemble dans une harmonie presque sans faille, que nous appartenions aux Églises de Frères, baptistes, méthodistes, luthériennes, réformées ou anglicanes. Les divisions qui séparent normalement les chrétiens en leurs dénominations ne nous inquiétaient guère et ne semblaient jamais se manifester. Nous acceptions la sincérité des uns et des autres à faire tomber nos différences insignifiantes et à travailler ensemble pour notre grand objectif, pour notre grand Dieu[6]

– ou même ethniques :

> Les Yougoslaves, avec leurs 12 langues, étaient ethniquement mélangés et manifestaient une grande diversité. Ils ne se seraient pas pressés pour entendre un orateur baptiste ou pentecôtiste, mais ils se sont pressés pour entendre un anglican [John Stott], un étranger pour eux tous, qui n'avait pas de contentieux à régler, ni aucun ennemi, seulement des amis. Nous pouvions tous être frères ensemble parce que nous sommes tous un en Christ[7].

Les critiques pourraient se demander si tout cela était véritablement théologique ou si ce n'était pas plutôt sociologique et opportuniste. Les étudiants ayant des contacts en Occident pouvaient augmenter leurs chances de voyager ou d'avoir accès à des moyens financiers. Pourtant, les histoires abondent de

---

5. *Ibid.*, p. 132-133.
6. *Ibid.*, p. 50.
7. *Ibid.*, p. 96.

chrétiens vivant sous les régimes communistes d'Europe de l'Est qui racontent comment le fait de s'engager dans la foi chrétienne a souvent eu des conséquences négatives sur leurs études ou sur leur carrière professionnelle, par exemple.

Finalement, des mouvements étudiants autrefois clandestins sont officiellement enregistrés et l'association pionnières d'étudiants polonaise ChSA accueille une conférence européenne d'évangélisation rassemblant 2 000 personnes en 1994[8].

Les nouveaux défis de la tradition[9] : l'orthodoxie orientale

Compte tenu de l'expansion vers l'Europe de l'Est qui marque les années 1990, ce n'était qu'une question de temps avant que l'IFES ne soit confrontée à une autre tradition théologique avec laquelle elle n'avait pratiquement jamais eu affaire auparavant : l'orthodoxie[10]. Comme cela avait été le cas au cours de la décennie précédente avec les étudiants membres de l'Église catholique romaine, les responsables de l'IFES se sont pas tous d'accord sur la question. D'une part, ils souhaitent accueillir de nouveaux venus dans la communauté ; d'autre part, le contexte traditionnel de l'orthodoxie orientale est considéré comme étant en contradiction avec les convictions doctrinales reçues de l'organisation. L'assistant du SG pour l'Europe avait noté en 1978 qu'il y avait « un nombre considérable d'étudiants évangéliques qui continuent à appartenir à l'Église orthodoxe grecque. Ils sont venus au Christ grâce à l'un des nombreux réveils de cette Église. Si nous nous lions à eux, cela dérangera inévitablement les pasteurs évangéliques[11] ». L'IFES se retrouve donc dans la délicate situation de servir de médiateur entre les étudiants aux convictions évangéliques en devenir qui sont restés dans leurs Églises, et les pasteurs évangéliques, avec lesquels l'affinité aurait été plus évidente. C'est l'une des situations où la mise en pratique des convictions missiologiques tend à brouiller les lignes traditionnelles de loyautés confessionnelles.

Un autre défi pour l'IFES du moment est le fait que la théologie orthodoxe s'articule autour de principes fondamentaux différents des déclarations

---

8. Lineham, « Students Reaching Students », p. 57.
9. Je parle ici de « droite » au sens figuré, dans le sens que l'orthodoxie orientale est en général plus conservatrice que l'IFES.
10. À proprement parler, les traditions en question devraient être étiquetées « orthodoxe orientale » ou « orthodoxie grecque ». Pour des raisons de lisibilité, le terme « orthodoxie » sera utilisé comme terme général dans ce chapitre.
11. Brede Kristensen, « Report of the Assistant to the IFES General Secretary (Europe) », Raglan, Nouvelle-Zélande, 18 août 1978, p. 1, IFES e-archives, EC 1978 minutes, Appendix F.

doctrinales évangéliques traditionnelles, qui sont plus faciles à comparer avec des déclarations catholiques romaines, par exemple. Cela engendre une certaine perplexité chez les dirigeants de l'IFES, comme l'exprime le SG en 1992 :

> L'orthodoxie n'est pas la même chose que le catholicisme romain, et bien que les déclarations officielles orthodoxes soulignent fortement les différences avec le protestantisme, *nous devons comprendre précisément ce que cela signifie*. Cela n'est pas facile. Les choses sont rendues plus compliquées par le fait que la théologie orthodoxe elle-même est en pleine évolution[12].

Afin de comprendre les enjeux exacts, le CE demande au Secrétaire régional européen, Jonathan Lamb, de rédiger un mémorandum, confidentiel à l'époque. Ce mémo propose une introduction contextuelle, suivie d'une brève analyse de la théologie de l'orthodoxie structurée autour de la BD de l'IFES, et suggère enfin des points d'action. Les conclusions essentielles du rapport en ce qui concerne la théologie et surtout l'ecclésiologie sont présentées ci-dessous.

Comme souvent avec l'IFES, la question du statut de l'Écriture est une première pierre d'achoppement, étroitement mêlée à la question de l'autorité ecclésiale :

> L'orthodoxie considère que les Écritures sont inspirées et dignes de confiance, et qu'elles ont une grande autorité [...] mais pas l'autorité suprême. Elles représentent une partie de l'autorité de l'Église/ tradition. En outre, en tant qu'évangéliques, nous comprenons l'Écriture comme 66 livres, et non comme les apocryphes, comme certains orthodoxes ; « telle qu'elle a été donnée à l'origine », c'est-à-dire dans sa forme hébraïque/araméenne dans le cas de l'A.T., et non dans la LXX qui s'est développée dans la tradition ultérieure ; et nous voudrions également souligner que cette clause doit être comprise comme signifiant que le critère final d'interprétation est l'Écriture elle-même[13].

Ce qui est particulièrement frappant, c'est l'appel aux limites du canon protestant, un détail qui relève d'une tradition interne qu'aucun document officiel

---

12. Lindsay BROWN, « IFES and the Orthodox Church », Hald Training Center, Mandal, Norvège, 28 juillet au 1er août 1992, p. 1, IFES e-archives, EC 1992 minutes, Appendix I, c'est nous qui soulignons.
13. Jonathan LAMB, « IFES Movements in Orthodox Countries », Confidential Memo to IFES Team Leaders only, Dimesse Sisteres Retreat Center, Nairobi, Kenya, 31 juillet 1993, p. 3, IFES e-archives, EC 1995 minutes, Appendix A.

ne formalise ; il en va de même du refus de considérer la Septante au même niveau que les autres « originaux ». Enfin, les méthodes herméneutiques sont un critère de démarcation net. Ces trois points principaux démontrent déjà amplement la difficulté de considérer la BD comme un document suffisant pour l'IFES : la base a besoin d'une réinterprétation constante, le plus souvent sous la forme d'une amplification de la manière dont elle doit être comprise, car prise « au premier degré », rien dans la BD n'aurait proprement contredit la foi orthodoxe[14].

Une autre pierre d'achoppement pour Lamb concerne la rédemption. Dans son analyse, les croyants orthodoxes peuvent bien croire à la rédemption par la mort sacrificielle du Christ, mais « la vie sacramentelle de l'Église, spécifiquement par le baptême, l'eucharistie et le mystère de la confession en seraient la médiatrice[15] ». Dans la lignée de nombreuses déclarations antérieures, Lamb poursuit en affirmant que « l'œuvre expiatoire du Christ sur la croix est au cœur de notre compréhension de l'Évangile et de la vie de disciple, [alors que] pour certains orthodoxes, les points centraux pourraient être l'incarnation/la transfiguration/la résurrection[16] ». On sent ici un certain malaise. Sans affirmer directement que l'Église n'est pas nécessaire au salut, le mémo minimise effectivement l'importance de l'engagement ecclésial, ce qui semble quelque peu nuire à la foi évangélique : « En fait, institutionnellement, dans le bâtiment de l'église, le croyant ordinaire est exclu de la zone située derrière l'iconostase. Cela a des implications théologiques, pastorales et psychologiques substantielles[17]. » Aucune de ces implications n'est cependant développée plus avant, mais le fait que Lamb regrette le manque d'accès à l'autel est un indice intéressant de l'hypothèse sous-jacente à notre étude que tout croyant a des privilèges sacerdotaux à cet égard. Il y revient plus tard, ajoutant à son commentaire que « nous voudrions également soulever la question de la prière aux saints, du rôle de Marie, du sacerdoce spécial par opposition au sacerdoce de tous les croyants, etc. Parfois, les orthodoxes pourraient mal comprendre le rôle unique de médiateur du Christ[18] ».

Le lien entre les laïcs et le clergé sous-tend donc l'argument, tout comme la tension qui consiste à situer une organisation paraecclésiale évangélique dans

---

14. La même difficulté surgit lors de la discussion de la « justification », où – notamment sans la nommer – Lamb s'oppose à la doctrine orthodoxe de la *théosis* qu'il comprend comme une tendance du synergisme incluant les « œuvres de la foi » dans la justification, par rapport à la « foi seule » (BD clause H). LAMB, « IFES Movements in Orthodox Countries », p. 4.
15. *Ibid.*
16. *Ibid.*
17. *Ibid.*
18. *Ibid.*

un paysage ecclésial essentiellement homogène. Lamb note que la croyance en « une seule Église sainte et universelle » (clause J de la BD) « serait affirmée mais comprise comme étant l'Église orthodoxe. Il n'y a pas de "Vatican 2" dans l'orthodoxie, et donc pas de moyen clair pour les orthodoxes d'exprimer comment ils voient les chrétiens, par exemple, qui sont protestants, évangéliques, etc. Elle est également liée à la question nationale[19] ». Ainsi, alors que l'argumentation de Lamb semble minimiser l'importance de l'Église locale en raison de ses apparentes lacunes théologiques, il concède que l'IFES doit tenir compte du contexte ecclésial global dans lequel ses mouvements servent. Comme cela avait été le cas au cours des décennies précédentes, la question de l'évangélisme en tant qu'importation étrangère était présente dans de nombreuses discussions avec des dignitaires d'églises qui s'inquiétaient de « l'afflux de tant de cultes et de riches missions occidentales. [C'est] une réaction compréhensible à bien des égards, mais les évangéliques (et aussi les missionnaires étrangers tels que les équipes de l'IFES) peuvent parfois subir des pressions en raison de cette attitude[20] ».

Cette tension entre l'insistance sur les principes doctrinaux et les nécessités missiologiques contextuelles est parfaitement illustrée par les conclusions de Lamb :

> Il est facile de paraître négatif ou sur la défensive. Au contraire, nous voulons être désireux d'apporter l'Évangile à tous les étudiants, quelle que soit leur origine, et nous souhaitons jouir de la communion avec tous les chrétiens, y compris les croyants de la communauté orthodoxe. [...] Nous considérons comme une expression d'amour le fait d'être honnêtes quant aux graves difficultés que nous rencontrons avec plusieurs aspects de la position doctrinale de l'Église orthodoxe, tels qu'exprimés ci-dessus. Nous en conclurions qu'à l'heure actuelle, il y a suffisamment de confusion sur les principales questions évangéliques dans le courant dominant de l'enseignement orthodoxe pour qu'il soit problématique pour nous d'utiliser des personnes actives dans ce courant dans nos principaux rôles de direction. [...] Étant donné que nous sommes au stade de pionniers et que nous avons besoin d'un leadership biblique sage à tous les niveaux, nous déconseillons fortement de placer des membres pratiquants de l'Église orthodoxe à des postes d'influence majeure, où la compréhension de la doctrine et de la

---

19. *Ibid.*
20. Jonathan LAMB, « Orthodox Progress Report », Centre des métiers de l'électricité, Bingerville, Côte d'Ivoire, 9 juin 1994, p. 1, IFES e-archives, EC 1994 minutes, Appendix K.

vie de disciple d'une telle personne pourrait façonner l'approche du mouvement sur des questions politiques majeures[21].

Avec ces deux défis importants venant non pas tant du « monde » ou d'autres organisations actives dans le même domaine de ministère, mais de ses propres rangs – des étudiants appartenant à des traditions ecclésiales divergentes – l'IFES devait repenser son statut ecclésiologique et cette question, et c'est ce qui a occupé de nombreuses discussions.

L'Afrique et le monde majoritaire

L'Europe de l'Est n'était pas la seule zone de développement de l'IFES. Les années 1990 sont une sorte de « décennie africaine ». L'Afrique connaît une croissance significative dans les années 1980, à tel point qu'« en 1991, selon des estimations prudentes, 10 % de tous les étudiants de l'enseignement supérieur en Afrique anglophone étaient membres d'unions chrétiennes[22] ». Le centre de gravité du christianisme se déplace vers le sud, ce qui ne signifie pas que les centres de pouvoir feront de même.

D'importants débats sur l'identité nationale et ses corrélats dans l'endogénéité[23] et l'autonomie sont donc inévitables. Au début des années 1990, un long débat s'engage sur la question de savoir s'il était judicieux d'affilier plusieurs mouvements pour un État-nation donné. Certains pays avaient déjà plusieurs mouvements (le Canada et la Suisse), la Belgique était en train de demander son affiliation et était séparée par des lignes linguistiques, et dans certains pays comme la Corée du Sud, des divergences d'opinion avaient conduit à la fondation d'un « ministère étudiant alternatif ». Dans d'autres contextes, les enjeux étaient plutôt ethniques et politiques, comme dans la situation complexe de l'Afrique du Sud de l'apartheid ou d'Israël-Palestine.

La question était celle de l'unité et de la diversité. Il n'est pas possible ici d'en explorer tous les tenants et aboutissants, mais l'extrait suivant d'une discussion de 1998 résume bien les enjeux. Sng, membre du CE et ancien SG de FES Singapour, plaide en faveur de l'unité sur des bases bibliques et missiologiques. Après avoir passé en revue des passages bibliques tels que Éphésiens 4 et Jean 17, il souligne que ces passages ont une claire « dimension missiologique ». Il ne suffit pas de reconnaître que tous les croyants sont liés par une union mystique

---

21. *Ibid.*, p. 5.
22. Lineham, « Students Reaching Students », p. 126.
23. Voir la note 74 au chapitre 8 du présent ouvrage pour une explication du choix de ce terme.

en Christ. Cette unité doit être vue par les autres. Elle doit être vécue comme un témoignage pour le monde. Ce n'est qu'alors que le monde peut « savoir »[24]. Pour Sng, l'unité doit être maintenue, car elle ne peut être considérée comme acquise dans un monde déchu. La tension permanente entre l'unité *visible* et *invisible* est à nouveau mentionnée. Cette unité qui doit être maintenue permet une diversité de fonctions et d'approches, qui sont contextuellement pertinentes, intensément prophétiques et culturellement conditionnées. Si l'unité visible n'a pas historiquement été soulignée dans l'Occident (post-chrétien), le leader singapourien souligne la nécessité d'une approche différente dans les pays où les chrétiens sont soit une minorité (Israël), soit où les dimensions politiques de l'unité ont une incidence sur la compréhension de l'unité fondamentale des êtres humains (Afrique du Sud). D'où l'articulation d'une éthique de travail qui prend au sérieux le contexte et la culture :

> L'IFES cherche à encourager les étudiants à prendre la responsabilité d'atteindre leur propre campus. Ce faisant, les étudiants doivent exercer leurs dons, comprendre leur propre culture étudiante et y appliquer une réflexion chrétienne pour relever les défis. Une telle approche peut conduire à une diversité d'activités sur le campus. Mais au sein de cette diversité, des expressions pratiques de l'unité entre tous les croyants doivent être constamment recherchées[25].

L'IFES s'est développée, de nombreux autres mouvements ont vu le jour et les liens entre le pouvoir, la représentation, les méthodologies et les stratégies n'ont pas pu être pleinement discutés en dehors de quelques mesures diplomatiques ponctuelles pour soulager quelques sensibilités contextuelles. Pendant de nombreuses années, le travail dans de nombreux pays d'Afrique s'était fait sous les auspices du PAFES, qui était considérée comme un seul membre de l'IFES. Dans les années 1990, des mouvements nationaux autonomes sont affiliés séparément dans le cadre de la nouvelle région Afrique anglophone et lusophone (EPSA). En 1998, au plus fort des discussions, les hauts responsables reconnaissent que « l'IFES est peut-être trop fortement influencée par les membres fondateurs d'Europe occidentale et d'Amérique du Nord dans les modèles qu'elle adopte pour ses structures[26] ». Des voix s'élèvent dans la région du Pacifique Sud pour dire que le mot « évangélique » était préoccupant et pas assez accueillant,

---

24. Bobby SNG, « Unity and Diversity in IFES », Senior Staff Consultation, mai 1998, p. 3, IFES Archive, Oxford, SSC 98 papers.
25. *Ibid.*
26. « Minutes of the Meeting of the Executive Committee of the IFES », Bischofsheim, Allemagne, 28 juin au 3 juillet 1998, p. 11, IFES e-archives.

tandis que des opinions similaires sont exprimées en Afrique, où les délégués de l'EPSA soutiennent que la base doctrinale n'est pas assez inclusive. Rien dans les archives n'indique que l'IFES en tant qu'organisation ait risqué l'implosion au cours des années 1990, mais on est frappé par la robustesse croissante des débats menés et surtout par l'émergence de voix fortes en provenance du monde majoritaire. Après tout, l'IFES se vantait de former les dirigeants nationaux et de leur permettre de développer une réflexion chrétienne adaptée aux réalités précises de leurs contextes respectifs.

Les débats sur les réalités africaines ne s'appuyaient pas sur des traités théologiques mais sur des expériences de terrain. Ainsi, en 1994, le conseil prend connaissance de deux rapports sur le pentecôtisme et le mouvement charismatique, rédigés par des délégués africains francophones et anglophones.

Olofin, anglophone, argumente sur des bases ecclésiologiques que les groupes de l'IFES doivent pouvoir accueillir des croyants de tous les points de vue concernant la question charismatique, précisément parce que l'IFES n'est pas une Église : « L'IFES et ses mouvements membres, *en tant que serviteurs de l'Église*, doivent s'efforcer de fournir un tel terrain d'entente, où charismatiques et non-charismatiques se sentiraient les bienvenus, quelle que soit l'appellation – évangélique[27]. » Pourtant, même si les groupes de l'IFES ne sont pas des Églises mais des avant-postes des congrégations locales, « nos communautés doivent être des lieux où le Christ est reconnu comme la véritable tête de l'Église, loin de nos enseignants, auteurs, surveillants, pasteurs préférés, entre autres[28] ».

La métaphore de la « servante » est, à notre connaissance, un *hapax legomenon* dans les documents d'archives indiquant la forte importance qu'Olofin attache à l'Église, et elle contraste avec l'époque pré-IFES, en particulier en Europe occidentale, qui était caractérisée par une humeur plutôt anticléricale. Les membres du clergé étaient alors fustigés pour avoir étouffé l'enthousiasme pieux des jeunes étudiants au nom des hiérarchies ecclésiastiques.

Les premiers dirigeants de l'IFES avaient insisté sur un large degré de liberté formelle une fois qu'ils s'étaient mis d'accord sur une liste restreinte d'éléments doctrinaux essentiels. Comme tout groupe d'individus se réunissant autour d'une cause commune, ils avaient également construit leurs traditions et leurs structures qui étaient à leur tour remises en question, implicitement sur le même terrain : le droit d'un croyant à avoir un accès *immédiat* à Dieu. Les pères fondateurs

---

27. Samuel OLOFIN, « Pentecostals, Evangelicals and Charismatics », Centre des métiers de l'électricité, Bingerville, Côte d'Ivoire, mai 1994, p. 4, IFES e-archives, EC 1994 minutes, Appendix L2 ; c'est nous qui soulignons.
28. *Ibid.*

fondaient leur croyance en la capacité des étudiants à connaître par eux-mêmes la volonté de Dieu sur le fait que *Dieu s'était révélé dans les Écritures*. Cela pouvait être compris *de manière individuelle*, chaque croyant étant son propre prêtre. Pourtant, un nombre croissant d'étudiants pentecôtistes affirmaient désormais que la Bible pouvait *faire obstacle à l'immédiateté*. La piété pentecôtiste plaidait en faveur d'un accès encore plus direct à Dieu : par une action *sans intermédiaire*, et par l'expression du Saint-Esprit *à l'intérieur du croyant*. Andria, SR pour l'Afrique francophone, fait lui appel à l'autodéfinition de l'IFES en tant que mouvement réformateur pour rappeler à ses collègues que

> Les dirigeants pentecôtistes sont en accord avec Martin Luther et d'autres Réformateurs qui ont rétabli la doctrine de la justification par la foi, et avec les Wesley qui ont rétabli la doctrine de la sanctification. Cependant, ils disent que maintenant le Seigneur utilise le mouvement pentecôtiste pour restaurer la doctrine du baptême du Saint-Esprit et du feu. Nous pouvons dire que le pentecôtisme se préoccupe de la manière dont les chrétiens doivent croire[29].

Les nouveaux défis de l'expérience[30] : le pentecôtisme

Le pentecôtisme n'était en fait pas un phénomène nouveau pour l'IFES dans les années 1990, puisque les dons charismatiques étaient exercés dans des groupes locaux depuis un certain temps déjà. Dès 1970, Woods avait signalé, sur un ton critique caractéristique, que « dans les unions d'étudiants évangéliques interconfessionnelles où le parler en langues a été pratiqué publiquement au sein de l'union, il a généralement été source de division[31] ». Cela devait être attribué, selon Woods, à « l'orgueil spirituel pécheur[32] » qui consiste à confondre l'exercice du parler en langues avec la spiritualité. Par conséquent, la conclusion logique de l'état d'esprit du premier dirigeant de l'IFES était de s'assurer que cet « attirail »

---

29. Solomon ANDRIA, « Pentecostals, Evangelicals and Charismatics. Differences and Distinctives », Centre des métiers de l'électricité, Bingerville, Côte d'Ivoire, mai 1994, p. 1, IFES e-archives, EC 1994 minutes, Appendix L1.
30. Je parle ici de « gauche » au sens figuré, dans le sens que le Pentecôtisme est en général moins conservateur théologiquement que l'IFES.
31. C. Stacey WOODS, « Memorandum on Charismatic Gifts », septembre 1970, IFES e-archives.
32. *Ibid.*

de vie spirituelle ne perturbe pas les activités de base et ne provoque pas de conflits inter-ecclésiaux. Selon Woods,

> en raison du caractère interconfessionnel de nos mouvements et du fait que ce don, selon les Écritures, est de moindre importance (il n'est pas écrit que notre Sauveur rempli de l'Esprit, le Seigneur Jésus, ait jamais parlé en langues), il est recommandé, par conséquent, que cette question ne soit pas un sujet d'enseignement au sein d'une union ni de pratique publique ; il est plutôt recommandé que ceux qui prétendent avoir ce don le pratiquent à la gloire de Dieu en privé[33].

Pourtant, bien que les dirigeants de l'IFES ne considèrent pas les *dons charismatiques*[34] comme essentiels à la piété chrétienne, de nombreux étudiants expérimentaient le caractère indispensable de cette pratique dans leur vie chrétienne. Dans la lignée des mises en garde de Woods, ils n'étaient apparemment pas toujours les bienvenus, puisque quelques années plus tard, en 1978, le conseil d'administration de l'IFES déplorait que les étudiants pentecôtistes ne rejoignent pas nécessairement les groupes de l'IFES en Amérique latine, mais qu'ils devaient être encouragés à le faire, car « leur zèle et leur audace dans le témoignage seraient un atout pour leurs groupes. En même temps, ces étudiants pentecôtistes bénéficieraient d'une exposition systématique de la Bible et d'études bibliques en groupe proposées par les groupes IFES[35] ». Une tension missiologique est palpable ici : d'une part, ces « enthousiastes » pourraient susciter une nouvelle énergie dans les groupes locaux et ne sont pas rejetés comme non-chrétiens ; mais, d'autre part, ils auraient, selon les responsables de l'IFES, besoin d'une « orientation théologique appropriée ».

L'histoire de la première rencontre de l'IFES avec le pentecôtisme est éclairante car elle a effectivement remis en question l'hypothèse de base des responsables de l'IFES selon laquelle la base doctrinale s'avérerait suffisante pour fournir une orientation théologique à l'organisation et régler les discussions doctrinales. Pourtant, la base doctrinale est historiquement et culturellement conditionnée. Bien qu'elle soit officiellement étiquetée comme résumant les « vérités fondamentales du christianisme », elle ne pouvait être convoquée

---

33. *Ibid.*
34. L'expression est ici utilisée comme un raccourci pour désigner des pratiques charismatiques-pentecôtistes qui ne sont généralement pas pratiquées dans les groupes évangéliques plus conservateurs, comme le parler en langues, la prophétie, les paroles de connaissance, etc.
35. « Minutes of the Meeting of the Executive Committee of the IFES », Raglan, Nouvelle-Zélande, 18 août 1978, p. 4, IFES e-archives.

pour atténuer les tensions pratiques résultant de l'accent mis sur différents aspects de la doctrine chrétienne. Comme cela s'est avéré à plusieurs reprises, il ne suffisait pas d'affirmer que « l'IFES accueille tous les évangéliques – y compris les pentecôtistes et les charismatiques – à condition qu'ils confessent inconditionnellement les bases de la foi[36] ». Ancrant ses observations dans l'histoire culturelle, Warner commente de manière perspicace les questions en jeu :

> Harvey Cox a décrit de façon mémorable les pentecôtistes comme « brisant les frontières cognitives » de l'évangélisme conservateur, en privilégiant la signification révélatrice de l'expérience personnelle[37]. Cela se reflète dans les dénonciations intempestives des pentecôtistes par certains conservateurs, qui ont reconnu en eux une forme perturbatrice et dissonante de piété conservatrice, façonnée davantage par le romantisme que par les Lumières[38].

Ce « bouleversement [des] frontières cognitives » était en effet un phénomène inattendu, car contrairement aux premières années de l'IFES, les contestataires ne pouvaient pas simplement être qualifiés de « libéraux ». La résistance au pentecôtisme n'était cependant pas nouvelle dans les milieux évangéliques[39]. Au cours des années précédentes, l'IFES avait combattu d'autres organisations et Églises pour des raisons doctrinales, mais elle se trouvait maintenant contrainte de reconsidérer ses propres prémisses à la lumière de nouveaux développements contextuels. Ces prémisses ont été fréquemment retravaillées, comme le montre la prochaine section.

Définir le caractère ecclésiologique de l'IFES

Les années 1990 sont marquées par un effort délibéré pour parvenir à un discours commun sur la manière dont le caractère ecclésial de l'IFES devait être défini.

---

36. ANDRIA, « Pentecostals, Evangelicals and Charismatics », p. 2.
37. Harvey Gallagher COX, *Fire from Heaven. Pentecostalism, Spirituality, and the Reshaping of Religion in the Twenty-First Century*, Reading, Addison-Wesley, 1994.
38. Rob WARNER, « Evangelical Bases of Faith and Fundamentalizing Tendencies », dans *Evangelicalism and Fundamentalism in the United Kingdom During the Twentieth Century*, sous dir. David Bebbington et David Ceri Jones, Oxford, OUP, 2013, p. 344.
39. HUTCHINSON et WOLFFE, *A Short History*, p. 202.

Faire appel aux Actes des Apôtres

En 1991, à l'ouverture de son mandat, le nouveau SG Lindsay Brown offre à l'organisation un discours programmatique intitulé « La croissance d'une œuvre de Dieu : le modèle d'Antioche[40] ». Il commence par une présentation traditionnelle des caractéristiques de l'IFES, la première étant que l'IFES est une « communauté d'amitiés internationales... [où] les décisions sont prises sur la base des Écritures, dans un contexte d'amitié, par la persuasion, l'argumentation, le débat et l'interaction. C'est une façon risquée de vivre, mais nous croyons que c'est la bonne façon de maintenir la force de la fraternité ». Ce contexte relationnel établi, il affirme que l'IFES est essentiellement « une organisation de la base », ce qui signifie que « nous sommes un mouvement d'étudiants avec des étudiants qui exercent des initiatives et prennent des responsabilités » ; et enfin, que « les mouvements nationaux restent indépendants », car « nous avons une croyance et un objectif communs, mais nous recourons à des méthodologies différentes pour atteindre cet objectif. Nous ne cherchons pas à imposer un plan centralisé au reste du mouvement ».

Le discours de Brown représente un développement significatif de la réflexion ecclésiologique exprimée dans l'IFES. Il est rare de lire des plaidoyers aussi articulés affirmant que « nous devons avoir une ecclésiologie forte, une doctrine forte de l'Église ». Alors que le terme « paracclésial » est utilisé de manière vague dans les considérations sur le caractère ecclésiologique, Brown insiste sur le fait qu'il est « très malheureux que le terme "paraecclésial" soit utilisé pour décrire l'IFES, parce que le terme "para" signifie "à côté" de l'Église, et théologiquement je ne nous ai jamais vu comme un tel mouvement ». Au lieu de considérer l'IFES comme travaillant aux côtés de l'Église, Brown voit l'IFES comme « *envoyé de l'intérieur de l'Église [...] Nous faisons partie de l'Église*, obéissant au grand mandat du Christ, en allant en mission dans une partie du monde, le campus, et de là, en réintégrant les gens dans la vie de l'Église[41] ».

Brown est conscient des tensions rencontrées sur le terrain : « Certains de nos mouvements sont peut-être devenus très critiques et désabusés par frustration face à la faiblesse de l'Église. Je sais que dans certaines parties du monde, l'Église est dans un état désespéré. Mais c'est tout ce que nous avons. Le Christ a dit : « Je construirai mon Église. » Il n'a pas dit : « Je vais construire l'IFES. » Par conséquent, ce à quoi le nouveau SG encourage l'IFES et ses mouvements

---

40. Publié ultérieurement sous le titre Lindsay BROWN, « The Growth of a Work of God. The Antioch Model ; Address to World Assembly 1991 », *IFES Review* 31, 1991, p. 3-10. Toutes les citations qui suivent sont tirées de cet article.
41. C'est nous qui soulignons.

nationaux à faire, c'est de se considérer comme un élément intégral d'un tableau plus complet :

> Nous devons participer au renforcement du royaume de Dieu tel qu'il s'exprime dans la vie de l'Église au niveau mondial. Nous pouvons déplorer sa faiblesse, mais il y a une différence entre une critique destructive et une critique constructive. Si une Église est faible, nous avons la responsabilité d'aider à la fortifier et de veiller à ce que nos étudiants et notre personnel s'engagent dans une vie d'Église évangélique vigoureuse et dans la construction de l'Église du Christ.

En particulier dans les endroits où les chrétiens sont une petite minorité, l'IFES doit entretenir des relations avec les dirigeants de l'Église et ne peut pas envisager de fonctionner sur une base purement indépendante. En examinant la situation au Moyen-Orient, le CE observe en 1993 que « là où l'Église est faible, le travail des étudiants l'est généralement aussi[42] ». Dans d'autres endroits, des visions divergentes et des malentendus menaçaient de saper une partie du ministère de l'IFES. Le groupe de travail « IFES et l'Église » du comité exécutif fait remarquer en 1996 que

> Les Églises peuvent être mises mal à l'aise par des groupes paraecclésiaux comme l'IFES, des mouvements nationaux qui sont perçus comme étant « en concurrence ». Les mouvements nationaux s'engagent de moins en moins en faveur des expressions de l'Église locale ; la séparation entre l'Église et le mouvement national s'accentue. Dans certains pays, les groupes fonctionnent de plus en plus comme des Églises. Cela témoigne d'une ecclésiologie faible[43].

Il est quelque peu ironique pour un mouvement qui évite habituellement de parler de l'Église de déplorer une ecclésiologie faible. Comme l'avait noté Chua en 1989, se souvenant de ses premières années en tant que membre du personnel à Singapour et en Malaisie,

> Il y a vingt ans, la plupart des mouvements nationaux n'abordaient pas le sujet de l'Église. C'était [...] presque un sujet tabou. [...] Lorsque nous sommes arrivés dans l'Église, on nous a demandé de ne pas y toucher. C'était trop controversé, les gens avaient des

---

42. « Minutes of the Meeting of the Executive Committee of the IFES », Oak Hill College, Londres, Angleterre, 25 au 31 juillet 1993, p. 6, IFES e-archives.
43. « IFES and the Church. Notes Produced by the Task Force Group », Redcliffe College, Gloucester, Angleterre, 30 juin 1996, p. 1, IFES e-archives, EC 1996 minutes, Appendix F3.

compréhensions différentes et des affiliations aux Églises locales, alors [si] vous voulez éviter la controverse, vous ne discutez pas de l'Église, n'abordez pas le sujet[44].

En 1995, l'AG suggère la publication d'une brochure sur la position de l'IFES vis-à-vis de l'Église. Des questions se posent non seulement sur la relation des mouvements de l'IFES avec les Églises locales, mais aussi sur l'implication de l'IFES dans l'implantation d'Églises. Dans des pays aussi différents que la Côte d'Ivoire et l'Australie, certains responsables de l'IFES avaient commencé à implanter des Églises correspondant mieux à leurs aspirations que les expressions locales déjà présentes. Brown insiste avec force sur une logique de partenariat, arguant que « si d'autres groupes se sont lancés dans l'implantation d'Églises, l'IFES encourage les étudiants à s'engager dans des Églises évangéliques nationales après l'obtention de leur diplôme. L'IFES est le bras de l'extension de l'Église locale sur le campus, renvoyant les étudiants chrétiens dans les Églises pour une vie de service[45] ». Alors que certains membres de l'IFES étaient engagés dans l'implantation d'Églises, d'autres Églises étaient à l'inverse engagées dans l'implantation d'Églises sur le campus, divisant ainsi « les étudiants en différents groupes d'étudiants[46] ». Cette deuxième question occupe les mouvements de l'IFES au cours des années suivantes, notamment en Afrique. Il est donc quelque peu ironique que l'IFES se voie confrontée de plus en plus aux divisions potentielles du témoignage chrétien sur le campus que la FUACE l'avait accusé de promouvoir.

Plus préoccupant sur le plan interne était un phénomène supplémentaire, perçu comme le danger que « certains équipiers de certains mouvements de l'IFES considèrent le mouvement comme leur Église[47] ». Tant de questions ecclésiologiques appelait à des réflexions pour délibérer, car, quelques années plus tard seulement, Brown déplore que certains mouvements aient encore « des

---

44. CHUA Wee Hian, « The CU and the Church », cassette audio, Formación 89, 1989, IFES Archive, Oxford.
45. « Minutes of the Meeting of the Executive Committee of the IFES », Urbana, Illinois, États-Unis, 6 janvier 1997, p. 7, IFES e-archives. Willmer et al. mettent en garde contre ce « discours sur le partenariat », affirmant que « de nombreux dirigeants d'organisations paraecclésiales utilisent le langage du partenariat, en particulier lorsqu'ils ont besoin de l'aide de l'Église. Mais bien trop souvent, ces sentiments ne sont que de la rhétorique, et les actions des dirigeants donnent un message radicalement différent ». Wesley Kenneth WILLMER, J. David SCHMIDT et Martyn SMITH, *The Prospering Parachurch. Enlarging the Boundaries of God's Kingdom*, San Francisco, Jossey-Bass, 1998, p. 179.
46. « Minutes of the Meeting of the Executive Committee », 1998, p. 26.
47. *Ibid.*

liens faibles avec les Églises. Il est peut-être temps pour nous de réfléchir d'une nouvelle manière à la façon dont l'IFES se lie aux Églises[48] ».

Trouver un consensus

Au lieu de publier une brochure sur les relations de l'IFES avec l'Église, les dirigeants optent pour une déclaration plus courte résumant les positions clés et rendue publique en 1998. Cette déclaration ecclésiologique, la plus claire à ce jour, mérite d'être citée en détail. Dans cette déclaration, l'IFES affirme ce qui suit :

1. L'Église est la méthode utilisée par Dieu pour atteindre le monde.
2. Tous les croyants sont membres de l'Église universelle.
3. Les expressions de l'Église locale sont nombreuses et variées.
4. L'IFES a des positions distinctes à l'égard de l'Église :
   - Nous ne sommes pas, et nous nous interdisons de devenir, une Église locale.
   - Nous encourageons notre personnel et nos étudiants à s'engager dans une Église locale, conformément à ce que nous croyons être des convictions bibliques en matière de doctrine.
   - L'IFES est un mouvement de mission auprès des étudiants universitaires.
   - Note distinctive #10 dans les Distinctions de l'IFES :
     - « Nous ne sommes pas une Église locale parce que nous disons que nous ne sommes pas une Église locale. »
     - Valeur de l'Église mondiale exprimée dans la dynamique des Églises locales[49].

Bien que conçu comme une sorte de déclaration définitive sur la question ecclésiologique, le document ne règle pas toutes les questions. L'IFES affirme son « désir d'être sensible aux nations qui pourraient avoir un travail d'étudiant

---

48. Lindsay BROWN, « Report of the General Secretary to the General Committee of IFES », Kenya Commercial Bank Center, Nairobi, Kenya, 26 juin 1995, p. 6, IFES e-archives, GC 1995 minutes, Appendix D. Il est intriguant de constater qu'au cours d'une décennie où les débats et les défis théologiques abondaient et où les réflexions académiques et stratégiques partagées à travers le mouvement auraient pu fournir une perspective, le même rapport note que l'*IFES Review* a été abandonnée « en raison de ressources inadéquates ».
49. « Minutes of the Meeting of the Executive Committee », 1998, p. 26.

déjà en place en dehors des 26 que nous cherchons à lancer », soulignant que « l'IFES cherche à construire des ponts plutôt qu'à usurper ce qui est en place[50] ». Si la conviction fondamentalement théologique que les étudiants peuvent être des émissaires de l'Évangile sur le campus et témoigner auprès de leurs camarades de classe s'avère être un facteur de mobilisation fort pour les aspirants leaders, le revers de la médaille d'une telle responsabilisation peut être des problèmes relationnels avec les dirigeants de l'Église et, dans certains cas, des comportements immatures :

> L'IFES doit se pencher davantage sur le concept d'exemplarité. Les étudiants ont tendance à ne pas avoir de place dans les Églises. Lorsque les étudiants viennent dans les mouvements [étudiants], ils trouvent que c'est l'endroit où ils peuvent venir pour avoir de la place. Ils essaient souvent d'être le pasteur et de prêcher pour s'exprimer plutôt que de pratiquer l'humilité nécessaire dans les études bibliques. Exemplifier la passion. Nous avons besoin de plus de modèles et d'efforts créatifs[51].

À la fin de la décennie, les déclarations de synthèse sont directes et claires :

> Nous nous engageons à fortifier les Églises locales dans les pays du monde entier. *Nous ne nous considérons pas comme un mouvement paraecclésial existant à côté de l'Église, mais comme un mouvement qui découle de l'Église et qui renvoie ensuite les diplômés et les étudiants dans les Églises locales pour une vie de service. Nous nous considérons comme un mouvement inter-Églises, qui agit comme une extension du ministère des Églises.* Nous ne sommes pas un mouvement d'une seule Église, nous sommes un mouvement interconfessionnel. Nous n'élevons pas une dénomination au-dessus d'une autre. Notre objectif est qu'aucune dénomination ne soit dominante au sein du mouvement[52].

---

50. « Minutes of the Meeting of the Out-Going Executive Committee of the IFES », Hyundai Learning Center, Séoul, Corée du Sud, 14 juillet 1999, p. 9, IFES e-archives, EC 1999 minutes.
51. « Minutes of the Meeting of the Incoming Executive Committee of the IFES », Kwang Lim, Corée du Sud, 26 juillet 1999, p. 13, IFES e-archives, New EC 1999 minutes.
52. « Second Draft of Global IFES Plan », 1998, p. 5 ; c'est nous qui soulignons.

Un ministère holistique pour l'université ?

Le dernier sujet de discussions importantes des années 1990 est l'aspiration récurrente, exprimée lors de plusieurs assemblées générales, à ce que l'IFES adopte une vision plus holistique de son ministère. Comme le montrent les explorations suivantes, les champions d'une telle approche n'ont pas eu la tâche facile.

Deux dimensions principales du « ministère holistique » se retrouvent dans les discussions. La première, plus « sociale », avait été discutée lors de l'AG de 1987 en Colombie, où les délégués avaient plaidé pour une plus grande implication de la justice sociale auprès des populations étudiantes défavorisées. En particulier en Amérique latine, la nécessité pour les groupes de l'IFES d'aider leurs camarades en difficulté était évidente.

La deuxième dimension – relier le ministère de l'IFES au caractère académique et intellectuel de l'université – s'est avérée complexe à aborder. Ford, le président du conseil d'administration en exercice, commentant un projet de plan stratégique en 1992, fait remarquer que « nous sommes appelés à "interagir avec le campus au travers de l'Évangile" et que nous devons affirmer la valeur de l'université[53] ». La fondation prendrait du temps à être pleinement articulée. La secrétaire à la formation, qui s'était plainte du manque de niveau intellectuel des participants à la Formación 89 dans une lettre citée plus haut, est catégorique dans son rapport de 1993 : « Nous devons regagner le terrain perdu à l'université, produire des penseurs et des apologètes chrétiens, et des disciples chrétiens radicaux qui pensent comme des personnes d'action chrétienne et agissent comme des personnes de pensée chrétienne[54]. » Brown ne précise pas pourquoi elle considère l'université comme un « terrain perdu ». Cependant, le lecteur peut supposer, à titre d'hypothèse de travail, qu'une critique embryonnaire de l'absence de fondements théologiques de l'enseignement universitaire s'exprime ainsi. La seconde dimension, plus sociale, est mentionnée dans le même rapport, Brown affirmant que « notre tâche est de témoigner de l'Évangile dans le monde étudiant. Il ne s'agira pas seulement de le proclamer par l'évangélisation personnelle et publique, mais de montrer son pouvoir de transformation de la vie et sa pertinence pour les questions de justice sociale, de pauvreté, etc.[55] ».

---

53. « Minutes of the Meeting of the Executive Committee of the IFES », Hald Training Center, Mandal, Norvège, 28 juillet au 1er août 1992, p. 4, IFES e-archives.
54. Dr Sue Brown, « The Future of Training in IFES », Oak Hill College, Southgate, Londres, Angleterre, mai 1993, p. 2, IFES e-archives, EC 1993 minutes, Appendix B1.
55. *Ibid.*

Voir l'université comme davantage qu'un « réservoir de personnes à atteindre avec l'Évangile » nécessitait une ouverture à plus que les dimensions spirituelles du corps étudiant. C'est ce qui ressort d'une note de discussion rédigée par Napon en 1994 visant à établir les bases d'une adoption totale du ministère holistique à l'IFES[56]. Théologiquement et historiquement articulé, malgré sa brièveté, l'argument de Napon commence par une lamentation :

> La grande tragédie est que les évangéliques considèrent que leur priorité est de sauver les âmes, alors qu'en réalité, l'action sociale et le ministère spirituel sont censés se compléter, et non se concurrencer. Le moment est venu pour l'Église évangélique d'intégrer le ministère spirituel à l'action sociale afin d'évoluer vers un « ministère holistique »[57].

Cette théorie d'un « Grand retournement » – postulant que la plupart des évangéliques avaient abandonné l'engagement social pour se concentrer uniquement sur la piété et la mission – faite par de nombreux chercheurs[58] n'est dans la plupart des cas que partiellement correcte[59]. Le récit d'un changement d'orientation théologique fait partie intégrante de l'argumentation de Napon, et en fait, tout le cadre de l'accent mis sur la mission holistique dans l'IFES pourrait se résumer à un concours de récits historiques. Napon commence par offrir une définition complexe de la façon dont il comprend le ministère holistique. Pour lui, c'est

> tout ce que nous faisons pour répondre aux besoins physiques, spirituels, émotionnels et sociaux des personnes, ici et maintenant, afin de faciliter la progression des personnes vers la liberté et la plénitude, qui sera consommée lorsque notre Seigneur reviendra. L'homme ne peut donc pas établir l'utopie sur terre par ses seuls efforts. La plénitude de l'homme ne peut être complète que dans le Royaume à venir. C'est pourquoi il faut mettre l'accent sur la dimension spirituelle. La Bible affirme : « Que servira-t-il à un

---

56. Le CE a pris l'habitude de tenir régulièrement des discussions sur les questions importantes pour le ministère des étudiants, sans nécessairement élaborer des politiques sur cette base.
57. Moïse NAPON, « Holistic Ministry », Centre des métiers de l'électricité, Bingerville, Côte d'Ivoire, mai 1994, p. 1, IFES e-archives, EC 1994 minutes, Appendix LM.
58. Voir le classique de David O. MOBERG, *The Great Reversal. Evangelism versus Social Concern*, Londres, Scripture Union, 1973. Pour une discussion éclairée, notamment sur le contexte américain, voir George M. MARSDEN, *Fundamentalism and American Culture*, 2e édition, New York, Oxford University Press, 2006, p. 85-93.
59. Voir, par exemple, TRELOAR, *The Disruption of Evangelicalism*, p. 252 ; KIRKPATRICK, *A Gospel for the Poor*, p. 7.

homme de gagner le monde entier, s'il perd son âme ? Ou que pourra donner un homme en échange de son âme ? » (Mt 16.26, S21). Notre ministère doit donc s'adresser à la fois au physique (corps) et au spirituel (âme)[60].

Ce développement contredit toute accusation selon laquelle son point de vue devrait davantage au marxisme qu'à la théologie : aucun marxiste ne ferait appel à la disruption eschatologique et christologique pour faire valoir son point de vue. L'orientation de Napon est missiologique. Il propose en outre un plaidoyer :

> La grande tâche du ministère de l'IFES sera d'agir comme un catalyseur pour le changement vers un ministère holistique. Si seulement notre intellect pouvait élaborer des programmes bien équilibrés qui s'adressent à l'esprit, au corps et à l'âme de manière appropriée, le ministère de l'IFES deviendrait pertinent pour le monde souffrant de notre époque[61].

Mûrie dans le contexte défavorisé du Burkina Faso, la défense du ministère holistique par Napon résulte d'une préoccupation stratégique pour la pertinence du ministère de l'IFES sur un continent marqué par la souffrance. D'où sa conclusion que

> notre ministère sera efficace et pertinent si nous brisons la dichotomie entre le physique et le spirituel, le temporel et le sacré, et voyons plutôt l'homme tel que Dieu l'a créé... corps et âme, chair et esprit, deux parties inséparables de la même réalité. L'IFES possède l'expérience internationale, les jeunes gens dynamiques et les diplômés internationaux expérimentés pour être à l'avant-garde du ministère holistique. Prenez ce qui vous a été donné et répondez avec compassion aux besoins humains qui existent dans le monde de Dieu[62].

Comme d'habitude, le compte-rendu ne mentionne pas les détails de la discussion, mais il indique « qu'il y a eu une discussion concernant le contexte historique de la question qui n'a pas été abordé en détail dans le document[63] ». Étant donné que l'histoire biblique, ainsi que l'histoire de l'Église primitive et

---

60. Napon, « Holistic Ministry », p. 1.
61. *Ibid.*, p. 3.
62. *Ibid.*, p. 4.
63. « Minutes of the Meeting of the Executive Committee of the International Fellowship of Evangelical Students », Centre des métiers de l'électricité, Bingerville, Côte d'Ivoire, 29 juillet 1994, p. 22, IFES e-archives, EC 1994 minutes.

de l'ère de la Réforme, sont traitées dans le bref mémo, le lecteur informé du narratif habituel des écrits historiques de l'IFES comprend que ce à quoi il est fait référence ici est l'histoire des premières années de l'IFES et en particulier de ses précurseurs britanniques dans leur confrontation avec l'« Évangile social » du début du xxe siècle[64]. En répondant ainsi au défi,

> M. Niringiye a expliqué que, dans le contexte africain, les « fondamentaux du discipulat » ont parfois été limités à « lire la Bible, prier et évangéliser », sans mettre l'accent sur des questions telles que la famille, la sexualité, etc. Il note aussi que le ministère holistique n'est pas seulement un problème pour les étudiants des pays en voie de développement, mais qu'il est également pertinent pour les étudiants occidentaux. La question cruciale est de savoir comment nous comprenons le discipulat et la gestion de nos ressources[65].

Par conséquent, on peut lire dans le discours des membres africains du conseil une tentative de se servir du « ministère holistique » comme d'un levier pour élargir le spectre de ce qui relève de la sphère de responsabilité du ministère des étudiants, là où des termes plus anciens comme « discipulat » avaient manqué la cible. Pourtant, en concluant la discussion, Brown

> donne une définition du discipulat comme étant toute la vérité de Dieu pour tout le monde de Dieu. La bonne gestion est l'utilisation de tous les dons de Dieu dans tout le monde de Dieu. L'application de la théologie holistique est l'application de toute la Bible à tout l'homme et à toute la société. *Nous devons veiller à ne pas être sélectifs dans notre lecture de la parole de Dieu. Il s'inquiète du fait que lorsque les chrétiens découvrent un besoin d'aide sociale, ils ont souvent tendance à perdre progressivement leur zèle pour l'évangélisation.* Une bonne question à poser est la suivante : « Comment pouvons-nous promouvoir la compréhension et le mode de vie chrétiens ?[66] »

Ainsi, l'appel au ministère holistique a été subverti par une discussion sur la vie de disciple. Cela se reproduira lors d'un débat tendu qui fera rage lors de la première AG tenue sur le sol africain en 1995. Discutant du plan stratégique présenté par le SG, les délégués colombiens et boliviens expriment

---

64. Voir le chapitre 2 du présent ouvrage.
65. « Minutes of the Meeting of the Executive Committee », 1994, p. 22.
66. *Ibid.*

leur inquiétude « quant au manque d'emphase sur les questions sociales[67] ». Conformément à la conclusion qu'il avait tirée du débat sur la question menée par le CE l'année précédente, Brown répond en soulignant que « la phrase "service dans la famille, l'Église et la société" (telle qu'elle figure dans les objectifs de l'IFES) incluait l'engagement personnel dans le changement social[68] », reléguant ainsi l'engagement social à la sphère individuelle.

Dans le même ordre d'idées, l'UCCF UK & Ireland répond à l'interpellation en indiquant qu'

> inscrire dans le plan ou les objectifs une référence explicite à l'action sociale (intégrée à l'Évangile) est a) une question d'application du discipulat qui peut varier d'une région à l'autre – et devrait être décidée au niveau régional ; b) le sujet de divergences profondes quant à ce que la Bible dit sur le sujet – et donc pas une question qui fait l'unanimité au sein de l'IFES ; c) adéquatement couverte dans la formulation des objectifs existants ; d) pas nécessairement dans les attributions de l'IFES – l'IFES a des objectifs spécifiques et n'a pas à porter la responsabilité totale de l'Église ou des chrétiens en général[69].

Certains mouvements membres plus jeunes soutiennent, pour des raisons missiologiques, que l'engagement social fait partie intégrante de l'Évangile. Être pertinent dans leur contexte universitaire signifiait que les questions sociales ne pouvaient être considérées comme séparées de l'« évangélisation ». D'autres mouvements, plus établis, décident qu'un tel engagement serait préjudiciable à l'unité de l'organisation[70]. Si la réponse écrite citée ci-dessus a scellé la discussion lors de la réunion de Nairobi, elle ne le restera pas longtemps.

---

67. « Minutes of the Meeting of the Fourteenth General Committee of IFES », Kenya Commercial Bank Center, Nairobi, Kenya, 22 juin au 2 juillet 1995, p. 4, IFES e-archives.
68. « Minutes of the Meeting of the Fourteenth General Committee », 1995, p. 4.
69. *Ibid.*, p. 5.
70. Le malaise semblait toutefois généralisé. Le SG de la FES Hong Kong avait également exprimé dans une réponse écrite au plan – incluse non pas dans le compte-rendu mais dans les annexes – que « afin d'exprimer la diversité et la richesse de ce partenariat d'égal à égal, je propose que les différentes régions soient autorisées à avoir la liberté d'avoir des accents différents ou d'exprimer nos valeurs fondamentales. En fait, cette tendance devrait être encouragée afin que chaque région tente de contextualiser les objectifs d'une manière pertinente ». « Proposals Presented to the General Committee », Kenya Commercial Bank Center, Nairobi, Kenya, 22 juin au 2 juillet 1995, p. 1, IFES e-archives.

En ce qui concerne la dimension plus *intellectuelle* du ministère holistique, et traitée de manière sensiblement plus brève, l'idée que l'université avait besoin de plus d'attention n'est pas perdue de vue, même si peu de choses sont entreprises. Dans un article célébrant le jubilé du quarantième anniversaire de l'IFES, Brown cite Ramachandra qui suggère que « l'IFES a aidé l'Église à retrouver sa crédibilité intellectuelle, en soulignant l'importance de présenter l'Évangile pour affronter les idéologies du monde universitaire contemporain[71] ».

Une décennie de discussions aboutit donc à un engagement clair en faveur d'une vision large de l'université et de la prise en compte des dimensions intellectuelles du monde étudiant en tant qu'institution stratégique :

> Nous avons pleinement conscience de l'importance stratégique de l'université. Nous voulons prendre l'université au sérieux et la considérer comme le principal théâtre du service auquel Dieu nous a appelés[72].

> Nous nous engageons à promouvoir le témoignage chrétien parmi les étudiants du monde entier, et nous nous efforcerons sérieusement d'établir un lien avec l'université et les défis de la scène étudiante contemporaine, en développant, dans la mesure du possible, de nouvelles stratégies créatives pour le témoignage des étudiants [...] en ciblant les universités les plus influentes comme centres d'importance stratégique pour le témoignage des étudiants chrétiens, et en cherchant à faire un effort particulier pour développer le travail dans ces endroits[73].

Comme le montrent les discussions de l'assemblée mondiale de 1999 et des années suivantes, il faudra attendre au moins une autre décennie avant que l'engagement en paroles soit suivi d'engagements réels en termes de personnel, de publications et d'événements. Cette histoire devra toutefois être racontée ultérieurement.

---

71. Brown, « IFES Jubilee ».
72. « Second Draft of Global IFES Plan », 1998, p. 4.
73. *Ibid.*, p. 7.

Pionniers, empire et endogénéité[74]

> Nos prédécesseurs ont fait œuvre de pionniers en mettant l'accent sur le leadership endogène afin que l'IFES ne soit pas détenue ou géré exclusivement par un pays ou une culture[75].

Un autre sujet occupe les dirigeants de l'IFES tout au long des années 1990 : le lien entre « empire », « travail pionnier » et « endogénéité ». Dans les documents de discussion internes et les réunions publiques, on se pose régulièrement la question de comment l'IFES comprend que la stipulation constitutionnelle de l'« autonomie » de tous ses mouvements membres s'applique à la réflexion théologique.

L'esprit pionnier est essentiel à la compréhension de l'IFES. Ses dirigeants insistent souvent sur la nécessité d'établir des mouvements dans des pays où il n'existe pas encore de mouvements nationaux liés à l'IFES. De manière quelque peu ironique, l'objectif principal de cette entreprise pionnière vise à « établir des mouvements endogènes ». Le paradoxe consistant à faire œuvre de pionnier depuis l'extérieur de quelque chose qui est censé être endogène met en lumière la tension qui sous-tend toute l'expansion de l'organisation. Dans de nombreux contextes, l'idée de faire œuvre de pionnier « à partir de rien » ne pouvait même pas être envisagée car certains mouvements d'étudiants chrétiens existaient déjà. Le CE exprime ainsi le « désir d'être sensible aux nations qui pourraient avoir déjà un travail d'étudiant en place... [en soulignant] que l'IFES cherche à construire des ponts plutôt qu'à usurper ce qui est en cours[76] ». L'objectif de l'IFES est l'existence de mouvements qui comprennent leur mission de manière similaire aux autres mouvements membres, tout en étant adaptés à leur contexte. Comme l'affirme Andria, l'une des caractéristiques de l'IFES est « le respect des différences culturelles, historiques et même théologiques entre les mouvements

---

74. Dans ce qui suit, je recours aux termes « endogène » et « endogénéité » pour rendre l'anglais « indigenous » et « indigeneity ». Je suis conscient des difficultés linguistiques et missiologiques que recouvrent ces termes, notamment dans le contexte de la francophonie post-coloniale (d'où le fait que je n'utilise ni « indigènre » ni « autochtone »). Ces termes visent à décrire – quoiqu'approximativement (on a parfois utilisé le terme « d'appropriation » ou « d'inculturation ») – le fait que les chrétiennes et les chrétiens de tous les pays – et ici plus particulièrement les anciennes colonies – cultivent une réflexion et une action chrétiennes pertinentes dans leur contexte propre et fidèle aux Écritures telles qu'ils les comprennent. Pour une réflexion francophone pointue sur le sujet, voir Rubin POHOR et Michel KENMOGNE, sous dir., *Le Christianisme et les réalités culturelles africaines*, Yaoundé, Initiative Francophone, 2017.
75. Barney FORD, « A Shift of Strategy. From Expansion towards Greater Maturity », Bischofsheim, Allemagne, mai 1998, p. 2, IFES e-archives, EC 1998 minutes, Appendix E.
76. « Minutes of the Meeting of the Out-Going Executive Committee », 1999, p. 9.

nationaux. Notre théologie reste essentiellement évangélique, mais elle peut très bien être contextualisée[77] ». L'idée sous-jacente est celle d'un noyau convenu de convictions et de pratiques distinctement « évangéliques » qui ont besoin d'être fréquemment réaffirmées :

> Dans nos mouvements et dans les régions où nous avons effectué un travail pionnier, nous avons cherché à souligner l'autorité de la Parole de Dieu et à appliquer sa vérité immuable à notre service, notre témoignage et nos relations. [...] Nos pères fondateurs ont lutté pour maintenir leur foi évangélique ; la nouvelle génération d'étudiants hérite simplement de cette foi[78].

Outre la difficulté de maintenir un accord à une échelle de plus en plus globale, une organisation internationale comme l'IFES, en insistant sur le « terrain commun », risque toujours de favoriser un haut degré de conformité théologique et pratique. La diversité culturelle et l'appropriation locale de la foi, et pas seulement l'adhésion fidèle à des formules théologiques souvent ciselées ailleurs, sont des dimensions essentielles de l'apostolicité. La théologie ne se développe pas dans le vide : dans ses premières années, l'IFES a souvent été un mouvement théologiquement et ecclésialement réactionnaire. Cette « histoire » comme élément constitutif de l'identité de l'IFES n'est pas absente des réflexions des dirigeants. Comme l'affirmait Woods en 1971,

> Chacune des unions évangéliques nationales créées et établies depuis 1947 a son histoire particulière de l'œuvre de Dieu. Chacune est différente. Il n'y a pas de stéréotype, mais tous ont une loyauté commune envers le Christ et sa Parole. Dieu nous a aidés à ne pas devenir un mouvement centralisé, une organisation rigide ; nous sommes toujours une communauté ouverte et libre[79].

La description de Woods ressemble aux principes fondamentaux quadrilatère de Bebbington souvent évoqués pour décrire le monde évangélique[80]. Pourtant,

---

77. Solomon ANDRIA, « Autonomy and Indigeneity », Hyundai Learning Center, Séoul, Corée du Sud, juin 1999, p. 1, IFES e-archives, Old EC 1999 minutes, Appendix K.
78. CHUA Wee Hian, « General Secretary's Report », El Hostel Duruelo, Boyaca, Colombie, 30 août au 8 septembre 1987, p. 2, IFES e-archives, GC 1987 minutes, Appendix B.
79. C. Stacey WOODS, « Report of the General Secretary », Schloss Mittersill, Autriche, 1971, p. 4, IFES e-archives, GC 1971 minutes, Appendix A.
80. L'historien britannique David Bebbington a décrit l'identité évangélique fondamentale comme la combinaison d'un quadrilatère composé du biblicisme, du crucicentrisme, du conversionnisme et de l'activisme. Voir David W. BEBBINGTON, *Evangelicalism in Modern Britain. A History from the 1730s to the 1980s*, Londres, Unwin Hyman, 1989, p. 1-18.

l'histoire de l'IFES a évolué avec l'arrivée au sein de l'organisation de nouveaux mouvements nationaux, qui ont tous leur propre histoire. Niringiye affirme que l'IFES doit réfléchir, au-delà de la date de sa fondation en 1947, « aux histoires distinctes que chacun a apportées à ce moment. C'est cette convergence de récits séparés formant le récit unique de l'IFES qui est au cœur de l'éthique de l'IFES, car depuis 1947, de nombreux autres récits ont convergé, transformant l'IFES pour qu'elle devienne ce qu'elle est aujourd'hui[81] ».

Certaines parties du ministère initial de l'IFES – ou de ses mouvements membres – se sont développées dans le contexte de la colonisation. Escobar remarque en 1999 que « les empires ont toujours été le cadre socio-historique du développement de la mission chrétienne, comme l'a été la Pax Romana au premier siècle ou la Pax Britannica au dix-neuvième siècle[82] ». Relier de manière autocritique l'histoire de l'IFES à l'histoire de l'« empire » ne signifie pas pour autant balayer d'un revers de la main tous les avantages d'une telle association – et paradoxalement, le fait que l'empire aide à proclamer la Bonne Nouvelle selon laquelle les individus peuvent avoir une relation *immédiate* avec Dieu en *participant à* une communauté universelle. Au contraire, Escobar souligne les aspects bénéfiques de ces développements, insistant sur le fait que

> les missions protestantes avaient une composante modernisatrice dans leur insistance sur la traduction de la Bible, l'alphabétisation, la formation des dirigeants pour les laïcs, ainsi que dans leur recours à la médecine moderne et à la communication des technologies de base. Certains aspects de la mondialisation, tels qu'une communication efficace au niveau mondial ou des facilités d'échange, pourraient être des facteurs neutres dont la mission chrétienne pourrait bénéficier[83].

Comme Paul a utilisé le système de routes impériales romaines pour diffuser son message, l'IFES utilise le système universitaire. Ramachandra note que

---

L'« activisme » est implicite dans l'identité de l'IFES en tant qu'organisation missionnaire et le crucicentrisme dans son herméneutique évangélique traditionnelle.

81. David Zac Niringiye, « Towards an Understanding of Our Ethos. Some Reflections », Senior Staff Consultation, 2000, p. 1, IFES Archive, Oxford.
82. Escobar, « A New Time for Mission », p. 4. Voir aussi World Council of Churches, Commission on World Mission and Evangelism, « Mission in the Context of Empire. Putting Justice at the Heart of Faith », *International Review of Mission* 101, no. 1, avril 2012, p. 195-211.
83. Escobar, « A New Time for Mission », p. 5.

> l'un des nombreux paradoxes avec lesquels nous nous débattons dans le ministère étudiant est que l'université elle-même n'est pas une institution endogène dans beaucoup de nos pays. Elle forme souvent des diplômés qui sont éloignés des modes de vie de la plupart de leurs concitoyens. Les sujets étudiés, et la façon dont ces sujets sont enseignés, ont souvent peu de rapport avec les questions que les gens se posent, les besoins de la nation et les façons dont ils ont appris traditionnellement. [...] L'enseignement universitaire a tendance à créer une fuite des cerveaux des zones rurales vers les zones urbaines, et du Sud global vers le Nord[84].

Les étudiants doivent souvent se conformer aux attentes de l'université – déterminées principalement par les canons occidentaux – afin de réussir sur le plan académique, ce qui peut à son tour compromettre leur capacité à vivre l'Évangile de manière incarnationnelle dans leur contexte. Ramachandra observe ensuite par ailleurs qu'« incapables de résoudre ces dissonances cognitives, certains étudiants se rebellent contre l'ensemble du système qui produit de telles institutions, la plupart divisent leur vie en compartiments fermés sur eux-mêmes, [et] les mieux lotis prévoient de s'échapper[85] ».

La mise en évidence de certaines des tensions inhérentes à l'association de l'IFES avec le contexte de l'« empire » ne constitue cependant pas une réfutation directe de ses pratiques et discours. L'engagement théologiquement motivé et régulièrement réaffirmé de l'IFES en faveur de l'appropriation indigène nécessaire de la foi chrétienne – en accord avec l'idée d'*immédiateté* – enterre l'idée que la mission chrétienne était uniquement un processus de colonisation qui ne laissait aucun pouvoir aux acteurs locaux[86]. La nature même du public de l'IFES – les étudiants – implique une action de leur part. Cette « appropriation locale de l'Évangile » – notamment pas des structures chrétiennes – est au cœur du discours de l'IFES qui insiste sur le fait que « les équipiers servant dans des zones pionnières ou avec des mouvements plus jeunes doivent faire tout ce qu'ils peuvent pour remettre l'entière responsabilité et le leadership aux leaders

---

84. Vinoth RAMACHANDRA, « Some Reflections on "Indigeneity" and "Autonomy" in IFES », Hyundai Learning Center, Séoul, Corée du Sud, juin 1999, p. 4-5, IFES e-archives, Old EC 1999 minutes, Appendix.
85. *Ibid.*, p. 5.
86. Flett réfute ces récits fréquents comme étant trop étroits ; voir John G. FLETT, *Apostolicity. The Ecumenical Question in World Christian Perspective*, Missiological Engagements, Downers Grove, IVP, 2016, p. 182-183.

nationaux[87] ». Le résumé de Niringiye sur la mission de l'IFES en ce qui concerne l'endogénéité mérite d'être cité intégralement :

> La mission de l'IFES, et donc de tout mouvement de l'IFES, est d'atteindre les étudiants avec l'Évangile du Christ. Un mouvement national est fondé lorsque cette mission devient endogène et nationale en termes de propriété, de portée, de transmission et d'expression. Il doit y avoir en place des structures endogènes et nationales et une infrastructure qui incarne cette mission et assure la continuité de l'expression. Puisque le fait d'être étudiant est transitoire, il ne suffit pas de parler de la présence d'étudiants chrétiens à un moment donné comme preuve du témoignage des étudiants sur un campus. Il devrait y avoir un moyen de poursuivre cette présence chrétienne même après que l'étudiant chrétien en question ait obtenu son diplôme. Et il ne s'agit pas d'une présence passive, mais d'une présence active, croissante, pénétrante, transformatrice et missionnaire. Selon les mots de Jésus, c'est être « sel » et « lumière »[88].

Même si l'IFES encourage le leadership et l'appropriation au niveau local, il est probable que dans les « situations pionnières », l'IFES puisse soutenir les leaders qui se conformeront le mieux à ce qu'ils considèrent être attendu d'eux – que ce soit en termes de formulations théologiques ou de pratiques qui caractérisent un « bon groupe IFES » sans parler d'aspects plus pragmatiques tels que leur maîtrise de l'anglais ou d'une autre *lingua franca*. En outre, les exigences relatives aux affiliations, notamment l'existence d'une constitution et de plusieurs éléments spécifiques de gouvernance, ne permettent pas d'accepter pleinement que les mouvements locaux puissent souhaiter s'organiser différemment. Ainsi, si le « sacerdoce de tous les croyants » est censé permettre à chaque individu d'entrer en relation avec Dieu sans intermédiaire, certains domaines du ministère semblent implicitement mieux servis par la reproduction d'un « noyau dur » de structures en place. Cette observation met également en lumière un point aveugle critique dans la rhétorique de l'IFES : on croit implicitement que l'« Évangile »

---

87. Chua Wee Hian, « Staff Letter 9 », septembre 1973, p. 1, BGC Box #5.
88. David Zac Niringiye, « Beyond Pioneering », Discussion paper, mai 1996, p. 1, IFES Archive, Oxford.

consiste en un « noyau dur » qui peut être librement adopté dans toutes les cultures[89].

Malgré la forte insistance de l'IFES sur le fait que ce qu'il encourageait était un « simple évangélisme », ce n'est pas ainsi que sa théologie a toujours été perçue, comme le remarque Olofin pour le contexte africain :

> Par conséquent, dans une large mesure, le mot « évangélique » était considéré (et l'est toujours) par certains comme décrivant des chrétiens qui croient en la Bible et qui n'approuvent ni le conservatisme inhibiteur des traditions des grandes Églises, d'une part, ni le libéralisme de l'œcuménisme, d'autre part. En outre, pour être véritablement évangélique, il fallait avoir très peu ou rien à voir avec les Églises endogènes indépendantes qui sont enracinées dans les cultures locales et qui sont parfois soupçonnées d'avoir des liens avec les cultes et les pratiques païennes indigènes[90].

Les difficultés culturelles auxquelles Olofin fait allusion ne sont pas superficielles mais représentent un conflit de loyauté entre un label étranger et une réalité locale. Même un défenseur aussi fort de la théologie contextuelle africaine qu'Andria écrit que l'IFES doit « donner de fortes recommandations aux mouvements nationaux concernant l'essence de l'IFES. Faites-le dans un contexte de dialogue et de réflexion, avec un amour fraternel[91] ». Les conclusions d'Andria visant à relier la contextualité et la localité, très appréciées par la CE[92], proposaient une distinction entre l'*essence* de l'IFES et ses nombreuses *facettes*. Selon Andria, « l'IFES est un mouvement unique avec plusieurs facettes, qui, comme une famille, est uni par son essence (son sang), mais où chaque membre a son propre visage. Il y a donc une similitude sur la base de l'essence, mais les différentes facettes apportent aussi des différences[93] ». Il n'y a pas d'autre preuve que cette approche ait gagné en popularité au sein des organes de direction de

---

89. Voir le traitement remarquable de la question par un missiologue proche de l'IFES, Benno VAN DEN TOREN, « Y a-t-il un noyau supra-culturel de l'Evangile humainement accessible ? », dans *L'Église mondiale et les théologies contextuelles une approche évangélique de la contextualisation*, sous dir. Matthew Cook, Rob Haskell, Ruth Julian, Natee Tanchanpongs et Hannes Wiher, coll. REMEEF, Nuremberg/Charols/Ecublens, VTR/Excelsis/Alliance Missionnaire Évangélique, 2015, p. 157-186.
90. OLOFIN, « Pentecôtistes, évangéliques et charismatiques », p. 2. Pour l'Afrique, on parle en général d'« Églises d'initiative africaine », soit qui ne doivent rien à l'action de missionnaires étrangers. Voir Hannes WIHER, sous dir., *Les Églises d'initiative africaine. Un laboratoire de contextualisation*, coll. REMIF, Carlisle, Langham Global Library, 2019.
91. ANDRIA, « Autonomy and Indigeneity », p. 2.
92. « Minutes of the Meeting of the Out-Going Executive Committee », 1999, p. 12.
93. ANDRIA, « Autonomy and Indigeity », p. 2.

l'IFES, mais cela aurait pu être une façon intéressante de considérer le statut ecclésiologique de l'IFES : l'IFES étant l'une des « facettes » de l'Église universelle.

L'examen le plus approfondi de la notion d'endogénéité au sein de l'IFES se trouve dans un document de travail présenté au CE en 1999 et débattant du plan quadriennal de l'IFES sur le point d'être lancé[94]. Ramachandra conteste ce qu'il considère comme l'idée naïve sous-jacente selon laquelle « endogène » est équivalent à « national ». L'endogénéité « englobe les pratiques, les normes et les valeurs culturelles qui sont considérées comme étant "locales" plutôt qu'empruntées à d'autres pays ». De par leur nature même, ces pratiques et normes sont difficiles à évaluer par des personnes extérieures. De plus, « les revendications d'être "endogène" sont souvent le lieu de conflits politiques vicieux » où les factions rivalisent pour la supériorité morale qu'elles prétendent atteindre en défendant « un contexte mythique qui précède l'avènement de l'oppression étrangère ». Il faut garder à l'esprit, comme le fait Ramachandra, que la question de la « culture » est bien plus complexe que les simples coutumes et folklores locaux, mais qu'elle est le résultat complexe et en constante évolution de flux d'influence à l'échelle mondiale, le plus souvent rendus possibles par la technologie et les médias. En essentialisant les cultures, on risque de préserver le mythe dépassé de la « pureté culturelle ». Cela reviendrait à négliger le fait que « l'accent mis sur l'endogénéité (dans certains milieux missiologiques et politiques) risque de privilégier invariablement la voix des éléments conservateurs au sein de la communauté ». Ces « éléments conservateurs », dont les points de vue sont potentiellement plus faciles à saisir par des universitaires formés aux méthodes analytiques occidentales (comme le sont la plupart des responsables de l'IFES), « ne représentent pas toute l'étendue des expériences dans un contexte donné, et le fait de traiter la communauté comme une unité homogène... néglige les différences importantes au sein de la communauté et ignore presque entièrement les voix de la dissidence en son sein ».

Ramachandra conteste l'idée que la dimension « endogène » du travail de l'IFES se limite à des questions de gouvernance et de méthodologies. Il affirme que « lorsque l'Évangile pénètre dans de nouvelles cultures et sous-cultures, de nouvelles questions se posent auxquelles les personnes se trouvant dans cette situation particulière doivent répondre ». Cela signifie que

> le respect de l'égalité chrétienne, tel qu'il est inscrit dans la Constitution de l'IFES, exige que nous créions un espace dans lequel

---

94. RAMACHANDRA, « Some Reflections », p. 1. Les citations suivantes proviennent de ce court document de travail.

nous avons tous la liberté d'explorer la parole de Dieu dans nos contextes historiquement particuliers. Nous pouvons solliciter des questions, des conseils, des reproches ou des corrections de la part de la communauté mondiale. Il s'agit d'un exercice mutuel, et non d'une partie de la communauté qui s'érige en arbitre doctrinal pour les autres[95].

De tels « reproches ou corrections » sont régulièrement discutés au sein de l'IFES, mais ils ont rarement été encouragés, car ils vont à l'encontre du discours sur le « dépôt de la foi »[96]. Néanmoins, à la fin du siècle, de nouveaux défis apparaissent.

Un nouveau temps pour la mission : l'assemblée mondiale de 1999

Penser et réfléchir à l'essentiel est au centre des rencontres plénières de l'assemblée mondiale qui se tient en Corée du Sud en 1999[97]. Les « fondamentaux évangéliques », une sorte de « testament théologique » de John Stott, plantent le décor, tandis que Samuel Escobar, s'exprimant sur « Un nouveau temps pour la mission », offre une vue d'ensemble des défis passés et présents auxquels l'IFES est confrontée, ainsi qu'un appel à un engagement missionnaire renouvelé[98].

Soucieux de préparer son auditoire à l'ampleur de ses propos et de l'interpeller dès le départ, Escobar commence par affirmer que sa « vision évangélique commence par un engagement envers l'autorité de la Parole de Dieu, et ma compréhension de la Parole de Dieu nécessite une sensibilisation culturelle[99] ». Aux yeux d'Escobar, l'IFES pouvait relever de nouveaux défis car elle avait déjà avancé dans des eaux turbulentes, à l'avant-garde de l'engagement

---

95. *Ibid.*, p. 6.
96. Voir le chapitre 11 du présent ouvrage.
97. En 1998, le plan à long terme nouvellement révisé mettait l'accent sur les points essentiels de la BD de l'IFES, insistant sur le fait que « nous enseignons la loyauté envers les points essentiels de la doctrine, qui sont clairement révélés dans l'Écriture, et acceptons de rester en harmonie et de permettre des différences sur des questions secondaires. Les doctrines considérées comme essentielles à la foi salvatrice sont incluses dans notre Base doctrinale ». « Minutes of the Meeting of the Fifteenth General Committee of IFES », Hyundai Learning Center, Yong-In, Corée du Sud, 23 juillet 1999, p. 8, IFES e-archives.
98. Ces deux discours ont été développés et publiés par la suite : John STOTT, *La foi évangélique. Un défi pour l'unité*, Valence, Ligue pour la lecture de la Bible, 2000 ; Samuel ESCOBAR, *La mission à l'heure de la mondialisation du christianisme*, coll. Voix multiculturelles, Marne-la-vallée, Farel, 2006.
99. ESCOBAR, « A New Time for Mission », p. 2. Les citations qui suivent sont tirées du même document.

missionnaire, au service de chaque génération montante. Dans la vision d'Escobar de l'histoire de l'IFES,

> les mouvements d'étudiants qui se sont réunis pour former l'IFES il y a 52 ans avaient une forte tradition de préoccupation passionnée pour la vérité évangélique et un engagement profond pour la mission mondiale. Ces origines nous aident à comprendre pourquoi l'IFES a été à la pointe de la mission chrétienne au cours de ce siècle.

Il s'agit là d'un terrain théologiquement fertile et d'un tremplin missiologiquement pertinent, car Escobar poursuit en affirmant que « le témoignage fidèle pour le Christ dans l'atmosphère hostile des campus sécularisés a préparé ces étudiants à être des missionnaires plus sensibles à l'étranger. Ils étaient mieux formés que ceux qui avaient vécu dans les limites intellectuelles étroites et l'atmosphère protégée des écoles chrétiennes et des écoles bibliques ». Ces expériences recueillies sur le terrain du ministère des étudiants n'ont pas été dissimulées, mais, à leur tour, elles ont été offertes à l'Église au sens large. Comme le remarque Escobar,

> il n'est donc pas surprenant d'observer comment des missionnaires et des théologiens qui ont publié leurs premiers écrits dans des périodiques de mouvements étudiants au milieu de ce siècle, sont devenus par la suite des missiologues influents, ouvrant de nouvelles voies à une compréhension plus biblique de ce que devrait être la mission. Cette capacité évangélique à faire face à la sécularité est indispensable pour une véritable position missionnaire dans une ère de postchrétienté.

Aux yeux d'Escobar, la mondialisation est alors le principal défi pour une organisation missionnaire d'envergure mondiale, notamment en raison de l'utilisation par le capitalisme des canaux de communication pour transporter « les derniers aspects de la culture occidentale comme des marchandises dans les coins les plus reculés du monde ». Escobar n'est cependant pas opposé aux évolutions technologiques, puisqu'il fait également remarquer les avantages des nouvelles technologies et des nouvelles facilités de communication. L'IFES ne faisait en fait que suivre les traces des « missions protestantes [qui] avaient une composante modernisatrice dans leur insistance sur la traduction de la Bible, l'alphabétisation, la *formation de dirigeants pour les laïcs*, ainsi que dans leur utilisation de la médecine moderne et la communication des technologies de base ».

L'orateur était conscient du fait que des forces centrifuges pouvaient fragmenter une organisation aussi diverse que l'IFES. D'où un avertissement sérieux : « les missionnaires seront pris dans la tension entre la mondialisation et la contextualisation, et ils doivent également éviter une attitude provincialiste qui exagère la contextualisation au détriment d'une conscience globale biblique. » L'évolution des paysages politiques et les revendications nationalistes signifie que les missionnaires doivent « revenir aux principes fondamentaux de l'Évangile et se désengager des pièges culturels occidentaux qui, consciemment ou inconsciemment, ont caractérisé les missions pendant l'ère impériale au XIXe et au début du XXe siècle[100] ».

Escobar n'a pas dévié de son engagement, fondé sur la missiologie, dans les questions de justice sociale :

> Les projets de mission de ce type ne sont pas seulement le résultat d'une nouvelle prise de conscience parmi les chrétiens d'une responsabilité sociale fondée sur la Bible. Ils sont aussi la réponse inévitable à l'aggravation des conditions sociales qui ont fait de nombreuses victimes, devenant ainsi un nouveau défi à la compassion chrétienne. Les mouvements de l'IFES ont contribué à la discipline et à la formation du leadership dans nombre de ces projets où une approche interdisciplinaire est nécessaire.

Faisant preuve d'une étonnante capacité à prévoir les développements qui s'imposeront bientôt au monde, Escobar lance un vibrant appel à la reconsidération des structures ecclésiales et paraecclésiales au vu des tendances qu'il a observées dans le monde étudiant :

> Dans le nouveau siècle qui va bientôt commencer, les nouvelles générations d'étudiants ont besoin de voir une présence chrétienne et d'entendre l'Évangile de Jésus-Christ sur les campus du monde entier. Ils seront moins intéressés par les concepts et plus ouverts

---

100. « Contextualisation » est un mot contesté parmi les missiologues et les théologiens plus généralement. Dans ce travail, je l'utilise dans le sens indiqué par Flemming, à savoir un « processus global et dynamique par lequel l'Évangile s'incarne dans une situation historique ou culturelle concrète. Au fil de ce processus, l'Évangile parvient à une expression authentique dans son contexte local et transforme en même temps ce contexte de manière prophétique. La contextualisation vise à permettre au peuple de Dieu de vivre l'Évangile dans l'obéissance à Christ, au sein de la diversité de cultures et de circonstances qui est la nôtre ». Dean FLEMMING, *La contextualisation dans le Nouveau Testament*, trad. de l'anglais par Léo Lehmann et Anne Macdonald, coll. REMEEF, Charols, Excelsis, 2021, p. 25. Voir aussi Dean GILLILAND, « Contextualization », dans *Evangelical Dictionary of World Missions*, sous dir. A. Scott Moreau, Harold A. Netland et Charles Edward van Engen, Grand Rapids, Baker, 2000.

aux histoires, poèmes et chansons. Ils auront accès à l'Internet et aux pages Web. Des expériences religieuses virtuelles leur seront accessibles par simple pression sur un clavier. Pourtant, ils auront faim de communauté et d'un contact personnel et authentique avec la réalité. Les témoins chrétiens devront être remplis de l'Esprit qui est celui qui pousse les gens à la mission. Ils devront également apprendre l'art de raconter des histoires, maîtriser les complexités de la création de pages web, créer et entretenir des groupes de croyants engagés, s'engager dans le service au nom du Christ, célébrer leur foi et trouver comment servir le Seigneur dans leur profession, là où il les appelle.

Exhorter son auditoire à relever de nouveaux défis était cohérente avec l'enthousiasme d'Escobar pour un ministère auquel il a consacré tant d'années. Il conclut son plaidoyer passionné en soulignant que l'IFES était bien placée pour relever les défis à venir en raison de la solidité de ses fondations et de la polyvalence de ses approches, et qu'elle pouvait s'appuyer sur le fait que « jusqu'à présent, l'IFES a été un instrument utile pour la mission ».

Débats profonds à la fin du millénaire

Le débat de longue date entre chrétiens sur la relation entre évangélisation et action sociale semble maintenant terminé. Il est largement reconnu parmi nous que, comme dans le ministère de Jésus, ainsi que dans le nôtre, les mots et les œuvres, la proclamation et la démonstration du Royaume, la Bonne Nouvelle et les bonnes actions, vont de pair. L'Évangile doit être répandu visuellement aussi bien que verbalement. Ces deux choses sont « comme les deux lames d'une paire de ciseaux ou les deux ailes d'un oiseau »[101].

Poussé dans ce sens par les discours de Stott et d'Escobar, l'assemblée générale débat longuement de questions de justice sociale, en des termes beaucoup plus insistants que ceux entendus en 1995. Des actions avaient déjà lieu sur le terrain : un délégué israélien fait remarquer que « des groupes ont fourni des repas et des résidences aux étudiants. Il est important que nous reconnaissions ces exemples de mission étudiante dans notre travail. Ce n'est

---

101. John Stott, « Evangelical Essentials. Plenary Address to IFES WA 1999 », Hyundai Learning Center, Yong-In, Corée du Sud, 23 juillet 1999, p. 1, IFES e-archives, GC 1999 papers.

pas seulement pour le bien de ce rapport mais pour le bien des missions dans le monde[102] ». Un délégué suisse se dit « très surpris et heureux à la fois de voir à cette conférence le début d'un intérêt pour les questions sociales », mais se demande également pourquoi il n'y avait pas plus de place pour cette question dans le projet de plan stratégique global. À cela, Brown répond qu'il s'agit d'un « souci de ne pas mettre trop de préoccupations sociales dans le document, car cela peut être une préoccupation très spécifique aux différents pays. Nous avons pris soin de ne pas mettre l'accent sur des questions particulières. Nous pouvons ajouter à cela si vous le souhaitez ». Le délégué colombien va plus loin, « confessant respectueusement son désarroi face à la remarque selon laquelle les questions sociales ne concernent que les mouvements nationaux. C'est peut-être une façon d'aider tout le mouvement à comprendre que les préoccupations nationales/locales nous concernent en tant qu'organisation ». À cette autre remarque, Brown répond accepter la réprimande et propose la création d'un groupe de travail pour s'attaquer à la question.

Le lendemain, les VBG Suisses-alémaniques proposent une motion pour « mettre en place un groupe de travail pour enquêter sur les bases bibliques de la mission et de la justice sociale et ses implications sur le témoignage des étudiants de la famille IFES ». Certains délégués répondent en approuvant la motion, tout en mettant en garde contre le fait que de nombreux éléments doctrinaux sont déjà en place, puisque la « base biblique de la mission [était déjà] bien articulée dans les documents officiels de l'IFES » (Kenya), ou que « nous sommes tous d'accord avec la théologie selon laquelle tout est mission » (Portugal). D'autres s'y opposent plus ou moins catégoriquement, se demandant comment relier « la motion en cours et nos objectifs » (Espagne), tandis que d'autres craignaient que « nous ressemblions à l'ONU ou à un mouvement étudiant libéral » (Finlande).

Le délégué du FES Hong Kong exprime son sentiment que « l'IFES ne peut pas balayer l'affaire sous le tapis et je salue la douceur de cette motion visant à mettre en place un groupe de travail pour enquêter. Je ne vois rien à rejeter dans cette motion. Il n'y a rien de mal à s'enquérir d'une question de mission biblique ». Finalement, ce dernier point de vue l'emporte et la motion est adoptée[103]. Le débat est ensuite ravivé par une autre motion consacrée au

---

102. « Minutes of the Meeting of the Fifteenth General Committee », 1999, p. 11. Les citations qui suivent sont tirées du même document.
103. Avec une voix contre et sept abstentions sur un total de 105 voix.

ministère auprès des diplômés, présentée par la délégation brésilienne, qui propose que l'IFES encourage

> un engagement envers la mission holistique parmi les diplômés au sein du mouvement. Nous souhaitons continuer à contribuer à la discipline et à la formation du leadership dans les projets missionnaires. Aussi longtemps que possible, nous fournirons une formation dans les domaines du service chrétien et nous encouragerons nos diplômés à envisager des postes *où ils pourront servir les autres afin d'apporter une contribution prophétique à la vie de leurs nations*[104].

La dernière phrase, en particulier, suscite une discussion importante, le principal point de discorde étant de savoir si un tel ministère relevait du domaine de l'IFES ou de celui des Églises locales. Dans l'un des votes les plus serrés de l'histoire de l'IFES, la motion est adoptée[105].

---

104. « Minutes of the Meeting of the Fifteenth General Committee », 1999, p. 18 ; c'est nous qui soulignons.
105. Cinquante-sept ont voté pour, quarante-cinq contre et trois se sont abstenus.

9

L'IFES dans un nouveau millénaire

Pour des raisons méthodologiques évidentes, la partie historique formelle de cet ouvrage se termine en 2000. Examiner le travail de personnes qui, pour la plupart, sont encore bien vivantes, conduirait l'historien en terrain inconnu et l'empêcherait peut-être de prendre la distance nécessaire à une recherche réfléchie et provisoirement objective. C'est pourquoi ce chapitre n'est qu'un bref aperçu de certains des événements et des personnes les plus marquants de ces dernières années.

Les années 2000 ont été marquées par l'apparition de nouveaux territoires sur la carte de l'IFES : d'un point de vue géographique, l'organisation a continué à accueillir de nouveaux mouvements nationaux. D'un point de vue technique, les courriels et les sites web ont révolutionné le monde de la communication. En 2001, les bureaux de l'IFES ont déménagé dans la vieille ville universitaire d'Oxford. En 2007, le premier SG africain, Daniel Bourdanné, originaire du Tchad, est élu. L'année suivante, un nouveau plan stratégique mondial résultant d'un exercice de consultation avec les mouvements nationaux, « Pierres vivantes », est lancé. Mettant en avant le texte de 1 Pierre sur lequel nous reviendrons, il décrit ainsi l'IFES :

> Nous sommes une communauté mondiale de mouvements nationaux d'étudiants, appelés à investir l'université avec la Bonne Nouvelle de Jésus Christ.

> Notre vision : des étudiants formés en communautés de disciples, transformés par l'Évangile et ayant un impact sur l'université, l'Église et la société pour la gloire de Christ[1].

Notons que le terme « indigène » fait désormais partie de l'identité officielle de l'IFES[2], tout comme l'idée qu'il faut interagir avec l'université[3]. De même, l'Église est explicitement reconnue comme l'horizon du ministère de la fraternité, marquant un changement significatif et démontrant un sentiment croissant d'assurance sur le terrain ecclésiologique.

En ce qui concerne la participation des étudiants, deux événements importants marquent l'assemblée mondiale (AM) de 2011 en Pologne. La première, la tenue d'une *réunion d'étudiants* permettant au nombre délibérément croissant d'étudiants participant aux assemblées mondiales de se rencontrer et de créer des liens d'amitié internationaux. La seconde, après des années de longs débats, l'inclusion de deux délégués étudiants dans le comité exécutif de l'IFES[4]. La même année, une équipe mondiale « Interaction avec les Écritures » est formée pour encourager les étudiants et les équipiers du monde entier à renouveler leur interaction avec les Écritures.

En 2011, le Centre de services internationaux de l'IFES, comme le bureau d'Oxford s'appelle désormais, déménage dans un bâtiment détenu conjointement avec l'UCCF. En 2013, le programme « développement de la gouvernance » est lancé, visant à soutenir les mouvements nationaux dans le développement de structures de gouvernance solides et éthiques. Dans la même veine, une équipe « Impact du ministère » se forme, aidant les mouvements membres à évaluer leurs domaines de croissance et de développement potentiel, et un ministère « Développement de ressources locales » est mis en place, soutenant les mouvements nationaux dans la collecte de fonds au niveau local, réduisant ainsi leur dépendance vis-à-vis du soutien international.

---

1. IFES, sous dir., « Living Stones. IFES Vision to 2020 », 2008, p. 2. Depuis lors, la plateforme francophone (structure informelle rassemblant tous les mouvements IFES francophones) a décidé de remplacer le terme « investir » par « interagir avec » pour insister sur le fait qu'il ne s'agit pas de conquérir l'université mais d'entrer en dialogue avec elle.
2. Dans la version originale en anglais. La traduction officielle citée ci-dessus traduit par « nationaux ». Dans le reste du document, le terme anglais « indigenous » est systématiquement rendu par « local ».
3. L'université en tant qu'institution pour l'horizon de l'IFES a commencé à prendre de l'importance avec le symposium « Engaging the University » organisé immédiatement avant l'AM 2007 à Toronto.
4. Par souci de transparence, je dois ajouter que j'étais l'un d'entre eux.

En 2015, une autre mesure institutionnelle importante est l'ajout d'une rencontre pour chercheuses et chercheurs lors de l'assemblée mondiale qui se tient au Mexique, marquant un intérêt continu pour le soutien des enseignants et chercheurs étroitement liés aux mouvements de l'IFES. S'appuyant sur ces rencontres, le projet « Grands Enjeux dans l'Université », financé par la Fondation Templeton, donne un nouvel élan à l'interaction avec les universités. La même année, un nouveau centre de services international s'ouvre à Kuala Lumpur, offrant un soutien informatique à l'ensemble de la communauté.

En 2016, la « Global Leadership Initiative » réunit un groupe restreint de quinze jeunes leaders prometteurs du monde entier pour la première cohorte d'un programme de mentorat d'une durée de trois ans.

La dernière assemblée mondiale s'est tenue en 2019 en Afrique du Sud. L'année a été mouvementée, marquée par la nomination puis la rétractation du Néo-Zélandais Chris Clarke pour succéder à Daniel Bourdanné au poste de SG. Plus unanime est l'accueil au sein de l'IFES des mouvements nationaux du Cambodge, de Saint-Vincent-et-les-Grenadines, des îles Salomon, des îles Caïmans, du Vanuatu, du Myanmar, des îles Féroé, du Monténégro, de la Guinée-Bissau, de la Grenade, et de deux autres pays d'Eurasie et d'Europe dont le nom reste confidentiel pour des raisons de sensibilité politique.

Plus récemment, l'« Initiative Logos et Cosmos », visant à favoriser un engagement plus profond avec la théologie et les sciences au sein de l'IFES, est lancée en 2020, avec l'Amérique latine et l'Afrique francophone comme régions pilotes. La même année, l'anglais Tim Adams est nommé SG annonce que les nouvelles priorités stratégiques, au sujet desquelles la direction du mouvement avait consulté l'ensemble de l'organisation depuis plus d'un an, seraient bientôt lancées. Le plan stratégique « Grandir ensemble : le plan stratégique de l'IFES à l'horizon 2030 » est officialisé début 2022 alors que débute l'année du jubilé du 75e anniversaire de l'IFES sous le slogan : Inachevé.

Conclusion provisoire : Inachevée, une histoire qui s'écrit encore

Les chapitres précédents ont donné un bref aperçu de certains des faits, développements et idées les plus marquants qui ont façonné l'histoire de l'IFES. D'un rassemblement modeste et quelque peu aventureux de quelques chrétiens chevronnés intéressés par le travail missionnaire dans les universités est née une organisation internationale à la portée géographique étendue. Cette partie historique avait pour but de donner au lecteur une bonne idée des tendances théologiques et missiologiques qui ont façonné l'identité de l'IFES. Dans la partie suivante, j'examine de plus près les principales activités de l'IFES, avant de me pencher sur des ressources théologiques et missiologiques plus substantielles, pour montrer comment ce ministère auprès des étudiants peut être mieux compris en l'encadrant sous la doctrine du « sacerdoce de tous les croyants ».

Partie 2

Les activités de l'IFES

10

Le fonctionnement pratique du ministère dirigé par les étudiants

Jusqu'à présent, la partie historique de cet ouvrage a supposé une relative connaissance du lecteur des activités d'un groupe de l'IFES. Cependant, il est maintenant nécessaire de présenter ces activités de manière plus détaillée afin de tracer les questions théologiques, ecclésiologiques et missiologiques que ces activités peuvent poser – et les réponses auxquelles l'IFES est parvenue.

Les activités de base de l'IFES, à savoir le témoignage, la prière, la lecture de la Bible et la communion fraternelle, présupposent des convictions théologiques sur l'*immédiateté*, la *médiation* et la *participation*. En 1959, Adeney – futur président de l'IFES – expose les principes de base de la vision de l'IFES : « Pour être efficace, une communauté chrétienne sur le campus doit avoir un triple objectif : (1) fortifier la foi de ceux qui sont déjà chrétiens ; (2) faire connaître Jésus aux non-chrétiens ; (3) préparer les hommes et les femmes au service du Royaume de Dieu[1]. » Ainsi, les étudiants de l'IFES se réunissent sur la base de leur foi personnelle *immédiate*, *participent* à la communauté qui la soutient et l'approfondit, dans le but d'être les *médiateurs* de cette foi auprès leur environnement par un travail missionnaire de première ligne. Toutes ces activités sont soutenues par des équipiers qui sont aussi les *médiateurs* de l'autorité de la communauté – bien qu'à des degrés divers – et encouragent les groupes locaux à rester en communion non seulement avec l'IFES mais aussi avec la grande

---

1. ADENEY, « Student Work in Southeast Asia », p. 4.

tradition chrétienne par un engagement théologique et l'adhésion à une Église locale[2].

Le témoignage

Un marqueur essentiel de l'identité évangélique est son insistance sur le partage de la foi. Cela explique l'insistance des mouvements IFES sur la nécessité et l'urgence d'*évangéliser* ou de *témoigner*. Comme l'observe Zald, les organisations religieuses ont une mentalité missionnaire inhérente : elles ont « des croyances théologiques et idéologiques sur la relation des individus et des groupes entre eux, avec la société, et avec la vie bonne et juste[3] ». Scheitle conclut que

> À moins que ces croyances n'appellent à un retrait complet du monde, le croyant est généralement inspiré et contraint d'essayer de façonner le monde selon la vision décrite par ses croyances. C'est le rôle de l'action sociale, qui comporte quatre thèmes ou objectifs : la conversion, la communauté, la communication et la charité[4].

Davantage encore que le terme de « mission[5] », l'idée de « témoignage » est fondamentale pour la compréhension des groupes IFES. Ce mot est utilisé pour décrire la *médiation* de la foi d'une personne à une autre. Comme le soutient Jochemsen, « le terme "témoin" est un mot que nous utilisons fréquemment au sein de l'IFES, et à juste titre. C'est l'un des mots du Nouveau Testament qui décrit un élément important de la mission de l'Église et du chrétien dans le monde[6] ». Les aspects « formation et équipement » des activités d'un groupe IFES sont essentiels. Comme le dit avec force Escobar,

> Les groupes sont formés non pas comme un abri où la foi des étudiants peut être protégée, ou comme des cellules où l'atmosphère de l'Église est projetée dans le campus. Ce sont plutôt des lieux où les

---

2. En anglais, le verbe « mediate » reprend la même racine que *l'immédiateté* dont il est question par ailleurs. Je rendrai cette idée tantôt par « être les médiateurs » ou par « transmettre ».
3. Zald, « Theological Crucibles », p. 317.
4. Christopher P. Scheitle, *Beyond the Congregation. The World of Christian Nonprofits*, New York, Oxford University Press, 2010, p. 40.
5. En anglais « outreach » qui traduit l'idée de « sortir de quelque part pour aller ailleurs atteindre quelqu'un ».
6. Henk Jochemsen, « Authentic Christian Witness Demands Authentic Christian Service. Lecture Given at the International Student Conference Held at Schloss Mittersill in August 1989 », *IFES Review* 29, 1990, p. 35.

disciples peuvent grandir parce qu'ils sont engagés dans la mission et que, dans ce processus, leur foi est fortifiée et comprise dans un sens plus profond[7].

Les activités de témoignage prennent deux formes principales : l'*évangélisation personnelle* et les *missions universitaires*. Comme son nom l'indique, l'*évangélisation personnelle* décrit toutes les rencontres où les étudiants partagent délibérément des activités et des discussions avec d'autres étudiants afin de les encourager à considérer l'Évangile pour eux-mêmes. Cela peut également se produire dans le cadre de réunions hebdomadaires, auxquelles les étudiants de l'IFES invitent leurs amis. L'idée principale de la *mission universitaire* est que l'Évangile doit être proclamé sur le campus comme une *vérité publique* et pas seulement comme une *croyance privée*. L'explication de Barclay sur les « missions universitaires », telle qu'elle était comprise au début de la CICCU, a prévalu jusqu'à aujourd'hui au sein de l'IFES et mérite donc d'être citée dans son intégralité :

> Les missions ont donné une occasion unique de présenter l'ensemble du message chrétien sur l'autorité de Dieu. Dans les universités, la tendance est de considérer les opinions religieuses comme de simples opinions humaines ouvertes au débat et à la discussion et n'ayant d'autre autorité que l'autorité éphémère de la mode académique actuelle. Les sermons, et surtout les missions, ont donné l'occasion de dire clairement que Dieu a parlé et d'exposer ce qu'Il a dit. Il y avait une place pour la discussion pour conduire à une Mission ou pour persuader les gens de venir entendre la prédication. Elle avait sa place dans le suivi d'une mission. Mais la CICCU croyait que, sans une déclaration faisant autorité du message comme étant une parole de Dieu, nous manquons à notre devoir envers nos auditeurs. Les missions ont mis l'accent sur cette préoccupation et ont clairement montré que la CICCU avait un message à déclarer[8].

Ici, le groupe d'étudiants est présenté comme un *médiateur* entre l'université et Dieu. Pourtant, cette médiation n'est pas *immédiate*, dans la mesure où un orateur va venir prendre la parole. Les étudiants ne « prêchent » pas lors des semaines de mission. On attend d'eux qu'ils « témoignent » personnellement. Pourtant, si le but de l'approche « missionnaire » est de « transmettre un message », le groupe d'étudiants fournit structurellement la plate-forme

---
7. Escobar, « Evangelical Heritage », p. 9.
8. Barclay, *Whatever Happened to the Jesus Lane Lot ?*, p. 128.

pour qu'un orateur invité puisse « déclarer le message ». Au moins au niveau organisationnel, il n'y a pas ici de « sacerdoce de tous les étudiants ». Les étudiants qui montent sur scène sont tout au plus des « prêtres » à un second degré, car ils peuvent discuter de la conférence et donc du message avec leurs amis présents.

La prière

En tant qu'étudiants chrétiens témoins d'une réalité fondamentalement transcendante, la prière revêt une importance capitale et se rapproche de l'idée d'activités sacerdotales. En présentant un portrait de « l'étudiant idéal de l'IFES », Woods met l'accent sur la combinaison de la prière et de l'étude – notamment personnelle – des Écritures :

> Dans nos universités, quel est notre idéal de l'étudiant chrétien ? C'est certainement l'homme ou la femme chrétien(ne) tourné(e) vers l'intérieur, *qui a appris à trouver ses ressources en Dieu plutôt que dans l'activité collective du groupe. Cet étudiant est sevré spirituellement et trouve lui-même sa nourriture dans la prière et l'étude de la Bible, aidé par le Saint-Esprit*. [...] Il a accepté la loi de Dieu comme sa règle de vie à accomplir dans la puissance du Saint-Esprit et, sur cette base, il peut s'engager dans la tâche de l'évangélisation avec assurance et en dépendant de Dieu seul[9].

Les sous-entendus individualistes sont plus évidents ici que dans la plupart des écrits de Woods. Ce qui compte pour « l'étudiant idéal », c'est de s'appuyer sur sa relation *immédiate* avec Dieu. Cependant, la prière n'est pas comprise uniquement comme un instrument pour préparer les étudiants à témoigner. Elle est également comprise comme un acte de témoignage en soi. Chua affirme ce potentiel, en notant que

> Les étudiants non chrétiens sont prompts à repérer des qualités telles que l'amour entre les chrétiens et la relation intime entre les chrétiens et leur Seigneur, notamment à travers la prière spontanée. Le second élément soutient le premier et l'union du témoignage propositionnel et du témoignage incarné constitue certainement une poussée efficace dans l'évangélisation[10].

---

9. C. Stacey Woods, « The Inner-Directed Christian », *IFES Journal* 1, 1966, p. 19 ; c'est nous qui soulignons.
10. Chua Wee Hian, « Staff Letter 8 », juillet 1973, p. 8, BGC Box #5.

Dans le même ordre d'idées, Adeney établit un lien entre la piété personnelle et les questions de leadership, en soulignant l'importance de la responsabilité personnelle de chaque personne pour sa foi et son témoignage, face à la tentation de la confier à des leaders ecclésiaux chevronnés :

> L'enseignement de chrétiens plus expérimentés est bienvenu, mais cette aide ne doit jamais rendre les étudiants chrétiens dépendants d'enseignants et de conseillers extérieurs. Grâce à la communion dans la prière et aux groupes d'études bibliques dirigés par les étudiants, les jeunes chrétiens font l'expérience de la direction du Saint-Esprit. Les étudiants non chrétiens peuvent se méfier des activités des équipiers et des organisations extérieures, mais ils sont impressionnés lorsqu'ils voient leurs camarades prendre plaisir à étudier la Parole de Dieu et présenter sincèrement et sérieusement le Christ à leurs amis[11].

De manière significative, Adeney ne lie pas l'attrait de la foi chrétienne à son ancrage traditionnel ou à son caractère véridique, mais à sa pertinence existentielle et personnelle pour les étrangers. Son argument présuppose le caractère désirable de la relation à Dieu, mais ce caractère désirable est à son tour présumé par l'*appartenance* à une communauté de soutien et d'amour. Cela pourrait être interprété comme un *sacerdoce indirect*, car les étudiants témoignent de Dieu et de la communion dont ils jouissent avec lui, non pas nécessairement en termes de propositions, mais dans une expérience vécue à laquelle leurs camarades sont invités. Les premiers dirigeants de l'IFES l'ont également interprété comme une conséquence directe du « sacerdoce de tous les croyants ». Wisløff en est un bon exemple :

> Dans un sens, tous les croyants sont des prêtres. Pierre appelle les croyants « un saint sacerdoce » (1 Pierre 2.5). Nous qui croyons en Jésus avons en son nom le droit d'aller directement devant le trône de Dieu avec nos prières ; nous n'avons pas besoin d'un substitut ou d'un intercesseur du prêtre. Tous les croyants sont égaux devant Dieu. C'est pourquoi nous parlons du « sacerdoce universel des croyants »[12].

---

11. ADENEY, « Student Work in Southeast Asia », p. 8.
12. Carl F. WISLØFF, *I Know in Whom I Believe. Studies in Bible Doctrine*, original norvégien 1946, Minneapolis, AFLC Seminary Press, 1983, p. 126. Traduction française : Carl F. WISLØFF, *Ce que je crois. Introduction à la doctrine luthérienne*, trad. Erik S. Sandvik, Amstelveen, IMPROCEP, 1991. Le luthérien Wisløff avait fait partie des fondateurs du mouvement piétiste en Norvège. Sur son influence sur l'IFES, voir le chapitre 3. En outre, « Wisløff a

Ce sens de l'*immédiateté* avec Dieu, ici supposé pour la prière, est implicite dans une grande partie de l'herméneutique soutenant le travail de l'IFES. Bien que l'importance de la prière n'ait pas été débattue au sein de l'IFES, il existait des points de vue divergents sur ses caractéristiques exactes. Par exemple, Bentley-Taylor relevait, à propos d'une de ses tournées en Afrique, qu'« on leur [les étudiants africains] avait suggéré qu'un vrai chrétien passait cinq heures par jour en prière, ne parlait que du Christ et était totalement libre de toute tentation. J'ai été heureux d'avoir l'occasion de reconsidérer ces questions avec certains des dirigeants[13] ». De même, en Amérique latine, la prière personnelle n'est pas considérée comme une panacée : « Les évangéliques ont découvert le privilège de la prière personnelle et de la lecture de la Bible. Mais en termes d'initiative stratégique dans l'évangélisation, le "pasteur" a souvent simplement remplacé le "padre"[14]. » Cela montre que les différences régionales abondent dans une communauté très diverse, malgré un engagement commun envers les pratiques spirituelles de base.

La lecture de la Bible

> Il existe de nombreuses preuves au sein des mouvements membres de l'Alliance internationale des étudiants évangéliques que davantage d'étudiants universitaires ont été véritablement convertis par l'étude de la Bible que par tout autre moyen[15].

La lecture de la Bible a toujours eu un rôle important dans l'histoire des personnes liées à l'IFES. Leur vision de la Bible a façonné les pratiques, les déclarations de vision, les enseignements, la publicité et même les controverses. Il est important de voir le lien entre la façon dont l'IFES comprend le « sacerdoce de tous les croyants » dans l'IFES et son approche de la Bible. C'est d'ailleurs l'approche des piétistes moraves, Spener et Francke, qui a façonné la manière dont les premiers dirigeants de l'IFES ont perçu l'importance stratégique de l'étude de la Bible dans le contexte universitaire[16].

également fortement insisté sur le sacerdoce de tous les croyants et a demandé instamment la liberté pour les organisations et sociétés chrétiennes au sein de l'Église de Norvège ». N. Yri, « Wisløff Carl Fredrik », dans *New Dictionary of Theology*, sous dir. Sinclair B. Ferguson, David F. Wright et J. I. Packer, Downers Grove, IVP, 1988, p. 726.

13. Bentley-Taylor, « African Diary », p. 31.
14. Hanks, « Paternalistic – Me ? », p. 2-3.
15. Woods, *Some Ways of God*, p. 102.
16. Johnson, *A Brief History*, p. 29.

L'idée d'un « sacerdoce de tous les étudiants » au sein de l'IFES repose sur la notion que la Bible peut être lue et comprise de manière *immédiate*. Selon Adeney, c'est l'une des principales différences que l'IFES apporte à la constellation des organisations travaillant parmi les étudiants :

> Dans certaines organisations chrétiennes de jeunesse, les étudiants ont peu d'occasions d'étudier la Bible par eux-mêmes. Ils écoutent un grand nombre de sermons, assistent à des cours sur la Bible où ils peuvent recevoir un excellent enseignement, mais ils n'arrivent jamais à découvrir par eux-mêmes le privilège de rechercher les vérités spirituelles dans leur étude personnelle de la Bible, ou d'entraîner un groupe d'amis dans les joies de l'étude collective de la Parole de Dieu[17].

Tout en critiquant une telle approche comme étant potentiellement trop individualiste, Greggs note intelligemment que la doctrine du « sacerdoce de tous les croyants » ne peut être comprise de manière appropriée en dehors de la doctrine de l'Écriture. En effet, le « biblicisme » étant une caractéristique essentielle de l'évangélisme[18], il est essentiel de noter que ce qui est dit et cru à propos de la Bible est aussi le résultat de la lecture de la Bible et pas seulement d'un principe herméneutique qui lui serait présupposé :

> Dire qu'il s'agit d'une condition du principe de *sola scriptura* revient à dire qu'il s'agit d'une doctrine qui suggère que tous les lecteurs des Écritures peuvent lire le texte sans médiation d'un autre et l'entendre comme la Parole directe de Dieu ; et – en outre – que le texte peut être lu comme la Parole directe de Dieu sans être encombré par l'interprétation d'un médiateur particulier ou d'un corps de médiateurs[19].

Ce phénomène ne se limite toutefois pas à l'évangélisme. Kraemer lie également l'autonomisation des laïcs à une redécouverte approfondie de la Bible :

> Afin de retrouver un « christianisme adulte », il est indispensable pour l'Église tout entière de retourner à la Bible et à sa façon de parler directement et sans ambiguïté de Dieu, centre de toutes choses. Cela est surtout indispensable pour les laïcs, s'ils doivent être

---

17. ADENEY, « Student Work in Southeast Asia », p. 5.
18. BEBBINGTON, *Evangelicalism in Modern Britain*, p. 2-18.
19. Tom GREGGS, « The Priesthood of No Believer. On the Priesthood of Christ and His Church », *International Journal of Systematic Theology* 17, no. 4, 1er octobre 2015, p. 378.

dignes du titre qu'on leur donne souvent aujourd'hui : les troupes de choc de l'Église et non son arrière-garde hésitante. Le premier et grand commandement : « Tu aimeras le Seigneur ton Dieu de tout ton *cœur*, de toute ton *âme* et de toute ta *pensée* » (Mt 22.37) vaut pour tous les membres de l'Église, non seulement pour une petite partie d'entre eux et tous doivent donc être abordés sur cette base[20].

Au sein de l'IFES, on part du principe que la Bible est *immédiatement accessible*. Pourtant, la production croissante de littérature sur la Bible, issue des presses des mouvements nationaux ou directement parrainée par l'IFES, dément l'autonomie des individus ou des petits groupes de laïcs à lire la Bible par eux-mêmes et à parvenir à une compréhension suffisante[21]. Toute une infrastructure soutient les coulisses de la rencontre « directe » avec la Bible. La rencontre « en coulisses » est facilitée par les pratiques de méditation quotidienne, les commentaires, les dictionnaires et les guides d'étude (de méditation quotidienne) publiés par de nombreux mouvements IFES. De plus, la possibilité même de *l'immédiateté* de l'Écriture n'a, semble-t-il, jamais vraiment été remise en question, et même si ce n'est pas ici le lieu de fournir une discussion complète des questions épistémologiques en jeu, certains des aspects les plus saillants de la critique devraient être soulignés, en particulier dans la mesure où ils se rapportent au contexte du ministère des étudiants[22].

En examinant une tradition à la loupe, il est intéressant de noter les points communs entre l'approche *inductive de l'étude de la Bible* la plus souvent préconisée dans les cercles IFES, et la méthode d'étude de Torrey[23]. Ce dernier écrit dans l'avant-propos de l'un de ses ouvrages majeurs,

> La méthode de ce livre est, nous le répétons, strictement *inductive*. La matière contenue dans la Bible est rassemblée, soigneusement examinée et ensuite, ce qui ressort de cette étude est exposé dans les

---

20. Hendrik KRAEMER, *Théologie du laïcat*, trad. Anneke Musacchio, Genève, Labor et Fides, 1966, p. 89-90.
21. Lowman insiste sur le fait que « c'est ce que l'Écriture dit réellement – et non ce que nous pensons qu'elle dit à tort – que Dieu dit ». Pete LOWMAN, « What Scripture Says, God Says », *In Touch* 3, 1982, p. 5.
22. Pour un compte-rendu critique, voir Brian MALLEY, *How the Bible Works. An Anthropological Study of Evangelical Biblicism*, Walnut Creek, AltaMira, 2004.
23. Voir Timothy GLOEGE, « A Gilded Age Modernist. Reuben A. Torrey and the Roots of Contemporary Conservative Evangelicalism », dans *American Evangelicalism. George Marsden and the State of American Religious History*, sous dir. Darren Dochuk et Thomas S. Kidd, Notre Dame, University of Notre Dame Press, 2014, p. 199-229.

termes les plus exacts possible. C'est à l'exactitude de ces assertions que nous avons visé, dans tous les cas, puis à leur clarté[24].

Torrey poursuit en précisant que, bien qu'il ne fasse pas un usage direct des langues originales, son travail est « basé sur une étude minutieuse de l'original tel que l'ont décrété les meilleurs critiques des textes[25] ». Le postulat selon lequel une lecture « inductive » de la Bible rend plus probable l'accès à son sens ordinaire, par rapport à des lectures de type confessionnel, est primordial pour comprendre comment est conçue la lecture de la Bible dans les milieux de l'IFES.

Le corollaire de l'attribution d'un « sens simple » à la Bible est l'absence de tout *médiateur* entre le texte et le lecteur. Cela supprime toute médiation cléricale entre les étudiants et les textes qu'ils sont encouragés à lire. Il faut relever qu'il existe des liens évidents entre l'approche de Torrey et les nécessités de la coopération interconfessionnelle. Les conséquences missiologiques sont également évidentes : si l'Écriture a un sens clair accessible à tout lecteur de bonne volonté, cela signifie qu'il devrait être encore plus évident que les étudiants, dont l'occupation quotidienne est de travailler à la compréhension (étudier), soient confrontés à la Bible.

Pourtant, cette approche a également été remise en question au sein de l'IFES. Deux personnalités quelque peu divergentes ont argumenté contre « l'étude inductive » sous deux angles différents. Chronologiquement d'abord, Woods lance une attaque directe contre sa dimension populiste. Mentionnant ce qui, à son avis, était une phase de décroissance dans la vie de l'IVCF-USA, Woods déplorait que,

> Malgré tous les efforts déployés en ce sens, l'exposition directe de la Bible a été largement abandonnée au profit d'une faible étude inductive de la Bible, sans application personnelle. Ce déséquilibre drastique a eu un effet négatif prononcé. Certains semblaient penser que n'importe quel étudiant pouvait mener une étude biblique efficace. Dans tous les cas, le don spécial du Saint-Esprit, celui de l'enseignant biblique, était apparemment ignoré[26].

De la citation ci-dessus, le lecteur ne peut que déduire le changement qui s'est produit au cours de l'histoire de l'IFES, et qui s'est répété à plusieurs reprises : le

---

24. Reuben Archer Torrey, *Ce que la Bible enseigne. Une étude complète des grandes doctrines bibliques*, original anglais 1898, Bruxelles, Mission belge évangélique, 1923, p. 1. Italiques dans l'original.
25. *Ibid.*
26. Woods, *Growth of a Work of God*, 151.

mouvement de va-et-vient entre l'exposition (prédication) de textes bibliques et l'étude menée par les étudiants. L'étude *immédiate* de la Bible n'est pas considérée comme la panacée, et les groupes ont parfois fait appel à une expertise externe. À la fin des années 1970, Chua observe qu'il y avait « peu de groupes d'étude biblique réguliers sur les campus [africains], et que les étudiants africains avaient besoin d'être enseignés et formés pour étudier la Parole de Dieu par eux-mêmes[27] ». Le SG a donc accueilli favorablement les échanges de personnel entre les mouvements afin qu'ils puissent bénéficier de l'expertise de chacun. Alors que cela pourrait être interprété comme une imposition de méthodes étrangères – notez l'ironie de l'expression « apprendre » aux gens à « faire les choses par eux-mêmes » – les mouvements africains n'ont pas été privés de leur autonomie. Au contraire, l'IFES avait un mandat clair pour ses émissaires, qui était de « se débrouiller pour ne plus avoir de travail[28] ».

Sous un angle complètement différent, Escobar se plaint dès 1970 que « l'observation des habitudes et des programmes d'étude de la Bible m'a amené à la conviction qu'un accent déséquilibré sur l'étude inductive, plus l'influence de la Bible de Scofield dans la plupart de nos écoles bibliques et séminaires, ont donné aux gens une vision fragmentée de la Parole de Dieu[29] ». Il explique la nécessité de développer du matériel pédagogique pour aider les étudiants à retrouver une vision plus globale de la Bible. Une telle vision globale considère la Bible comme un prisme formateur à travers lequel l'université peut être vue et la mission contextualisée. La « pensée chrétienne » était depuis longtemps à l'ordre du jour de l'IFES. Johnston déjà était convaincu qu'

> à mesure que les étudiants apprennent à soumettre tout concept au Christ et à appliquer les principes scripturaires aux situations morales et sociales qu'ils rencontrent à l'université, ils pourront, plus tard dans leur vie, fournir à leurs coreligionnaires une philosophie de vie adéquate en réfléchissant, d'un point de vue biblique, aux questions relatives à leur propre discipline universitaire ou à

---

27. Chua et Padilla, « God's Work in the World Today », p. 170-171.
28. *Ibid.*
29. Samuel Escobar, « Report of the Associate General Secretary at Large », Raglan, Nouvelle-Zélande, 18 août 1978, p. 1, IFES e-archives, EC 1978 minutes, Appendix E. Il faut relever que René Pache, membre influent du CE de l'IFES avait fait partie du comité de traduction de cette la Bible qui diffusera les thèses dispensationalistes dans les rangs évangéliques. Il s'agissait de la première Bible d'étude (avec commentaires exégétiques et interprétatifs) en français : Louis Segond et C. I. Scofield, *Nouvelle édition de la Bible*, Genève, Soc. biblique, 1975.

la sphère politique, sociale ou industrielle dans laquelle ils se trouvent[30].

La notion frappante dans cet argument est que cette contribution chrétienne est susceptible d'être apportée *après leur séjour à l'université* et qu'elle servira distinctement *leurs coreligionnaires*. Bien qu'implicite, l'idée sous-jacente est que les étudiants de l'IFES *transmettront* leur vision biblique du monde au reste de la communauté universitaire. L'idée d'un « sacerdoce de tous les lecteurs de la Bible », jamais formulée ainsi dans les documents de l'IFES, repose sur un lien étroit entre la reconnaissance que le statut intellectuel des étudiants ne doit pas être oublié lorsqu'on discute de l'étude de la Bible. Il se passe quelque chose lorsqu'un groupe de jeunes étudiants, dont la tâche principale est de comprendre des idées et des processus et de développer de nouvelles compétences, se réunit autour d'un texte ancien pour le comprendre. Le groupe est souvent interdisciplinaire, avec de multiples niveaux d'expertise herméneutique, de perspicacité théologique ou de socialisation religieuse. Si des non-chrétiens participent à l'étude, un autre niveau de complexité s'ajoute : les étudiants chrétiens partagent leur foi et forment une communauté qui témoigne aux personnes présentes en tant que « visiteurs » ou « chercheurs », quelle que soit la manière dont on veut les désigner. D'autres niveaux d'identité peuvent être postulés, comme, par exemple, la communauté formée par un ingénieur non chrétien et un ingénieur chrétien, qui pourrait dans certains cas s'avérer herméneutiquement plus fructueuse que celle de deux chrétiens, dont l'un étudie la littérature et l'autre la chimie. La *médiation* de l'Écriture est donc entrelacée avec la négociation simultanée d'identités multiples à l'intersection du monde universitaire et de l'Église.

Le respect de l'autorité de la Bible et le consensus sur la nécessité de son étude sont des marqueurs décisifs de l'identité de l'IFES. Tout individu a le droit de lire le texte par et pour lui-même[31]. Cependant, comme nous l'avons montré ci-dessus, il existe une tension entre l'approche individuelle du texte, l'expérience et l'interprétation de ce qui est lu, et ce que les autres font de ce même texte. La communauté est le lieu où ces échanges multidirectionnels ont lieu en dialogue avec la tradition chrétienne.

---

30. Johnston, « A Biblical Philosophy of Student Witness », p. 10.
31. Il est intriguant de constater que les documents de l'IFES font rarement allusion au fait que la lecture personnelle de la Bible est, historiquement, un phénomène récent. Ce point aveugle pourrait s'expliquer sociologiquement : comme les membres de l'IFES sont des universitaires, ils se situent implicitement parmi l'élite lettrée – oubliant ainsi que de nombreuses personnes pieuses dans l'histoire de l'Église n'avaient pas accès à une Bible personnelle ou à l'alphabétisation.

La communauté

> Dieu nous fait connaître son amour personnellement par le biais de relations au sein du corps du Christ par son Saint-Esprit. Notre foi s'élabore dans le contexte des relations, et le groupe d'étudiants peut fournir une occasion précieuse d'élaborer cet aspect relationnel de notre foi[32].

Les racines piétistes de l'organisation présupposent en effet la relation de l'individu à Dieu par la prière et l'interaction avec les Écritures. Pourtant, les réunions des groupes d'étudiants créent le cadre d'un renforcement mutuel et d'un témoignage communautaire. Dans la mesure où les étudiants se réunissent régulièrement pour lire la Bible, prier et témoigner, de manière formelle ou informelle, la communauté joue le rôle d'un mécanisme de contrôle et d'équilibre vis-à-vis de l'individu et de son potentiel à être dévoyé par ses propres intérêts.

Plus important encore, la communauté est une *communauté médiatrice*. Le fait que la rencontre en groupe soit considérée comme nécessaire implique que la vie spirituelle des étudiants manquerait de perspective sans l'encouragement et l'exhortation d'autres étudiants. Ainsi, cette communauté a un caractère *médiateur* à deux niveaux : elle sert de médiateur entre les étudiants (extérieurs) et la pensée chrétienne au sens large et entre les étudiants (chrétiens) et la pensée de l'IFES, « l'histoire sociale et théologique partagée[33] » que ce travail explore. La pratique de l'étude biblique dans l'environnement universitaire fortifie donc les croyances et la communauté. Mais outre les aspects édificateurs et missionnaires de l'étude de la Bible, elle sert également de préparation *au reste de la vie*.

Bielo souligne la valeur d'un engagement dialogique régulier et soutenu : « Il y a quelque chose [de positif] à dire sur le fait de consacrer chaque semaine un temps prolongé et explicite à l'acte de dialogue. Et il y a quelque chose à dire [de positif] sur le maintien de communautés qui donnent la priorité à une conversation ouverte, réflexive et critique[34]. » Une telle tradition dialogique élargit les horizons des individus et les aide à développer les compétences nécessaires à une vie universitaire réussie. Pour que cette dimension soit délibérément encouragée, l'étude de la Bible doit inclure explicitement l'interaction avec les questions académiques dans tous les cas afin d'introduire l'habitude dialogique du raisonnement scripturaire aux questions relatives à l'université.

---

32. Dransfield et Merritt, « "One-Another" Ministry », p. 37.
33. James S. Bielo, *Words upon the Word. An Ethnography of Evangelical Group Bible Study*, Qualitative Studies in Religion, New York, New York University Press, 2009, p. 51-52.
34. *Ibid.*, p. 167.

Pourtant, l'étude de la Bible en groupe n'est pas une panacée non plus. Woods, qui s'inquiète constamment du populisme, prévient que « le grand danger de l'étude en groupe est qu'on la laisse dégénérer en une spéculation stérile où la réaction personnelle – "Il me semble" ou "Je pense" – devient l'autorité plutôt que l'Écriture elle-même[35] ».

La communauté n'a pas seulement une importance synchronique, mais aussi diachronique et géographique. Une telle ouverture exploite le potentiel d'une communauté mondiale pour édifier tous les membres de la « communauté herméneutique » dans laquelle « nous nous enrichissons ensemble, parce que nous intégrons à notre propre compréhension les lectures de ceux qui, parmi nous, ont une histoire différente. Et puisque leur histoire devient une partie de notre héritage, leur perspective "évangélique" avec la "nôtre" se fond dans un évangélique "plus riche"[36] ».

Cette brève exploration du caractère médiateur de la communauté étudiante met en évidence le fait que considérer le « sacerdoce de tous les croyants » comme une clé théologique et missiologique essentielle ne contraint en aucun cas à une approche individualiste de la foi chrétienne. Bien au contraire, les responsables de l'IFES ont toujours insisté sur le fait que la rencontre avec d'autres chrétiens et non-chrétiens est fondamentale pour l'identité et la croissance de chacun en tant que disciple du Christ.

Malgré l'insistance de l'IFES sur le fait que les étudiants doivent être des leaders, l'expérience commune de ses mouvements nationaux est qu'un certain soutien est nécessaire pour que les groupes d'étudiants se maintiennent dans la durée. C'est donc vers le rôle des équipiers que je me tourne maintenant.

Le rôle complexe des équipiers

Les équipiers se situent à l'intersection du ministère de l'Église et du ministère paraecclésial[37]. Ce sont des professionnels, mais souvent sans formation idoine, avec une certaine formation théologique, mais qui ne sont généralement pas ordonnés par leurs dénominations respectives. Ils soutiennent les étudiants, leur dispensent un enseignement et les encadrent dans le développement de leur

---

35. WOODS, *Some Ways of God*, p. 104.
36. NIRINGIYE, « Towards an Understanding of Our Ethos », p. 2.
37. La majeure partie de cette section a été rédigée en pensant aux équipiers des mouvements nationaux. La plupart des observations qui suivent s'appliquent également au personnel régional et international de l'IFES. Voir le chapitre 15 pour des réflexions détaillées sur la notion de « paraécclésial ».

foi et de leur vie chrétienne au cours de leurs années universitaires. Résumant des décennies de philosophie du ministère vers la fin de son mandat, Chua note que

> Depuis notre fondation, nous avons toujours mis l'accent sur les étudiants. Nous croyons que, sous l'autorité de Dieu, les étudiants évangéliques peuvent être des témoins de première ligne pour le Christ sur leurs campus. Les étudiants possèdent des dons et des capacités spirituelles pour gérer leurs groupes et pour s'édifier mutuellement dans la foi. Nous souhaitons expressément que, par cette formation et cet engagement sur le terrain, ces étudiants soient formés comme des leaders. Bien sûr, ils ont besoin des encouragements et de la contribution des équipiers. Mais, dans la tradition de l'IFES, le personnel ne domine pas et ne dirige pas le groupe d'étudiants. Ils agissent en tant que formateurs ou entraîneurs[38].

La description par Chua des différentes fonctions assignées aux équipiers illustre la logique implicite du « sacerdoce de tous les croyants » à l'œuvre dans l'IFES : parce que les étudiants de l'IFES ont une relation directe avec Dieu (*immédiateté*), ils peuvent être des témoins de première ligne (*médiateurs*) du Christ sur leurs campus. Cela se fait dans le cadre de leur *participation* à la communauté IFES ainsi qu'à l'Église. Pour des raisons notamment théologiques, le rôle des équipiers salariés est secondaire. En outre, malgré ses accents universalistes, l'approche de Chua est suffisamment souple pour s'adapter aux variations régionales[39]. On observe ici une préoccupation missiologique pour le développement des étudiants en tant qu'étudiants, qui se traduit par le conseil donné aux équipiers de rester en retrait lors des réunions d'étudiants :

> Certains groupes ont eu le sentiment que la participation excessive des équipiers avait conduit les étudiants à s'asseoir et à laisser la discussion à la personne plus âgée et la plus sage. Les étudiants ont été incités à penser beaucoup plus à discuter entre eux, même s'ils ont apprécié la présence des équipiers et le fait de savoir qu'en cas de difficultés, ils pouvaient toujours se référer à eux pour obtenir de l'aide[40].

---

38. Chua, « The Big Picture », p. 5.
39. Il n'est pas ici le lieu d'explorer les débats sur le leadership et la culture qui ont eu lieu au sein de l'IFES, mais dans l'ensemble, ils sont liés à la mise en œuvre quotidienne de l'approche de leadership étudiant et ne remettent pas en question la validité de l'approche.
40. « Minutes of the North Atlantic Zone Committee of the IFES », Grundtvigs Höjskole, Frederiksborg, Hillerød, Danemark, EC 58 minutes, août 1958, p. 4.

Bien que motivée théologiquement, cette insistance sur le leadership des étudiants s'est également avérée viable dans de nombreux contextes où aucun équipier n'était encore disponible pour coordonner le travail. Cette discussion sur les fonctions des équipiers de l'IFES ressemble étrangement aux questions sur les rôles des titulaires de fonctions dans les Églises. L'analyse d'Éphésiens 4 par Greggs l'amène à affirmer que « les fonctions et les rôles spécifiques de l'Église sont des expressions du service envers le ministère, du service envers les serviteurs. C'est pour le service de l'Évangile dans le monde que l'Église existe, et pour l'équiper pour ce service et ce ministère[41] ». Un tel argument rappelle la ligne de pensée de Kraemer, articulée plusieurs décennies auparavant :

> C'est justement pour permettre aux laïcs de rendre compte de l'espérance et de la foi qui sont en eux que les théologiens doivent rencontrer et renforcer les laïcs. À condition qu'ils se laissent aussi instruire par les laïcs. En effet, les laïcs ne doivent pas être considérés avant tout comme des nécessiteux, des ignorants et des impuissants, mais comme la partie de l'Église qui doit porter le poids de la rencontre avec le monde en elle et autour d'elle, et exprimer et incarner l'importance de l'Église, ou mieux, du Christ, pour l'ensemble de la vie humaine[42].

On pourrait donc affirmer que les équipiers sociaux jouent également le rôle de prêtres auprès du groupe local[43]. Des liens intéressants peuvent être établis entre les tâches des équipiers sociaux contemporains et celles des prêtres de l'Ancien Testament, telles que résumées par Anizor et Voss. Ces fonctions sacerdotales sont le jugement, l'enseignement, la lecture et la bénédiction :

> Les prêtres ont l'honneur d'avoir un accès permanent à la présence du Seigneur dans le sanctuaire, mais ils ont aussi la responsabilité d'offrir des sacrifices au peuple, de l'aider à distinguer le saint du profane et le pur de l'impur, d'enseigner la loi, d'appliquer ses commandements aux diverses circonstances de la vie d'Israël et de bénir le peuple au nom du Seigneur[44].

---

41. Tom GREGGS, *Dogmatic Ecclesiology*, vol. 1, *The Priestly Catholicity of the Church*, éd. Kindle, Grand Rapids, Baker Academic, 2019, p. 142.
42. Hendrik KRAEMER, *A Theology of the Laity*, Philadelphie, Westminster, 1958, p. 113-114.
43. Bien sûr, seulement de manière dérivée. Des liens similaires pourraient être établis avec d'autres ministères décrits dans le N.T., notamment dans Éphésiens 4.
44. Uche ANIZOR et Hank VOSS, *Representing Christ. A Vision for the Priesthood of All Believers*, Downers Grove, IVP, 2016, p. 32.

La partie « discernement » est cruciale à l'université, car les étudiants sont confrontés à de nombreuses idées et concepts nouveaux qui peuvent ou non contredire la foi qu'ils ont professée jusqu'alors. Les responsables de l'IFES ont souvent encouragé l'examen critique de ce que l'université enseigne afin de tout examiner et d'en retenir ce qui est bon[45]. Outre la durabilité organisationnelle, deux préoccupations principales ont été exprimées par les dirigeants de l'IFES : la fidélité théologique et le leadership. À la fin des années 1930, Clowney avait « soutenu que le leadership du personnel serait nécessaire pour empêcher les groupes étudiants de tomber dans l'erreur théologique[46] ». Il a déclaré plus tard dans une interview en 1986 : « J'avais tort. Les étudiants ont effectivement besoin d'instruction et de conseils, mais le leadership se développe là où les étudiants ont une réelle responsabilité de témoignage[47]. »

La fonction d'enseignement est assurée par le grand nombre d'événements de formation de toutes sortes organisés dans le réseau de l'IFES, que ce soit au niveau local, régional, national ou international, et par les réunions régulières en tête-à-tête des équipiers avec les responsables de groupes locaux. Quant à l'application contextuelle, nous avons déjà vu avec quelle force les responsables de l'IFES insistent sur la nécessité de réfléchir à l'enseignement biblique et de l'appliquer à la vie des étudiants et au ministère sur les campus. Équiper les laïcs pour un témoignage et une présence fidèles est donc un acte profondément ecclésial, qui implique également que les laïcs servent les responsables d'églises en les confrontant à des réalités jusqu'alors mal connues. Dans le contexte de l'IFES, l'apprentissage envisagé par Kraemer peut se produire sur deux fronts simultanément. Premièrement, les étudiants rencontrent de nouveaux défis dans leurs universités, dont les équipiers n'avaient pas conscience et qu'ils n'envisageaient pas eux-mêmes. Deuxièmement, grâce à la rencontre de personnes de l'IFES par-delà toutes les frontières, le plus souvent des laïcs, comme nous l'avons vu, de nouvelles questions sont soulevées sur la foi chrétienne telle qu'elle est comprise par la communauté. Comme le résume Flett, « le christianisme mondial ouvre le champ théologique parce qu'il détache le discours d'une concentration singulière sur une histoire restreinte et la gamme de questions qui en découle[48] ».

---

45. 1 Thessaloniciens 5.21.
46. Keith Hunt et Gladys Hunt, *For Christ and the University. The Story of InterVarsity Christian Fellowship of the USA 1940-1990*, Downers Grove, IVP, 1991, p. 71.
47. Cité dans Hunt et Hunt, *For Christ and the University*, p. 71.
48. Flett, *Apostolicity*, p. 245.

Pourtant, l'IFES était traditionnellement sceptique à l'égard de la formation théologique formelle, pour des raisons historiques examinées plus haut dans cet ouvrage. Ces réserves s'appliquaient également au personnel de l'IFES. L'idée qui prévalait souvent, résumée par Lowman, était que « le personnel à plein temps de l'IFES est généralement composé de personnes qui ont déjà "appris leur métier" en tant que membres actifs et efficaces d'un groupe d'étudiants, puis en tant que collaborateurs de leur mouvement national[49] ». Malgré cette situation apparemment satisfaisante, les mouvements nationaux et la direction de l'IFES manifestent très tôt leur intérêt pour la formation théologique des membres de leur personnel. Le SG Chua était conscient que les besoins théologiques – notamment ceux qui n'étaient pas précisément définis – augmentaient au sein de l'IFES. Formulant ces besoins en fonction du contexte général, il suggère donc ce qui suit,

> Compte tenu de la confusion du climat philosophique, ecclésial et théologique de notre époque, il est presque « indispensable » que tous nos mouvements aient leurs propres théologiens. Ce sont des hommes qui pourraient conseiller les étudiants, les diplômés et le personnel sur les tendances actuelles de la pensée et les aider à les considérer dans une perspective biblique[50].

Le débat s'articule rapidement autour de la notion quelque peu insaisissable d'« amélioration de la qualité du personnel[51] ». Pour ce faire, un modeste programme de bourses d'études pour le personnel de l'IFES désireux de suivre des études théologiques ou du moins une formation continue est mis en place. Ce programme est approuvé par le CE, d'abord à contrecœur, puis avec plus d'enthousiasme. Conformément à ses origines non-liturgiques, l'IFES n'a jamais considéré qu'une formation théologique formelle était indispensable, pas même pour son plus haut responsable.

Enfin, la partie *bénédiction* du ministère du prêtre se déroule de deux manières. Premièrement, un équipier – ou une équipière ! – prie pour le groupe local et ses responsables. Deuxièmement, lorsque les étudiants se rencontrent pour fraterniser et s'encourager mutuellement dans leur expérience de foi, cela peut se produire en présence d'un équipier. Cependant, cela se produit également entre les étudiants, qui sont des prêtres les uns pour les autres :

---

49. LOWMAN, *The Day of His Power*, p. 366.
50. CHUA Wee Hian, « The Next Four Years », *IFES Journal* 25, no. 3, 1971, p. 9.
51. « Minutes of the Meeting of the Executive Committee of the IFES », Charney Manor, Oxon, Angleterre, 28 septembre au 3 octobre 1977, p. 17, IFES e-archives.

« Nous examinerons les moyens par lesquels les étudiants peuvent exercer un soin pastoral les uns envers les autres au sein du groupe d'étudiants. Ce commandement de Jésus nous semble être le fondement d'une telle attention[52]. »

Synthèse partielle

À travers ce bref aperçu des principales activités des groupes de l'IFES, certes synthétique et qui ne peut tenir compte de toutes les variations régionales, nous avons montré que le « sacerdoce de tous les croyants » peut fonctionner comme un cadre théorique utile pour comprendre le travail de l'IFES. En tant qu'organisation missionnaire, elle se concentre d'abord sur le témoignage, compris comme une *médiation* de l'Évangile à d'autres personnes qui ne le connaissent pas encore. Partager l'Évangile est une activité intensément spirituelle qui repose sur la relation *immédiate* de l'individu avec Dieu, nourrie par une prière individuelle et communautaire régulière. La lecture de la Bible est un autre point fort des groupes IFES. Ces groupes sont dirigés par des étudiants ; la conviction sous-jacente est qu'un accès *immédiat* à l'Écriture est possible pour tout étudiant laïc souhaitant la lire. Cette lecture est censée se faire individuellement et dans le contexte de la communauté à laquelle l'étudiant IFES *participe*, en plus d'une Église locale. Les groupes locaux sont soutenus par les équipiers de l'IFES qui jouent également, bien que de manière secondaire, une sorte de rôle de *médiateur* entre l'organisation et le groupe local et la tradition de l'Église. Aider les étudiants à développer leur discernement chrétien, leur dispenser un enseignement et les bénir sont des actions étroitement liées aux fonctions *sacerdotales*.

Ce parcours laisse des questions importantes en suspens. Si un groupe IFES fonctionne comme une communauté chrétienne sur le campus, nous devons nous interroger sur le *caractère ecclésial* d'un groupe IFES : que faire de la *double appartenance* des étudiants au groupe local et à l'Église locale, et, plus largement, à l'Église universelle ? En outre, malgré l'engagement exprimé en faveur de l'*immédiateté* de la lecture de la Bible, une communauté locale encadre la manière dont l'individu progresse dans sa compréhension du texte biblique. Cependant, cet encadrement peut aussi fonctionner comme une *médiation* de la tradition herméneutique reçue. S'agit-il de *fonctions sacerdotales* ? Aucune de ces questions n'est rapidement résolue, mais au fil des ans, l'IFES a développé un corpus croissant d'approches que nous allons maintenant passer en revue.

---

52. DRANSFIELD et MERRITT, « The "One-Another" Ministry », p. 37.

Partie 3

Réflexion ecclésiologique et missiologique dans l'IFES

11

Une base solide

> Nous croyons que Dieu nous a confié la foi évangélique historique basée sur l'enseignement des apôtres, et nous ne nous permettons aucun compromis en matière de doctrine[1].

Après avoir survolé l'histoire de l'IFES dans la première partie, et exploré les principales activités des groupes locaux dans la deuxième partie, je me tourne maintenant vers les réflexions ecclésiologiques et missiologiques au sein de l'IFES. Comme je l'ai dit plus haut, la théologie de l'IFES s'est développée principalement « sur le tas », au fur et à mesure que les étudiants et le personnel exerçaient leur ministère dans divers contextes. Néanmoins, comme l'IFES s'est souvent définie par sa conformité aux normes doctrinales, elle a développé une réflexion théologique et missiologique substantielle. Le premier exemple est celui d'une base doctrinale comme texte directeur essentiel. Cette base présuppose que les croyants ont la capacité *immédiate* de lire par eux-mêmes que l'Écriture dit essentiellement ce que la base affirme qu'elle dit. Cependant, la base doctrinale pose également des questions sur le contexte et l'endogénéité : comment un document aussi centralement défini peut-il servir une communauté répandue dans le monde entier qui met un point d'honneur à respecter les responsables locaux ? En outre, la base présuppose la *participation* à une Église de croyants ou une attitude personnelle proche d'une telle ecclésiologie.

Une analyse approfondie des réflexions qui mûrissent peu à peu au sein de l'organisation montre un consensus croissant sur le fait que les expériences missiologiques recueillies sur le terrain ouvrent la voie à une *ecclésiologie missionnaire* en accord avec les prémisses du travail de l'IFES. Je souhaite montrer qu'une telle *ecclésiologie missionnaire* s'est développée au sein de la communauté pendant des décennies, comme l'illustre un échantillon de

---

1. ADENEY, « Student Work in Southeast Asia », p. 8.

quelques voix éminentes et représentatives de quelques équipiers de l'IFES qui ont beaucoup écrit. La théologie du « sacerdoce de tous les croyants » que je propose dans cet ouvrage n'est pas explicitement articulée dans les documents de l'IFES. Pourtant, les réflexions ecclésiologiques et missiologiques que j'examine ici sont les éléments constitutifs d'une telle proposition théologique constructive.

Genèse de la base doctrinale

> Lorsque nous retraçons l'origine de nos mouvements membres, nous découvrons qu'ils doivent leur existence au fait que des croyants chrétiens, étudiants et responsables étudiants, ont pris au sérieux leur position doctrinale[2].

Les archives de l'IFES ne documentent pas tous les détails de la genèse de la BD. Les premiers comptes-rendus de 1946 notent que certaines modifications ont été apportées à une proposition originale, mais la « proposition originale » n'existe pas dans les archives. La correspondance à laquelle il est fait allusion dans les comptes-rendus n'est pas conservée non plus. L'hypothèse la plus probable est que Johnson a essentiellement suggéré de reprendre la base doctrinale britannique de l'IVF, et a demandé aux délégués d'apporter des amendements et des suggestions.

Johnson se souvient que la BD de l'IVF était une œuvre commune de membres des London Christian Unions et de diplômés du London College of Divinity[3]. Ce groupe, qui n'était pas composé uniquement de laïcs, s'est appuyé sur les déclarations doctrinales existantes telles que les Trente-Neuf Articles anglicans, la Confession de Westminster et surtout la base doctrinale de l'Alliance évangélique. Mais elle a également utilisé les documents produits par la London Women's Inter-Faculty Christian Union. Ainsi, dès le début, les femmes ont eu leur mot à dire en matière de doctrine dans la vie de leur association et ont contribué à la mise en place de garanties doctrinales, tout en insistant pour qu'elles soient signées par les membres.

Après de longues discussions, le document est peaufiné et devient la base de l'IVF Grande-Bretagne nouvellement créée en 1928. La base de l'IVF est reprise mot pour mot par la conférence de Beatenberg en 1936[4]. C'est aussi probablement

---

2. Carl F. Wisløff, « The Doctrinal Position of the IFES », *IFES Journal* 3, 1963, p. 2.
3. Voir son récit détaillé dans Johnson, *Contending for the Faith*, p. 109-114, 127.
4. Pierre de Benoît et al, sous dir., « Invitation à la Conférence internationale de 1936 à Beatenberg, Suisse », 1936, BGC #193.

l'original auquel le compte-rendu de 1946 fait référence. Finalement, au cours des conférences menant à la fondation officielle en 1947, une révision finale combinant des éléments de la constitution de 1935 de l'International Conference of Evangelical Students et de la BD de l'IVF est approuvée dans le cadre du projet de constitution de l'IFES. Les premiers comptes-rendus de l'IFES font état de beaucoup plus de débats sur la structure du mouvement à créer que sur la forme de la base doctrinale, ce qui indique que les partenaires étaient essentiellement d'accord sur ces points. Dans ce qui suit, je me concentre sur l'analyse de la compréhension de la BD par l'IFES elle-même.

Encore un credo ? Justifier la base doctrinale

> S'ils [les principes doctrinaux] existent, c'est que nous sommes convaincus que la vérité divine, révélée dans la Bible, peut se communiquer malgré la fragilité du langage humain par un enseignement dans la puissance du Saint-Esprit. Elle peut être connue et reçue pour le salut et la sanctification par un éclairage du même Saint-Esprit[5].

On a beaucoup écrit sur les fonctions et les rôles des crédos et des déclarations de foi des différentes organisations au cours de l'histoire de l'Église[6]. Woods souligne le rôle le plus crucial de la base doctrinale : « L'IFES ne considère pas sa base de foi comme un étendard à hisser au sommet d'un mât, mais plutôt comme une ancre, qui, bien qu'invisible, empêche un navire de dériver sur les rochers[7]. »

Comme nous le verrons, le récit de l'IFES abonde en références à la BD qui est vue comme ayant protégé le mouvement contre vents et marées. Alors que l'organisation était sur le point de célébrer ses trente ans d'existence, le successeur de Woods insiste sur ce point : « Cette base de foi est destinée à servir d'ancre, en particulier lorsque les courants théologiques contemporains

---

5. Hans Bürki, *Fonder sa foi*, coll. Points de repère, Lausanne, Presses Bibliques Universitaires, 1978, p. 13. L'original anglais est Hans Bürki, *Essentials. A Brief Introduction for Bible Study Based on the Doctrinal Basis of the International Fellowship of Evangelical Students*, Londres, IFES, 1975, p. 11.
6. Pour une analyse complète, voir Jaroslav Pelikan, *La tradition chrétienne. Histoire du développement de la doctrine. 4 volumes*, Paris, Presses Universitaires de France, 1994.
7. Woods, « IFES History Draft », chap. 2, p. 14. Johnson raconte également l'histoire du professeur d'anatomie écossais et ancien volontaire de la marine Duncan Blair qui avait l'habitude de dire à propos de la signature de la BD : « Je considère cela comme le fait de hisser mon enseigne à la tête du mât afin de montrer à qui appartient mon allégeance. » Johnson, *Contending for the Faith*, p. 156.

cherchent à balayer les chrétiens évangéliques de leur confiance et de leur position ferme sur la révélation autorisée de Dieu par Jésus-Christ et par les Écritures[8]. »

Le statut ecclésiologique de la base doctrinale et sa relation avec les confessions de foi ecclésiales ont été très tôt un sujet de discorde pour les critiques de l'organisation, notamment les dignitaires de l'Église : « Pour un organisme, publier une base doctrinale signifie qu'il s'érige en une nouvelle Église. S'il tient vraiment à la foi historique, le Credo des Apôtres et le Credo de Nicée devraient suffire[9]. » À l'inverse, les pionniers de l'IFES soulignent fréquemment qu'ils « n'ont jamais pensé qu'une telle déclaration remplaçait de quelque manière que ce soit les credos historiques de l'Église[10] ». Woods repousse l'accusation de schisme en faisant appel aux nécessités de la mission de l'IFES et à ses défis, notamment ceux du contexte universitaire et de sa réticence à prendre au sérieux la théologie évangélique. Pourtant, si les rédacteurs de l'IFES affirment régulièrement que leur BD n'est pas un credo mais « simplement un ensemble de doctrines convenues pour un témoignage commun », ils font néanmoins appel à la fonction des credo historiques pour expliquer les objectifs et la fonction de la BD. C'est notamment le cas de l'adhésion *ex animo* qui est espérée des membres de l'IFES : « Comme les grands credo et confessions de l'Église, la base doctrinale ne prend son sens et son dynamisme que lorsque ses énoncés sont étudiés, interprétés et appliqués avec enthousiasme[11]. »

L'argument de l'IFES peut être résumé ainsi : historiquement, les Églises ont toujours réagi aux défis de leur temps en publiant des résumés de la foi. Ce n'est pas une nouveauté de publier une base doctrinale pour répondre aux défis identifiés qui se posent à un moment donné. La BD de l'IFES ne fait pas exception : elle répond aux défis du jour mais, surtout, elle ne propose aucune nouvelle doctrine ni rien qui soit en contradiction avec les anciens credo dans la lignée desquels elle est rédigée. En outre, le préambule de la BD stipule que « la base doctrinale de la communauté sera constituée des vérités fondamentales du

---

8. CHUA, « Foreword », dans BÜRKI, *Essentials*, p. 7. Cette phrase n'est pas traduite dans la version française.
9. Ronald Owen HALL, « A Circular Letter from the Bishop to All Clergy to Be Discussed with Anyone Concerned with the FES », 1963, IFES e-archives, EC 1963 papers. Hall avait travaillé avec le SCM britannique avant sa nomination à Hong Kong. La lettre a été écrite dans le contexte du refus de Hall de laisser John Stott diriger une mission universitaire dans son diocèse. Ils se sont réconciliés par la suite.
10. WOODS, « IFES History Draft », chap. 2, p. 13.
11. CHUA, « Foreword », p. 7.

christianisme, *y compris*...¹² », ce qui implique que la base ne prétend ni remplacer aucun credo, ni être exhaustive. Enfin, puisque l'IFES ne se considère pas comme une Église mais comme un groupe à vocation spécifique, le fait qu'un noyau de convictions doctrinales constitue la base d'actions communes ne suffit pas à rendre la communauté passible de l'accusation de schisme.

Un point de ralliement et une borne frontière

> Notre insistance sur la base doctrinale est peut-être la caractéristique la plus spécifique de l'IFES qui a été identifiée dans certains pays. Dans d'autres, c'est l'exigence de conversion personnelle et les disciplines d'une vie spirituelle profonde au niveau personnel et communautaire. Partout dans le monde et malgré les variations locales, le « culte personnel » fait partie de la tradition de l'IFES, et l'évangélisation est conçue comme un moyen d'amener les gens, tôt ou tard, à faire l'expérience d'un engagement personnel envers Jésus-Christ¹³.

Même pour quelqu'un qui est généralement identifié comme un réformateur au sein du monde évangélique, la BD est dans ces mots clairement présenté par Escobar comme un point de ralliement.

Nous avons montré à quel point l'IFES est convaincue que l'unité doctrinale est primordiale. Il est également important de le souligner dans le contexte de la discussion sur les frontières – comprises aussi au sens figuré de délimitations. À une époque où l'organisation connaissait une expansion géographique importante, Barclay juge nécessaire de souligner en 1989 que « nous avons déjà vu qu'essayer d'unir les gens sur une autre base que la vérité, c'est s'exposer au désastre. Mais la grande force de l'IFES est qu'elle permet aux gens de traverser les frontières confessionnelles, nationales et raciales en raison de son engagement premier envers la vérité biblique¹⁴ ». Il est remarquable que cette affirmation soit à la fois positive et négative : négative, car visant à empêcher tout mouvement œcuménique significatif ; mais positive, dans sa croyance sous-jacente que la « vérité » sera le point de ralliement des évangéliques de bonne volonté du monde entier, quelles que soient les différences culturelles.

---

12. « Constitution », 1947, clause 4.
13. Escobar, « Our Evangelical Heritage », p. 8.
14. Barclay, « Guarding the Truth », p. 32.

S'engager en signant

D'un point de vue organisationnel, il n'a jamais été considéré comme suffisant dans les cercles de l'IFES d'avoir une base doctrinale dans le tiroir de son secrétaire général. C'est pourquoi, dès les premières années de l'organisation, et conformément à la coutume en Grande-Bretagne, on demande aux personnes aspirant à devenir membres ou à occuper des postes de responsabilité d'exprimer leur accord en signant la base doctrinale. En cela, la tradition occidentale, juridique, est évidente, et l'on peut se demander si la pratique de la signature d'un document est toujours contextuellement pertinente, surtout dans le cas des cultures orales. Ainsi, tout en tenant pour acquis la manière habituelle de signaler son engagement par écrit, le commentaire officiel de Bürki prévoit la possibilité d'un assentiment uniquement oral :

> En apposant ma signature en bas des principes doctrinaux, j'atteste être parvenu à la conviction qu'ils résument des doctrines fondamentales de la révélation biblique que je désire confesser et pratiquer par la foi. Cette déclaration peut, bien entendu, être faite oralement devant d'autres si l'on hésite à signer un papier. Dans tous les cas, il est essentiel d'être personnellement convaincu de leur vérité par l'étude directe de l'Écriture, en cherchant à être éclairé par le Saint-Esprit qui révèle Jésus-Christ[15].

Cette pratique de la signature d'une déclaration n'est cependant pas restée incontestée. Comme souvent, Bürki fait appel à la pratique historique : « Certains chrétiens ont demandé s'il était nécessaire ou même biblique de souscrire *ex animo* à la base doctrinale. Dans l'Église primitive, à chaque culte de baptême, ceux qui devaient être baptisés avaient reçu une instruction catéchétique sur l'Évangile et ils confessaient leur foi publiquement[16]. »

Si la direction de l'IFES encourage fortement l'assentiment à la base doctrinale de la part des leaders étudiants, il est également clair que l'adhésion

---

15. Bürki, *Fonder sa foi*, p. 21.
16. Bürki, *Essentials*, p. 19. (Cité ici d'après l'original en anglais). La pratique de la signature de la BD est si importante pour lui qu'il est prêt à signer la BD « dans le dos » d'un leader étudiant, à condition qu'il soit essentiellement d'accord. En 1962, lors d'une réunion du conseil d'administration du GBEU Suisse, Bürki fait pression pour que cette pratique devienne une politique. Les débats sont longs et tendus et Bürki se demande : « Pourquoi ne serait-on pas prêt à signer ? Si un jeune n'accepte pas de signer, même s'il est d'accord avec les points fondamentaux, nous pouvons signer pour lui et l'inscrire dans notre registre. C'est la base, non seulement doctrinale, mais aussi de notre travail. » « Compte-rendu de l'assemblée annuelle du Conseil des GBEU de Suisse romande ; Discussion du soir », Vennes-sur-Lausanne, 24 février 1962, p. 12, Conseil&Co. 1957-62, Archives GBEU Suisse.

signée n'est pas considérée comme suffisante. En témoignent les termes prudents de Woods selon lequel

> le simple fait de souscrire à une position doctrinale est donc insuffisant. Le simple fait d'appartenir à une association doctrinalement correcte est tout à fait insuffisant. L'étudiant lui-même doit avoir des connaissances doctrinales – pour lui-même, il doit connaître la vérité, car c'est par ce seul moyen qu'il peut trouver son chemin dans le labyrinthe de la vie sur terre et être libéré pour servir son Seigneur dans l'obéissance et la fécondité[17].

Nous avons remarqué précédemment que les considérations éthiques ne sont pas explicites dans la BD ; elles sont cependant implicites, et Woods montre ici qu'il est conscient qu'un enseignement supplémentaire est probablement nécessaire. Un motif intéressant émerge de cette observation : il s'agit de la conclusion à laquelle la direction de l'IFES a dû arriver au cours des années suivantes – que la BD n'est pas toujours suffisante dans sa fonction de marqueur de limites et de point de ralliement.

Le dernier domaine dans lequel les personnes liées à l'IFES sont censées signifier leur assentiment à la base doctrinale – même si elles l'ont très probablement fait bien plus tôt dans leur *cursus honorum* au niveau national et éventuellement régional – est celui de leur entrée en fonction au niveau international. En plus de l'approbation de l'employé potentiel par son secrétaire général national, le CE « recevra de l'équipier proposé à l'engagement les réponses à un questionnaire qui portera sur les convictions chrétiennes, les qualifications académiques et les perspectives générales. Dans tous les cas, il y aura acceptation *ex animo* de la base doctrinale de l'IFES[18] ».

À l'intersection de l'accord personnel et de l'assentiment organisationnel se trouve la pratique de l'IFES consistant à renouveler l'expression de l'allégeance aux principes doctrinaux. Cela se produit au moins à deux occasions. Premièrement, que ce soit oralement ou par signature, les membres individuels du CE sont invités à signifier leur accord avec la base au début de la réunion annuelle du comité, comme l'indiquent les archives de ces réunions. Deuxièmement, et plus rituellement peut-être, on demande aux délégués, au début de chaque réunion quadriennale de l'assemblée générale, « d'exprimer leur accord total avec la

---

17. C. Stacey Woods, « Take Heed unto Doctrine », *IFES Journal* 1, 1955, p. 16.
18. « Minutes of the Meetings of the Executive Committee of the IFES. Session I », Institut Emmaüs, Vennes-sur-Lausanne, Suisse, 10 août 1948, p. 7, BGC Box #193.

base doctrinale de la foi en se levant[19] ». Le rôle du président du comité est régulièrement mentionné dans les comptes-rendus : « Le professeur Wisløff a ensuite lu la base doctrinale de l'IFES, dont il a souligné l'importance, en insistant sur le fait qu'il ne s'agissait pas d'une simple formalité. Il a ensuite invité toutes les personnes présentes à se lever, indiquant leur plein accord avec ces principes de foi[20]. »

Il convient de noter que ce rituel de renforcement est le point culminant d'une cascade d'affirmations de la BD. Comme nous l'avons vu, tous les membres du comité exécutif de l'IFES sont tenus d'affirmer la BD lors de leur processus de recrutement ; il en va de même pour toutes les autres personnes qui occupent des fonctions diverses ou sont employées de l'IFES. Si les individus sont invités à signer la BD pour signifier leur accord – et donc leur engagement à un certain degré de conformité doctrinale – on attend également la même chose des mouvements nationaux membres. Par conséquent, la constitution de 1947 exige que les BD de toutes les organisations membres de l'IFES soient équivalentes à ceux du mouvement : « Par Unions évangéliques nationales, il faut entendre uniquement les unions évangéliques qui (i) sont représentatives des étudiants de niveau universitaire d'une nation entière et en tirent leurs membres et (ii) *ont une base doctrinale équivalente à la base doctrinale de l'association*[21]. » Par conséquent, on peut supposer que la plupart des délégués à toute assemblée générale auraient déjà signifié leur accord avec la base doctrinale par leur participation à un mouvement national.

Si l'élaboration d'une politique d'organisation au sein d'un groupe de responsables d'églises relativement proches en 1947 n'a pas été sans difficultés, il est clair qu'il n'était pas possible d'envisager à l'avance tous les développements potentiels qui accompagneraient l'élargissement du mouvement à de nombreux autres pays. Les exigences doctrinales ne suffiraient pas toujours, comme l'a montré l'énigme autour de la question de l'existence de plusieurs mouvements étudiants évangéliques dans un pays/état-nation donné tout au long de l'histoire de l'IFES.

Le CE note en 1988 que « la Constitution implique que la seule raison de la division entre les mouvements étudiants chrétiens dans un pays donné est d'ordre théologique[22] ». Ceci est conforme à la primauté de la doctrine que nous avons notée dans de nombreux cas. Toutefois, les réalités historiques ne

---

19. « Minutes of the First Meeting », 1947, p. 1.
20. « Minutes of the Meeting of the Seventh General Committee », 1967.
21. « Constitution », 1947, clause 12a.
22. « Minutes of the Meeting of the Seventh General Committee », 1988, p. 5.

tiennent pas nécessairement compte de la seule doctrine. Ainsi, le même CE observe également que « historiquement, l'IFES a toujours accepté la position selon laquelle certains groupes d'étudiants ne peuvent souscrire à une base de foi évangélique. Cependant, ils reconnaissent également qu'il existe des différences culturelles, linguistiques et politiques distinctives qui peuvent signifier l'existence de plus d'un mouvement étudiant évangélique dans un pays donné[23] ».

La situation devenait beaucoup plus complexe que l'opposition initiale aux groupes affiliés à la FUACE, dont la pertinence pour ne pas se conformer aux principes de la foi évangélique pouvait être écartée. La question ne pouvait jamais être résolue d'une manière qui respecterait la lettre de la Constitution, et c'est pourquoi le comité de 1988 décide « de ne pas proposer de modifier la Constitution pour n'autoriser qu'un seul mouvement par nation, car cela signifierait, pour commencer, la désaffiliation de mouvements de trois pays[24] ». Ceci fait suite à la modification apportée en 1963 à la Constitution et qui stipule que « l'assemblée générale internationale aura le pouvoir, à sa discrétion, d'affilier une association régionale de mouvements d'étudiants couvrant plus d'un pays comme s'il s'agissait d'une Union évangélique nationale[25] ». Cela a suffi pour faire face aux situations de l'Irlande, de l'Afrique du Sud, des territoires français d'Outre-mer, du Soudan, du Nigeria et d'Israël, pour ne citer qu'un échantillon représentatif.

Dire que l'IFES, en tant que fédération internationale, exige que ses mouvements membres aient une base doctrinale conforme ne relève pas nécessairement du colonialisme doctrinal. Dans un compte-rendu de la Conférence sud-américaine des étudiants de Cochabamba en 1958, où les mouvements nationaux d'Amérique latine sont passés sous l'égide de l'IFES, le missiologue et défenseur de la théologie contextuelle Samuel Escobar rappelle que

> lors des séances de travail, les délégués ciselaient avec attention et en suivant une procédure parlementaire minutieuse la base doctrinale sur laquelle le travail allait se développer. Parfois, deux lignes de compte-rendu résumaient deux heures de discussions animées. Par exemple, quelle était la meilleure façon d'exprimer

---

23. *Ibid.*
24. *Ibid.* Les pays en question étaient la Belgique, le Canada et la Suisse, avec deux mouvements dans chaque cas, séparés par des lignes linguistiques. Il convient de noter qu'au moment de la fondation de l'IFES, les mouvements suisses (membres fondateurs de l'IFES), bien que fonctionnant techniquement séparément, avaient un secrétaire général commun (Hans Bürki) et étaient considérés comme un seul mouvement. La scission complète et officielle a eu lieu en 1962, même si les deux mouvements sont membres conjoints de l'IFES.
25. « Minutes of the Meeting of the Sixth General Committee », 1963, p. 19.

notre conviction unanime que la justification par la foi est essentielle à notre message ? L'IFES nous présentait sa Base de la foi comme une proposition : c'est par cette discussion qu'elle est devenue *la nôtre*. [...] Les délibérations sur le nom de la conférence, la formulation des objectifs et la base doctrinale étaient en réalité un exercice d'expression de la réalité de ce qu'étaient déjà les groupes représentés[26].

Ce souvenir personnel souligne que, malgré les questions relatives à la possibilité théologique qu'une déclaration doctrinale soit universellement valide, la BD de l'IFES a effectivement été reconnue dans de nombreux contextes.

Quant au positionnement institutionnel de l'IFES vis-à-vis d'autres organisations similaires, nous y reviendrons plus loin[27], mais notons au passage que si, à cet égard également, la BD est le principal instrument de l'IFES pour empêcher ses organisations membres de faire partie d'autres organismes similaires, rien dans la base elle-même n'empêche un individu d'entretenir des allégeances extérieures[28].

Marquer des frontières

Alors que la base doctrinale joue le rôle d'une borne pour les « responsables » dans les groupes locaux ou dans la direction d'un mouvement national[29], elle ne devrait jamais empêcher la participation aux réunions régulières d'un groupe d'étudiants donné, qui a, après tout, un but missionnaire. Hammond, conscient des variations contextuelles, précise que « l'adhésion aux Unions Chrétiennes est ouverte à toute personne qui affirme sa foi en "Jésus-Christ comme mon Sauveur, mon Seigneur et mon Dieu" ou – puisqu'il existe certaines différences d'expression locales – toute autre courte déclaration de foi en usage[30] ». La justification de la limitation de l'adhésion officielle à ceux qui affirment la BD est une question de pouvoir : l'exigence d'affirmer la base doctrinale fonctionne

---

26. Cité dans Lowman, *The Day of His Power*, p. 196.
27. Voir le chapitre 4.
28. Bruce, « The Student Christian Movement and the Inter-Varsity Fellowship », p. 152.
29. En ce qui concerne les pratiques nationales, on suppose qu'elles suivent généralement le même modèle, compte tenu de l'orientation missionnaire censée convenir à un mouvement IFES.
30. T. C. Hammond, *Evangelical Belief. A Short Introduction to Christian Doctrine in Explanation of the Doctrinal Basis of the Inter-Varsity Fellowship*, Londres, IVF, 1935, p. 10.

comme une sorte de « clause dérogatoire » théologique. Lowman résume ainsi les questions en jeu :

> L'importance accordée à l'étude de la Bible à tous les niveaux, combinée aux garanties constitutionnelles obligeant les responsables à s'engager en faveur de la base doctrinale, a eu tendance à produire un environnement dans lequel les responsables étudiants ne s'éloignent pas de la vision originale, mais sont au contraire imprégnés des Écritures et entendent la voix de Dieu dans leur prise de décisions[31].

Il est évident qu'attribuer un rôle aussi important à la sélection des membres présuppose de comprendre que l'unité repose d'abord sur un accord théologique. Pour reprendre les termes de Barclay, « essayer d'unir les gens sur une autre base que la vérité, c'est s'exposer à un désastre[32] ». Aucune disposition n'est prise pour que les étudiants « appartiennent avant de croire », du moins pas dans une quelconque capacité de direction[33].

Cette sélection des membres ne s'applique pas seulement aux individus dans les mouvements nationaux, mais aussi aux mouvements nationaux eux-mêmes pour l'adhésion à l'organisation. Brown, le « théologien en chef » de l'IFES, note avec un soulagement évident que

> les déclarations doctrinales des mouvements membres de l'IFES sont tout aussi explicites, sinon plus. La raison en est celle déjà suggérée : à notre époque, la fiabilité de l'Écriture Sainte est sévèrement attaquée, et elle doit donc être affirmée et vigoureusement défendue. Il est important de voir qu'elle est attaquée à l'intérieur des cercles « chrétiens » et même évangéliques, car si elle n'était attaquée que de l'extérieur par des athées, des humanistes et des radicaux théologiques avoués, cela nous préoccuperait moins[34].

---

31. Lowman, *The Day of His Power*, p. 357.
32. Barclay, « Guarding the Truth », p. 32.
33. Grace Davie a popularisé le concept de « croire sans appartenir » pour décrire la perception de la foi par le grand public au Royaume-Uni depuis 1945. Voir Grace Davie, *La religion des Britanniques. De 1945 à nos jours*, original anglais 1994, Genève, Labor et Fides, 1996. L'idée d'« appartenir avant de croire » décrirait une situation dans laquelle un individu est accueilli dans un groupe d'étudiants afin d'y prendre des responsabilités (limitées) avant même d'avoir décidé de s'engager dans la foi chrétienne, obtenant ainsi une sorte d'« essai » de ce que signifie être chrétien.
34. Harold O. J. Brown, « The Inspiration and Authority of Scripture », *IFES Journal* 23, no. 2, 1970, p. 20.

Ce que les mots de Brown clarifient, c'est que le besoin perçu d'élever la BD au rang de borne incontournable de l'IFES est né d'un désaccord *entre chrétiens* bien plus que d'un désir de séparer la fraternité d'influences ouvertement séculaires. Comment expliquer autrement la stipulation constitutionnelle extrêmement stricte selon laquelle « l'assemblée générale internationale et le comité exécutif international peuvent organiser des activités conjointes au nom de l'association uniquement avec les organisations religieuses dont la base de la foi et les objectifs sont équivalents à ceux de l'association[35] » ?

Outre la réticence évidente à l'égard de toute idée de co-belligérance au niveau institutionnel avec une autre organisation poursuivant des buts similaires, le plus frappant dans cette clause est qu'elle pourrait être lue comme autorisant des activités conjointes avec des organisations non religieuses, car la question d'une base doctrinale équivalente ne se poserait pas. Cependant, étant donné l'accent mis sur le rassemblement d'individus dans un *but commun*, il semble très peu probable que les rédacteurs de la constitution aient envisagé que l'IFES s'engage dans des activités – de justice sociale, par exemple – avec des organismes non religieux. Cela ne doit pas être interprété comme une opposition fondamentale à d'autres activités, mais cela est conforme aux exigences de brièveté pour un texte comme une constitution. Puisque « rien de ce qui est contenu dans cette Constitution ne donnera le pouvoir à la communauté de contrôler de quelque manière que ce soit les activités des Unions évangéliques nationales qui resteront autonomes[36] », rien n'empêcherait un mouvement national de s'engager dans une collaboration avec d'autres organismes, y compris religieux.

Garder le dépôt de la foi

> L'une des métaphores favorites de Paul pour décrire cette responsabilité de transmettre l'essentiel de la tradition est celle de garder le « dépôt » (ἡ παραθήκη). La référence dans 1 Timothée 6.20 pourrait être traduite avec précision par « Timothée, garde le dépôt »[37].

Bien que l'IFES soit historiquement plus récente sur la scène des mouvements étudiants que les mouvements SCM, par exemple, l'idée d'être en quelque sorte placée de manière unique pour *servir de médiateur* du christianisme classique

---

35. « Constitution », 1947, clause 9.
36. « Constitution », 1947, clause 11.
37. Hammond, *Evangelical Belief*, p. 48.

auprès du monde chrétien et non chrétien a été fondamentale tout au long de l'histoire de l'organisation. De la même manière qu'Israël était le dépositaire des promesses et des bénédictions de Dieu pour les nations, l'IFES a nourri l'idée qu'elle avait le même rôle pour les campus universitaires du monde entier. Faisant sien l'argument d'un discours prononcé par Lloyd-Jones en 1961 au sein du mouvement anglais, Johnson avertit le lectorat de l'IFES qu'

> il n'y a pas de garantie inhérente que l'IVF ne se trompera jamais ou ne sera pas déviée. La vigilance éternelle est le prix de la liberté, et la vigilance éternelle est la seule garantie de la sécurité de l'IVF comme, d'ailleurs, de toute l'Église chrétienne. On ne peut pas vivre dans le passé. Vous pouvez en remercier Dieu, mais vous devez aussi en tirer des leçons. La plus importante de ces leçons est la nécessité vitale d'une vigilance continue et permanente, de peur que nous ne devenions quelque chose qui soit la négation de ce que nous étions au début et de ce que, par la grâce de Dieu, nous avons été au cours des années[38].

Le premier aspect du discours de l'IFES est résolument théologique. Suivant les pas de son mentor et commentant 1 Timothée 6.20 et 2 Timothée 1.14, Johnson souligne la compréhension de l'IFES de l'importance d'un « dépôt de la foi » qui doit être préservé :

> La majorité des exégètes s'accordent à dire qu'il s'agit du « dépôt de la foi », que l'on peut aussi assimiler à la « forme des saines paroles » ou au « schéma du sain enseignement » de la deuxième épître. [...] Il est clair que la religion des premiers disciples de notre Seigneur a résisté à toute influence ou forme de développement qui n'était pas en harmonie avec ces doctrines fondamentales[39].

Malgré l'exactitude exégétique de cette position, il y avait un profond souci parmi les premiers responsables de conserver quelque chose qui pourrait autrement se perdre[40]. Même si Johnson et ses collègues mettent l'accent sur le leadership des étudiants, ces derniers ne sont pas considérés comme ayant une grande influence sur la manière dont le « dépôt de la doctrine » est compris. Leur rôle est de témoigner de ce message auprès des non-chrétiens et de transmettre le rôle de gardiens de la foi à la prochaine génération d'étudiants.

---

38. Johnson, *A Brief History*, p. 98.
39. *Ibid.*, p. 101.
40. Les forces combinées de la sécularisation et de la décolonisation, qui ont marqué plusieurs périodes de l'histoire de l'IFES, pourraient, en partie, expliquer cette anxiété.

L'une des conclusions logiques d'une telle conception théologique est que l'IFES cherchera des dirigeants qui garderont le dépôt *conformément à la conception reçue*[41]. Cette conception de la formation des dirigeants en tant que « transmission » a déterminé la manière dont l'IFES a conçu ses programmes, fixé ses priorités et investi dans des événements. Il est toutefois intriguant de constater la cooptation d'une logique clairement ecclésiale – l'ordination – dans le contexte de laïcs au sein d'une organisation paraecclésiale. Cette démarche assumée montre comment les premiers dirigeants de l'IFES ont, malgré eux, brouillé les frontières entre l'Église et le secteur paraecclésial lorsque cela soutenait leur logique et surtout leurs convictions théologiques. En quittant son poste de secrétaire théologique de l'IFES, Brown laisse un appel resté sans grand écho en faveur d'un investissement accru dans ce que l'on pourrait appeler la « vigilance théologique » ou du moins une formation théologique approfondie :

> À mon avis, la dimension théologique du travail de l'IFES continuera à prendre de l'importance à mesure qu'il devient de moins en moins possible pour une Église ou une communauté, même jeune, vigoureuse et intacte, d'ignorer la production constante de pensées dégénérées et apostats présentés comme de la théologie chrétienne par le monde environnant. *Nous ne devons jamais tomber dans le schéma qui consiste à simplement réagir, à être légèrement plus conservateur ou moins radical que notre entourage, car cela nous entraînera inévitablement dans le même déclin, à quelques pas seulement des leaders.* Pour cette raison, je pense que pour l'IFES, se passer des services d'un secrétaire à plein temps pour les étudiants en théologie serait un luxe qu'elle ne peut se permettre. Ne pas faire face aux dimensions théologiques de notre défi commun en tant qu'étudiants et responsables d'étudiants évangéliques, signifie soit glisser vers l'anti-intellectualisme dans ce domaine, soit, parce que nous ne voulons pas prendre ce virage, nous laisser entraîner sur les chemins du relativisme théologique et moral et perdre les caractéristiques de notre foi biblique[42].

---

41. Johnson commente sur 2 Timothée 2.2 que « la direction des étudiants des Unions Chrétiennes a [...] été influencée par la conviction que le même principe, la même fidélité et les mêmes traits de caractère sont essentiels chez tous ceux qui entreprennent une direction chrétienne de quelque nature que ce soit ». JOHNSON, *A Brief History*, p. 102.

42. Harold O. J. BROWN, « Report of the Theological Secretary », 1971, p. 3, IFES e-archives, GC 1971 minutes, Appendix H ; c'est nous qui soulignons.

Ici, Brown soutient qu'une certaine surveillance théologique est nécessaire en raison du risque de dégénérescence doctrinale, notamment dans le monde de la théologie. Pourtant, le dépôt doctrinal à préserver nécessite une réappropriation et un réexamen local constants, d'où l'importance de soutenir les étudiants en théologie évangélique orthodoxe tout au long de leurs études. Le malaise est évident dans les paroles de Brown qui sont exemplaires d'une tension importante entre le local et le central, et entre l'accès individuel et communautaire à la vérité.

Une base doctrinale peut-elle être réformée ?

Après avoir examiné la genèse de la BD, ses principes théologiques fondamentaux et le rôle qui lui est attribué et prescrit dans la vie de l'IFES, il est intéressant d'examiner ensuite sa relation avec des débats théologiques plus larges.

En discutant du cas britannique (et en s'y limitant), Warner identifie cinq « lois des confessions de foi évangéliques » : une prolixité accrue (de nombreux ajouts dans le processus de révision de la base) ; un conservatisme accru ; une surabondance de certitudes ; la non-réflexivité (en termes de situation contextuelle : les bases ont tendance à être considérées comme universellement valables) ; et une relation ambiguë entre évangélisme et fondamentalisme[43]. Si tous ces éléments peuvent s'appliquer au contexte britannique – Warner note pour sa première loi qu'en termes de mots, la base de l'IVF/UCCF « utilisait 165 en 1928, 199 en 1974, 311 en 1981 et 324 en 2005 » – ces « lois » ne s'appliquent pas également à l'IFES. En fait, à l'exception notable de l'adoption d'un langage inclusif dans la clause D – passant du « péché universel de tous les hommes » à celui de « tous les humains » en 2007[44] – la base de l'IFES est resté remarquablement constante en termes de formulation.

De même, si des tensions peuvent survenir entre les différentes générations de membres d'un mouvement en cas de changement de BD[45], aucun pionnier de

---

43. WARNER, « Evangelical Bases of Faith », p. 336-337.
44. « Un vote écrit formel a eu lieu sur la première proposition de modification de la base doctrinale. La proposition a été adoptée à l'unanimité. » « Minutes of the Meeting of the General Committee of IFES », Redeemer University College, Ancaster, Ontario, 18 juillet 2007, p. 3, IFES e-archives.
45. Comme c'est le cas avec les révisions supplémentaires de la base de l'UCCF. Bien qu'elle ne soit pas formulée de manière charitable, la « loi de la surabondance de certitudes » de Warner suggère que « ceux qui sont capables de signer une itération d'une base IVF/UCCF peuvent ne plus être considérés comme suffisamment "solides" après sa révision ultérieure – [ce qui conduit] à une troisième caractéristique : la loi de la surabondance de certitudes. Parce qu'il n'y a pas d'autorité conciliaire, pas d'arbitre final et contraignant

l'IFES n'aurait de réserves à signer sa version actuelle, à moins qu'il n'ait changé d'avis théologique.

Inversement, la quatrième « loi de non-réflexivité » s'applique à la BD de l'IFES. Le préambule de la BD dans la constitution originale affirme que « la base doctrinale de l'IFES sera les vérités fondamentales du christianisme, y compris...[46] ». Dans l'analyse de Warner,

> les bases du vingtième siècle se sont typiquement positionnées comme des déclarations *ex cathedra*, définitives et durables des certitudes évangéliques. Il n'y a aucun sens de la contingence due à la spécificité de la culture et de la génération, ni aucune reconnaissance de la pluralité au sein de la tradition qui n'est que trop évidente pour un observateur impartial des diverses formulations de l'orthodoxie évangélique[47].

Une analyse théologique de la BD de l'IFES montre bien sa situation historique et le fait qu'elle a été rédigée en réponse à un contexte spécifique. Cependant, elle ne le dit pas, et le fait que les changements soient rendus presque impossibles par une disposition constitutionnelle renforce le sentiment que les pionniers de l'IFES n'avaient pas l'intention que la base nécessite des amendements en raison d'un contexte théologique ultérieur. Cependant, les chapitres sur l'histoire de l'IFES ont souligné que, dans la rencontre avec les étudiants catholiques romains, pentecôtistes et orthodoxes orientaux, la simple réaffirmation des principes de la BD n'a pas suffi et a exigé des efforts d'interprétation significatifs équivalant à une *herméneutique officielle* de la BD.

Jusqu'à présent, l'analyse de la BD de l'IFES montre que l'une de ses fonctions les plus fondamentales est de différencier l'organisation des autres (une variation de la cinquième loi de Warner). Les enjeux sont donc importants, et malgré les événements susmentionnés qui ont montré l'inadéquation de la BD pour couvrir tous les défis, toute tentative de modification de la BD est susceptible de générer un débat important au sein de la communauté. Warner suggère avec perspicacité que « les frontières symboliques du pan-évangélisme génèrent une communauté qui transcende, au moins en partie, les divers contextes sociaux et confessionnels de ses participants. Ces frontières symboliques assument donc un

---

de l'orthodoxie évangélique, et parce que l'évangélisme protestant est intrinsèquement fracturé et fissible, ceux qui s'opposent à une base particulière sont plus que susceptibles de composer une alternative ». WARNER, « Evangelical Bases of Faith », p. 337.

46. « Constitution », 1947.
47. WARNER, « Evangelical Bases of Faith », p. 337.

rôle quasi-sacré et deviennent les pierres angulaires inamovibles de la légitimité évangélique, les gardiens de l'identité commune[48] ».

Cette analyse décrit très bien la situation de l'IFES. La BD a été reconnue comme utile dans de nombreux contextes très différents et, en tant que telle, a fonctionné comme une puissante force centripète. Sociologiquement, qualifier la BD de « sacré » ne correspondrait certainement pas à l'usage habituel de l'IFES ; les documents officiels et de nombreux témoignages lui attribuent néanmoins un rôle similaire. Analysant la relation du protestantisme aux formulations dogmatiques, Willaime note la complexité de la question et fait allusion à certaines des différences les plus fondamentales entre le protestantisme classique et l'évangélisme :

> En faisant de la vérité religieuse une question d'interprétation, ce modèle conduit à un débat permanent au sein de l'organisation religieuse sur la vérité religieuse qu'elle cherche à transmettre et donc à *une critique constante des formulations adoptées*. L'autorité idéologique ne s'exerce, en principe, que par la force de sa conviction et de son argumentation rationnelle en valeur. La recherche théologique est formellement libre, et le théologien se voit attribuer un rôle important dans la gestion de la vérité religieuse, puisque c'est lui qui, sur la base d'un certain savoir, dira quelle est la bonne ligne. *L'organisation religieuse n'a ici qu'un rôle fonctionnel : en tant que seconde instance au service de la vérité, son mode de fonctionnement et sa répartition des rôles n'ont qu'une valeur relative et sont sociohistoriques*[49].

Comme le montre cette recherche, cependant, la possibilité d'une « recherche théologique formellement libre » n'était pas envisagée par les fondateurs de l'IFES et il n'y a pas de preuve archivistique d'une « critique constante des formulations adoptées ». Si Willaime a raison, les lignes entre la sociologie et la théologie sont donc floues dans le cas de l'IFES. Warner est d'accord, suggérant une différence importante entre une *borne sociologique* et une *conviction théologique* : la seconde serait « capable d'évaluation critique et de raffinement[50] », alors que la première ne le serait pas. Dans les termes de Warner, un *marqueur de frontière sociologique*

> est un présupposé inattaquable de la force symbolique. Transgresser la frontière est presque impensable, et provoque la réaction la plus

---

48. *Ibid.*, p. 343.
49. WILLAIME, *La précarité protestante*, p. 24-25 ; c'est nous qui soulignons.
50. WARNER, « Evangelical Bases of Faith », p. 343.

forte. La défense de la frontière est immédiate, automatique, et souvent stridente. Bien qu'une telle frontière puisse être expliquée et défendue en termes conceptuels, doctrinaux et rationnels, sa signification et son actualité permanente peuvent être mieux conçues comme la performance ritualisée, relationnelle et linguistique, d'une identité sous-culturelle collective[51].

Ce cadre de référence n'est évidemment pas celui de la plupart des rédacteurs de l'IFES qui seraient probablement en désaccord avec la définition implicite de la théologie comme ayant besoin « d'évaluation critique et de raffinement ». Selon Hammond, la BD consiste en « des principes qui peuvent être énoncés avec certitude et clarté, bien que leurs applications particulières dans l'expérience offrent la possibilité de varier les opinions. Les applications dépendent aussi dans une certaine mesure de la nature des problèmes immédiats[52] ».

Si l'on considère que la BD couvre tous les éléments essentiels de la foi, seule leur application peut faire l'objet d'une adaptation contextuelle, pas leur essence, et, apparemment au moins au niveau international, pas même ses formulations. Pourtant, contrairement à ce que certains critiques ont régulièrement affirmé à propos de la BD de l'IFES, le fait de se concentrer sur les « essentiels » ne revient pas à interdire des applications contextuelles d'une variété considérable. Comme l'affirme clairement Bürki,

> L'étude de ces doctrines devrait toujours déboucher sur une application pratique : que signifie cela pour moi, pour nous, ici et maintenant, et pour l'avenir de notre vie, de notre travail, de nos relations ? À quel comportement, à quelle confession de péché, à quelle repentance, à quelle louange, à quelle obéissance, à quelle prière, à quelle action, à quel renoncement le Saint-Esprit veut-il nous conduire par cette étude particulière de la Parole de Dieu ? Ces découvertes devraient être exprimées en termes brefs comme un manifeste, comme une vérité claire et incontestable que l'on voudrait proclamer à tous. C'est également une excellente occasion de se remettre à l'étude des doctrines bibliques et de les mettre en pratique dans le cadre de l'Église, de la science, de la politique, de la responsabilité sociale, etc.[53].

---

51. *Ibid.*
52. HAMMOND, *Evangelical Belief*, p. 6.
53. BÜRKI, *Fonder sa foi*, p. 20.

Si la BD est considérée sans ambages comme n'ayant jamais potentiellement besoin d'être révisée – par exemple, rien n'a été fait de la question posée en 1971 : « Cette base est-elle adéquate aujourd'hui ?[54] » – cela ne signifie pas qu'elle est considérée comme définitive pour tous les chrétiens. Dans le commentaire suivant, Bürki émet une note d'ouverture intéressante : pour lui, le rôle des principes doctrinaux contenus dans la base

> n'est pas d'innover mais de rappeler ce qui de tout temps a été affirmé et confessé par les chrétiens à la lumière de la révélation biblique. Une étude approfondie de ces principes peut déboucher sur des formulations nouvelles de credo, de confessions ou de manifestes, en réponse à des questions d'actualité ou d'éthiques personnelles, sociales et politiques. Les problèmes de discrimination raciale, de justice sociale, de lutte contre la pauvreté et pour la paix, et d'autres encore, exigent que nous les approchions et que nous les résolvions par une réflexion et une pratique renouvelées des enseignements sur la création, l'homme, le péché, le salut, la loi, le Royaume de Dieu[55].

L'énumération fournie à la fin montre que déjà en 1975, la direction de l'IFES était consciente des débats théologiques qui pourraient faire surface à l'avenir – ou qui avaient déjà fait surface. Warner remarque que « le fait indéniable du pluralisme évangélique pourrait conduire à une certaine dose de relativisme, et à une reconnaissance immédiate des spécificités doctrinales secondaires[56] ». Dans le cas de l'IFES, si la base doctrinale, les pratiques et les expériences partagées, ainsi que le personnel commun dans de nombreux cas, fournissent un degré relativement élevé de communauté, il n'en reste pas moins qu'il n'y a pas « un seul monde évangélique », et même un coup d'œil rapide aux dossiers de correspondance des Secrétaires généraux successifs montre qu'ils ont joué le rôle de pompiers entre les factions, et ce plus souvent qu'ils ne l'auraient souhaité. Cela n'est, au fond, guère surprenant pour une organisation d'une telle envergure. Cependant, si tous les pionniers de l'IFES martèlent que leur BD, en se concentrant sur l'*essentiel*, est déjà une « reconnaissance des spécificités doctrinales secondaires[57] », ne serait-ce qu'implicitement, s'inscrivant dans la tradition théologique de la différenciation entre les principes centraux et

---

54. C. Stacey Woods, « The IFES Doctrinal Basis », *IFES Journal* 25, no. 3, 1971, p. 11.
55. Bürki, *Fonder sa foi*, p. 14.
56. Warner, « Evangelical Bases of Faith », p. 337.
57. *Ibid.*

les *adiaphora*, le lecteur peut encore avoir l'impression que « la finalité et la certitude occupent le devant de la scène, noyant toute idée de provisionnalité, de contingence et de théologie critique ouverte[58] ». Il ne s'agit pas seulement d'une impression, puisque la BD de l'IFES est virtuellement impossible à modifier de manière fondamentale, la constitution stipulant qu'aucun changement de la base doctrinale ne peut être effectué « sans accord unanime[59] ». Non seulement l'IFES s'engage à maintenir la stabilité de sa base doctrinale, mais elle ne s'attendait pas, à l'origine, à ce que les mouvements nationaux modifient leurs propres bases, la constitution de 1947 prévoyant qu'« une Union évangélique nationale qui modifie sa base doctrinale de manière à ne plus se conformer aux termes de la clause 4 des présentes cessera d'être membre de la communauté[60] ». Comme le montre l'histoire plus récente, cette clause n'a pas été activée : plusieurs mouvements membres ont en effet changé leurs bases doctrinales de manière assez significative – mais pas au point de contredire la BD de l'IFES – sans être exclus[61]. La clause a été révisée en 2015, ajoutant à la non-conformité doctrinale une autre cause de désaffiliation : « Le conseil d'administration peut suspendre temporairement tout mouvement national qui modifie sa base doctrinale d'une manière qui n'est plus conforme à celle de l'IFES *ou s'il discrédite l'IFES*[62]. »

Puisque la BD n'est pas censée changer, la charge d'élaborer des documents similaires, implicitement toutefois, à des fins autres que le témoignage des

---

58. *Ibid.*
59. « Constitution », 1947, clause 14.
60. *Ibid.*, clause 12c.
61. Pour n'en citer que quelques-uns : InterVarsity USA a une formulation très différente et des ajouts importants ; voir InterVarsity USA, « What We Believe », 17 avril 2017, https://intervarsity.org/about-us/what-we-believe. L'UCCF Grande-Bretagne a élargi plusieurs clauses ; voir UCCF, « Doctrinal Basis », consulté le 9 mai 2020, https://www.uccf.org.uk/about/doctrinal-basis.htm. SCO Afrique du Sud a également élargi plusieurs clauses ; voir « Statement of Faith », Students' Christian Organisation (SCO) Afrique du Sud (blog), https://web.archive.org/web/20210621163925/https://www.sco.org.za/statement-of-faith/. AFES Australie et ABUB Brésil ont ajouté quelques précisions ; voir AFES, « Doctrinal Basis », consulté le 21 mai 2020, https://afes.org.au/about/doctrinal-basis ; ABUB, « No Que Cremos », Aliança Bíblica Universitária do Brasil, consulté le 21 mai 2020, https://abub.org.br/quem-somos#!/cremos. Le VBG Suisse a explicitement abandonné sa base doctrinale : « Il y a quelques années, le VBG a rompu avec son ancienne base confessionnelle. Au fil du temps, elle était devenue trop étroite pour le personnel. Aujourd'hui, le VBG ne formule plus ses croyances les plus centrales dans sa propre confession, mais s'accorde avec tous les autres chrétiens sur l'ancien credo [des apôtres]. » VBG, « Geistliche Leitlinien. In Was die VBG Ausmacht », 25 mars 2017, https://wp.vbg.net/spirituelle-traditionen/. Notons que les « lignes directrices spirituelles », qui couvrent six « traditions spirituelles », prennent tout à fait la forme d'une base doctrinale.
62. « Constitution of the International Fellowship of Evangelical Students", juillet 2015, IFES e-Archives, clause III.C.1 ; c'est nous qui soulignons.

étudiants dans les universités, repose sur les épaules d'individus ou de sous-groupes qui devront ensuite rendre compte de leurs travaux respectifs. Certains pays, comme l'Afrique du Sud, ont suivi cette possibilité et ont ajouté des compléments importants à leur base doctrinale – qui est effectivement basée sur la BD de l'IFES – concernant les questions d'ethnicité et de justice sociale.

Publier une formule révisée ou développer la base originale de l'IFES serait probablement considéré comme indésirable, comme l'ouverture d'une boîte de Pandore susceptible de fracturer une communauté d'organisations nationales indépendantes visant à atteindre leurs campus : c'est dire l'importance de la BD pour unir le mouvement dans les publications de l'IFES. Pourtant, la question demeure : la BD a été adoptée par dix membres fondateurs ayant des perspectives très similaires et des contextes essentiellement semblables. La situation au début du XXIe siècle, avec 170 mouvements membres, est sensiblement différente. De nouvelles questions sont apparues, notamment dans le sillage des décolonisations et de la montée en puissance des Églises indépendantes des dénominations internationales dans le monde majoritaire. Cette observation ne présume pas la présence d'erreurs dans les affirmations de la BD, mais remet en question l'adéquation de leur formulation pour *tous les temps et tous les lieux*. Par exemple, que dit la base doctrinale sur les notions théologiquement importantes qui ne sont pas toujours aussi pertinentes pour l'Occident, telles que la pauvreté, le racisme, le colonialisme, le culte des ancêtres, la polygamie ou la protection de la création, pour ne citer que les plus évidentes ? La question reste posée de savoir s'il est responsable, en termes missiologiques, de conserver sans changement une telle déclaration de foi pour des mouvements nationaux créés potentiellement plus de soixante-quinze ans après la création de l'IFES, dans des contextes incommensurablement différents de celui de l'Empire britannique du XIXe siècle, avec un nombre beaucoup plus important d'universités dans le monde, représentant une variété croissante de traditions et de cultures universitaires. Par conséquent, d'autres « essentiels » pourraient émerger dans d'autres contextes, sans doute en étroite relation avec ceux qui existent déjà, mais peut-être en soulignant d'autres éléments théologiques importants[63].

Le fait qu'aucune tentative sérieuse de révision de la BD n'ait été faite jusqu'à présent témoigne du fait qu'elle a jusqu'ici été comprise comme suffisamment

---

63. Une liste *très* provisoire pourrait inclure la doctrine de la réconciliation, l'approche Christus Victor de l'expiation, la doctrine de l'*imago Dei*, la doctrine du royaume de Dieu, les questions relatives à la mission, la théologie politique et la justice sociale, l'égalité des sexes, etc.

large pour exprimer et prendre en compte les préoccupations de la plupart des mouvements membres.

Après avoir passé en revue les aspects plus sociologiques de la BD, il est temps de se pencher sur la relation entre l'IFES et la théologie en général, et sur le rôle que la BD joue dans cette constellation.

IFES, la théologie et la base doctrinale

Depuis ses débuts, l'IFES entretient une relation complexe à la théologie. Les responsables du mouvement ont parfois été très sceptiques à l'égard de la théologie universitaire, dont ils ont souvent fustigé ce qu'ils interprétaient comme une propension au libéralisme. En même temps, les défis rencontrés sur le terrain de la mission, ainsi que la nécessité de définir l'identité de l'organisation par rapport à d'autres acteurs sur le terrain ou dans les discussions avec les responsables d'églises, ont nécessité une réflexion théologique approfondie, même si celle-ci visait principalement à légitimer l'histoire et l'existence de l'IFES. Selon les mots de Hammond, « toute société humaine et toute activité commune doit nécessairement être contrôlée par un certain degré de conviction commune. Un effort prolongé et uni, orienté vers un but principal, serait impossible sans elle[64] ».

La doctrine du « sacerdoce de tous les croyants » ne figure explicitement dans aucune des formulations de la BD. Cependant, je soutiens que les affirmations de la base doctrinale ont été développées en relation implicite avec cette doctrine, qui à son tour aide à donner un sens aux affirmations de la même base. En outre, l'idée qu'un croyant donné serait capable de déduire de l'étude de la Bible illuminée par le Saint-Esprit un noyau similaire de doctrines essentielles présuppose l'accès direct de chaque croyant à Dieu :

> C'est d'une seule source – l'Écriture Sainte – que proviennent toutes les déclarations ultérieures de la base. Ce n'est que par la révélation divine que nous connaissons des vérités telles que celles qui concernent l'être de Dieu, l'étendue infinie de sa providence et de son autorité, ainsi que la nature de son amour rédempteur pour l'homme[65].

---

64. HAMMOND, *Evangelical Belief*, p. 5.
65. *Ibid.*, p. 12.

Les dirigeants de l'IFES affirment que ces croyances ne sont pas « inventées » par des *individus* mais plutôt « reçues » et conformes à l'enseignement apostolique :

> Il est d'autant plus important que chaque chrétien cherche par sa propre étude à mieux comprendre ce qu'il croit et pourquoi il le croit. On s'attend à ce que les responsables, en plus des doctrines énoncées dans ces dix clauses [de la BD], acceptent et enseignent tout ce qui peut être clairement prouvé par l'Écriture Sainte comme faisant partie de l'enseignement apostolique[66].

Les croyants ont un accès *immédiat* à la Bible. Cela implique que l'Écriture est le canal privilégié de la relation à Dieu[67]. Cela constitue un terrain d'entente pour les évangéliques qui « comprennent non seulement des personnes sans instruction, mais aussi des personnes très instruites dont la rationalité est liée à leur allégeance préalable et primaire à l'autorité inattaquable de la Bible[68] ». Cette vision de l'importance de la Bible est omniprésente dans les écrits de l'IFES. C'est ici que l'on trouve peut-être l'influence sous-jacente la plus claire, bien que très implicite, d'une compréhension individualiste du « sacerdoce de tous les croyants ». Si la Bible parle, tout croyant peut la comprendre, à condition de manifester une attitude correcte de l'esprit et de la pensée. Pourtant, malgré l'allégeance proclamée à la perspicacité de la Bible, l'organisation jugeait essentiel de produire une base doctrinale, comprise comme *norma normata*[69], tenue en haute importance, comme l'illustre la déclaration suivante de 1982 :

> Nous sommes également évangéliques. Théologiquement, cela signifie que nous sommes profondément engagés dans la défense, le maintien et la propagation des vérités bibliques. *Nous affirmons que*

---

66. *Ibid.*, p. 10.
67. Nous pourrions même aller plus loin en postulant l'*appartenance à une* sorte de « communauté des Lumières ». Cela représente en tout cas le *milieu* culturel des premiers IFES.
68. Un tel engagement *direct* avec l'Écriture et l'appropriation de la doctrine ne se produit pas dans un vide épistémologique. Résumant les études récentes sur le sujet, Warner suggère de manière articulée que « le libéralisme classique et l'évangélisme dépendaient tous deux du fondamentalisme des Lumières pour construire une reconstruction rationnelle de l'orthodoxie protestante. Pour les libéraux, la libération de la raison humaine par les Lumières était la condition préalable à une nouvelle théologie. Pour les évangéliques, le présupposé fondateur de leur théologie des Lumières était l'infaillibilité biblique ». WARNER, « Evangelical Bases of Faith », p. 341.
69. Les théologiens distinguent les normes normées (*norma normata*), c'est-à-dire une norme dont l'autorité est elle-même donnée par une *norma normans,* une norme normative (l'Écriture).

> *la Bible est entièrement digne de confiance pour tout ce qui concerne la doctrine et la conduite. Nous accordons une grande importance à notre base doctrinale.* Les responsables étudiants, les équipiers et les autres responsables souscrivent par écrit à ses principes. En tant que chrétiens évangéliques, *nous insistons également sur notre fidélité à l'Évangile.* Cela se traduit par le fait que nous le partageons et le proclamons avec enthousiasme et audace aux autres[70].

L'hypothèse sous-jacente est que l'Écriture a un sens clair qui est *immédiatement* accessible aux lecteurs engagés. Dans ce cas, la BD joue le rôle d'un « résumé de contrôle » permettant aux responsables de groupe et aux équipiers d'évaluer le degré de solidité – voire de « conformité » – des connaissances bibliques d'un étudiant donné. Partant de la ferme conviction que la Bible est *entièrement digne de confiance* et que la BD n'est qu'un « simple résumé » de ses enseignements fondamentaux, les responsables de l'IFES supposent la validité universelle de la BD.

Même si elle est présentée comme un résumé des doctrines scripturaires fondamentales, la BD est néanmoins aussi le produit des préoccupations doctrinales essentielles des premiers dirigeants de l'IFES qui, façonnés par leur propre contexte culturel, avaient tendance à mettre l'accent sur certaines doctrines plutôt que d'autres – et l'exemple le plus évident est l'affirmation du caractère « entièrement digne de confiance » de l'Écriture, qui ne fait partie d'aucun des anciens credo, pas davantage que la doctrine de la substitution pénale[71]. Woods était bien conscient que « cette base doctrinale représentait *les vérités qui étaient pertinentes pour la situation universitaire* et qui, *dans certains endroits*, étaient remises en question par l'érudition séculaire et la pensée humaniste[72] ». Cette déclaration est importante car elle souligne la nature profondément *réactionnaire* de la BD de l'IFES – un commentaire similaire s'applique à la plupart des déclarations de credo dans l'histoire de l'Église[73].

---

70. IFES, « Who Are We ? », p. 2 ; c'est nous qui soulignons.
71. Ceci ne préjuge absolument pas de la présence ou de l'absence de cette doctrine dans les écrits des Pères de l'Église ou plus globalement dans la théologie historique, mais se limite à l'observation selon laquelle elle n'est pas mentionnée par les déclarations de foi anciennes.
72. Woods, « IFES History Draft », chap. 2, p. 13 ; c'est nous qui soulignons.
73. Pour se défendre contre d'éventuelles accusations de relativisation, les dirigeants de l'IFES ont souvent affirmé que la nature réactionnaire d'une base doctrinale ne la disqualifie pas automatiquement d'une pertinence durable ; par exemple, Horn affirme : « Tous les résumés de la croyance chrétienne sont un équilibre entre la vérité immuable de Dieu d'une part et les circonstances pressantes au moment de leur compilation d'autre part. La plupart des grands credo (comme beaucoup de lettres du Nouveau Testament) ont été rédigés pour combattre des erreurs particulières. [...] Nous ne fossilisons pas ces lettres parce qu'elles

Cette interprétation semble être soulignée par le fait quelque peu étrange que l'IFES souligne « également » l'importance de l'Évangile, donc encore un autre sous-canon à l'intérieur de la liste restreinte de points.

Nous avons ici une herméneutique fondée sur la sotériologie : la Bible ne peut être appréhendée correctement *en dehors d'une relation personnelle avec Dieu*, d'où l'accent mis sur la dignité de confiance – une catégorie plus piétiste – plutôt que sur l'« infaillibilité », une catégorie plus scientifique et rationaliste[74]. D'une part, cette théologie souligne que tout individu peut entendre la parole de Dieu pour lui-même, *par l'intermédiaire de* la Bible lue dans le contexte de sa propre relation *directe* avec Dieu – c'est-à-dire sans que d'autres personnes ne s'interposent entre Dieu et lui-même. D'autre part, l'IFES insiste sur la nécessité d'une BD spécifiant la compréhension à laquelle une lecture fidèle conduira les croyants.

Analyse théologique

Une analyse théologique complète de la BD de l'IFES justifierait un ouvrage à part entière[75]. Dans ce qui suit, j'essaierai d'interpréter un échantillon des déclarations de la BD à la lumière des contextes dans lesquels elles sont nées et de la manière dont elles ont été débattues au sein de l'IFES.

Le premier commentaire officiel de la BD à l'époque du mouvement britannique IVF est rédigé en 1935 par Hammond, et révisé par la suite[76]. La principale raison pour laquelle nous examinons en profondeur la BD de l'IVF et non pas principalement les bases d'autres mouvements nationaux est l'influence que le mouvement britannique a exercée sur l'insistance sur la base doctrinale : non seulement les pionniers de la première heure, Lloyd-Jones et Johnson, étaient britanniques, mais aussi des dirigeants influents du comité exécutif tels que

---

sortent d'un contexte historique, géographique, sociologique ou religieux particulier. » Robert M. HORN, *Ultimate Realities. Finding the Heart of Evangelical Belief*, Leicester, IVP, 1999, p. 86-87.

74. Le résumé quelque peu pointu de Holmes est le suivant : « L'évangélisme nord-américain, qui s'engage largement en faveur de l'inerrance, considère la Bible principalement comme une collection de faits auxquels il faut croire ; l'évangélisme britannique, qui met plutôt l'accent sur l'autorité, considère la Bible principalement comme une collection de règles auxquelles il faut obéir. » Stephen R. HOLMES, « Evangelical Doctrines of Scripture in Transatlantic Perspective », *Evangelical Quarterly* 81, no. 1, janvier 2009, p. 53.

75. Les lecteurs intéressés par une analyse détaillée peuvent lire l'annexe 2.

76. HAMMOND, *Evangelical Belief*. Le document a été révisé à plusieurs reprises, la dernière révision étant celle de HORN, *Ultimate Realities*. Il n'existe pas de document similaire en français en dehors du commentaire de Bürki.

Barclay, Catherwood, Wells, Horn et Lowman, qui ont tous écrit sur l'importance de la base doctrinale pour la vie et l'intégrité de l'IFES, tout comme le Gallois Brown, secrétaire général durant de nombreuses années[77].

Le deuxième commentaire est le résultat d'intenses discussions tenues lors de l'assemblée générale de 1971[78]. Cet AG adopte à l'unanimité une motion réaffirmant

> une adhésion sans réserve à la base doctrinale de l'IFES. L'IFES est un mouvement qui cherche à obéir à l'autorité du Seigneur Jésus-Christ, crucifié et ressuscité. Par conséquent, l'IFES reconnaît l'autorité de l'Écriture Sainte comme la Parole de Dieu, entièrement digne de confiance dans sa totalité et dans toutes ses parties[79].

Un sous-comité suggère « qu'un petit guide d'étude sur la signification de la base doctrinale soit préparé pour les mouvements membres[80] ». Le comité exécutif « a convenu qu'il ne devait pas être classé comme un document officiel ayant la même autorité que la Constitution ou la base doctrinale de l'IFES[81] ». Le SG associé Bürki rédige une brochure qui n'est pas destinée « au débat théologique, mais à l'étude individuelle et collective de la Bible[82] », qui reste à

---

77. La plupart de ces écrits prennent la forme d'articles dans les publications de l'IFES, de mémos aux comités ou de communications données lors de réunions. Johnson, Barclay, Catherwood, Horn et Brown ont tous consacré quelques pages à la BD dans leurs ouvrages respectifs. Par exemple, voir Johnson, *A Brief History* and *Contending for the Faith* ; Robert M. Horn, *Student Witness and Christian Truth*, Londres, Inter-Varsity Press, 1971 ; Barclay, *Whatever Happened to the Jesus Lane Lot ?* ; Lowman, *The Day of His Power* ; Barclay et Horn, *From Cambridge to the World* ; Brown, *Shining Like Stars. The Power of the Gospel in the World's Universities*, Nottingham, IVP, 2006.
78. Bürki, *Essentials*. En français : Bürki, *Fonder sa foi*.
79. « Minutes of the Meeting of the Eighth General Committee », 1971, p. 19. Avant que la motion ne soit adoptée, Stacey Woods, en sa qualité de secrétaire général sortant, déclare en termes non équivoques que « nous devons être conscients que dans les cercles bibliques évangéliques de nombreuses parties du monde, il y a un glissement par rapport à la doctrine historique traditionnelle de l'Écriture qui devrait nous inquiéter ; [Woods] n'a pas laissé entendre qu'il y avait un quelconque glissement au sein de l'IFES ou de ses mouvements membres, mais que nous serions probablement confrontés à une certaine effervescence de la part de certains étudiants. Nous accueillons dans nos mouvements des étudiants qui sont libéraux et qui, par la grâce de Dieu, seront amenés à une position biblique. Mais si dans la direction de l'IFES il devait y avoir un changement, cela pourrait signifier le début de la fin de l'IFES. Cette assemblée générale représente un tel leadership » (p. 18). Voir p. 95-99 du présent ouvrage.
80. « Minutes of the Meeting of the Eighth General Committee », 1971, p. 20. Des extraits du rapport de la sous-commission ont été publiés dans Bürki, *Essentials*, p. 49-50.
81. « Minutes of the Meeting of the Executive Committee of the IFES », Schloss Mittersill, Autriche, 30 août au 3 septembre 1973, p. 22, IFES e-archives.
82. Chua, « Foreword », p. 8.

ce jour le dernier commentaire officiel de l'IFES publié de sa base doctrinale[83]. Cette approche est intéressante car elle montre une tension implicite dans la relation de l'organisation au texte biblique : chaque croyant est censé être capable de le comprendre par lui-même ; aucune médiation cléricale n'est nécessaire[84]. Pourtant, le fait que l'assemblée générale – constituée essentiellement de cadres supérieurs de mouvements nationaux et seulement marginalement d'étudiants – exprime le besoin de plus d'explications est frappant. Une sorte de « cercle herméneutique », tel qu'illustré à la figure 2, peut résumer le processus.

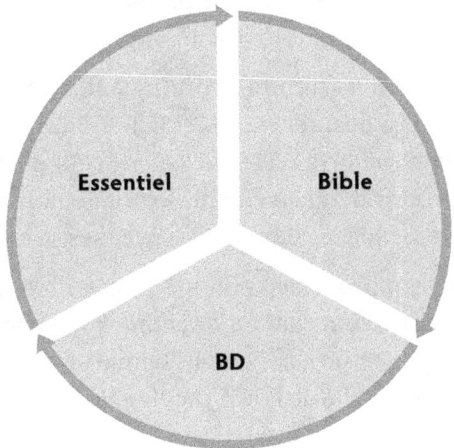

Figure 2

Se concentrer sur l'essentiel

> La base doctrinale de l'association sera les vérités fondamentales du christianisme, y compris...[85]

L'idée de se concentrer sur l'essentiel est fondamentale pour la façon dont l'IFES comprend sa base doctrinale. Puisque la communauté relie des membres de différentes traditions ecclésiastiques aux spécificités divergentes, ses acteurs doivent s'accorder sur un corpus commun d'affirmations.

---

83. Au moment de la rédaction de ce document, il est épuisé depuis de nombreuses années et l'auteur n'a pas connaissance de projets de réédition.
84. Notons que Padilla était baptiste et que Bürki était issu d'assemblées de Frères (darbystes).
85. Le texte de la BD est resté inchangé depuis 1947 (à l'exception de la clause D ; voir ci-dessous). Dans ce qui suit, nous citons Bürki, *Essentials*, p. 21. Voir également IFES, « What We Believe », consulté le 19 mai 2020, https://ifesworld.org/en/beliefs/.

Ainsi, la BD peut être conçue de manière missiologique : elle énonce ce qui est considéré comme essentiel pour prêcher l'Évangile de manière efficace et adéquate, pour atteindre un public spécifique dans un contexte spécifique – l'université. Les stratégies locales seront des variations sur le thème des onze affirmations, qui sont considérées comme des motifs suffisants pour que les gens deviennent chrétiens puisqu'elles assurent l'adhésion des nouveaux croyants aux fondamentaux de la tradition chrétienne.

Comme souvent dans l'étude de la théologie de l'IFES, le raisonnement se comprend par l'examen de considérations herméneutiques. Les pionniers de l'IFES ont toujours insisté sur le fait que le contenu de la BD était le résultat d'un processus déductif. Selon les mots de Hammond,

> une compréhension suffisante et pratique des doctrines de base n'exige pas une grande intelligence, et il ne faudra pas longtemps à un chercheur déterminé (guidé par l'Esprit Saint) pour découvrir ce que les apôtres considéraient comme fondamental dans la relation de l'homme avec son Créateur et aussi avec ses semblables[86].

Une méthodologie appropriée appliquée aux « matériaux » scripturaires porte des fruits appropriés, tout comme la synthèse obtenue en passant au crible la littérature scientifique sur un sujet donné. Comme l'affirme Lowman, l'auteur de la dernière histoire officielle de l'IFES publiée à ce jour et ancien membre du comité exécutif,

> précisément parce que les objectifs des groupes ne nécessitent pas de prendre position sur des questions qui divisent des évangéliques de même sensibilité biblique, les étudiants de différentes dénominations peuvent travailler en partenariat et s'enrichir mutuellement. Rares sont les membres des groupes liés à l'IFES qui n'ont pas bénéficié de cette exposition aux différentes perspectives d'autres croyants à l'esprit biblique. À leur tour, les liens créés dans le milieu étudiant servent à construire des ponts essentiels au sein de la communauté évangélique au cours des années suivantes[87].

---

86. HAMMOND, *Evangelical Belief*, p. 5.
87. LOWMAN, *The Day of His Power*, p. 337.

Pour Hammond, la BD est une base de départ solide, et les étudiants chrétiens doivent respecter les points de vue des autres sur les questions secondaires, dans l'intérêt du témoignage commun. Par conséquent,

> tous les responsables et les membres sont [...] invités à décourager toute tentative de prosélytisme au sein des Unions et à s'abstenir de toute critique ou dénigrement des opinions confessionnelles des autres membres. L'opposition unie à l'erreur fondamentale sera d'autant plus forte qu'ils seront libres de diverger sur des questions secondaires[88].

La BD est donc une puissante déclaration ecclésiologique. Être membre de l'Église « à laquelle appartiennent tous les vrais croyants[89] » implique un accord de foi aux affirmations de la base. Par conséquent, on pourrait lire la BD comme résumant les éléments essentiels d'une *organisation missionnaire* et les éléments essentiels de la foi sur lesquels tous les chrétiens devraient être d'accord.

Ecclésiologie

> J : La seule Sainte Église universelle qui est le Corps du Christ et à laquelle appartiennent tous les vrais croyants.

La BD de l'IFES reconnaît l'existence de l'Église comme un fait acquis. Cependant, bien que l'existence d'une Église visible soit sous-entendue dans la clause, la précision selon laquelle « tous les vrais croyants » la constituent va au-delà des affirmations usuelles du Credo pour signifier que « finalement, seul Dieu sait qui lui appartient et donc qui appartient à son Église[90] ».

Une fois encore, la foi personnelle est essentielle : « Tous ceux qui viennent à Christ dans la foi personnelle qui sauve et le reconnaissent comme Seigneur deviennent, par leur nouvelle relation avec Lui, membres de la compagnie unique, sanctifiée et mondiale de Son peuple racheté[91]. » Ainsi, si aucun critère d'appartenance à l'Église n'est explicitement formulé dans la BD, l'ecclésiologie sous-jacente d'une Église de *professants* ressort clairement du

---

88. HAMMOND, *Evangelical Belief*, p. 45.
89. Clause J.
90. BÜRKI, *Essentials*, p. 44-45. Cité ici d'après l'original anglais, la traduction française omet la seconde clause, BÜRKI, *Fonder sa foi*, p. 51.
91. HAMMOND, *Evangelical Belief*, p. 44. Il fait référence à Jean 10.16.

commentaire[92] et consacre la primauté d'une orientation évangélique sur une optique multitudiniste.

De plus, confesser l'Église comme étant essentiellement *invisible* ne peut être compris en dehors de la pneumatologie :

> La Bible nous enseigne que le Saint-Esprit habite à la fois dans l'Église locale et dans l'Église universelle. Le seul Esprit *anime* toute l'Église et est la source de la communion qui unit les chrétiens dans le « seul corps » du Christ[93].

Cette « animation » est-elle le lien entre la réalité spirituelle de l'Église universelle et l'engagement missionnaire ? L'idée n'est pas encore totalement articulée, mais le germe d'une *ecclésiologie missionnaire* est ici évident. L'*animation (immédiate)* du croyant pour s'engager dans la mission présuppose l'*appartenance* à l'Église invisible, même si le contexte ecclésial local est insatisfaisant.

Dans un développement qui mérite d'être cité en détail, Hammond recourt à la notion de *sacerdoce spirituel*, dont tous les chrétiens sont membres :

> Cette communauté constitue un corps dont le Christ est la tête. Ils forment un édifice ou un temple qui est habité par l'Esprit de Dieu. *Elle constitue un sacerdoce* qui doit offrir le sacrifice d'adoration. Ce « peuple de Dieu » a le *devoir de répandre la merveilleuse connaissance de l'œuvre salvatrice de Dieu*. Dans cette communauté, ils sont interdépendants, ou « membres les uns des autres ». [...] Cette communion est clairement destinée à être réalisée, dans la mesure du possible, par chaque chrétien en étant membre actif d'une congrégation locale. Les Unions évangéliques affiliées à l'Inter-Varsity Fellowship ne doivent pas être considérées comme des congrégations locales ou des « églises ». Elles ont un but limité dans

---

92. Sur le caractère personnel de la foi et ses implications pour les bases de la foi, Collange remarque que « l'Église n'est pas toujours mentionnée dans nos confessions (Armée du Salut, Assemblées de Dieu) ou n'est évoquée que de façon incidente (AEF, GBU...). Cela tient d'abord à la perspective "personnelle" que l'on s'y fait d'un salut compris de façon assez individualiste et à la perspective congrégationaliste de la communauté qui y est liée, l'Église étant alors – là où elle est mentionnée – l'ensemble de "tous les croyants unis dans l'Esprit" (GBU, AEF) ». COLLANGE, « Les confessions de foi "évangéliques" », *Autres Temps. Les cahiers du christianisme social* 3, 1984, p. 77. Le lien avec le congrégationalisme renvoie à la forte influence des assemblées de Frères, que l'on observe dans le parcours des premiers pionniers de l'IFES.
93. HAMMOND, *Evangelical Belief*, p. 43 ; c'est nous qui soulignons. Référence est faite à 1 Corinthiens 3.16 ; Éphésiens 2.20-22 ; 4.3-4.

une sphère limitée et pour une période limitée dans l'expérience de leurs membres[94].

Ce développement concis et équilibré est l'un des plus convaincants que l'on puisse trouver dans les documents de l'IFES. Le souci de Hammond pour des relations respectueuses entre les groupes d'étudiants locaux et l'Église est remarquable. Notons que le « devoir de répandre » l'Évangile est explicitement attribué au peuple de Dieu et n'est pas la prérogative des seuls équipiers ou de membres d'un clergé. Les étudiants sont donc déjà membres à part entière de l'Église universelle et sont ses émissaires légitimes dans le monde. Cette insistance sur l'Église invisible ne se fait toutefois pas au détriment de l'appartenance à l'Église locale. Parlant des groupes d'étudiants, Hammond est catégorique sur le fait que

> leurs membres ne devraient pas négliger la participation régulière au culte et à la communion d'une expression locale appropriée du Corps du Christ. Ils devraient normalement être des membres baptisés et participer régulièrement à la Cène dans une telle congrégation. Cela signifie que l'Inter-Varsity Fellowship souhaite sincèrement rejeter toute idée qu'elle est, ou désire devenir, une Église ou une Secte. Ses fonctions sont purement celles d'un auxiliaire au courant principal de la vie de l'Église[95].

Supposer que les fonctions d'un groupe d'étudiants sont « purement celles d'un auxiliaire » implique la conviction correspondante que les étudiants peuvent compter sur un environnement ecclésial local favorable. Cependant, comme le montrent les articles et les débats récurrents sur la meilleure façon de soutenir les étudiants qui « retournent » dans les Églises locales, cela n'a jamais été universellement le cas. Les étudiants de l'IFES sont encouragés à devenir membres des Églises locales sur la base d'un accord doctrinal : « C'est le devoir et le privilège de ses membres de s'encourager mutuellement à travailler en véritable communion avec toute congrégation chrétienne qui est scripturaire dans sa prédication et sa pratique, et dont les membres reconnaissent le seul Seigneur et confessent la seule foi[96]. » Peu après l'apogée de l'œcuménisme, Bürki est très clair dans son avertissement : « Il est également nécessaire d'observer qu'aucun encouragement n'est donné dans le Nouveau Testament à ceux qui voudraient

---

94. *Ibid.*, p. 44 ; c'est nous qui soulignons. Les références données sont : Éphésiens 1.22-23 ; 2.20-22 ; 1 Pierre 2.5, 9 ; Romains 12.5 ; Éphésiens 4.3, 13-16 ; Hébreux 10.24-25.
95. *Ibid.*, p. 45.
96. *Ibid.*

exalter la communion aux dépens de la saine doctrine[97]. » Par conséquent, de nombreux étudiants rencontrent des difficultés, que ce soit pour des raisons relationnelles avec les responsables d'églises ou pour des raisons théologiques, sans parler de l'absence d'Église locale dans des pays où les chrétiens sont une petite minorité, parfois persécutée.

Synthèse partielle : des vérités solides pour un monde en mutation

Il n'est pas facile de rendre justice au rôle de la BD dans l'histoire de l'IFES. J'ai montré que malgré une relation a priori difficile avec la théologie, l'IFES a développé sa propre théologie, dont la BD est la preuve la plus ancienne et la plus articulée. La BD présuppose l'*immédiateté* de la relation du croyant avec Dieu, qui est un ensemble de vérités essentielles éternellement et pratiquement non-contextuelles. Cette *immédiateté* est soutenue par une affirmation ferme du caractère entièrement digne de confiance et de la perspicacité de la Bible. Elle postule que tout étudiant, où qu'il soit dans le monde, reconnaîtrait les mêmes vérités essentielles. En outre, l'allégeance aux affirmations de la BD crée et façonne une communauté de laquelle les étudiants deviennent les *participants.* Cette communauté n'est pas une Église locale alternative, mais la manifestation de l'*Église invisible* sur le campus. Cette ecclésiologie d'Église de professeurs coexiste avec l'hypothèse sous-jacente, seulement implicite à ce stade, que la *mission* est primordiale dans l'existence de l'Église – et, par voie de conséquence, dans l'existence chrétienne. C'est maintenant vers le lent développement d'une *ecclésiologie missionnaire* dans la pensée des auteurs de l'IFES que nous nous tournons.

---

97. *Ibid.*, p. 46.

12

Les auteurs de l'IFES discutent d'ecclésiologie

Comment définir théologiquement l'Église ? Une déclaration synthétique comme la « Déclaration sur l'Église » de 1998[1], qui affirme l'importance de l'Église tout en précisant que « nous ne sommes pas, et nous nous interdisons de devenir, une Église locale[2] », est longuement mûrie. Elle repose, entre autres, sur le travail ecclésiologique de plusieurs personnalités proches de l'IFES. T. C. Hammond et John Stott, deux membres du clergé anglican ont eu une influence durable sur les étudiants de l'IFES. Jim Stamoolis est le « secrétaire pour les étudiants en théologie » de l'IFES dans les années 1980 et, à ce titre, une sorte de « théologien attitré ». René Padilla, quant à lui, est secrétaire général associé de l'IFES pendant les années 1970 et 1980. Enfin, David Zac Niringiye est secrétaire régional de l'EPSA jusqu'en 2000.

T. C. Hammond

L'ouvrage *In Understanding Be Men* de Hammond[3], publié pour la première fois en 1936, fournit aux cercles de l'IFES un premier ouvrage commun de doctrine destiné explicitement aux « étudiants non théologiens[4] ». Le ton général du livre

---

1. Voir le chapitre 8 du présent ouvrage.
2. « Minutes of the Meeting of the Executive Committee of the IFES », 1998, p. 26.
3. T. C. HAMMOND, *In Understanding Be Men. A Handbook on Christian Doctrine for Non-Theological Students*, 1re éd. 1936, 5e éd., Londres, InterVarsity Fellowship, 1960. Le but de ce livre était de « rendre accessible au lecteur ordinaire, ne serait-ce que sous une forme élémentaire, les grands trésors de connaissance qui reposent dans les volumes de la pensée théologique » (p. v).
4. Il n'a été traduit que beaucoup plus tard en français : T. C. HAMMOND, « *Frères, je ne veux pas que vous ignoriez...* » : *un résumé de doctrine chrétienne*, trad. Broj-Jens Berge, Bruxelles, Éditions Farel, 1977.

est consensuel, « quelque peu anglican dans son éthique et légèrement calviniste dans son accentuation[5] ». Rédigé à la demande de l'IFES – Hammond fait alors lui-même partie de son comité consultatif théologique[6] – cet ouvrage est intéressant d'un point de vue théologique car il montre l'intérêt des milieux de l'IFES pour la doctrine et la théologie[7]. Sur le plan pratique, « on voulait quelque chose de pas trop technique pour aider les étudiants qui étaient récemment venus à la foi en Christ[8] ». Comment fournir aux étudiants « non théologiens » suffisamment, mais pas trop, de théologie pour s'orienter dans la vie et l'enseignement universitaires ? Une étude détaillée du livre fournirait sûrement plus d'informations, mais pour notre étude, nous nous intéresserons à sa manière de traiter de la question de l'Église[9].

Pour Hammond, « face au libéralisme, au sacerdotalisme et autres perversions de la tradition apostolique, les protestants évangéliques doivent insister sur ce qu'ils ont en commun[10] ». L'apostolicité fait ici référence à l'enseignement des apôtres et non à une succession d'évêques. Sa définition met davantage l'accent sur l'Église *triomphante* que sur l'Église *militante*, car, selon Hammond, « dans le plein sens du terme, l'Église est "l'assemblée de tous les vrais croyants", vivants et morts[11] ». Il y a ici un lien très étroit avec la base doctrinale de l'IFES[12]. L'Église militante n'est pas pour autant oubliée, car Hammond concède que « L'Église visible est le corps de Christ en activité dans le monde, bien qu'elle n'ait jamais

---

5. Warren NELSON, *T. C. Hammond. Irish Christian ; His Life and Legacy in Ireland and Australia*, Édimbourg, Banner of Truth Trust, 1994, p. 133.
6. Geoffrey TRELOAR, « Hammond, Thomas Chatterton », dans *Biographical Dictionary of Evangelicals*, sous dir. Timothy Larsen, Leicester, IVP, 2003, p. 286-287.
7. Compte tenu de son emploi du temps serré, Hammond exprime le besoin d'un assistant, qui se trouve n'être autre que Douglas Johnson, le futur secrétaire général de l'IVF et une figure très influente des premières années de l'IFES. Il était décrit dans la préface de la première édition de *In Understanding* comme « un diplômé intéressé par le même projet, et qui souhaite rester anonyme », 1936, p. vi. Voir NELSON, *T. C. Hammond*, p. 89. Cependant, Johnson semble avoir été bien plus qu'un assistant, étant plutôt à l'origine du volume pour lequel il a « travaillé à une ébauche complète et a ensuite approché le chanoine T. C. Hammond pour le peaufiner et y apposer son nom ». Geraint FIELDER, *Lord of the Years. Sixty Years of Student Witness – Story of the Inter-Varsity Fellowship/Universities and Colleges Christian Fellowship, 1928-88*, Leicester, IVP, 1988, p. 61.
8. NELSON, *T. C. Hammond*, p. 88.
9. Pour la question plus large de l'ecclésiologie, voir Chase KUHN, « The Ecclesiological Influence of T. C. Hammond », *Churchman* 127, no. 4, 2013, p. 323-335.
10. HAMMOND, *Frères*, p. 189.
11. *Ibid.*
12. Il semble que Hammond ait été fortement impliqué dans sa rédaction, selon TRELOAR, *Disruption of Evangelicalism*, p. 199.

un caractère parfait et soit soumise aux limitations de temps, d'espace et aux infirmités humaines[13] ».

Hammond montre qu'il tient à être à l'écoute des étudiants et sait combien ils pourraient être prompts à utiliser leurs connaissances nouvellement acquises pour remettre en question les autorités ecclésiastiques, car il les avertit qu'ils « seraient sages de ne pas se lancer dans la formation de leur propre groupe, mais plutôt de n'agir qu'après avoir sondé les Écritures[14] ». Hammond prône le respect des autorités, tant qu'il n'y a pas de conflit de conscience. L'« autodétermination » du message de l'Écriture pour la ligne de conduite d'un individu est une application caractéristique de la doctrine du « sacerdoce de tous les croyants », qui est ici implicitement utilisée pour donner aux gens le pouvoir de prendre leurs propres décisions, mais sans « jugement hâtif[15] ».

Bien qu'il encourage le respect des autorités ecclésiastiques, la réaffirmation constante par Hammond que l'Écriture peut être comprise *sans médiation* par les étudiants l'amène à prendre à partie une vision du ministère qu'il juge bibliquement injustifiée. Pour lui, l'Écriture ne soutient pas « les deux erreurs qui se sont glissées au Moyen Âge dans la doctrine du ministère et ont continué à exercer leur influence jusqu'à nos jours[16] », à savoir l'ordre hiérarchique du gouvernement de l'Église et l'attribution « aux serviteurs [d']un rôle de médiateur, de prêtre[17] ». Hammond poursuit en disant que « la prêtrise dont parle l'Écriture est celle de tous les chrétiens (1 P 2.5). Les historiens s'accordent à reconnaître qu'un ministère sacerdotal n'apparaît pas avant la fin du deuxième siècle chez les écrivains chrétiens. Le ministère chrétien n'a rien à faire avec le sacerdoce[18] ».

En outre, « toute vue qui leur confère les pouvoirs de médiateur, de sacrificateur et de juge pour les pécheurs est contraire à l'Écriture. Jamais le Nouveau Testament n'utilise le terme de "prêtre" en parlant du serviteur de Dieu[19] ». Hammond est également catégorique sur le fait que le concept de

---

13. HAMMOND, *Frères*, p. 191.
14. *Ibid.*, p. 189.
15. *Ibid.*
16. *Ibid.*, p. 197.
17. *Ibid.*
18. *Ibid.* Dans la version anglaise de 1960, Hammond nomme Hooker sans référence précise à la fin de la phrase reprise de ses *Laws of Ecclesiastical Policy* 5.58.2 de Hooker. Notons que dans la première édition de son ouvrage, on pouvait lire : « L'Écriture affirme que le *christianisme dans son ensemble* constitue un sacerdoce. » HAMMOND, *In Understanding*, 1936, p. 207 ; nous soulignons. On peut donc supposer soit une évolution vers l'individualisation de la compréhension du sacerdoce dans la pensée de Hammond, soit au moins le désir d'être plus précis dans son expression.
19. HAMMOND, *Frères*, p. 200.

« clergé » en tant que « caste cléricale » était « inconnu de l'Écriture »[20], mais allait plus loin dans son objectif de renforcer la résistance de son auditoire au « sacerdotalisme » :

> L'idée que le ministère chrétien est un médiateur entre Dieu et l'homme est absolument contraire à l'Écriture. Il peut être un canal (ou intermédiaire) au travers duquel Dieu parle à son peuple. Mais rien dans l'Écriture ne permet d'affirmer qu'il est un lien indispensable entre un chrétien et son Dieu[21].

On peut facilement voir le polémiste[22] à l'œuvre ici lorsque l'on considère la tension entre le refus rigoureux de Hammond de toute fonction médiatrice, tout en concédant la possibilité qu'un membre du clergé puisse être un « intermédiaire ». Il poursuit en disant qu'

> on rencontre la même perversion sous des formes plus subtiles. Le chrétien doit prendre garde à toute forme de ministère qui pourrait ternir la gloire du sacerdoce de Christ, notre grand-prêtre (voir les épîtres), ou s'arroger un pouvoir qui, selon l'Écriture, n'appartient qu'au Seigneur ou au Saint-Esprit. On doit certes avoir de la déférence envers ceux qui sont appelés à « paître le troupeau » de Dieu, mais le chrétien ne doit jamais renoncer à ses privilèges en tant que membre du « sacerdoce royal » des pécheurs rachetés (1 P 2.9)[23].

L'appel de Hammond au lecteur pour qu'il résiste aux ministres de l'Église qui exerceraient trop de contrôle sur leurs membres est exprimé précisément sur la base de sa compréhension du « sacerdoce de tous les croyants ». Puisque le livre est « le régime de base pendant des décennies[24] » des responsables de l'IFES, compte tenu notamment de l'absence apparente de littérature évangélique conservatrice au moment de la publication de *In Understanding Be Men*[25], les raisonnements sous-jacents de Hammond ont joué un rôle important.

---

20. *Ibid.*, p. 197.
21. *Ibid.*, p. 202.
22. Sur cet aspect du travail de Hammond, voir Geoffrey TRELOAR, « T. C. Hammond the Controversialist », *Anglican Historical Society Diocese of Sydney Journal* 51, no. 1, 2006, p. 20-35.
23. HAMMOND, *Frères*, p. 202.
24. FIELDER, *Lord of the Years*, p. 61.
25. Le livre a ensuite été traduit en plusieurs langues. Le titre de l'édition espagnole est particulièrement explicite quant au public visé par l'ouvrage : T. C. HAMMOND, *Cómo comprender la doctrina cristiana. Manual de teologia para laicos*, Buenos Aires, Ediciones

Hammond ne définit pas le terme « paraecclésial », mais cette ecclésiologie articule soigneusement la relation entre l'Église locale et les étudiants chrétiens. Refusant une définition « sacerdotale » de l'Église, il insiste fortement sur le fait que chaque étudiant croyant est membre du sacerdoce royal et donc de l'Église. Cependant, cette *appartenance* est encadrée dans les limites d'une conscience individuelle façonnée par la lecture diligente de l'Écriture par l'étudiant lui-même et justifiée dans la mesure où l'Église locale est essentiellement un contexte dans lequel l'étudiant est nourri par les Écritures et y répond. Implicitement pour Hammond, l'appel missionnaire de l'individu émerge de sa relation à Dieu et précède l'adhésion à l'Église locale, cette dernière étant évaluée en fonction de sa fidélité à la première.

John Stott : un seul peuple

Le prochain ouvrage pertinent pour notre exploration est *One People*, la version publiée des conférences de « Théologie pastorale » données à l'Université de Durham en 1968 par le prêtre anglican John Stott[26]. S'adressant initialement aux étudiants en théologie et portant sur les attitudes du clergé envers les laïcs, ces conférences étaient initialement intitulées « The Theology of the Laity[27] ». Ce livre est intéressant en raison de la longue association de Stott avec les cercles de l'IFES. Il a été jugé suffisamment pertinent pour le monde étudiant pour être publié par InterVarsity Press, la maison d'édition d'InterVarsity aux États-Unis.

L'ouvrage passe en revue la doctrine de l'Église et se concentre sur les différents types de relations qui ont existé entre le clergé et les laïcs. Stott souligne combien ces relations ont souvent été tendues et fait remarquer que si les initiatives laïques, qui ont contribué aux mouvements missionnaires du XIXᵉ siècle et « étaient spontanées, la montée de l'énergie laïque d'en bas, [était] parfois tolérée par les dirigeants de l'Église uniquement parce qu'ils n'avaient pas d'autre choix[28] ». Stott conclut que la relation correcte entre le clergé et les laïcs n'est ni celle de la domination (cléricalisme) ou du dénigrement (anticléricalisme), ni celle de la séparation (dualisme), mais celle du service, car « les laïcs sont l'Église

---

Certeza, 1978. Voir TRELOAR, *Disruption of Evangelicalism*, p. 200, pour l'importance de l'ouvrage.

26. Stott explique dans la préface que le livre *One People* était « une révision et une extension » des conférences. John STOTT, *One People*, Downers Grove, InterVarsity Press, 1971, p. 7.
27. Stott se réfère à plusieurs reprises à un livre important publié quelques années auparavant : KRAEMER, *Théologie du laïcat*.
28. STOTT, *One People*, p. 10.

et… le clergé est désigné pour les servir, pour chercher à les équiper afin qu'ils soient ce que Dieu veut qu'ils soient[29] ».

Selon Stott, « la principale façon dont le clergé doit servir les laïcs est d'aider à les instruire et à les former pour leur vie, leur travail et surtout leur témoignage (*marturia*) dans le monde. La *diakonia*, le service, du clergé est subordonné à la *marturia* des laïcs[30] ». L'argument repose sur une différenciation fonctionnelle et non sur l'idée d'une succession apostolique.

Stott plaide donc pour une compréhension *missiologique* de l'Église basée sur le texte même à partir duquel le « sacerdoce de tous les croyants » est le plus souvent argumenté :

> Les auteurs du Nouveau Testament déclarent que le Dieu qui nous a appelés hors du monde nous renvoie dans le monde : vous êtes une race élue, un sacerdoce royal, une nation sainte, le peuple de Dieu, afin que vous puissiez proclamer les merveilles de celui qui vous a appelés des ténèbres à son admirable lumière[31].

Stott ne préconise pas l'abolition du clergé mais poursuit en remarquant que « le peuple de Dieu […] est à la fois un peuple sacerdotal, pour lui offrir les sacrifices spirituels acceptables de la louange et de la prière, et un peuple missionnaire, pour annoncer aux autres les excellences de son Dieu, le Dieu qui l'a appelé dans sa merveilleuse lumière et qui a eu pitié de lui[32] ». En passant, Stott s'oppose à l'identification du prêtre par Cyprien avec la fonction sacerdotale de l'Ancien Testament, en soutenant que « le sacerdoce de l'Ancien Testament a été remplacé dans le Nouveau par le sacerdoce de tous les croyants, c'est-à-dire le sacerdoce de toute l'Église[33] ».

Les chrétiens sont appelés et équipés pour le témoignage dans leurs sphères respectives pour deux raisons principales. Premièrement, parce que « à bien des égards, les laïcs sont en mesure de s'engager dans ce travail de manière bien plus efficace que le clergé, car les laïcs sont "la dispersion de l'Église dans le monde[34]", "immergés dans le monde[35]", pénétrant plus profondément dans la société séculière que ne le fera jamais l'ecclésiastique moyen[36] ». Ensuite,

---

29. *Ibid.*, p. 42.
30. *Ibid.*, p. 13.
31. *Ibid.*, p. 17, citant 1 Pierre 2.9.
32. *Ibid.*, p. 24-25.
33. *Ibid.*, p. 29.
34. Stott cite Kraemer, *Théologie du laïcat*, p. 147.
35. Stott cite John A. T. Robinson, *Layman's Church*, Londres, Lutterworth, 1963, p. 18.
36. *Ibid.*, *One People*, p. 44.

parce que le témoignage ne peut être exercé que par des personnes en vertu de leur vocation chrétienne et non par une quelconque délégation à un groupe spécifique (le clergé), car « il n'y a pas de possibilité de culte ou de témoignage par procuration[37] ». Cela a de vastes conséquences pour la pratique du ministère dans les contextes ecclésiaux et dans le monde en général. C'est sans doute le souci de voir les chrétiens prendre soin les uns des autres dans le processus de découverte de la parole de Dieu par eux-mêmes qui amène Stott à approuver également la pratique – à l'époque relativement nouvelle – de petits groupes de maison fonctionnant de manière similaire aux groupes d'étudiants sur le campus. Selon les propres mots de Stott,

> si elle [la croissance des groupes de maison] doit être expliquée en termes d'expérience humaine, elle doit probablement être comprise comme une protestation contre les processus de déshumanisation de la société séculaire et le formalisme superficiel d'une grande partie de la vie ecclésiale. Il y a une faim répandue pour une vie qui est véritablement humaine et absolument réelle[38].

Ainsi, pour Stott, le laïcat *est essentiellement l'Église* qui témoigne dans différents contextes : en bref, *un sacerdoce de tous les croyants*. Si cela est vrai, alors les étudiants qui témoignent *sont* l'Église, ils ne sont pas *à côté de* l'Église comme le mot « paraecclésial » pourrait l'indiquer. Puisque l'une des tâches de l'assemblée réunie est d'équiper les laïcs pour qu'ils soient l'Église dispersée et qu'ils soient *les médiateurs* de l'Évangile à leur entourage, les laïcs ne peuvent être autonomes par rapport à l'Église. Le souci de Stott d'enseigner les laïcs et d'encourager les étudiants à être des missionnaires là où ils se trouvent semble avoir fortement interpellé les masses d'étudiants avec lesquels il était en contact, en particulier dans les dernières années de sa vie[39].

---

37. *Ibid.*, p. 25.
38. *Ibid.*, p. 73. Une bonne illustration peut être donnée par une étudiante qui se souvient de ses années pionnières au GBEU Suisse (elle a ensuite été, avec son mari, la pionnière des groupes IFES en Afrique francophone) : « J'avais amené toute ma famille là-bas, petit à petit, et puis mon frère est allé dans un camp, plusieurs camps, au ski, avec nous. Et il a vu des jeunes qui lisaient leur Bible tous les jours. Il a dit : "Mais ce n'est pas vrai, ce n'est pas possible que des jeunes lisent leur Bible tous les jours" – il n'en croyait pas ses yeux. Il a trouvé cela sensationnel. Et c'est vrai que c'est intéressant [que] quand on est de l'Église réformée [on] aborde la Bible d'une manière différente d'un vieux pasteur qui nous enseigne *ex cathedra*, et c'est vrai que c'est quelque chose qui fonctionne bien avec les jeunes. » Entretien avec Denyse et Louis Perret, 12 février 2012.
39. Pour plus de contexte biographique, voir Timothy DUDLEY-SMITH, *John Stott. A Global Ministry*, Downers Grove, IVP, 2001, chap. 10-12 ; Alister CHAPMAN, *Godly Ambition. John Stott and the Evangelical Movement*, New York, OUP, 2012), chap. 6.

Jim Stamoolis : ecclésiologie et mission

Stamoolis, secrétaire pour les étudiants en théologie de l'IFES dans les années 1980, est l'auteur d'un bref article pertinent pour notre travail[40]. Il propose que « l'aspect central définissant l'ecclésiologie évangélique est que l'Évangile doit être appliqué personnellement à l'individu. Dire qu'il doit être appliqué personnellement ne signifie pas nécessairement qu'il doit être appliqué individuellement[41] ». Cependant, Stamoolis note également que c'est une chose de croire que chaque étudiant a le *potentiel* de témoigner sur le campus ; c'en est une autre de penser que chaque étudiant est *équipé* pour le faire. La *formation* permet généralement de combler ce fossé. La question est essentiellement missiologique et dépend de la compréhension que l'on a du champ missionnaire. Stamoolis note avec optimisme qu'au moment de la rédaction de son article, un changement de perception est en train de se produire :

> La bonne nouvelle, c'est que le concept de témoin laïc trouve un nouveau souffle. La raison de la disparition du témoignage des laïcs semble résider en partie dans la nécessité présumée d'une apologétique lourde pour convaincre l'homme sécularisé de l'existence de Dieu. Un chrétien ordinaire ne pouvait combattre à lui seul l'ennemi féroce de la sécularisation. Il fallait donc un professionnel qualifié pour être en mesure de présenter l'Évangile. À l'ère postmoderne au contraire, l'opinion personnelle est plus acceptable, bien qu'elle ne puisse être accompagnée d'une prétention dogmatique à détenir la vérité universelle[42].

L'allusion au « sacerdoce de tous les croyants » est implicite mais se révèle aussi d'une remarquable souplesse dans ce contexte. Ce sacerdoce est rendu nécessaire par le fait que « Église » et « témoignage » ne se recoupent pas toujours complètement :

> L'Église et, par extension, les manifestations locales de l'Église universelle sont les expressions visibles de l'activité de Dieu dans la rédemption de l'humanité. C'est toujours une erreur de penser que les frontières du royaume de Dieu coïncident avec celles de l'Église.

---

40. James STAMOOLIS, « An Evangelical Position on Ecclesiology and Mission », *International Review of Mission* 90, no. 358, 1er juillet 2001, p. 309-316.
41. *Ibid.*, p. 310.
42. *Ibid.*, p. 313.

Nous ne savons pas toujours où Dieu œuvre, ni même comment il œuvre dans sa création[43].

D'une part, si l'œuvre d'évangélisation peut se produire en dehors des frontières de l'Église locale, elle peut donc se produire dans le contexte d'un groupe paraecclésial. D'autre part, cela signifie que Dieu peut être à l'œuvre même en dehors des cadres (para)ecclésiaux. Les chrétiens peuvent être invités à discerner où Dieu est déjà à l'œuvre dans le monde avant de se joindre à son œuvre. Bien que rarement formulé dans les documents de l'IFES avant la fin des années 2000, ce dernier argument est néanmoins quelque peu implicite dans l'histoire de l'organisation. Les étudiants non chrétiens qui montrent un intérêt pour l'Évangile, qui sont ouverts à l'exploration de sa vérité et de sa pertinence pendant leurs années d'étude et qui s'engagent dans des conversations et des activités avec des étudiants chrétiens, sont des témoins de l'œuvre du Saint-Esprit *avant* le témoignage des étudiants de l'IFES – ou d'autres étudiants chrétiens.

René Padilla : une ecclésiologie pour la mission intégrale

Dans un volume important publié en 2003, Padilla et plusieurs de ses collègues proposent de solides justifications théologiques pour les pratiques locales de la mission intégrale[44]. La plupart des fondements de la réflexion de Padilla, que je présente ici, ont été posés pendant ses années en tant que membre du personnel de l'IFES[45].

Le théologien commence par affirmer que la confession du Christ en tant que *Kyrios*, Seigneur de l'univers entier, représente une contextualisation des

---

43. *Ibid.*
44. C. René PADILLA et Tetsunao YAMAMORI, sous dir., *La iglesia local como agente de transformación. Una eclesiología para la misión integral*, Buenos Aires, Ediciones Kairós, 2003. Dans ce qui suit, j'utilise la traduction anglaise : C. René PADILLA, « Introduction. An Ecclesiology for Integral Mission », dans *The Local Church, Agent of Transformation. An Ecclesiology for Integral Mission*, sous dir. C. René Padilla et Tetsunao Yamamori, Buenos Aires, Ediciones Kairós, 2004, p. 19-49. En français, on trouvera des réflexions assez similaires dans Evert Van de POLL, *L'Église locale en mission interculturelle. Communiquer l'Évangile au près et au loin*, coll. REMEEF, Charols, Excelsis, 2014.
45. Le discours de Padilla à Lausanne semble avoir précipité son départ de l'équipe de responsables de l'IFES, sous la pression des SG américains et britanniques. C'est également ce que laisse entendre David C. KIRKPATRICK, « Died. C. René Padilla, Father of Integral Mission », *Christianity Today*, 27 avril 2021, consulté le 22 juillet 2021, https://www.christianitytoday.com/news/2021/april/rene-padilla-died-integral-mission-latin-american-theology.html.

écrits pauliniens pour les lecteurs du Nouveau Testament[46]. Ensuite, il affirme que « l'Église intégrale est celle qui reconnaît que toutes les sphères de la vie sont des "champs de mission" et qui cherche des moyens d'affirmer la souveraineté de Jésus-Christ dans toutes ces sphères[47] ». Cela implique une présence incarnationelle du croyant dans toutes les sphères de la vie, en tant qu'agent du royaume inauguré :

> Le disciplulat chrétien, compris comme un style de vie missionnaire – la participation active à la réalisation du plan de Dieu pour l'existence humaine et la création, révélé en Jésus-Christ – auquel l'Église tout entière et chacun de ses membres ont été appelés, exprime, en un mot, l'essence de la mission de l'Église[48].

Padilla affirme en outre que le principal obstacle à cette présence « intégrale » des chrétiens dans toutes les sphères de leur vie réside dans l'incapacité des dirigeants de l'Église à donner aux croyants laïcs les moyens de témoigner sans soutien clérical. En des termes plutôt directs, qui rappellent l'insistance de l'IFES sur le leadership des étudiants laïcs, Padilla relève que

> la mission intégrale exige la « décléricalisation » des ministères et une « laïcisation » du clergé. En d'autres termes, elle exige une reconnaissance de la nature apostolique de l'ensemble de l'Église. Cela implique, d'une part, que tous les membres, par le simple fait d'être disciples du Christ, partagent le mandat d'aller dans le monde au nom de Jésus-Christ, comme ses témoins. Cela implique également, d'autre part, que les dirigeants font partie du *laos*, le peuple de Dieu, tout comme le reste des disciples du Christ, ni plus ni moins[49].

Un tel développement montre un lien étroit avec la pensée de Stott sur l'articulation des rôles des laïcs – témoigner – et du clergé – équiper. Padilla conclut en en appelant au « sacerdoce de tous les croyants » :

> Tout cela est conforme à la doctrine biblique qui a constitué l'un des piliers de la Réforme du XVIe siècle, le sacerdoce de tous les croyants. Les réformateurs classiques comme Luther et Calvin ont toutefois mis l'accent sur les conséquences sotériologiques de cette doctrine,

---

46. PADILLA, « Ecclesiology for Integral Mission », p. 24. Pour un argument complet allant dans le même sens, voir FLEMMING, *La contextualisation dans le Nouveau Testament*.
47. PADILLA, « Ecclesiology for Integral Mission », p. 27.
48. *Ibid.*, p. 28.
49. *Ibid.*, p. 45.

à savoir qu'une personne pouvait avoir une relation directe avec Dieu sans avoir besoin d'intermédiaires[50].

De peur que ses lecteurs ne soient enclins à limiter la doctrine aux conséquences individuelles, Padilla s'empresse d'ajouter que les Réformateurs du XIVe siècle

> n'ont pas prêté beaucoup d'attention aux conséquences ecclésiologiques : que tous les croyants sont appelés au ministère chrétien, quelle que soit leur vocation. Par conséquent, l'idée que les bénéfices du salut pouvaient être séparés de la responsabilité de la mission était courante dans le monde protestant. La mission intégrale nécessite de retrouver le sacerdoce de tous les croyants dans la mesure où l'Église devient une communauté dans laquelle tous les membres, à égalité, s'encouragent mutuellement à découvrir et à développer leurs dons et leurs ministères dans les innombrables domaines de l'existence humaine qui ont besoin d'être transformés par la puissance de l'Évangile[51].

Une telle argumentation souligne la nécessité pour tous les étudiants chrétiens de prendre au sérieux la tâche missionnaire en vertu de la nature de leur foi chrétienne. Il en va de même pour la direction de l'Église[52]. En bref, la théologie de Padilla sur la seigneurie du Christ sur toute la terre donne naissance à son souci de la *mission intégrale.* Cela le conduit à la conclusion que l'Église *entière* est appelée à la mission là où se trouvent ses membres. Par conséquent, ces membres laïcs doivent être équipés et encouragés pour leur service, ce qui est la tâche de la direction de l'Église. Les liens avec la logique du ministère étudiant sont clairs.

David Zac Niringiye : l'Église, le peuple de Dieu en pèlerinage

Publié en 2015, *The Church : God's Pilgrim People* est l'un des derniers ouvrages d'ecclésiologie écrits par un ancien responsable de l'IFES[53]. Niringiye nomme de nombreuses figures de l'IFES dans son avant-propos, et son ouvrage représente une approche importante de l'ecclésiologie dans une perspective du monde majoritaire.

---

50. *Ibid.*
51. *Ibid.*, p. 45-46.
52. *Ibid.*, p. 47.
53. Niringye a été SR pour l'EPSA jusqu'en 2000.

L'ouvrage de Niringiye est plus narratif qu'analytique. Commençant par l'Ancien Testament et brossant un grand panorama de l'histoire biblique, Niringiye résume sa pensée en suggérant qu'il existe trois marques d'une Église : « la foi, l'amour et l'espérance – comme les caractéristiques clés qui marquent la nouvelle communauté en Christ comme le peuple de Dieu[54]. » L'Église a ses racines dans le peuple d'Israël, dont l'élection avait en tête la bénédiction des autres peuples : « Moïse a clairement indiqué que le peuple d'Israël était désormais le peuple de Dieu dans la mission de Dieu de restaurer la création, l'harmonie et la communauté pour son plaisir et sa gloire[55]. »

Par conséquent, la plupart des revers subis par Israël peuvent être attribués à son incapacité à réaliser sa vocation d'ambassadeur de Dieu. Niringiye fait le lien entre la situation d'Israël et celle de l'Église chrétienne contemporaine. Dans des termes plutôt directs, il suggère que « beaucoup du malaise et de l'assoupissement des Églises d'aujourd'hui peuvent être attribués à la perte de conscience de la nature de pèlerinage de nos vies, individuellement et collectivement[56] ». Cette « nature de pèlerinage » est la métaphore centrale du travail de Niringiye et est cohérente avec le fait qu'il écrit dans une perspective de monde majoritaire où les Églises évangéliques sont souvent habituées à être la minorité, ou du moins à ne pas être aussi privilégiées que de nombreuses Églises occidentales.

Niringiye développe une *ecclésiologie missionnaire* plus intéressée par le caractère spirituel de la communauté que par ses activités et dans ce sens, la cohérence éthique est présentée comme un marqueur essentiel de la véritable nature d'une assemblée donnée. Commentant les Églises « solides » dans le monde, il affirme que

> ces Églises perdent souvent leur caractère avant-gardiste et se conforment à la société qui les entoure, adorant ses idoles et participant à sa cupidité. Elles coexistent avec les niveaux d'injustice sociale de leurs sociétés et, dans certains cas, les renforcent. On dit de ces Églises qu'elles sont solides, prospères et puissantes, et pourtant les niveaux d'injustice sociale augmentent. Cela n'en dit-il pas long sur la personne qu'elles servent et adorent ? Tout comme en Israël, il y avait beaucoup de religiosité, ces Églises sont remplies

---

54. David Zac NIRINGIYE, *The Church. God's Pilgrim People*, Downers Grove, IVP Academic, 2015, p. 26.
55. *Ibid.*, p. 56.
56. *Ibid.*, p. 59.

de programmes et d'activités. Pourtant, le verdict de Dieu sur ces Églises reste le même : elles sont idolâtres[57].

L'œuvre de Niringiye se caractérise par une solide critique sociale. Bien qu'il ait travaillé pendant de nombreuses années au sein de l'IFES, il n'hésite pas à critiquer ses collègues évangéliques. Par exemple, après avoir noté que Jésus a été rejeté par l'ordre religieux de son époque, il affirme que « ce sont les bureaucrates ecclésiastiques d'aujourd'hui : les archevêques, les évêques, le clergé et les pasteurs sont le grand prêtre et les prêtres ; les évangéliques qui croient en la Bible sont les pharisiens de notre époque ; et les théologiens de tous bords sont les enseignants de la loi[58] ».

La clé d'une redécouverte de la puissance du « projet d'Église » est, pour l'auteur, de redécouvrir le rôle de chacun dans la mission de Dieu. Niringiye fait la distinction entre « appel » et « mission » :

> L'appel est présupposé dans l'affectation : il s'agit d'être et d'appartenir à Jésus, dans la mission de Dieu et son royaume. L'affectation concerne l'emplacement et le rôle au sein de la mission et du royaume de Dieu, le parcours particulier du disciple qui est tracé, la croix particulière que le disciple doit prendre en suivant Jésus[59].

Il s'agit d'une *théologie du laïcat* : « À tous ceux que Jésus appelle, il assigne une tâche ; tous ceux qui suivent ont un parcours particulier avec Jésus, et apprennent à le connaître davantage au cours de ce parcours en vivant leur vie de disciple[60]. »

Ce qui est particulièrement frappant dans cette recherche, c'est qu'il n'y a pratiquement aucune différence entre la vocation d'une Église locale et celle d'un groupe d'étudiants. Rendant plus explicite ce qui était latent chez Hammond et implicite chez Stott, Niringiye brouille les lignes de démarcation entre l'Église et le paraecclésial en n'attribuant pas une forte signification aux rôles cléricaux dans sa définition de l'Église. En définitive, cela signifie qu'il n'y a pas non plus de ligne de démarcation nette entre la vocation de l'Église d'aujourd'hui et celle

---

57. *Ibid.*, p. 72.
58. *Ibid.*, p. 102.
59. *Ibid.*, p. 103.
60. *Ibid.*

du peuple d'Israël. Niringiye appuie son argumentation en citant abondamment l'exposé de Wright sur Exode 19 :

> La fonction du sacerdoce en Israël même était de se tenir entre Dieu et le reste du peuple – représentant Dieu au peuple (par leur fonction d'enseignement) et représentant et amenant le peuple à Dieu (par leur fonction sacrificielle). Grâce au sacerdoce, Dieu se faisait connaître au peuple, et le peuple pouvait entrer dans une relation acceptable avec Dieu. Ainsi, Dieu confie à son peuple en tant que communauté entière le rôle de prêtre pour les nations. De même que les prêtres étaient en relation avec Dieu et le reste d'*Israël*, de même ils devaient, en tant que communauté entière, être en relation avec Dieu et le reste des *nations*[61].

Les chrétiens doivent prendre conscience du caractère transitoire de leur situation de *pèlerins* et de leur vocation à s'engager dans leur environnement : « Les Évangiles insistent sur le fait qu'en suivant Jésus, nous annonçons la Bonne Nouvelle du règne de Dieu dans tout ce que nous sommes et faisons. Partager la Bonne Nouvelle de Jésus fait partie intégrante de la vie d'un disciple[62]. » Commentant l'engagement des premiers disciples, Niringiye note que

> l'impact de leur témoignage dans le monde ne s'obtiendrait pas par le retrait, mais comme le sel dans la nourriture et la lumière chassant les ténèbres, c'est par leur présence, une présence savoureuse, et par la proclamation de l'Évangile du royaume qu'ils empêcheraient la décadence morale et chasseraient les ténèbres du mal dans le monde[63].

Il s'agit d'un changement d'argumentation par rapport à la rhétorique antérieure de l'IFES, qui, durant de nombreuses années, relève plutôt de la rhétorique de combat. L'IFES était sur le campus plus pour *préserver* et *défendre la théologie* que pour *s'engager dans le monde*. Ceci est cohérent avec un sens aigu du caractère pneumatologique de la communauté :

> Avec l'avènement du Saint-Esprit à la Pentecôte, l'activité rédemptrice de Dieu est passée de l'action à travers le peuple et la nation particuliers d'Israël à l'action parmi tous les peuples et

---

61. Christopher J. H. Wright, *Knowing Jesus through the Old Testament*, Downers Grove, IVP, 2014, p. 92.
62. Niringiye, *The Church*, p. 111.
63. *Ibid.*, p. 109.

toutes les nations, « tous ceux que le Seigneur notre Dieu appellera », comme l'a proclamé Pierre ([Actes] 2.39). L'universalisation de l'Évangile du royaume de Dieu a été immédiate lors de la venue du Saint-Esprit. À la Pentecôte, la nouvelle communauté, la communauté du royaume de Dieu, a été inaugurée – introduite dans le monde, incarnant la présence du Christ dans le monde, vivant de sa parole et de son Esprit[64].

Niringiye a un intérêt particulier pour le *volontarisme*. Il observe que des communautés diverses existaient déjà à l'époque du Nouveau Testament, suggérant que « le terme grec *koinonia*, que l'on traduit par "communauté", signifiait un partenariat ou un partage volontaire autour d'un intérêt, d'une vocation ou d'un engagement particulier et était d'usage courant. Ce qui était nouveau, c'était la nature et la base de leur *koinonia*. Leur *koinonia* était l'œuvre de l'Esprit Saint[65] ».

Cette insistance sur le Saint-Esprit, que l'on ne retrouve pas dans les discussions antérieures de l'IFES sur l'ecclésiologie, est remarquable. Elle indique la nature plus « provisoire » de l'existence ecclésiale dans un environnement plus fragile que les contextes privilégiés d'où provenaient les écrits antérieurs de l'IFES. Cependant, le scepticisme à l'égard des certitudes méthodologiques ne signifie pas un chamboulement théologique complet, comme le montre l'extrait suivant :

> Comprendre, discerner et obéir : voilà ce qu'est avant tout la mission chrétienne. L'un des plus grands problèmes actuels est la dépendance excessive de la mission chrétienne à l'égard des méthodes, des stratégies, des institutions et des technologies. Le défi qui nous attend est de discerner la voix du Saint-Esprit au milieu des vacarmes de nos histoires, de nos cultures et de nos modes de vie. La priorité doit être donnée à l'enseignement biblique et à la prière[66].

Les fondements théologiques que Niringiye expose ici vont au-delà de la pensée antérieure de l'IFES, mais restent cohérents avec ces fondements : l'attention au contexte, la conscience croissante de la diversité culturelle et la centralité d'une piété fondée sur les Écritures. De la même manière que Hammond soulignait l'importance du raisonnement scripturaire, Niringiye appelle à un engagement dans le monde logiquement lié à l'évangélisation :

---

64. *Ibid.*, p. 122.
65. *Ibid.*, p. 122-123.
66. *Ibid.*, p. 144.

> La première marque, donc, de la présence du Saint-Esprit dans une communauté est que l'Évangile sera continuellement proclamé. C'est l'évangélisation. Il convient de noter que l'Évangile n'était pas seulement proclamé aux non-croyants ; les croyants avaient besoin de continuer à entendre la Bonne Nouvelle, d'entendre constamment l'appel à tourner tout leur être vers Dieu et ses desseins et à continuer à suivre Jésus[67].

Fondamentalement, donc, parce que la *mission de Dieu* précède la *mission de l'Église*, l'IFES ne peut pas être « envoyé par l'Église » :

> D'où vient l'idée d'une « Église qui envoie » ? Ce n'est pas l'Église qui envoie ; l'Église est envoyée. Ce n'est pas l'Église qui envoie, c'est Jésus qui envoie par son Esprit. Nous, les disciples du Christ, la nouvelle communauté, sommes le peuple envoyé de Dieu. Aujourd'hui comme hier, c'est Dieu qui envoie, et il envoie ceux qu'il a appelés en premier comme ses disciples[68].

La boucle est bouclée : si le peuple de Dieu accomplit la mission de Dieu envoyée par l'Esprit de Dieu, la légitimité de l'engagement missionnaire paraecclésial est établie et les distinctions entre Église et paraecclésial s'estompent dans une large mesure. Quelles que soient les réserves de certains ecclésiastiques, les étudiants en tant que chrétiens peuvent discerner dans la prière ce que Dieu les appelle à faire. On peut même soutenir que le campus pourrait dans de nombreux cas jouer dans la vie des étudiants chrétiens le même rôle que l'exil a joué dans l'histoire d'Israël : « Israël, en tant que peuple de Dieu, a été formé lors de l'exode ; lorsqu'il a perdu le fil de son identité après s'être installé sur la terre promise, il a été emmené en exil, d'où le reste a redécouvert son identité et sa mission[69]. » Un nombre non négligeable de témoignages d'étudiants de l'IFES suivent à peu près les mêmes lignes : ils avaient un engagement chrétien plutôt fondamental qui s'apparentait à du nominalisme, car leur foi était héritée de leurs parents. La confrontation avec de nouvelles idées, la culture du campus et d'autres perspectives les a obligés à revoir leurs propres assurances. De la même manière que Stott et Stamoolis demandaient que les étudiants soient équipés, Niringiye insiste sur le fait que les « initiés » ont également besoin d'être instruits et qu'ils ne sont pas « prêts à aller enseigner » leurs camarades de classe – à être les *médiateurs* de l'Évangile – contrairement à ce que supposaient les premiers livres

---

67. *Ibid.*, p. 150.
68. *Ibid.*, p. 154.
69. *Ibid.*, p. 175.

et brochures de l'IFES. Le discernement pneumatologique et les changements contextuels obligent les acteurs à réaligner leurs convictions de manière attentive et constante avec la volonté de Dieu. L'*immédiateté* de la relation du croyant à Dieu n'est pas remise en question, mais l'insistance de ces auteurs sur la formation montre qu'une telle piété ne génère pas automatiquement une *médiation* sage.

Martelant ce point missiologique, Niringiye insiste sur le fait que le discours ne peut donc pas continuer à être celui de « l'intérieur contre l'extérieur » :

> Nous avons déjà compris que ce n'est pas le travail de la communauté chrétienne de « faire entrer les autres » dans le giron du Christ ; Jésus les fera entrer. Le désir ardent d'atteindre « toute la mesure de la plénitude du Christ » devrait nous pousser à aller aux extrémités de la terre, dans d'autres cultures et nationalités, à la recherche de ceux qui lui appartiennent, afin qu'avec eux, notre compréhension et notre appréciation de notre rédemption soient renforcées et que notre expérience du Christ soit approfondie. [...] Nous avons besoin de toutes les cultures, de toutes les nations et de tous les peuples afin d'apprécier la plénitude multidimensionnelle et multiforme du Christ. C'est la traduction de la vie de Jésus dans le mode de vie de toutes les cultures et sous-cultures du monde à travers l'histoire qui nous permettra à tous de corriger, d'élargir et de cibler notre propre compréhension et expérience du Christ[70].

Ici, Niringiye va plus loin que tous les auteurs précédents que j'ai étudiés. Il ne suppose pas que l'Église « a tout » et « a simplement besoin de le communiquer », mais comprend la mission comme un enrichissement de l'Église en élargissant ses horizons et sa compréhension de Dieu. Cela ne signifie pas que l'Église n'a rien à dire au monde, mais qu'elle peut encore apprendre. Par extension, une telle approche est prometteuse pour un ministère à l'université, lieu de découvertes.

Pour résumer l'évolution de la pensée ecclésiologique des auteurs de l'IFES, nous voyons plusieurs mouvements argumentatifs : Hammond distingue d'abord l'apostolicité du sacerdotalisme, insistant sur la primauté de la doctrine sur la fonction cléricale. Stott prend le relais pour dire aux clercs d'équiper les laïcs. Stamoolis insiste sur le fait que le travail se fait à l'extérieur de l'Église, et pas seulement à l'intérieur de ses murs ; Padilla, que le travail effectué doit prendre en compte tous les aspects de la vie. Enfin, Niringiye insiste sur la nature provisoire et improvisée du témoignage des pèlerins. Ce que nous avons ici est une sorte de paléogénèse d'une *ecclésiologie d'Église missionnaire*.

---

70. *Ibid.*, p. 183.

Synthèse partielle : l'IFES comme entreprise théologique

L'histoire de l'IFES est criblée de débats sur la légitimité théologique de son entreprise aux côtés de l'Église. Comme je le montrerai dans la partie suivante, qualifier l'organisation de « paraecclésiale » ne résout pas la plupart des problèmes conceptuels. Ce terme peut être utile en tant que terme générique communément compris, mais il trahit également une approche fondamentalement *ecclésiocentrique*, qui est de plus en plus remise en question par la forme actuelle du christianisme mondial et les tendances à la sécularisation de l'Occident.

L'histoire peut être un facteur explicatif : parce que la pertinence de la foi chrétienne a été remise en question plus tôt sur de nombreux campus universitaires que dans le reste de la société, l'IFES a dû développer une théologie compatible avec son environnement ministériel. À partir de la conviction missiologique fondamentale que tout étudiant peut témoigner de sa foi sur le campus et que l'université est un champ de mission qui a grand besoin d'être atteint par l'Évangile, la fraternité a conclu que la mission de Dieu est prioritaire sur les structures ecclésiales.

Fidèles à leur identité évangélique, les responsables du mouvement ont fait valoir que la Bible était claire et pouvait être lue par tous les étudiants qui, par une étude fidèle, appliqueraient ses enseignements à leur vie et à leurs études.

Pourtant, la Bible n'était pas le seul soutien à la mission de l'IFES. Une organisation missionnaire ne peut se passer de dispositifs de légitimation théologique. Les précurseurs de l'IFES avaient élaboré leur base doctrinale qui, une fois soigneusement fusionnée dans un document commun, fournissait à la communauté nouvellement fondée un ensemble de croyances considérées comme essentielles à l'orthodoxie de la foi évangélique. Même si la base doctrinale n'a jamais été considérée comme une sorte de nouveau credo, l'IFES a effectivement fait *de la théologie*, en décidant quelles croyances étaient essentielles pour vivre et *transmettre* fidèlement l'Évangile sur les campus universitaires. En outre, au fil des années, les dirigeants de l'IFES sont devenus eux-mêmes des théologiens ou ont fait appel à des théologiens reconnus pour étoffer leur pensée théologique, que ce soit par le biais de livres doctrinaux, de guides d'études bibliques ou de brochures.

La conception missionnaire de la vocation de l'étudiant sur le campus et la dispense de toute surveillance cléricale des activités des étudiants sont les éléments de soutien les plus évidents qui montrent que le « sacerdoce de tous les croyants » est la raison d'être implicite du ministère de l'IFES. Pourtant, comme le montre la littérature de plus en plus abondante, cette conception n'était pas – contrairement à ce que de nombreux polémistes ont affirmé tout au long des derniers siècles de l'histoire de l'Église et au cours de la plus courte histoire de l'IFES – individualiste. Elle part de l'accès *immédiat* à Dieu, mais elle est découverte, vécue et affinée par la *participation* d'une personne à une communauté ayant une vision *missionnaire* claire.

Après avoir commencé comme une « simple » organisation missionnaire créant des réseaux de personnes ayant des aspirations communes pour proclamer l'Évangile sur les campus universitaires, l'IFES est devenue une entreprise théologique à part entière, offrant à certains de ses dirigeants la possibilité d'explorer systématiquement les fondements théologiques de ce qui était au départ une entreprise plus pragmatique : affiner leur pensée à la lumière des rencontres internationales, comme le fer théologique aiguise le fer théologique.

Cette exploration de la manière dont les réflexions ecclésiologiques et missiologiques se sont développées tout au long de l'histoire de l'IFES a montré comment les idées d'*immédiateté*, de *médiation* et de *participation*, qui, selon moi, sont constitutives d'une compréhension missionnaire du « sacerdoce de tous les croyants », continuent de faire surface, même si ce n'est que de manière implicite. Dans la suite de ce travail, je montrerai comment d'autres ressources théologiques, notamment en théologie biblique et en *ecclésiologie missionnaire*, contribuent à une compréhension plus complète du travail de l'IFES.

Partie 4

Ressources théologiques

> Il n'y a jamais un moment... où le sacerdoce de tous les croyants n'est pas crucial dans la vie de l'Église – il appartient à l'*esse*, et non au *bene esse*, de l'Église[1].

Après avoir examiné le développement historique de l'IFES et la manière dont ses théologiens « internes » ont encadré son travail, je me tourne vers les ressources bibliques et théologiques. Je soutiens dans cette recherche que le « sacerdoce de tous les croyants » est la doctrine théologique sous-jacente qui aide le mieux à donner un sens au travail de l'IFES. Dans cette partie, j'examine brièvement les fondements bibliques de la doctrine du « sacerdoce de tous les croyants ». Je m'appuie ensuite sur un éventail de voix théologiques pour explorer le rôle des laïcs dans la mission de l'Église et montrer comment le « sacerdoce de tous les croyants » permet une *ecclésiologie missionnaire*[2]. À partir de là, je propose un examen approfondi du terme « paraecclésial », qui est l'« appellation ecclésiologique » attribuée à des organisations comme l'IFES. Bien qu'elle soit

---

1. Robert A. Muthiah, *The Priesthood of All Believers in the Twenty-First Century. Living Faithfully as the Whole People of God in a Postmodern Context*, éd. Kindle, Eugene, Wipf & Stock, 2009, emplacement dans l'édition Kindle : 43-46.
2. Toute une série d'autres implications ecclésiologiques – notamment pour les politiques ecclésiales – pourraient être tirées des textes que j'examine, mais elles dépasseraient le cadre de ce travail. Voir Greggs, « Priesthood of No Believer », p. 376.

largement utilisée, je montre que cette appellation ne reflète pas la manière dont les dirigeants de l'IFES ont compris leur travail : pour eux, leur travail était l'aboutissement naturel et contextuel sur le campus d'une compréhension *missionnaire* de l'Église. En suivant les réflexions missiologiques de Roland Allen, nous pouvons voir le ministère des étudiants comme un *ministère d'expansion de l'Église*. Je soutiens donc que les étudiants *participent* à la *missio Dei* en tant que *prêtres* et pèlerins dans un environnement complexe. Enfin, la boucle est bouclée avec une réflexion sur l'*apostolicité* comme caractère essentiel de l'Église.

13

Le sacerdoce de tous les croyants

J'aborde ici les aspects les plus saillants du sacerdoce de l'Ancien Testament (A.T.), notamment le lien entre l'ordre sacerdotal et le reste du peuple, et ce qu'il est advenu de cette fonction à l'époque du Nouveau Testament (N.T.) et à l'ère patristique. Ce qui suit ne peut être compris comme une tentative, même lointaine, de fournir un aperçu exhaustif de tous les débats exégétiques et herméneutiques sur les textes bibliques pertinents. Il vise cependant à recenser les éléments les plus utiles pour éclairer le travail de l'IFES. J'explore le texte fondamental de 1 Pierre 2.4-10, qui sert souvent d'arrière-plan du N.T. pour une doctrine du « sacerdoce de tous les croyants ». J'aborde ensuite l'épineuse question du lien entre les dimensions collective et individuelle de cet appel à « servir les autres ».

Ancien Testament
Des prêtres pour un peuple

Dans l'Ancien Testament, les prêtres font partie de la structure hiérarchique globale d'Israël, reflétant une « sainteté graduelle[1] » – une stratification du peuple selon la pureté et la proximité statutaire avec Dieu. Ils étaient généralement considérés comme servant « d'intermédiaires entre le peuple et Dieu, et comme conseillers et dirigeants de la nation[2] ». Les prêtres sont également chargés

---

1. Philip JENSON, *Graded Holiness. A Key to the Priestly Conception of the World*, JSOT, Sheffield, Bloomsbury, 1992.
2. John T. SWANN, « Priests », dans *The Lexham Bible Dictionary*, sous dir. John D. Barry, Bellingham, Lexham, 2016.

de présenter les sacrifices du peuple[3]. Pourtant, on constate un glissement d'une conception plus sacrificielle du sacerdoce vers une conception plus pédagogique au cours de la période post-exilique[4]. Une dimension cruciale de leur enseignement est la distinction entre le sacré et le profane[5], aidant le peuple à distinguer ce qui était juste devant le Seigneur et donnant des instructions sur la conduite à tenir[6].

Une autre dimension de la fonction sacerdotale, la divination, offre des réponses divines à des questions précises posées par le peuple et délivre des oracles, en utilisant souvent les mystérieux Urim et Thummim[7]. Anizor et Voss en déduisent que la caractéristique commune des éléments non sacrificiels du ministère sacerdotal

> est leur orientation clairement publique et centrée sur la parole. Les prêtres appliquent la parole du Seigneur à l'ensemble de l'existence d'Israël, dans ses dimensions quotidiennes et sacrées, ainsi que dans ses dimensions juridiques et cultuelles. Les prêtres sont les hérauts de la volonté de Yahvé, en particulier lorsqu'ils interprètent la parole pour le peuple et l'appliquent aux circonstances difficiles et variées de la vie communautaire d'Israël. Ces pratiques sacerdotales ont contribué de différentes manières à former un peuple fidèle à l'alliance en orientant constamment le regard de la communauté vers la parole d'alliance qui l'a formée[8].

Les prêtres, alors,

> ont l'honneur d'avoir un accès permanent à la présence du Seigneur dans le sanctuaire, mais ils ont aussi la responsabilité d'offrir des sacrifices pour le peuple, de l'aider à distinguer le saint du profane et le pur de l'impur, d'enseigner la loi, d'appliquer ses commandements

---

3. Roland DE VAUX, *Les Institutions de l'Ancien Testament. Institutions militaires, institutions religieuses*, vol. 2, Paris, Éd. du Cerf, 1982, p. 209-210 ; John H. WALTON, *Ancient Near Eastern Thought and the Old Testament. Introducing the Conceptual World of the Hebrew Bible*, Grand Rapids, Baker, 2006, p. 156.
4. SWANN, « Priests ».
5. Lévitique 10.10 ; Ezéchiel 22.26 ; Agée 2.10-14 ; etc.
6. Jérémie 2.8 ; Osée 4.6 ; etc.
7. De nombreuses hypothèses ont été émises au sujet de ces objets inconnus : s'agissait-il de dés ? de bâtons ? etc. Aucun consensus savant ne s'est encore dégagé. Cf. Vaux, *Les Institutions de l'Ancien Testament*, p. 204.
8. ANIZOR et VOSS, *Representing Christ*, 36.

aux diverses circonstances de la vie d'Israël et de bénir le peuple au nom du Seigneur[9].

Un peuple sacerdotal

L'Ancien Testament parle également d'une vocation sacerdotale pour le peuple d'Israël en tant que communauté. Juste avant que la loi ne soit formellement donnée, Dieu appelle son peuple à une relation spéciale :

> Maintenant, si vous m'écoutez et si vous gardez mon alliance, vous serez mon bien propre parmi tous les peuples – car toute la terre m'appartient. Quant à vous, vous serez pour moi un royaume de prêtres et une nation sainte. Voilà ce que tu diras aux Israélites. (Ex 19.5-6, NBS)

Durham interprète ces mots de cette manière :

> Israël, le « trésor spécial », c'est Israël qui, par son engagement envers Yahvé dans l'alliance, est devenu le bien le plus précieux de Yahvé. Israël en tant que « royaume de prêtres », c'est Israël engagé dans l'extension à travers le monde du ministère de la Présence de Yahvé, [...] un royaume dirigé non par des politiciens dépendant de la force et des loyautés diverses, mais par des prêtres dépendant de la foi en Yahvé, une nation servante plutôt qu'une nation dominante. Israël, en tant que « peuple saint », représente donc une troisième dimension : il doit être un peuple à part, différent de tous les autres peuples par ce qu'il est et ce qu'il devient – un peuple d'exposition, une vitrine pour le monde de la façon dont le fait d'être en alliance avec Yahvé change un peuple[10].

Israël est élu explicitement parmi les nations pour « assumer une fonction spéciale[11] » – celle de la bénédiction. Dans Exode 19.6, Israël est appelé une « nation sainte » (גוֹי קָדוֹשׁ – *goy kadosh*). L'utilisation du mot גוֹי est inhabituelle pour Israël[12], pourtant le même mot est utilisé dans l'appel d'Abraham à être une bénédiction pour les nations dans Genèse 12.2. Cela suggère que cette élection

---

9. *Ibid.*, 32.
10. John I. DURHAM, *Exodus*, Word Biblical Commentary 3, Waco, Word, 1986, p. 263.
11. W. J. DUMBRELL, *Covenant and Creation. Une théologie des alliances de l'Ancien Testament*, 1re éd. 1984, coll. Biblical and Theological Classics, Carlisle, Paternoster, 1997, p. 86.
12. W. Ross BLACKBURN, *The God Who Makes Himself Known. The Missionary Heart of the Book of Exodus*, Downers Grove, Apollos, 2012, p. 93.

est un appel missionnaire[13]. Selon Wright, ce « texte clé pour la missiologie[14] » a des implications d'une grande portée pour comprendre la relation de Dieu à son peuple, et la relation d'Israël au monde :

> La perspective universelle est explicite dans la double expression *toutes les nations* et la *terre entière*. Bien que l'action se déroule entre YHWH et Israël seul au Mont Sinaï, Dieu n'a pas oublié sa mission plus large de bénir le reste des nations de la terre à travers ce peuple particulier qu'il a racheté[15].

En élisant Israël, Dieu vise à accomplir ses desseins pour les autres nations également. Snyder conclut que « le plan de Dieu était que son peuple le représente dans le monde. Il serait le canal de sa révélation et de ses objectifs de salut. Telle est la mission que Dieu a confiée à Israël. Bien qu'Israël ait souvent été infidèle et que la mission n'ait été que partiellement remplie, le dessein de Dieu était clair[16] ».

Nouveau Testament
Le Christ, grand prêtre

Le N.T. présente le Christ comme le Grand Prêtre ultime, surpassant le sacerdoce lévitique. Notre intérêt ici est de voir comment les disciples du Christ sont dépeints comme un sacerdoce. Leithart suggère que le baptême est le canal de cette attribution :

> Au fur et à mesure que les convertis juifs du premier siècle, autrefois divisés entre prêtres et laïcs (cf. Ac 6.7), étaient baptisés, un peuple sacerdotal homogène émergeait. Le baptême a formé un nouvel Israël à partir de l'ancien, le fondant dans la race eschatologique du dernier Adam, le royaume des prêtres. Il est le signe efficace du changement de vêtement du ciel et de la terre, détruisant l'ancien

---

13. Dumbrell, *Covenant and Creation*, p. 89.
14. Christopher J. H. Wright, *La mission de Dieu. Fil conducteur du récit biblique*, trad. Alexandre Saran, Charols, Excelsis, 2012, p. 255. Au moment de la rédaction de cet article, Wright est vice-président de l'IFES et préside le groupe consultatif théologique.
15. *Ibid.*, p. 255-256.
16. Howard A. Snyder, *Liberating the Church. The Ecology of Church and Kingdom*, Downers Grove, IVP, 1983, p. 171.

ordre israélite et remodelant le terrain. C'est le « lavage de la palingénésie »[17].

Leithart établit un lien entre les motifs et les rites de l'A.T. et l'œuvre du Christ, mais ce lien peut aussi être établi de manière plus directe, car ce que Leithart laisse ouvert dans son exercice de correspondances, ce sont les objectifs de l'inclusion des chrétiens dans le ministère sacerdotal du Christ. Le but du présent travail n'est pas d'examiner le sacerdoce du Christ en détail, mais de voir son lien potentiel avec le « sacerdoce de tous les croyants ». Comme nous le remarquerons bientôt, les dimensions sacerdotales de la vie et du ministère des chrétiens ne seront que *dérivées* et découleront de leur appartenance *au Christ*.

1 Pierre : un texte essentiel pour une doctrine controversée

Lorsque la notion de « sacerdoce de tous les croyants » est discutée, les auteurs se tournent vers le passage de 1 Pierre. Les spécialistes débattent de la question de savoir si la doctrine peut être fondée de manière appropriée sur ce passage. Dans ce qui suit, je soutiens que le sacerdoce décrit dans 1 Pierre 2 est un attribut de l'ensemble de l'Église multiethnique, juive et païenne. Il s'agit d'une réalité *communautaire*, mais elle se manifeste aussi dans les actions des chrétiens individuels dans le monde. Cette activité sacerdotale est centrée sur le témoignage – la *médiation* – et implique que les chrétiens s'instruisent et se s'édifient mutuellement.

Le texte propose plusieurs façons pour les destinataires de la lettre de vivre la vie sainte à laquelle ils ont été appelés.

> Approchez-vous de lui, pierre vivante, rejetée par les humains, mais choisie et précieuse aux yeux de Dieu. Vous-mêmes, comme des pierres vivantes, construisez-vous pour former une maison spirituelle, un saint sacerdoce, afin d'offrir des sacrifices spirituels, agréés de Dieu, par Jésus-Christ ; car voici ce qu'on trouve dans l'Écriture :
>
> *Je vais poser en Sion une pierre angulaire, choisie, précieuse,*
> *et celui qui croit en elle ne sera jamais pris de honte.*
>
> L'honneur est donc pour vous qui croyez. Mais, pour les gens sans foi : *c'est la pierre que les constructeurs ont rejetée qui est devenue la principale, celle de l'angle*, et : *une pierre d'achoppement, un rocher*

---
17. Peter Leithart, *The Priesthood of the Plebs. A Theology of Baptism*, Eugene, Wipf and Stock, 2003, p. 197.

> *qui cause la chute*. Ils s'y achoppent en refusant d'obéir à la Parole ; c'est aussi à cela qu'ils ont été destinés.
>
> Vous, par contre, vous êtes une lignée choisie, un sacerdoce royal, une nation sainte, un peuple que Dieu *s'est acquis*, pour que vous annonciez *les hauts faits* de celui qui vous a appelés des ténèbres à son étonnante lumière. (1 P 2.4-9, NBS)[18]

Ce texte « est remarquable en ce qu'il représente l'une des plus grandes collections d'images de l'A.T. dans le N.T.[19] », avec de nombreuses allusions à Exode 19. Dans 1 Pierre, les auditeurs sont considérés comme un peuple « élu », de manière très similaire à la manière dont le peuple d'Israël a été constitué comme une « possession précieuse » dans le désert du Sinaï, après avoir été appelé « des ténèbres » (1 P 2.9). De même que l'élection d'Israël reposait sur la seule bonne volonté de Dieu, « le statut des chrétiens dépend du statut du Christ, car ils sont unis à lui[20] ».

Cependant, une différence très significative entre l'appel à la vie du premier et du second « saint sacerdoce » est l'inclusion des Gentils dans le second. De la même manière que Dieu a élu Israël pour qu'il soit une bénédiction pour les nations, la nouvelle communauté chrétienne multiethnique est élue en Christ pour un but particulier.

Un sacerdoce collectif ou individuel ?

Cet élargissement de la vocation sacerdotale à un groupe plus large implique-t-il un « sacerdoce de tous les croyants » ? Snyder répond positivement et insiste sur le fait que

> dans l'Ancien Testament, *certains membres* du peuple de Dieu étaient prêtres : maintenant, *tous* sont prêtres, accomplissant ainsi le dessein originel. Dans l'Ancien Testament, *certaines* personnes étaient des serviteurs spéciaux de Dieu : maintenant, *tous les* croyants sont des serviteurs du Christ. Dans l'Ancien Testament, *certaines* personnes étaient occasionnellement douées par l'Esprit

---

18. Italiques dans l'original (Nouvelle Bible Segond). Paul J. Achtemeier, *1 Peter. A Commentary on First Peter*, Hermeneia, Minneapolis, Fortress, 1996, p. 149.
19. *Ibid.*, p. 150.
20. Edmund P. Clowney, *The Message of 1 Peter*, The Bible Speaks Today, Leicester, IVP, 1988, p. 83.

pour des tâches particulières : maintenant, *tout le* peuple de Dieu reçoit des dons de l'Esprit[21].

D'autres commentateurs se demandent si les fonctions des prêtres de l'A.T. peuvent être transférées aux chrétiens *individuels*. Greggs, par exemple, note une tendance à individualiser la doctrine au détriment de ses aspects communautaires. En des termes relativement forts, il estime que

> le sacerdoce de tous les croyants a la fâcheuse habitude de devenir une discussion sur le sacerdoce de chaque croyant, individuellement et indépendamment, dans laquelle chacun de nous est considéré comme son propre prêtre. De cette façon, la doctrine est victime de la chose même qu'elle cherche à éviter : les individus s'approprient la chose même qui, dans l'œuvre du Christ, prend fin, et qui ne se poursuit que lorsque le croyant participe au corps du Christ, à la vie entière de l'Église[22].

Greggs affirme également que « l'idée de sacerdoce n'est jamais appliquée à un individu dans le N.T. (au-delà de ceux qui sont prêtres du temple) sauf à Jésus-Christ[23] ». De même, Achtemeier[24] insiste sur le fait que

> L'intérêt de ce verset [1 P 2.5] n'est pas le statut sacerdotal de chaque chrétien pris individuellement, ni l'idée que chacun doit fonctionner comme un prêtre pour son compagnon chrétien. Le sacerdoce, dans ce contexte, ne peut être compris que comme un sacerdoce collectif, dont la fonction, comme le suggère le parallèle avec 2.9b, inclut un témoignage à l'humanité entière[25].

Cependant, même si nous acceptons que 1 Pierre ne se réfère pas à des individus, la question demeure : comment les chrétiens pourraient-ils exercer les prérogatives sacerdotales *en tant que communauté seulement* et non en tant qu'*individus* ? Le reste de l'épître souligne de plusieurs manières l'importance pour les chrétiens de se conduire « honorablement parmi les païens, afin que

---

21. Snyder, *Liberating the Church*, p. 179.
22. Greggs, « Priesthood of No Believer », p. 377.
23. *Ibid.*, p. 381.
24. Achtemeier interagit avec une variété de chercheurs, mais insiste toujours sur le fait que « les fonctions sacerdotales que le chrétien avait [...] étaient en tant que membre de la communauté chrétienne, et non en tant qu'individu séparé, comme si chacun était en quelque sorte un prêtre ». Achtemeier, *1 Pierre*, p. 165.
25. *Ibid.*, p. 156.

[...] ils voient vos actions honorables et glorifient Dieu quand il viendra juger[26] ». Clowney soutient donc que « Pierre se préoccupe de la sainteté du temple de Dieu non seulement lorsque les chrétiens sont réunis pour le culte, mais aussi dans leur vie quotidienne[27] ». La plus évidente de ces activités sacerdotales semble être la *médiation* de Dieu envers les autres. Même Green, qui ne trouve dans ces versets aucune « base pour la doctrine réformée du "sacerdoce de tous les croyants"[28] », en raison du caractère communautaire de la classe sacerdotale, affirme néanmoins de manière quelque peu confuse que « l'accent est donc mis non pas sur le rôle sacerdotal des croyants au sein de la communauté des croyants, mais sur l'identité et le rôle sacerdotaux de la communauté des croyants dans le monde en général[29] ». Après tout, que font les chrétiens lorsqu'ils « proclament les actes puissants de celui qui les a appelés des ténèbres à son admirable lumière[30] », sinon *être les médiateurs* des œuvres et la personne de Dieu aux personnes avec lesquelles ils s'engagent[31] ? Cet engagement présuppose que *tout chrétien* peut discerner comment sa foi peut être articulée dans le contexte. Ce *sensus fidei* est fondé non seulement sur la pneumatologie[32] mais aussi sur l'ecclésiologie : « L'Église vit de la participation de ses membres, laïcs et ordonnés, et est constituée à travers eux par l'Esprit Saint. Tel est le consensus œcuménique. Ce qui est contesté, c'est la manière dont cela se produit[33]. » Le lien entre la communauté et l'individualité dans l'expression du sacerdoce est une cause importante de litige. Hiebert met en garde en des termes précis :

> *Le sacerdoce des croyants n'est pas une licence pour être des francs-tireurs théologiques.* Nous avons besoin les uns des autres pour voir nos péchés, car nous voyons plus facilement les péchés des autres que les nôtres. De même, nous voyons la façon dont les autres interprètent mal les Écritures avant de voir nos propres erreurs

---

26. 1 Pierre 2.12.
27. CLOWNEY, *1 Peter*, p. 88.
28. Joel B. GREEN, *1 Peter*, The Two Horizons New Testament Commentary, Grand Rapids, Eerdmans, 2007, p. 61.
29. *Ibid.*, p. 61.
30. 1 Pierre 2.9.
31. Pour le débat sur l'influence qumranienne sur la notion de « communauté » dans 1 Pierre, voir J. Ramsey MICHAELS, *1 Peter*, Word Biblical Commentary 49, Waco, Word, 2004, p. 96.
32. Voir CONSEIL ŒCUMÉNIQUE DES ÉGLISES, « Baptême, Eucharistie, Ministère », Foi et Constitution, Genève, 1982, https://www.oikoumene.org/fr/resources/documents/baptism-eucharist-and-ministry-faith-and-order-paper-no-111-the-lima-text.
33. Veli-Matti KÄRKKÄINEN, « The Calling of the Whole People of God into Ministry. The Spirit, Church and Laity », *Studia Theologica* 54, no. 2, 2000, p. 150.

d'interprétation. Dans le même ordre d'idées, nous avons besoin des chrétiens d'autres cultures, car ils voient souvent comment nos préjugés culturels ont déformé nos interprétations des Écritures[34].

La pensée de Hiebert ressemble à une contextualisation réfléchie de la pensée de Luther. La « correction mutuelle » est un élément essentiel de la liberté des groupes de l'IFES dans l'étude de la Bible sans supervision cléricale ; c'est en outre un élément essentiel de la vie de la communauté car les mouvements se corrigent mutuellement dans leurs pratiques herméneutiques également. Greggs soutient aussi que l'une des dimensions essentielles de la vie de l'Église est de faire en sorte que les chrétiens cessent d'être centrés sur eux-mêmes pour plutôt prendre soin des autres dans la communauté :

> La forme que prend l'Église lorsqu'elle est créée comme événement de l'acte de l'Esprit Saint de Dieu est la forme du Christ. Comme l'Esprit libère l'individu pour qu'il vive simultanément pour Dieu et pour l'autre (le libérant de son *cor incurvatum in se* [courbé sur lui-même]), l'individu est libéré pour participer au corps du Christ, et plus spécifiquement à la forme particulière du sacerdoce du Christ dans laquelle l'orientation vers le Père (verticalement) et vers le monde (horizontalement) existent simultanément[35].

Ainsi, la relation personnelle à Dieu, le témoignage personnel et l'existence missionnaire communautaire sont étroitement liés et fournissent une série de contrôles et d'équilibres internes. Si nous supposons qu'un ministère auprès des étudiants est essentiellement une branche ou un bras de l'Église sur le campus, ces dispositions doctrinales s'appliquent et ne devraient pas préoccuper davantage les dirigeants de l'Église que les autres activités de leurs fidèles. La vocation de l'organisation étudiante est donc essentiellement la même que celle de l'Église : aimer Dieu et son prochain et les servir tous les deux. L'engagement est au cœur de la vocation chrétienne, qui suit ce que le peuple d'Israël était censé faire en tant que « peuple de démonstration[36] » :

> Le sacerdoce royal des croyants existe pour déclarer les *aretas* (grec : excellences, vertus, actes puissants, louanges) de Dieu. [...] Pour louer et évangéliser, les sauvés du Seigneur proclament et célèbrent les *aretas* de Dieu, en particulier ses actes rédempteurs annoncés et

---

34. Paul G. Hiebert, « Critical Contextualization », *International Bulletin of Missionary Research* 11, no. 3, 1987, p. 110 ; c'est nous qui soulignons.
35. Greggs, *Priestly Catholicity*, p. 48.
36. Durham, *Exodus*, p. 263.

accomplis. Par conséquent, en tant que personnes amenées par la nouvelle naissance dans une communauté sacerdotale, les croyants doivent marcher dans la sainteté et l'obéissance tout en abondant en bonnes actions et en annonçant les œuvres puissantes du Seigneur. Tels sont les sacrifices – les sacrifices acceptables – du sacerdoce royal[37].

Cette proclamation, comprise comme une conséquence logique de l'élection et de l'œuvre salvifique du Christ pour les croyants, consiste évidemment dans le témoignage et le culte, qui constituent des « sacrifices spirituels » que les chrétiens sont appelés à offrir. Il semble y avoir là une extension de la vocation originelle d'Israël en tant que peuple de Dieu. Comme nous le dit Green, « chez Pierre [...] la "louange" est élargie pour inclure non seulement le langage vertical (le culte) mais aussi horizontal (la proclamation) et se voit attribuer un contenu particulier[38] ». Il y a donc toute une série d'applications pour comprendre les implications du « sacerdoce de tous les croyants ». La vie sainte – la conséquence de l'élection ; le culte – apporter des sacrifices ; et le témoignage – déclarer les louanges de Dieu : sont les plus évidentes et elles s'inscrivent dans une logique missionnaire, si nous sommes d'accord que « les quatre titres donnés à l'origine à Israël ("race élue", "sacerdoce royal", "nation sainte", "sa propre possession") sont maintenant appliqués à l'Église multiethnique, rappelant l'initiative gracieuse de Yahvé d'appeler et de sauver son peuple[39] ».

Le ministère auprès des païens

Paul établit également un lien entre son ministère de proclamation et d'enseignement et une activité sacerdotale, en disant notamment qu'il a écrit avec audace aux Romains « à cause de la grâce que Dieu m'a accordée d'être au service de Jésus-Christ pour les non-Juifs ; je m'acquitte du service sacré de la bonne

---

37. Anizor et Voss, *Representing Christ*, p. 48.
38. Green, *1 Peter*, p. 62. Je n'ai pas trouvé de commentaires académiques sur le contraste entre la proclamation des *aretas* de Dieu et l'importance de la réputation de Dieu dans l'Ancien Testament, une réputation qui ne préoccupait pas beaucoup le peuple, comme le note Malone, en prenant « Ezéchiel 36.20-23 [où le prophète] fustige les Israélites pour l'influence que leur comportement a eu sur la réputation de Yahvé. Quatre fois en quatre versets, il s'inquiète du fait que "mon saint nom" a été "profané parmi les nations". Nous devons reconnaître qu'il s'agit du langage cultuel du tabernacle et de ses prêtres ; "rendre/prononcer profane" *(ḥll)* est le contraire de "rendre/prononcer saint" *(qdš)* ». Andrew S. Malone, *God's Mediators. A Biblical Theology of Priesthood*, NSBT 43, Downers Grove, IVP, 2017, p. 139 ; pour plus de références, voir Idem, p. 137-140.
39. Anizor et Voss, *Representing Christ*, p. 48.

nouvelle de Dieu, afin que les non-Juifs soient une offrande agréée, consacrée par l'Esprit saint » (Rm 15.15-16, NBS). Paul étend donc l'activité sacerdotale du seul contexte du peuple de Dieu au témoignage des païens. Pour Dunn,

> Il ne fait donc aucun doute que Paul décrit ici son ministère en termes sacerdotaux. Il ne faut cependant pas en déduire qu'il se considérait comme un prêtre d'une manière spéciale, distincte des ministères des autres croyants. [...] Toute l'imagerie du sacerdoce a manifestement été transposée entièrement hors du culte et appliquée dans son sens transformé au ministère de Paul consistant à prêcher l'Évangile aux païens[40].

Paul semble impliquer ici une médiation sacerdotale entre lui-même, les païens et Dieu. Paul s'aventure dans ce ministère « à cause de la grâce qui m'a été donnée par Dieu », ce qui est peut-être une allusion au langage de l'élection observé dans Exode 19, soulignant le passage de 1 Pierre[41]. L'« offrande agréée » (Rm 15.16) dont il parle ici résonne aussi fortement avec les « sacrifices spirituels agréés de Dieu, par Jésus-Christ » (1 P 2.5) que les chrétiens doivent apporter à Dieu *individuellement* et *collectivement*. En ce qui concerne la nature de la relation entre les païens et le sacrifice, Wright n'est pas certain que Paul pense à

> « l'offrande faite *par* les nations », c'est-à-dire à l'hommage eschatologique des nations, sous la forme de l'adoration et de la louange offerte maintenant par les païens à Dieu plutôt qu'à leurs idoles ? Ou bien pense-t-il à « l'offrande *que sont* les nations », en considérant que les nations elles-mêmes constituent l'offrande que *Paul* présente à Dieu comme le fruit de son ministère (sacerdotal) d'évangélisation ? Quelle que soit la bonne interprétation, il est clair que Paul voit toute la mission auprès des païens comme étant l'accomplissement des prophéties de l'Ancien Testament concernant le rassemblement et l'inclusion des nations et concernant le culte que les nations devaient présenter par là même au Dieu d'Israël[42].

Une dernière observation est pertinente pour un « sacerdoce de tous les croyants » : l'idée que le message de Paul ne s'adresse pas uniquement

---

40. James D. G. Dunn, *The Parting of the Ways. Between Christianity and Judaism and Their Significance for the Character of Christianity*, 1ʳᵉ éd. 1991, 2ᵉ éd., Londres, SCM, 2006, p. 107.
41. À l'inverse, Malone rejette une interprétation individualiste, affirmant que Paul « ne s'identifierait guère à une caste sacerdotale exclusive (et potentiellement défunte) ». Malone, *God's Mediators*, p. 174.
42. Wright, *La mission de Dieu*, p. 622-623.

aux dirigeants des congrégations romaines, mais à tous ceux *qui participent à ces Églises*, car, comme le dit l'apôtre, les Romains « sont pleins de bonnes dispositions, remplis de toute connaissance, et *capables de [s']exhorter les uns les autres* » (Rm 15.14)[43]. Paul accorde une grande valeur à la capacité des fidèles à s'édifier mutuellement et à s'exhorter au ministère, sans limiter cette tâche à l'ordination, à la formation ou au sexe, par exemple. Dunn interprète cela comme impliquant que

> *tout ministère et service au nom de l'Évangile peut être considéré comme un ministère sacerdotal*, l'équivalent dans la nouvelle alliance des ministères de la grâce (charismes) réservés dans l'ancienne alliance aux personnes spécialement ointes pour cela. En appliquant un tel langage cultuel à un tel ministère non cultuel au nom de l'Évangile, Paul confirme que la barrière cultuelle entre le sacré et le profane a été abattue et abandonnée[44].

L'ère patristique

Les premiers chrétiens n'appartenant pas souvent à la classe sacerdotale d'Israël, il faut un certain temps pour que le concept même de « laïc » se développe dans la littérature chrétienne[45]. Clément de Rome s'appuie sur l'organisation du peuple juif pour souligner que « le prêtre a un rang qui lui est propre, les lévites un ministère déterminé, le laïque des observances qui lui reviennent[46] ». Cette première mention des laïcs dans l'Église est liée à une nouvelle interprétation de la structure même de l'Église. Clément est l'un des premiers à interpréter le ministère des dirigeants de l'Église « selon les lignes juives-sacerdotales de l'A.T. (le sacerdoce d'Aaron) (1 Clem. 43-44), introduisant même pour la première fois la distinction entre clergé et laïcs[47] ».

S'il reconnaît que Clément est le premier à introduire la distinction formelle entre clergé et laïcs, Lightfoot ne trouve pas de position sacerdotale dans les écrits

---

43. C'est nous qui soulignons.
44. Dunn, *The Parting of the Ways*, p. 107 ; c'est nous qui soulignons.
45. George Huntston, « The Ancient Church, AD 30-313 », dans *The Layman in Christian History*, sous dir. Stephen Neill et Hans Ruedi Weber, Londres, SCM, 1963, p. 28-56.
46. 1 Clement 40.5, dans Saint Clément de Rome, « Épître aux Corinthiens », dans *Les pères de l'Église*, Tome premier, publié par M. de Genoude, Paris, Sapia, 1837, p. 107-141.
47. Vittorino Grossi, « Priesthood of Believers », dans *Encyclopedia of Ancient Christianity*, sous dir. Angelo Di Berardino, Downers Grove, IVP, 2014, 3:304.

de Clément[48]. Il suggère que jusqu'à Cyprien, « une vision sacerdotale du ministère chrétien [n'avait] pas été soutenue en dehors d'une reconnaissance distincte des fonctions sacerdotales de l'ensemble du corps chrétien[49] ». Avant Cyprien, ni Clément, ni Tertullien, ni même Origène ne développent un sacerdotalisme particulier qui leur soit propre. Ils insistaient plutôt sur le fait que le prêtre agit en *tant que représentant* du sacerdoce général, et non à titre personnel, soulignant ainsi que le sacerdoce du clergé ne diffère « du sacerdoce des laïcs qu'en degré, dans la mesure où les premiers consacrent leur temps et leurs pensées plus entièrement à Dieu que les seconds[50] ».

Si Cyprien « représente le début du déclin de l'accent mis sur tous les croyants en tant que sacerdoce royal et la montée simultanée de la proéminence du sacerdoce ministériel[51] », il est bientôt suivi par d'autres Pères de l'Église, mais non sans réserves, cependant :

> Quelle serait notre extravagance, si nous nous imaginions qu'il est permis aux laïques de faire ce qui est défendu aux prêtres ? Les laïques ne sont-ils pas tous prêtres ? Il est écrit : « Il nous a faits rois et prêtres de Dieu et de son Père. » C'est l'autorité de l'Église qui a établi une distinction entre l'Ordre sacerdotal et le peuple. [...] Si donc tu possèdes en toi-même le droit du sacerdoce que tu peux exercer au besoin, tu dois t'assujettir aussi à la loi du sacerdoce partout où besoin est d'exercer le droit du sacerdoce[52].

Ce qui ressort des exposés de Tertullien, c'est que l'attribution de prérogatives sacerdotales à des laïcs doit rester exceptionnelle et ne doit pas être comprise comme constitutive de leur appartenance chrétienne. Pourtant, même si de nombreux auteurs de l'Église primitive sont réticents à laisser les laïcs exercer des rôles sacerdotaux, des exemples montrent que les laïcs relèvent effectivement le défi[53] – d'abord dans le culte, comme on peut le voir à partir

---

48. Joseph Barber LIGHTFOOT, *Saint Paul's Epistle to the Philippians. A Revised Text*, Londres, Macmillan, 1888, p. 254.
49. *Ibid.*, p. 257.
50. *Ibid.*, p. 258.
51. ANIZOR et VOSS, *Representing Christ*, p. 62.
52. TERTULLIEN, Section VII dans « Tertullien-Oeuvres 3. Exhortation à la Chasteté (De exhortatione castitatis) », https://www.tertullian.org/french/g3_14_de_exhortatione_castitatis.htm, consulté le 25 mars 2023.
53. La section suivante s'inspire largement de l'ouvrage de HUNTSTON, « Ancient Church », en particulier des pages 30 à 52.

d'exemples bibliques[54] ainsi que dans des manuels chrétiens primitifs et dans la lettre de Clément mentionnée plus haut[55]. De plus, il est possible de trouver un rôle pour les laïcs dans les constitutions et la discipline des Églises : ils élisent leurs presbytres et leurs diacres et pouvaient également révoquer leur élection et donner l'absolution des péchés aux membres de leur Église. À cela s'ajoute la possibilité pour les laïcs d'enseigner pour l'édification mutuelle et de donner les raisons de leur espérance dans une culture environnante peu favorable à leur foi[56]. Enfin, les premiers chrétiens de la diaspora marquent les païens par leur attitude à l'égard de leurs concitoyens lors des épidémies de peste, lorsqu'ils prennent soin de nombreuses personnes et font preuve d'un comportement éthique conforme à leurs croyances, une attitude affichée à la fois par le clergé et les laïcs[57].

Ces exemples montrent l'importance du glissement effectué de la conception de l'A.T. du sacerdoce caractérisée par un haut degré de stratification, vers une appréhension de la dignité sacerdotale de *tous les* chrétiens. Ce changement se produit pour des raisons tant théologiques que missiologiques :

> L'application du concept de dignité sacerdotale à tous les chrétiens, à la lumière du Christ (l'oint), était également une réponse apologétique aux médiations païennes avec la divinité, proposées au début des religions à mystères (bien que ce ne soit qu'en Christ qu'une telle médiation soit possible) et à la philosophie grecque, qui considérait Dieu comme totalement inaccessible (en Christ, cependant, toute personne se voit offrir la possibilité de s'approcher de Dieu). Dans le contexte du sacerdoce, compris comme la possibilité d'entrer en relation avec Dieu par la médiation de Jésus-Christ, l'antiquité chrétienne a connu une diversité de ministères qui, sur le plan concret, reflétaient la structure hiérarchique de l'Église, notamment la structure triadique diacre-prêtre-évêque[58].

---

54. « Lorsque vous vous réunissez, chacun [de vous] peut apporter un cantique, un enseignement, une révélation, une langue ou une interprétation » (1 Co 14.26, S21) ; c'est nous qui soulignons.
55. Williams mentionne le grec *prospherontes* comme descripteur des laïcs dans les premières Églises. Dans HUNTSTON, « Ancient Church », p. 33.
56. Notons que le fameux « appel à l'apologétique » se trouve également dans 1 Pierre. Voir 1 Pierre 3.15, qui fait appel à tous les destinataires de la lettre et pas seulement aux responsables d'églises.
57. Stark fournit des preuves convaincantes d'une telle conduite, cf. Rodney STARK, *L'essor du christianisme. Un sociologue revisite l'histoire du christianisme des premiers siècles*, trad. Philippe Malidor, Charols, Excelsis, 2013, chap. 4.
58. GROSSI, « Priesthood of Believers », 3:304.

Synthèse partielle

La Bible nous présente un Dieu généreux et créateur qui élit des personnes pour qu'elles soient une bénédiction pour d'autres : d'abord des individus comme Abraham, puis le peuple d'Israël tout entier. L'institution du sacerdoce est un outil permettant de structurer la relation entre le peuple élu et Dieu, et ce clergé existe pour *servir de médiateur* entre Dieu et son peuple, pour instruire et enseigner Israël, et pour apporter des sacrifices en son nom. Pourtant, l'ensemble du peuple d'Israël est également appelé « une nation sacerdotale » et est censé canaliser la bénédiction de Dieu vers son entourage. La logique se poursuit avec l'institution d'une nouvelle alliance en Jésus-Christ qui assume toutes les fonctions sacerdotales décrites dans l'A.T. et appelle un peuple, l'Église, qui participe à son œuvre permanente. La *participation* à ce nouveau peuple implique *la médiation* de la bénédiction de Dieu au monde, en tant qu'individus et communautés. Le Nouveau Testament, et en particulier 1 Pierre, témoigne d'un élargissement des prérogatives sacerdotales à l'*ensemble* du peuple de Dieu.

14

Réflexions dogmatiques

Les laïcs dans l'Église

Après avoir passé en revue les matériaux biblico-théologiques, je me tourne maintenant vers un certain nombre de sources théologiques choisies qui permettront de construire une théologie du laïcat nécessaire à la compréhension du ministère des étudiants. J'ai délibérément choisi de regarder en dehors des sources évangéliques traditionnelles pour montrer que ce que j'avance dans la dernière partie de cet ouvrage ne repose pas exclusivement sur la pensée évangélique mais sur un consensus œcuménique croissant au XXe siècle.

Les enseignements du catholicisme romain

Vatican II a eu un effet significatif sur les développements théologiques du XXe siècle et a été contemporain des premières années de l'IFES, montrant que la question du rôle des laïcs dans l'Église était un sujet qui transcendait les frontières confessionnelles. Au cours des années suivantes, d'autres documents catholiques traitant de la mission se sont orientés de plus en plus vers une *ecclésiologie missionnaire*. Je passe maintenant à un bref aperçu de certains de ces textes.

Tous sont appelés

Vatican II insiste sur le fait que tous les membres de l'Église « sont poussés par la charité, qui les fait aimer Dieu, et les fait désirer partager avec tous les hommes les biens spirituels de la vie future comme ceux de la vie présente[1] ». L'accent est mis sur la vocation personnelle et la collaboration avec la hiérarchie ecclésiale. Jean-Paul II ajoute de même que « en vertu de cette dignité baptismale commune, le fidèle laïc est co-responsable, avec tous les ministres ordonnés et avec les religieux et les religieuses, de la mission de l'Église[2] ». Les « fidèles laïcs » sont définis comme « l'ensemble des chrétiens qui ne sont pas membres de l'ordre sacré et de l'état religieux reconnu par l'Église[3] ».

Une tension traverse la plupart des encycliques pertinentes pour notre étude : la vocation de tous les membres de l'Église en vertu de leur baptême est soulignée, tout en insistant sur leur séparation des ministres ordonnés. Cependant, le travail des laïcs n'est en aucun cas dispensable : « Il est absolument nécessaire que chaque fidèle laïc ait toujours vive conscience d'être un "membre de l'Église", à qui est confiée une tâche originale, irremplaçable et qu'il ne peut déléguer, une tâche à remplir pour le bien de tous[4]. » La principale différence entre les ministres ordonnés et les laïcs est que

> l'état de vie *du fidèle laïc* a comme trait spécifique son caractère séculier et il réalise un service ecclésial en attestant et en rappelant, à sa manière, aux prêtres, aux religieux et aux religieuses, le sens que les réalités terrestres et temporelles possèdent dans le dessein salvifique de Dieu. À son tour, le sacerdoce *ministériel* représente la garantie permanente de la présence sacramentelle, dans la diversité des temps et des lieux, du Christ Rédempteur[5].

Il y a urgence à exercer un ministère dans la société car « si le manque d'engagement est toujours inacceptable, le temps présent le rend encore plus inacceptable. Il n'est pas permis à quiconque de rester inactif » ; mais cette urgence ne peut se dispenser de l'importance des sacrements pour l'Église catholique. Cet aspect sacramentel du ministère est difficile à trouver dans toute discussion protestante sur les organisations « paraecclésiales ».

---

1. Pape Paul VI, « *Ad Gentes* », Décret sur l'activité missionnaire de l'Église, Rome, Vatican II, 1965, sect. 7.
2. Pape Jean Paul II, « *Christifideles Laici* », Exhortation apostolique post-synodale sur la vocation et la mission des laïcs dans l'Église et dans le monde, Rome, 1988, sect. 15.
3. *Ibid.*, sect. 9.
4. *Ibid.*, sect. 28.
5. *Ibid.*, sect. 55.

La nature de l'Église

La discussion sur la nature de l'Église, en particulier son objectif missionnaire, est étroitement liée à ce qui précède. Cette finalité va de pair avec le statut de l'Église dans le monde. *Ad Gentes* affirme donc que « l'Église, durant son pèlerinage sur terre, est missionnaire, puisqu'elle-même tire son origine de la mission du Fils et de la mission du Saint-Esprit, selon le dessein de Dieu le Père[6] ». En termes missiologiques, la *missio ecclesiae* découle de la *missio Dei* et est éminemment trinitaire. Cet accomplissement de la mission de Dieu est *apostolique*. Comme l'affirme *Apostolicam Actuositatem*,

> L'Église est faite pour étendre le règne du Christ à toute la terre, pour la gloire de Dieu le Père ; elle fait ainsi participer tous les hommes à la rédemption et au salut ; par eux elle ordonne en vérité le monde entier au Christ. On appelle apostolat toute activité du Corps mystique qui tend vers ce but : l'Église l'exerce par tous ses membres, toutefois de diverses manières[7].

Cette compréhension éminemment *missionnaire* de l'apostolat est rendue encore plus explicite lorsqu'elle est encadrée par la notion de participation au ministère du Christ.

Prendre part au ministère du Christ

En lien étroit avec la définition de l'apostolat, nous avons l'insistance sur le fait que

> Il y a dans l'Église diversité de ministères, mais unité de mission. Le Christ a confié aux apôtres et à leurs successeurs la charge d'enseigner, de sanctifier et de gouverner en son nom et par son pouvoir. Mais les laïcs rendus participants de la charge sacerdotale, prophétique et royale du Christ assument, dans l'Église et dans le monde, leur part dans ce qui est la mission du Peuple de Dieu tout entier [...] S'ils sont consacrés sacerdoce royal et nation sainte (cf. 1 P 2.4-10), c'est pour faire de toutes leurs actions des offrandes spirituelles, et pour rendre témoignage au Christ sur toute la terre[8].

---

6. Pape Paul VI, « *Ad Gentes* », sect. 2.
7. Pape Paul VI, « «Apostolicam Actuositatem. Décret sur l'apostolat des laïcs », Rome, Vatican II, 1965, sect. 2.
8. Pape Paul VI, « *Apostolicam Actuositatem* », secs. 2 & 3.

Cette citation souligne l'aspect missionnaire du « sacerdoce de tous les croyants » dans le contexte de l'Église catholique. C'est éclairant, car cela va à l'encontre de beaucoup de polémiques que nous lisons dans les écrits protestants et évangéliques sur les questions de sacerdoce et de témoignage. La principale différence entre les confessions pourrait alors être beaucoup plus une question de gouvernement ecclésiologique – la relation des laïcs à la hiérarchie, sur laquelle nous reviendrons – que de théologie dogmatique ou même de missiologie[9].

Christifideles Laici insiste en outre sur le fait que « les fidèles laïcs participent, pour leur part, à la triple fonction de Jésus-Christ : sacerdotale, prophétique et royale. C'est un aspect qui, certes, n'a jamais été négligé par la tradition vivante de l'Église[10] ». Nous pourrions lire cette insistance sur l'histoire comme une légère affirmation polémique visant les traditions non catholiques romaines. Pourtant, cela témoigne aussi d'une solide conscience contextuelle, que l'on retrouve également dans la diversité du vocabulaire utilisé :

> Ces derniers temps, le phénomène d'*association* entre laïcs a pris des formes particulièrement variées et une grande vitalité. Si, dans l'histoire de l'Église, les *associations* de fidèles ont constitué une ligne continue, comme en témoignent jusqu'à nos jours les diverses *confréries*, les *tiers-ordres* et les *fraternités*, dans les temps modernes, ce phénomène a pris un essor spécial ; on a vu naître et se répandre différentes formes de *groupements* : associations, groupes, communautés, mouvements. On peut parler *d'une nouvelle saison d'association* des fidèles laïcs[11].

Le pape ne définit aucun de ces groupements[12] mais souligne les *differentia specifica* de l'Église romaine dans la même section. Il établit un lien entre la mission sacerdotale du Christ et le sacrifice eucharistique, une démarche que d'autres traditions n'accepteraient pas nécessairement : « Les fidèles laïcs participent à l'office sacerdotal, par lequel Jésus s'est offert Lui-même sur la Croix et continue encore à s'offrir dans la célébration de l'Eucharistie à la gloire

---

9. Si cela est vrai d'un point de vue pragmatique, d'un point de vue dogmatique, le sacrement de l'Ordre de l'Église catholique romaine, par lequel un prêtre est intronisé pour agir *in persona Christi*, implique un changement ontologique qui distingue le sacerdoce de l'Église catholique romaine de celui de toute autre confession : « Le caractère imprimé par l'ordination l'est pour toujours. La vocation et la mission reçues [par un prêtre] au jour de son ordination le marquent d'une façon permanente. » « Catéchisme de l'Église Catholique », https://www.vatican.va/archive/FRA0013/_INDEX.HTM, consulté le 24 mars 2023.
10. Pape Jean-Paul II, « *Christifideles Laici* », sect. 14.
11. Pape Jean-Paul II, sect. 29 ; c'est nous qui soulignons.
12. Voir la brève description dans le Pape Paul VI, « Ad Gentes », sect. 6.

du Père pour le salut de l'humanité[13]. » Ce que d'autres confessions pourraient accepter, cependant, c'est la dimension missionnaire de cet argument autrement liturgique. L'idée que les chrétiens *participent* à la mission du Christ constitue un terrain d'entente plus large. Comme *Ad Gentes* l'affirme, les missionnaires sont

> collaborateurs de Dieu (cf. 1 Co 3.9), [ils] doivent faire naître des assemblées de fidèles qui, menant une vie digne de l'appel qu'elles ont reçu (cf. Ep 4.1), soient telles qu'elles puissent exercer les fonctions à elles confiées par Dieu : sacerdotale, prophétique, royale. C'est de cette manière qu'une communauté chrétienne devient signe de la présence de Dieu dans le monde[14].

Ainsi, d'une part, l'Église catholique encourage les laïcs à s'engager dans la société mais, d'autre part, elle veut s'assurer que rien ne va à l'encontre de la hiérarchie[15]. Plusieurs exhortations indirectes à la conformité sont nécessaires, ce qui amène l'historien à supposer des questions sous-jacentes concernant précisément ces points. *Apostolicam Actuositatem* insiste sur le fait que les laïcs doivent le faire « en communion avec ses frères dans le Christ et très particulièrement avec ses pasteurs. C'est à eux qu'il appartient de porter un jugement sur l'authenticité et le bon usage de ces dons, non pas pour éteindre l'Esprit, mais pour éprouver tout et retenir ce qui est bon (cf. 1 Th 5.12, 19, 21)[16] ». Une supervision est jugée nécessaire pour assurer la bonne orientation de l'activisme des laïcs[17].

Plus étroitement liée à la préoccupation de cette recherche est l'insistance du magistère sur la nécessité de contextualiser le travail missionnaire pour les

---

13. Pape Jean-Paul II, « *Christifideles Laici* », sect. 14.
14. Pape Paul VI, « *Ad Gentes* », sect. 15.
15. Pape Paul VI, « *Apostolicam Actuositatem* », sect. 19 ; « *Ad Gentes* », sect. 23.
16. Pape Paul VI, « *Apostolicam Actuositatem* », sect. 3.
17. *Christifideles Laici* offre une liste perspicace de critères pour évaluer les organisations laïques : « *Le primat donné à la vocation de tout chrétien à la sainteté*, manifesté "par les fruits de grâce que l'Esprit produit dans les fidèles" [...] *L'engagement à professer la foi catholique* en accueillant et proclamant la vérité sur le Christ, sur l'Eglise et sur l'homme, en conformité avec l'enseignement de l'Eglise, qui l'interprète de façon authentique. [...] *Le témoignage d'une communion solide et forte dans sa conviction*, en relation filiale avec le Pape, centre perpétuel et visible de l'unité de l'Eglise universelle, et avec l'Evêque [...] de l'Eglise particulière... [...] *L'accord et la coopération avec le but apostolique de l'Eglise*, qui est "l'évangélisation et la sanctification des hommes, et la formation chrétienne de leur conscience" [...] *L'engagement à être présents dans la société humaine* pour le service de la dignité intégrale de l'homme, conformément à la doctrine sociale de l'Eglise. » Pape Jean-Paul II, « *Christifideles Laici* », sect. 30, italiques dans l'original.

différents milieux sociaux d'une société donnée. La section suivante ne présente qu'un échantillon d'une multitude de documents articulés.

Contextualiser pour toutes les sphères de la société

Vatican II commence par constater que « cet apostolat devient d'autant plus urgent que s'est affirmée, comme c'est normal, l'autonomie de nombreux secteurs de la vie humaine[18] ». De là découle le besoin qu'un « apostolat dans le milieu social s'efforce de pénétrer d'esprit chrétien la mentalité et les mœurs, les lois et les structures de la communauté où chacun vit. Il est tellement le travail propre et la charge des laïcs que personne ne peut l'assumer comme il faut à leur place[19] ». Ce souci des limites des ministres ordonnés pour aller vers les gens se lit dans tous les documents étudiés ici et, fait intéressant, des dispositions sont prises pour que des groupes spécifiques se réunissent en tant qu'incarnation de l'Église dans un lieu donné :

> Les laïcs qui n'exercent qu'un apostolat personnel, soit pour les raisons mentionnées plus haut, soit pour des motifs particuliers venant parfois de leur activité professionnelle, peuvent se rassembler utilement par petits groupes, sans aucune forme rigide d'institution ou d'organisation pourvu que le signe de la communauté de l'Église apparaisse toujours aux autres comme un témoignage authentique d'amour[20].

Dans ce contexte, les jeunes « ne doivent pas être regardés simplement comme l'objet de la sollicitude pastorale de l'Église : ils sont en fait, et ils doivent être encouragés à devenir des sujets actifs, *qui prennent part à l'évangélisation et à la rénovation sociale*[21] ». Il ne s'agit pas seulement de recruter du sang neuf pour la mission de l'Église, mais d'un signe de réflexion missiologique approfondie. Jean-Paul II note également avec perspicacité que « dans la vie de chaque fidèle laïc, il y a, en outre, des moments particulièrement significatifs et décisifs pour discerner l'appel de Dieu et pour recevoir la mission qu'Il confie : parmi ces moments, il

---

18. PAPE PAUL VI, « *Apostolicam Actuositatem* », sect. 1.
19. *Ibid.*, sect. 13.
20. *Ibid.*, sect. 17. Plus tard, Jean-Paul II devait également noter que « les groupes, les associations et les mouvements ont leur place dans la formation des fidèles laïcs : ils ont, en effet, chacun avec leurs méthodes propres, la possibilité d'offrir une formation profondément ancrée dans l'expérience même de la vie apostolique ; ils ont également l'occasion de compléter, de concrétiser et de spécifier la formation que leurs membres reçoivent d'autres maîtres ou d'autres communautés ». PAPE JEAN-PAUL II, « *Christifideles Laici* », sect. 62.
21. PAPE JEAN-PAUL II, « *Christifideles Laici* », sect. 46.

y a le temps de *l'adolescence* et de la *jeunesse*[22] ». L'analyse sociologique permet de mobiliser les jeunes pour la mission :

> Cet accroissement de leur importance sociale exige d'eux une plus grande activité apostolique, et leur caractère naturel les y dispose. Lorsque mûrit la conscience de leur propre personnalité, poussés par leur ardeur naturelle et leur activité débordante, ils prennent leurs propres responsabilités et désirent être parties prenantes dans la vie sociale et culturelle ; si cet élan est pénétré de l'esprit du Christ, animé par le sens de l'obéissance et l'amour envers l'Église, on peut en espérer des fruits très riches[23].

Il en découle un appel à s'engager dans toutes les sphères de la société, et plus particulièrement dans la culture, car « les fidèles laïcs ne peuvent absolument pas renoncer à la participation à la "politique", à savoir à l'action multiforme, économique, sociale, législative, administrative, culturelle, qui a pour but de promouvoir, organiquement et par les institutions, le bien commun[24] ». L'argumentation peut donc être résumée comme suit : l'Église a été appelée à l'existence par Dieu et son but est de témoigner de Dieu dans toutes les sphères de la société. Puisque l'appel s'étend à tous les membres de l'Église en vertu de leur baptême, tous les laïcs sont appelés à s'engager dans leurs sphères sociétales respectives. La réflexion stratégique nécessite de considérer les jeunes en particulier, en raison de leur influence future. Par ailleurs, *Ad Gentes* note également que « sont dignes d'une louange spéciale ceux qui, dans les universités ou les instituts scientifiques, font avancer, par leurs recherches historiques ou scientifico-religieuses, la connaissance des peuples et des religions, aidant les prédicateurs de l'Évangile et préparant le dialogue avec les non-chrétiens[25] ».

Enfin, *Ad Gentes* appelle à une réflexion missiologique sur la culture. Même si cet appel à valoriser la culture s'adresse avant tout aux aspirants prêtres, il n'en est pas moins remarquable :

> Les esprits des élèves doivent donc être ouverts et rendus pénétrants pour bien connaître et pouvoir juger la culture de leur pays ; [...] ils doivent saisir les raisons qui créent un désaccord entre les traditions et la religion nationales, et la religion chrétienne[26].

---

22. *Ibid.*, sect. 58.
23. Pape Paul VI, « *Apostolicam Actuositatem* », sect. 12.
24. Pape Jean-Paul II, « *Christifideles Laici* », sect. 42.
25. Pape Paul VI, « *Ad Gentes* », sect. 41.
26. Pape Paul VI, sect. 16.

Les chrétiens, un sacerdoce royal : Hans Küng et autres

> Il n'est dit nulle part dans le Nouveau Testament que la responsabilité première de l'accomplissement du dessein de Dieu dans le monde repose entre les mains d'un « ministère officiel ». La responsabilité première repose toujours sur les épaules de ceux qui sont « appelés à être saints », les *laos theou*, « le peuple de Dieu ». Ainsi, en religion, c'est le laïc qui doit faire la plus grande partie du travail dans le monde[27].

J'ai brièvement passé en revue certains des principaux enseignements catholiques officiels qui éclairent une conception « sacerdotale et missionnaire » du ministère des étudiants. Dans ce qui suit, je me tourne vers le travail de quelques autres voix théologiques, notamment Hans Küng, qui ont poussé plus loin vers une « théologie du laïcat », afin d'articuler une compréhension sacerdotale de l'ensemble du peuple de Dieu. Cette articulation a quelques conséquences préliminaires pour la théologie pratique, la missiologie et la pratique missionnaire. Ces conséquences n'ont pas été automatiquement tirées, comme le soutenait Snyder en 1983 :

> Les protestants ont toujours adhéré, au moins théoriquement, à la doctrine du sacerdoce des croyants. Cependant, la plupart du temps, cette doctrine a été comprise de manière sotériologique plutôt qu'ecclésiologique. C'est-à-dire qu'elle a été comprise comme signifiant que tous les chrétiens ont un accès direct à Dieu sans la médiation d'un prêtre humain. Mais les implications de cette doctrine pour le ministère chrétien ont rarement été exposées. La raison en est peut-être que ces implications remettent radicalement en question la division clergé-laïcité en affirmant que tous les croyants sont prêtres et donc ministres[28].

Le Christ, seul grand prêtre et médiateur

> Par le sacrifice offert une seule fois, définitif, non réitérable et donc parfait, du seul et unique Grand-Prêtre éternel, tout sacerdoce humain est accompli et a été annulé[29].

---

27. Findley B. Edge, « Priesthood of Believers », *Review & Expositor* 60, no. 1, 1963, p. 16.
28. Snyder, *Liberating the Church*, p. 169.
29. Hans Küng, *The Church*, New York, Sheed & Ward, 1967, p. 507.

Küng se plaint du fait que, trop souvent, les ecclésiologies ont eu tendance à accorder trop d'importance aux offices et donc à assumer l'équation implicite *ecclesia = hierarchia*. Ainsi, « tout ministre n'est pas d'abord (chronologiquement et réellement !) un ministre, mais un croyant et par conséquent un membre de la communauté de foi[30] ». Pour Küng, un individu est d'abord chrétien ou non, et le statut ontologique des prêtres est déterminé par leur statut de chrétiens et non de membres du clergé. Ainsi, l'Église n'est pas fondée sur les offices, mais sur le Christ lui-même. Küng propose ensuite une rapide synthèse des principaux enseignements bibliques sur le sacerdoce[31], concluant que « Il n'y a qu'un médiateur UNIQUE, et c'est Jésus-Christ[32] ». Si le Christ est l'unique médiateur et si son œuvre ne doit pas être imitée ou reproduite, il s'ensuit que cela s'applique à tous les chrétiens : « Par le fait même que le Christ est le grand-prêtre et le médiateur unique entre Dieu et tous les hommes, tous les hommes qui croient en lui ont, par lui, accès immédiat à Dieu[33] ! »

Que doivent faire les chrétiens de cet accès privilégié ? Küng attribue au sacerdoce général la fonction de *médiation*. Pour Küng, les implications du « sacerdoce de tous les croyants » ne sont jamais seulement privées, mais doivent toujours être comprises comme un service de et vers Dieu[34]. Le Christ est l'unique médiateur entre les hommes et Dieu, mais à travers la communion du chrétien avec le Christ,

> C'est ainsi que tous les croyants sont impliqués dans l'œuvre médiatrice du seul médiateur. C'est une action médiatrice qui vient de Dieu et qui va au monde, dans la mesure où les croyants manifestent et rendent efficaces les œuvres et les merveilles cachées de Dieu. Tout chrétien est alors un prêtre de Dieu dans la mesure où il est un témoin de Dieu devant le monde[35].

Cette affirmation a de puissantes implications pour la mission, car elle ancre l'action du chrétien dans le monde dans le mandat divin, et même si Küng reconnaît que le Nouveau Testament n'utilise pas de langage médiateur, les chrétiens sont les messagers de l'acte eschatologique de salut de Dieu[36]. Parler des chrétiens comme étant entraînés dans la fonction médiatrice du Christ, c'est

---

30. *Ibid.*, p. 503.
31. *Ibid.*, p. 431-432.
32. *Ibid.*, p. 509.
33. *Ibid.*, p. 511.
34. *Ibid.*, p. 527.
35. *Ibid.*
36. *Ibid.*, p. 510.

aussi éviter qu'ils ne s'identifient qu'au Christ et qu'ils se sentent totalement éloignés de leurs semblables. Si le sacerdoce signifie service, il faut se préoccuper du bien-être de tous les humains. Cela se manifeste également dans une autre activité éminemment sacerdotale, la prière ; en effet, « tout chrétien est un prêtre pour le monde dans la mesure où, par sa foi, il a libre accès à Dieu et peut se présenter pour les autres devant la face de Dieu, et intercéder pour eux[37] ».

Résumant tout son développement sur le sacerdoce général, Küng affirme qu'il consiste « en la vocation qu'ont les croyants de témoigner dans le monde de Dieu et de sa volonté, et d'offrir leur propre vie au service du monde[38] ». Cela se lit de manière très similaire à Luther qui soutient dans son traité bien connu que « l'homme ne vit pas pour lui seul, enfermé dans son corps mortel et bornant là son activité : il vit pour tous les hommes sur terre. Bien plus, il ne vit que pour les autres, loin de vivre pour soi[39] ».

C'est ainsi, selon Küng, que Dieu crée la communion entre les chrétiens, qui témoignent de ses œuvres et sont encouragés par le fait qu'ils peuvent compter sur le soutien les uns des autres dans tous les domaines, y compris dans la lutte contre le péché et la prise en charge de la souffrance des uns et des autres[40]. Pour le dire en termes encore plus courts : « Chacun sait qu'il est pour les autres devant Dieu ! Et chacun sait que les autres sont pour lui devant Dieu[41]. » Une telle attitude exige une conviction doctrinale pour porter du fruit dans la vie quotidienne des individus. Il y a un mouvement *missionnaire*, vers l'extérieur, de l'Église vers le monde, « ainsi, d'un culte au sein de la communauté le culte du sacerdoce universel devient un culte dans la vie quotidienne du monde ![42] ».

Participer à l'œuvre du Christ

Cependant, le sacerdoce de tous les croyants ne peut pas être compris comme une sorte de « dotation » qui serait donnée au moment du baptême et qui resterait la propriété du croyant pour qu'il en fasse un usage individuel. Bien au contraire, la vocation sacerdotale du chrétien s'exerce comme la conséquence de sa *participation* à l'œuvre du Christ, et jamais indépendamment de celle-ci. Cet

---

37. *Ibid.*, p. 527. Küng se réfère notamment à Philippiens 2.15 ; 1 Thessaloniciens 5.5 ; 1 Timothée 2.1.
38. *Ibid.*
39. Martin Luther, « Traité de la liberté chrétienne », dans *Œuvres*, vol. 2, Genève, Labor et Fides, 1966, paragr. 64, p. 294.
40. Küng, *The Church*, p. 527, s'appuyant sur Galates 6.2.
41. *Ibid.*
42. *Ibid.*

aspect ne semble pas faire l'objet d'une « controverse œcuménique[43] », en raison du large accord sur cette conséquence du salut pour les chrétiens au-delà des lignes confessionnelles. Cela signifie, selon les termes de Root, que « le chrétien n'est prêtre et roi qu'en tant que co-prêtre et co-roi du Christ. Dans le contexte de l'accent mis sur l'union du Christ et du chrétien [...] ce statut de "compagnon" est l'expression de la participation du chrétien au Christ[44] ».

Comme nous le verrons plus loin, il y a de nombreuses conséquences missiologiques à l'affirmation que « cette participation au Christ n'est pas seulement une participation aux résultats de son œuvre. Au contraire, le chrétien est inclus dans l'œuvre du Christ[45] ». Cette participation au corps du Christ n'est pas seulement individuelle mais intensément communautaire, comme le soutient également Congar : « Dans la mesure où la vie qui est dans le Christ nous est communiquée, nous devenons le corps même de celui-ci. Nous devenons les membres et, tous ensemble, le corps du Christ roi, prêtre et prophète[46]. »

Synthèse partielle

Les écrits théologiques examinés ci-dessus ne sont, il est vrai, qu'un échantillon des documents existants sur le thème de la place et du rôle des laïcs dans l'Église. Pourtant, malgré les différences de contexte, un consensus remarquable se dégage de ces différentes voix.

Dieu choisit *tous les croyants*. Une dimension importante de cet appel digne est que les croyants doivent *témoigner* de leur environnement et appeler les autres à avoir une relation avec Dieu – c'est-à-dire, comme les prêtres de l'Ancien Testament, être les *médiateurs* de Dieu auprès des autres. C'est la base de la doctrine du « sacerdoce de tous les croyants ». Les traditions ecclésiales tendent soit à souligner l'aspect individuel de cet appel, soit à insister sur le fait qu'il s'exerce principalement dans la communauté. Pourtant, cette relation des *individus* avec Dieu est rendue possible grâce à la *médiation* du Christ et s'exprime notamment par la *participation à* l'Église. Les textes étudiés ici s'accordent fondamentalement sur le fait que l'Église existe pour promouvoir la mission de Dieu. Par conséquent, le personnel de l'Église – le clergé – est censé faciliter

---

43. Michael ROOT, « Freedom, Authority, and the Priesthood of All Believers », dans *Critical Issues in Ecclesiology. Essays in Honor of Carl E. Braaten*, sous dir. Alberto L. García et Susan K. Wood, Grand Rapids, Eerdmans, 2011, p. 93.
44. *Ibid.*, p. 94.
45. *Ibid.*, p. 93.
46. Yves CONGAR et François VARILLON, *Sacerdoce et laïcat dans l'Église*, Paris, Vitrail, 1947, p. 13.

cette mission. Les traditions ecclésiastiques divergent quant au lien exact entre le clergé et les laïcs, principalement sur la question des structures d'autorité et, implicitement, des « frontières » exactes de l'Église. Pourtant, elles s'accordent sur le fait que devenir *membre* d'une Église – soit volontairement par choix, soit en y naissant – signifie participer, même si ce n'est que de manière dérivée, à l'œuvre *sacerdotale* propre et unique du Christ. Conformément à la logique de l'incarnation, cette œuvre est toujours *contextualisée*, car le Christ rencontre les gens là où ils se trouvent et l'Église est donc appelée à les atteindre, notamment par le témoignage des laïcs dans toutes les sphères de la société que les membres du clergé n'atteignent pas nécessairement.

Sur la base de ces considérations, les étudiants chrétiens, en tant que laïcs appelés par Dieu, peuvent légitimement s'engager dans des activités de témoignage contextuel. Dans ce but, ils se sont souvent rassemblés dans des organisations spécifiques, hors des murs et des ordres hiérarchiques des structures ecclésiales traditionnelles. Je me penche maintenant sur le statut ecclésiologique des organisations « paraecclésiales » comme l'IFES.

15

L'ecclésiologie missionnaire

Les explorations ci-dessus sur la vie de l'Église soulèvent des questions sur la façon dont l'IFES en tant qu'organisation se rapporte à l'Église. Comment développer une ecclésiologie qui soit en accord avec les notions d'*immédiateté*, de *médiation* et de *participation*, qui, selon moi, encadrent une compréhension solide du ministère étudiant ? Dans ce chapitre, j'explore la notion de « paraecclésial », qui décrit généralement des structures opérant en dehors de la supervision hiérarchique des structures ecclésiales habituelles, mais s'engageant dans des activités reconnues comme entrant d'une certaine manière, dans l'orbite de l'« Église ». Dans les chapitres qui suivent, je questionne ensuite la légitimité missiologique d'une telle notion sur la base de plusieurs critères : l'expérience missionnaire (Roland Allen), la missiologie proprement dite (*missio Dei*) et les réflexions contemporaines sur la situation ecclésiale des minorités chrétiennes (pèlerinage et sacerdoce dans le monde post-chrétien) et sur une compréhension renouvelée de ce qui constitue l'« apostolicité ». Tout ce questionnement sur la légitimité des organisations paraecclésiales trouve une réponse prometteuse dans une compréhension *missionnaire* de l'Église qui sape la séparation de l'Église et du « paraecclésial » Comme l'explique ce chapitre, je pense que ce mot reflète à tort un certain ecclésiocentrisme structurel. Cependant, comme il est largement reconnu comme un terme générique, je l'utiliserai pour des raisons de simplicité.

La nature des organisations paraecclésiales

La troisième partie de cet ouvrage a examiné comment les dirigeants de l'IFES eux-mêmes ont compris le statut ecclésiologique de leur organisation

« paraecclésiale[1] ». Pourtant, une telle relation a souvent été controversée dans les écrits missiologiques et ecclésiologiques. Jusqu'à présent, dans nos explorations, nous avons davantage présumé de ce qu'est une organisation paraecclésial que nous ne l'avons défini. Dans ce qui suit, je passe en revue un échantillon de définitions analytiques du phénomène paraecclésial, en soulignant la difficulté de le définir pour articuler ses spécificités, et les tensions avec les structures ecclésiales qui en découlent souvent.

Définir la notion de paraecclésial

> Tout le monde semble avoir une vague idée de ce dont il est question et pourrait citer un ou deux noms à titre d'illustration. Mais parle-t-on d'un seul type d'organisation ? Si non, que contient exactement ce terme générique[2] ?

En parcourant la littérature sur le paraecclésial, qui ne comporte notamment pas d'ouvrage de référence largement reconnu, on se heurte à des définitions variées, allant de la plus essentialiste à la plus fonctionnaliste. Les organisations paraecclésiales sont définies principalement en fonction de leur relation avec l'Église, le plus souvent l'Église locale. Comme les protestants n'ont pas la structure de l'Église catholique, aucun compte-rendu de la nature des organisations paraecclésiales n'a obtenu un accord général dans les cercles protestants[3]. Pourtant, le développement des organisations paraconfessionnelles protestantes et évangéliques ne s'est pas fait dans le vide, surtout en Occident. L'Église catholique a développé une réflexion élaborée sur le sujet en raison de l'émergence de nombreuses organisations laïques, généralement connues sous le nom générique d'« Action catholique ». Ces associations ont été fondées principalement par des laïcs cherchant à travailler dans des domaines spécifiques de la société, et elles ont parfois représenté un défi ecclésiologique pour le magistère[4].

---

1. Dans ce qui suit, le terme « paraecclésial » fait référence à « une organisation paraecclésiale », par souci de concision.
2. SCHEITLE, *Beyond the Congregation*, p. 10.
3. Notamment, le document « Baptême, Eucharistie et Ministère » du Conseil Œcuménique des Églises ne mentionne pas les groupes paraecclésiaux dans sa discussion sur le ministère et l'ordination, par exemple.
4. Pour en savoir plus sur l'Action catholique, voir Gerd-Rainer HORN, « Catholic Action. A Twentieth-Century Social Movement (1920s-1930s) », dans *Western European Liberation Theology*, sous dir. Gerd-Rainer Horn, Oxford, OUP, 2008, p. 5-43. Une partie importante de l'Action catholique était sa branche étudiante. Voir notamment David COLON, « Face aux

Dans son ouvrage majeur, Scheitle expose de nombreux problèmes de définition de la notion de « paraecclésial » :

> Le préfixe « para » peut être défini comme quelque chose existant « à côté » ou « le long » d'une entité connexe. Cependant, il peut aussi être défini comme quelque chose qui se trouve « au-delà » ou « à part » d'une entité connexe. La différence est subtile, mais elle représente le cœur du problème. Le secteur paraecclésial est-il un partenaire qui travaille en coopération avec les Églises et les dénominations ou est-il un agent malhonnête qui travaille hors de leur portée[5] ?

Essentiellement, ce qui est en jeu, c'est la légitimité des structures déjà existantes. Comme l'observe Stackhouse,

> Le terme « paraecclésial » est considéré par certains comme implicitement péjoratif, et ce à juste titre. Il suggère que la « véritable » Église n'est représentée que par des congrégations locales et par les structures politiques qui relient ces congrégations locales en dénominations. Toute autre organisation chrétienne est en quelque sorte juste « à côté » de cette véritable Église : elle est simplement « paraecclésiale »[6].

Même s'il s'agit d'une « *simple* organisation paraecclésiale », l'existence même de ce terme implique que les activités de ces organisations relèvent néanmoins quelque peu du domaine des activités ecclésiales – et je dirais que ce « quelque peu » est mieux compris dans le cadre d'une *ecclésiologie missionnaire* qui peut abriter un large éventail d'activités. C'est ainsi que White apporte une précision à la définition de « paraecclésial » :

> L'Église locale est large, elle se préoccupe de la personne dans son ensemble, elle exerce son ministère dans un lieu géographique donné auprès d'un large éventail d'âges et de besoins, et elle est étroite dans son interprétation doctrinale. La société ecclésiale paralocale est généralement *étroite dans son objectif, spécialisée dans ses tâches, étroite dans l'âge des personnes impliquées, large*

Églises. Un siècle d'organisations d'étudiants chrétiens », dans *Cent ans de mouvements étudiants*, sous dir. Jean-Philippe Legois, Alain Monchalbon, Robi Morder et Groupe d'études et de recherches sur les mouvements étudiants (GERME), Paris, Syllepse, 2007, p. 217-226.

5. SCHEITLE, *Beyond the Congregation*, p. 33.
6. John G. STACKHOUSE, *Evangelical Landscapes. Facing Critical Issues of the Day*, Grand Rapids, Baker Academic, 2002, p. 27.

> *dans ses tolérances doctrinales, traverse les lignes confessionnelles* (à l'exception des structures ecclésiales paralocales confessionnelles), et est souvent *géographiquement dispersée*[7].

Il s'agit de l'une des définitions les plus articulées qui ne joue pas l'Église et le paraecclésial l'un contre l'autre. Bien au contraire : pour White, « une question clé pour les agences de l'église locale et de l'église paralocale est de savoir si elles remplissent une fonction biblique qui édifie le corps du Christ[8] ». Pourtant, cette façon apparemment facile d'évaluer le paraecclésial est plus complexe qu'il n'y paraît, pour deux raisons. Premièrement, les méthodes peuvent-elles être entièrement séparées des objectifs ? Et deuxièmement, dans quelle mesure peut-on évaluer les réalisations paraecclésiales pour savoir si elles « construisent le corps du Christ » si l'on considère non seulement le nombre de personnes engagées dans l'une ou l'autre structure, mais aussi les tensions qui apparaissent souvent entre les églises locales et le paraecclésial ? Comme le souligne Willmer, « ce qui fait de la paraéglise un tel paratonnerre de controverses, c'est que *son rôle subordonné est souvent discutable*[9] ».

Plus positif d'un point de vue missiologique, Niringiye observe que le but d'une organisation paraecclésiale « s'inscrit dans le mandat général de l'Église. Par conséquent, ces organisations déclarent souvent qu'elles existent pour servir l'Église locale. *Elles ont une mission liée à l'Église, mais ne sont pas structurées ou basées sur l'Église*[10] ».

Niringiye suggère donc une relation de *mission* et non de structure. Dans le même ordre d'idées, Willmer et al., dans l'un des rares traitements approfondis des organisations paraecclésiales, affirment que l'utilité du mot réside précisément dans l'objectif commun des Églises et des organisations paraecclésiales, malgré les différences structurelles : « Le mot *paraecclésial* a vu le jour et a si bien pris, précisément parce que c'est un mot utile pour décrire ces organisations chrétiennes qui *œuvrent au-delà de l'Église et qui pourtant travaillent souvent dans le même but : l'avancement de l'Évangile*[11]. » Le ton est éminemment positif, valorisant l'apport des structures paraecclésiales, mais que signifie ici « au-

---

7. Jerry E. WHITE, *The Church and the Parachurch. An Uneasy Marriage*, Portland, Multnomah, 1983, p. 84 ; c'est nous qui soulignons.
8. *Ibid.*, p. 81. Notons que White utilise « paralocal » pour souligner l'aspect « à côté de l'Église » des organisations paraecclésiastiques afin d'éviter le sentiment d'être « au-delà ».
9. WILLMER, SCHMIDT et SMITH, *Prospering Parachurch*, p. 13 ; c'est nous qui soulignons.
10. David Zac NIRINGIYE, « Parachurch Organizations and Student Movements », présenté à Christianity in Africa in the 1990s, Edinburgh University, mai 1990, p. 4-5 ; c'est nous qui soulignons.
11. WILLMER, SCHMIDT et SMITH, *Prospering Parachurch*, p. 25 ; c'est nous qui soulignons.

delà » ? Le débat court le risque d'être réduit à de simples questions structurelles de leadership et de pouvoir. Une insistance renouvelée sur « le sacerdoce de tous les croyants » signerait-elle l'arrêt de mort de l'ordination au ministère[12] ? Si l'on considère que l'Église est définie en fonction de cette hiérarchie, cela crée un problème : comment ces organisations indépendantes se rattachent-elles à l'Église ? En revanche, si l'on considère l'Église elle-même en termes d'association volontaire – c'est-à-dire si le mot « Église » désigne le rassemblement des croyants pour le culte et le service – la question devient alors celle de la relation entre les différentes parties ou formes d'Église, en tant que parties d'un seul corps dont les chrétiens sont *membres*. La *participation volontaire* se situe à l'intersection de la théologie et de la sociologie.

Les membres de l'Église en mission

De nombreux auteurs attribuent les initiatives paraecclésiales à « l'Esprit [qui] choisit d'agir à travers certains membres du corps du Christ d'une manière différente de celle des autres. Les charismes ne sont pas uniformes mais multiformes, et il y a donc une diversité dans le ministère même s'il y a une unité dans la mission[13] ». Le Mouvement de Lausanne, reconnaissant cette tension, note que « la tendance de "l'establishment" à contrôler les initiatives individuelles court le risque d'*éteindre l'Esprit*. D'autre part, la tendance des organisations volontaires à insister sur leur indépendance court le risque d'*ignorer le Corps*. C'est la tension séculaire entre l'autorité et la liberté[14] ».

Sur le plan ecclésiologique, le *principe du volontariat* est étroitement lié à une ecclésiologie d'*Église de professants*, selon laquelle « l'Église est avant tout la communauté rassemblée des croyants qui, sur la base de leur confession de foi personnelle dans le baptême, ont annoncé leur entrée volontaire dans la communauté[15] ». Les laïcs ont le droit de s'adresser *directement* à Dieu. Puisqu'ils

---

12. Une étude de la théologie de l'ordination dépasserait les limites du présent travail. Comme la grande majorité des dirigeants de l'IFES n'ont pas été ordonnés, cela n'a pas été un point de débat majeur dans l'histoire de l'organisation.
13. Donald G. BLOESCH, *Life, Ministry, and Hope*, vol. 2 de *Essentials of Evangelical Theology*, San Francisco, Harper & Row, 1979, p. 108.
14. MOUVEMENT DE LAUSANNE, « Cooperating in World Evangelization », chap. 1 ; italiques dans l'original.
15. Fernando ENNS, « Believers Church Ecclesiology. A Vital Alternative within the Ecumenical Family », dans *New Perspectives in Believers Church Ecclesiology*, sous dir. Abe J. Dueck, Helmut Harder et Karl Koop, Winnipeg, CMU, 2010, p. 113. Explorer tous les tenants et aboutissants de cette tradition ecclésiologique ferait exploser les limites de cet ouvrage. Pour une étude historique classique et détaillée, voir Donald F. DURNBAUGH, *The Believers'*

sont appelés à témoigner là où ils se trouvent, ils peuvent également s'organiser de manière adéquate. Par conséquent, White, faisant allusion à l'argument central de la présente recherche, affirme que

> Dans le cadre de la nouvelle alliance, le croyant a un *accès direct et une responsabilité individuelle* à Dieu *sans l'intercession d'un prêtre terrestre*. Ce *sacerdoce* apporte une nouvelle liberté au croyant, tant dans le culte que dans le service. Il est la pierre angulaire du ministère de chaque croyant. Ainsi, le croyant en tant qu'*individu et le croyant en communion avec d'autres croyants ont la responsabilité personnelle d'obéir aux commandements de Dieu* concernant l'évangélisation, la formation de disciples, le service des autres, l'aide aux pauvres, etc.[16].

Il existe alors un terrain d'entente important entre les réseaux de volontaires internationaux et l'Église universelle. Dans cette logique, si la participation à l'Église locale repose sur un choix légitimement personnel et volontaire, alors il n'y a pas de grande différence avec le paraecclésial. Les dirigeants de l'IFES ont en effet présupposé que les étudiants ont le droit de se rassembler et de témoigner à l'intérieur et à l'extérieur d'une structure *ad hoc* organisée d'une manière proche de celle des chrétiens se rassemblant dans les Églises et choisis selon d'autres critères que le principe de la paroisse. En effet, « si l'Église a pour *base radicale* la *foi personnelle* en Dieu, alors elle doit être une association volontaire. En tant que *communauté libre* et autonome, elle ne peut être contrôlée par l'État, ni par les princes ou les rois, ni par le gouvernement civil[17] ».

C'est pourquoi Brackney considère les organisations paraecclésiales comme « un groupe particulier d'associations volontaires de chrétiens dont l'objectif est orienté vers une tâche déterminée, s'appuyant largement sur des laïcs et *indépendantes de toute responsabilité vis-à-vis d'une structure institutionnelle d'Église*, mais qui peuvent assumer des fonctions historiquement associées à l'Église[18] ». Parce que certaines organisations paraecclésiales se structurent elles-mêmes à un haut degré, Brackney veut les appeler « Associations quasi-

---

Church. The History and Character of Radical Protestantism, New York, Macmillan, 1968. Pour un examen récent et détaillé de la perspective professante, voir Henri BLOCHER, *La doctrine de l'Église et des sacrements*, coll. Didaskalia, tome 1, Vaux-sur-Seine, Édifac, 2022, chap. 4.

16. WHITE, *The Church and the Parachurch*, p. 80 ; c'est nous qui soulignons.
17. Roger HAIGHT, *Comparative Ecclesiology*, vol. 2 de *Christian Community in History*, Londres, Bloomsbury, 2014, p. 278-279 ; c'est nous qui soulignons.
18. William H. BRACKNEY, *Christian Voluntarism. Theology and Praxis*, Faith's Horizons, Grand Rapids, Eerdmans, 1997, p. 136.

volontaires » – dans lesquelles il compte InterVarsity (États-Unis)[19]. Or, dans cette catégorie, l'« élément hiérarchique » est à nouveau décisif. En tant que groupe d'humains réunis dans un but commun, l'IFES a également généré sa propre structure hiérarchique, quoique ses leaders insistent sur sa décentralisation. Les structures comme l'IFES ne font pas que faciliter la mission, elles la façonnent aussi en équipant les gens pour la mission et en fournissant des structures de responsabilité. La responsabilité existe au sein d'une structure paraecclésiale, et dans la mesure où ses membres sont membres de l'Église dispersée, ils sont ancrés dans la réalité de l'Église universelle même s'ils ne s'en remettent pas toujours de manière évidente aux structures ecclésiales traditionnelles. Le Mouvement de Lausanne note que « tous sont d'accord pour dire que les fonctions spécialisées nécessitent des organisations spécialisées (par exemple pour la traduction de la Bible, l'évangélisation des étudiants et les missions interculturelles)[20] ». La même logique s'applique aux organisations d'étudiants, qui peuvent recruter des « spécialistes » pour leurs tâches. Pourtant, étant donné que les étudiants sont également membres d'Églises locales, les tensions entourant leur participation à des groupes IFES – ou à des associations similaires – se résument souvent à une question de loyauté entre l'Église et le paraecclésial. Cela devient encore plus complexe lorsque la question du soutien spirituel et émotionnel est soulevée, ce qui fait même de certaines organisations paraecclésiales

> une épine majeure dans le pied des Églises. Leur composante locale leur donne l'occasion de former les mêmes liens sociaux intimes sur lesquels les Églises prospèrent. Elles commencent à offrir les mêmes avantages sociaux et psychologiques qui rendent les Églises plus attrayantes lorsqu'il s'agit d'activités comme le culte et la communion[21].

Les ministères auprès universitaires travaillent avec des personnes en transition, d'une ville à l'autre, entre différents âges de la foi. Les structures de soutien paraecclésiales peuvent simplement avoir un attrait plus large pour eux à un certain stade de la vie. Brackney suggère une combinaison intéressante de facteurs imbriqués, ajoutant du leadership au tableau que nous avons dessiné jusqu'ici :

> L'engagement individuel dans les organisations paraecclésiales a été si gratifiant pour certains et si important pour beaucoup de

---

19. *Ibid.*, p. 137.
20. Mouvement de Lausanne, « Cooperating in World Evangelization », chap. 1.
21. Scheitle, *Beyond the Congregation*, p. 55.

ses dirigeants qu'il est devenu le principal moyen d'expression des intérêts et de la *participation* à la vie religieuse. [...] Il *est facile de voir comment l'organisation paraecclésiale peut devenir la forme définitive de l'identité chrétienne pour les membres dévoués.* Le temps sacrifié, les fonds régulièrement versés, les possibilités de service spirituel, la reconnaissance du leadership lors de certaines cérémonies, la perception publique d'un haut niveau d'« engagement chrétien » et l'entretien attentif de l'engagement volontaire avec la justification théologique correspondante définissent tous une nouvelle catégorie appelée « christianisme paraecclésial[22] ».

Cette façon de régler une tension complexe ne satisfait pas Hammett, qui veut absolument que la relation entre l'Église et le paraecclésial soit un modèle de « partenariat de service ». Pour lui,

> si le ministère exercé par un croyant-prêtre s'inscrit dans le contexte d'un groupe paraecclésial qui fonctionne comme un bras ou une extension de l'Église, alors le conflit d'autorité est fortement réduit, voire éliminé. Le sacerdoce de chacun est placé dans le contexte approprié, en tant que partie du ministère de l'Église[23].

Cette argumentation est conforme à sa thèse générale selon laquelle les organisations paraecclésiales, puisqu'elles « possèdent un statut subordonné à celui de l'Église... [devraient] s'en remettre à l'Église, honorer l'Église... [et] accepter [leur] ministère sous l'autorité de l'Église[24] ». Mais cela ne semble rien résoudre, car, comme nous le verrons bientôt, l'une des raisons de l'émergence des organisations paraecclésiales est précisément l'échec – réel ou perçu – des Églises locales à exercer un ministère donné. Selon Hammett, les dirigeants actuels des organisations paraecclésiales feraient mieux d'attendre que les dirigeants de l'Église locale donnent leur feu vert, soutiennent et supervisent leurs actions avant de « se mettre au travail ». La question cruciale ici est aussi de savoir ce que l'on entend par « Église », car si une Église locale échoue dans sa vocation *missionnaire*, la loyauté des croyants est finalement plus grande et va à l'Église universelle. Stott conclut que « puisque les évangéliques désirent en toutes choses être guidés par la Bible, nous devrions pouvoir classer les activités spécialisées de la manière suivante : l'indépendance de l'Église est mauvaise, la

---

22. Brackney, *Christian Voluntarism*, p. 143-44 ; c'est nous qui soulignons.
23. John S. Hammett, « How Church and Parachurch Should Relate. Arguments for a Servant-Partnership Model », *Missiology* 28, no. 2, 1er avril 2000, p. 205.
24. *Ibid.*, p. 200.

coopération avec l'Église est meilleure, le service en tant que bras de l'Église est encore bien mieux[25] ».

Il est évident que les dirigeants des Églises locales pourraient déplorer le fait que ceux de leurs membres qui sont étudiants voient dans le paraecclésial « la forme définitive de l'identité chrétienne », car cela soulève de vastes débats ecclésiologiques et remet en question la manière dont les dirigeants du paraecclésial ont présenté le christianisme si leurs membres ne ressentent pas le besoin de faire partie d'une communauté ecclésiale locale. En particulier, c'est au « sacerdoce de tous les croyants » que White fait appel pour résoudre la tension de leadership entre l'Église et le paraecclésial :

> Enfin, nous notons que la participation à une société ecclésiale paralocale nous amène à fonctionner dans au moins deux structures d'autorité. Celles-ci seront occasionnellement en conflit. Mais avoir des autorités conflictuelles – travail, famille, gouvernement – n'est pas inhabituel. En cas de conflit, le croyant-prêtre est individuellement responsable de décider quelle autorité a la priorité[26].

Synthèse partielle

La discussion qui précède a montré qu'un grand nombre des difficultés que soulève la définition d'une « organisation paraecclésiale » existent parce que la plupart des descriptions portent sur des questions structurelles. À partir du préfixe « para », de nombreux commentateurs supposent que l'organisation paraecclésiale est subordonnée à l'Église. La question de la légitimité des structures paraecclésiales par rapport aux structures ecclésiales est souvent posée. Pourtant, cela n'est pas satisfaisant, principalement parce que, comme nous l'avons vu, beaucoup de ces organisations sont nées de préoccupations missionnaires qui, au fond, sont ecclésiales, car elles reflètent une compréhension missionnaire de la mission de l'Église. Les chrétiens se sont rassemblés volontairement pour mener à bien la tâche missionnaire – et de ces structures volontaires sont nées des organisations à part entière. Par conséquent, il est nécessaire d'adopter une approche *ecclésiologique* plus constructive du phénomène des organisations paraecclésiales, et c'est sur ce point que je vais maintenant me pencher.

---

25. Mouvement de Lausanne, « Cooperating in World Evangelization », chap. 1. Stott a écrit ce chapitre, le « Préambule théologique ».
26. White, *The Church and the Parachurch*, p. 85.

Vers une ecclésiologie du paraecclésial

Parler des organisations paraecclésiales comme des associations volontaires et explorer les questions de leadership et de loyauté est utile, mais cela explique leur existence davantage sur des bases sociologiques que théologiques. J'aborde maintenant deux idées importantes proposées pour légitimer l'émergence de ces structures – l'*approche par les carences* et l'*approche innovante* – avant de suggérer une *tentative de solution* à ces deux approches.

L'approche par les carences

La première hypothèse importante pour l'émergence des structures « paraecclésiales » explique leur existence par l'échec supposé de l'Église locale à remplir sa vocation missionnaire. L'hypothèse sous-jacente de cette conception est l'*immédiateté* de la relation des chrétiens individuels avec Dieu :

> *L'Écriture nous apprend* que la volonté de Dieu est que l'Évangile atteigne les peuples et les nations du monde entier. C'est pourquoi, à travers les siècles, les chrétiens engagés se sont sentis libres, *sous la direction de l'Esprit*, d'utiliser la raison et la créativité qui leur ont été données par Dieu pour organiser et utiliser toutes les structures nécessaires à la réalisation des desseins de Dieu dans l'accomplissement de l'ordre missionnaire[27].

Cet argument établit une ligne de démarcation entre les « chrétiens » et les « chrétiens engagés » qui ont constaté un manque et se sont engagés à combler les lacunes en appelant à l'existence de nouvelles structures, comme si l'Église n'était pas suffisante pour accueillir le « rayonnement de l'ordre missionnaire ». Notez l'accent mis sur les « Écritures » et sur les conseils de « l'Esprit », qui sont tous deux potentiellement opposés à la direction (défaillante) de l'Église. Ainsi, à l'intersection du « volontariat » et de l'identification des « déficiences » de l'Église, nous trouvons le terrain historiquement fertile de l'« Église libre ». Bloesch note que la pensée de Philipp Jacob Spener[28] a eu une grande influence sur le développement de l'ecclésiologie ultérieure de l'Église libre ; la célèbre

---

27. Warren W. WEBSTER, « The Messenger and Mission Societies », dans *Perspectives on the World Christian Movement. A Reader*, sous dir. Ralph D. Winter, Pasadena, William Carey Library, 1981, p. 764.
28. Exposé en détail dans son pamphlet historique *Pia desideria oder herzliches Verlangen nach gottgefälliger Besserung der wahren evangelischen Kirche, nebst einigen dahin abzwekenden christlichen Vorshlägen*, original publié en 1675 ; Leipzig, Köhler, 1841.

notion d'*ecclesiola in ecclesia*[29] était en accord avec les idées de Luther. Selon cette conception, « chaque chrétien a le privilège d'enseigner les autres, de les réprimander, de les exhorter et de les convertir. Chaque croyant doit se préoccuper du salut personnel de ses semblables et se consacrer à la prière en leur faveur[30] ». Cette évolution s'inscrit dans le contexte de l'incapacité perçue du clergé de l'époque de Spener à se montrer à la hauteur des normes de piété envisagées par Luther. Un héritier ultérieur des vues de Spener, qui a eu une forte influence – même si elle était indirecte – sur les premiers dirigeants de l'IFES[31], était le fondateur des assemblées de frères, John Nelson Darby. Estimant que le clergé de son époque était corrompu, il se voyait comme un réformateur. La prédication laïque viendrait compléter le manque de fidélité du clergé ; « les chrétiens doivent prêcher à ceux qui sont prêts à périr et [ainsi Darby] critiquait ceux qui limitaient leur évangélisation afin de ne pas offenser leurs supérieurs[32] ». De la même manière, Brackney soutient que le paraecclésial répond à un besoin potentiellement nouveau : « L'une des principales fonctions assumées par les organisations paraecclésiales est de fournir de nouveaux débouchés au travail missionnaire. À cet égard, le paraecclésial s'approprie une fonction historiquement assumée par l'Église[33]. »

Une telle vision a des conséquences ecclésiologiques de grande portée, notamment en ce qui concerne la responsabilité d'une Église locale envers ses membres – en bref, *une théologie du laïcat*. White fait plus que faire allusion à cet aspect lorsqu'il affirme avec audace qu'il lui

> semble que l'un des objectifs de l'évangélisation mondiale devrait être de faire en sorte que plus de gens fassent plus de ministère, plus souvent. Ce « plus de personnes » doit impliquer la formation et l'envoi des laïcs. Oui, l'envoi, et pas seulement la formation. Mais les systèmes d'envoi par une Église locale sont largement limités par une exigence de scolarisation formelle. Les groupes d'Églises paralocales ont constamment franchi cette barrière en formant et en envoyant des personnes « non éduquées » pour exercer un ministère

---

29. D. Martyn LLOYD-JONES, « Ecclesiola in Ecclesia », dans *Approaches to Reformation for the Church*, vol. 4, Puritan Papers, Hartshill, Tentmaker, 1965.
30. BLOESCH, *Life, Ministry, and Hope*, p. 115.
31. Notamment Douglas Johnson et Hans Bürki.
32. Neil DICKSON, « "The Church Itself Is God's Clergy." The Principles and Practices of the Brethren », dans *The Rise of the Laity in Evangelical Protestantism*, sous dir. Deryck Lovegrove, Londres, Routledge Chapman & Hall, 2002, p. 218.
33. BRACKNEY, *Christian Voluntarism*, p. 138.

à plein temps. Nous avons toujours besoin de personnes à plein temps. Mais nos systèmes éducatifs formels actuels ne constituent qu'une partie de la préparation. Le modèle du Nouveau Testament consiste davantage à « apprendre en faisant »[34].

On le comprendra donc facilement : toute l'insistance contemporaine sur la notion de « multiplication de disciples », quelle qu'en soit la qualité, ne peut en tout cas pas se prévaloir de la nouveauté : c'est simplement une nouvelle déclinaison d'une théologie du laïcat, qui toujours peine à s'imposer. Comme je l'expliquerai dans la dernière partie de cet ouvrage, une telle « improvisation fidèle » est nécessaire dans l'environnement en constante évolution de l'université, avec ses exigences et ses défis.

Revenant de la théologie à la sociologie, Scheitle suppose l'existence d'un « marché » de biens religieux disponibles, dans lequel « la montée, la chute et la remontée du secteur paraecclésial représentent un récit continu dans la structure changeante du marché religieux[35] ». Dans cette optique, un organisme paraecclésial ne fait que combler un vide en offrant aux clients potentiels[36] des *biens et des services* religieux que les Églises locales ne sont peut-être pas en mesure de fournir. D'où la prolifération d'organisations qui tentent de répondre aux mêmes besoins.

L'idée que les structures « paraecclésiales » naissent des déficiences des structures ecclésiales, qui n'est que brièvement exposée ici, repose sur l'hypothèse que la *mission* est fondamentale pour la finalité de l'Église : il s'agit essentiellement d'une *ecclésiologie missionnaire*. Toutefois, le fait de formuler le débat en ces termes explique certaines des tensions entre dirigeants d'églises et dirigeants d'organisations paraecclésiales : sociologiquement parlant, un « concurrent » apparaît, qui remet en question des fondements théologiques bien établis (p. ex. un certain rôle *médiateur* pour l'Église) – et des traditions ecclésiales (p. ex. la subordination des laïcs au clergé). La logique derrière cette *approche par les carences* est que, si l'Église avait pris sa vocation missionnaire suffisamment au sérieux, des structures comme l'IFES n'auraient pas vu le jour. Implicitement, les organisations paraecclésiales représenteraient donc un développement regrettable, gaspillant les précieuses ressources humaines et financières de l'Église. Dans cette approche, les dirigeants de l'Église peuvent condescendre à tolérer les organisations « paraecclésiales » pendant un certain temps, mais ils

---

34. WHITE, *The Church and the Parachurch*, p. 163.
35. SCHEITLE, *Beyond the Congregation*, p. 21.
36. *Ibid.*, p. 6.

préféreraient qu'elles se démantèlent et « reviennent » sous l'autorité du clergé. Ce résumé, certes un peu piquant, met néanmoins en évidence l'approche la plus négative du paraecclésial. Une autre vision, plus positivement missiologique, est pourtant possible – une vision qui repose sur la nécessité de nouvelles approches dans un monde en mutation.

L'approche innovante : des outres neuves et des doubles structures

L'idée que le paraecclésial représente une innovation nécessaire est exprimée de manière paradigmatique dans « l'argument des outres » de Snyder présenté au Congrès de Lausanne en 1974. Snyder fait une distinction entre l'Église telle qu'elle est comprise dans la Bible et les structures ecclésiastiques auxiliaires « qui n'existaient pas à l'époque du Nouveau Testament, mais qui se sont développées au cours de l'histoire de l'Église[37] ». Au lieu d'opposer les structures missionnaires et l'Église, il affirme que

> l'Église est elle-même une structure missionnaire, et tout groupe de missionnaires peut être une incarnation légitime de l'Église. Cela signifie qu'il ne peut être question d'opposer l'Église aux « structures missionnaires ». Là où il y a des missionnaires, il y a l'Église, et ses missionnaires ont la responsabilité de démontrer la réalité de la communauté chrétienne[38].

Snyder sape ainsi l'idée que le paraecclésial pourrait être conçu comme « au-delà » ou « en dehors » de l'Église, mais ancre hardiment les structures paraecclésiales dans une Église conçue au sens large : « Alors que l'Église elle-même fait partie du vin nouveau de l'Évangile, toutes les structures paraecclésiales sont des outres – utiles, parfois indispensables, mais aussi sujettes à l'usure et à la décomposition[39]. » Cela renforce la légitimité du paraecclésial et relativise son statut contingent[40].

---

37. Howard A. SNYDER, « The Church as God's Agent in Evangelism. Conference Presentation », dans *Let the Earth Hear His Voice. Official Reference Volume, Papers and Responses*, sous dir. International Congress on World Evangelization et J. D. Douglas, Minneapolis, World Wide Publications, 1975, p. 356.
38. Howard A. SNYDER, « The Church as God's Agent in Evangelism. Working Paper », dans *Let the Earth Hear His Voice*, sous dir. International Congress on World Evangelization et J. D. Douglas, Minneapolis, World Wide Publications, 1975, p. 341-342.
39. *Ibid.*, p. 337.
40. Comme d'autres, Haight affirme dans sa *summa* que toutes les formes d'Église sont en fait contingentes ; voir Roger HAIGHT, *Ecclesial Existence*, vol. 3 de *Christian Community in History*, Londres, Bloomsbury, 2014, p. 33. Si cela est correct, alors diminuer la valeur du

Deux idées majeures sous-tendent cette compréhension des structures paraecclésiales. La première est théologique et se rapporte à une compréhension profondément protestante du lien entre la vérité et l'organisation, comme Willaime, dans une analyse citée plus haut, l'a bien observé dans le contexte de la Réforme :

> L'autorité idéologique ne s'exerce, en principe, que par la force de sa conviction et de son argumentation rationnelle en valeur. La recherche théologique est formellement libre, et le théologien se voit attribuer un rôle important dans la gestion de la vérité religieuse, puisque c'est lui qui, sur la base d'un certain savoir, dira quelle est la bonne ligne. *L'organisation religieuse n'a ici qu'un rôle fonctionnel : en tant que seconde instance au service de la vérité, son mode de fonctionnement et sa répartition des rôles n'ont qu'une valeur relative et sont sociohistoriques*[41].

Comme le protestantisme soumet les formulations de la foi à une critique bibliquement informée – souvent effectuée par des laïcs – les structures ecclésiales peuvent être évaluées à l'aune de leur fidélité à ce qui a été identifié comme la mission de l'Église. Ici, la *participation* à l'Église implique que les chrétiens, en vertu de leur relation *immédiate* à Dieu par l'intermédiaire de l'Écriture, peuvent critiquer la manière dont l'Évangile est *transmis* au monde, à l'intérieur et à l'extérieur de l'assemblée réunie. La loyauté envers l'Église se manifeste par une évaluation biblique de son fonctionnement et, si nécessaire, par sa réforme.

La deuxième idée majeure s'appuie sur les « Deux structures de la mission rédemptrice de Dieu » de Winter[42]. L'argument principal de Winter est que le Nouveau Testament décrit et prescrit la *fonction* de l'Église mais pas sa *forme*. L'Église, essentiellement calquée sur le modèle de la synagogue juive et comprenant « des vieux et des jeunes, des hommes et des femmes[43] », est la première de ses « deux structures », et elle ressemble à l'Église paroissiale ultérieure. La seconde est dérivée de la propre « équipe missionnaire » de Paul, car l'apôtre était,

> envoyé par l'Église d'Antioche. Mais une fois loin d'Antioche, il semblait très indépendant. La petite équipe qu'il formait était

---

paraecclésial en raison de sa flexibilité contingente est malavisé.
41. Willaime, *La précarité protestante*, p. 24-24 ; c'est nous qui soulignons.
42. Ralph D. Winter, « The Two Structures of God's Redemptive Mission », *Missiology. An International Review* 2, no. 1, 1er janvier 1974, p. 121-139.
43. *Ibid.*, p. 122.

économiquement autosuffisante lorsque l'occasion s'en présentait. Elle dépendait aussi, de temps à autre, non seulement de l'Église d'Antioche, mais aussi d'autres Églises qui s'étaient formées à la suite de travaux d'évangélisation. L'équipe de Paul peut certainement être considérée comme une structure[44].

Cette flexibilité formelle des Église primitives soulève des questions de théologie pratique : dans quelle mesure les formes peuvent-elles être adaptées à la fonction et à la tâche ? Camp résume la position de Winter comme impliquant que si seules les *fonctions* sont prescrites dans le N.T., « il est théologiquement légitime de changer la forme de l'assemblée de synagogue à Église à diocèse. De même, il est scripturairement acceptable de changer la forme d'un groupe missionnaire en une structure monastique ou en une agence missionnaire, dans la mesure où la fonction reste la même[45] ». Winter soutient que les deux structures ont fonctionné avec plus ou moins de succès tout au long de l'histoire de l'Église sous la forme de la *modalité* (Église locale) et de la *sodalité* (équipe missionnaire), définies comme suit : « Une modalité est une fraternité structurée dans laquelle il n'y a pas de distinction de sexe ou d'âge, tandis qu'une sodalité est une fraternité structurée dans laquelle l'adhésion implique une seconde décision adulte au-delà de l'adhésion à la modalité et est limitée soit par l'âge, soit par le sexe, soit par l'état civil[46]. »

Pourtant, Willmer et al. reprochent à Winter d'établir un lien trop étroit entre les ordres médiévaux et les ministères paraecclésiaux, car ces derniers « ne prétendent pas offrir une vie spirituelle plus profonde que celle d'un chrétien qui fréquente fidèlement l'Église. Ces groupes offrent simplement des possibilités de service[47] ».

---

44. *Ibid.*, p. 122.
45. Bruce K. CAMP, « A Theological Examination of the Two-Structure Theory », *Missiology* 23, no. 2, 1995, p. 201.
46. WINTER, « The Two Structures of God's Redemptive Mission », p. 127. Brackney explique le succès relatif de la thèse de Winter par sa proximité avec des récits communs dans les milieux protestants : « Les typologies de Winter ont reçu une grande attention dans la communauté missiologique protestante, en particulier parmi les organisations indépendantes et évangéliques, parce qu'il a affirmé que le principe de fraternité a été récupéré dans le protestantisme et est le mieux illustré dans les associations caritatives modernes du mouvement missionnaire. » BRACKNEY, *Christian Voluntarism*, p. 131. On pourrait pousser l'analyse culturelle plus loin et explorer la relation des « agences de bénévolat » avec la notion moderne d'« individualité » presque consubstantielle à la « modernité » (comme l'émergence de la plupart des organisations bénévoles dans le contexte du XIXe siècle pourrait le laisser entendre).
47. WILLMER, SCHMIDT et SMITH, *Prospering Parachurch*, p. 27.

Une telle critique risque de réduire le succès des structures paraecclésiales à leur valeur pratique et présuppose un intérêt uniquement fonctionnel de la part de leurs membres. Pourtant, le ministère ne peut être séparé de la vie « spirituelle ». Il est logique de conclure, à partir de divers événements de formation, de la littérature spirituelle et de l'enseignement général, que les étudiants de l'IFES sont effectivement appelés à « une vie spirituelle plus profonde », y compris le témoignage – ce que d'autres appellent des « biens religieux ». Dans le cadre du ministère des étudiants, ces « biens » sont ciblés en fonction de leur public, en veillant tout particulièrement à être adaptés au contexte de la vie universitaire. C'est précisément cette pertinence contextuelle, ainsi qu'une réduction des tensions théologiques, qui permet de considérer l'organisation paraecclésiale comme une structure transitoire. Snyder résume les avantages d'une telle approche :

> (i) Ce qui est toujours pertinent d'un point de vue interculturel (l'Église comprise bibliquement) est séparé de ce qui est lié à la culture et déterminé par elle (les structures paraecclésiales). Ainsi, on est libre de voir l'Église comme culturellement pertinente et impliquée, mais pas comme liée à la culture. (ii) On est également libre de modifier les structures paraecclésiales au fur et à mesure que la culture change, car elles ne sont pas elles-mêmes l'Église et sont donc largement déterminées par la culture plutôt que par la Bible. (iii) Enfin, cette distinction permet de voir un large éventail de légitimité dans les confessions et structures confessionnelles. Si ces structures ne sont pas elles-mêmes l'Église et sont déterminées par la culture, alors des volumes entiers de controverse et de polémique perdent leur urgence et deviennent simplement secondaires. Des confessions très différentes sont libres (du moins potentiellement) de se concentrer sur ce qui les unit : être le peuple de Dieu et accomplir la tâche d'évangélisation – tout en reléguant les différences structurelles au plan de la relativité culturelle et historique[48].

Si donc une organisation comme l'IFES a la mission comme *raison d'être*, alors du point de vue de l'*ecclésiologie missionnaire*, dans laquelle « là où il y a des missionnaires, il y a l'Église », la principale façon de distinguer une organisation

---

48. SNYDER, « The Church as God's Agent in Evangelism. Working Paper », p. 338. Opposer l'Église « bibliquement comprise », jugée « toujours pertinente », et les structures paraecclésiastiques semble être un raccourci, car même la « compréhension biblique » est conditionnée par la culture.

paraecclésiale d'une « Église » sera d'argumenter que la forme de mission qu'elle poursuit est intrinsèquement limitée par rapport à la *vocation missionnaire* plus large de l'Église, parce qu'elle se concentre uniquement sur les étudiants. Si, comme le dit Snyder, « les missionnaires ont la responsabilité de démontrer la réalité de la communauté chrétienne », l'une des façons dont une organisation pourrait être intrinsèquement limitée par rapport à la vocation missionnaire de l'Église sera si elle ne peut pas « démontrer la réalité de la communauté chrétienne ». L'argument court le risque de la circularité : les dirigeants du paraecclésial accusent l'Église locale d'être déficiente sur le plan missionnaire, tandis que cette dernière reproche aux premiers d'être étroits d'esprit dans leur ecclésiologie.

Cet argument de la double-structure est éminemment plus positif envers les structures paraecclésiales, soulignant leur importance dans la *contextualisation* de la mission dans le monde. Pourtant, l'éternelle question de l'autorité demeure si ces structures sont toujours considérées comme *paraecclésiales* et non pleinement ecclésiales par nature. Une façon prometteuse de sortir de cette énigm pourrait être de considérer la relation des organisations paraecclésiales à l'Église locale de la même façon que les dénominations se rapportent à l'Église universelle.

Une proposition de solution : de la double nature de l'Église

Une proposition plus récente explore la relation entre la participation des étudiants chrétiens dans les organisations paraecclésiales et dans les Églises locales. Debanné[49] établit un parallèle entre l'ecclésiologie et la christologie. Après avoir reconnu le « problème de légitimité » dont souffrent souvent les organisations paraecclésiales aux yeux des dirigeants de l'Église, il affirme que ce problème est le résultat d'un point aveugle ecclésiologique : l'oubli de la primauté de l'Église universelle sur l'Église locale. Cela présuppose « une christologie qui accentuerait la nature humaine de Jésus sans apprécier pleinement sa nature divine : une doctrine de l'Église qui ne tient pas compte des deux natures de l'Église, locale et universelle, conduit inévitablement à des situations concrètes qui ne concordent pas avec le plan de Dieu[50] ».

---

49. Debanné a été SG des GBUC (Groupes Bibliques Universitaires et Collégiaux du Canada) francophones travaillant au Québec de 1999 à 2014.
50. Marc DEBANNÉ, « L'étudiant chrétien, l'Église locale et les mouvements chrétiens étudiants. Comment démystifier la place du "para-Église" ? », *Théologie évangélique* 14, no. 1, 2015, p. 25.

En revanche, Debanné soutient que la valorisation du caractère concret de ce qui est local est

> libératrice et dynamisante pour le croyant. Elle est porteuse d'une semence de créativité et d'initiatives nouvelles : elle permet à chaque fidèle, homme ou femme, d'être préparé dans son Église locale pour prendre sa place dans l'œuvre mondiale du Christ à l'intérieur et à l'extérieur de cette Église. Elle le rend apte à devenir un acteur autonome (parce que dépendant du Christ) dans des initiatives pour le Royaume de Dieu[51].

Cette autonomie est relative. Debanné note que tout chrétien est membre d'une Église locale et doit faire tout ce qui est en son pouvoir pour rester en règle avec la direction de l'Église. Cependant, la clé de son argument est que la direction de l'Église a des responsabilités envers l'ensemble de la communauté chrétienne. Cet argument repose sur le fait que « nous voyons Pierre, par exemple, attribuer à l'Église qui s'édifie autour du Christ les mêmes prérogatives et responsabilités que celles attribuées à la communauté d'Israël ("des prêtres royaux, une nation sainte, un peuple racheté [par Dieu]", 1 P 2.4-10 ; cf. Ex 19.5-6)[52] ». Le lien avec l'idée du « sacerdoce de tous les croyants » est évident. Debanné soutient en termes forts que « le nouveau converti devient membre de l'Église universelle avant de devenir membre d'une Église locale, à la manière dont le baptême du Saint-Esprit (la conversion, la régénération ; la réalité invisible) précède le baptême d'eau (la manifestation visible)[53] ». Cet argument est cohérent avec la primauté pour la vérité déjà constatée chez la plupart des auteurs de l'IFES. La même logique est à l'œuvre pour l'ecclésiologie :

> La réalité première de l'ecclésiologie biblique, c'est l'Église universelle. Elle doit donc aussi être le principe premier de la compréhension théologique de l'Église par le croyant. Même si la vie en l'Église locale remplir le plus clair de son temps et de ses énergies (ce sera le cas pour la plupart des chrétiens), il ne pourra vivre cette

---

51. *Ibid.*, p. 26. Enns fait également allusion à la doctrine des deux natures : « L'universalité et la particularité sont les deux aspects d'un même problème, tout comme l'Église croyante et l'Église vécue sont les deux aspects de ce même problème, tout comme le Christ incarné. » ENNS, « Believers Church Ecclesiology », p. 124.
52. DEBANNÉ, « L'étudiant chrétien », p. 26-27.
53. *Ibid.*, p. 28-29. Cela contredit l'affirmation de Haight selon laquelle « si l'Église est une association libre, alors la référence première du terme "Église", dans la mesure où il s'agit d'une communauté organisée, est l'église locale ». Haight, *Comparative Ecclesiology*, p. 279.

vie d'Église locale correctement qu'en la comprenant dans le cadre de l'Église universelle, dont elle est une manifestation locale[54].

Debanné se donne également beaucoup de mal pour démentir les inquiétudes de certains responsables d'églises qui pensent que les organisations paraecclésiales feraient preuve d'un moindre intérêt pour la doctrine en raison des contingences du travail missionnaire. Pour lui, le fait que de nombreuses organisations aient une déclaration doctrinale démontre le contraire et est un signe de maturité et de fidélité, car la « mission à l'extérieur » est éminemment plus risquée doctrinalement que la « vie d'Église ». Pour lui, « il faut bien saisir le rôle spécifique des œuvres inter-Église dans le corps du Christ : joindre à la proclamation de la vérité dans un contexte missionnaire donné un travail d'unité qui va au-delà des Églises locales et des dénominations, selon la double exigence du Seigneur[55] ».

Cette argumentation est rare dans les publications liées à l'IFES, mais elle développe plus clairement que beaucoup d'autres documents la manière dont de nombreux dirigeants de l'IFES ont légitimé leur travail. Si les organisations paraecclésiales peuvent effectivement devenir sectaires, les dénominations courent le même risque schismatique en mettant trop l'accent sur leurs propres spécificités confessionnelles. Debanné s'appuie donc sur la primauté de la vocation missionnaire du chrétien pour souligner que « l'appel du Seigneur à une évangélisation fidèle ne nous donne pas le choix, quel que soit le type de structure dans laquelle nous œuvrons : nous devons nous tenir dans une brèche où les deux risques sont toujours présents[56] ». La conclusion que Debanné tire de ce constat missiologique est que les termes « para-Église » et « para-ecclésiastique » devraient être abandonnés au profit du terme « inter-Église » afin de se passer définitivement des résonances péjoratives et implicitement sectaires du mot, car « on ne définit pas un membre du Corps par le risque qui le guette[57] ».

Dans l'ensemble, Debanné se lit comme une réponse pacifique à l'approche de la « déficience » et de « l'innovation nécessaire », tout en fondant son argument ecclésiologique pour l'abandon de la notion de « paraecclésial » sur la christologie et la primauté de la relation de l'individu à Dieu. Pour Debanné, cette relation *précède* l'engagement dans l'Église locale. Ainsi, ce que l'on appelait autrefois « paraéglise » est tout simplement « Église ». Théologiquement parlant, la relation *immédiate* à Dieu des *membres* individuels de l'Église universelle détermine

---

54. DEBANNÉ, « L'étudiant chrétien », p. 28.
55. *Ibid.*, p. 42.
56. *Ibid.*
57. *Ibid.*, p. 43.

leur orientation *missionnaire*, pour laquelle ils se rassemblent dans ce que l'on pourrait appeler une *branche* de l'Église – dans notre cas, une « branche du campus » ou, pour utiliser un terme plus judicieux du point de vue missiologique, une *incarnation* de l'Église.

Si toutes les explorations ci-dessus sont vraies, il ne reste plus grand-chose pour empêcher une organisation paraecclésiale comme l'IFES d'être appelée « ecclésiale ». Cela dépend d'une *ecclésiologie* distinctement *missionnaire* sur laquelle toutes les traditions ecclésiales ne sont pas d'accord. Pourtant, il y a une autre dimension de l'existence ecclésiale qui doit être abordée : que fait le paraecclésial des sacrements ?

De l'impossibilité d'être Église : la question des sacrements

> Comment comprendre le développement des organisations paraecclésiales ? Certaines ont pour but d'aider les Églises en leur apportant leur ministère spécifique, mais d'autres ressemblent en tout point à des Églises, sans vouloir se nommer comme telles[58].

Fermement ancrée dans l'évangélisme, la conception théologique de l'IFES a traditionnellement accordé moins de poids à la théologie sacramentelle. Comme le protestantisme reconnaît généralement le baptême et la Cène, c'est sur leur pratique que se concentrent les quelques débats menés dans les cercles IFES. Traditionnellement, la plupart des groupes IFES ne célèbrent les sacrements qu'exceptionnellement, même s'ils constituent une part importante de la vie ecclésiale. C'est l'un des arguments ecclésiologiques les plus forts permettant de différencier un groupe IFES d'une Église. L'anecdote de Woods concernant un camp d'étudiants en 1949 illustre bien cette conception du cas exceptionnel :

> Un problème s'est posé lorsque l'étudiant musulman qui avait confessé le Christ a demandé le baptême. Nous lui avons dit que cela devait se faire dans une Église, mais sa réponse a été : « Je ne connais aucune Église, je n'ai jamais été dans une Église chrétienne. » *Alors, après quelques consultations et prières, nous avons enfreint toutes les règles du travail interconfessionnel des étudiants en organisant un baptême public* dans la mer, dirigé par M. Gaston Racine, un orateur très apprécié. Une foule nombreuse s'est rassemblée autour du

---

58. Edmund Clowney, *L'Église*, Charols, Excelsis, 2009, p. 120.

jeune homme qui s'est tenu dans la mer, a donné son témoignage, puis a été baptisé au nom de Dieu le Père, le Fils et le Saint-Esprit[59].

Ces « règles du travail étudiant interconfessionnel » ne sont formalisées nulle part. Pourtant, le fait que Woods fasse allusion à un tel concept montre sa compréhension des tâches respectives des Églises locales et des groupes d'étudiants. Ce sujet a été longuement discuté au sein du Mouvement de Lausanne et dans le Lausanne Occasional Paper 24 mentionné plus haut. Ce *résumé* de la pensée évangélique sur les organisations paraecclésiales cite un article non publié du prédicateur des mouvements de sanctification Paul Rees. Il y défend l'importance des *notae ecclesiae* [marques de l'Église] dans la discussion sur les organisations paraconfessionnelles, qui pour lui sont différentes des dénominations : « Les dénominations au moins doivent leur existence, et sont responsables, des assemblées de croyants parmi lesquelles on peut trouver les *notae* de la réalité ecclésiale[60]. » Ces *notae* remontent à Calvin affirmant que « partout où nous voyons que la Parole de Dieu est prêchée purement et écoutée et les sacrements administrés en suivant l'institution du Christ, il n'y a pas à douter que là est une Église [...][61] ». Ici, c'est le paraecclésial qui semble pris à défaut.

À la suite des Réformateurs protestants, Clowney développe également cette « compréhension biblique et spirituelle des attributs de l'Église[62] » qui a des conséquences sur la manière dont on peut définir des groupes d'étudiants. Selon lui, les groupes paraecclésiaux

> doivent être conscients qu'ils leur manque certaines marques de l'Église. Ils ont besoin des Églises, parce qu'ils n'offrent pas de cadre institué et n'organisent pas de culte et ils n'administrent aucun sacrement et n'exercent pas la discipline. Ces groupes, qui ne sont pas des Églises, n'envoient pas leurs membres dans des Églises qui, de leur côté, ne leur en envoient pas non plus ; c'est pourquoi ils n'ont aucun problème à recruter des membres dans l'ensemble des Églises[63].

Il est fascinant de constater que le fait de *ne pas être une Église* peut être considéré comme un « avantage missiologique ». Un groupe d'étudiants peut

---

59. WOODS, « IFES History Draft », p. 13 ; c'est nous qui soulignons.
60. MOUVEMENT DE LAUSANNE, « Cooperating in World Evangelization », Annexe A, §2.
61. Jean CALVIN, *Institution de la religion chrétienne*, Charols, Éditions Excelsis, 2009, IV.1.9.
62. CLOWNEY, *L'Église*, p. 121.
63. *Ibid.*, p. 129.

provisoirement se passer des questions de discipline ecclésiastique et des questions de loyauté confessionnelle qui sont si difficiles à comprendre pour ceux du dehors. Pour ces auteurs, un groupe local d'étudiants ne peut être une Église car il ne célèbre pas les sacrements. Quant à la question de savoir si la « Parole est sincèrement prêchée » dans les réunions d'étudiants, la réponse varie considérablement entre les cultures plus participatives et les cultures plus hiérarchisées.

En tout cas, les dirigeants de l'IFES n'étaient pas inconscients de ces questions. Le premier « traité théologique » de Hammond, rédigé pour les groupes de type IFES, commente brièvement les *notae* en suivant le cadre donné par le Credo de l'*unité*, de la *sainteté*, de la *catholicité* et de l'*apostolicité*. On peut dire que ces caractéristiques se retrouvent dans chaque groupe d'étudiants. Hammond suggère en effet que « la vraie Église existe partout où Christ et le Saint-Esprit règnent dans le cœur des hommes. C'est donc l'ensemble de tous les chrétiens dispersés à travers le monde[64] ». Le groupe d'étudiants ne remplace pas l'engagement dans une Église locale, car Hammond s'empresse d'avertir que « les étudiants, cependant, en particulier ceux qui sont dans des campus résidentiels, doivent être encore plus sur leur garde contre la négligence de la Sainte Cène que du culte public en général[65] ».

L'une des premières explications de la relation entre l'IFES et les sacrements[66] se trouve en effet dans le contexte de la description des marques d'une véritable Église. Dans un passage qui mérite d'être cité longuement, Johnson offre sa compréhension définitivement « basse église[67] » des sacrements et en profite pour expliquer les différences ecclésiales[68] :

> Comme tous les chrétiens orthodoxes, ils [les mouvements membres de l'IFES] attachent une grande importance à la possession d'un véritable ministère chrétien et remplissent les fonctions d'un serviteur du Christ. Mais ils doivent s'en tenir à l'insistance des

---

64. Hammond, « *Frères, je ne veux pas que vous ignoriez…* », p. 192.
65. T. C. Hammond, *In Understanding Be Men. A Handbook on Christian Doctrine for Non-Theological Students*, 5ᵉ éd., Londres, InterVarsity Fellowship, 1960, p. 182. Le passage n'est pas traduit dans l'édition française.
66. Dans la plupart des milieux évangéliques, la Cène et le baptême sont généralement appelés « ordonnances » plutôt que sacrements. Pour des raisons de clarté théologique, le terme « sacrement » sera utilisé tout au long du document.
67. Dans la tradition anglicane, on désigne par l'expression « low Church » les Églises locales insistant très peu sur les formes liturgiques et notamment les sacrements.
68. Il convient de souligner que ce passage fait partie intégrante de la première histoire officielle de l'IFES, commandée et approuvée par le CE. Il peut donc être considéré comme faisant quelque peu autorité.

réformateurs sur le fait que (quelles que soient les aides techniques utilisées pour préserver l'ordre nécessaire) les *successeurs des apôtres sont clairement définis dans le Nouveau Testament en ce qui concerne leurs croyances et leur caractère.* Ils sont décrits dans l'Écriture comme ceux qui proclament fidèlement la Parole de Dieu[69], et administrent les deux sacrements selon la sainte ordonnance du Christ. De même, il ne doit y avoir aucun compromis avec une administration du repas du Seigneur qui inclurait l'idée d'un sacrifice répété (à l'exception du « sacrifice de louange »), *ou d'une fonction sacerdotale ou médiatrice à accomplir par le ministre.* La Bible, encore une fois, est sans équivoque sur ce point. Le Christ, par sa mort sur la croix, « a fait là (par son unique oblation une fois offerte) un sacrifice, une oblation et une satisfaction complets, parfaits et suffisants pour les péchés du monde entier ; et il a institué, et dans son saint Évangile il nous ordonne de perpétuer, le souvenir de cette précieuse mort, jusqu'à son retour[70] ». Le corollaire de ceci est que les chrétiens n'ont plus besoin d'aucun autre sacrifice expiatoire, et puisque leur grand Souverain Sacrificateur a été nommé seul Médiateur entre Dieu et l'homme, les chrétiens n'ont plus besoin d'aucun autre sacerdoce médiateur. Réintroduire une telle pensée dans l'Église de Dieu serait un malentendu inutile. Plus sérieusement, cela doit être considéré comme un affront au Médiateur tout-suffisant et au seul Prêtre à la droite de Dieu[71].

Cette évolution montre à quel point l'idée d'une relation directe avec Dieu était compatible avec la théologie des premiers dirigeants de l'IFES. Il s'agissait d'un point de vue théologique et ecclésiologique, notamment lié à une forte insistance sur la dimension substitutive de l'expiation. On ne pouvait pas s'attendre à ce que ces vues des premiers dirigeants de l'IFES soient entièrement partagées par tous les dirigeants de chaque mouvement national, étant donné les nombreuses traditions représentées. Étant donné le manque d'unité sur des sujets spécifiques comme les sacrements, les dirigeants devaient-ils taire leurs opinions personnelles ou les exprimer ? L'unité exige-t-elle le silence, ou faut-il

---

69. Citant 1 Timothée 2.
70. Johnson fait référence au service de communion du *Book of Common Prayer* de l'Église d'Angleterre, qui résume 1 Pierre 2.24, 25 ; Éphésiens 2.13-18 et Hébreux 9.11-28.
71. Une référence est faite dans la note de bas de page à 1 Timothée 2.5 ; Hébreux 6.19-9.28. JOHNSON, *A Brief History*, p. 104-105 ; c'est nous qui soulignons. L'utilisation des majuscules pour certains termes suit l'original anglais.

exprimer des différences éclairées ? Le souvenir suivant d'Enoch, membre indien du conseil d'administration de l'IFES, qui parle de ses premières années au sein de l'UESI (l'Union des étudiants évangéliques d'Inde), illustre bien ce type de tension :

> Nous avons dû élaborer notre politique sur [toutes] sortes de questions. L'une d'entre elles était notre position en tant que mouvement interconfessionnel, sur les doctrines sur lesquelles les évangéliques diffèrent, comme le baptême. Il a été suggéré que nous ne devions pas parler du baptême dans les réunions de l'E.U. [Evangelical Union = groupe d'étudiants de l'UESI], sauf aux convertis hindous, et que même lorsqu'on nous demandait notre avis individuellement, nous devions refuser de le donner [de peur que] les étudiants ne se laissent emporter par l'opinion d'un aîné. J'ai eu du mal à accepter cela et j'ai refusé de l'accepter. J'estimais que chaque individu devait avoir la liberté d'exprimer ses propres convictions lorsque l'occasion l'exigeait, à condition qu'il n'essaie pas de rallier les convertis à son propre point de vue[72].

Alors que dans les mouvements nationaux, les questions sacramentelles pouvaient être abordées de manière contextuelle en fonction des sensibilités des responsables locaux[73], la question de la Cène en particulier a été soulevée pour les conférences de l'IFES, car on peut dire que dans le contexte d'une sensibilité œcuménique croissante, les conférences internationales voyaient une aspiration grandissante à célébrer la Cène. Le mandat donné au CE d'examiner la question vient alors des délégations scandinaves. Après de longues discussions s'étendant sur plusieurs années, le comité adopte les lignes directrices suivantes, qui sont les dernières à ce jour :

> (i) Il ne faut pas tenir pour acquis que les services de Cène conviennent à toutes les conférences internationales de l'IFES.

---

72. H. ENOCH, *Following the Master*, Mumbai, GLS, 1977, p. 75.
73. La description vivante que fait Escobar des situations contrastées au sein de la fraternité mérite d'être citée : « Par exemple, l'idée de prendre la Cène ou la Communion après un camp d'étudiants évangéliques dans certains pays européens, peut soulever les grands débats sur le ministère et les sacrements qui ont divisé les chrétiens depuis la Réforme. D'un autre côté, en Afrique ou en Amérique latine, il est tout à fait naturel pour les étudiants luthériens, baptistes, pentecôtistes et de l'Alliance chrétienne et missionnaire de prendre la communion comme expression de leur expérience évangélique dans un camp. Encore une fois, l'expérience solennelle et magnifique de la Cène lors de la convention missionnaire d'Urbana de l'IVCF aux États-Unis serait impensable, dans ce genre de situation interconfessionnelle, pour certains évangéliques européens. » ESCOBAR, « Evangelical Heritage », p. 5.

(ii) Lorsque les participants aux conférences ont tendance à considérer le service de Sainte-Cène comme ayant une fonction ecclésiastique, il pourrait être préférable de ne pas organiser de tels services.

(iii) Les mouvements membres ne sont pas tenus de suivre le modèle et la pratique des services de la Cène organisés lors des conférences internationales de l'IFES, car cela pourrait entrer en conflit avec les consciences de certains membres de la conférence.

(iv) Lors des conférences internationales, il convient d'annoncer soigneusement la nature du service et de mentionner la possibilité de s'abstenir[74].

Ces dernières années, reconnaissant les « développements œcuméniques », certains mouvements ont officiellement ouvert la voie à des groupes d'étudiants locaux pour célébrer la Cène. Par exemple, les directives de la SMD allemande stipulent que « lors des événements, la règle de base est que la Cène doit être instituée par les théologiens ou les responsables de la SMD si possible. [...] Le but de cette règle est de s'assurer que la Cène est administrée par des personnes qui ont reçu une formation théologique et liturgique[75] ».

Lorsque des groupes locaux peuvent célébrer la communion, l'exigence selon laquelle la célébration doit être dirigée de préférence par une personne ayant reçu une formation théologique est significative d'une certaine diplomatie ecclésiale. Cependant, elle ne tient pas pleinement compte de ce que signifie le « sacerdoce de tous les croyants ». Muthiah affirme hardiment que

> l'ordination ne doit plus être considérée comme une exigence pour ceux qui veulent administrer le repas du Seigneur. Puisque 1) tous les croyants sont doués par l'Esprit ; 2) tous les charismes sont d'une seule nature ; et 3) tous les croyants devraient être ordonnés, aucun charisme ou fonction particulière ne qualifie de manière unique une personne pour administrer le pain et le vin. Il peut être judicieux pour une communauté de faire appel à des personnes qui sont mûres dans leur foi et qui incarnent le fruit de l'Esprit pour conduire la communauté à la fraction du pain et à la consommation

---

74. « Minutes of the Meeting of the Executive Committee of the IFES », Oak Hill College, Londres, Angleterre, 20 septembre 1976, IFES e-archives.
75. Gernot SPIES et Achim SCHOWALTER, « Der Hochschul-SMD-Leitfaden zur Feier des Abendmahls in SMD-Gruppen », s.d. Il s'agit d'un document de formation interne.

du vin. Mais une telle sélection serait basée sur la foi incarnée plutôt que sur des charismes ou des fonctions[76].

Enfin, Debanné soutient également que dans une perspective biblico-théologique – notamment à partir de 1 Corinthiens 12 et d'Éphésiens 4 – le N.T. décrit des « ministères inter-Églises » (apôtres et prophètes) qui dépassent les murs de l'Église locale. Il conclut que « même si, selon le N.T., les marques et "l'organisation de l'Église (avec les sacrements, l'enseignement et la discipline) sont centrées dans l'Église locale, aucun passage n'affirme qu'elles y seraient limitées" au sens strict[77] ».

Synthèse partielle

> L'Église a pris forme autour de l'impulsion originale de Dieu en Jésus vers le royaume de Dieu dans l'histoire et trouve sa *raison d'être* en continuant à transmettre le pouvoir de Dieu et à fournir la base sociale de cette mission[78].

Notre bref survol de la notion de « paraecclésial » a permis d'explorer les éléments constitutifs de la définition de ce phénomène. Nous avons vu que le *principe volontaire* qui la sous-tend présuppose la primauté de la relation *immédiate* de l'individu à Dieu, sur la base de laquelle l'Église locale est évaluée. Étant donné l'insistance de l'évangélisme sur la *mission*, de nombreux chrétiens ont trouvé que les Églises locales manquaient d'engagement pour prendre au sérieux leur vocation missionnaire. Telle est l'explication de cette *carence* pour des organisations comme l'IFES, qui existent « à côté » des structures ecclésiales traditionnelles. Bien qu'elle soit utile pour comprendre l'histoire des « organisations paraecclésiales », cette approche risque de diminuer la valeur de ce que les organisations dites « paraecclésiales » ont réalisé tout au long de l'histoire de l'Église.

D'autres ont soutenu qu'en raison de la nécessité de contextualiser la *médiation* du message évangélique dans le monde, les structures paraecclésiales étaient simplement une innovation structurelle semblable à des « outres neuves » et cohérente avec les développements déjà présents dans les écrits du N.T., notamment l'existence des *modalités* stables et des *sodalités* plus flexibles, deux structures collaborant à la mission. Une position médiane a été offerte, proposant

---

76. Muthiah, *Priesthood of All Believers*, emplacement Kindle 1927.
77. Debanné, « L'étudiant chrétien », p. 32.
78. Haight, *Ecclesial Existence*, p. 106.

que, de la même manière que la christologie articule les deux natures de Jésus-Christ, divine et humaine, l'ecclésiologie peut articuler deux natures pour l'Église, la première étant l'Église universelle et l'autre l'Église locale. Dans cette dernière optique, puisque tous les chrétiens sont *membres* de l'Église universelle, l'organisation « paraecclésiale » n'est qu'une « incarnation » ou une « branche » de l'Église universelle en dehors des murs de l'Église locale traditionnelle. Le paraecclésial joue alors un rôle vital dans la vocation globale de l'Église.

Malgré leurs désaccords, toutes ces perspectives supposent la centralité de la mission dans la définition de l'Église. Ceci, à son tour, souligne une *ecclésiologie missionnaire* légitimant les structures dites « paraecclésiales » parce que leurs activités correspondent à la description d'une « mission » qui est élargie pour devenir l'héritier de l'appel d'Israël à être un peuple de démonstration de l'appel rédempteur de Dieu. Bien qu'il soit largement utilisé comme raccourci linguistique, le terme « paraecclésial » est donc trompeur. Il reflète une vision hiérarchique et ecclésiocentrique dépassée de l'Église qui n'est pas en accord avec la primauté de la mission sur les structures.

16

Un ministère d'expansion ?

La missiologie de Roland Allen et le ministère de l'IFES

Pour articuler le lien entre la théologie biblique, l'ecclésiologie et la missiologie dans le ministère étudiant, le travail du pionnier missionnaire et missiologue Roland Allen (1868-1947) est très utile[1]. Allen a exploré le sacerdoce des laïcs dans le contexte missionnaire dans un court ouvrage probablement rédigé à la fin des années 1930 mais publié seulement en 2017 : *Le ministère de l'expansion : Le sacerdoce des laïcs*[2]. Dans ce qui suit, je présente certains des aspects les plus saillants des réflexions d'Allen dans la mesure où ils éclairent la manière dont le ministère de l'IFES peut être compris missiologiquement.

Je n'ai trouvé aucune référence explicite à Allen dans les archives de l'IFES ou dans les documents publiés relatifs à l'IFES. Pourtant, des lignes de pensée parallèles existent entre les réflexions d'Allen et la façon dont les dirigeants de l'IFES ont conçu leur travail. En tant que prêtre et missionnaire issue de la branche « haute église » de l'anglicanisme[3], Allen insiste sur l'importance des sacrements

---
1. Pour en savoir plus sur Allen, voir Hubert ALLEN, *Roland Allen. Pioneer, Priest and Prophet*, Grand Rapids, Eerdmans, 1995 ; Steven RUTT, *Roland Allen. A Missionary Life*, Cambridge, Lutterworth, 2018 ; Steven RUTT, *Roland Allen II. Une théologie de la mission*, Cambridge, Lutterworth, 2018.
2. Roland ALLEN, *The Ministry of Expansion. The Priesthood of the Laity*, sous dir. J. D. Payne, éd. Kindle, Pasadena, William Carey Library, 2017.
3. Contrairement à la branche « basse église », la branche « haute église » insiste beaucoup sur la liturgie et les formes sacramentelles. À bien des égards, c'est la partie de l'Église anglicane qui est la plus proche du catholicisme romain, même si des différences théologiques substantielle les séparent.

et de l'ordination épiscopale et aborde sa situation d'envoyé géographiquement distant. À l'inverse, les dirigeants de l'IFES insistent sur l'importance de la Parole, réfléchissent aux questions d'autorité de manière plus générale (soit sur le plan doctrinal, soit à l'égard des dirigeants ecclésiaux) et discutent de l'« éloignement » idéologique de nombreux aspects de la vie du campus. Si le public et les arguments d'Allen diffèrent de ceux de l'IFES, nombre de ses idées mettent en évidence la difficulté de tracer des frontières nettes entre ce qui est « dans » l'Église et ce qui est « en dehors » ou « à côté » d'elle.

Allen articule sa missiologie autour de « principes apostoliques », que Rutt résume ainsi :

> L'implantation de l'Église indigène par le biais d'évangélistes itinérants servant à court terme ; l'établissement de l'Église dans l'ordre apostolique – les Écritures, un credo de base, le ministère, les sacrements ; les Églises autonomes qui ordonnent des dirigeants formés localement pour administrer fréquemment les sacrements ; les Églises autonomes qui gèrent leurs propres affaires ; et les Églises qui se propagent d'elles-mêmes et donnent aux laïcs les moyens d'influencer la culture en tant que corps missionnaire, sont réitérées aujourd'hui en vue d'une discussion missiologique continue[4].

Ces principes imprègnent la majeure partie de la théologie de l'IFES. La description s'applique aux pratiques de l'IFES, tout en brouillant quelque peu les lignes de démarcation entre l'Église et le paraecclésial : une grande considération pour la tradition apostolique – comprise comme un enseignement et non comme une succession ; un credo de base – la base doctrinale ; des groupes d'étudiants et des mouvements nationaux autonomes qui nomment des dirigeants formés localement et gèrent leurs propres affaires ; des mouvements nationaux qui se propagent eux-mêmes (parfois aidés dans la phase pionnière par d'autres mouvements de l'IFES) ; et, dans l'ensemble, l'autonomisation des laïcs (étudiants) tout au long du processus. Seule la dimension sacramentelle est nettement moins importante dans l'IFES.

La confiance dans les laïcs

Basée sur une approche de théologie biblique, l'idée missiologique centrale d'Allen est celle de l'*expansion*, un processus qu'il suppose *spontané* :

---

4. Steven RUTT, « Roland Allen's Apostolic Principles. An Analysis of His "The Ministry of Expansion" », *Transformation* 29, no. 3, 2012, p. 237.

J'entends par là l'expansion qui fait suite à l'activité – ni poussée par l'extérieur, ni organisée – des membres individuels de l'Église expliquant aux autres l'Évangile qu'ils ont trouvé pour eux-mêmes ; j'entends par là l'expansion qui suit l'attraction irrésistible de l'Église chrétienne pour les hommes qui voient sa vie ordonnée et sont attirés par le désir de découvrir le secret d'une vie qu'ils désirent instinctivement partager ; j'entends aussi l'expansion de l'Église par l'addition de nouvelles Églises[5].

Allen fait preuve d'une confiance impressionnante dans les laïcs, justifiée par une ferme conviction que le Saint-Esprit conduit tout chrétien, indépendamment de sa formation ou de son ancienneté[6]. Ainsi, de nombreuses années avant les développements de l'ecclésiologie missionnaire, Allen propose un « concept simple en théorie, mais une réalité compliquée à réaliser en raison des attentes de l'Église occidentale[7] ». Ces attentes, notamment « liées à l'ordination et à l'Eucharistie », poussent Allen à écrire son petit livre.

Comme beaucoup de ses écrits, *The Ministry of Expansion* a souvent des accents polémiques. S'appuyant sur son expérience de missionnaire, Allen s'insurge contre les arguments théologiques de nombre de ses contemporains, arguant qu'ils ne tiennent pas pleinement compte de la situation sur le champ de la mission. Selon Allen, les théologiens de son époque sont prisonniers d'une mentalité de chrétienté qui ne pouvait rendre justice aux besoins et aux spécificités des pays étrangers où les Églises se développent à un rythme qu'aucune hiérarchie ecclésiastique ne pouvait imaginer. Allen observe à propos de l'Église primitive que « les chrétiens dispersés dans le monde ne pouvaient pas avoir été tous ordonnés et commissionnés par les apôtres et qu'ils n'ont pas attendu une quelconque ordination apostolique pour observer le rite que le Christ avait ordonné pour eux[8] ».

Pourtant, Allen n'est pas un franc-tireur ecclésial. Il « soutenait que les évêques étaient consacrés pour superviser l'implantation d'Églises. Pourtant, il lui est apparu évident que dans de nombreuses régions frontalières où il n'y

---

5. Roland ALLEN, « Spontaneous Expansion. The Terror of Missionaries », *World Dominion*, no. 4, 1926, p. 218-224 ; cité dans J. D. PAYNE, « Roland Allen, Missiology and The Ministry of Expansion », dans ALLEN, *Ministry of Expansion*, emplacement Kindle 220.
6. La littérature de recherche sur Allen est vaste. Pour sa missiologie pneumatologique, voir Mark OXBROW, « Pentecost and the World. Roland Allen, the Spirit and Remodeling Twenty-First-Century Mission », *International Bulletin of Mission Research* 44, no. 3, juillet 2020, p. 215-232.
7. PAYNE, « Roland Allen », emplacement Kindle 326.
8. ALLEN, *Ministry of Expansion*, emplacement Kindle 1488.

avait pas de ministres ordonnés (en particulier dans les contextes africain et asiatique)... le Saint-Esprit créait souverainement de nouvelles Églises par le biais du ministère des laïcs[9] ».

En outre, la haute idée qu'Allen se fait des sacrements l'amène à plaider pour une plus grande implication des laïcs :

> Si l'on admet que le Christ a ordonné à ses serviteurs, en général, d'observer ses sacrements, si cet enseignement que nous entendons communément au pays, selon lequel la participation à la Sainte Cène est un acte d'obéissance au Christ, est un véritable enseignement, alors tout ce qui empêche les hommes de l'observer est quelque chose qui renverse et annule le commandement du Christ pour eux. Je dis qu'aucune coutume ou tradition ne peut annuler un commandement du Christ pour les chrétiens[10].

Par « coutume ou tradition », il fait référence à l'ordination épiscopale. Selon Allen, son absence n'est pas une raison pour priver des sacrements les chrétiens qui vivent dans de grands diocèses peu fréquentés par du personnel ecclésial ordonné. Allen est catégorique : « La grâce du Christ est plus large que l'épiscopat. La promesse du Christ qu'il sera avec deux ou trois réunis en son nom est antérieure au ministère ordonné[11]. » Allen ajoute que « toute théorie du ministère, donc, qui oublie ce ministère d'expansion, et tente de forcer les mots du Nouveau Testament pour qu'ils correspondent à une hiérarchie avec des fonctions définies, est nécessairement ardue et ses conclusions douteuses[12] ».

La théologie biblique façonne la missiologie d'Allen, et en particulier son fort engagement envers les enseignements pauliniens[13]. Pour l'argument de ce travail, la référence d'Allen à 1 Pierre est d'un intérêt particulier :

> Nous sommes tous d'accord que, dans le Nouveau Testament, les chrétiens sont appelés à être un « sacerdoce royal » (1 P 2.9) et des « prêtres » (Ap 1.6 ; 5.10 ; 20.6) ; et qu'en tant que race sacerdotale et de prêtres, ils offrent à Dieu des sacrifices de louange et d'action de grâce ; et que leur observance de la Cène du Seigneur est si nettement une offrande de louange et d'action de grâce qu'elle a

---

9. Steven RUTT, « Background and Overview of The Ministry of Expansion », dans Allen, *Ministry of Expansion*, emplacement Kindle 745.
10. ALLEN, *Ministry of Expansion*, emplacement Kindle 1134.
11. *Ibid.*, 1589.
12. *Ibid.*, 1914.
13. Voir son classique de la missiologie : Roland ALLEN, *Missionary Methods. St Paul's or Ours ?*, Londres, Scott, 1912.

très tôt reçu le titre d'Eucharistie. Nous sommes tous d'accord pour dire que les ministres de l'Église, dans ce service eucharistique, agissent, non pas par procuration pour la congrégation, mais de manière représentative, et que c'est le corps tout entier qui offre en utilisant un ministre ordonné comme porte-parole[14].

Allen met en avant l'idée de représentation – il n'utilise pas le mot « médiation » – qu'il oppose à un acte de vicariat (substitutif). Il existe également un lien moins flagrant mais néanmoins réel avec l'IFES : pour Allen, si les membres du clergé représentent les croyants devant Dieu, Allen présume une foi *réelle* chez les fidèles. De même, les responsables de l'IFES soutiennent que les étudiants ne peuvent pas s'en remettre à des représentants – pasteurs, parents, etc. – mais doivent prendre en charge leur foi, un point de vue qui suppose l'*immédiateté* entre les étudiants et Dieu. En accord avec une théologie peu sacramentelle, la seule façon pour les leaders de l'IFES ou les leaders étudiants de *représenter* les autres devant Dieu est la prière. En outre, Allen attribue explicitement les privilèges de la prêtrise à tous les chrétiens, et s'oppose à ce que la pratique sacramentelle soit réservée à un groupe spécifique. Allen prend la peine d'expliquer que cet argument s'applique aux « champs de mission », mais la forme de l'argument théologique peut également être appliquée à d'autres contextes. Il s'agit d'un point de vue clairvoyant qui pourrait s'avérer fructueux dans des contextes marqués par une déchristianisation accrue et une pénurie de clergé.

De la relation aux traditions cléricales

Le ministère des laïcs n'avait pas été envisagé par Allen auparavant, mais il se retrouve à argumenter contre son ancien mentor, l'évêque Gore[15], et une autre sommité d'Oxford, Moberly. Allen soutient que soutenir le ministère des laïcs dans les pays lointains n'est pas un acte d'insubordination ecclésiale mais un acte d'obéissance aux commandements du Seigneur et de service aux autres chrétiens. Allen soutient que

> nous sommes simplement des hommes qui, privés de l'assistance de l'ordre régulier [de l'épiscopat], font de leur mieux. Nous n'établissons pas une théorie de la supériorité du médecin non formé et non qualifié sur le médecin formé et qualifié, parce que nous aidons un homme en détresse du mieux que nous pouvons ;

---

14. ALLEN, *Ministry of Expansion*, emplacement Kindle 1718.
15. Son opposition à la première OICCU avait été forte.

nous n'établissons pas non plus une théorie de la supériorité d'un ministère charismatique sur le ministère ordonné régulièrement parce que nous faisons de notre mieux en l'absence du ministère ordonné régulièrement[16].

Ces mots se lisent comme la défense d'un envoyé à l'étranger faisant rapport au « centre d'envoi » de son Église. S'il ne remet pas en cause frontalement la doctrine de la succession apostolique, Allen conteste néanmoins régulièrement ce qu'il considère comme une interprétation légaliste et donc étouffante de la doctrine, qui selon lui prive les membres du peuple de Dieu de ce qui leur est dû.

Le point de vue d'Allen est que si des membres ordonnés du clergé étaient disponibles dans un diocèse étranger, aucune question ne serait posée quant à leur capacité à célébrer les sacrements ou à accomplir les tâches cléricales nécessaires. Dans les milieux de l'IFES, cependant, aucun lien direct n'est établi entre la disponibilité d'un membre du clergé et la célébration des sacrements, principalement pour des raisons historiques. De plus, étant donné la relation difficile entre les premiers dirigeants de l'IFES et les dirigeants d'églises – même si certains des premiers fondateurs de l'IFES étaient membres du clergé, ordonnés ou non – il existe dans la rhétorique de l'IFES un soupçon sous-jacent selon lequel les membres du clergé pourraient nuire à la foi des étudiants, pour des raisons théologiques et sociologiques.

La manière dont Allen a défendu la nécessité pour les chrétiens de recevoir les sacrements, quelles que soient leurs circonstances, est très proche de la manière dont les personnes liées à l'IFES soutiennent que les étudiants ont besoin d'entendre la Parole. Les responsables de l'IFES n'ont jamais adopté explicitement une vision sacramentelle de l'Écriture. Néanmoins, sur le plan fonctionnel, la Bible a assumé ce rôle : l'Écriture contribue à unir les gens au Christ et à sa mission. L'importance que les prédicateurs de la Bible tels que Stott ont pris dans l'histoire de l'organisation soutient ce point de vue. Comme Calvin qui considérait que les Écritures « sincèrement prêchées » étaient la marque de la véritable Église, les dirigeants de l'IFES supposent qu'une vision élevée de l'Écriture et son étude diligente sont les marques du « véritable groupe/mouvement IFES[17] ». Par ailleurs, Allen soutient son point de vue sur les laïcs célébrant les sacrements en reliant le besoin de sacrements au besoin des gens d'entendre la Parole : « Et si nous privions le monde de la Parole ? Les Églises pourraient-elles priver le

---

16. ALLEN, *Ministry of Expansion*, emplacement Kindle 1617.
17. On pourrait également suggérer que les dirigeants de l'IFES ont exercé une sorte d'« épiscopat par le livre », assurant une forme de conformité théologique dans toute la fraternité en promouvant de nombreux titres dans le monde entier.

monde de la Parole de Dieu par pur manque de missionnalité[18] ? » « Priver les gens de la Parole », c'est précisément ce dont les premiers responsables de l'IFES avaient accusé les cercles de la FUACE, justifiant ainsi la nécessité de l'existence d'une nouvelle organisation.

Cette idée de « privation » suppose que certaines personnes possèdent ou comprennent quelque chose que d'autres ne possèdent pas : il s'agit au fond, d'un argument missiologique. Selon cette logique, quelqu'un doit apporter quelque chose à quelqu'un d'autre.

Des terres lointaines ? Les réflexions d'Allen appliquées au ministère parmi les étudiants

Allen se préoccupait des chrétiens vivant dans des pays étrangers et vastes où aucune pratique d'ordination épiscopale ne pouvait fournir un personnel clérical suffisant. L'éloignement n'était pas un argument suffisant pour restreindre la pratique sacramentelle au clergé ordonné. Je plaiderais dans le même sens pour les campus universitaires qui, même si ce n'est pas nécessairement sur le plan géographique, sont souvent éloignés des centres ecclésiaux et théologiques[19]. Les perspectives de vision du monde, les idéologies et les questionnements scientifiques sont souvent loin des horizons des responsables d'églises ou des fidèles « ordinaires ».

Tout comme Allen plaide pour une flexibilité contextuelle, les dirigeants de l'IFES plaident pour une approche des campus universitaires selon leurs propres termes et pour comprendre ce qui préoccupe les étudiants. De même que les contemporains d'Allen ne comprenaient pas toujours les différences théologiques entre leur pays d'origine et le champ de mission, le ministère étudiant exige une bonne compréhension du monde universitaire. Pour l'IFES, l'« éloignement » est parfois géographique – comme le montre l'insistance sur le terme « pionnier » dans les plans stratégiques – mais, le plus souvent, la « distance » est plus conceptuelle. En effet, l'éloignement ne doit pas nécessairement être géographique. Bourdanné note que

> la grande majorité des étudiants non chrétiens ne peut comprendre pourquoi une personne sans aucune connaissance préalable de l'université vienne s'adresser à eux. N'ayant aucun respect pour

---

18. ALLEN, *Ministry of Expansion*, emplacement 1241.
19. Nous adoptons ici une vision globale qui ne s'applique pas à certaines des plus anciennes universités, notamment en Occident, où les départements de théologie jouissent encore d'un certain prestige, même dans les universités d'élite.

une telle personne, ils ne prendront même pas le temps d'écouter sérieusement son message. Des animateurs et pasteurs mal préparés ont été humiliés par des étudiants à cause d'un niveau académique insuffisant et d'une connaissance insuffisante de la culture universitaire[20].

S'interrogeant sur le ministère étudiant non académique – c'est-à-dire qui se déroule principalement dans le cadre de l'Église – il observe en outre que

> Les personnes ayant la charge de l'encadrement des étudiants doivent avoir une bonne connaissance de la culture universitaire. Il ne suffit pas d'être tout simplement un bon chrétien, rempli de bonne volonté, pour parvenir à évangéliser les étudiants. C'est à raison que certaines organisations d'évangélisation des étudiants exigent que le personnel d'encadrement des étudiants (aumôniers universitaires, animateurs, etc.) soit passé par l'université. Ceci vaut non seulement pour leur connaissance du terrain, mais permet également à ces cadres d'avoir une certaine crédibilité face aux étudiants non chrétiens et au monde universitaire en général (chercheurs, professeurs, etc.)[21].

Si donc les campus sont à bien des égards des « terres lointaines », ils ne peuvent être atteints par une caste de professionnels mais doivent l'être *de l'intérieur*. Cette conviction missiologique s'accorde avec le principe de l'IFES selon lequel les étudiants sont les premiers ambassadeurs – un peu comme un rôle *sacerdotal* – de l'Évangile où qu'ils soient. Cela reflète une *ecclésiologie missionnaire* :

> Des étudiants chrétiens sont aujourd'hui encore utilisés par Dieu pour accomplir sa mission d'évangélisation dans presque tous les pays du monde. Ils apportent l'évangile avec eux sur les campus, dans les amphithéâtres, dans les dortoirs, dans les laboratoires, dans les restaurants, sur les réseaux sociaux, sur internet et au-delà de leurs frontières nationales. Du fait de leur grande mobilité liée à la recherche de lieux d'études, ils se déplacent partout dans le monde, y compris dans les pays fermés à l'Évangile. Ils vont là où les missionnaires classiques ne peuvent ouvertement opérer[22].

---

20. Daniel BOURDANNÉ, « Évangélisation des étudiants », dans *Dictionnaire de théologie pratique*, sous dir. Christophe Paya, Charols, Éditions Excelsis, 2021, p. 418.
21. *Ibid.*
22. *Ibid.*

Un tel point de vue remet en question l'idée que des lieux puissent être « fermés à l'Évangile » et revisite la missiologie du travail étudiant du point de vue de la *missio Dei*, sur laquelle je reviens ci-dessous. D'un point de vue missiologique, un campus ne peut être « fermé ». Il pourrait même alors y avoir un avantage à ce que les autorités du campus « forcent » les étudiants à s'organiser s'ils aspirent à se réunir officiellement.

La partie historique de cet ouvrage a montré que « l'impulsion intérieure de l'Esprit » a souvent été encouragée ou favorisée par les collaborateurs de l'IFES. Il n'en reste pas moins que de nombreux récits, en particulier dans les régions où l'influence du christianisme a été la plus faible, racontent l'histoire d'étudiants qui ont effectivement ressenti une « commande intérieure » avec les conséquences pratiques envisagées par Allen : « Ils font leur travail spontanément. Personne ne les envoie le faire, personne ne leur désigne le lieu ou le moment ; ils travaillent en dehors de toute organisation ecclésiastique, indépendamment de toute organisation ecclésiastique, de toute autorité et de toute supervision ecclésiastique – la plupart d'entre eux étant inconnus de toute autorité ecclésiastique[23]. »

Il y a des similitudes avec un compte-rendu très ancien des mouvements étudiants en Allemagne, dont l'auteur était catégorique sur le fait que le Saint-Esprit n'était

> lié à aucune organisation associative ni à aucune forme d'Église ; dans certaines circonstances, les unes et les autres peuvent agir comme des barrières inhibitrices. Par conséquent, il ne faut pas s'étonner si de nouvelles orientations spirituelles surgissent souvent en dehors des Églises et des organisations officielles, et doivent parfois entrer temporairement en opposition directe avec elles, car la vie nouvelle ne peut se maintenir dans les anciennes formes (Marc 2.22). Ce qui se produit dans la véritable obéissance de la foi, Dieu peut le bénir merveilleusement[24].

Bien qu'il ne s'agisse pas d'un plaidoyer formel en faveur de l'indépendance vis-à-vis de la tutelle épiscopale, les arguments d'Allen sont un plaidoyer biblique solide en faveur du leadership étudiant, en particulier dans les contextes où les autorités ecclésiales sont éloignées, quelle que soit la forme de cet éloignement. En outre, le lien qu'Allen établit entre le *sacerdoce* et l'*éloignement* éclaire les

---

23. ALLEN, *Ministry of Expansion*, emplacement Kindle 1348.
24. GRUNER, *Menschenwege und Gotteswege*, p. 379.

questions relatives à l'Église et à la paroisse sous un angle qui pourrait rendre le débat général un peu plus simple :

> Lorsque le chrétien est avec le corps organisé, il est avec le corps organisé et doit reconnaître ce fait. Il n'est pas le corps entier mais une partie et ne peut exercer sa fonction sacerdotale qu'en tant que partie, avec les autres membres et par l'intermédiaire du porte-parole reconnu de l'ensemble. Mais lorsqu'il est séparé du corps organisé, lui, et tous les autres qui peuvent être avec lui, sont toujours prêtres parce que l'Esprit est en eux ; et comme le disait Irénée, « Là où est l'Esprit de Dieu, là est l'Église et toute la grâce » ; et ils doivent reconnaître ce fait[25].

Synthèse partielle : un laïcat responsabilisé pour la mission en terres lointaines

Bien qu'elles ne soient ni développées au sein de la tradition évangélique ni appliquées à l'origine au ministère parmi les étudiants, les réflexions missiologiques d'Allen apportent un éclairage complémentaire à l'argumentation de cet ouvrage. Essentiellement, Allen montre que la logique et les traditions théologiques doivent être flexibles face aux nouvelles réalités missionnaires. Les structures sont importantes pour soutenir la foi chrétienne : de la même manière qu'Allen considérait les sacrements comme indispensables, au sein de l'IFES, la lecture *individuelle* et *collective* de la Bible est considérée comme essentielle à une foi solide susceptible d'être partagée sur le campus. En dépit de l'autorité ecclésiale traditionnelle, les *laïcs* peuvent faire confiance au Saint-Esprit pour les guider dans leur vie et leur ministère ; la supervision cléricale n'est indispensable ni pour Allen ni pour l'IFES. Par conséquent, même en terres lointaines – que ce soit géographiquement ou idéologiquement – la vie chrétienne peut valablement se dérouler.

La notion que la mission de Dieu est primordiale est sous-jacente à la pensée d'Allen et de l'IFES.

---

25. ALLEN, *Ministry of Expansion*, emplacement Kindle 1833.

17

Participer à la *missio Dei*

Bien qu'elle soit parfois jugée controversée dans l'évangélisme, la notion de *missio Dei* a pris beaucoup d'ampleur dans les cercles missiologiques depuis les années 1960[1]. Les dirigeants de l'IFES ont souvent fait valoir que leur organisation était nécessaire en raison de la primauté de la mission sur les structures ecclésiales. Parler de *missio Dei* signifie que Dieu est en mission et appelle ses disciples à *se joindre à* cette mission en vertu de leur *participation* à son œuvre[2]. Le missiologue David Bosch définit la *missio Dei* dans les termes suivants que je complète légèrement : « La *missio Dei*, c'est l'activité de Dieu embrassant à la fois l'Église et le monde [y compris l'université], et à laquelle l'Église [également par le biais des organisations paraecclésiales] peut avoir le privilège de participer[3]. » Cela s'applique aux étudiants, dont le témoignage et la communauté sur les campus constituent une sorte d'« avant-poste » de l'engagement de l'Église dans le monde. Il y a un lien étroit avec le « sacerdoce de tous les croyants » : en tant que *participants* à la mission de Dieu, les chrétiens sont *les médiateurs de Dieu* dans leur environnement, et cela prend la forme du témoignage et du service. Cependant, cela signifie aussi que la distinction entre « monde » et « Église » est beaucoup plus floue qu'on ne le pense souvent, car Dieu est à l'œuvre dans toute sa création et notamment à travers le sacerdoce du

---

1. Pour un bref aperçu de l'histoire du concept, voir Robert MCINTOSH, « Missio Dei », dans *Evangelical Dictionary of World Missions*, sous dir. A. Scott Moreau, Grand Rapids, Baker, 2000, p. 631-633. En français, voir Hannes WIHER, « Missio Dei : de quoi s'agit-il ? 1re partie », *Théologie Évangélique* 14, no. 1, 2015, p. 45-61 ; « Missio Dei : de quoi s'agit-il ? 2e partie », *Théologie Évangélique* 14, no. 2, 2015, p. 55-67.
2. Pour un aperçu historico-analytique, voir Stephen B. BEVANS et Roger SCHROEDER, *Constants in Context. Une théologie de la mission pour aujourd'hui*, AMS 30, Maryknoll, Orbis, 2004, chap. 9.
3. David BOSCH, *Dynamique de la mission chrétienne. Histoire et avenir des modèles missionnaires*, Lomé/Paris/Genève, Haho/Karthala/Labor et Fides, 1995, p. 528. J'ai revu la traduction.

Christ, dans lequel les chrétiens sont appelés. Ainsi, le rôle *sacerdotal* des êtres humains institué au début de la Genèse boucle la boucle. Dans le résumé articulé de Bevans et Schroeder,

> la communauté ecclésiale, participant à la vie de Dieu, est le peuple spécial de Dieu, un peuple vivant la vie de communion de Dieu dans une alliance de relation et d'amour, un peuple convaincu de l'égalité fondamentale de ses membres par son baptême commun au nom du Dieu trinitaire. Mais en tant que communion-en-mission, cette image prend une signification dynamique en tant que peuple de Dieu en pèlerinage, peuple de Dieu choisi non pour lui-même mais pour les desseins de Dieu, peuple de Dieu respectueux de l'action de l'Esprit en dehors de ses propres frontières mais engagé à partager toutes les implications de l'alliance de Dieu avec l'humanité entière[4].

Ainsi, si le *sacerdoce de tous les étudiants chrétiens* est une *participation au sacerdoce du Christ* et *prend exemple sur celui-ci*, on peut en tirer quelques implications prometteuses. Le *sacerdoce du Christ* est efficace en raison de ses deux natures. Les étudiants chrétiens peuvent également être compris comme ayant – bien sûr seulement de manière dérivée – deux natures : étudiant et chrétien. Ce que Tomlin affirme à propos du Christ pourrait être adapté à tout chrétien : « Il ne se contente pas d'identifier et de comprendre, il partage la nature même des deux parties entre lesquelles il *sert de médiateur* : Dieu et l'humanité[5]. »

Le membre du groupe IFES partage en effet la nature même des deux parties, faisant ainsi *office de médiateur* entre Dieu et l'université[6]. Cela présuppose une compréhension plus large de l'Église comme étant « à l'œuvre » non seulement entre les murs de la congrégation rassemblée mais aussi parmi ses membres envoyés. Comme l'affirme Tomlin, « le rôle sacerdotal de l'Église… n'existe pas seulement en son centre, dans le culte, la prière et l'activité sacramentelle, mais aussi à ses marges. Peut-être même principalement à ses marges[7] ». Ces « marges » sont semblables aux « terres lointaines » dont parlait Allen. De même, même s'il parle de l'Église et non d'un groupe « paraecclésial », l'argument de Greggs selon lequel les marges de la communauté sont le lieu où le sacerdoce de l'Église s'exprime le mieux reste pleinement valable :

---

4. Bevans et Schroeder, *Constants in Context*, p. 299.
5. Graham Tomlin, *The Widening Circle. Priesthood as God's Way of Blessing the World*, Londres, SPCK, 2014, p. 23 ; c'est nous qui soulignons.
6. Ce travail se concentre sur l'IFES mais il est évident que ces observations pourraient s'appliquer à d'autres groupes chrétiens sur le campus.
7. Tomlin, *The Widening Circle*, p. 109.

> Nous pourrions suggérer… que la forme la plus intense du sacerdoce de l'Église n'existe pas en son centre ou au sein de ses propres structures communautaires, mais à ses marges – dans les domaines où sa socio-poïétique atteint et attire ceux qui l'entourent dans le monde, attirant et incorporant (au sens le plus strict du terme) ceux qui sont en dehors de la communauté sacerdotale et qui sont possédés par le *cor incurvatus in se* dans la communauté du sacerdoce dans laquelle le cœur est ouvert par l'Esprit pour être simultanément attiré (enlevé) à la fois par Dieu et par les autres[8].

La rencontre des autres « avant qu'ils n'entrent dans la communauté ecclésiale » est précisément ce qui se passe lorsque des étudiants non chrétiens assistent à une réunion d'un groupe IFES. Surtout si le groupe se réunit sur le campus, le « seuil social » à franchir est beaucoup plus bas que celui d'une Église.

Le fait de considérer que la vocation sacerdotale des membres de l'Église se manifeste *principalement en dehors* d'un contexte facilement identifiable comme *ecclésial* (comme un bâtiment d'église, par exemple) a d'importantes conséquences ecclésiologiques. Cela implique de reconnaître l'aspect stratégique de la *médiation* dans les lieux où les chrétiens passent la plupart de leur temps : au travail, à la maison, à l'université[9]. À l'université, cette *médiation* peut aussi être une préfiguration prophétique d'une humanité restaurée. Selon Tomlin, « le sacerdoce du Christ est le perfectionnement de l'humanité, la sauvant de son état endommagé, brisé et sale, l'amenant à son accomplissement propre, purifié et complet, lui permettant de devenir ce qu'elle était destinée à être[10] ». Même si c'est de manière limitée et encore pécheresse, de nombreuses activités essentielles des universités consistent précisément à trouver des solutions aux problèmes de l'humanité et à promouvoir le bien commun.

Ainsi, de l'intérieur de l'université, les étudiants chrétiens saisis par la « nouvelle » de l'œuvre du Christ ont un message à transmettre aux autres étudiants : *ad extra*, il faut informer les non-chrétiens du message chrétien, et les convaincre d'en explorer la pertinence par rapport aux préoccupations de leur vie personnelle et de leurs disciplines universitaires. En opposant ce témoignage

---

8. Greggs, « Priesthood of No Believer », p. 394.
9. « Les chrétiens se sentent souvent plus "sacerdotaux", c'est-à-dire se tenant dans une position de médiation entre Dieu et le reste de l'humanité, lorsqu'ils sont au travail, plutôt que lorsqu'ils sont à l'église. Être connu comme chrétien sur le lieu de travail, à la sortie de l'école, [dans l'auditorium de l'université], dans les clubs locaux ou sur les terrains de sport, c'est représenter Dieu de manière très tangible et consciente. » Tomlin, *The Widening Circle*, p. 109-110.
10. *Ibid.*, p. 33.

à la prédication régulière, qui s'adresse à des croyants censés déjà obéir à leur Seigneur, Congar souligne l'importance de ce témoignage laïc :

> Le témoignage s'adresse aux hommes du dehors, antérieurement à leur entrée dans la communauté ecclésiale et à leur participation aux mystères qu'elle célèbre. Il est la communication personnelle d'une conviction possédée, d'un choc reçu, d'une expérience faite. [...] la parole des laïcs trouve place plus spécialement au stade missionnaire de l'Église, là où elle doit s'implanter et où, n'ayant pas encore ses activités d'institution, elle existe seulement dans la foi vivante des fidèles et par la communication de celle-ci[11].

Ce que Congar appelle le « stade missionnaire » est exactement la façon dont un groupe chrétien sur le campus peut être compris. Néanmoins, la pertinence missiologique d'un groupe d'étudiants ne se limite pas aux non-chrétiens. *Ad intra*, les découvertes faites à l'université devraient inciter les étudiants chrétiens à étudier la pertinence culturelle et eschatologique de leur foi pour leurs études et leur vie future sur le lieu de travail. En fin de compte, il s'agit de la vocation humaine : les êtres humains ont reçu, dès le début, une vocation sacerdotale qui s'appuie sur l'ensemble de l'histoire de Dieu avec la création. D'après Tomlin,

> si la race humaine est appelée à jouer un rôle sacerdotal entre Dieu et la Création, en étant les médiateurs de l'amour de Dieu pour le reste de la Création, en lui permettant d'être ce qu'elle devait être, en l'offrant à Dieu dans l'adoration, alors l'Église joue un rôle sacerdotal spécifiquement envers toute l'humanité, en étant la médiatrice de l'amour de Dieu au reste de la race humaine et en lui permettant de jouer précisément le rôle sacerdotal qui lui est assigné[12].

D'un point de vue missiologique, une telle vision conduit à une haute opinion de la contextualisation. Cela impose des exigences élevées au ministère parmi les étudiants, celui-ci requérant un engagement intense dans le contexte universitaire, car « le sacerdoce exige non seulement une relation avec Dieu, mais aussi une relation avec d'autres humains ; dans une nation de prêtres, le sacerdoce est la forme même de socialité qui crée la communauté en tant que communauté qui sert Dieu les uns aux autres et les autres à Dieu[13] ». Comme le souligne Shaw, la contextualisation nécessite une réflexion interactive, et c'est

---

11. Yves CONGAR, *Jalons pour une théologie du laïcat*, 2ᵉ éd., Unam sanctam 23, Paris, Éditions du Cerf, 1954, p. 422.
12. TOMLIN, *The Widening Circle*, p. 95-96.
13. GREGGS, « Priesthood of No Believer », p. 392.

de l'interaction entre la compréhension qu'ont les gens de l'intention de Dieu pour tous les êtres humains ainsi que pour leur environnement particulier que naît la transformation – c'est-à-dire une transformation qui est à la fois fidèle à l'intention de Dieu et pertinente dans le contexte[14].

De profondes questions se posent quant à l'interaction entre la contextualisation et l'orthodoxie théologique, car la mission *en périphérie* implique facilement un certain degré de confrontation avec ce que les gens pensent et comment ils se comportent. Cela peut remettre en question des convictions doctrinales profondément ancrées et provoquer un intense examen de conscience. Pourtant, c'est précisément l'idée que Dieu est déjà à l'œuvre dans le monde qui peut soutenir un engagement solide avec ces complexités. À partir de l'étude historique de la rencontre des missions chrétiennes avec leurs « champs », Hardy soutient qu'

> il est possible, par exemple, de combiner des affirmations fortes sur l'universalité du Christ avec un engagement dialogique avec d'autres formes de vie et de pensée, où une norme et un contenu forts pour l'orthodoxie théologique sont maintenus avec une recherche ouverte des implications pour et dans l'histoire. Dans un tel cas, l'un n'est pas simplement l'arrière-plan de l'autre, mais fonctionne comme la raison de la recherche du sens dans l'autre. Ou encore, la conviction que Dieu se soucie des êtres humains dans l'histoire sert de cadre à une recherche avec d'autres pour trouver où et comment Dieu le fait[15].

Dans la même veine, Walls énumère trois conditions nécessaires à l'établissement d'un engagement dans le ministère missionnaire en dehors d'un « cadre de croisade ». Il note d'abord que les chrétiens doivent être prêts à s'engager à « vivre selon les conditions de quelqu'un d'autre, avec la préparation mentale nécessaire pour faire face aux implications[16] ». Ce « quelqu'un d'autre » peut être l'université, avec ses exigences méthodologiques ou son contexte culturel. De plus, comme les chrétiens ne peuvent se passer d'une communauté

---

14. R. Daniel SHAW, « Beyond Contextualization. Toward a Twenty-First-Century Model for Enabling Mission », *International Bulletin of Missionary Research* 34, no. 4, octobre 2010, p. 212.
15. Daniel W. HARDY, « Upholding Orthodoxy in Missionary Encounters. A Theological Perspective », dans *Christian Missions and the Enlightenment*, sous dir. Brian Stanley, Grand Rapids, Eerdmans, 2001, p. 219.
16. Andrew F. WALLS, « The Missionary Movement a Lay Fiefdom ? », dans *The Rise of the Laity in Evangelical Protestantism*, sous dir. Deryck W. Lovegrove, Londres, Routledge Chapman & Hall, 2002, p. 172.

de soutien, Walls défend la nécessité « d'une forme d'organisation qui pourrait mobiliser des personnes engagées, les soutenir et les approvisionner et forger un lien entre elles et leur travail et l'Église au sens large[17] ». Tel peut être le rôle d'un groupe IFES et, au mieux, la manière dont une organisation « paraecclésiale » peut fonctionner. Il est fascinant d'élargir ce « lien avec l'Église au sens large » en considérant l'Église répartie dans le monde entier. Le dernier élément mis en évidence par Walls est « l'accès soutenu aux sites d'outre-mer, avec la capacité de maintenir la communication sur de longues périodes[18] ». L'histoire de l'IFES témoigne du fait que nombre de ses membres, en rencontrant la communauté élargie – notamment par le biais d'événements internationaux – ont acquis un sens et une appréciation beaucoup plus larges de l'universalité de l'Évangile et ont été encouragés par cette diversité culturelle.

Les remarques de Walls sont en accord avec ce que nous avons vu du projet de Dieu avec le peuple d'Israël comme nation sainte dans le but spécifique de bénir les nations environnantes. Résumant l'appréciation de Wright selon laquelle le message de Jésus signifie la fin de l'exil d'Israël, Leithart note que « ce "retour" a une tournure ironique, car le dernier mot des Évangiles n'est pas "rassemblez-vous" ou "attendez" mais "allez". En éliminant le "centre", le baptême dans la prêtrise inverse la direction de la force culturelle, qui mène maintenant de manière centrifuge aux quatre coins de la terre[19] ». Cependant, même si « être un sacerdoce royal implique de travailler pour la paix, pour le plein shalom et la bénédiction de Dieu[20] », il faut garder à l'esprit que la mission sacerdotale de l'Église n'est que secondaire par rapport à la *missio Dei* et ne trouve pas son origine en elle-même. Selon les mots de Tomlin, « l'Église est l'agent par lequel le Christ, par l'intermédiaire de l'Esprit Saint, rappelle l'humanité à sa juste place, et la restaure à sa propre image, de sorte qu'elle est capable de jouer son rôle divinement ordonné dans le monde[21] ». Une vision aussi large encadre un ministère comme l'IFES dans des termes beaucoup plus larges que si elle était considérée comme une simple *parenthèse* ecclésiologique : la vocation des étudiants chrétiens sur le campus fait partie de la mission de Dieu, et n'est pas seulement le résultat de la survie d'un groupe d'individus partageant les mêmes idées dans la vie universitaire. Et cette vie sur le campus est parfois un pèlerinage difficile.

---

17. *Ibid.*
18. *Ibid.*
19. Leithart, *Priesthood of the Plebs*, p. 211-212.
20. Greggs, « Priesthood of No Believer », p. 395.
21. Tomlin, *The Widening Circle*, p. 96.

Pèlerinage et sacerdoce en mission

Participer à la *missio Dei* est une puissante incitation à la mission. Pourtant, de nombreux chrétiens vivent dans des contextes difficiles. Dans de nombreux pays, ils sont marginalisés et ne peuvent pas rêver d'un quelconque « renouveau » lorsqu'ils s'engagent dans la mission. Si « être envoyé » est une vocation essentielle des chrétiens, leur *vocation sacerdotale* est souvent d'être *le médiateur* de quelque chose qui n'est pas encore accepté ou connu dans un environnement donné. Cet environnement est la création de Dieu dans laquelle il agit et se communique continuellement. Cela signifie aussi que Dieu soutient son peuple quel que soit le contexte dans lequel il vit, y compris l'exil. Loin de chez elle, la communauté a joué un rôle crucial dans le maintien de la foi du peuple d'Israël. L'Église a la même vocation, tout comme les étudiants chrétiens dans leurs universités. Comme nous l'avons vu, le campus peut parfois être une « terre lointaine » où l'on peut se sentir parfois *étranger*.

Dans son ouvrage *Pilgrims and Priests*, le missiologue et ancien membre du personnel de l'IFES Paas explore les tenants et aboutissants de la présence missionnaire dans le contexte de postchrétienté[22]. Écrivant depuis le contexte sécularisé des Pays-Bas, il développe une *ecclésiologie missionnaire* centrée sur le rôle, l'essence et la vocation de l'Église. Cette ecclésiologie s'applique bien à notre étude, car elle décrit la situation *exilique* des chrétiens, et la nécessité pour eux de réfléchir à leur relation avec leur environnement et d'essayer d'agir sur leur environnement, notamment en *vivant* une vocation et en *invitant* les autres. De plus, comme l'université est un canal majeur de l'influence occidentale dans le monde, les considérations missiologiques élaborées en Occident peuvent avoir un potentiel prometteur pour le ministère dans les universités du monde entier, même si elles doivent toutes être réfléchies et adaptées au niveau local.

Des prêtres en exil

En Occident, la disparition progressive des structures de la chrétienté – souvent résumée sous le vocable de « sécularisation » – représente un changement de nature séismique que, comme l'affirme Paas, la plupart des modèles de

---

22. Stefan PAAS, *Pilgrims and Priests. Christian Mission in a Post-Christian Society*, Londres, SCM, 2019. Comme Paas a une formation en IFES et qu'il a publié ses travaux récemment, j'ai choisi de me concentrer sur son approche. Pourtant, il est loin d'être le seul auteur à s'appuyer sur cette notion de « pèlerinage » – notamment *Ad gentes*, et, plus largement, d'« étrangers résidents ». Voir, par exemple, William Stringfellow, *An Ethic for Christians and Other Aliens in a Strange Land*, Waco, Word, 1973 ; Stanley HAUERWAS et William H. WILLIMON, *Étrangers dans la cité*, trad. Grégoire Quévreux et Guilhem Riffaut, Paris, Les Éditions du Cerf, 2016.

« réveil » ou de « croissance de l'Église » ne parviennent pas à apprécier[23]. Dans ce contexte, Paas critique l'une des devises de l'IFES, qui invite à « transformer le monde, un étudiant à la fois », comme étant un exemple d'une « matrice historique dépassée de revivalisme et de restauration morale[24] » liée à la perte progressive de l'influence chrétienne sur la culture au XXe siècle.

Pour Paas, la métaphore qui décrit le mieux la situation des chrétiens dans le contexte post-chrétien est celle de l'*exil*, défini comme « un temps de confusion ; [...] caractérisé par une perte de pouvoir ; [qui] exige de s'occuper de sa propre identité ; et [...] nécessite une spiritualité renouvelée[25] ». De nombreux chrétiens ont connu cette situation d'exil. L'analyse biblico-théologique de Paas embrasse l'ensemble du récit scripturaire, pour se concentrer essentiellement sur 1 Pierre. Comme les Israélites exilés et l'Église primitive, les chrétiens d'Occident se trouvent dans une situation de diaspora « où les croyances ou les styles de vie chrétiens n'ont aucune plausibilité[26] ». Si cette perte de plausibilité n'implique pas nécessairement que « vous êtes ostracisé, elle signifie que les limites de votre espace social sont généralement prescrites par d'autres[27] ». Cette situation est déstabilisante et difficile, d'où « la métaphore du pèlerinage [qui] souligne la redécouverte de la nature essentiellement étrangère et marginalisée de la communauté chrétienne dans le monde, [et] l'image du sacerdoce [qui] nous aide à comprendre sa vocation missionnaire[28] ». Une dimension importante de ce potentiel est que l'exil n'exclut pas un *accès immédiat* à Dieu. Une foi soutenue

---

23. Ce n'est évidemment pas le lieu de fournir une esquisse même sommaire de ce changement extraordinaire. Des analyses approfondies peuvent être lues dans Owen CHADWICK, *The Secularization of the European Mind in the Nineteenth Century*, Cambridge, Cambridge University Press, 1975 ; Charles TAYLOR, *L'âge séculier*, Montréal, Boréal, 2011 ; Mary EBERSTADT, *How the West Really Lost God. A New Theory of Secularization*, West Conshohocken, Templeton Press, 2013 ; Peter HARRISON, « Narratives of Secularization », *Intellectual History Review* 27, no. 1, 2 janvier 2017, p. 1-6. En français, on pourra lire Olivier TSCHANNEN, *Les théories de la sécularisation*, Genève, Droz, 1992 ; Jean-Paul WILLAIME, « La sécularisation. Une exception européenne ? Retour sur un concept et sa discussion en sociologie des religions », *Revue française de sociologie* 47, no. 4, 1 octobre 2006, p. 755-783 ; Danièle HERVIEU-LÉGER, « Sécularisation », dans *Dictionnaire des faits religieux*, sous dir. Danièle Hervieu-Léger et Régine Azria, Quadrige, Paris, PUF, 2013 ; Timothée JOSET, « La sécularisation, une chance pour interagir avec l'Université », dans *Interagir avec l'Université. Croire et servir dans le monde académique*, sous dir. Plateforme francophone IFES et Timothée Joset, IFES – GBU France, 2019, p. 79-102 ; Philippe PORTIER et Jean-Paul WILLAIME, *La religion dans la France contemporaine. Entre sécularisation et recomposition*, U. Science politique, Malakoff, Armand Colin, 2021.
24. PAAS, *Pilgrims and Priests*, p. 67.
25. *Ibid.*, p. 217.
26. *Ibid.*, p. 247.
27. *Ibid.*, p. 243.
28. *Ibid.*, p. 250.

et un engagement missionnaire vivants sont possibles parce qu'ils ne dépendent pas uniquement de structures de soutien extérieures.

Le cœur de la dimension sacerdotale de l'argument de 1 Pierre se réfère à des moments spécifiques de l'histoire d'Israël, l'errance dans le désert et l'exil à Babylone, des périodes « caractérisées par la mobilité et la mission[29] ». Pourtant, l'exil n'empêche pas le témoignage, et Paas considère cette position marginale comme consubstantielle à la logique sacerdotale : « Les prêtres sont une communauté minoritaire par définition, qui trouve sa vocation dans la recherche de la paix de la cité. Il n'y a rien d'étrange ou d'imparfait dans une Église minoritaire ; au contraire, c'est sa position "naturelle"[30]. » Comment ces groupes minoritaires doivent-ils alors se comporter dans leur environnement ? L'affirmation par Paas de la *vocation sacerdotale* du peuple de Dieu – l'Église – repose sur le travail des biblistes qui explorent la « dimension sacerdotale » de l'anthropologie biblique[31], c'est-à-dire « notre rôle de médiateur entre Dieu et le reste de sa création... [qui] est présenté comme un temple construit pour la gloire de Dieu, où les humains sont désignés comme prêtres pour conduire la création dans l'adoration et étendre la bénédiction de Dieu à la création[32] ». Une vision aussi positive appelle une démarche délibérée de la part des chrétiens pour voir dans un contexte où ils sont marginalisés un tremplin pour l'engagement missionnaire.

S'engager dans son contexte

Si l'Église s'appuie sur la vocation sacerdotale du peuple d'Israël pour être un canal de bénédiction pour les nations, elle peut être considérée « comme le prêtre de l'humanité, qui offre la louange à Dieu au nom du monde dont elle est issue. Inversement, il est également vrai qu'elle se tient devant le monde comme un prêtre, comme la servante de Dieu[33] ». Paas soutient en outre que « l'Église est une 'vitrine', un signe des desseins de Dieu sur sa création. En tant que royaume de prêtres, Israël devait être un modèle de dévouement à Dieu ; il devait être transparent envers Dieu pour tous les peuples[34] ».

Si la vocation de l'Église est de prolonger l'appel d'Israël, la compréhension traditionnelle de la doctrine du « sacerdoce de tous les croyants » peut être élargie

---

29. *Ibid.*
30. *Ibid.*, p. 297.
31. Notamment John H. WALTON, *The Lost World of Genesis One*, Downers Grove, IVP, 2009.
32. PAAS, *Pilgrims and Priests*, p. 249.
33. *Ibid.*, p. 255-256.
34. *Ibid.*, p. 258.

vers une pensée missiologique. Voss attribue à Barth le mérite de cette évolution, car son « accent sur la nature missionnaire du sacerdoce de tous les croyants représente un changement paradigmatique[35] ». L'idée de base de l'argument de Barth est que « l'union ontologique des croyants avec le Christ a déjà fait de chaque membre un participant au sacerdoce du Christ[36] ». Par conséquent, l'envoi des disciples dans leurs milieux respectifs découle de l'envoi du Christ dans le monde et s'applique à tous les chrétiens, sans qu'il soit nécessaire de recourir à une quelconque ordination autre que le baptême[37]. Ce ministère, comme Voss le dit en résumant Barth, « est avant tout un ministère de proclamation, et la vocation du sacerdoce royal est donc une vocation de témoignage[38] ».

Dans le prolongement de Barth, des théologiens de l'Église missionnaire/missionnelle comme Newbigin et Guder, pour n'en citer que quelques-uns, ont plaidé, implicitement ou explicitement, pour une récupération de la dimension sacerdotale de la vocation chrétienne afin de favoriser l'engagement missionnaire dans le monde[39]. De même, la Déclaration de Lausanne affirme avec insistance que « le Christ envoie son peuple racheté dans le monde, comme le Père a envoyé le Fils et que ceci demande que nous pénétrions profondément dans le monde quel que soit le prix à payer. Nous devons sortir de nos ghettos ecclésiastiques et imprégner la société non chrétienne[40] ».

Être une « vitrine » dans le monde implique de s'engager de manière réfléchie dans le contexte dans lequel les chrétiens se trouvent et de ne pas se concentrer uniquement sur ce qui est péché dans le monde. Commentant le discours de Paul et Barnabas à Lystre dans Actes 14, Paas note avec précision qu'il est

> tout à fait contraire à l'évangélisation revivaliste traditionnelle que connaissent de nombreux chrétiens modernes. Apparemment, les Apôtres ne trouvent pas nécessaire de faire remarquer à ces païens ce qui leur manque (puis de présenter Jésus comme la solution) ; ils décrivent plutôt l'abondance de bénédictions dans leur vie et

---

35. Henry J. Voss, « The Priesthood of All Believers and the *Missio Dei*. A Canonical, Catholic, and Contextual Perspective », thèse de doctorat, Wheaton, 2013, p. 254.
36. *Ibid.*, p. 240.
37. *Ibid.*, p. 235.
38. *Ibid.*, p. 235.
39. Bevans et Schroeder soutiennent que Newbigin a eu une influence indirecte sur l'Église catholique romaine, car sa pensée missiologique s'est retrouvée dans « Ad Gentes » ; voir Bevans et Schroeder, *Constants in Context*, p. 290-291.
40. Mouvement de Lausanne, « La déclaration de Lausanne », para. 6.

les invitent à donner une réponse liturgique appropriée à cette abondance[41].

Une telle vision positive a un fort potentiel pour la manière dont les chrétiens considèrent le monde dans lequel ils vivent, étudient, travaillent ou prennent leur retraite. Cela pourrait également signifier « [surmonter] l'héritage piétiste qui veut toujours pointer le monde vers ses déficits, en proposant Jésus comme la solution pour combler les lacunes[42] ». En outre, l'appréciation de ce qui est fait dans le monde est doxologique si « la doxologie consiste à reconnaître Dieu comme Dieu ; c'est le reconnaître comme le créateur et le soutien de tout ce qui est vivant, celui qui nous a sauvés du péché et du jugement[43] ». Cela a de vastes conséquences missiologiques :

> Ce « modèle » d'Église sacerdotale répond donc aux exigences de la mission dans une culture que nous ne dominons plus, ni moralement ni d'aucune autre manière. Ce qui aurait pu être une source d'embarras et de frustration (la bonté de tant de non-chrétiens) devient maintenant une source de gratitude envers un Dieu de tant de miséricorde[44].

Dans un contexte missionnaire, et en particulier à l'université, une « source d'embarras [potentiel] » peut se référer non seulement au caractère des non-chrétiens, mais aussi, et peut-être même de manière plus pressante, aux résultats scolaires. Dans le cadre d'une interaction avec le contexte universitaire, et en particulier avec les étudiants, le personnel technique et administratif, ainsi que les professeurs, il est crucial de garder à l'esprit l'importance de la rencontre personnelle, surtout compte tenu de la diversité croissante des campus universitaires. Paas souligne qu'« il est impossible d'objectiver ou de "réifier" la personnalité de quelqu'un ; on ne peut pas l'étudier à distance. C'est précisément dans ce cas que l'être-personne de l'autre vous échappera. [...] Ce qui est nécessaire à l'analyse scientifique, à savoir le désengagement et l'objectivation, exclut la rencontre personnelle[45] ». C'est pourquoi la formation missionnaire doit être alimentée par l'intégration dans la vie et l'amour de l'environnement

---

41. Paas, *Pilgrims and Priests*, p. 257.
42. *Ibid.*, p. 308.
43. *Ibid.*, p. 316.
44. *Ibid.*, p. 308.
45. *Ibid.*, p. 279.

dans lequel la *médiation* se produit, un aspect sur lequel nous reviendrons dans la dernière partie de cet ouvrage[46]. La question cruciale à poser est la suivante :

> Que fait Dieu dans notre quartier ? Comment veut-il nous impliquer ? Comment pouvons-nous, en tant que sacerdoce, présenter les questions, la joie et les besoins de ce quartier à Dieu dans la louange, et comment pouvons-nous bénir la vie des gens au nom de Dieu et de son histoire ?[47]

Notez l'accent mis sur la dimension *communautaire*. L'Église ou le groupe d'étudiants « n'est pas d'abord une collection de "prêtres" individuels, mais une communauté sacerdotale... spirituellement, il y a un "nous" qui précède le "moi". Dieu est en relation avec le "nous" et, par ce biais, avec le "moi" – et non l'inverse[48] ». Ni la vie personnelle d'un chrétien, ni son témoignage, ne peuvent être soutenus en *exil* sans la communauté, et la fin de l'ère de la chrétienté pourrait être un moment providentiel favorisant cette prise de conscience.

Une communauté missionnaire

Pour Paas, le caractère tangible du sacerdoce est un élément crucial de sa conception en tant que *vitrine*. En effet, « il doit exister une communauté où le salut est réel, même si c'est de manière provisoire et partielle. Cette communauté est l'Église[49] ». Corrélativement, l'Église n'est pas « un "supplément" ou un complément utile à la chose réelle. Elle appartient essentiellement à ce que Dieu fait avec les humains[50] ». L'existence de la communauté est la preuve que l'Évangile a le pouvoir rédempteur que les chrétiens prétendent qu'il possède. Affirmer alors que le « sacerdoce de tous les croyants » signifie que les chrétiens ont un accès *personnel* et *immédiat* à Dieu ne diminue en rien la nécessité de l'engagement communautaire. Comme l'affirme catégoriquement Paas,

> dans la mesure où les croyants participent à l'Église, ils sont membres de la « communauté sacerdotale » (*hierateuma*), et par conséquent ils sont aussi prêtres individuellement. Mais l'ordre est crucial. Dieu ne nomme pas des individus comme prêtres pour les

---

46. Greggs argumente dans le même sens, en soulignant que la mission sacerdotale est fondamentalement un acte d'amour envers les autres. Greggs, *Priestly Catholicity*, p. 418-420.
47. Paas, *Pilgrims and Priests*, p. 301-302.
48. *Ibid.*, p. 277.
49. *Ibid.*, p. 283.
50. *Ibid.*

réunir ensuite dans une congrégation. C'est précisément le contraire qui est vrai : en vertu de leur baptême, les chrétiens sont unis au Christ, intégrés à l'Église, et c'est seulement ainsi qu'ils reçoivent le statut de prêtre[51].

Paas commente surtout les « *Fresh Expressions* » de l'Église et des structures similaires, qu'il considère toutefois avec un certain scepticisme[52]. Mais il admet aussi que

> sous certaines conditions, un tel groupe extra-ecclésial peut certainement se développer en une communauté enracinée dans la tradition chrétienne, offrant un foyer sûr et inspirant pour l'âme, s'engageant de manière missionnaire dans son voisinage et entretenant des relations fructueuses avec d'autres communautés chrétiennes. Mais si cela se produit, alors, à mon avis, ce groupe n'est plus en dehors de l'Église[53].

Appliquer l'argument de Paas à l'IFES revient alors à remettre sur le devant de la scène la question du caractère ecclésial des groupes IFES. La conséquence logique d'un tel argument est que, finalement, un groupe IFES a bien un caractère ecclésial. Il n'est ni en *dehors de l'Église*, ni *au-delà* ou *à côté d'elle*. Cependant, les relations entretenues avec le reste du corps sont essentielles pour faire partie de l'Église, ce qui signifie qu'un groupe IFES fait partie de l'Église mais ne peut pas se présumer *être* « l'Église ». Ici, l'argument sur le « sacerdoce de tous les croyants » boucle la boucle : les chrétiens peuvent être pleinement *prêtres* s'ils sont *membres* d'une communauté et non s'ils sont seuls. Il en va de même pour un groupe de l'IFES qui, bien qu'il ait la même vocation qu'une Église locale, ne peut être une Église « à lui seul ». L'appartenance à une communauté est inhérente à l'existence missionnaire.

L'enracinement complet dans la tradition chrétienne est de la plus haute importance pour la durabilité et l'étendue de la foi. Comme le souligne Newbigin,

> si nous voulons vraiment être un saint sacerdoce, il nous faut un autel secret, un lieu dans notre vie la plus intime où, jour après jour, nous offrons à Dieu par Jésus-Christ chaque parcelle de notre vie, nos pensées les plus secrètes et nos actions les plus publiques, et

---

51. *Ibid.*, p. 272-273.
52. Le vocable « fresh expressions » (expressions fraîches) désigne en anglais tout un courant, apparenté aux Églises dites « émergentes » qui revisite profondément les formes de culte pour les rendre attrayantes et compréhensibles aux personnes non chrétiennes.
53. Paas, *Pilgrims and Priests*, p. 271.

où nous recevons à nouveau par le Christ le don toujours nouveau de la grâce et de la miséricorde de Dieu[54].

Une telle insistance sur l'engagement personnel correspond certainement aux enseignements (piétiste) de l'IFES et est cohérente avec l'insistance de Paas sur l'importance de la spiritualité missionnaire personnelle. En outre, pour les chrétiens, se retirer de l'appartenance ecclésiale « formelle » reviendrait à nier l'un des aspects essentiels de leur identité chrétienne : l'engagement fructueux et l'édification mutuelle au sein du corps plus large des chrétiens. Paas met fortement en garde contre toute aspiration à limiter l'existence chrétienne à un « culte personnel » individuel, qu'il juge proche du gnosticisme : « L'individu se lie à une Église invisible et spirituelle ou à un royaume de Dieu idéaliste, sans s'engager dans une communauté concrète et humaine du Christ dans une congrégation locale qui est reliée à d'autres congrégations[55]. » Muthiah note de même que « dans le cadre du sacerdoce de tous les croyants, l'identité et la formation spirituelle d'un individu sont enracinées dans une structure communautaire fondée sur le récit de Dieu. L'identité d'une personne est liée à une tradition. L'identité d'une personne se forme en relation avec les autres. La formation de l'identité chrétienne suppose en fait un contexte communautaire[56] ».

Par conséquent, argumenter à partir de la doctrine du « sacerdoce de tous les croyants » ne renforce pas les tendances individualistes trop facilement acquises et développées dans un contexte universitaire marqué parfois par un fort esprit de compétition. Au contraire, il s'agit d'aider les étudiants à voir comment ils font partie d'un corps plus large, l'Église, car « le salut est ecclésiologique ; il signifie être incorporé au peuple de Dieu, le corps du Christ. Appartenir au Christ, c'est appartenir à son Église ; il n'y a pas d'autre moyen[57] ». De telles considérations missiologiques devraient apporter un correctif utile à ce que Paas appelle « des vues hyper-protestantes [dans lesquelles] le plus souvent, l'Église est vue comme la somme d'individus (sauvés, sanctifiés) qui s'unissent en fonction de leurs propres préférences[58] ». Lutz plaide dans le même sens pour une compréhension missionnaire du ministère des étudiants. Selon lui, les groupes à vocation missionnaire « se réunissent en communauté *pour se prêcher*

---

54. Lesslie NEWBIGIN, « An X-Ray to Make God Visible in the World », *Reform*, 1990, p. 7.
55. PAAS, *Pilgrims and Priests*, p. 272. On peut supposer que le défi de vivre la communauté chrétienne « en présentiel » ne fera que devenir plus pressant, car les effets à long terme de la pandémie de COVID restent à observer.
56. MUTHIAH, *Priesthood of All Believers*, emplacement 2820.
57. PAAS, *Pilgrims and Priests*, p. 274.
58. *Ibid.*, p. 273.

l'Évangile les uns aux autres et s'aider mutuellement à le partager avec d'autres. Ils se réunissent pour prier, s'encourager et s'équiper. Ils se réunissent pour donner l'exemple du type de communauté dans laquelle ils invitent les autres[59] ».

Un groupe d'étudiants est donc, pneumatologiquement parlant, bien plus qu'un « groupe d'affinité ». C'est un contexte dans lequel les étudiants peuvent rencontrer la foi chrétienne, car « Dieu sauve les gens en les faisant entrer dans une communauté avec le Christ et donc avec les autres[60] ».Affirmer d'une telle communauté qu'elle manifeste un « caractère sacerdotal » décrit bien ce qui se passe lorsque des individus rencontrent l'Évangile vécu dans un groupe d'étudiants dynamique qui est à la fois le *médiateur* et le lieu où la rencontre a lieu. Paas insiste fermement sur le fait que les communautés chrétiennes rassemblées « proclamant les actes puissants de Dieu » sont « l'expression la plus visible, structurée et publique du sacerdoce de l'Église »[61]. Même s'il ne souligne pas le rôle de la lecture de la Bible dans son argumentation, l'aspect communautaire de tels groupes peut être favorisé de manière décisive par l'interaction avec les Écritures. Enfin, si Paul, dans Romains 15.16, comprend le témoignage comme un service à Dieu, il y a là une anticipation éminemment prophétique du rassemblement eschatologique des nations sous la seigneurie du Christ :

> Le rôle futur de la communauté de foi en tant que prêtres est devenu réalité dans le présent. L'Église chrétienne loue Dieu, même au nom de ceux qui ne le louent pas (encore), elle accueille les convertis, premiers signes de la moisson à venir, et elle sort pour inviter les nations au grand festin des noces de l'Agneau. Et tout cela sous le signe de Dieu qui travaille à la restauration parfaite de sa création[62].

Notez l'accent mis sur l'universalité et le caractère essentiellement missionnaire de la vocation de l'Église. Si cela est vrai pour l'Église locale, cela peut facilement être transposé à une communauté d'étudiants missionnaires. Cette nature missionnaire de l'Église se manifeste dans deux directions :

> La métaphore du prêtre définit la nature missionnaire de l'Église comme un double mouvement : l'Église représente le monde devant Dieu et elle représente Dieu devant le monde. Elle se met

---

59. Stephen Lutz, *College Ministry in a Post-Christian Culture*, Kansas City, House Studio, 2011, p. 609 ; c'est nous qui soulignons.
60. Paas, *Pilgrims and Priests*, p. 287.
61. *Ibid.*, p. 256.
62. *Ibid.*, p. 322-323.

en présence de Dieu en tant que communauté liturgique, adoratrice et louangeuse, et elle s'engage dans le monde en tant que témoin, invitant et amical[63].

Synthèse partielle

La situation de postchrétientié de l'Occident fait écho à de nombreux autres contextes dans le monde où les chrétiens sont une petite minorité dans la société. C'est ce que la Bible appelle « l'exil ». Pourtant, comme en témoignent le récit biblique et l'histoire de l'Église, Dieu est fidèle même dans l'exil et appelle son peuple à être son témoin où qu'il se trouve. Ce chapitre a montré que les métaphores du « pèlerinage » et du « sacerdoce » décrivent avec justesse les limites et les promesses des situations difficiles. Aimer, écouter et prendre soin du contexte dans lequel les croyants se trouvent est ce qui est demandé, conformément à leur allégeance à leur Dieu missionnaire. Cependant, ce témoignage n'est pas la conséquence d'une notion individualiste du sacerdoce, mais l'aboutissement d'une foi missionnaire soutenue dans le contexte d'une communauté solidaire.

Le « sacerdoce » est un double mouvement de *médiation* : une invitation à *participer à* la communauté de Dieu et le rassemblement vers Dieu des prémices des nations. La plupart des arguments de Paas en faveur de l'Église s'appliquent aux groupes d'étudiants : les étudiants, membres de l'Église en tant que chrétiens et soutenus par l'Église, sont les *prêtres pèlerins* dispersés de l'Église dans l'université, exerçant leur ministère de manière distincte, façonnée par la perspicacité missiologique nécessaire à une contextualisation fidèle. Une telle présence missionnaire fidèle signifie inviter les autres à faire l'expérience de la présence de Dieu. Cela représente une *médiation* de l'Évangile, car aimer et servir son prochain sont des dimensions intrinsèquement sacerdotales du service. L'engagement missionnaire dans l'université est en fin de compte doxologique, en tant que service sacerdotal à Dieu et aux nations, car les groupes locaux d'étudiants peuvent être un *peuple de démonstration* sur le campus de l'humanité renouvelée de Dieu, une *communauté missionnaire* invitant les autres à se joindre à cet avant-goût eschatologique.

Dans le chapitre suivant, j'explore comment l'engagement contextuel et la mission s'articulent dans la notion d'« apostolicité ».

---

63. *Ibid.*, p. 260.

18

Apostolicité, théologie et expansion missionnaire

Après avoir vu comment la pensée d'Allen aide à articuler les questions de leadership et d'organisation de l'Église, comment un « ministère en périphérie » gagne en considération lorsque l'on prend en compte son rôle dans la *missio Dei*, et comment même dans des contextes difficiles les « exilés » chrétiens peuvent être des témoins courageux, une autre question missiologique urgente est de savoir comment les réflexions théologiques et missionnaires sont façonnées par l'expansion géographique et la contextualisation.

La doctrine du « sacerdoce de tous les croyants » présuppose la localité et la maturité. La logique de l'*immédiateté*, dont j'ai dit qu'elle faisait partie intégrante de la doctrine, présuppose la possibilité d'entrer en relation avec Dieu où que l'on se trouve, en dépit de l'éloignement géographique de prétendus « centres théologiques ». Elle présuppose également la maturité du discernement spirituel et herméneutique : si Dieu parle aux individus, alors les rencontres de ces individus avec Dieu et leur monde font partie intégrante de l'expérience du corps du Christ. À mesure que le christianisme s'est répandu dans le monde, la question de la *médiation* est devenue de plus en plus pressante : non seulement l'Évangile est *transmis* par les chrétiens, mais ceux-ci, à leur tour, *sont les médiateurs* de rencontres avec leur environnement – pour les étudiants, culturel et universitaire – à leurs Églises locales et, à leur tour, enrichissent théologiquement la communauté plus large à laquelle ils *participent*.

Dans de nombreux milieux évangéliques, et certainement au sein de l'IFES, l'« apostolicité » a été comprise comme étant liée au « dépôt de l'enseignement des apôtres ». Elle peut aussi être comprise comme le *caractère missionnaire de l'Église* : être « apostolique » signifie être « envoyé ». Ce point de vue, que j'examine en dialogue avec l'ouvrage récent de Flett, *Apostolicity*[1], rend mieux justice à la dimension sacerdotale du témoignage, que je défends tout au long de cet ouvrage, et est en accord avec les notions de *missio Dei* et de pèlerinage sacerdotal examinées plus haut.

La théologie dans le christianisme mondial

L'histoire des missions souligne souvent le lien entre « empire » et « mission »[2]. Dans le contexte du christianisme mondial, la notion de « dépôt de la foi », bien que d'origine biblique incontestable, va souvent à l'encontre du développement d'une foi authentiquement endogène soulignée par le « sacerdoce de tous les croyants ». La dynamique du pouvoir marque souvent les relations entre les « puissances » théologiques telles que les États-Unis et le Royaume-Uni, et le reste du monde, soit directement, soit par le biais de l'éducation des non-Occidentaux. Comme l'observe judicieusement Walls,

> Comme les anciens chrétiens de Jérusalem, les chrétiens occidentaux se sont depuis longtemps habitués à l'idée qu'ils étaient les gardiens d'un christianisme « standard » ; tout comme eux, ils se trouvent en présence de nouvelles expressions du christianisme et de nouveaux styles de vie chrétiens qui se sont développés ou se développent sous la direction de l'Esprit Saint pour présenter le Christ dans les conditions de vie africaines, indiennes, chinoises, coréennes et latino-américaines[3].

Si cela est vrai, la diversité même de l'Église devrait interdire toute aspiration d'une partie du corps à dominer le récit et la théologie, ou à décider pour les autres quels sont les « éléments essentiels » de la foi. Flett observe que l'idée d'un « dépôt de la foi » « suppose souvent la normativité de l'expérience européenne » et tente d'« exercer un contrôle » sur les appropriations non occidentales de l'Évangile en insistant sur le caractère obligatoire de la formulation [de l'Église occidentale] de la signification du fait chrétien et des modèles euro-américains de communion et de culte ».[4]

---

1. Flett, *Apostolicity*.
2. Brian Stanley et Alaine Low, sous dir., *Missions, Nationalism, and the End of Empire*, Grand Rapids, Eerdmans, 2003 ; World Council of Churches, « Mission in the Context of Empire ».
3. Andrew F. Walls, *The Cross-Cultural Process in Christian History. Studies in the Transmission and Appropriation of Faith*, Maryknoll, Orbis, 2002, p. 78.
4. Flett, *Apostolicity*, p. 27.

Stanley observe également la difficulté pour certains milieux évangéliques – et cela s'applique certainement à l'IFES – de reconnaître un certain degré de relativité à leurs propres formules :

> Les chrétiens évangéliques, en raison de leur souci de préserver le bon dépôt de la foi, ont eu tendance à être particulièrement hésitants lorsqu'il s'est agi d'admettre la nature dynamiquement interactive et bidirectionnelle de toutes les véritables rencontres missionnaires. Ils ont parfois été lents à se rendre compte que leur focalisation sur la mort substitutive du Christ pour la culpabilité du péché humain peut ne pas être une interprétation totalement intelligible ou même théologiquement adéquate de l'Évangile pour certains peuples issus d'un contexte religieux traditionnel[5].

Walls observe également avec perspicacité que

> la représentation du Christ par un seul groupe ne peut être, au mieux, que partielle. Au mieux, elle reflète la conversion d'un petit segment de la réalité, et elle doit être complétée et peut-être corrigée par d'autres. La plénitude de l'humanité réside dans le Christ ; l'ensemble des styles de vie convertis pointe vers sa pleine stature[6].

Alors que des leaders théologiques émergent des anciennes « marges » de l'Église, la question de l'appropriation locale de la foi devient de plus en plus importante. Cette extension géographique entraîne des rencontres interculturelles qui ont un impact sur la façon de concevoir la théologie. Comme l'insiste Flett, « nous devons reconnaître qu'aucune tradition théologique ne possède déjà une culture "internationale", une tradition à juste titre si soucieuse de sa pureté qu'elle craint l'intégration d'autres appropriations de l'Évangile[7] ». Ces appropriations ne sont pas marginales, mais elles ont « suffisamment de mérite théologique pour informer et remettre en question les éléments établis au sein de la tradition occidentale reçue[8] ».

---

5. Brian STANLEY, « Conversion to Christianity. The Colonization of the Mind ? », *International Review of Mission* 92, no. 366, 1er juillet 2003, p. 322.
6. Andrew F. WALLS, « Globalization and the Study of Christian History », dans *Globalizing Theology. Belief and Practice in an Era of World Christianity*, sous dir. Craig Ott et Harold A. Netland, Grand Rapids, Baker, 2006, p. 74. Inversement, la suspicion de « syncrétisme » dans les formulations théologiques des « autres » trahit un manque de conscience de l'enracinement culturel de sa propre tradition ; cf. Flett, *Apostolicity*, p. 247.
7. *Ibid.*, p. 185.
8. *Ibid.*, p. 158-159.

Cela va à l'encontre de l'idée que le « dépôt apostolique » serait suffisamment solide pour protéger l'Église contre les tendances schismatiques. Flett affirme catégoriquement qu'une concentration exclusive sur le maintien du « dépôt » prédispose logiquement l'Église à une logique d'auto-préservation au détriment de l'*engagement missionnaire*. Selon Flett,

> L'apostolicité, la continuité historique de l'Église, repose sur l'événement de la rencontre interculturelle et les processus de conversion par l'appropriation locale de l'Évangile. Cette histoire n'est pas le développement fixe et mesuré d'une entité culturelle, mais elle est marquée par de multiples exemples de rencontres interculturelles et de changements parfois radicaux dans la façon de penser. À la base, le christianisme mondial refuse la dualité dominante entre la culture de la foi et sa proclamation. Cela libère l'apostolicité pour qu'elle soit interprétée de manière nouvelle[9].

C'est pourquoi « "la sauvegarde du dépôt" ne se réfère pas à la répétition de formes établies mais à leur communication afin qu'elles soient reçues par les auditeurs et qu'elles leur donnent forme[10] ».

Mission et Apostolicité

L'importance croissante du christianisme mondial témoigne également de la dimension universelle d'un Évangile répondant aux aspirations, aux rêves et aux besoins des êtres humains[11]. Cela témoigne de la « traduisibilité » du message évangélique mieux que la justification de l'idée de « diffuser un message entièrement défini[12] ». Dans des termes piquants qui résonnent avec les arguments d'Allen, Flett note le potentiel positif des nouvelles ouvertures :

> Le christianisme mondial n'est pas une situation d'urgence pour laquelle on pourrait faire une série d'aménagements, un événement unique détaché du continuum de la théologie chrétienne. C'est plutôt le contraire qui est vrai. Le christianisme mondial ouvre le champ théologique parce qu'il détache ce discours d'une concentration

---

9. *Ibid.*, p. 288.
10. *Ibid.*, p. 285.
11. Pour un récit très vivant, voir Andrew F. WALLS, « L'Évangile, prisonnier et libérateur de la culture », *Hokhma* 30, 1985, p. 66-81.
12. Voir Lamin O. SANNEH, *Translating the Message. The Missionary Impact on Culture*, Maryknoll, Orbis, 1989.

singulière sur une histoire restreinte et la gamme de questions qui en découle[13].

De même, le ministère auprès des étudiants n'est pas une situation d'urgence malgré ses fluctuations constantes, mais représente plutôt des tendances de pensée et d'action qui caractériseront l'Église de demain. Ainsi, il peut fonctionner comme un modèle pour la manière dont l'Église locale peut se rapporter à son environnement. Une autre manière de conceptualiser ce « détachement » est de parler, bien que toujours de manière dérivée, de la doctrine chrétienne centrale de l'*incarnation*, impliquant que le message chrétien commande « l'incarnation dans les spécificités culturelles d'un temps et d'un lieu particuliers. Les générations peuvent donc être totalement différentes dans leur compréhension et leur expérience de la grâce de Dieu et pourtant appartenir ensemble au dessein ultime de Dieu[14] ».

La métaphore organique est plus riche que le copier-coller. Une graine a besoin d'interaction avec son environnement, et les plantes pousseront différemment d'un sol à l'autre[15]. Dans sa brochure influente, Idowu brosse un tableau saisissant : le « dépôt de la foi » peut être compris comme une rivière qui coule,

> Elle apporte et dépose en chaque lieu quelque chose de la richesse chimique des sols qu'elle rencontre sur son chemin, elle s'adapte en même temps à la forme et aux caractéristiques de chaque localité, elle prend sa coloration du sol natal, et malgré toutes ces adaptations et diversifications structurelles, son *essence* et son caractère distinct ne sont pas mis en péril, mais maintenus grâce à la source vivante, toujours renaissante, toujours revitalisante, qui est sa source[16].

---

13. FLETT, *Apostolicity*, p. 245.
14. WALLS, « Globalization », p. 76. Pour Blocher, la notion d'« incarnation » largement utilisée dans les milieux missiologiques risque de diminuer le caractère unique de l'incarnation du Christ, car les êtres humains ne peuvent qu'être incarnés ; voir Henri BLOCHER, « Permanent Validity and Contextual Relativity of Doctrinal Statements », dans *The Task of Dogmatics*, sous dir. Fred Sanders, Grand Rapids, Zondervan, 2017, p. 117.
15. Pour une exploration contemporaine du sujet par une personne proche des cercles IFES, voir Pauline HOGGARTH, *La Graine et le Sol. La Parole qui libère*, trad. de l'anglais par Antoine Doriath, coll. Voix multiculturelles, Marne-la-Vallée, Farel, 2012. Voir également le pape Paul VI, « Ad Gentes », sect. 22.
16. E. Bolaji IDOWU, *Towards an Indigenous Church*, Oxford, Oxford University Press, 1965, p. 19 ; cité dans FLETT, *Apostolicity*, p. 177. L'approche initiale d'Idowu est considérée comme « largement évangélique » par Demarest, ancien secrétaire théologique de l'IFES ; voir Bulus GALADIMA, « Evaluation of the Theology of Bolaji Idowu », *Africa Journal of Evangelical Theology* 20, no. 2, 2001, p. 112.

Cette image reflète bien ce qui s'est passé tout au long de l'histoire de l'Église. Presque par inadvertance, dans ses « rencontres », le dépôt de la foi a été fécondé au fur et à mesure qu'il se répandait dans le monde. Flett avance donc l'argument selon lequel l'observation du développement du christianisme à travers le monde nécessite de repenser sérieusement la signification de l'apostolicité. Il soutient que l'apostolicité consiste d'abord en l'enracinement du croyant dans le Christ ; ensuite, et par conséquent, en son « envoi » en tant qu'apôtre (au sens le plus large du terme). En effet, « la théologie chrétienne se développe au fur et à mesure qu'elle entre en contact avec de nouveaux domaines de l'expérience humaine, de nouvelles accumulations de connaissances, de relations et d'activités. On reconnaît dans les Écritures des thèmes que l'Occident n'avait jamais remarqués[17] ».

Flett soutient que si l'« apostolicité » consiste essentiellement à conserver un contenu supra-culturel qui devrait prévenir l'Église de tout schisme, il s'ensuit que la « culture de la foi » sera privilégiée par rapport à la « communication », démentant ainsi la prétendue nature missionnaire de l'Église.

Par conséquent, Flett soutient qu'en remplissant sa vocation missionnaire, l'Église se rend compte, *en communiquant l'Évangile* – je pourrais dire *en le médiatisant* – au monde, que son propre « envoi » fait partie intégrante de son « apostolicité ». En d'autres termes, l'Église prend davantage conscience d'elle-même lorsqu'elle voit les « autres » s'approprier les affirmations de l'Évangile dans leur vie et devenir membres de l'Église.

De telles rencontres se produisent sur ce qu'on pourrait appeler « la ligne de front » (exilique) de la mission, mais plutôt que de menacer le « petit troupeau » de chrétiens témoins, l'engagement dialogique est constitutif de la communauté. Faisant sien l'argument de Hoekendijk, Flett soutient même que la rencontre missionnaire fait partie intégrante de la formation de la communauté de témoins :

> Le peuple de la nouvelle alliance se constitue dans l'accomplissement des promesses messianiques, ne devenant une réalité sociologique que dans la rencontre missionnaire avec le monde. Parce que le peuple de Dieu est un *novum* de la nouvelle création, sa structure dépend de la « situation missionnaire ». Et, puisque la mission est fondamentale pour l'Évangile chrétien, il n'existe pas d'occasion ou de lieu qui puisse être qualifié de non-missionnaire[18].

---

17. Andrew F. WALLS, « Christianity in the Non-Western World », dans *The Cross-Cultural Process in Christian History. Studies in the Transmission and Appropriation of Faith*, Maryknoll, Orbis, 2002, p. 46.
18. FLETT, *Apostolicity*, p. 215.

Une telle logique prend appui sur l'ouverture relative à l'improvisation et à la flexibilité historiquement permise aux situations missionnaires et l'exploite pour l'ensemble de la mission de l'Église. En définitive, « ce qui est admissible *extra muros*, pour le salut des nations, devra être légitimement possible *intra muros*[19] ». Il y a là une justification théologiquement beaucoup plus forte de l'existence des organisations « paraecclésiales » qu'un simple raisonnement pragmatique arguant de l'importance de considérer le caractère indépendant de jeunes gens appréciant de nouvelles expériences. Au lieu d'une attitude condescendante (cléricale) « accordant » un certain degré de liberté provisoire aux étudiants à la « il faut que jeunesse se fasse », une compréhension renouvelée de la mission de l'Église conduit à reconnaître que la capacité d'adaptation que certains responsables d'églises ont accordée à contrecœur aux organisations étudiantes est ce dont tous les membres de l'Église ont besoin, même si leurs réalités contextuelles sont très différentes de celles des intellectuels en formation. Cela souligne à son tour la nécessité de voir toutes les « lignes de front » enrichir l'Église par leurs expériences et contribuer à élargir sa compréhension de l'œuvre de Dieu dans le monde. Muthiah soutient également avec force que les fonctions ne suffisent pas à évaluer le caractère ecclésial des communautés chrétiennes : « Lorsque la fonction est extraite de l'*esse* de l'Église, et lorsque les relations sont liées au caractère communautaire de l'Église, le sacerdoce de tous les croyants devient central car le rassemblement de deux ou trois chrétiens, même si aucun d'entre eux n'est titulaire d'une fonction, constitue l'Église[20]. » Cela n'a pas seulement des implications ecclésiales, mais aussi des implications plus fondamentalement théologiques qui émergent de l'écoute des « autres » voix.

Le défi pour l'Église universelle est le même que celui de l'IFES : « l'obligation de s'écouter et d'apprendre les uns des autres[21] », en tant que communauté missionnaire avant tout formée et appelée par Dieu. Rien de tout cela n'exclut un terrain d'entente avec les autres humains, y compris celles et ceux qui ne reconnaissent pas Dieu, d'autant plus que l'anthropologie biblique et théologique présume un certain degré de similitude entre les êtres humains. Contrairement à ce que le langage courant suppose souvent,

> nous vivons dans le même monde qu'Abraham ! Lorsque nous voyageons au Moyen-Orient, nous traversons les mêmes vallées

---

19. Johannes Christiaan HOEKENDIJK, *The Church Inside Out*, Philadelphie, Westminster, 1966, p. 159 ; cité dans FLETT, *Apostolicity*, p. 217.
20. MUTHIAH, *Priesthood of All Believers*, emplacement Kindle 1460-63.
21. Craig OTT, « Conclusion », dans *Globalizing Theology. Belief and Practice in an Era of World Christianity*, sous dir. Craig Ott et Harold A. Netland, Grand Rapids, Baker, 2006, p. 310.

que lui, nous buvons aux mêmes sources, nous contemplons les mêmes étoiles, nous respirons le même air que lui. Les mêmes lois physiques régissaient le monde il y a des millénaires – et elles doivent avoir un certain effet sur les façons de penser elles-mêmes[22].

Ce point commun offre un terrain propice à la compréhension mutuelle : « Revendiquer l'apostolicité, c'est revendiquer la légitimité et la reconnaissance d'une expérience vécue de l'Évangile[23]. » Rien de tout cela ne met en péril l'héritage chrétien. Mais Stanley note aussi que « le processus de traduction du message dans un nouveau support culturel aboutira à un message qui portera des accents et des tonalités qu'il ne portait pas auparavant, même s'il doit y avoir une continuité suffisante avec les formulations précédentes du message pour qu'il soit reconnaissable comme le même message[24] ». Muthiah suggère que la *participation* de tous les chrétiens à un « sacerdoce de tous les croyants » rend exactement possible cet acte de discernement spirituel, car elle accueille et affirme dans le monde l'unité dans la diversité qui constitue la Trinité :

> Le type d'unité qui marque le sacerdoce de tous les croyants et qui marque un bon discernement permet les différences et les distinctions – en fait, ce type d'unité suppose que les différences existeront. Comme au sein de la Trinité, l'unité du peuple de Dieu exige la différence. S'il n'y a pas de différence, il n'y a rien à unir. Ce type d'unité transcende les différences sans les ignorer. L'Esprit habite et unit les croyants qui s'engagent bien dans la pratique du discernement, même s'ils ont des opinions différentes sur une question donnée[25].

De la rencontre avec d'autres personnes, chrétiennes ou non, peut découler un recadrage fructueux ou une réaffirmation des convictions fondamentales. Comme le résume Skreslet, « les rencontres véritablement missionnaires dans l'histoire sont des moments intenses, pleins d'imprévisibilité mais aussi de promesses. Les vieilles certitudes sur ce qui est essentiel au christianisme peuvent être mises à l'épreuve et se révéler insuffisantes dans ces engagements[26] ». La navigation dans les eaux inexplorées de la postchrétienté pourrait être une puissante incitation

---

22. BLOCHER, « Permanent Validity », p. 119.
23. FLETT, *Apostolicity*, p. 241.
24. STANLEY, « Conversion to Christianity », p. 321.
25. MUTHIAH, *Priesthood of All Believers*, emplacement Kindle 3799.
26. Stanley SKRESLET, « Thinking Missiologically about the History of Mission », *International Bulletin of Missionary Research* 31, no. 2, 1 avril 2007, p. 62.

à repenser la manière dont l'Église peut être une présence missionnaire et contribuer à la vie du monde. Et comme de nombreux chrétiens sont déjà « passés par là » depuis longtemps, un apprentissage et un enrichissement mutuels fructueux peuvent avoir lieu au sein du christianisme mondial.

Synthèse partielle

> L'identité chrétienne n'est pas assurée à l'intérieur des frontières d'un récit historique unique qui suivrait les contours d'un centre supposé du pouvoir chrétien et les contrôles de forme et d'interprétation gérés par celui-ci. L'Église trouve son identité au-delà d'elle-même, dans l'histoire de Jésus-Christ. C'est en cela que réside la possibilité de conversion, la possibilité d'histoires chrétiennes multiples[27].

En proposant la logique ecclésiale de Flett pour les besoins de ce travail, il est raisonnable d'affirmer de la même manière que l'existence ecclésiale n'épuise pas tout ce que signifie l'existence chrétienne. Par conséquent, « l'histoire paraecclésiale étudiante » est un domaine valide de l'expérience chrétienne dont on ne peut se passer en faisant appel à son caractère supposément défectueux d'un point de vue ecclésiologique. S'il est ainsi compris, le ministère étudiant est un outil puissant de la *missio Dei*, un outil que le Seigneur utilise non seulement pour atteindre les étudiants sur le campus, mais aussi pour former des jeunes qui seront des membres d'églises réfléchis et audacieux, prêts à servir dans leurs congrégations, prêts à soutenir la mission de leurs Églises locales, et équipés pour penser de manière missiologique aux défis que rencontrent leurs paroissiens là où ils sont appelés à servir. Le ministère auprès des étudiants sert alors de terrain d'entraînement pour les futurs missionnaires au sens le plus large du terme – servir de manière interculturelle dans des pays étrangers ou dans le contexte de leur profession ou de leur quartier. Cela dit, le service et les partenariats ne doivent pas tous être reportés à la période qui suit l'obtention du diplôme. Au contraire, « les sociétés missionnaires s'associent à l'Église locale de manière nouvelle et concrète, et les Églises locales se considèrent comme "missionnaires" dans leur propre contexte. Le groupe missionnaire reste une partie intégrante de l'être de l'Église, mais doit toujours trouver de nouvelles expressions dans de nouveaux contextes[28] ». La rencontre avec « l'autre », caractéristique de la vie

---

27. FLETT, *Apostolicity*, p. 320.
28. Daryl M. BALIA et Kirsteen KIM, sous dir., *Witnessing to Christ Today*, vol. 2 de *Edinburgh 2010*, Oxford, Regnum, 2010, p. 121.

universitaire, a un potentiel missiologique qui peut être libéré et dont on peut légitimement se réjouir. En définitive, ce qui est en jeu, c'est une vision de Dieu et de sa mission dans le monde. Soit Dieu a fait tout ce qu'il avait à faire dans l'histoire – soit il y a de la place pour une action actuelle et future. Une insistance conforme au credo sur l'incarnation, la mort, la résurrection et l'ascension du Christ n'exclut pas un discernement nécessaire quant à ce que Dieu fait dans un monde qui change constamment, dans la vie de nouvelles personnes avec de nouveaux intérêts, rêves, préoccupations et souffrances.

Souligner l'importance des individus et des communautés nous ramène à l'idée que l'on ne peut se passer des laïcs, car ils sont au centre de la mission de Dieu dans le monde. Elle fournit en outre une justification théologique à la « redécouverte du laïcat » à laquelle les milieux du COE se sont livrés dans les années 1960, rattrapant ainsi dans une certaine mesure la pratique missionnaire évangélique. Cela dit, Kraemer, Newbigin et leurs collègues ont théorisé cette redécouverte de manière beaucoup plus approfondie que ne l'a généralement fait le monde évangélique[29].

Le « sacerdoce de tous les croyants » est une description adéquate de ce qu'est un ministère étudiant comme l'IFES : il implique des étudiants laïcs qui examinent ensemble les Écritures, explorent les joies et les défis de la communauté chrétienne. Il implique de nombreuses expressions de la mission. Ces expressions sont constamment remodelées dans la rencontre avec la diversité des cultures et des théologies caractéristiques du christianisme mondial.

---

29. Voir la pensée de Newbigin sur le rôle des laïcs, remarquablement résumée par Michael W. GOHEEN, « The Missional Calling of Believers in the World. Lesslie Newbigin's Contribution », dans *A Scandalous Prophet. The Way of Mission after Newbigin*, sous dir. Thomas F. Foust et al., Grand Rapids, Eerdmans, 2001, p. 37-56.

Partie 5

Quelques pistes pour l'avenir

19

Le ministère des étudiants à la lumière du sacerdoce de tous les croyants

Introduction

Jusqu'à présent, j'ai montré comment l'histoire de l'IFES et son ecclésiologie ont fonctionné sur la prémisse que les étudiants ont un accès *immédiat* à Dieu et peuvent donc légitimement en être les *médiateurs* dans leur environnement en étant *participants* d'une communauté. Une telle vision présuppose une *ecclésiologie missionnaire* : les étudiants sont une forme de la communauté de l'Église manifestée sur le campus, notamment dans le groupe IFES. J'ai passé en revue les ressources bibliques et théologiques qui définissent les contours de la façon dont le « sacerdoce de tous les croyants » peut encadrer notre compréhension du ministère de l'IFES et comment cette prémisse est en accord avec les documents d'archives.

Dans ce chapitre, je rassemble tous les fils précédents et offre une proposition missiologique constructive pour aller de l'avant, en prenant toujours l'IFES comme point de départ. Le ministère auprès des étudiants exige une prise en compte attentive des *spécificités contextuelles de l'université* ainsi que des caractéristiques des *étudiants en tant qu'agents de la mission*, notamment leur caractère *intellectuel*. De plus, comme l'IFES a occupé une place historique de premier plan dans la propagation du christianisme à travers le monde, cette diversité géographique peut servir de tremplin unique pour une réflexion théologique et missiologique plus approfondie sur l'endogénéité et la contextualisation de notre foi au fur et à mesure que les cultures, les expériences de vie et les défis se rencontrent dans nos Églises, où qu'elles soient. Si je ne vais pas répéter à chaque fois que ces éléments s'appliquent aux Églises également, je pense que ce sera de plus en plus clair : les éléments présentés ici devraient être constitutifs de toute Église qui se veut « missionnelle ».

L'immédiateté dans la relation avec Dieu

La doctrine du « sacerdoce de tous les croyants », qui présuppose que les chrétiens peuvent entrer en relation *directe* avec Dieu, notamment par la lecture individuelle et collective des Écritures, est largement implicite dans la manière dont l'IFES a compris son ministère. Cette conception s'applique aux étudiants. Les étudiants n'ont pas besoin d'une supervision cléricale pour s'organiser et être *les médiateurs de Dieu* sur le campus. L'existence d'une structure de soutien comme l'IFES implique que l'encouragement et le mentorat sont nécessaires, mais cela repose sur une compréhension fonctionnelle du rôle des employés et non sur des distinctions ontologiques. Woods ne mâche pas ses mots lorsqu'il affirme que

> suggérer que seule une personne ayant reçu une formation en faculté de théologie et une ordination ecclésiastique, qui trop souvent n'est que l'imposition de mains vides sur une tête et un cœur vides, serait la seule personne qualifiée pour prendre l'initiative chrétienne et assumer la responsabilité sous Dieu de l'annonce de l'Évangile revient à nier la doctrine du sacerdoce de tous les vrais croyants[1].

Il s'agit probablement de la référence la plus explicite à la doctrine du *sacerdoce de tous les croyants* que l'on trouve dans les documents écrits de l'IFES, mais de manière significative, elle émane de son premier et influent SG[2]. Cette notion d'immédiateté est essentielle du point de vue missiologique, car elle implique que Dieu peut agir dans n'importe quel contexte par l'intermédiaire de son peuple qui est déjà sur place. Les étudiants ne fréquentent pas principalement l'université dans un but missionnaire, mais parce qu'ils sont sur le campus et entretiennent leur relation à Dieu individuellement et en groupe, ils servent en fait d'ambassadeurs de Dieu dans l'université. Néanmoins, comme le note judicieusement Greggs, l'*immédiateté* est un raccourci pour parler d'une relation qui ne présuppose pas la nécessité d'une interférence humaine. En effet, une

---

1. Woods, *The Growth of a Work of God*, p. 62.
2. Plus récemment, Brown a publié un petit livre mettant en évidence le « sacerdoce de tous les croyants » comme l'un des éléments essentiels de l'Évangile redécouverts par la Réforme ; voir Lindsay Brown, *Into All the World. The Missionary Vision of Luther and Calvin*, Fearn, Christian Focus, 2021.

relation *immédiate* avec Dieu est impossible pour des raisons pneumatologiques qui ont des conséquences ecclésiologiques de grande portée :

> Lorsque nous sommes remplis par et de l'Esprit, nous le sommes à la manière de notre condition de créature marquée par la Chute : il n'y a pas d'expérience directe de Dieu sans médiation ; cela doit attendre que Dieu soit tout en tous, dans l'eschaton (1 Co 15.28). Mais dans l'espace et le temps, nous faisons l'expérience de l'Esprit de Dieu qui nous transmet l'œuvre éternelle de salut de Dieu au travers de notre condition de créature, dans notre spatiotemporalité actuelle, contingente et déchue (mais en voie de rédemption)[3].

Considérer l'université comme une « spatiotemporalité déchue (mais en voie de rédemption) » a des conséquences missiologiques considérables, sur lesquelles je reviendrai. Dans l'IFES, le canal privilégié de la rencontre *immédiate* avec Dieu est la lecture de l'Écriture. L'idée de lire les Écritures avec des non-chrétiens n'était et n'est parfois toujours pas considérée comme évidente dans de nombreux contextes et pourrait bien être vue comme l'un des traits distinctifs de l'approche de l'IFES, qui permet l'autonomisation de nombreux étudiants laïcs dans le monde entier. La conviction théologique fondamentale que la Bible peut être lue dans n'importe quel contexte était, en tout cas, historiquement clairvoyante et une raison essentielle pour le maintien du ministère de l'IFES.

Les étudiants participent à la mission de Dieu

Le deuxième aspect essentiel de la compréhension de l'IFES – qui peut facilement s'appliquer à d'autres ministères universitaires ou à d'autres organisations missionnaires – est que tous les chrétiens, en vertu de leur appel, sont rendus *participants* à la mission de Dieu. Conformément à l'idée d'*immédiateté* décrite ci-dessus, les laïcs, et pas seulement le personnel ordonné, sont appelés. Bosch explique comment cette conception relie le rôle des laïcs et l'engagement missionnaire :

> Les laïcs ne sont plus de simples éclaireurs qui, après être revenus du « monde extérieur » avec des témoignages oculaires et peut-être quelques grappes de raisin, font leur rapport à la « base opérationnelle » ; ils *sont* la base opérationnelle à partir de laquelle s'effectue la *missio Dei*. En réalité, ce ne sont pas *eux*, qui doivent « accompagner » les personnes chargées de « ministères

---

3. Greggs, *Priestly Catholicity*, p. 30.

spécialisés » pour la mission de *celles-ci* dans le monde. Ce sont au contraire les *chargés de ministères* qui doivent accompagner les laïcs, le peuple de Dieu[4].

Être chrétien signifie *participer à* la *mission de Dieu*. Les chapitres précédents de notre ouvrage ont montré que cette logique a façonné la compréhension que l'IFES a d'elle-même en tant que communauté en mission, même si cela n'est pas exprimé dans des mots aussi précis. Cette mission se déploie à travers le témoignage, la lecture de la Bible, la prière et la communauté. Cela correspond tout à fait au résumé de Wright de la mission comme « notre participation déterminée en tant que peuple de Dieu, suivant l'initiative et le commandement de Dieu, à la mission de Dieu lui-même, à travers l'histoire du monde de Dieu, pour la rédemption de la création de Dieu[5] ». Cela s'applique également à la mission d'un groupe d'étudiants. Le campus est le lieu où se déroulent la plupart de ces activités, mais elles ne sont pas intrinsèquement différentes de ce qui se passe dans une réunion d'église ordinaire. On présume ici une *ecclésiologie missionnaire* qui suppose que les dirigeants de l'Église *donneront* essentiellement aux laïcs *les moyens de remplir* fidèlement leur mission. Comme le souligne Escobar,

> Les laïcs pénètrent alors la société par un mode de vie nouveau dans les relations familiales, les affaires, la citoyenneté, et tous les domaines de la vie quotidienne. Par conséquent, mobiliser les laïcs ne consiste pas seulement à leur enseigner de courts résumés de l'Évangile, des mini-sermons, et à les envoyer les répéter à leurs prochains. C'est aussi leur apprendre à appliquer l'enseignement et l'exemple du Christ dans leur vie familiale, dans leurs activités professionnelles, dans leurs relations sociales, dans leurs études, etc.[6].

Les étudiants sont appelés comme tout autre chrétien, et cet appel dure toute leur vie, pas seulement les quelques années passées à l'université. L'appel se produit là où les gens sont et comme ils sont : « Les païens n'ont pas besoin de devenir juifs. Les païens restent des païens et sont appréciés comme tels dans le

---

4. Bosch, *Dynamique de la mission chrétienne*, p. 630. Bosch résume Johannes Christiaan Hoekendijk, *Kirche und Volk in der deutschen Missionswissenschaft*, trad. Erich-Walter Pollmann, Munich, Chr. Kaiser, 1967, p. 350.
5. Wright, *La mission de Dieu*, p. 12.
6. Samuel Escobar, « Evangelism and Man's Search for Freedom, Justice and Fulfillment », dans *Let the Earth Hear His Voice*, sous dir. J. D. Douglas, Minneapolis, World Wide Publications, 1975, p. 324.

Christ, ce qui signifie qu'ils doivent tourner leur propre mode de vie vers lui[7]. » De la même manière, les étudiants restent des étudiants et Dieu s'adresse à eux en tant que tels, avec tout ce que cela implique. Woods lance un vibrant appel aux chrétiens pour qu'ils évangélisent partout où Dieu les appelle à s'engager :

> L'évangélisation tranquille, régulière et continue, impliquant la prière d'intercession, l'étude et la prédication des Écritures, n'est pas une tâche réservée à une poignée de personnes sélectionnées et douées. Elle n'est pas limitée au ministre de l'Église et à ses assistants ordonnés. Il s'agit plutôt du privilège et de la responsabilité de chaque chrétien. Indépendamment de leurs dons particuliers, tous sont appelés et mandatés pour cette tâche. Chaque chrétien est un missionnaire envoyé par Dieu, un témoin de Jésus-Christ, à sa manière un héraut de l'Évangile. La méthode suprême de Dieu, ce sont les hommes – des hommes et des femmes habités et remplis du Saint-Esprit[8].

L'IFES part du principe que les étudiants peuvent être des témoins de Dieu en vertu de leur vocation chrétienne. Ceci est important pour des raisons sociologiques et missiologiques.

Les étudiants en tant que groupe spécifique

La période unique où les jeunes étudient se caractérise par une certaine ouverture d'esprit et une plus grande liberté pour explorer les options et les opinions. Cela crée une double occasion : pour les étudiants chrétiens d'élargir leurs horizons, et pour les non-chrétiens de considérer la foi chrétienne. Cette « liberté » a de multiples variantes au niveau mondial : Chua note que « chaque étudiant est un "homme dans la communauté". En termes d'évangélisation et de formation de disciples, nous ne pouvons ignorer son cadre familial, son contexte culturel, son système de valeurs et sa vision religieuse du monde[9] ». Le lien entre liberté et tradition peut donc être complexe. Ayant observé les étudiants latino-américains à l'époque de la révolution, Voelkel note les spécificités de la population étudiante :

> L'idéalisme de l'étudiant l'amène à s'enthousiasmer de tout cœur pour toute cause jugée juste, mais son énergie physique et son

---

7. Flett, *Apostolicity*, p. 327.
8. Woods, *Some Ways of God*, p. 106.
9. Chua Wee Hian, « Staff Letter 6 », mai 1973, p. 6, BGC Box #5.

impatience exigent une participation immédiate. Il a hâte de voir quelque chose bouger, et réagit donc aux protestations, aux défilés, aux jets de pierres et même à la violence. Il veut être impliqué, corps et âme, dans l'activité du moment. Il veut le voir, le parler, l'écrire, le sentir et le pleurer[10].

Si Voelkel a raison, un ministère qui laisse suffisamment de liberté aux étudiants pour qu'ils prennent des responsabilités et aient leur mot à dire sur la façon dont les choses sont faites a plus de potentiel de croissance et de persistance, y compris en période de crise inattendue[11], que ne le ferait un ministère plus directif. De plus, Voelkel fait allusion à l'une des principales raisons de certaines des tensions entre la vie étudiante et la vie ecclésiale : la possibilité d'être impliqué à tous les niveaux dans l'activisme, qui caractérise les groupes dirigés par des étudiants, en contradiction avec les structures ecclésiales. Enfin, le fait que la plupart des étudiants impliqués dans les groupes de l'IFES soient relativement jeunes est important pour la formation à la mission au sens large : « Parce que les étudiants sont jeunes et ouverts à la prise de risques, les mouvements étudiants évangéliques ont créé des modèles d'équipes missionnaires multiculturelles sensibles. Les participants à ces équipes ont été capables de regarder leur propre culture avec une distance critique[12]. »

Cette situation apparaît à maintes reprises dans des témoignages trouvés dans les documents d'archives de l'IFES ou dans des histoires publiées. Les sociologues contemporains racontent une histoire similaire : « Dans les entretiens que j'ai eus avec eux, ces étudiants ont souvent savouré la possibilité de prendre des responsabilités, comme l'a affirmé l'un d'entre eux : "Ce n'est pas tellement comme si vous alliez à l'église et que vous écoutiez quelqu'un parler. C'est comme si vous étiez impliqué et que vous faisiez tout ce qui se passe"[13]. » D'où la nécessité d'évaluer soigneusement le contexte de l'engagement missionnaire auprès des étudiants, tant pour ceux qui sont déjà chrétiens que pour ceux qui sont invités à devenir membres de la communauté chrétienne. Que ce soit dans des contextes occidentaux ou ailleurs, laisser une certaine place aux jeunes dans le déroulement

---

10. VOELKEL, *Student Evangelism*, p. 47.
11. Une partie importante de ce travail a été écrite pendant la pandémie de COVID-19, lorsqu'il était étonnant de voir la créativité et la résilience de nombreux groupes d'étudiants dans le monde entier. Ils ont continué à se réunir en ligne, à inviter leurs amis, à organiser des « semaines missionnaires » en ligne, etc. Tout cela n'aurait pas pu se produire si les équipiers avaient été seuls aux commandes.
12. ESCOBAR, « A New Time for Mission », p. 8.
13. Alyssa BRYANT, « Evangelicals on Campus. An Exploration of Culture, Faith and College Life », *Religion & Education* 32, no. 2, 2005, p. 10.

et les activités ecclésiales, et surtout leur permettre de mettre leur foi en action, est tout à fait crucial, et ceci notamment pour des raisons contextuelles.

Une contextualisation pour l'université

Sur les campus universitaires, les étudiants chrétiens sont souvent des minorités. En termes de théologie biblique, leur situation ressemble à celle de l'exil que j'ai explorée plus haut. C'est le cas depuis la fondation des mouvements IFES dans de nombreux pays pour des raisons ethniques et culturelles, et de plus en plus aussi en Occident à cause de la sécularisation. Pourtant, même si les étudiants sont des *exilés* parce qu'ils sont chrétiens, ils sont néanmoins des membres à part entière de la culture du campus. C'est certainement un phénomène observable pour de nombreux groupes chrétiens sur les campus du monde entier. Comme les premiers lecteurs de 1 Pierre, les étudiants chrétiens font souvent « partie de leur culture [universitaire] jusqu'au bout, et pourtant, ils se sont simultanément aliénés du monde [universitaire] par leur rencontre avec le Christ[14] ».

Volf soutient qu'une vision de la culture – ici facilement transférable au contexte du campus – devrait être déterminée par le fait que les étudiants sont déjà des *initiés* du campus d'une part, mais aussi que l'eschatologie devrait façonner l'imagination :

> La question de savoir comment vivre dans un environnement non chrétien ne se traduit pas simplement par l'adoption ou le rejet des pratiques sociales de son environnement. C'est la question que posent les étrangers, qui ont le luxe d'observer une culture d'un point de vue extérieur à cette culture. Les chrétiens ne disposent pas d'un tel point de vue puisqu'ils ont connu une nouvelle naissance en tant qu'habitants d'une culture particulière. Ils sont donc, dans un sens important, des initiés. En tant que partie intégrante de l'environnement dont ils se sont détournés en naissant de nouveau et dont la différence est donc interne à cet environnement, les chrétiens se demandent : « Quelles croyances et pratiques de la culture qui est la nôtre devons-nous rejeter maintenant que notre moi a été reconstitué par la nouvelle naissance ? Lesquelles pouvons-

---

14. Paas, *Pilgrims and Priests*, p. 246.

nous conserver ? Qu'est-ce que nous devons remodeler pour mieux refléter les valeurs de la nouvelle création de Dieu ? »[15]

En tant que mouvement évangélique soulignant l'importance de l'interaction avec les Écritures pour sa mission, l'IFES insiste toujours sur le fait que l'exercice complexe de discernement culturel de Volf n'est possible que si la piété personnelle est primordiale. Il se concentre généralement sur la lecture attentive de la Bible, de manière communautaire et individuelle. Mais l'exercice de discernement qu'il appelle de ses vœux n'est pas facile si l'on fait effectivement partie d'une culture donnée – « prendre du recul » par rapport à son contexte n'est jamais facile – et c'est là que l'aide des frères et sœurs du christianisme mondial peut être utile, étant en même temps membres du peuple de Dieu mais avec des sensibilités culturelles différentes[16]. Cela correspond bien à la conception de l'IFES selon laquelle l'engagement missionnaire découle de la *relation personnelle de l'étudiant avec Dieu* – présentée ci-dessus comme *immédiate* et vécue dans la communauté. Mais l'appel de Dieu, en accord avec la logique sacerdotale examinée précédemment, est toujours pour les chrétiens d'être une bénédiction pour les autres. Cela se déroule dans un processus que j'ai appelé *médiation*.

Médiation sacerdotale

La partie de cet ouvrage consacrée à la théologie biblique a fait valoir que cet aspect de la vie chrétienne peut être compris de manière adéquate comme « sacerdotal », car il suppose l'importance de la médiation entre Dieu et le contexte. L'observation missiologique de l'évêque Neill s'applique bien à notre discussion sur le leadership étudiant : « Le laïc chrétien doit être animé d'une sympathie imaginative avec son monde, s'identifier totalement à lui dans ses besoins, mais être totalement indépendant de lui dans ses désirs erronés. Il doit

---

15. Miroslav Volf, « Soft Difference. Theological Reflections on the Relation between Church and Culture in 1 Peter », *Ex Auditu* 10, 1994, p. 19, http://www.pas.rochester.edu/~tim/study/Miroslav%20Volf%201%20Peter.pdf.
16. Pour une approche typiquement évangélique, voir Paul G. Hiebert, « Critical Contextualization », *Missiology* 12, no. 3, juillet 1984, p. 287-296. On en trouve une présentation en français dans Hannes Wiher, « Une contextualisation critique. Méthodologie et exemples pratiques », dans *L'Église mondiale et les théologies contextuelles une approche évangélique de la contextualisation*, sous dir. Matthew Cook, Rob Haskell, Ruth Julian, Natee Tanchanpongs et Hannes Wiher, coll. REMEEF, Nuremberg/Charols/Ecublens, VTR/Excelsis/Alliance Missionnaire Evangélique, 2015, p. 283-288.

écouter avant de parler, et ne pas porter de jugements hâtifs ou trop sûrs[17]. » Cette dernière phrase souligne une hypothèse missiologique fondamentale : être missionnaire signifie écouter les personnes que l'on veut atteindre. Le monde devient plus complexe et plus diversifié malgré les forces unificatrices de la mondialisation. Tout ministère doit se soucier d'être réellement respectueux de son contexte pour éviter d'exporter des formes de croyance qui sont le produit d'œillères culturelles ou de captivités politiques. Puisque le christianisme est la religion de la traduction, son universalité et sa pertinence pour tout le monde sur terre ne doivent pas être mises en doute. Par conséquent, aucune stratégie « prête à l'emploi » ne rendra justice à la diversité des créatures de Dieu[18].

Il est donc crucial du point de vue missiologique de considérer les étudiants comme un public spécifique, qui requière une approche spécifique. Les études universitaires ont traditionnellement impliqué d'élargir les horizons en examinant différentes perspectives, solutions et approches pour l'avenir[19]. La plupart des établissements d'enseignement supérieur reconnaissent au moins du bout des lèvres l'importance de la pensée critique personnelle dans l'interaction avec les traditions académiques. Cette socialisation comprend l'enseignement et le tutorat au sens académique – notamment l'initiation aux pratiques sociales que sont les disciplines universitaires[20] – et les relations sociales au sens plus général,

---

17. Stephen NEILL, « Introduction », dans *The Layman in Christian History. A Project of the Department of the Laity of the World Council of Churches*, sous dir. Hans Ruedi Weber et Stephen Neill, Londres, SCM, 1963, p. 26.

18. Sur ce point, voir entre autres WALLS, *Missionary Movement in Christian History* ; SANNEH, *Whose Religion Is Christianity ?* Plus récemment, Watkin a étudié comment le récit biblique « diagonalise » les questions d'universalité et de particularité. Voir Christopher WATKIN, *Biblical Critical Theory. How the Bible's Unfolding Story Makes Sense of Modern Life and Culture*, Grand Rapids, Zondervan Academic, 2022.

19. Comme la littérature sur les universités d'un point de vue chrétien est vaste, le lecteur pourra se référer à John Henri NEWMAN, *L'idée d'université. Les disciplines universitaires*, trad. Marie-Jeanne Bouts, Yvette Hilaire et Jacques Sys, original en anglais 1852, Villeneuve-d'Ascq, Presses universitaires du Septentrion, 1997 ; Charles Habib MALIK, *A Christian Critique of the University*, Waterloo, North Waterloo Academic Press, 1987 ; Douglas V. HENRY et Michael D. BEATY, *Christianity and the Soul of the University. Faith as a Foundation for Intellectual Community*, Grand Rapids, Baker, 2006 ; Stanley HAUERWAS, *The State of the University. Academic Knowledges and the Knowledge of God*, Illuminations – Theory and Religion, Malden, Blackwell, 2007 ; Gavin D'COSTA, « The State of the University. Academic Knowledges and the Knowledge of God », *Pro Ecclesia* 20, no. 3, 2011, p. 312-316 ; HIGTON, *Theology of Higher Education* ; Pio Card. LAGHI, Eduardo Card. PIRONI et Paul Card. POUPARD, « La présence de l'Église dans l'université et dans la culture universitaire », 1994, https://www.vatican.va/roman_curia/pontifical_councils/cultr/documents/rc_pc_cultr_doc_22051994_presence_fr.html.

20. Les discussions sur le fait que les disciplines académiques sont des « pratiques sociales » auxquelles les étudiants sont introduits abondent. Pour un aperçu convaincant, voir Jerome

que ce soit par la vie commune sur le campus ou par l'interaction quotidienne avec les pairs.

Les communautés chrétiennes d'étudiants peuvent mettre en évidence la pertinence de la foi chrétienne – être un « peuple d'exposition » sur le campus en étant une communauté qui préfigure le dessein de Dieu pour l'humanité. De même, les groupes d'étudiants sont les médiateurs de Dieu sur le campus en invitant les autres à faire l'expérience d'une relation avec Dieu en tant qu'individus et au sein de la communauté et, à leur tour, ils recueillent les prémices de la rédemption et s'engagent dans une appréciation doxologique de ce que fait l'université : « Le travail missionnaire est un travail sacerdotal ; il s'agit de recueillir les "prémices" et de les offrir ensuite en sacrifice à Dieu[21]. »

Ainsi, conformément à la *vocation sacerdotale* d'Israël et à son prolongement dans l'Église, les étudiants *servent de médiateurs* entre Dieu et leur environnement de deux manières principales : intellectuelle et internationale.

Médiation intellectuelle

L'un des défis rencontrés par les étudiants de l'IFES tout au long de l'histoire de l'organisation est l'articulation de leur double appartenance : ils sont membres du peuple de Dieu et en même temps membres de la communauté universitaire. Et comme l'observe Van Aarde, cela n'est pas sans difficultés :

> Chaque croyant est appelé à pratiquer la *négociation missionnelle* entre la culture de son Église et la culture locale, alors que la contextualisation appartient principalement au domaine des missions. La *vocation missionnaire consiste pour chaque membre de l'Église à s'engager dans son contexte local par la négociation missionnelle dans tous les domaines de la société, de la vie humaine et de la création*[22].

Cette « négociation missionnelle » se déroule aux frontières de l'Église, et le campus est une de ces frontières. Comme le contexte universitaire sécularise de plus en plus ses approches, le fossé peut sembler encore plus important et, en tout cas, très différent de l'homogénéité culturelle relative des dix

---

KAGAN, *Three Cultures. Natural Sciences, Social Sciences, and the Humanities in the 21st Century*, Cambridge, Cambridge University Press, 2009.
21. PAAS, *Pilgrims and Priests*, p. 257.
22. Timothy A. VAN AARDE, « The Missional Church Structure and the Priesthood of All Believers (Ephesians 4:7–16) in the Light of the Inward and Outward Function of the Church », *Verbum et Ecclesia* 38, no. 1, 31 janvier 2017, p. 3 ; c'est nous qui soulignons.

mouvements fondateurs qui, dans leur majorité, opéraient dans un contexte christianisé. Aujourd'hui, un grand nombre de mouvements IFES opèrent dans des contextes qui n'ont pas ce type de contexte. Ils ont dû *être des médiateurs* entre de nombreuses loyautés culturelles depuis plusieurs décennies. À l'inverse, l'Occident réapprend ce que signifie pour les chrétiens d'être des « résidents étrangers ».

Dans les deux cas, une double médiation se produit. Premièrement, lorsque les étudiants chrétiens vivent, étudient, servent et témoignent sur le campus, ils enrichissent, sanctifient et bénissent l'université. Cela nécessite une contextualisation réfléchie. Deuxièmement, en vaquant à leurs occupations universitaires, les étudiants chrétiens découvrent les tenants et les aboutissants de la création, dont ils savent qu'elle appartient au Dieu qu'ils adorent. Cela signifie que la vie universitaire devrait enrichir la vie des étudiants chrétiens qui, à leur tour, seront une bénédiction pour leurs Églises en leur apportant certains des bons fruits de la terre universitaire : de nouveaux domaines de connaissance, de nouvelles perspectives, de nouvelles idées, de nouvelles façons d'aimer et de servir le Créateur et leur prochain.

La médiation dans le monde académique

Si les considérations ci-dessus sont vraies, un ministère auprès des étudiants doit prendre *très* au sérieux leur caractère intellectuel présumé[23]. Attribuer l'étiquette « intellectuelle » à un groupe aussi diversifié que les étudiants associés aux mouvements de l'IFES est un raccourci méthodologique. En dépit d'énormes différences de niveaux académiques, les étudiants du monde entier sont censés acquérir, affiner et développer des connaissances et des compétences qu'ils mettront ensuite à profit de leurs sociétés respectives. Même si le pourcentage de la population générale qui fréquente l'université varie d'un pays à l'autre, les étudiants représentent généralement, du moins dans le monde majoritaire, une fraction de la démographie de leur pays, avec la pression et les responsabilités supplémentaires qu'impliquent de tels privilèges. Cela pourrait être interprété en termes purement stratégiques et pousser les missiologues à adopter des approches visant à « capturer » le « potentiel de puissance » d'une telle population pour faire avancer l'Évangile. Comme l'ont affirmé certains chercheurs, il pourrait

---

23. « Supposé » dans le sens où (1) on n'attend pas de tous les étudiants qu'ils fassent preuve d'un esprit critique vis-à-vis de ce qui est enseigné ; et (2) tous les étudiants ne prennent pas cette vocation au sérieux, que ce soit en raison de leurs capacités intellectuelles ou d'autres contingences. Le concept largement utilisé dans les cercles missiologiques de « peuples non-atteints » pourrait également être utilisé ici. Lutz soutient que les étudiants sont peut-être l'un des groupes les moins « atteints » de la planète. Voir Lutz, *College Ministry*.

même s'agir d'une « revanche déguisée » contre les forces de sécularisation observées en Occident[24]. C'est du moins la ligne d'argumentation proposée par Neill, qui pose le défi en termes clairs :

> Si l'Église veut un jour pénétrer à nouveau dans ce monde aliéné et le revendiquer au nom du Christ, ses seules ressources résident dans ses laïcs convaincus et convertis. Il existe de vastes zones, géographiques et spirituelles, dans lesquelles le ministre ordonné peut difficilement pénétrer ; les laïcs y sont déjà et y sont présents chaque jour. Ce qu'il adviendra de la société à l'avenir dépendra largement de l'usage qu'ils feront de leurs possibilités, de leur efficacité en tant que témoins chrétiens dans un océan d'existences nouveau et encore imparfaitement cartographié[25].

De même, très tôt dans l'histoire de l'IFES, Johnson soulignait l'importance de laisser les étudiants penser par eux-mêmes, sous peine de voir leurs capacités intellectuelles et leur intégrité d'étudiants méprisées :

> Quelle que soit l'orthodoxie de son éducation ecclésiale, et quelle que soit la fidélité de son pasteur en matière d'enseignement doctrinal, il arrive un moment, à la fin de l'adolescence d'un étudiant intellectuellement actif, où *il prend conscience du besoin d'exprimer sa foi d'une manière adaptée à son âge et à sa formation. Il veut discuter librement, prier et s'engager dans un service d'évangélisation actif en compagnie d'autres jeunes de son âge.* C'est presque toujours pour le bien de son Église, ainsi que pour le sien, qu'il doit agir ainsi. Car ce n'est que de cette manière que la foi peut s'enraciner profondément et être transmise sous une forme influente à la génération suivante[26].

Pourtant, de fréquentes mises en garde ont également été lancées contre toute tentative de « prendre du pouvoir », à savoir que « la tentation au sein des groupes d'étudiants peut être de considérer le christianisme uniquement comme un ensemble de propositions intellectuelles, plutôt que comme un mode de vie basé sur la connaissance personnelle de l'amour de Dieu pour nous en Christ[27] ». Commentant une récente recherche sur le terrain dans un groupe dont la description correspond étroitement à celle d'un groupe IFES, Bryant raconte

---

24. Voir le résumé de la pensée de Wuthnow dans FLETT, *Apostolicity*, p. 160.
25. NEILL, « Introduction », p. 22.
26. JOHNSON, *A Brief History*, p. 102-103 ; c'est nous qui soulignons.
27. DRANSFIELD et MERRITT, « The "One-Another" Ministry », p. 37.

l'engagement délibéré avec le contenu de la foi chrétienne auquel les étudiants aspiraient. Ils

> prétendaient valoriser la rigueur intellectuelle dans la recherche de la vérité et des réponses. Il est clair que la culture universitaire, avec la grande importance qu'elle accorde à l'intellect, exerce une pression sur l'organisation chrétienne. Pour être pris au sérieux « sur le marché des idées », il était vital d'adopter des moyens académiques valables de recherche de la vérité, et de nombreux étudiants se sont engagés à utiliser ces moyens dans leur recherche[28].

Sur le plan intellectuel, l'environnement de l'université met l'accent sur la réflexion et la découverte, ainsi que sur la liberté de la recherche. Une solide doctrine de la création signifie d'abord que Dieu aime toujours le monde et les humains qui y habitent ; et par conséquent, que les étudiants sont en terrain sûr lorsqu'ils étudient le monde. Ils devraient jouir de la liberté d'explorer comment leur foi se rapporte à leurs disciplines universitaires et à la vie sur le campus, de la même manière que toute théologie a essentiellement besoin d'être contextualisée. Les chrétiens peuvent *être les médiateurs de Dieu à l'université* en apportant une perspective chrétienne à l'ensemble de l'entreprise universitaire. Cette perspective est celle de participants aimants plutôt que celle de combattants[29]. En tant qu'étudiants, professeurs et autres équipiers universitaire, ils peuvent *apporter le monde à Dieu* dans la prière, et à l'Église, en apportant les questions posées par l'université à l'Église pour l'approfondissement missiologique de la vocation de cette dernière[30]. Le fait de formuler la question dans le cadre de la discussion sur le « sacerdoce de tous les croyants » ouvre alors de nouvelles portes, car il envisage la possibilité pour les chrétiens d'être individuellement et collectivement responsables de leur développement théologique *coram Deo*. Cela correspond certainement à l'éthique de l'enseignement supérieur. Ce qui se passe au sein de l'IFES est, en fin de compte, une *entreprise théologique étudiante* qui se propage à travers l'organisation par le biais d'écrits, de conférences et du poids accru des leaders étudiants prometteurs qui deviennent des voix au sein du mouvement et à l'extérieur, notamment dans les murs de l'université.

---

28. BRYANT, « Evangelicals on Campus », p. 14.
29. James K. A. SMITH, « Loving the University. Engaging the Big Questions on Your Campus », Emerging Scholars Blog, 20 février 2023, https://blog.emergingscholars.org/2023/02/loving-the-university-engaging-the-big-questions-on-your-campus/.
30. Ward considère ce processus de renouvellement de la théologie pratique comme une participation à la mission de Dieu ; voir Pete WARD, *Participation and Mediation. A Practical Theology for the Liquid Church*, Londres, SCM, 2008, p. 102-103.

En d'autres termes, « parler de Jésus-Christ dans un autre milieu culturel, c'est ouvrir ce message à la gamme des questions, des ressources et des idiomes que l'on trouve dans cette culture[31] ». La missiologie, la sociologie et la théologie se rencontrent alors que les « prêtres du campus », que sont les étudiants, écoutent les voix du campus et les font remonter à l'Église, qui doit à son tour réfléchir théologiquement à ces nouveaux défis.

La nécessité d'établir un lien entre la connaissance théologique professée, conçue au sens large, d'une part, et la piété émotionnelle vécue, d'autre part, montre l'ampleur des préoccupations qu'un groupe d'étudiants pourrait avoir à traiter. L'analyse de Bryant et Astin postule que

> Les étudiants ont besoin d'être rassurés sur le fait que leurs luttes sont justifiées et font légitimement partie de leur processus de développement. Souvent, ces combats personnels sont menés seuls, loin des routines quotidiennes, des cours et des horaires de travail. Par crainte d'être incompris ou stigmatisés, les étudiants peuvent tenter de dissimuler leurs sentiments troublés – une pratique qui risque de les accabler encore plus. Malheureusement, la douleur de la lutte peut être amplifiée dans des environnements qui refusent de reconnaître l'existence des luttes ou qui appellent à des résolutions prématurées et insatisfaisantes de la lutte au nom de l'engagement envers la tradition religieuse[32].

Deux conclusions peuvent être tirées de l'analyse de Bryant et Astin. Premièrement, les équipiers de l'IFES peuvent et doivent avoir une préoccupation profondément pastorale pour la santé spirituelle, physique et mentale des étudiants avec lesquels ils travaillent, en les accompagnant dans la découverte difficile de la culture et des pratiques universitaires. Pour être pertinente, cependant, cette attention pastorale doit être informée par une compréhension de l'université qui est à la fois valorisante et charitablement critique. Deuxièmement, si les suggestions de Bryant et Astin sont correctes, cela signifie qu'il y a un grand potentiel pour que les ministères étudiants soient des créateurs d'« espace » où tous les gens peuvent explorer les questions de vie et de foi dans un endroit sûr – et c'est notamment une contribution qu'un groupe IFES peut fournir sur le campus[33]. L'IFES est en effet fermement convaincue qu'équiper les étudiants pour

---

31. FLETT, *Apostolicity*, p. 261.
32. Alyssa BRYANT et Helen ASTIN, « The Correlates of Spiritual Struggle During the College Years », *The Journal of Higher Education* 79, no. 1, 2008, p. 23-24.
33. Luke CAWLEY, *The Myth of the Non-Christian. Engaging Atheists, Nominal Christians and the Spiritual but Not Religious*, Downers Grove, InterVarsity Press, 2016, notamment le chap. 9.

la mission est pertinent partout, car la mission de Dieu est universelle, quelles que soient les difficultés contextuelles.

Digression : un éventuel « moratoire sur la doctrine » ? Des étudiants à la recherche de la vérité

La section historique de cet ouvrage a mis en évidence la question fréquente de la légitimité pour les étudiants d'exercer leur ministère auprès de leurs camarades sans être supervisés par des membres du clergé. Emblématique de la question en jeu, le récit de Woods sur la tension telle qu'il l'a vécue dans les années 1940, mérite d'être cité :

> Je venais de parler à la chapelle d'un grand séminaire théologique interconfessionnel. La majorité des étudiants de ce séminaire avaient été formés par Inter-Varsity au cours de leurs études de premier cycle. Le chef du département des études bibliques s'est précipité vers moi à la fin de mon message. « Je comprends enfin ce que vous essayez de me dire depuis dix ans. Vous voulez dire que vous croyez que les étudiants eux-mêmes peuvent s'unir et avoir leur propre mouvement sur le campus et peuvent témoigner du Christ. Je ne le crois pas. Je ne suis plus de votre côté. Les étudiants ne savent rien ou presque rien. Ils ne peuvent pas diriger des études bibliques ; ils ne peuvent pas défendre la foi. Ceci est pour les experts formés. Votre approche ne fonctionnera jamais. » Le pasteur de l'une des plus grandes Églises indépendantes de l'est des États-Unis m'a dit un jour : « Je ne crois pas à votre approche Inter-Varsity. Je ne crois pas que des étudiants non formés puissent présenter efficacement l'Évangile. Je ne veux pas que les gens de mon Église essaient d'amener leurs amis au Christ. Je suis le ministre ordonné et qualifié de cette Église. Je suis allé à l'université et à la faculté de théologie, et j'ai mon doctorat. Mes collaborateurs doivent amener leurs amis pour lesquels ils prient. Je vais leur proclamer l'Évangile de la grâce de Dieu. Ils ne se laisseront pas embrouiller par une présentation immature et inadéquate. Ils m'entendront et seront convertis selon la grâce souveraine de Dieu. Donc, je ne souscris pas à votre point de vue selon lequel chaque étudiant qui est chrétien, est un témoin du Christ[34] ».

---

34. Woods, *Growth of a Work of God*, p. 61.

Woods avait compris que cette réticence à voir les avantages du leadership laïc était le reflet d'une captivité culturelle. Selon lui, « le christianisme américain a trop longtemps été conditionné par l'idéologie et les pratiques commerciales américaines. La doctrine biblique de l'organisation et du sacerdoce de tous les croyants n'est reconnue que du bout des lèvres. Le cléricalisme sous toutes ses formes n'est que trop répandu[35] ».

Pourtant, la crainte exprimée par le pasteur américain que les étudiants ne soient pas assez mûrs, et que l'absence de supervision cléricale ne brouille la théologie et la doctrine, est un défi missiologique pour le ministère étudiant et ne se limite certainement pas aux États-Unis. La question est donc sociologique autant que doctrinale : un éventuel *moratoire sur la doctrine* pourrait-il être présupposé pour le ministère étudiant ?

Un tel « moratoire » ne serait pas formalisé mais implicite dans la manière dont les équipiers opèrent pastoralement avec les étudiants – et je suggère que c'est déjà la manière dont les équipiers opèrent souvent. Opérer à partir d'une telle prémisse signifie essentiellement permettre aux étudiants de suspendre leur jugement le temps qu'ils examinent leur foi alors qu'elle est confrontée au (nouvel) environnement universitaire. Du point de vue d'une organisation, un moratoire ne signifie pas l'abandon de toute aspiration à la fidélité doctrinale, car tous les titulaires de fonctions – y compris la plupart des leaders étudiants – ont signé la base doctrinale et fonctionnent sur la base des convictions qu'elle énonce. Il reconnaît cependant que les convictions doctrinales ont besoin de temps pour être appropriées par un groupe de personnes dont l'occupation quotidienne est l'évaluation des idées, de leurs avantages respectifs et de leurs défauts potentiels. Congar a judicieusement commenté l'aspect « frontière » qui caractérise le monde des penseurs :

> Dans le large domaine situé, comme le laïcat lui-même à la suture de l'Église et du monde, les penseurs, artistes, chercheurs et savants laïcs doivent être et se sentir plus libres que les clercs voués à la théologie proprement dite ; ils peuvent y développer les options partielles mais franches auxquelles le prêtre peut beaucoup moins s'abandonner, obligé qu'il est de demeurer l'homme de tous ; ils peuvent être davantage créateurs, n'hésitant pas à ouvrir des voies nouvelles, tandis que les clercs, hommes de la tradition, sont parfois

---

35. *Ibid.*

tentés de transporter dans d'autres disciplines où elles n'ont que faire, les méthodes d'autorité qui sont de mise en dogmatique[36].

Le plaidoyer de Congar n'est pas un cas pour l'individualisme doctrinal mais pour la reconnaissance nécessaire qu'il y a des contextes dans lesquels les gens ont besoin d'un degré de liberté pour examiner ce qu'ils finissent souvent par recevoir comme une tradition valide[37]. C'est le prix missiologique de l'intégrité intellectuelle pour un ministère qui sert le monde étudiant. Stevens note de manière très vivante que « c'est la théologie qui est faite "de bas en haut". Une grande partie de la théologie qui est faite est inadéquate, mais elle est faite ! La théologie endogène, la théologie de l'improvisation, bien que souvent réactionnaire, révèle souvent une dimension inexplorée de la vérité chrétienne[38] ».

La possibilité même de découvrir des « dimensions inexplorées de la vérité chrétienne » n'aurait pas semblé sympathique aux fondateurs de l'IFES, et pourtant c'est bien ce qui s'est produit tout au long de l'histoire du mouvement et qui continuera probablement à se produire puisque l'organisation est maintenant présente dans le monde entier. Bien qu'ils aient soutenu l'idée que les étudiants leaders explorent ensemble la vérité, la possibilité de suspendre le jugement doctrinal était également une préoccupation des premiers dirigeants de l'IFES, et cette question était étroitement liée à celle de l'indépendance vis-à-vis des Églises établies. Comme le prévenait judicieusement Woods en 1957, « l'histoire de l'Église indépendante est souvent tragique. Privée des moyens scripturaires d'un culte communautaire, d'instruction et de discipline, la malformation spirituelle en est presque inévitablement la conséquence. Des excentricités et des aberrations se développent, et l'hérésie en est souvent le résultat final[39] ».

Le lien avec les groupes de l'IFES est clair : principalement pour des raisons sociologiques, les étudiants devraient pouvoir explorer, mais comme les groupes d'étudiants ne peuvent pas remplacer l'implication dans l'Église locale, on s'attend

---

36. Congar, *Jalons pour une théologie du laïcat*, p. 431.
37. Roberts plaide dans la direction opposée, affirmant que l'adhésion (incontestée) aux limites strictes de la BD est nécessaire pour les étudiants à la recherche de certitudes à un stade de la vie où tant d'autres dimensions sont déjà remises en question ; voir Vaughan Roberts, « Reframing the UCCF Doctrinal Basis », *Theology* 95, no. 768, 1er novembre 1992, p. 432-446. Ce qui est déjà contestable pour une société où une grande partie de chaque génération poursuit des études supérieures, l'est probablement encore plus dans le monde majoritaire. En tout cas, il faut tenir compte des spécificités de la socialisation de chaque individu dans sa discipline universitaire, du besoin relatif de certitude doctrinale pour l'appropriation de la foi, ainsi que de ses inclinations personnelles, de sa psychologie et de sa culture.
38. R. Paul Stevens, *The Abolition of the Laity. Vocation, Work and Ministry in Biblical Perspectives*, Cumbria, Paternoster, 1999, p. 18-19.
39. Woods, « Evangelical Unions and the Church », p. 4.

à ce que les garde-fous et une approche équilibrée de l'exploration soient infusés aux étudiants dans le contexte des activités et de l'enseignement de l'Église. Ce qu'il est important de noter, c'est qu'un « moratoire sur la doctrine » est moins une question de structure que de pratique : c'est une attitude qui consiste à faire confiance à l'interaction mystérieuse de l'individualité façonnée dans la communauté par le travail du Saint-Esprit pour la formation de la croyance et ses implications contextuelles. Cela semble être le corollaire nécessaire du caractère « pionnier » de l'engagement missionnaire, qui exige une improvisation fidèle.

Comme les étudiants sont encouragés à être membres de congrégations locales, leur exploration de la doctrine ne se fait pas dans le vide. Elle a lieu sur le campus, au sein du groupe d'étudiants, avec toutes ses pratiques dialogiques et son caractère exploratoire, mais aussi en conversation avec les grandes traditions ecclésiales, qui inscrivent la recherche dans toute une série de garde-fous. Parler d'un « moratoire sur la doctrine » revient à *nommer* une phase exploratoire par laquelle passent de nombreux étudiants, et non à *abolir* la doctrine. Cela permet aux étudiants non chrétiens de poser des questions difficiles sur des éléments doctrinaux sans que ces questions constituent une menace pour les chrétiens ; et aux chrétiens de poser les questions qu'ils n'auraient jamais osé poser dans un contexte ecclésial. En termes contemporains, cela signifie que le groupe local d'étudiants peut être un « espace sécuritaire » où la doctrine peut être explorée et testée sans risque immédiat d'excommunication[40].

L'idée – certes provisoire – d'un « moratoire sur la doctrine » prend en considération l'argument de Berger selon lequel, dans un monde où le christianisme n'est plus la vision évidente du monde – et ce d'autant plus dans les endroits où il ne l'a jamais été – les chrétiens sont soumis à un « impératif hérétique », c'est-à-dire qu'ils doivent « penser par eux-mêmes »[41]. À première vue, cela va à l'encontre de l'idée même d'orthodoxie, selon laquelle « l'orthodoxe se définit comme quelqu'un qui s'inscrit dans une tradition ; la nature profonde de la tradition est d'être reçue comme un donné indiscutable ; mais c'est justement cela que l'expérience vécue dans une société [universitaire] moderne met

---

40. On reconnaîtra l'allusion à la notion anglophone de « *safe space* » qui désigne un endroit où une personne peut partager son ressenti sans crainte de jugement. Les universités anglo-saxonnes tendent à abuser de la notion, permettant ainsi à certains étudiants d'éviter d'étudier des éléments d'une discipline (certains romans par exemple), à cause des réactions négatives qu'ils pourraient engendrer chez les étudiants, réveillant potentiellement d'anciens traumas (de viol ou de harcèlement par exemple).
41. Berger fait référence à l'étymologie de αἵρεσις, « acte de choisir ». Peter L. BERGER, *L'impératif hérétique. Les possibilités actuelles du discours religieux*, trad. de l'anglais Jean-François Rebeaud, version anglaise originale 1979, coll. « Débats », Paris, Van Dieren, 2005, p. 41.

sans cesse en question[42] ». Par conséquent, un ministère auprès des étudiants exige une considération missiologique attentive de l'environnement pluraliste de l'université où ils sont généralement encouragés à penser par eux-mêmes, et même à « choisir. » Cette socialisation pluraliste est l'air que les étudiants respirent. Croire en la validité des croyances chrétiennes permet aux équipiers d'être confiant que ces croyances résisteront à l'examen minutieux auquel les étudiants sont susceptibles d'être confrontés. L'objectif est, bien sûr, de favoriser une communauté honnête et encourageante au sein de laquelle les étudiants peuvent choisir en toute connaissance de cause de s'inscrire dans la tradition chrétienne. Cette communauté est le groupe d'étudiants qui, en définitive, fait partie de l'Église.

Médiation envers l'Église

> L'université est un champ non évangélisé continu, un jardin d'enfants chrétien continu[43].

Si les étudiants se caractérisent, entre autres, par leur interaction intellectuelle avec le monde, le contexte universitaire présente des défis spécifiques pour certains étudiants chrétiens, notamment au sein de l'évangélisme. Parmi ces défis, on peut citer le fait que les études universitaires remettent en question les préconceptions et les idées reçues sur le fonctionnement du monde, que certaines disciplines remettent en cause les traditions herméneutiques, etc. Aux premiers jours de l'IFES, cette tension était essentiellement perçue comme une menace. Dans les catégories claires et nettes caractéristiques de son style, Woods avertissait en 1970 que

> de nombreux évangéliques, en particulier les diplômés, dans un effort pour se faire accepter dans la société socio-scientifique actuelle, *continueront à compromettre* leur christianisme biblique. Cette *érosion* des fondements bibliques surnaturels, en particulier lorsqu'ils sont appliqués à la réalité des événements spatio-temporels tels qu'ils sont consignés dans les Écritures, entraînera *une perte de puissance et d'efficacité spirituelles*, et finalement *la perte de la foi chrétienne elle-même*. D'autre part, la minorité consacrée de Dieu, bien que petite, continuera dans une loyauté inébranlable au Christ et à sa Parole infaillible[44].

---

42. *Ibid.*, p. 43.
43. Woods, « Student Work », p. 13.
44. Woods, « Perspectives and Priorities », p. 2 ; c'est nous qui soulignons.

L'angoisse de Woods concernant l'affaiblissement des convictions bibliques est présentée avec logique et clarté : au départ, il y a le « christianisme biblique », dont les principes vont à l'encontre du courant académique, qui incite ceux qui veulent réussir à céder à des approches matérialistes, qui à leur tour rendent impossible un témoignage fidèle. La compréhension de l'IFES par Woods est celle d'une minorité qui doit renforcer une minorité dans ses propres rangs. Cette minorité était parfois assez faible, comme le notent plusieurs récits[45], mais l'idée chère à Woods, d'une « minorité consacrée » influençant son environnement, rappelle le langage sacerdotal.

Woods et Williams n'étaient pas les seuls à souligner les tensions vécues par les étudiants chrétiens fréquentant les universités. Mais cette tension a une autre dimension. Niringiye insiste sur le fait que

> la conversion ne peut être attribuée simplement aux cultures réceptrices. Puisque la mission chrétienne authentique trouve son origine dans la mission de Dieu, l'invitation de Jésus à le suivre dans une autre culture nous pousse à réexaminer nos propres perspectives, à nous repentir et à croire à la bonne nouvelle du royaume ; c'est une invitation à un voyage de conversion, à être transformé par la grâce de Dieu et à être entraîné dans la communion avec d'autres personnes qu'il attire à lui à travers nous[46].

Supposons que les remarques ci-dessus de Niringiye soient prises au sérieux. Dans ce cas, les étudiants doivent prendre en considération les développements scientifiques pour leurs implications sur la façon dont la foi chrétienne est comprise. Soucieux d'éviter d'édulcorer la doctrine face à un « libéralisme » plus intéressé par la science, les milieux de l'IFES n'ont pas encore mis une énergie significative dans le dialogue avec les développements scientifiques[47]. L'idée que l'université est au fond un lieu potentiellement dangereux pour la foi est une trame

---

45. Williams, *Holy Spy*, p. 52-53.
46. Niringiye, *The Church*, p. 143.
47. Stackhouse note en des termes piquants à l'intention des mouvements de l'IFES que « de nombreux équipiers des campus – et les dirigeants qui montent dans la hiérarchie des organisations de campus – n'ont qu'un diplôme de premier cycle, et souvent dans un domaine qui les prépare mal aux débats idéologiques et à la formation de disciples chrétiens (par exemple, l'ingénierie, les sciences naturelles, le commerce, la médecine). Plus récemment, ils sont plus nombreux à avoir une maîtrise ou un diplôme supérieur dans un domaine pertinent. Mais on peut se demander pourquoi ces qualifications ne sont pas simplement exigées, de la même manière que les dénominations et les congrégations exigent au moins un diplôme de théologie pour faire le travail. Quel est cet emploi qui exige si peu de formation théologique, si peu de conscience philosophique ? » https://www.johnstackhouse.com/post/engaging-the-university.

narrative que l'on retrouve souvent dans les témoignages des étudiants de l'IFES, qui racontent d'importants conflits de loyauté entre leur vocation académique et leur engagement ecclésial[48]. Cela dit, d'un point de vue missiologique, non seulement « l'université » a besoin d'être convertie, mais les « messagers » ont également besoin d'être façonnés par la rencontre. C'est pourquoi « le ministère étudiant est l'expression du désir particulier de l'Église d'être présente auprès de tous ceux qui sont impliqués dans l'enseignement supérieur et de favoriser le dialogue entre l'Église et la communauté universitaire[49] ». Ce n'est cependant pas ainsi que la mission a été traditionnellement comprise dans les milieux évangéliques. Dans le cas très spécifique des Etats-Unis – à partir duquel nous ne pouvons pas extrapoler directement au reste du monde mais qui est néanmoins influent, notamment en raison de sa production dans les médias imprimés et autres – Bielo fournit une critique perspicace, bien que pas particulièrement charitable, de la relation des évangéliques à l'université :

> Il existe un discours dominant parmi les évangéliques conservateurs selon lequel l'université est un territoire où les chrétiens doivent se montrer prudents. C'est le terreau du « libéralisme », de l'« humanisme », du « sécularisme » et d'une variété d'autres « ismes » disgracieux qui sont les antagonistes des chrétiens et du christianisme. L'université est le lieu où l'évolution des espèces, les philosophies existentielles et les épistémologies non occidentales sont utilisées pour balayer la théologie chrétienne. C'est là que la « tolérance » et la « diversité » sont des termes « libéraux » pour désigner l'évaporation des absolus moraux. Cette trame narrative particulière comprend un professeur trop cérébral et trop intelligent qui abuse intellectuellement d'étudiants chrétiens sans méfiance, les forçant à douter de leur foi[50].

Cette description s'applique davantage aux premières années de l'IFES qu'à ses années suivantes. Pourtant, les tensions à l'intersection de la vie universitaire et de l'engagement chrétien demeurent. Comme le postule Reimer, « si certains des étudiants les plus religieux sont intellectuellement engagés, réfléchissant aux

---

48. L'auteur a entendu ce genre de sentiments exprimés par de nombreux étudiants dans de nombreux pays.
49. Wonyoung BONG, « Toward Improving the Effectiveness of Campus Ministry at Universities », *Asia-Africa Journal of Mission and Ministry* 7, 2013, p. 28.
50. BIELO, *Words upon the Word*, p. 40.

implications de l'éducation libérale pour leurs opinions religieuses, un certain adoucissement de l'orthodoxie est probable[51] ».

Selon l'analyse de Reimer, cet « effet de libéralisation » n'est cependant en aucun cas automatique. Un engagement intellectuel plus poussé est nécessaire, c'est-à-dire que « l'étudiant doit encore s'engager intellectuellement dans ces théories[52] ». Cela représente un défi important pour un ministère qui encourage les étudiants à s'engager dans leurs études en y consacrant toute leur intelligence. D'une part, exposer sa foi à des défis intellectuels signifie bénéficier d'un « test de résistance » de la foi et en sortir avec une foi plus établie et plus résistante. D'autre part, cependant, un phénomène de relativisation plus ou moins prononcé semble s'opérer concernant certaines convictions dogmatiques, qu'elles soient héritées des parents ou de la socialisation au sein même du groupe IFES. Cela étant, ces rencontres ne conduisent pas automatiquement à une moindre certitude théologique, comme le note encore Reimer : « La participation active à un groupe chrétien sur le campus a permis de préserver les croyances et la morale traditionnelles. [...] L'enseignement supérieur peut élargir et diversifier les réseaux sociaux, dont on pensait traditionnellement qu'ils sapaient l'orthodoxie religieuse, mieux préservée par la fermeture des réseaux[53]. »

Au sein de l'IFES, la valeur accordée aux livres et à l'éducation va de pair avec une mise en garde sur le fait que la foi et la doctrine ont besoin d'être nourries, dans un grand souci de pérennité de l'engagement de l'étudiant : « L'étudiant évangélique qui ne parvient pas à être suffisamment tenace dans sa croyance et sa conduite évangéliques à l'université réussit rarement à l'être pendant le reste de sa carrière[54]. »

Si cela est vrai, l'université représente un défi pour les responsables ecclésiaux. L'université peut être considérée soit comme un réservoir de personnes à atteindre avec une vigilance contextuelle, soit comme présentant des caractéristiques qui peuvent être véritablement propices à l'épanouissement de la foi chrétienne et de la vie en commun avec des personnes partageant ou non les mêmes convictions. « Dans le meilleur des cas, l'apprentissage qui a lieu dans les universités peut donc contribuer, de manière aussi limitée soit-elle, à la tâche d'apprendre à vivre ensemble dans le monde en tant que corps du Christ, que

---

51. S. Reimer, « Higher Education and Theological Liberalism. Revisiting the Old Issue », *Sociology of Religion* 71, no. 4, 3 juin 2010, p. 396.
52. *Ibid.*, p. 394.
53. *Ibid.*, p. 395.
54. Inter-Varsity Fellowship of Evangelical Unions, sous dir., *Principles of Co-operation*, Londres, IVF, s.d., p. 16.

ceux qui y participent comprennent ou non leur apprentissage en ces termes[55]. » De même, Osei-Mensah s'appuie sur l'imagination théologique et sur l'histoire lorsqu'il propose que

> le chrétien doit redécouvrir pour lui-même le concept original sur lequel les universités ont été fondées, à savoir l'harmonie entre le surnaturel et le naturel. Il doit en outre se rendre compte que cette harmonie n'a de réalité que dans le Seigneur qui « soutient toutes choses par la parole de sa puissance ». C'est le premier pas vers l'intégration de l'étude et de la dévotion[56].

Valoriser la vie intellectuelle signifie apprécier le don qu'est la raison, et investir dans sa culture, ce qui permet une intégration plus approfondie. Lutz, qui, en plus de son insistance sur la formation missionnaire, est conscient des défis que l'université représente pour les étudiants, plaide sans ambages pour un discipulat de l'intelligence : « En tant que personnes en mission dans l'enseignement supérieur, nous développons intentionnellement et rigoureusement l'intellect. Cela signifie que nous appelons les étudiants à la transformation de toute leur personne – esprit, corps et âme – par l'Évangile, une transformation qui commence par le renouvellement de leur esprit (Romains 12.2)[57]. »

Sur un ton tout aussi pressant, Malik exhorte ses lecteurs à prendre l'université au sérieux par conviction théologique. Il ne suffit pas de constater l'augmentation de la population étudiante, il faut s'attacher à évaluer l'université d'un point de vue institutionnel, c'est-à-dire sous l'angle de son impact sur les sociétés :

> Si l'université domine aujourd'hui le monde, si Jésus-Christ est qui l'Église et la Bible proclament qu'il est, et si nous croyons que ce que l'Église et la Bible affirment au sujet de Jésus-Christ est la vérité, alors comment pouvons-nous manquer non seulement de soulever la question de ce que Jésus-Christ pense de l'université, mais aussi de faire face à la demande tout aussi urgente : Que peut-on faire ? Nous avons affaire au pouvoir qui domine le monde ; comment pouvons-nous alors nous reposer sans chercher à savoir quelle est

---

55. Mike HIGTON, « Education and the Virtues », dans *The Universities We Need. Theological Perspectives*, sous dir. Stephen Heap, Milton, Taylor and Francis, 2016, p. 82.
56. Gottfried OSEI-MENSAH, « Integration Point. Against Dichotomy », *In Touch* 1, 1974.
57. LUTZ, *College Ministry*, p. 703. J'ai présenté un argument similaire dans Timothée JOSET, *Dieu, mes études et moi*, coll. Question suivante, Marne-la-Vallée, Farel/GBU, 2019.

la position de Jésus-Christ par rapport à ce pouvoir ? L'université et Jésus-Christ, voilà les deux foyers inséparables de notre pensée[58].

On ne peut pas répondre à l'appel de Malik par le seul encouragement d'un ministère des étudiants à se réunir pour la prière, la camaraderie et la lecture de la Bible, ainsi que pour le témoignage sous quelque forme que ce soit, sans un engagement *délibéré, conséquent et durable* à encourager les étudiants à une réflexion approfondie sur les questions et enjeux de l'université. Il est frappant de constater que l'affirmation de Malik selon laquelle « changer l'université, c'est changer le monde », qui figure encore aujourd'hui en bonne place dans les documents de relations publiques de l'IFES, a été concrètement comprise comme signifiant que les étudiants *en tant qu'individus* doivent être atteints par l'Évangile et qu'ils changeront à leur tour l'université, puis le monde[59]. La prémisse théologique est que la conversion incitera finalement les étudiants chrétiens à changer l'université. Pourtant, la question demeure : la formation globale des étudiants aborde-t-elle délibérément les questions et les problèmes académiques les plus importants – d'un point de vue institutionnel et académique – de sorte que l'on puisse raisonnablement s'attendre à ce que la « vision du changement » se réalise un jour, même si les étudiants chrétiens restent une communauté marginale dans l'université ? Sommerville s'appuie également sur des exemples bibliques pour encourager une attitude positive dans l'engagement des chrétiens avec l'université. S'adressant principalement à un public occidental, il affirme que « les chrétiens ne devraient pas avoir besoin de dominer le séculier avant de se sentir en sécurité autour de lui. Lorsque Saint Paul a débattu avec les Athéniens sur l'Aéropage, il ne les a pas menacés. Lorsque Jésus enseignait publiquement par le biais de questions, il partait du principe qu'il avait un allié dans la conscience et l'intelligence de son auditoire[60] ». Si l'on applique cette réflexion à l'IFES, dans de nombreux pays, il n'y a de toute façon aucune possibilité de « dominer la sphère publique », de sorte que les étudiants chrétiens sont habitués à être la minorité depuis longtemps. Pourtant, alors que l'Occident publie et diffuse de manière disproportionnée des ouvrages sur les questions de culture et de vie chrétienne, il est essentiel de redécouvrir le potentiel des minorités à s'engager de manière significative dans leur environnement, de peur que les petits mouvements ne se croient limités à la survie avant de pouvoir apporter quoi que ce soit à l'université.

---

58. MALIK, *A Christian Critique*, p. 21.
59. Ce point de vue est critiqué par Paas qui dit qu'il s'agit d'un reliquat des perspectives de restauration de la chrétienté ; voir PAAS, *Pilgrims and Priests*, p. 66.
60. C. John SOMMERVILLE, *Religious Ideas for Secular Universities*, Grand Rapids, Eerdmans, 2009, p. 61.

Ainsi, l'une des premières choses qu'un mouvement IFES pourrait envisager est peut-être de s'assurer que dans chaque étude biblique, chaque enseignement, chaque discussion avec les étudiants, les partisans et les amis du mouvement, des questions soient posées sur le contexte universitaire. Ces questions ne devraient pas seulement être posées d'un point de vue purement « chrétien », en se concentrant sur ce qui est « mauvais » à l'université, mais devraient également se concentrer sur les choses positives qui se passent à l'université et sur les défis que rencontrent les gens là-bas (pas seulement les chrétiens)[61]. Dans la littérature de formation de l'IFES, on ne trouve pas vraiment une telle posture délibérée, notamment dans les récits historiques. La logique de « croissance spirituelle personnelle qui informe le témoignage personnel » est en général prioritaire, et le contexte universitaire est surtout perçu comme un défi pour « rester fidèle », plus que comme un lieu où les découvertes sont faites, les échanges encouragés et la fascination nourrie. On pourrait résumer cette alternative en disant que « nous "n'apportons" pas le Christ à l'université, c'est lui qui nous précède et nous y conduit[62] ». Ainsi, de la même manière que les spécialistes de la santé publique plaident pour une approche de l'élaboration des politiques « la santé dans toutes les politiques publiques », ceux qui sont liés à l'IFES pourraient adopter une approche « l'université dans toutes les activités ».

Ce processus complexe de médiation missionnaire se déroule à un niveau théologique avec l'université et informe la théologie à un niveau intellectuel. Mais ce qui distingue l'IFES de beaucoup d'autres organisations, c'est sa taille, et donc, bien qu'humblement, le fait qu'elle préfigure du rassemblement eschatologique de toutes les nations et de toutes les langues sous la seigneurie du Christ.

Médiation internationale

Le large éventail de peuples, de cultures, de spécificités confessionnelles, de langues et bien d'autres aspects encore, représenté au sein de l'IFES donne un avant-goût unique de la communauté multiethnique du peuple de Dieu. Ils sont un « peuple de démonstration » pour le campus – tout comme Israël et l'Église

---

61. L'utilisation d'un cadre réformé très traditionnel pourrait constituer une première étape : il s'agit d'examiner ce qui reflète la bonté de la création, le caractère néfaste de la chute, les changements qui se produisent en conséquence de la rédemption et l'accomplissement vers lequel l'histoire se dirige dans la restauration.
62. Vinoth RAMACHANDRA, « Témoignage chrétien à l'université. Intégrité, incarnation et dialogue dans les universités d'aujourd'hui », trad. par Anja Morvan, *World and Word*, no. 4, 8 novembre 2017, https://ifesworld.org/fr/journal/temoignage-chretien-a-luniversite-vinoth-ramachandra/.

ont été appelés à être parmi les nations. En tant que tels, ils sont un moyen pour élargir les perspectives (ecclésiales, intellectuelles, doctrinales) de l'Église. Les mouvements membres de l'IFES se servent mutuellement en partageant avec la communauté leur compréhension contextuelle de la Bible et, plus largement, de la vie et de la doctrine chrétiennes.

Cependant, une autre difficulté a souvent surgi, plus proche du cœur de la vie intellectuelle des étudiants : la réflexion critique, surtout dans les cultures où cette tradition académique n'a pas une longue histoire[63]. Rodica Cocar, à l'époque étudiante en Roumanie, se souvient de ce qui suit :

> Après la révolution de 1989, il a été possible de publier de la littérature chrétienne en Roumanie, mais il a fallu du temps pour créer une maison d'édition. Le concept de ces études bibliques [*Jésus – l'un des nôtres* de Brede et Lum][64] était complètement étranger à la pensée roumaine, car il n'y avait pas de réponses définitives, bonnes ou mauvaises. On disait qu'en Roumanie, il fallait être un chrétien né de nouveau avant de pouvoir penser indépendamment. La tradition d'enseignement « par cœur » faisait autorité et était transmise dans toute la société, y compris l'Église. Mais les groupes d'étudiants qui ont vu le livre étaient enthousiastes[65].

Cela témoigne d'un mélange culturel intéressant : une culture universitaire qui attend des étudiants qu'ils réfléchissent, mais pas nécessairement en dehors des sentiers battus – et cela peut s'appliquer aussi bien au contexte de l'amphithéâtre universitaire qu'à celui de l'Église locale. Dans ce cas particulier, un livre écrit par une Hawaïenne et publié par un organisme international a encouragé les étudiants d'Europe de l'Est à penser par eux-mêmes, remettant ainsi en question les responsables de leur Église et la culture de leur propre pays. Ce caractère mondial du christianisme redessine les cartes ecclésiales et, en effet, le leadership laïc peut être une raison de l'attrait continu du christianisme pour

---

63. La question de l'ancrage culturel de l'idée même de « pensée critique » ne peut être abordée ici. Il suffit de dire que, bien qu'elle soit répandue dans le monde universitaire globalisé, on ne peut pas la considérer comme la seule façon d'aborder la recherche. Présumer de la supériorité de la tradition de l'esprit critique (occidental) reviendrait à diminuer de manière non éthique les réalisations des universités de l'Antiquité, par exemple.
64. Brede Kristensen et Ada Lum, *Jesus – One of Us. 52 Evangelistic Bible Studies Compiled into 8 Series*, International Fellowship of Evangelical Students, Nottingham, IVP, 1976.
65. Cité dans Williams, *Holy Spy*, p. 154.

de larges pans de la population dans le monde majoritaire. Akinade observe judicieusement que

> *le caractère anti-structurel de la frange non-occidentale du christianisme mondial* se manifeste par des caractéristiques telles que le renouveau charismatique, le réveil à la base, l'exorcisme massif, les Églises de maison dynamiques, *les efforts d'indigénisation solides et le leadership laïc efficace*. Les Églises du tiers-monde définissent vigoureusement le christianisme selon leurs propres termes[66].

Kinoti note également l'importance du ministère mondial de John Stott pour la montée en puissance des leaders chrétiens autochtones en Afrique :

> À l'époque, il était de bon ton pour les étudiants de rejeter le christianisme, soit pour des raisons intellectuelles, soit parce qu'il s'agissait d'une religion d'hommes blancs. Les voyages missionnaires de John Stott dans les universités africaines et ses écrits ont répondu aux besoins intellectuels et spirituels de beaucoup. Ils ont contribué à encourager une classe instruite de dirigeants et de professionnels chrétiens africains qui ont à leur tour influencé, et continuent d'influencer, les plus jeunes[67].

Ces témoignages vont à l'encontre d'autres récits d'oppression intellectuelle par des dirigeants occidentaux. On peut soutenir qu'en raison de la mondialisation croissante des universités, certains des défis rencontrés par les étudiants universitaires occidentaux pourraient correspondre à des questions soulevées par les étudiants du monde majoritaire. De même, dans certaines situations, la structure participative de groupes tels que l'IFES a attiré des étudiants qui étaient par ailleurs éloignés du christianisme ou qui s'y opposaient carrément. Étant donné que l'IFES opère dans le cadre d'une institution étrangère à la plupart des contextes non occidentaux – l'université, qui propage déjà des modes de pensée étrangers à de nombreuses cultures du monde majoritaire – on peut soutenir que l'exportation supplémentaire de méthodologies occidentales pour atteindre les étudiants peut encore fonctionner, comme l'exemple de l'étude biblique menée par les étudiants tend à l'indiquer. Inversement, une théologie importée peut

---

66. Akintunde E. AKINADE, « Introduction », dans *A New Day. Essays on World Christianity in Honor of Lamin Sanneh*, sous dir. Akintunde E. Akinade, 1re éd., New York, Peter Lang, 2010, p. 5 ; c'est nous qui soulignons.
67. George K. KINOTI, « Contribution towards Submission for the Templeton Prize », University of Nairobi, 1996 ; cité dans DUDLEY-SMITH, *John Stott*, p. 110.

encore nuire au développement d'une foi intégrée, les doctrines chrétiennes étant considérées comme étrangères au monde majoritaire, tout comme certaines méthodologies universitaires – le matérialisme non transcendantal par exemple.

En outre, le caractère interconfessionnel de l'IFES semble avoir joué un rôle significatif dans l'élargissement des horizons ecclésiaux, théologiques et intellectuels, essentiellement par la rencontre avec d'autres chrétiens et leurs autres manières de concevoir la foi, le monde et la vie en général. Volf soutient également que l'importance de l'exploration communautaire de la vérité chrétienne – ce que nous avons suggéré dans ce travail comme étant un aspect du sacerdoce mutuel – constitue un avant-goût eschatologique :

> En s'ouvrant les unes aux autres, tant diachroniquement que synchroniquement, les Églises locales devraient s'enrichir mutuellement, devenant ainsi de plus en plus des Églises catholiques. De cette manière, elles correspondront aussi de plus en plus à la catholicité du Dieu trinitaire, qui les a déjà constituées en tant qu'Églises catholiques, car elles sont des anticipations du rassemblement eschatologique de tout le peuple de Dieu[68].

Ici, les chrétiens sont les *médiateurs* de Dieu auprès des autres chrétiens, un mouvement qui correspond à un autre aspect crucial du « sacerdoce de tous les croyants ». Cette *médiation* de Dieu est dérivée de l'œuvre sacerdotale unique du Christ dans laquelle les chrétiens sont attirés en étant inclus dans un groupe plus grand qu'eux : l'Église.

---

68. Miroslav Volf, *After Our Likeness. The Church as the Image of the Trinity*, Grand Rapids, Eerdmans, 1998, p. 213. Voir aussi le Pape Paul VI, « *Ad Gentes* », sect. 9.

20

Conclusion générale

Les organisations « paraecclésiales » comme l'IFES sont pour la plupart structurellement *indépendantes* des congrégations organisées, mais elles sont essentiellement *ecclésiales* car elles sont l'aboutissement – dans ce cas sur le terrain universitaire – de la *mission de l'Église* de bénir son environnement et de proclamer l'Évangile. En outre, les étudiants sont membres de l'Église universelle ainsi que des congrégations locales. Leur travail sacerdotal de médiation s'effectue à la périphérie de l'Église formellement reconnaissable. Cela présuppose une *ecclésiologie missionnaire*, qui ne limite pas l'Église à ce qui est immédiatement identifié comme tel.

Cette *communauté mondiale* se situe à deux niveaux : la communauté limitée de l'IFES et la communauté plus large de l'Église universelle et de ses incarnations locales. L'Église locale, dont les étudiants sont encouragés à être membres, nourrit les étudiants, le personnel et le corps enseignant associés à l'IFES et leur permet de faire l'expérience d'une expression plus large du corps du Christ.

L'engagement théologiquement motivé et régulièrement réaffirmé de l'IFES en faveur de la nécessaire endogénéité de la foi chrétienne – en accord avec l'idée d'*immédiateté* – met à mal l'idée que la mission chrétienne n'était qu'un processus de colonisation qui ne laissait aucun pouvoir aux acteurs locaux[1]. Au contraire, la nature même du public de l'IFES – les étudiants – implique une action de leur part. Cette « appropriation locale de l'Évangile » – notamment pas des structures chrétiennes – est au cœur du discours de l'IFES, qui insiste sur le fait que « les équipiers servant dans des zones pionnières ou avec des mouvements plus jeunes doivent faire tout leur possible pour transmettre la pleine responsabilité et le leadership aux leaders nationaux[2] ».

---

1. Flett réfute ces approches fréquentes comme étant trop étroites ; voir FLETT, *Apostolicity*, p. 182-183.
2. CHUA, « Staff Letter 9 », p. 1.

Les explorations ci-dessus ont montré le lien entre la manière dont l'IFES s'est compris comme une organisation missionnaire et la notion d'*apostolicité*. La mission de Dieu attire des individus qui s'organisent pour témoigner dans leur environnement immédiat ou dans des pays étrangers. L'« apostolicité » en tant qu'« envoi » encadre toute l'entreprise pionnière caractéristique de l'IFES, malgré ses liens structurels avec la logique de l'empire. L'« apostolicité » ainsi comprise relativise les structures ecclésiales et est en accord avec l'*ecclésiologie missionnaire* décrite ci-dessus. L'élargissement de l'IFES à de plus en plus de pays témoigne également de l'adaptabilité contextuelle du message chrétien, malgré les tensions associées à l'idée qu'un « dépôt de la foi » doit être transmis à quiconque croit. J'ai également souligné la nécessité d'une réflexion approfondie sur les conditions d'appropriation locale de la foi. Cette appropriation locale est la conséquence du « sacerdoce de tous les croyants » en ce sens que, parce que les individus, où qu'ils vivent, peuvent entrer *immédiatement* en relation avec Dieu, ils sont appelés à en être les *médiateurs* pour leur environnement. Cependant, ce que les fondateurs de l'IFES n'avaient pas prévu à l'origine, c'est qu'en rencontrant de nouvelles réalités, la façon dont l'Évangile est compris serait élargie et « nourriraient » à leur tour les membres de l'organisation, y compris ses anciens « centres d'envoi ». Cela ne se fait pas sans tension, mais jette les bases d'une meilleure prise de conscience de la manière dont les chrétiens peuvent se comporter dans un environnement où ils sont minoritaires.

Dans la partie historique de ce travail, j'ai remarqué combien de responsables d'églises se sont opposés au ministère de l'IFES au motif qu'il était trop dangereux pour des étudiants sans formation théologique de se réunir seuls, d'étudier la Bible et de s'encourager mutuellement à partager leur foi sans la supervision directe de spécialistes formés. Allen réplique en faisant appel à la métaphore du *corps* :

> Si l'absence de langues était utilisée comme un argument pour interdire au corps de s'exprimer, si l'absence de mains était utilisée comme un argument pour interdire au corps de toucher et de sentir, alors nous devrions adopter la position que tentent de nous imposer ceux qui utilisent l'absence de ministère ordonné pour interdire au sacerdoce du corps de s'exprimer. Lorsqu'ils font cela, le ministère spécialisé fait la guerre au sacerdoce universel des chrétiens[3].

En outre, j'ai avancé précédemment l'argument selon lequel toutes les activités de base auxquelles s'adonnent les étudiants peuvent être liées aux différentes

---

3. ALLEN, *Ministry of Expansion*, emplacement Kindle 1797.

dimensions du service sacerdotal inspiré par les prêtres de l'Ancien Testament et l'appel du peuple d'Israël. Il est évident que, dans certains contextes, les étudiants « livrés à eux-mêmes » peuvent prendre des chemins de traverse théologiques. Cependant, la réalité est que de nombreux étudiants sont de toute façon laissés à eux-mêmes : soit parce qu'aucun responsable d'église ne s'intéresse à eux en tant que public spécifique, soit parce que le soutien ou la supervision fournis ne sont pas pertinents dans la mesure où aucun des problèmes importants de la vie du campus n'est connu de ces responsables d'églises. La formation de disciples court alors le risque d'être déconnectée de la vie et des combats spirituels des étudiants et des chercheurs chrétiens, manquant ainsi sa cible et pouvant être réduite à la promotion d'une forme de conformisme moral privé de motivation intrinsèque, laquelle périra bientôt. À cet égard, toute théologie du ministère auprès des étudiants doit avoir une réponse à la question de savoir ce que les étudiants chrétiens doivent faire lorsqu'ils se trouvent sur la « ligne de front missionnaire étrangère » que sont souvent les campus universitaires aujourd'hui.

Le ministère étudiant est crucial. Pourtant, il ne représente pas toute la mission de Dieu, et certainement pas non plus la totalité de la mission de l'Église. Comme le note Stackhouse,

> Les groupes paraecclésiaux qui se consacrent à des tâches particulières et font appel à des types particuliers de personnes peuvent concentrer puissamment leurs ressources sur des besoins importants ou des problèmes difficiles. Mais ces groupes peuvent aussi favoriser une vision étroite qui voit l'avenir de la moralité chrétienne, le destin du pays, voire le succès de l'Évangile lui-même, en fonction du succès de leur cause particulière[4].

Il est donc utile de rappeler aux étudiants la portée plus large de la *missio Dei* et de les encourager à éviter une telle « vision étriquée » qui, si elle est trop présente, pourrait compromettre leur pleine intégration dans le ministère plus large de l'Église locale à la fin de leurs études. C'est l'un des domaines où les responsables d'églises peuvent accompagner avec douceur les étudiants qui ne disposent pas toujours d'un « cadre général permettant de mettre de l'ordre, de déterminer l'importance relative des choses et de faire le tri[5] ». On peut donc dire qu'il y a de solides arguments à faire valoir pour que les étudiants chrétiens rejoignent nécessairement un groupe d'étudiants sur le campus, qu'il soit lié à l'IFES ou non. Comme l'IFES l'a soutenu tout au long de son histoire,

---

4. STACKHOUSE, *Evangelical Landscapes*, p. 34.
5. *Ibid.*, p. 35.

les étudiants devraient s'impliquer dans les congrégations locales autant que possible. Pourtant, les étudiants ont souvent du mal à établir des liens avec les Églises locales pendant leurs études en raison du décalage croissant entre leurs nouvelles réalités et les horizons de leurs Églises. Cela peut conduire à une tendance soit à se replier sur un groupe d'étudiants, soit, pire encore, à renoncer à tout engagement communautaire.

Le statut intellectuel des étudiants et leurs compétences et connaissances nouvellement acquises représentent également un défi pastoral : comment doivent-ils gérer avec sagesse leur pouvoir nouvellement acquis ? Dans de nombreux contextes, l'addition des paires opposées *église-paraecclésial*, *universitaire-non universitaire*, *expérimenté-inexpérimenté*, *ordonné-laïque* et *jeune-ancien* rend la coopération et la compréhension mutuelle difficile, mais pas impossible, et de nombreux responsables IFES ont fait beaucoup d'efforts pour encourager une bonne communication entre toutes les parties. Indiquant une voie à suivre, Debanné suggère que

> L'idéal, bien sûr, c'est que le membre d'Église devienne lui-même le canal de cette communication. Celle-ci pourra être établie par lui dans les deux directions : il apportera avec sagesse le souci doctrinal et moral de son Église dans l'œuvre inter-Église, et, en retour, il rapportera de nouvelles questions dont il aura discerné la pertinence à sa propre vie d'Église[6].

Cela exige une communication soignée et une compréhension mutuelle, mais si la logique de la peur peut être dépassée par la logique de la confiance mutuelle entre les dirigeants d'églises qui voient l'importance et la nature non menaçante des organisations paraecclésiales pour leurs propres congrégations, un immense potentiel de partenariat dans la mission est ouvert.

Ainsi, le travail de l'Église et des étudiants peut bénéficier d'une dynamique positive d'échanges : tout comme

> la pastorale reçoit de la théologie et dépend d'elle, dans l'ordre de l'éveil des idées, des problèmes posés, des chocs qui entraînent un enrichissement de la pensée, la pastorale peut apporter beaucoup à la théologie. La plupart des renouveaux qui ont marqué dans l'Église sont dus à un ébranlement reçu des militants du front apostolique et missionnaire[7].

---

6. Debanné, « L'étudiant chrétien », p. 43.
7. Congar et Varillon, *Sacerdoce et laïcat dans l'Église*, p. 9.

De tels exemples illustrent comment les expériences des étudiants ont été bénéfiques à l'Église locale parce que les étudiants ont été autorisés à opérer selon leurs propres termes, permettant ainsi à Dieu de bénir les autres à travers leur ministère en tant que laïcs. Ce que Van Aarde dit de l'Église missionnelle s'applique donc pleinement au ministère de l'IFES : « Les laïcs et leur tâche du sacerdoce des croyants est de participer à la dimension *glocale* de la *missio Dei* de Dieu en participant et en accomplissant l'ordre missionnaire en frappant déjà à la porte d'à côté[8]. »

Tout ce qui précède soutient une missiologie du ministère étudiant qui accorde une grande valeur à la capacité des étudiants chrétiens et des communautés d'étudiants chrétiens à discerner fidèlement ce que Dieu fait dans le monde et comment sa mission se déploie dans le contexte universitaire. Prendre au sérieux l'appel à la cultivation de l'intelligence inhérent à la vie étudiante est le résultat logique de la conviction que, parce que tous les chrétiens ont un accès direct et *immédiat* à Dieu, ils peuvent discerner comment agir fidèlement dans le monde. Elle soutient également une vision hautement positive des contributions de tous les secteurs de l'Église universelle à la compréhension de la doctrine chrétienne, car Dieu parle à tous ses enfants d'une manière également valable. Elle soutient également une *missiologie* sérieuse *de l'université* en tant que domaine unique de ministère nécessitant une considération attentive de sa culture et de ses habitants. Enfin, le fait de parler d'un *sacerdoce de tous les étudiants* souligne la nécessité d'équiper et de soutenir les *laïcs* pour la mission de l'Église, où qu'ils se trouvent. C'est également le fondement d'une *ecclésiologie missionnaire*, légitimant ainsi un ministère sur le campus qui est l'incarnation contextuelle de la mission de l'Église et non pas quelque chose *à côté* ou potentiellement secondaire à celle-ci. Le caractère missionnel et missionnaire d'une communauté chrétienne est donc plus important que ses aspects organisationnels[9]. Un groupe d'étudiants chrétiens missionnaires est plus proche d'une Église fidèle qu'une Église locale sans orientation missionnaire.

L'IFES n'a inventé ni le bénévolat religieux ni la mission à l'université. Cependant, elle a contribué à canaliser un courant spécifique de convictions chrétiennes – l'évangélisme – vers une population croissante de futurs leaders influents : les étudiants.

---

8. Van Aarde, « The Missional Church Structure », p. 5.
9. Flett est d'accord avec Hoekendijk pour dire que « l'Église n'est l'Église de ce Dieu apostolique que lorsqu'elle se laisse utiliser dans le mouvement missionnaire de Dieu. Son apostolicité (dans sa doctrine comme dans son ordre ecclésiastique) doit se prouver dans l'apostolat ». Flett, *Apostolicity*, p. 208.

Le travail de l'IFES, bien qu'il soit réalisé la plupart du temps en dehors des murs des structures formelles de l'Église, ne peut pas être compris comme anti-ecclésial ou a-ecclésial. De nombreuses marques de l'Église se retrouvent dans les groupes de l'IFES. De nombreuses préoccupations ecclésiales – notamment la question de la fidélité théologique – se retrouvent dans ces groupes qui, bien qu'ils aient un sentiment d'urgence missionnaire, ne cèdent pas à l'opportunisme au détriment d'un raisonnement réfléchi. En n'étant pas institutionnellement liée aux traditions ecclésiales, une organisation paraecclésiale peut mettre en place des garde-fous pour prévenir l'atomisation théologique et les développements hérétiques, notamment en s'assurant que ses convictions théologiques fondamentales sont solidement ancrées dans la théologie et la pratique.

Le meilleur exemple de cette intense préoccupation ecclésiale est la richesse des écrits théologiques des équipiers de l'IFES ou de personnes très étroitement liées à l'IFES et dont les publications par les mouvements de l'IFES et les interventions lors de conférences attestent de leur pertinence reconnue pour le travail de la mission étudiante. Ces écrits témoignent d'une profonde préoccupation pour l'Église mais, vu leur implication dans le réseau d'une organisation internationale, se concentrent davantage sur la dimension universelle de l'Église *invisible* que sur les questions épineuses sur lesquelles divergent des Églises locales. Cet accent mis sur la diversité géographique et culturelle de l'Église était d'une grande clairvoyance missiologique. Les prémisses théologiques, nourrie par une forte éthique de l'endogénéité, pouvaient croître sur le sol de la mondialisation et de l'une de ses conséquences de grande envergure : une diminution de l'importance des particularismes confessionnels au profit de la pensée *glocale*.

Sociologiquement respectueux des étudiants en tant que « leaders en développement », le sacerdoce de tous les croyants fournit donc un cadre ecclésial respectueux, bien que stimulant, pour comprendre la mission de l'Église dans son contexte :

> Le mouvement de l'Église missionnelle fait une distinction en termes de fonction et d'office ; il met l'accent sur la fonction du ministère ordonné plutôt que sur l'office. L'Église missionnelle s'attaque spécifiquement aux lignes de distinction hiérarchique entre le ministère ordonné et les laïcs afin de promouvoir une structure ecclésiale fonctionnelle dynamique. Elle choisit consciemment et

sélectivement un langage neutre et inclusif qui donne aux croyants les moyens d'accomplir leur tâche et leur appel dans le monde[10].

Par conséquent, il semble raisonnable de proposer que le « sacerdoce de tous les croyants », en tant que doctrine « implicitement confessée » pratiquée tout au long du travail de l'IFES, a ouvert la voie à une compréhension missionnaire et missionnelle de l'Église. Une telle vision souligne l'importance de valoriser les contributions au christianisme mondial des organisations paraecclésiales comme l'IFES, et de laisser derrière soi l'idée obsolète que les Églises et les organisations paraecclésiale sont concurrentes.

---

10. Van Aarde, « The Missional Church », p. 6.

Annexes

Ces annexes fournissent des détails supplémentaires sur certains aspects de l'histoire et de la théologie de l'IFES que je n'ai pas pu inclure dans le corps du texte pour des raisons d'espace.

Annexe 1

Deux discours qui ont changé le monde évangélique

Cette annexe propose une analyse des discours prononcés par Escobar et Padilla lors du Congrès de Lausanne en 1974. Ces discours représentent un moment clé au cours duquel les personnes liées à l'IFES ont influencé le monde évangélique au sens large. Ils méritent donc d'être examinés de plus près.

Étant donné que les projets que les auteurs soumettent à l'avance aux délégués, suscitent pas moins de « quelque chose entre 1 500 et 2 000 réponses » chacun[1], les communications finales du congrès peuvent être évalués comme le résultat d'une expérience dialogique approfondie, puisque les deux orateurs pouvaient déjà prendre en considération certaines remarques et réserves de leur auditoire. Le document de Padilla soutient que le monde est la sphère d'action choisie par Dieu et que l'amour de son prochain oblige les chrétiens non seulement à voir le monde comme mauvais mais aussi à l'aimer. Le document allait également plus loin, dénonçant une captivité américaine de l'évangélisme en des termes assez forts : « Nous avons assimilé "l'américanisme" au christianisme au point d'être tentés de croire que les personnes d'autres cultures doivent adopter les modèles institutionnels américains lorsqu'elles sont converties[2]. » Soulignant davantage son insistance sur la contextualisation, il affirme également qu'« il n'est pas surprenant qu'au moins en Amérique latine aujourd'hui, l'évangéliste doive souvent faire face à d'innombrables préjugés qui reflètent l'identification de l'américanisme avec l'Évangile dans l'esprit de ses auditeurs[3] ».

---

1. Chua, « Staff Letter 15 », p. 1.
2. C. René Padilla, « Evangelism and the World », dans *Let the Earth Hear His Voice*, sous dir. J. D. Douglas, Minneapolis, World Wide Publications, 1975, p. 125.
3. *Ibid.*

Suivant l'analyse de Stott, l'article d'Escobar a véritablement représenté un « pavé dans la marre[4] ». Stanley relève qu'Escobar

> affirme que « le cœur qui a été rendu libre par la liberté du Christ ne peut être indifférent aux aspirations humaines à la délivrance de l'oppression économique, politique ou sociale », et suggère que de nombreux pays qui avaient succombé à une révolution violente menée selon les principes marxistes étaient ceux où le christianisme s'était laissé identifier aux intérêts de la classe dominante[5].

Non seulement Escobar « n'y va pas de main morte[6] » mais il remet en cause un certain pragmatisme missionnaire qui privilégiait les méthodes et l'urgence au détriment de la missiologie[7]. Chapman analyse ainsi son discours,

> De nombreux évangéliques élevés dans l'activisme considéraient la patience nécessaire pour surmonter les désaccords comme une distraction par rapport à la tâche de vie ou de mort à accomplir. Pour ces personnes, les appels de Padilla et d'Escobar à la réflexion et à la réorientation pouvaient sembler une distraction au mieux, et bien pire au pire. Les activistes voulaient écouter les professeurs pragmatiques de Fuller et que ce soient eux qui définissent la missiologie évangélique naissante, et non ces théologiens de l'International Fellowship of Evangelical Students[8].

Le type de théologie proposé par Padilla et Escobar était le résultat logique de leur ministère : la nature du travail des étudiants est un terrain fertile pour développer une réflexion théologique sur la culture, les tendances et l'évolution des visions du monde, étant donné la tendance des nouvelles formes de pensée et de comportement à se développer d'abord sur les campus universitaires avant d'atteindre la société au sens large. Par conséquent, dans le monde évangélique, les personnes impliquées dans l'IFES étaient particulièrement bien placées pour développer l'approche interdisciplinaire caractéristique des efforts missiologiques. Cependant, cela n'était pas considéré comme étant sans risque : les mots d'avertissement de Chua dans une lettre à ses équipiers illustrent bien

---

4. STOTT, « The Significance of Lausanne », p. 289.
5. STANLEY, « Lausanne 1974 », p. 542.
6. DUDLEY-SMITH, *John Stott*, p. 211.
7. CHAPMAN, « Evangelical International Relations », p. 360.
8. *Ibid.*, p. 362.

le malaise relatif avec lequel le SG note la nouvelle publicité théologique des membres de l'IFES :

> Bien que nous soyons reconnaissants de cette publicité, elle comporte des dangers inhérents. Nous devons nous garder de l'orgueil et de la tentation de nous éparpiller à cause des demandes que d'autres feront à notre personnel et à nos départements de littérature pour participer à des conférences, des séminaires, etc. René et Samuel ont présenté deux documents provocateurs sur les implications sociales de l'Évangile. Ils ont attiré l'attention de nombreux chrétiens. Nous devons veiller à ce que nos actes correspondent à nos paroles, sinon nous serons qualifiés de bavards et de théoriciens[9].

De même, une forte opposition est exprimée dans les rangs de l'IFES, avec Barclay, SG de l'IVF-UK et président du conseil d'administration de l'IFES, qui « met en garde » Padilla contre les « effets » de son document[10]. Il s'avère pourtant que certains des participants au congrès n'étaient pas encore satisfaits de son « produit » principal, la *Déclaration de Lausanne*[11], et se réunissent pour former un groupe ad hoc sur « l'état de disciple radical[12] ». Assez étrangement pour un membre du comité de planification, Chua note avec satisfaction que

> des théologiens jeunes et radicaux. [...] échangeaient des informations et partageaient des plans sur la manière dont ils pouvaient coopérer et servir côte à côte dans l'accomplissement du mandat missionnaire. Si ces personnes s'en étaient tenues au programme régimenté, elles auraient gagné quelque chose, mais pas autant que ce qu'elles ont pu gagner en rencontrant des participants partageant les mêmes idées[13].

Ainsi, le congrès représente un tournant dans l'histoire mondiale de l'évangélisme et il n'y a pas de de doute que l'IFES y joue un rôle très important : en raison des orateurs de premier plan, mais aussi de l'influence décisive de Stott. L'étoile montante de l'évangélisme conservateur

> avait repris les préoccupations de ceux qui parlaient au nom des évangéliques dans le monde majoritaire et les avait interprétées

---

9. Chua, « Staff Letter 15 », p. 1-2.
10. Kirkpatrick, *Gospel for the Poor*, p. 28.
11. Mouvement de Lausanne, « Déclaration de Lausanne ».
12. Leur rapport est imprimé dans J. D. Douglas, sous dir., « Theology and Implications of Radical Discipleship », dans *Let the Earth Hear His Voice*, p. 1294-1296.
13. Chua, *Getting through Customs*, p. 133-134.

avec compassion pour ceux qui, aux États-Unis en particulier, craignaient que le nouvel évangélisme radical ne soit qu'une réincarnation de l'ancien « Évangile social » qui, selon eux, avait conduit inexorablement à la faillite spirituelle du COE[14].

Une autre influence indirecte de l'IFES est Michael Cassidy. Devenu chrétien grâce au ministère de la CICCU, il fonde plus tard *African Enterprise*. Son discours en plénière intitulé « L'évangélisation des étudiants des collèges et des universités » est un extraordinaire plaidoyer pour un engagement holistique dans le contexte universitaire, traçant les contours d'une approche missiologique du ministère sur les campus. Comme le montre éloquemment la citation suivante, Cassidy va bien au-delà de l'approche commune de la CICCU en matière d'évangélisation[15] et expose ici une ecclésiologie missionnaire :

> La vision, je crois, qui doit être saisie est celle du corps total des croyants (étudiants et personnel) atteignant la totalité du campus avec une pénétration complète à tous les niveaux de l'institution. Les chrétiens ne doivent pas être un groupe de ghetto, mais une bande militante d'infiltrés, de témoins et d'agents délibérés. Non seulement ils rappelleront au campus le but véritable et complet de l'éducation en tant que recherche de la vérité, mais ils chercheront à la fois à évangéliser les individus et à convertir les structures de l'université. La vision d'une pleine participation chrétienne dans le sport, la politique étudiante, le gouvernement étudiant, la vie en résidence, le journal du campus, les activités culturelles de l'université devrait être portée haut[16].

---

14. STANLEY, « Lausanne 1974 », p. 547. Le fait que l'influence significative de Padilla et Escobar se soit retrouvée dans la Déclaration de Lausanne a aussi beaucoup à voir avec leur amitié personnelle avec John Stott, qu'ils avaient emmené en tournée de conférences dans leur région quelques semaines avant le congrès. « Leur tournée comprenait une visite à des prisonniers politiques "communistes purs et durs" dans le sud du Chili, qui avaient été "interrogés sous la torture" par le régime militaire. » KIRKPATRICK, « Origins of Integral Mission », p. 354. Information confirmée dans Escobar, Interview.
15. Ceci est confirmé par la trajectoire de son ministère et de son plaidoyer pour la justice en Afrique du Sud. Voir David GOODHEW, « Cassidy, Michael », dans *Biographical Dictionary of Evangelicals*, sous dir. Timothy Larsen, David Bebbington et Mark A. Noll, Leicester, IVP, 2003, p. 130-131.
16. Michael CASSIDY, « Evangelization amongst College and University Students », dans *Let the Earth Hear His Voice*, p. 756.

Annexe 2

La base doctrinale de l'IFES

La base doctrinale de l'IFES comprend les vérités fondamentales du christianisme, à savoir :

1. Le Père, le Fils et le Saint-Esprit sont Un dans la divinité.
2. Dieu est souverain dans la création, la révélation, la rédemption et le jugement dernier.
3. L'Écriture sainte telle que donnée à l'origine est divinement inspirée et entièrement digne de confiance ; elle est l'autorité souveraine dans toutes les questions concernant la foi et la vie du croyant.
4. Depuis la chute, tous les êtres humains sont pécheurs et coupables devant Dieu ; par conséquent, ils tombent sous le coup de sa colère et de sa condamnation.
5. Le Seigneur Jésus-Christ, Fils incarné de Dieu, est mort sur la croix comme notre représentant et substitut. C'est seulement par sa mort expiatoire que Dieu nous délivre de la condamnation, de la domination et de la souillure du péché.
6. Le Seigneur Jésus-Christ est ressuscité corporellement d'entre les morts. Il est monté au ciel et s'est assis à la droite de Dieu le Père.
7. Par sa présence et sa puissance, le Saint-Esprit accomplit l'œuvre de la régénération.
8. Dans sa grâce, Dieu justifie le pécheur par le moyen de la foi seule.
9. Le Saint-Esprit demeure et agit dans le croyant.
10. L'Église une, sainte, et universelle, à laquelle appartiennent tous les vrais croyants, est le corps du Christ.
11. L'Église attend le retour du Seigneur Jésus-Christ en personne[1].

---
1. IFES, « Ce que nous croyons », https://ifesworld.org/fr/ce-que-nous-croyons/, consulté le 24 mai 2023.

Annexe 3

La bibliologie dans la base doctrinale

Cette annexe fournit plus de détails sur la position officielle de l'IFES sur la Bible. Étant donné le rôle important que joue l'Écriture dans les activités du mouvement, elle offre au lecteur un aperçu approfondi de la bibliologie et de l'herméneutique.

> 3. L'Écriture sainte telle que donnée à l'origine est divinement inspirée et entièrement digne de confiance ; elle est l'autorité souveraine dans toutes les questions concernant la foi et la vie du croyant.

Il est possible qu'aucune clause de la BD n'ait été à la fois plus saluée et plus critiquée, soit parce qu'elle fournit un ancrage solide, soit parce qu'elle ferme l'esprit des gens, selon les opinions exprimées par les commentateurs. Cette clause est fondamentale pour comprendre l'IFES, sa base doctrinale dans son ensemble, ainsi que les hypothèses sous-jacentes concernant la Bible qui ont cours dans les cercles de l'IFES. Plus qu'un simple principe de l'identité de l'IFES, la position de l'IFES sur la Bible était considérée par ses fondateurs comme une question existentielle. Pour reprendre les mots du premier secrétaire général,

> Le cœur de cette position doctrinale de l'IFES. et de ses mouvements membres est leur conviction quant à l'inspiration, l'autorité et le caractère entièrement digne de confiance de la Bible. *Si nos vues sur l'Écriture Sainte devaient changer, nous aurions perdu une raison d'être essentielle de l'existence de nos unions évangéliques nationales et de leur ministère particulier*[1].

Lorsque l'IFES a été fondée en 1947, aucun argument n'aurait pu être avancé sur la seule nécessité d'atteindre les étudiants avec des moyens que les Églises

---

[1]. C. Stacey Woods, « Biblical Principles for Unity and Separation », *IFES Journal* 20, no. 3, 1967, p. 4 ; c'est nous qui soulignons.

n'auraient pas eus, car dans de nombreux pays, les mouvements de la FUACE étaient encore bien vivants. Le récit de l'IFES, directement repris de l'histoire de l'IVF britannique mais cohérent avec l'expérience personnelle de la plupart des fondateurs de l'IFES, était que la défense d'une position évangélique sur l'Écriture avait rendu nécessaire la fondation d'un autre mouvement : qui plus est, elle avait rendu la séparation inévitable. Pour citer à nouveau Woods, commentant 2 Jean 7.7-11, « le commandement de se séparer concerne spécifiquement ceux qui nient que Jésus-Christ est le Fils de Dieu incarné, mais ce principe s'applique aussi à ceux qui ont d'autres opinions hérétiques qui affectent la doctrine chrétienne essentielle[2] ».

Inspiration

Faire un compte-rendu complet des doctrines évangéliques de l'inspiration dépasserait de loin le présent ouvrage. Nous nous limiterons à la compréhension de l'inspiration propre à l'IFES.

Dès la fondation de l'organisation, les pionniers étaient conscients que, si les évangéliques pouvaient s'accorder sur l'inspiration, ils n'étaient pas d'accord sur les termes exacts de cette doctrine. Selon les mots du premier président de l'IFES, « l'IFES proclame l'inspiration des Écritures, mais pas de théorie particulière sur la manière dont cette inspiration s'est effectivement produite à travers les prophètes et les apôtres. Des divergences existent sur cette question parmi les chrétiens évangéliques conservateurs[3] ».

La doctrine de l'inspiration découle de l'idée qu'il existe un lien direct entre la fiabilité de la Bible et la nature de Dieu : « Si l'Écriture a son origine en Dieu, alors une véritable vision de l'"inspiration" inclut nécessairement la croyance que ce que Dieu a "insufflé" participe de sa fiabilité. Elle possède l'infaillibilité de Dieu lui-même qui parle[4]. »

Les chercheurs ne s'accordent pas sur l'étendue de la captivité culturelle de l'idée de l'inspiration verbale plénière à des visions et méthodologies scientifiques qui devraient davantage à certains concepts des Lumières qu'à la longue tradition chrétienne. Cependant, ils s'accordent généralement pour dire que c'est le théologien américain de Princeton, B. B. Warfield, dont « le grand

---

2. *Ibid.*, p. 3.
3. Wisløff, « The Doctrinal Position of the IFES », p. 3.
4. Hammond, *Evangelical Belief*, p. 20.

héritage a été d'élever l'inspiration verbale plénière résultant de l'inerrance à la position principale dans la doctrine de l'Écriture[5] ».

Dictée ?

L'une des objections couramment soulevées à l'encontre des points de vue évangéliques sur l'inspiration biblique est l'idée qu'ils croient en une sorte de « dictée mécanique », oubliant ainsi les dimensions humaines de l'Écriture. Notons que les auteurs de l'IFES soulignent constamment qu'ils ne croient pas en un tel processus mécanique. Comme le précise Hammond de manière catégorique, « toute théorie qui considère le processus d'inspiration comme étant une dictée mécanique à un esprit vierge, c'est-à-dire dans laquelle il est suggéré que l'écrivain humain n'était rien de plus qu'un amanuensis passif, fait violence à l'évidence interne de la Bible dans son ensemble[6] ».

Cette concession à l'humanité de l'Écriture explique le mieux la spécification dans la BD que la Bible est inspirée « telle qu'elle a été donnée à l'origine[7] ». Cette concession permet un certain degré de critique textuelle sans engager le mouvement dans les débats sur les différentes approches de traduction, mais il est remarquable que cette partie de la clause ne joue pas un rôle primordial dans les écrits sur l'herméneutique dans les documents IFES.

Pourtant, l'idée que la Bible n'est pas simplement un livre « religieux », mais essentiellement le compte-rendu de la parole de Dieu dans l'histoire, qui doit être transmise aux générations futures, est cohérente avec la notion d'un « original donné ». Selon les mots de Woods,

> ce message est une vérité objective. Dieu nous a parlé dans ses actes dans l'histoire ainsi que de manière propositionnelle. Cette parole de Dieu a été inscrite dans la Bible. C'est ce message inchangé, non falsifié, que nous devons garder et proclamer. Nous ne pouvons ni le modifier, ni y ajouter, ni en retrancher. Nous ne pouvons pas l'embellir avec nos notions et nos réactions personnelles. Nous ne

---

5. Holmes, « Evangelical Doctrines », p. 42.
6. Hammond, *Evangelical Belief*, p. 19.
7. Pour un aperçu éclairant des forces et des faiblesses de ce recours aux autographes, voir John J. Brogan, « Can I Have Your Autograph », dans *Evangelicals & Scripture. Tradition, Authority and Hermeneutics*, par Dennis L. Okholm, Laura C. Miguélez et Vincent Bacote, Downers Grove, IVP, 2004, p. 93-111.

pouvons l'interpréter que selon les canons rationnels normaux de l'herméneutique[8].

Woods soutient ici que, quelles que soient les circonstances, quelle que soit la traduction, l'essentiel de la Bible n'a pas pu être modifié. Cette approche ne laisse cependant pas beaucoup de place aux circonstances culturelles et historiques. Hammond, par exemple, reconnaît que « la Bible a été soumise à peu près aux mêmes contingences que celles auxquelles a été confrontée toute littérature remontant aux temps anciens[9] ». Néanmoins, il poursuit en expliquant brièvement comment « l'érudition linguistique[10] » permet d'établir des éditions fiables. Ce à quoi Hammond veut arriver dans sa brève explication, cependant, est une déclaration évangélique standard de la fiabilité des textes scripturaires, qu'il explique comme suit :

> Au cours des cent dernières années, les études archéologiques, linguistiques et historiques ont accumulé une quantité considérable de données qui ont contraint les biblistes à adopter une attitude plus conservatrice à l'égard du texte de la Bible et de sa valeur historique. On peut légitimement en déduire que la préservation et la transmission des documents ont été telles que nous disposons aujourd'hui d'une version fidèle aux écrits originaux de l'Ancien et du Nouveau Testament[11].

Ainsi, contrairement aux cercles œcuméniques qui étaient plutôt enclins à déduire de leur historicisation des textes bibliques basée sur des méthodologies dites historico-critiques, Hammond voit la tradition de l'IVF de recourir directement aux textes bibliques justifiée par les résultats de la recherche scientifique.

Science

Qu'une organisation travaillant essentiellement avec des membres de la communauté universitaire insiste sur l'autorité de son texte ancien ne pouvait que soulever des questions sur la tradition, la recherche et l'épistémologie en général. Que devaient faire les étudiants des affirmations de la Bible concernant

---

8. Woods, « The Medium Is the Message », p. 8.
9. Hammond, *Evangelical Belief*, p. 27.
10. *Ibid.*
11. *Ibid.*, p. 28.

notamment le monde naturel et son étude réalisée avec les outils des disciplines académiques ?

L'histoire de la CICCU de 1910 a déjà montré que l'idée de « recherche libre » était très importante pour les dirigeants du SCM et que l'IVF leur semblait se soumettre à une règle étrangère au monde universitaire. Cependant, dans le contexte de la fin des années 1960, les questions se posent à nouveau, cette fois de l'intérieur de l'IFES. Peu après l'assemblée générale de 1971, le secrétaire général sortant, Woods, résume les conclusions du groupe de travail *ad hoc* sur la BD et rapporte qu'

> on nous a demandé si les termes « entièrement digne de confiance » s'appliquent à la chronologie, l'histoire, la géographie, etc. Cette question est plus complexe qu'il n'y paraît et il n'a pas été possible d'y répondre de manière exhaustive dans le temps imparti. D'autre part, nous tenons à souligner qu'aucune limite a priori ne doit être fixée à l'autorité de la Bible[12].

La tension est palpable ici : le comité exécutif avait presque été acculé par l'assemblée générale, et avait besoin d'une issue. En appeler aux contraintes temporelles semble très commode : en fait, il est plutôt surprenant qu'une réponse aussi « faible » ait été donnée, car la question ne contenait rien de nouveau en tant que tel. Les responsables de l'organisation auraient pu traiter de manière plus approfondie cette question épineuse bien plus tôt et l'ont fait dans une certaine mesure. Le secrétaire théologique de l'IFES avait écrit quelques mois plus tôt que « nous devons reconnaître, par exemple, que le concept d'infaillibilité n'exclut pas l'allégorie, la parabole, la métaphore ou d'autres procédés littéraires, mais qu'il exclut la tromperie délibérée (par exemple, l'idée que Jésus s'est accommodé de la connaissance limitée et erronée de ses disciples en attribuant la Loi à Moïse, etc.[13] ».

Ainsi, alors que l'on s'accordait sur la nécessité de s'attaquer à un certain type de théologie kénotique, les responsables de l'IFES préféraient tenir compte de la diversité des opinions au sein du courant évangélique, et, ce qui n'est pas sans importance, parmi les donateurs, une attitude de prudence devenait ici une question diplomatique. La sous-commission rapporte donc que la BD « énonce clairement et adéquatement ce qui doit être énoncé », que son interprétation permet une certaine liberté de conscience personnelle, et que

---

12. Woods, « IFES Doctrinal Basis », p. 11.
13. Harold O. J. Brown, « Inspiration and Authority of Scripture », p. 23. Notons qu'il n'y a pas de notion d'« infaillibilité » dans la BD de l'IFES, contrairement à celle des mouvements américain et britannique.

« les termes "entièrement digne de confiance" ont un sens plus large et plus riche que l'infaillibilité et l'inerrance ». La déclaration poursuit en disant que les tensions entre la fiabilité totale et les questions de chronologie, de science, etc. « proviennent souvent de l'imposition inappropriée de conventions modernes, scientifiques et savantes[14] ». Le rapport de ce sous-comité est « accepté par acclamation[15] ».

La question est aussi traitée à peu près de la même manière quelque peu superficielle, dans le commentaire de la BD publié après l'AG de 1971 :

> L'autorité de l'Écriture s'étend sur la totalité de la réalité, y compris l'art, la science et la politique. Toutefois l'Écriture ne prétend pas enseigner les sciences par exemple, par contre elle enseigne comment les sciences ou tout autre art humain devraient être appris et pratiqués (« foi et vie ») pour le bien de l'homme et la gloire de Dieu[16].

Quelques années plus tard, Bob Horn, secrétaire général de l'UCCF, dans ses considérations sur la BD – revues par de nombreux responsables de l'IFES – répond à l'accusation selon laquelle une BD n'est pas compatible avec la liberté de la recherche académique en disant que « la recherche académique n'est pas opposée aux conclusions définitives, à condition qu'elles soient bien fondées[17] ». Le motif récurrent est que la Bible est un terrain sûr et solide. Puisque la connaissance académique n'est pas seulement une question de liberté mais aussi de conclusions sur la nature de la réalité, la BD ne peut être comprise que comme le résultat d'une enquête dûment menée.

Digne de confiance

La question de savoir ce que signifie « entièrement digne de confiance » revient sans cesse dans les délibérations, les articles, les défenses de la BD et les controverses. Comme nous l'avons vu, ces termes ont été compris comme laissant plus de place à la compréhension que le terme « infaillible ». Cette différence entre la BD de l'IVF et la BD de l'IFES est notable, car elle souligne l'aspect relationnel des enseignements de la Bible et leur adéquation à la vie, et pas seulement le

---

14. « Minutes of the Meeting of the Eighth General Committee », 1971, p. 20.
15. *Ibid.*
16. Bürki, *Fonder sa foi*, p. 35.
17. Horn, *Ultimate Realities*, p. 85.

caractère déclaratif de ses doctrines. Bürki le souligne dans une formulation claire, en déclarant que

> « Toute Écriture » est entièrement digne de confiance parce que Dieu est entièrement digne de confiance. Cette « dignité de confiance » est une notion beaucoup plus vaste que celle d'infaillibilité, car elle fait ressortir que la vérité biblique n'est pas un concept abstrait, mais une réalité à laquelle il faut faire confiance parce que Dieu est vérité. On ne peut donc connaitre la vérité de la Parole de Dieu sans la confiance, c'est-à-dire sans un engagement personnel envers Dieu et sa volonté divine exprimée en termes humains[18].

Cette herméneutique est cohérente avec la sotériologie : la Bible ne peut être appréhendée correctement *en dehors d'une relation personnelle avec Dieu*, d'où l'accent mis sur la confiance – une catégorie plus piétiste – plutôt que sur l'« infaillibilité », une catégorie plus scientifique-rationaliste[19]. Ceci est, bien sûr, quelque peu en désaccord avec la culture académique, qui met l'accent sur l'appréhension attentive, distante et objective des « faits » plutôt que sur la relation subjective avec ce qui est étudié. La théologie se frotte donc – et se pique parfois – à l'université, mais la différence de méthodologie peut s'expliquer de manière pneumatologique : l'objet d'étude des sciences naturelles ne « parle » pas au chercheur de la même manière que l'Esprit Saint parle au lecteur de l'Écriture. Cette tension entre une approche éthiquement distante du texte et une lecture pieuse et dévotionnelle est donc une explication possible d'une certaine dissonance cognitive pour les étudiants qui ont du mal à se conformer aux méthodologies universitaires d'une part, et aux habitudes et normes ecclésiologiques d'autre part.

Cette tension entre objectivité et subjectivité est un véritable serpent de mer dans les écrits émanant de personnes proches de l'IFES ou travaillant avec elle. Bien que ni l'infaillibilité ni l'inerrance n'aient été officiellement consacrées dans la littérature de l'IVF, l'idée est présente en arrière-plan. Hammond, commentant la BD de l'IFES qui contient le mot « infaillible », insiste sur le fait qu'il s'agit d'un marqueur entre ce qui pourrait être qualifié anachroniquement de lecture

---

18. Bürki, *Fonder sa foi*, p. 34.
19. Le résumé quelque peu pointu de Holmes est le suivant : « L'évangélisme nord-américain, avec un large engagement en faveur de l'inerrance, considère la Bible principalement comme une collection de faits à croire ; l'évangélisme britannique, qui met plutôt l'accent sur l'autorité, considère la Bible principalement comme un ensemble de règles à respecter. » Holmes, « Evangelical Doctrines », p. 53.

« existentielle » du texte, et une reconnaissance correcte de l'autorité *entière* de l'Écriture :

> Le but principal pour lequel la Bible a été donnée à l'homme est de le guider « dans toutes les questions de foi et de conduite ». Par conséquent, certains suggèrent que « la Bible n'est infaillible que dans ce qu'elle a l'intention d'enseigner ». Un tel point de vue, cependant, n'est pas aussi convaincant qu'il n'y paraît à première vue. Tout d'abord, il fournit un critère incertain et très subjectif. Qui, par exemple, peut déterminer quelles sont les limites de ce que la Bible « entend » enseigner[20] ?

Cet ouvrage postule que le « sacerdoce de tous les croyants » fournit un cadre théologique utile pour comprendre la relation de l'IFES avec l'herméneutique, le leadership et la mission, car il suppose la possibilité d'un accès individuel de chaque croyant à Dieu, d'où l'insistance sur le caractère entièrement digne de confiance de la Bible. Ce que la citation ci-dessus montre, cependant, c'est la tension latente à cet égard : qui décide, en fin de compte, de ce que dit la Bible ? Il a semblé préférable d'affirmer l'*autorité suprême* du texte sans expliquer comment une tradition d'interprétation spécifique – essentiellement la BD dans ce cas – joue le rôle d'une *norma normata* de l'interprétation biblique.

Le débat ne se limitait pas à la « dignité de confiance », comme l'indique le résumé du groupe de travail de 1971 cité précédemment. La possibilité d'utiliser le mot « inerrance » pour mieux décrire le statut de la Bible était en train de prendre de l'ampleur. Un point de désaccord important, en particulier aux États-Unis, « l'inerrance, dans sa forme la plus élémentaire, est simplement la confession que la Bible est sans erreurs factuelles dans les choses qu'elle affirme[21] ». La question en arrière-plan est bien sûr de savoir si, pour une organisation internationale d'une telle diversité ethnique et culturelle que l'IFES, un véritable consensus peut être atteint sur ce que la Bible affirme. Bien que ce mot n'ait jamais été repris dans la doctrine officielle de l'IFES, l'idée que faire confiance au texte biblique n'était pas un faux pas épistémologique rationaliste mais plutôt purement conforme à

---

20. HAMMOND, *Evangelical Belief*, p. 55.
21. HOLMES, « Evangelical Doctrines », p. 41. Pour en savoir plus sur l'histoire, le développement et les débats autour de l'inerrance, voir entre autres OKHOLM, MIGUÉLEZ et BACOTE, *Evangelicals & Scripture*. On pourra lire en français Henri BLOCHER, *Dieu et sa Parole*, coll. Florilège théologique, Charols/Vaux-sur-Seine, Excelsis/Édifac, 2022 ; Lydia JAEGER, sous dir., *Lire la Bible aujourd'hui. Perspectives croisées sur les défis contemporains*, Paris, Éditions Bibli'O, 2022.

la pratique historique au sein du christianisme est bien résumée par Holmes, qui affirme qu'

> il ne fait guère de doute qu'il s'agit d'une position généralement adoptée par les Églises chrétiennes à travers les âges. Il n'est pas très difficile de trouver des affirmations explicites selon lesquelles la Bible ne fait pas d'erreurs dans toute l'histoire de l'Église ; même lorsqu'on ne trouve pas d'affirmation explicite, cependant, il semble y avoir de bonnes raisons de supposer que, si on leur posait la question, la grande majorité des dénominations chrétiennes et des théologiens avant la montée de la critique supérieure auraient affirmé l'inerrance, tout comme les conservateurs de tous bords, pas seulement évangéliques, plus récemment[22].

Là encore, l'adoption de la haute critique par les « factions libérales » est considérée comme une sorte de « péché originel herméneutique » de la fin du XIXe siècle, l'IFES assumant le rôle du défenseur de la foi que les autres ont abandonné[23].

Autorité

Très étroitement liée à l'idée de « dignité de confiance », la notion d'autorité de l'Écriture émane d'abord du concept de double nature de l'Écriture. En d'autres termes, de manière très similaire à la façon dont le Credo chalcédonien affirme la double nature du Christ incarné, la BD s'appuie sur l'idée de la double nature de la parole écrite : « La Bible est à la fois divine et humaine ; cette étonnante confession de foi est analogue à la confession de Jésus comme la Parole vivante de Dieu faite chair[24] ! »

Puisque les chrétiens confessent suivre le Christ, croire en lui a pour les auteurs de l'IFES la conclusion logique que le croyant doit se soumettre aux

---

22. *Ibid.*
23. C'est probablement avec cette intention de préserver les acquis qu'il faut lire les propos ultérieurs de Woods. Dans son projet d'une histoire de l'IFES, il utilise le terme « infaillible » et revient sur la question de la connaissance scientifique : « la *raison d'être* de l'IFES, tant dans ses antécédents que dans sa conviction actuelle, est que la Bible est et sera toujours, la Parole infaillible de Dieu, entièrement digne de confiance dans toutes ses parties. Ceci est vrai non seulement en matière de foi, de morale, d'éthique et de conduite, mais aussi lorsqu'elle est correctement comprise dans toutes ses références aux événements spatio-temporels, aux personnes, à l'histoire et à la géographie. » Woods, « IFES History Draft », chap. 2, p. 13.
24. Bürki, *Fonder sa foi*, p. 23.

Écritures, en raison de l'implication directe du Christ dans leur inspiration : « Il a tellement inspiré les Saintes Écritures qu'elles s'authentifient elles-mêmes et qu'elles donnent elles-mêmes des indications claires et explicites de leur origine unique ; et Il éclaire l'entendement des croyants pour qu'ils comprennent le message et reconnaissent l'autorité de la Bible, comme étant en vérité la Parole de Dieu[25]. »

La notion d'« auto-authentification » est très proche de l'herméneutique évangélique traditionnelle et a des conséquences missiologiques évidentes. Un groupe local d'étudiants peut présumer de l'autorité de la Bible et inviter d'autres personnes à la lire, en sachant qu'il n'a pas nécessairement besoin de présenter des arguments théoriques solides en faveur de l'autorité scripturaire : la doctrine du sacerdoce de tous les croyants s'accorde avec le libre accès à la source suprême d'autorité que n'importe qui pourra reconnaître à son tour.

Tout le cadre de la BD implique la confiance dans l'autorité scripturaire, mais il ne s'agit pas uniquement d'un concept bibliologique. Elle découle d'une conviction théologique claire selon laquelle le « Dieu de la vérité », souverain – et donc faisant autorité – ne peut pas et ne veut pas tromper[26]. Si la Bible est sa parole, elle doit faire autorité. Brown concède que cette confession n'est pas une question de salut, car « c'est un principe assez généralement reconnu qu'aucun chrétien ne doit confesser une doctrine particulière sur l'Écriture pour être sauvé. Ni la Bible ni les Credo ne le présupposent[27] ». Brown poursuit néanmoins en affirmant l'importance d'une compréhension « correcte » de ce qu'est la Bible :

> Mais il est important d'avoir une ferme confiance dans la fiabilité de la Bible pour comprendre le contenu de la foi salvatrice, et c'est essentiel pour celui qui souhaite enseigner la foi, qu'il soit professeur de théologie, pasteur, enseignant d'école du dimanche, ou tout autre chrétien qui accepte la responsabilité du bien-être spirituel des autres[28].

De même, les non-évangéliques pourraient bien demander *quelle* Bible doit être considérée comme faisant autorité. Afin d'éviter que les livres deutérocanoniques ne soient considérés comme faisant autorité, Hammond

---

25. HAMMOND, *Evangelical Belief*, p. 27.
26. Harold O. J. BROWN, « Inspiration and Authority of Scripture », p. 23.
27. *Ibid.*, p. 21.
28. *Ibid.*

précise que « les livres connus sous le nom d'apocryphes, qui sont incorporés dans le canon Catholique romain, sont exclus[29] ».

Cela dit, il y a un certain degré de circularité dans l'appel de la BD à l'Écriture comme autorité. De nombreuses autres traditions chrétiennes seraient d'accord avec l'IFES pour dire que l'Écriture fait autorité ; la question est plutôt de savoir *quel type d'autorité* est envisagé, ou *comment elle fonctionne* dans un contexte donné. Dans ce cas, il semble que la BD affirme l'autorité de la Bible et *encadre la manière dont elle doit être lue.* Collange demande d'ailleurs avec une certaine ironie si une telle attitude n'est pas très proche de celle du « catholicisme traditionnel et de sa présentation de la vérité de la lettre du dogme et de la doctrine comme de "l'infaillibilité papale"[30] ».

De même, ce que Willaime a observé dans le cas des Églises Réformées Françaises s'applique bien au cas de l'IFES, brouillant ainsi en quelque sorte les frontières entre Église et paraecclésial :

> L'autorité est dans la Bible, mais lue et interprétée à travers la Confession de foi de l'Église [...]. Ce texte a une autorité seconde par rapport à la Bible, mais, comme c'est lui qui définit le centre du message biblique et comment la Bible doit être lue, il prend une place centrale dans la régulation de la foi de l'Église[31].

Willaime conclut en outre qu'une confession de foi fonctionne comme une tradition, car « on trouve une légitimité traditionnelle qui se manifeste dans la référence au témoignage apostolique et aux Confessions de foi de la Réforme[32] ». C'est ce que Holmes observe également avec perspicacité :

> « L'autorité suprême » sonne, rhétoriquement, comme un renforcement, mais en fait son statut logique est potentiellement plus faible qu'une simple revendication d'« autorité », en ce qu'il implique l'existence d'autres autorités, réelles mais subordonnées. Si la Bible est « l'autorité », alors aucun autre appel n'est permis ; si elle est « l'autorité suprême », alors je peux croire en l'autorité

---

29. HAMMOND, *Evangelical Belief*, p. 15.
30. COLLANGE, « Les confessions de foi "évangéliques" », p. 74. Il est frappant de constater que la traduction française du commentaire de Bürki comporte également la traduction originale française de la BD, qui se lit comme suit : « Son autorité *seule* est souveraine. » BÜRKI, *Fonder sa foi*, p. 25, c'est nous qui soulignons. C'est dans le contexte d'une présence catholique plus forte que la plupart des mouvements francophones ont longtemps utilisé leur propre traduction, afin d'inciter les catholiques aspirant à rejoindre leurs mouvements à sortir de l'Église Catholique romaine.
31. WILLAIME, « Formule d'adhésion », p. 292.
32. *Ibid.*

réelle, bien que subordonnée, d'autres documents – les credo œcuméniques, peut-être[33].

Bürki est également conscient de ce rapport complexe aux traditions. La préoccupation de l'IFES semble avoir été plus proprement une question de méthode théologique qu'une question de politique ecclésiastique :

> « L'autorité souveraine de l'Ecriture » veut dire que la Parole de Dieu n'est pas détachée de la tradition, mais qu'elle la dépasse[34]. Elle ne s'oppose pas à la raison, mais la raison ne doit pas être son juge. Elle n'est pas en dehors de l'Eglise, mais au-dessus d'elle. Elle n'ignore pas des manifestations supra-humaines, mais elle est au-delà de leur jugement[35].

La proclamation de l'autorité scripturaire doit aller au-delà de l'affirmation théologique pour avoir des conséquences éthiques. L'idée de se concentrer sur l'essentiel a conduit les premiers responsables de l'IFES à se focaliser sur les prémisses d'actions chrétiennes fidèles plutôt que sur la mise en pratique concrète de ces croyances. Holmes, poursuivant son argumentation citée plus haut, note que cela n'est pas sans danger, cependant :

> On peut dire la même chose de l'ajout concernant « la foi et la pratique » : l'effet rhétorique est encore une fois renforcé, mais l'effet logique est de suggérer qu'il y a des questions ne relevant pas de « la foi et la pratique » (ou « la foi et la conduite ») dans lesquelles les Écritures n'ont en fait aucune autorité – des questions de science ou d'histoire, peut-être. Une telle analyse rend les déclarations difficiles à analyser, bien sûr : les auteurs qui ont ajouté « suprême » à « autorité » pensaient-ils qu'ils renforçaient, ou avaient-ils conscience qu'ils affaiblissaient, l'affirmation ? Qu'en est-il de ceux qui ont accepté les documents révisés[36] ?

---

33. Holmes, « Evangelical Doctrines », p. 51.
34. Bürki demande dans la note de bas de page : « Quelle place occupe la Bible face aux traditions humaines ? Marc 7.6-9, 13 ; Galates 1.6-10. » Bürki, *Fonder sa foi*, p. 35.
35. *Ibid.*, p. 29.
36. Holmes, « Evangelical Doctrines », p. 51. Ces commentaires se réfèrent à la version anglaise originale « dans toutes les questions de foi et de conduite ».

Préalables pneumatologiques

Enfin, l'herméneutique de l'IFES repose sur des fondements pneumatologiques décisifs. En accord avec la clause I de la BD et son affirmation que le Saint-Esprit vit dans le croyant, la BD part du principe que la Bible ne peut être reconnue comme faisant autorité, ni être correctement comprise, sans l'aide du Saint-Esprit. Ce qui pourrait sembler être une tautologie est compris comme une déclaration théologique contre le rationalisme perçu de la théologie libérale. Ceux qui étaient liés à l'IFES se démarquaient constamment d'une théologie qui soit ferait *etsi Deus non daretur*, soit s'enorgueillirait de n'affirmer que ce qui pouvait être compris rationnellement par les personnes modernes. D'où l'insistance sur la nécessité d'une présence active transcendante dans l'esprit et le cœur du croyant qui lit le texte biblique. Ce point est remarquable, car il implique également que la lecture de la Bible ne présuppose pas un diplôme théologique. Selon Hammond, la Bible « a été conçue pour rester un livre universellement acceptable et d'égale valeur pour tous les âges et tous les peuples, quels que soient leurs niveaux d'éducation. Dans la providence de Dieu, elle se présente sous une forme qui permet à tous les types d'hommes d'en saisir le sens fondamental[37] ».

Cela élève la Bible à un niveau différent de celui de tout autre texte et entraîne donc des tensions potentielles dans la pratique herméneutique : il est plus facile de se mettre d'accord sur des méthodologies communes pour étudier des textes historiques classiques, par exemple, dans un contexte universitaire et de parvenir à un certain consensus savant. Cependant, ce qui est remarquable, c'est l'insistance sur le fait que la Bible est accessible à quiconque veut la lire.

Comme nous l'avons noté ci-dessus, tous les commentateurs officiels de la BD insistent sur le fait que les clauses de la BD sont dérivées inductivement de la Bible, mais pas de manière *immédiate*. Conformément à la conception évangélique traditionnelle de l'herméneutique, la Bible ne peut être comprise de manière appropriée sans l'illumination interne du Saint-Esprit. Il existe donc une interrelation complexe entre la foi du croyant, sa relation à Dieu et l'Écriture. Mais au fond, la BD sert ensuite de *médiateur* pour une compréhension partagée de ce qui est considéré comme le cœur de la vérité biblique :

> La conviction que la Bible est la Parole écrite de Dieu est forgée dans le croyant par le Saint-Esprit. Ce témoignage intérieur du Saint-Esprit n'est pas quelque chose qui agit indépendamment de l'Écriture. Il est donné afin de témoigner de l'Écriture et de l'authentifier comme le support de la révélation divine à l'homme.

---

37. HAMMOND, *Evangelical Belief*, p. 56.

En ce qui concerne le processus d'inspiration proprement dit, la Bible ne fait qu'une seule autre déclaration générale[38].

Notons ici que l'insistance sur la nécessité de l'illumination spirituelle présuppose une approche particulière du raisonnement humain, à savoir une approche constamment marquée par des références aux limites humaines causées par le péché. Ainsi, l'Écriture : « nous avertit aussi que la raison et l'affectivité humaines, à moins d'être éclairées, ne peuvent comprendre la révélation de Dieu. Toute forme de connaissance peut facilement mener à l'orgueil. Si quelqu'un s'imagine connaître quelque chose, il ne connaît pas encore comme il faudrait connaître[39]. »

Selon le point de vue du lecteur, il s'agit soit d'une vision pessimiste de ce dont les humains sont capables, soit d'une façon de mettre en évidence la puissance de l'Évangile. Il ne fait aucun doute que, dans l'optique de l'IFES, c'est la seconde interprétation qui prévaut, et qu'il s'agit plutôt d'une incitation à la mission que d'une prémisse au désespoir.

---

38. *Ibid.*, p. 18. Hammond donne la référence à 2 Pierre 1.21.
39. Bürki, *Fonder sa foi*, p. 19.

Bibliographie

ABUB, « No Que Cremos », Aliança Bíblica Universitária do Brasil, https://abub.org.br/quem-somos#!/cremos, consulté le 22 février 2023.

ACHTEMEIER Paul J., *1 Peter. A Commentary on First Peter*, coll. Hermeneia, Minneapolis, Fortress, 1996.

ADENEY David H., *China. Christian Students Face the Revolution*, Londres, IVP, 1973.

ADENEY David H., « Light to the Nations. 1987 IFES Presidential Address », *IFES Review* 23, 1987, p. 3-11.

ADENEY David H., « Student Work in Southeast Asia », *IFES Journal* 12, no. 1, 1959, p. 3-9.

AHLSTROM Sydney E., « The Radical Turn in Theology and Ethics. Why It Occurred in the 1960s », *Annals of the American Academy of Political and Social Science* 387, janv. 1970, p. 1-13.

AKINADE Akintunde E., « Introduction », dans *A New Day. Essays on World Christianity in Honor of Lamin Sanneh*, sous dir. Akintunde E. Akinade, 1re éd., New York, Peter Lang, 2010, p. 1-13.

ALLEN Hubert, *Roland Allen. Pioneer, Priest and Prophet*, Grand Rapids, Eerdmans, 1995.

ALLEN Roland, *The Ministry of Expansion. The Priesthood of the Laity*, sous dir. J. D. Payne, éd. Kindle, Pasadena, William Carey Library, 2017.

ALLEN Roland, *Missionary Methods. St Paul's or Ours ?*, Londres, Scott, 1912.

ALLEN Roland, « Spontaneous Expansion. The Terror of Missionaries », *World Dominion* 4, 1926, p. 218-224.

ANDERSON Benedict R., *L'imaginaire national. Réflexions sur l'origine et l'essor du nationalisme*, original en anglais 1983, Paris, La Découverte, 2015.

ANDRIA Solomon, « Autonomy and Indigeneity », Hyundai Learning Center, Séoul, Corée du Sud, juin 1999, IFES e-archives. Old EC 1999 minutes, Appendix K.

ANDRIA Solomon, « Pentecostal, Charismatic, Evangelical. Differences and Distinctives », Centre des métiers de l'électricité, Bingerville, Côte d'Ivoire, mai 1994. IFES e-archives. EC 1994 minutes, Appendix L1.

ANIZOR Uche, VOSS Hank, *Representing Christ. A Vision for the Priesthood of All Believers*, Downers Grove, IVP, 2016.

ARANA Pedro, « Evangelization in the Latin American University », *International Review of Mission* 63, no. 252, 1974, p. 507-514.

ARANA Pedro, « Towards a Biblical Public Theology », *Journal of Latin American Theology* 11, no. 2, 2016, p. 35-59.

ARMITAGE Carolyn, *Reaching for the Goal. The Life Story of David Adeney – Ordinary Man, Extraordinary Vision*, Wheaton, OMF Books, 1993.

AULÉN Gustaf, *Christus Victor. La notion chrétienne de rédemption*, trad. G. Hoffmann-Sigel, Paris, Aubier, 1949.

AUSTRALIAN FELLOWSHIP OF EVANGELICAL STUDENTS (AFES), « Doctrinal Basis », https://afes.org.au/about/doctrinal-basis, consulté le 21 mai 2020.

AW Swee-Eng, « But When I Left College I Couldn't Fit into a Church », *In Touch* 1, 1984, p. 3.

BALIA Daryl M., KIM Kirsteen, sous dir., *Witnessing to Christ Today*, vol. 2 de *Edinburgh 2010*, Oxford, Regnum, 2010.

BARCLAY Oliver R., *Developing a Christian Mind*, Leicester, IVP, 1984.

BARCLAY Oliver R., « Guarding the Truth. The Place and Purpose of the Doctrinal Basis. Workshop at Formación 89 », *IFES Review* 27, 1989, p. 29-40.

BARCLAY Oliver R., *Whatever Happened to the Jesus Lane Lot ?*, Leicester, IVP, 1977.

BARCLAY Oliver R., HORN Robert M., *From Cambridge to the World. 125 Years of Student Witness*, Leicester, IVP, 2002.

BÄREND Hartmut, *SMD-Geschichte*, Marburg, SMD, 2023.

BEBBINGTON David W., *Evangelicalism in Modern Britain. A History from the 1730s to the 1980s,* Londres, Unwin Hyman, 1989.

BEBBINGTON David W., JONES David Ceri, sous dir., *Evangelicalism and Fundamentalism in the United Kingdom During the Twentieth Century*, Oxford, OUP, 2013.

BEBBINGTON David W., *Evangelicalism in Modern Britain. A History from the 1730s to the 1980s*, Londres, Unwin Hyman, 1989.

BECKFORD James A., « Explaining Religious Movements », *International Social Science Journal* 29, no. 2, 1977, p. 235.

BECKFORD James A., *Social Theory and Religion*, Cambridge, CUP, 2003.

BECQUET Valérie, « Moment étudiant, moment d'engagement. Regard sur les activités bénévoles des étudiants », dans *Cent ans de mouvements étudiants*, sous dir. Jean-Philippe Legois, Alain Monchalbon, Robi Morder et Groupe d'études et de recherches sur les mouvements étudiants (GERME), Paris, Syllepse, 2007, p. 141-155.

BENOÎT Pierre (de), SCORER Gordon, KISS Ferenc, LANGSTON Rév. E. L., PACHE René, WASSERZUG-TRAEDER Gertrud, sous dir., « Invitation to the 1936 International Conference in Beatenberg, Switzerland », 1936, BGC #193.

BENSON Hilda, Rév., DOUGLAS Candy, HUTCHISON Gerald, Rév., « Extracts from a Report on the Conference for Missionary Advance, Toronto, 1946 », Toronto, World Student Christian Federation, janvier 1947, WSCF Archive 213.16.39/2.

Bentley-Taylor David, « Adventures of a Christian Envoy », manuscrit photocopié, Londres, 1992, IFES Archive, Oxford.
Bentley-Taylor David, « African Diary, Part II », *IFES Journal* 20, no. 3, 1967, p. 23-32.
Bentley-Taylor David, « The Seventh IFES General Committee. An Appraisal », *IFES Journal* 20, no. 3, 1967, p. 9-12.
Berger Peter L., *L'impératif hérétique. Les possibilités actuelles du discours religieux*, trad. de l'anglais Jean-François Rebeaud, version anglaise originale 1979, coll. « Débats », Paris, Van Dieren, 2005.
Bevans Stephen B., Schroeder Roger, *Constants in Context. A Theology of Mission for Today*, AMS 30, Maryknoll, Orbis, 2004.
Bielo James S., *Words upon the Word. An Ethnography of Evangelical Group Bible Study*, coll. Qualitative Studies in Religion, New York, New York University Press, 2009.
Blackburn W. Ross, *The God Who Makes Himself Known. The Missionary Heart of the Book of Exodus*, Downers Grove, Apollos, 2012.
Blanchard Roger, « Concerns of Proposed Ecumenical Consultation », c.1955, WSCF Archive 213.16.39/2.
Blocher Henri, *Dieu et sa Parole*, coll. Florilège théologique, Charols/Vaux-sur-Seine, Excelsis/Édifac, 2022.
Blocher Henri, *La doctrine de l'Église et des sacrements*, coll. Didaskalia, tome 1, Vaux-sur-Seine, Édifac, 2022.
Blocher Henri, *La doctrine du péché et de la rédemption*, coll. Didaskalia, Vaux-sur-Seine, Édifac, 2001.
Blocher Henri, « Lu et commenté. Dieu sans Dieu », *Chantiers*, 1965, p. 26-30.
Blocher Henri, « Permanent Validity and Contextual Relativity of Doctrinal Statements », dans *The Task of Dogmatics*, sous dir. Fred Sanders, Grand Rapids, Zondervan, 2017, p. 107-131.
Bloesch Donald G., *Life, Ministry, and Hope*, vol. 2 de *Essentials of Evangelical Theology*, San Francisco, Harper & Row, 1979.
Bong Wonyoung, « Toward Improving the Effectiveness of Campus Ministry at Universities », *Asia-Africa Journal of Mission and Ministry* 7, 2013, p. 27-45.
Bosch David Jacobus, *Dynamique de la mission chrétienne. Histoire et avenir des modèles missionnaires*, Lomé/Paris/Genève, Haho/Karthala/Labor et Fides, 1995.
Bourdanné Daniel, « Évangélisation des étudiants », dans *Dictionnaire de théologie pratique*, sous dir. Christophe Paya, Charols, Éditions Excelsis, 2021, p. 412-419.
Bourdanné Daniel, « Préface », dans *Influence. L'impact de l'IFES dans la vie de ses diplômés*, 9, Oxford, International Fellowship of Evangelical Students, 2015.

Boyd Robin H. S., *The Witness of the Student Christian Movement. Church Ahead of the Church*, Londres, SPCK, 2007.

Brackney William H., *Christian Voluntarism. Theology and Praxis*, coll. Faith's Horizons, Grand Rapids, Eerdmans, 1997.

Bramadat Paul A., *Church on the World's Turf. An Evangelical Christian Group at a Secular University*, Oxford, Oxford University Press, 2000.

Briggs John, Oduyoye Mercy Amba, Tsetsis Georges, sous dir., *A History of the Ecumenical Movement, vol. 3, 1968–2000*, 3 vols., Genève, World Council of Churches, 1986.

Brogan John J., « Can I Have Your Autograph ? », dans *Evangelicals & Scripture. Tradition, Authority and Hermeneutics*, sous dir. Dennis L. Okholm, Laura C. Miguélez et Vincent Bacote, Downers Grove, IVP, 2004, p. 93-111.

Brown Callum G., « What Was the Religious Crisis of the 1960s ? », *Journal of Religious History* 34, no. 4, 2010, p. 468-479.

Brown Harold O. J., « The Inspiration and Authority of Scripture », *IFES Journal* 23, no. 2, 1970, p. 19-24.

Brown Harold O. J., « Report of the Theological Secretary », 1971, IFES e-archives, GC 1971 minutes, Appendix H.

Brown Lindsay, « Draft Global IFES Long Range Plan », Oak Hill College, Londres, Angleterre, 25-31 juillet 1993, IFES e-archives, EC 1993 minutes, Appendix H.

Brown Lindsay, « The Growth of a Work of God. The Antioch Model ; Address to World Assembly 1991 », *IFES Review* 31, 1991, p. 3-10.

Brown Lindsay, « IFES Jubilee », *Highlights*, décembre 1997, p. 1-2.

Brown Lindsay, « IFES and the Orthodox Church », Hald Training Center, Mandal, Norway, 28 juillet au 1er août 1992, IFES e-archives, EC 1992 minutes, Appendix I.

Brown Lindsay, *Into All the World. The Missionary Vision of Luther and Calvin*, Fearn, Christian Focus, 2021.

Brown Lindsay, « Report of the General Secretary to the General Committee of IFES », Kenya Commercial Bank Center, Nairobi, Kenya, 26 juin 1995, IFES e-archives, GC 1995 minutes, Appendix D.

Brown Lindsay, *Shining Like Stars. The Power of the Gospel in the World's Universities*, Nottingham, IVP, 2006.

Brown Dr Sue, « The Future of Training in IFES », Oak Hill College, Southgate, Londres, Angleterre, mai 1993, IFES e-archives, EC 1993 minutes, Appendix B1.

Brown Dr Sue, To Formación 1989 Contributors, 27 septembre 1989, BGC Box #5.

Bruce Steve, « The Student Christian Movement and the Inter-Varsity Fellowship. A Sociological Study of Two Movements », thèse doctorale, University of Stirling, 1980.

Bryant Alyssa, « Evangelicals on Campus. An Exploration of Culture, Faith and College Life », *Religion & Education* 32, no. 2, 2005, p. 1-30.

Bryant Alyssa, Astin Helen, « The Correlates of Spiritual Struggle During the College Years », *The Journal of Higher Education* 79, no. 1, 2008, p. 1-27.

Bürki Hans, « The Confrontation of Evangelism with Ideology », *IFES Journal* 1, 1967, p. 22-27.

Bürki Hans, *Essentials. A Brief Introduction for Bible Study Based on the Doctrinal Basis of the International Fellowship of Evangelical Students*, Londres, IFES, 1975.

Bürki Hans, *Fonder sa foi*, coll. Points de repère, Lausanne, Presses Bibliques Universitaires, 1978.

Bürki Hans, « Student Unrest. Its Causes, Characteristics and Cures », Seminar paper, Schloss Mittersill, Austria, 1971, IFES e-archives, GC 1971 minutes, Appendix J.

Calvin Jean, *Institution de la religion chrétienne*, Charols, Éditions Excelsis, 2009.

Cambridge Inter-Collegiate Christian Union, *Old Paths in Perilous Times*, 1re éd., Cambridge, 1913.

Cambridge Inter-Collegiate Christian Union, *Old Paths in Perilous Times*, sous dir. Basil F. C. Atkinson, 2e éd., Londres, IVF, 1932.

Camp Bruce K., « A Theological Examination of the Two-Structure Theory », *Missiology* 23, no. 2, 1995, p. 197-209.

Cassidy Michael, « Evangelization amongst College and University Students », dans *Let the Earth Hear His Voice*, sous dir. J. D. Douglas, Minneapolis, World Wide Publications, 1975, p. 749-764.

« Catéchisme de l'Église Catholique », https://www.vatican.va/archive/FRA0013/_INDEX.HTM, consulté le 24 mars 2023.

Caterson Joe, « Proposals for Effective Partnership in Worldwide Student Evangelisation », Plenary Discussion Paper, Ashburnham Place, Battle, East Sussex, Angleterre, 27 juillet 1983, IFES e-archives, GC 1983 minutes, Appendix R.

Catherwood Christopher, *Martyn Lloyd-Jones. His Life and Relevance for the 21st Century*, Nottingham, IVP, 2015.

Cawley Luke, *Campus Lights. Students Living and Speaking for Jesus around the World*, Édimbourg, Muddy Pearl, 2019.

Cawley Luke, The Myth of the Non-Christian. Engaging Atheists, Nominal Christians and the Spiritual but Not Religious. Downers Grove: InterVarsity Press, 2016.

Chadwick Owen, *The Secularization of the European Mind in the Nineteenth Century*, Cambridge, Cambridge University Press, 1975.

CHAPMAN Alister, « Evangelical International Relations in the Post-Colonial World. The Lausanne Movement and the Challenge of Diversity, 1974-89 », *Missiology* 37, no. 3, 2009, p. 355-368.

CHAPMAN Alister, « Evangelical or Fundamentalist ? The Case of John Stott », dans *Evangelicalism and Fundamentalism in the United Kingdom During the Twentieth Century*, sous dir. David W. Bebbington et David Ceri Jones, Oxford, OUP, 2013, p. 192-208.

CHAPMAN Alister, *Godly Ambition. John Stott and the Evangelical Movement*, New York, OUP, 2012.

CHUA Wee Hian, « Breakthrough in the Seventies », *IFES Journal* 23, no. 2, 1970, p. 8-13.

CHUA Wee Hian, « The CU and the Church », cassette audio, *Formación* 89, 1989, IFES Archive, Oxford.

CHUA Wee Hian, « Foreword », dans *Essentials. A Brief Introduction for Bible Study Based on the Doctrinal Basis of the International Fellowship of Evangelical Students*, par Hans Bürki, Londres, IFES, 1975, p. 7-9.

CHUA Wee Hian, « The General Secretary's Perspective », Hurdal Verk, Norway, 27 juillet 1979, IFES e-archives, GC 1979 minutes, Appendix D.

CHUA Wee Hian, « General Secretary's Report », El Hostel Duruelo, Boyaca, Colombie, 30 août au 8 septembre 1987, IFES e-archives, GC 1987 minutes, Appendix B.

CHUA Wee Hian, *Getting through Customs. The Global Jottings of Chua Wee Hian*, Leicester, Inter-Varsity Press, 1992.

CHUA Wee Hian, « Graduate Ministry. A Postscript from the General Secretary », *IFES Review* 26, 1989, p. 45-48.

CHUA Wee Hian, « IFES. The Big Picture », *In Touch* 3, 1987, p. 5.

CHUA Wee Hian, « IFES General Secretary's Report 1991 », Wheaton College, Wheaton, Illinois, États-Unis, 27 juillet au 4 août 1991, IFES e-archives, GC 1991 minutes, Appendix D.

CHUA Wee Hian, « Major Trends and Developments in IFES », IFES Executive Committee, 5 mai 1988, IFES e-archives.

CHUA Wee Hian, « The Next Four Years », *IFES Journal* 25, no. 3, 1971, p. 7-9.

CHUA Wee Hian, « Priorities 1 », avril 1988, BGC Box #5.

CHUA Wee Hian, « Report of the General Secretary », Schloss Mittersill, Autriche, 1974, IFES e-archives, EC 1974 minutes, Appendix A.

CHUA Wee Hian, « Report of the General Secretary », Schloss Mittersill, Autriche, 1975, IFES e-archives, GC 1975 minutes, Appendix.

CHUA Wee Hian, « Staff Letter 6 », mai 1973, BGC Box #5.

CHUA Wee Hian, « Staff Letter 8 », juillet 1973, BGC Box #5.

CHUA Wee Hian, « Staff Letter 9 », septembre 1973, BGC Box #5.

CHUA Wee Hian, « Staff Letter 15 », octobre 1974, BGC Box #5.

CHUA Wee Hian, « Staff Letter 31 », novembre 1978, BGC Box #5.

Chua Wee Hian, « With Evangelical Students », dans *Martyn Lloyd-Jones. Chosen by God*, sous dir. Christopher Catherwood, Crowborough, Highland Books, 1988, p. 110-124.

Chua Wee Hian, Padilla C. René, « God's Work in the World Today », dans *Jesus Christ. Lord of the Universe, Hope of the World ; Urbana 1973*, sous dir. David M. Howard, Downers Grove, IVP, 1974, p. 167-178.

Clawson Michael, « Misión Integral and Progressive Evangelicalism. The Latin American Influence on the North American Emerging Church », *Religions* 3, no. 3, 2012, p. 790-807.

Clément de Rome (Saint), « Épître aux Corinthiens », dans *Les pères de l'Église*, Tome premier, publié par M. de Genoude, Paris, Sapia, 1837, p. 107-141.

Clowney Edmund, *L'Église*, Charols, Excelsis, 2009.

Clowney Edmund, *The Message of 1 Peter*, coll. The Bible Speaks Today, Leicester, IVP, 1988.

Coggan Donald, *Christ and the Colleges. A History of the Inter-Varsity Fellowship of Evangelical Unions*, Londres, Inter-Varsity, 1934.

Collange Jean-François, « Les confessions de foi "évangéliques" », *Autres Temps. Les cahiers du christianisme social* 3, 1984, p. 72-82.

Colon David, « Face aux Églises. Un siècle d'organisations d'étudiants chrétiens », dans *Cent ans de mouvements étudiants*, sous dir. Jean-Philippe Legois et Alain Monchalbon, Robi Morder et Groupe d'études et de recherches sur les mouvements étudiants (GERME), Paris, Syllepse, 2007, p. 217-226.

Congar Yves, *Jalons pour une théologie du laïcat*, 2e éd., Unam sanctam 23, Paris, Éditions du Cerf, 1954.

Congar Yves, Varillon François, *Sacerdoce et laïcat dans l'Église*, Paris, Vitrail, 1947.

Conseil Œcuménique des Églises, « Baptême, Eucharistie, Ministère », Foi et Constitution, Genève, 1982, https://www.oikoumene.org/fr/resources/documents/baptism-eucharist-and-ministry-faith-and-order-paper-no-111-the-lima-text.

« Constitution of the International Conference of Evangelical Students », 9 septembre 1935, BGC #193.

« Constitution of the International Fellowship of Evangelical Students », août 1947, BGC #193.

« Constitution of the International Fellowship of Evangelical Students », juillet 2015, IFES e-Archives.

Cox Harvey Gallagher, *Fire from Heaven. Pentecostalism, Spirituality, and the Reshaping of Religion in the Twenty-First Century*, Reading, Addison-Wesley, 1994.

Cressey Martin H., *The Conservative Evangelical in the Ecumenical Movement*, Londres, Student Christian Movement, 1960.

DAHLE Lars, sous dir., *The Lausanne Movement. A Range of Perspectives*, Oxford, Wipf & Stock, 2014.

DAVIE Grace, *La religion des Britanniques. De 1945 à nos jours*, original anglais 1994, Genève, Labor et Fides, 1996.

DAVIE Grace, *Religion in Modern Europe. A Memory Mutates*, European Societies, Oxford, OUP, 2000.

DAVIES D. Eryl, « Lloyd-Jones, David Martyn », dans *Biographical Dictionary of Evangelicals*, sous dir. Timothy Larsen, Leicester, IVP, 2003, p. 370-374.

D'COSTA, Gavin, « The State of the University. Academic Knowledges and the Knowledge of God », *Pro Ecclesia* 20, no. 3, 2011, p. 312-316.

DEBANNÉ Marc, « L'étudiant chrétien, l'Église locale et les mouvements chrétiens étudiants. Comment démystifier la place du "para-Église"? », *Théologie évangélique* 14, no. 1, 2015, p. 24-44.

DESCHNER John, « Evangelism », Summary of address given at the 1956 WSCF Ecumenical Consultation, Céligny, 1956, WSCF Archive 213.16.39/2.

DICKSON Neil, « "The Church Itself Is God's Clergy." The Principles and Practices of the Brethren », dans *The Rise of the Laity in Evangelical Protestantism*, sous dir. Deryck Lovegrove, Londres, Routledge Chapman & Hall, 2002, p. 217-235.

DIÉTRICH Suzanne (de), *Cinquante ans d'histoire. La Fédération universelle des associations chrétiennes d'étudiants (1895–1945)*, Paris, Ed. du Semeur, 1946.

DOUGLAS J. D., sous dir., « Theology and Implications of Radical Discipleship », dans *Let the Earth Hear His Voice*, Minneapolis, World Wide Publications, 1975, p. 1294-1296.

DRANSFIELD Julie, MERRITT Cindy, « The "One-Another" Ministry of Students to Students », *IFES Review* 24, 1988, p. 37-42.

DUDLEY-SMITH Timothy, *John Stott. A Global Ministry*, Downers Grove, IVP, 2001.

DUMBRELL W. J., *Covenant and Creation. A Theology of the Old Testament Covenants*, 1re éd. 1984, coll. Biblical and Theological Classics, Carlisle, Paternoster, 1997.

DUNN James D. G., *The Parting of the Ways. Between Christianity and Judaism and Their Significance for the Character of Christianity*, 1re éd. 1991, 2e éd., Londres, SCM, 2006.

DURHAM John I, *Exodus*, Word Biblical Commentary 3, Waco, Word, 1986.

DURNBAUGH Donald F., *The Believers' Church. The History and Character of Radical Protestantism*, New York, Macmillan, 1968.

DUTTON Edward, *Meeting Jesus at University: Rites of Passage and Student Evangelicals*, Burlington, Ashgate, 2008.

EBERSTADT Mary, *How the West Really Lost God. A New Theory of Secularization*, West Conshohocken, Templeton Press, 2013.

EDGE Findley B., « Priesthood of Believers », *Review & Expositor* 60, no. 1, 1963, p. 9-21.
ENNS Fernando, « Believers Church Ecclesiology. A Vital Alternative within the Ecumenical Family », dans *New Perspectives in Believers Church Ecclesiology*, sous dir. Abe J. Dueck, Helmut Harder et Karl Koop, Winnipeg, CMU, 2010, p. 107-124.
ENOCH H., *Following the Master*, Mumbai, GLS, 1977.
ESCOBAR Samuel, *Diálogo entre Cristo y Marx y otros ensayos*, Lima, AGEUP, 1969.
ESCOBAR Samuel, « Evangelism and Man's Search for Freedom, Justice and Fulfillment », dans *Let the Earth Hear His Voice*, sous dir. J. D. Douglas, Minneapolis, World Wide Publications, 1975, p. 303-326.
ESCOBAR Samuel, Interview. Coma-Ruga, Spain, 2018.
ESCOBAR Samuel, *La chispa y la llama. Breve historia de la Comunidad Internacional de Estudiantes Evangélicos en América Latina*, Buenos Aires, Ediciones Certeza, 1978.
ESCOBAR Samuel, *La chispa y la llama. Volumen II*, Buenos Aires, Certeza Unida, 2022.
ESCOBAR Samuel, *La mission à l'heure de la mondialisation du christianisme*, coll. Voix multiculturelles, Marne-la-vallée, Farel, 2006.
ESCOBAR Samuel, « A New Time for Mission. Plenary Address to IFES WA 1999 », Hyundai Learning Center, Yong-In, Corée du Sud, 23 juillet 1999, IFES e-archives.
ESCOBAR Samuel, « Our Evangelical Heritage. Major Paper Presented at the 1983 General Committee », *IFES Review* 14, 1983, p. 2-20.
ESCOBAR Samuel, « Report of the Associate General Secretary at Large », Raglan, New Zealand, 18 août 1978, IFES e-archives, EC 1978 minutes, Appendix E.
ESCOBAR Samuel, « Report of the IFES Associate General Secretary at Large », Oxon, Angleterre, 28 septembre au 3 octobre 1977, IFES e-archives, EC 1977 minutes, Appendix E.
ESCOBAR Samuel, « Social Concern and World Evangelism », dans *Christ the Liberator*, sous dir. John R. W. Stott, Urbana 70, Downers Grove, IVP, 1971, p. 103-112.
ESCOBAR Samuel, « The Social Impact of the Gospel », dans *Is Revolution Change ?*, sous dir. Brian Griffiths, IVP Pocketbook, Londres, Inter-Varsity Press, 1972, p. 84-105.
ESCOBAR Samuel, *A Time for Mission. The Challenge for Global Christianity*, Leicester, IVP, 2003.
ESCOBAR Samuel, PADILLA C. René, YAMAUCHI Edwin, sous dir., *Quien es Cristo hoy ?*, Buenos Aires, Ediciones Certeza, 1971.

« Evangelical Declaration of Cochabamba. At the Founding Meeting of the Fraternidad Teológica Latinoamericana, December, 1970 », *Journal of Latin American Theology* 11, no. 2, 2016, p. 185-188.

FATH Sébastien, « Evangelical Protestantism in France. An Example of Denominational Recomposition ? », *Sociology of Religion* 66, no. 4, 1er décembre 2005, p. 399-418.

FATH Sébastien, *Le protestantisme évangélique, un christianisme de conversion. Entre ruptures et filiations*, Bibliothèque de l'École des Hautes Études, Sciences religieuses, Turnhout, Brepols, 2004.

FIELDER Geraint, *Lord of the Years. Sixty Years of Student Witness – Story of the Inter-Varsity Fellowship/Universities and Colleges Christian Fellowship, 1928–88*, Leicester, IVP, 1988.

FILIATREAU Mark, « Honouring Our Elders. Dr. James Houston, Founder of Regent College », *BC Christian News*, juin 2001. https://web.archive.org/web/20090519095349/https://canadianchristianity.com/cgi-bin/bc.cgi?bc/bccn/0601/supelders.

FLEMMING Dean, *La contextualisation dans le Nouveau Testament*, trad. de l'anglais par Léo Lehmann et Anne Macdonald, coll. REMEEF, Charols, Excelsis, 2021.

FLETT John G., *Apostolicity. The Ecumenical Question in World Christian Perspective*, Missiological Engagements, Downers Grove, IVP, 2016.

FORD Barney, « A Shift of Strategy. From Expansion towards Greater Maturity », Bischofsheim, Allemagne, mai 1998, IFES e-archives, EC 1998 minutes, Appendix E.

FOSTER WILLIAMS David, « A Comparison of the Work of the Student Christian Movement and the Inter-Varsity Fellowship as Each Is Found in Latin America », mémoire de master, The Biblical Seminary in New York, 1959, WSCF Archive 213.16.39/1.

FRY John R., « Anti-Intellectualism in the Church Today », *The Christian Scholar* 45, no. 1, 1962, p. 22-27.

« FTL. Fraternidad Teológica Latinoamericana », https://ftl-al.com/, consulté le 27 juillet 2020.

FUETER Paul D., « New Christians for New Pagans », *IFES Journal* 21, no. 3, 1968, p. 1-9.

GALADIMA Bulus, « Evaluation of the Theology of Bolaji Idowu », *Africa Journal of Evangelical Theology* 20, no. 2, 2001, p. 105-131.

GEBARA Ivone, « The Movement of May 1968 and Theology in Latin America », *The Ecumenical Review* 70, no. 2, 23 septembre 2018, p. 264-271.

GILLILAND Dean, « Contextualization », dans *Evangelical Dictionary of World Missions*, sous dir. A. Scott Moreau, Harold A. Netland et Charles Edward van Engen, Grand Rapids, Baker, 2000, p. 225-228.

GLOEGE Timothy, « A Gilded Age Modernist. Reuben A. Torrey and the Roots of Contemporary Conservative Evangelicalism », dans *American Evangelicalism: George Marsden and the State of American Religious History*, sous dir. Darren Dochuk et Thomas S. Kidd, Notre Dame, University of Notre Dame Press, 2014, p. 199-229.

GOHEEN Michael W., « The Missional Calling of Believers in the World. Lesslie Newbigin's Contribution », dans *A Scandalous Prophet: The Way of Mission after Newbigin*, sous dir. Thomas F. Foust, George R. Hunsberger, J. Andrew Kirk et Werner Ustorf, Grand Rapids, Eerdmans, 2001, p. 37-56.

GOODHEW David, « Cassidy, Michael », dans *Biographical Dictionary of Evangelicals*, sous dir. Timothy Larsen, David Bebbington et Mark A. Noll, Leicester, IVP, 2003, p. 130-131.

GOODHEW David, « The Rise of the Cambridge Inter-Collegiate Christian Union, 1910–1971 », *The Journal of Ecclesiastical History* 54, no. 1, 2003, p. 62-88.

GREEN Joel B., *1 Peter*, coll. The Two Horizons New Testament Commentary, Grand Rapids, Eerdmans, 2007.

GREGGS Tom, *Dogmatic Ecclesiology, vol. 1, The Priestly Catholicity of the Church*, éd. Kindle, Grand Rapids, Baker Academic, 2019.

GREGGS Tom, « The Priesthood of No Believer. On the Priesthood of Christ and His Church », *International Journal of Systematic Theology* 17, no. 4, 1er octobre 2015, p. 374-398.

GROSSI Vittorino, « Priesthood of Believers », dans *Encyclopedia of Ancient Christianity*, sous dir. Angelo Di Berardino, Downers Grove, IVP, 2014, 3, p. 302-304.

GRUNER Paul, *Menschenwege und Gotteswege im Studentenleben. Persönliche Erinnerungen aus der christlichen Studentenbewegung*, Bern, Buchhandlung der Evangelischen Gesellschaft, 1942.

« G. T. Manley to J. C. Pollock », J. C. Pollock, Papers on the history of CICCU, Cambridge University Library, s.d.

GUEST Mathew, *Christianity and the University Experience. Understanding Student Faith*, Londres, Bloomsbury, 2013.

GUTIERREZ Gustavo, *Théologie de la libération*, trad. F. Malley OP, Bruxelles, Lumen Vitae, 1972.

HAIGHT Roger, *Comparative Ecclesiology*, vol. 2 de *Christian Community in History*, Londres, Bloomsbury, 2014.

HAIGHT Roger, *Ecclesial Existence*, vol. 3 de *Christian Community in History*, Londres, Bloomsbury, 2014.

HALL Ronald Owen, « A Circular Letter from the Bishop to All Clergy to Be Discussed with Anyone Concerned with the FES », 1963, IFES e-archives, EC 1963 papers.

HALLESBY Ole, « The Distinctive Message of the Conservative Evangelical Movements. Address Given at the First International Conference of

Evangelical Students, Oslo, September 1934 », dans *A Brief History of the International Fellowship of Evangelical Students*, sous dir. Douglas Johnson, Lausanne, IFES, 1964, p. 178-184.

HAMMETT John S., « How Church and Parachurch Should Relate. Arguments for a Servant-Partnership Model », *Missiology* 28, no. 2, 1er avril 2000, p. 199-207.

HAMMOND T. C., *Cómo comprender la doctrina cristiana. Manual de teologia para laicos*, Buenos Aires, Ediciones Certeza, 1978.

HAMMOND T. C., *Evangelical Belief. A Short Introduction to Christian Doctrine in Explanation of the Doctrinal Basis of the Inter-Varsity Fellowship*, Londres, IVF, 1935.

HAMMOND T. C., « *Frères, je ne veux pas que vous ignoriez ...* » : *un résumé de doctrine chrétienne*, trad. Broj-Jens Berge, Bruxelles, Éditions Farel, 1977.

HAMMOND T. C., *In Understanding Be Men. A Handbook on Christian Doctrine for Non-Theological Students*, 1re éd., Londres, InterVarsity Fellowship, 1936.

HAMMOND T. C., *In Understanding Be Men. A Handbook on Christian Doctrine for Non-Theological Students*, 5e éd., Londres, InterVarsity Fellowship, 1960.

HANKS Tom, « Paternalistic – Me ? », *IFES Journal* 21, no. 1, 1968, p. 1-7.

HARDY Daniel W., « Upholding Orthodoxy in Missionary Encounters. A Theological Perspective », dans *Christian Missions and the Enlightenment*, sous dir. Brian Stanley, Grand Rapids, Eerdmans, 2001, p. 198-222.

HARRISON Peter, « Narratives of Secularization », *Intellectual History Review* 27, no. 1, 2 janvier 2017, p. 1-6.

HATCH Nathan O., « Evangelicalism as a Democratic Movement », dans *Evangelicalism and Modern America*, sous dir. George M. Marsden, Grand Rapids, Eerdmans, 1984, p. 71-82.

HAUERWAS Stanley, *The State of the University. Academic Knowledges and the Knowledge of God*, Illuminations – Theory and Religion, Malden, Blackwell, 2007.

HAUERWAS Stanley, WILLIMON William H., *Étrangers dans la cité*, trad. Grégoire Quévreux et Guilhem Riffaut, Paris, Les Éditions du Cerf, 2016.

HENRY Douglas V., BEATY Michael D., *Christianity and the Soul of the University. Faith as a Foundation for Intellectual Community*, Grand Rapids, Baker, 2006.

HERVIEU-LÉGER Danièle, « Le converti "évangélique", figure de description de la modernité religieuse », dans *Le protestantisme évangélique, un christianisme de conversion. Entre ruptures et filiations*, sous dir. Sébastien Fath, Turnhout, Brepols, 2004, p. 207-213.

HERVIEU-LÉGER Danièle, « Sécularisation », dans *Dictionnaire des faits religieux*, sous dir. Danièle Hervieu-Léger et Régine Azria, Quadrige, Paris, PUF, 2013, p. 1151-1158.

HIEBERT Paul G., « Critical Contextualization », *International Bulletin of Missionary Research* 11, no. 3, 1987, p. 104-112.

HIEBERT Paul G., « Critical Contextualization », *Missiology* 12, no. 3, juillet 1984, p. 287-296.

HIGTON Mike, « Education and the Virtues », dans *The Universities We Need. Theological Perspectives*, sous dir. Stephen Heap, Milton, Taylor and Francis, 2016, p. 77-90.

HIGTON Mike, *A Theology of Higher Education*, Oxford, OUP, 2012.

HIRAUX Françoise, sous dir., *Les engagements étudiants. Des pratiques et des horizons dans un monde globalisé*, Louvain-la-Neuve, Academia-Bruylant, 2008.

HIRAUX Françoise, SERVAIS Paul, « Les figures de l'engagement étudiant », dans *Les engagements étudiants. Des pratiques et des horizons dans un monde globalisé*, sous dir. Françoise Hiraux, Louvain-la-Neuve, Academia-Bruylant, 2008, p. 31-58.

HOEKENDIJK Johannes Christiaan, *The Church Inside Out*, Philadelphie, Westminster, 1966.

HOEKENDIJK Johannes Christiaan, *Kirche und Volk in der deutschen Missionswissenschaft*, trad. Erich-Walter Pollmann, Munich, Chr. Kaiser, 1967.

HOGGARTH Pauline, *La Graine et le Sol. La Parole qui libère*, trad. de l'anglais par Antoine Doriath, coll. Voix multiculturelles, Marne-la-Vallée, Farel, 2012.

HOLMES Stephen R., « Evangelical Doctrines of Scripture in Transatlantic Perspective », *Evangelical Quarterly* 81, no. 1, janvier 2009, p. 38-63.

HOPKINS Charles Howard, *John R. Mott, 1865–1955. A Biography*, Grand Rapids, Eerdmans, 1979.

HORN Gerd-Rainer, « Catholic Action. A Twentieth-Century Social Movement (1920s–1930s) », dans *Western European Liberation Theology*, sous dir. Gerd-Rainer Horn, Oxford, OUP, 2008, p. 5-43.

HORN Robert M., *Student Witness and Christian Truth*, Londres, Inter-Varsity Press, 1971.

HORN Robert M., *Ultimate Realities. Finding the Heart of Evangelical Belief*, Leicester, IVP, 1999.

HORNER David A., *Mind Your Faith. A Student's Guide to Thinking and Living Well*, Downers Grove, IVP, 2011.

HOWARD David M., *Student Power in World Evangelism*, Downers Grove, IVP, 1970.

HUNT Keith, HUNT Gladys, *For Christ and the University. The Story of InterVarsity Christian Fellowship of the USA 1940–1990*, Downers Grove, IVP, 1991.

Huntston George, « The Ancient Church, AD 30-313 », dans *The Layman in Christian History*, sous dir. Stephen Neill et Hans Ruedi Weber, Londres, SCM, 1963, p. 28-56.

Hutchinson Mark, Wolffe John, *A Short History of Global Evangelicalism*, New York, CUP, 2012.

Hylson-Smith Kenneth, *The Laity in Christian History and Today*, Londres, SPCK, 2008.

Idowu E. Bolaji, *Towards an Indigenous Church*, Oxford, Oxford University Press, 1965.

« IFES and the Church. Notes Produced by the Task Force Group », Redcliffe College, Gloucester, Angleterre, 30 juin 1996, IFES e-archives. EC 1996 minutes, Appendix F3.

IFES, « The International Fellowship of Evangelical Students. Who Are We? Why Do We Exist? How Do We Function ? », Discipleship Training Center, Singapore, 17 août 1982, IFES e-archives, EC 1982 minutes, Appendix A.

IFES, « What We Believe », https://ifesworld.org/en/beliefs/, consulté le 2 février 2023.

« Instruction, Imitation, Initiation. A Composite Report (IFES Training Course, Mittersill, 1971) », *IFES Journal* 25, no. 3, 1971, p. 12-17.

IFES, sous dir., « Living Stones. IFES Vision to 2020 », 2008.

InterVarsity Christian Fellowship USA, « Our Ministry », https://intervarsity.org/our-ministry, consulté le 10 mars 2016.

InterVarsity Christian Fellowship USA, « What We Believe », 17 avril 2017, https://intervarsity.org/about-us/what-we-believe.

Inter-Varsity Fellowship of Evangelical Unions, sous dir., *Principles of Co-operation*, Londres, IVF, s.d.

Jaeger Lydia, sous dir., *Lire la Bible aujourd'hui. Perspectives croisées sur les défis contemporains*, Paris, Éditions Bibli'O, 2022.

Jenson Philip, *Graded Holiness. A Key to the Priestly Conception of the World*, coll. JSOT, Sheffield, Bloomsbury, 1992.

Jochemsen Henk, « Authentic Christian Witness Demands Authentic Christian Service. Lecture Given at the International Student Conference Held at Schloss Mittersill in August 1989 », *IFES Review* 29, 1990, p. 35-41.

Johnson Douglas, *A Brief History of the International Fellowship of Evangelical Students*, Lausanne, IFES, 1964.

Johnson Douglas, « Christ Our Freedom. International Conference of Evangelical Students Cambridge ; Advertisement Paper », 1939, BGC Box #193.

Johnson Douglas, *Contending for the Faith. A History of the Evangelical Movement in the Universities and Colleges*, Leicester, IVP, 1979.

Johnson Douglas, Letter to Greer, 22 avril 1943, WSCF Archive 213.13.94/7.

JOHNSTON James, « A Biblical Philosophy of Student Witness », *IFES Journal* 2, 1966, p. 7-10.

JOSET Timothée, « 20 ans d'histoire des groupes bibliques universitaires de Suisse Romande. 1955–1975 ; L'histoire de la "Réformation" des étudiants en une période mouvementée ou comment concilier une foi séculaire dans un monde en mouvement », mémoire de master, Université de Neuchâtel, 2012.

JOSET Timothée, *Dieu, mes études et moi*, coll. Question suivante, Marne-la-Vallée, Farel/GBU, 2019.

JOSET Timothée, « La sécularisation, une chance pour interagir avec l'Université », dans *Interagir avec l'Université. Croire et servir dans le monde académique*, par Plateforme francophone IFES, sous dir. Timothée Joset, IFES – GBU France, 2019, p. 79-102.

KAGAN Jerome, *Three Cultures. Natural Sciences, Social Sciences, and the Humanities in the 21st Century*, Cambridge, Cambridge University Press, 2009.

KÄRKKÄINEN Veli-Matti, « The Calling of the Whole People of God into Ministry. The Spirit, Church and Laity », *Studia Theologica* 54, no. 2, 2000, p. 144-162.

KINOTI George K., « Contribution towards Submission for the Templeton Prize », University of Nairobi, 1996.

KIRKPATRICK David C., « C. René Padilla and the Origins of Integral Mission in Post-War Latin America », *The Journal of Ecclesiastical History* 67, no. 2, 2016, p. 351-371.

KIRKPATRICK David C., « Died. C. René Padilla, Father of Integral Mission », *Christianity Today*, 27 avril 2021, https://www.christianitytoday.com/news/2021/april/rene-padilla-died-integral-mission-latin-american-theology.html, consulté le 22 juillet 2021.

KIRKPATRICK David C., *A Gospel for the Poor. Global Social Christianity and the Latin American Evangelical Left*, Philadelphie, University of Pennsylvania Press, 2019.

KRAEMER Hendrik, *A Theology of the Laity*, Philadelphie, Westminster, 1958.

KRAEMER Hendrik, *Théologie du laïcat*, trad. Anneke Musacchio, Genève, Labor et Fides, 1966.

KREYSSIG Peter, « The Reality of the New Life in Terms of Conversion, Regeneration, and Sanctification », résumé du discours prononcé lors de la consultation œcuménique de la FUACE en 1956, Céligny, 1956, WSCF Archive 213.16.39/2.

KRISTENSEN Brede, « Report of the Assistant to the IFES General Secretary (Europe) », Raglan, Nouvelle-Zélande, 18 août 1978, IFES e-archives, EC 1978 minutes, Appendix F.

KRISTENSEN Brede, LUM Ada, *Jesus – One of Us. 52 Evangelistic Bible Studies Compiled into 8 Series*, International Fellowship of Evangelical Students, Nottingham, IVP, 1976.

KUHN Chase, « The Ecclesiological Influence of T. C. Hammond », *Churchman* 127, no. 4, 2013, p. 323-335.

KÜNG Hans, *The Church*, New York, Sheed & Ward, 1967.

LAGHI Pio Card., PIRONI Eduardo Card., POUPARD Paul Card., « La présence de l'Église dans l'université et dans la culture universitaire », 1994. https://www.vatican.va/roman_curia/pontifical_councils/cultr/documents/rc_pc_cultr_doc_22051994_presence_fr.html.

LAMB Jonathan, « IFES Movements in Orthodox Countries », Confidential Memo to IFES Team Leaders only, Dimesse Sisteres Retreat Center, Nairobi, Kenya, 31 juillet 1993, IFES e-archives, EC 1995 minutes, Appendix A.

LAMB Jonathan, « Orthodox Progress Report », Centre des métiers de l'électricité, Bingerville, Côte d'Ivoire, 9 juin 1994, IFES e-archives, EC 1994 minutes, Appendix K.

LEGOIS Jean-Philippe, MONCHABLON Alain, MORDER Robi, Groupe d'études et de recherches sur les mouvements étudiants (GERME), sous dir., *Cent ans de mouvements étudiants*, Paris, Editions Syllepse, 2007.

LEHTONEN Risto, *Story of a Storm. The Ecumenical Student Movement in the Turmoil of Revolution, 1968 to 1973*, Grand Rapids, Eerdmans, 1998.

LEITHART Peter, *The Priesthood of the Plebs. A Theology of Baptism*, Eugene, Wipf and Stock, 2003.

LIGHTFOOT Joseph Barber, *Saint Paul's Epistle to the Philippians. A Revised Text*, Londres, Macmillan, 1888.

LINEHAM Peter J., « Students Reaching Students. A History of the International Fellowship of Evangelical Students », manuscrit non publié, 1997.

LLOYD-JONES, D. Martyn, « Ecclesiola in Ecclesia », dans *Approaches to Reformation for the Church*, vol. 4, Puritan Papers, Hartshill, Tentmaker, 1965.

LOVEGROVE Deryck W., *The Rise of the Laity in Evangelical Protestantism*, Londres, Routledge, 2002.

LOWMAN Pete, *The Day of His Power. A History of the International Fellowship of Evangelical Students*, Leicester, Inter-Varsity, 1983.

LOWMAN Pete, « What Scripture Says, God Says », *In Touch* 3, 1982, p. 5.

LUTHER Martin, « Traité de la liberté chrétienne », dans *Œuvres*, vol. 2, Genève, Labor et Fides, 1966, p. 275-306.

LUTZ Stephen, *College Ministry in a Post-Christian Culture*, Kansas City, House Studio, 2011.

MACKIE Robert C., « Draft Letter Enclosed in Confidential Memorandum on the Relationships of the WSCF and IVF Britain », Letter to Douglas Johnson, avril 1943, WSCF Archive 213.16.94.

MACKIE Robert C., *Layman Extraordinary. John R. Mott, 1865–1955*, Londres, Hodder and Stoughton, 1965.

MACKIE Robert C., « The Relationships of National Student Christian Movements and the W.S.C.F. to the Inter-Varsity Fellowship of Evangelical Unions », Private document for use within the WSCF and not official pronouncement, Genève, World Student Christian Federation, septembre 1946, WSCF Archive 213.16.39/2.

MACKIE Robert C., « The Relationships of National Student Christian Movements and the WSCF to the Inter-Varsity Fellowship of Evangelical Unions and the International Fellowship of Evangelical Students. Memorandum 2 », Genève, World Student Christian Federation, août 1947, WSCF Archive 213.16.39/2.

MACKIE Robert C., « Statement on the Relationship of the Federation with I.F.E.S. », Official position paper, 1957 Symposium for the Use of Student Christian Movements and Their Leaders, Genève, World Student Christian Federation, 1949, WSCF Archive 213.16.39/1.

MACLEOD A. Donald, *C. Stacey Woods and the Evangelical Rediscovery of the University*, Downers Grove, IVP Academic, 2007.

MALIK Charles Habib, *A Christian Critique of the University*, Waterloo, North Waterloo Academic Press, 1987.

MALLEY Brian, *How the Bible Works. An Anthropological Study of Evangelical Biblicism*, Walnut Creek, AltaMira, 2004.

MALONE Andrew S., *God's Mediators. A Biblical Theology of Priesthood*, NSBT 43, Downers Grove, IVP, 2017.

MANLEY George Thomas, ROBINSON Godfrey Clive, STIBBS Alan M., *Le nouveau manuel de la Bible*, trad. Jacques Blocher, Nogent-sur-Marne, Institut Biblique, Groupes Bibliques Universitaires, 1947.

MARSDEN George M., *Fundamentalism and American Culture*, 2ᵉ éd., New York, Oxford University Press, 2006.

MATHEWS Basil, *John R. Mott, World Citizen*, New York, Harper, 1934.

MAURY Philippe, Letter to Rev. Sverre Magelssen, 14 février 1956, WSCF Archive 213.14.76/2.

MAURY Philippe, « Document IV and Additional Notes of the 1957 WSCF Symposium », Letter to South African Student Christian Association, décembre 1954, WSCF Archive 211.16.39/1.

MAURY Philippe, « Memorandum on IFES. Report on a Meeting with Stacey Woods », Chicago, 21 décembre 1955, WSCF Archive 213.16.39.

MCGRATH Alister E., *La vérité pour passion. Cohérence et force de la pensée évangélique*, trad. Christophe Paya, Charols, Excelsis, 2008.

McGrath Alister E., *The Passionate Intellect. Christian Faith and the Discipleship of the Mind*, Downers Grove, IVP Books, 2014.

McIntosh Robert, « Missio Dei », dans *Evangelical Dictionary of World Missions*, sous dir. A. Scott Moreau, Grand Rapids, Baker, 2000, p. 631-633.

McLeod Hugh, « The Crisis of Christianity in the West. Entering a Post-Christian Era ? », dans *World Christianities c.1914–c.2000*, vol. 9 de *The Cambridge History of Christianity*, sous dir. Hugh McLeod, Cambridge, CUP, 2006, p. 323-347.

McLeod Hugh, « The Religious Crisis of the 1960s », *Journal of Modern European History* 3, no. 2, 2005, p. 205-229.

McLeod Hugh, *The Religious Crisis of the 1960s*, Oxford, Oxford University Press, 2007.

Michaels J. Ramsey, *1 Peter*, coll. Word Biblical Commentary 49, Waco, Word, 2004.

« Minutes of a Meeting of the General Committee of the IFES », Library of Regent's Park College, Oxford, 28 mars 1946, BGC Box #193.

« Minutes of Meetings of the Executive Committee of the IFES », Examination Hall, Cambridge, 27 juin 1939, IFES e-archives.

« Minutes of the First Meeting of the General Committee of the Fully Constituted IFES », Phillips Brooks House, Harvard University, Cambridge, Massachusetts, 23 août 1947, BGC Box #193.

« Minutes of the First Meeting of the General Committee of the IFES », Phillips Brooks House, Harvard University, Cambridge, Massachusetts, 18 août 1947, BGC Box #193.

« Minutes of the Meetings of the Executive Committee of the IFES : Session I », Institut Emmaüs, Vennes-sur-Lausanne, Switzerland, 10 août 1948, BGC Box #193.

« Minutes of the Meeting of the Eighth General Committee of the IFES – 1971 », Schloss Mittersill, Austria, 28 août 1971, IFES e-archives.

« Minutes of the Meeting of the Eleventh General Committee of the IFES », Ashburnham Place, Battle, Angleterre, 27 juillet 1983, IFES e-archives.

« Minutes of the Meeting of the Executive Committee of the IFES », De Witte Hei, Huis Ter Heide, The Netherlands, 19 avril 1955, IFES e-archives.

« Minutes of the Meeting of the Executive Committee of the IFES », Branksome Hall, Toronto, Canada, 31 août au 3 septembre 1956, IFES e-archives.

« Minutes of the Meeting of the Executive Committee of the IFES », Lunteren, The Netherlands ; Wuppertal-Barmen, Germany, 27 août au 1er septembre 1962, IFES e-archives.

« Minutes of the Meeting of the Executive Committee of the IFES », Uppigard, Norway, 30 septembre 1965, IFES e-archives.

« Minutes of the Meeting of the Executive Committee of the IFES », Casa Moscia, Ascona, Switzerland, 30 août au 3 septembre 1968, IFES e-archives.
« Minutes of the Meeting of the Executive Committee of the IFES », Sanden Bjerggard, Danemark, septembre 1972, IFES e-archives.
« Minutes of the Meeting of the Executive Committee of the IFES », Schloss Mittersill, Austria, 30 août au 3 septembre 1973, IFES e-archives.
« Minutes of the Meeting of the Executive Committee of the IFES », Oak Hill College, Londres, Angleterre, 20 septembre 1976, IFES e-archives.
« Minutes of the Meeting of the Executive Committee of the IFES », Charney Manor, Oxon, Angleterre, 28 septembre au 3 octobre 1977, IFES e-archives.
« Minutes of the Meeting of the Executive Committee of the IFES », Raglan, Nouvelle-Zélande, 18 août 1978, IFES e-archives.
« Minutes of the Meeting of the Executive Committee of the IFES », London Bible College, Northwood, Angleterre, août 1988, IFES e-archives.
« Minutes of the Meeting of the Executive Committee of the IFES », Tao Fong Shan Christian Center, Hong Kong, 25 juillet 1989, IFES e-archives.
« Minutes of the Meeting of the Executive Committee of the IFES », Hald Training Center, Mandal, Norvège, 28 juillet au 1er août 1992, IFES e-archives.
« Minutes of the Meeting of the Executive Committee of the IFES », Oak Hill College, Londres, Angleterre, 25 juillet au 31 juillet 1993, IFES e-archives.
« Minutes of the Meeting of the Executive Committee of the International Fellowship of Evangelical Students », Centre des métiers de l'électricité, Bingerville, Côte d'Ivoire, 29 juillet 1994, IFES e-archives, EC 1994 minutes.
« Minutes of the Meeting of the Executive Committee of the IFES », Urbana, Illinois, USA, 6 janvier 1997, IFES e-archives.
« Minutes of the Meeting of the Executive Committee of the IFES », Bischofsheim, Germany, 28 juin au 3 juillet 1998, IFES e-archives.
« Minutes of the Meeting of the Fourteenth General Committee of IFES », Kenya Commercial Bank Center, Nairobi, Kenya, 22 juin au 2 juillet 1995, IFES e-archives.
« Minutes of the Meeting of the Fifteenth General Committee of IFES », Hyundai Learning Center, Yong-In, Corée du Sud, 23 juillet 1999, IFES e-archives.
« Minutes of the Meeting of the General Committee of IFES », Redeemer University College, Ancaster, Ontario, 18 juillet 2007, IFES e-archives.
« Minutes of the Meeting of the Incoming Executive Committee of the IFES », Kwang Lim, Corée du Sud, 26 juillet 1999, IFES e-archives, New EC 1999 minutes.

« Minutes of the Meeting of the Out-Going Executive Committee of the IFES », Hyundai Learning Center, Séoul, Corée du Sud, 14 juillet 1999, IFES e-archives, EC 1999 minutes.

« Minutes of the Meeting of the Retiring Executive Committee of the IFES », Phillips Brooks House, Harvard University, Cambridge, Massachusetts, 18 août 1947, BGC Box #193.

« Minutes of the Meeting of the Sixth General Committee of the IFES », Nyack, New York, 1963, IFES e-archives.

« Minutes of the Meeting of the Seventh General Committee of the IFES », Wuppertal-Barmen, Allemagne, 1967, IFES e-archives.

« Minutes of the Meeting of the Tenth General Committee of the IFES – 1979 », Hurdal Verk, Norvège, 27 juillet 1979, IFES e-archives.

« Minutes of the Meeting of the Twelfth General Committee of the IFES », El Hostel Duruelo, Boyaca, Colombie, 30 août au 8 septembre 1987, IFES e-archives.

« Minutes of the Newly-Elected Executive Committee Meeting of the IFES », Ashburnham Place, Battle, Angleterre, 27 juillet 1983, IFES e-archives.

« Minutes of the North Atlantic Zone Committee of the IFES », Grundtvigs Höjskole, Frederiksborg, Hillerød, Danemark, EC 58 minutes, août 1958.

Moberg David O., *The Great Reversal. Evangelism versus Social Concern*, Londres, Scripture Union, 1973.

« The Moratorium Debate », *International Review of Mission* 64, no. 254, 1975, p. 148-164.

Morder Robi, « Années 1960. Crise des jeunesses, mutations de la jeunesse », *Matériaux pour l'histoire de notre temps* 74, 2004, p. 62-69.

Morris Jeremy, « Edinburgh 1910–2010. A Retrospective Assessment », *Ecclesiology*, septembre 2011.

Mott John Raleigh, *Liberating the Lay Forces of Christianity*, New York, Macmillan, 1932.

Mott John Raleigh, *The World's Student Christian Federation. Origin, Achievements, Forecast ; Achievements of the First Quarter-Century of the World's Student Christian Federation and Forecast of Unfinished Tasks*, (Londres ?), World's Student Christian Federation, 1920.

Mouvement de Lausanne, « Cooperating in World Evangelization. A Handbook on Church/Para-Church Relationships », Lausanne Occasional Paper, 1983, http://www.lausanne.org/content/lop/lop-24.

Mouvement de Lausanne, « La déclaration de Lausanne », 1974, http://www.lausanne.org/fr/tous-les-documents/la-declaration-de-lausanne.html.

Muthiah Robert A., *The Priesthood of All Believers in the Twenty-First Century. Living Faithfully as the Whole People of God in a Postmodern Context*, éd. Kindle, Eugene, Wipf & Stock, 2009.

NAPON Moïse, « Holistic Ministry », Centre des métiers de l'électricité, Bingerville, Côte d'Ivoire, mai 1994, IFES e-archives, EC 1994 minutes, Appendix LM.

NAPON Moïse, « Ministry amongst Past Members of the GBU », London Bible College, Northwood, Angleterre, août 1988, IFES e-archives.

NEILL Stephen, « Introduction », dans *The Layman in Christian History. A Project of the Department of the Laity of the World Council of Churches*, sous dir. Hans Ruedi Weber and Stephen Neill, Londres, SCM, 1963, p. 15-27.

NELSON Warren, *T. C. Hammond. Irish Christian ; His Life and Legacy in Ireland and Australia*, Édimbourg, Banner of Truth Trust, 1994.

NEWBIGIN Lesslie, « An X-Ray to Make God Visible in the World », *Reform*, 1990, p. 7.

NEWMAN John Henry, *L'idée d'université. Les disciplines universitaires*, trad. Marie-Jeanne Bouts, Yvette Hilaire et Jacques Sys, original en anglais 1852, Villeneuve-d'Ascq, Presses universitaires du Septentrion, 1997.

NIRINGIYE David Zac, « Beyond Pioneering », Discussion paper, mai 1996, IFES Archive, Oxford.

NIRINGIYE David Zac, *The Church. God's Pilgrim People*, Downers Grove, IVP Academic, 2015.

NIRINGIYE David Zac, « Parachurch Organizations and Student Movements », présenté à Christianity in Africa in the 1990s, Edinburgh University, mai 1990.

NIRINGIYE David Zac, « Towards an Understanding of Our Ethos. Some Reflections », Senior Staff Consultation, 2000, IFES Archive, Oxford.

NOLL Mark A., « Common Sense Traditions and American Evangelical Thought », *American Quarterly* 37, no. 2, 1985, p. 216-238.

NOLL Mark A., *Jesus Christ and the Life of the Mind*, Grand Rapids, Eerdmans, 2011.

NOLL Mark A., *The Scandal of the Evangelical Mind*, Grand Rapids, Eerdmans, 1994.

OKHOLM Dennis L., MIGUÉLEZ Laura C., BACOTE Vincent, *Evangelicals & Scripture. Tradition, Authority and Hermeneutics*, Downers Grove, InterVarsity Press, 2004.

OLOFIN Samuel, « Pentecostals, Evangelicals and Charismatics », Centre des métiers de l'électricité, Bingerville, Côte d'Ivoire, mai 1994, IFES e-archives, EC 1994 minutes, Appendix L2.

OSEI-MENSAH Gottfried, « Integration Point. Against Dichotomy », *In Touch* 1, 1974.

OTT Craig, « Conclusion », dans *Globalizing Theology. Belief and Practice in an Era of World Christianity*, sous dir. Craig Ott et Harold A. Netland, Grand Rapids, Baker, 2006, p. 309-336.

OXBROW Mark, « Pentecost and the World: Roland Allen, the Spirit and Remodeling Twenty-First-Century Mission », *International Bulletin of Mission Research* 44, no. 3 juillet 2020, p. 215-232.

PAAS Stefan, *Pilgrims and Priests. Christian Mission in a Post-Christian Society*, Londres, SCM, 2019.

PACKER J. I., *Keep Yourselves from Idols*, Londres, Church Book Room, 1963.

PADILLA C. René, « Evangelism and the World », dans *Let the Earth Hear His Voice*, sous dir. J. D. Douglas, Minneapolis, World Wide Publications, 1975, p. 116-133.

PADILLA C. René, « Introduction. An Ecclesiology for Integral Mission », dans *The Local Church, Agent of Transformation. An Ecclesiology for Integral Mission*, sous dir. C. René Padilla et Tetsunao Yamamori, Buenos Aires, Ediciones Kairós, 2004, p. 19-49.

PADILLA C. René, « My Theological Pilgrimage », dans *Shaping a Global Theological Mind*, sous dir. Darren C. Marks, Aldershot, Ashgate, 2008, p. 127-137.

PADILLA C. René, « The Roads to Freedom. Liberation Theology », *In Touch* 2, 1979, p. 7.

PADILLA C. René, « Student Witness in Latin America Today », *IFES Journal* 2, 1966, p. 11-21.

PADILLA C. René, YAMAMORI Tetsunao, sous dir., *La iglesia local como agente de transformación: una eclesiología para la misión integral*, Buenos Aires, Ediciones Kairós, 2003.

PAPE JEAN PAUL II, « Christifideles Laici », Exhortation apostolique post-synodale sur la vocation et la mission des laïcs dans l'Église et dans le monde, Rome, 1988.

PAPE PAUL VI, « Ad Gentes », Décret sur l'activité missionnaire de l'Église, Rome, Vatican II, 1965.

PAPE PAUL VI, « *Apostolicam Actuositatem*. Décret sur l'apostolat des laïcs », Rome, Vatican II, 1965.

PAYNE J. D., « Roland Allen, Missiology and The Ministry of Expansion », dans *The Ministry of Expansion. The Priesthood of the Laity*, de Roland Allen, sous dir. J. D. Payne, Pasadena, William Carey Library, 2017, position Kindle : 133-375.

PELIKAN Jaroslav, *La tradition chrétienne. Histoire du développement de la doctrine. 4 volumes*, Paris, Presses Universitaires de France, 1994.

PELLOWE John, *The Church at Work. A Manual for Excellent Church-Agency Relations*, Elmira, Canadian Council of Christian Charities, 2012.

PELLOWE John, « Leading Ministries into Christian Community. A Practical Theology for Church- Agency Relations », thèse de doctorat, Gordon-Conwell Seminary, 2008.

PERDOMO Lic Edgar Alan, « Una descripción histórica de la teología evangélica latinoamericana (Segunda de dos partes) », *Kairos* 3, 2003, p. 83-116.

PLANTINGA Alvin C., « On Christian Scholarship », dans *Christian Scholarship in the Twenty-First Century. Prospects and Perils*, sous dir. Thomas M. Crisp, Steven L. Porter et Gregg Ten Elshof, Grand Rapids, Eerdmans, 2014, p. 18-33.

PLANTINGA Cornelius, *Engaging God's World. A Christian Vision of Faith, Learning, and Living*, Grand Rapids, Eerdmans, 2002.

POHOR Rubin, KENMOGNE Michel, sous dir., *Le Christianisme et les réalités culturelles africaines*, Yaoundé, Initiative Francophone, 2017.

POLL Evert Van de, sous dir., *L'Église locale en mission interculturelle. Communiquer l'Évangile au près et au loin*, coll. REMEEF, Charols, Excelsis, 2014.

POLL Evert Van de, *Mission intégrale. Vivre, annoncer et manifester l'Évangile, pour que le monde croie*, coll. REMEEF, Charols, Excelsis, 2017.

POLLACK Detlef, PICKEL Gert, « Religious Individualization or Secularization », dans *The Role of Religion in Modern Societies*, sous dir. Detlef Pollack et Daniel V. A. Olson, New York, Routledge, 2008, p. 191-220.

POLLOCK John, *A Cambridge Movement*, Londres, John Murray, 1953.

PORTIER Philippe, WILLAIME Jean-Paul, *La religion dans la France contemporaine. Entre sécularisation et recomposition*, U. Science politique, Malakoff, Armand Colin, 2021.

POTTER Philip, WIESER Thomas, *Seeking and Serving the Truth. The First Hundred Years of the World Student Christian Federation*, Genève, World Council of Churches, 1996.

PRESTON Ronald, « The Collapse of the SCM », *Theology* 89, no. 732, 1986, p. 431-440.

« Compte-rendu de l'assemblée annuelle du Conseil des GBEU de Suisse romande ; Discussion du soir », Vennes-sur-Lausanne, 24 février 1962, Conseil&Co. 1957–62, GBEU Switzerland Archives.

« Proposals Presented to the General Committee », Kenya Commercial Bank Center, Nairobi, Kenya, 22 juin au 2 juillet 1995, IFES e-archives.

PRUDENTE Adrienne, « Histoire des Groupes Bibliques Universitaires (GBU) en Suisse romande (de 1937 à 1953). Ou des stratégies pour une évangélisation efficace des étudiants », mémoire de master, Université de Lausanne, 2004.

QUEBEDEAUX Richard, *The Worldly Evangelicals*, San Francisco, Harper & Row, 1980.

RAMACHANDRA Vinoth, « Christian Witness in the University. Integrity, Incarnation, and Dialogue in Today's Universities », *Word and World* 4 (5 décembre 2017), https://ifesworld.org/wp-content/uploads/2020/08/WW4-Ramachandra-Christian-Witness.pdf.

RAMACHANDRA Vinoth, « Some Reflections on "Indigeneity" and "Autonomy" in IFES », Hyundai Learning Center, Séoul, Corée du Sud, juin 1999, IFES e-archives, Old EC 1999 minutes, Appendix.

RAMACHANDRA Vinoth, « Témoignage chrétien à l'université. Intégrité, incarnation et dialogue dans les universités d'aujourd'hui », trad. Anja Morvan, *World and Word*, n° 4 (8 novembre 2017), https://ifesworld.org/fr/journal/temoignage-chretien-a-luniversite-vinoth-ramachandra/.

Regent College, Admissions & Finance, « Tuition Discounts », https://www.regent-college.edu/admissions-finance/costs/tuition-discounts, consulté le 14 juillet 2020.

REIMER S., « Higher Education and Theological Liberalism. Revisiting the Old Issue », *Sociology of Religion* 71, no. 4, 3 juin 2010, p. 393-408.

« Report of the Commission on Evangelism », Working groups of the 1956 WSCF Ecumenical Consultation, Céligny, 1956, WSCF Archive 213.16.39/2.

« Report of the Commission on the Student Christian Community in the University », Working groups of the 1956 WSCF Ecumenical Consultation, Céligny, 1956, WSCF Archive 213.16.39/2.

« Report of the Commission on Truth and Doctrine », Working groups of the 1956 WSCF Ecumenical Consultation, Céligny, 1956, WSCF Archive 213.16.39/2.

« Report on the Working Party Held on Suggestions for Our Behavior toward Communism », Nyack, New York, IFES General Committee 1963, IFES e-archives, GC 1963 minutes, Appendix H.

RICHARDSON Cyril Charles, sous dir., *Early Christian Fathers*, Philadelphie, Westminster, 1953.

ROBERT Dana L., *Christian Mission. How Christianity Became a World Religion*, Hoboken, Wiley & Sons, 2009.

ROBERT Dana L., « The Origin of the Student Volunteer Watchword. "The Evangelization of the World in This Generation" », *International Bulletin of Missionary Research* 10, no. 4, octobre 1986, p. 146-149.

ROBERT Dana L., « Shifting Southward. Global Christianity since 1945 », *International Bulletin of Missionary Research* 24, no. 2, 2000, p. 50-54.

ROBERTS Vaughan, « Reframing the UCCF Doctrinal Basis », *Theology* 95, no. 768, 1er novembre 1992, p. 432-446.

ROBINSON John A. T., *Dieu sans Dieu*, Paris, Nouv. Ed. latines, 1964.

ROBINSON John A. T., *Layman's Church*, Londres, Lutterworth, 1963.

ROOT Michael, « Freedom, Authority, and the Priesthood of All Believers », dans *Critical Issues in Ecclesiology. Essays in Honor of Carl E. Braaten*, sous dir. Alberto L. García et Susan K. Wood, Grand Rapids, Eerdmans, 2011, p. 88-104.

ROUSE Ruth, *The World's Student Christian Federation. A History of the First Thirty Years*, Londres, SCM, 1948.

Rutt Steven, « Background and Overview of The Ministry of Expansion », dans *The Ministry of Expansion. The Priesthood of the Laity*, de Roland Allen, sous dir. J. D. Payne, éd. Kindle, Pasadena, William Carey Library, 2017.

Rutt Steven, *Roland Allen. A Missionary Life*, Cambridge, Lutterworth, 2018.

Rutt Steven, *Roland Allen II. A Theology of Mission*, Cambridge, Lutterworth, 2018.

Rutt Steven, « Roland Allen's Apostolic Principles. An Analysis of His "The Ministry of Expansion" », *Transformation* 29, no. 3, 2012, p. 225-243.

Salinas Daniel, *Latin American Evangelical Theology in the 1970s. The Golden Decade*, coll. Religion in the Americas Series, Leiden, Brill, 2009.

Sanneh Lamin O., *Translating the Message. The Missionary Impact on Culture*, Maryknoll, Orbis, 1989.

Sanneh Lamin O., *Whose Religion Is Christianity ? The Gospel beyond the West*, Grand Rapids, Eerdmans, 2003.

Schaeffer Francis A., *Démission de la raison*, trad. Pierre Berthoud, Genève, Maison de La Bible, 1968.

Scheitle Christopher P., *Beyond the Congregation. The World of Christian Nonprofits*, New York, Oxford University Press, 2010.

Schreiter Robert J., « From the Lausanne Covenant to the Cape Town Commitment. A Theological Assessment », *International Bulletin of Missionary Research* 35, no. 2, 2011, p. 88-90, 92.

Scruggs Lane, « Evangelicalism and Ecumenism. The World Evangelical Alliance and Church Unity », *Fides et Historia* 49, no. 1, 2017, p. 85-103.

« Second Draft of Global IFES Plan July 1999 – July 2003 », Bischofsheim, Allemagne, 28 juin au 3 juillet 1998, IFES e-archives, EC 1998 minutes, Appendix I.

Segond Louis, Scofield C. I., *Nouvelle édition de la Bible*, Genève, Soc. biblique, 1975.

Selles Johanna M., *The World Student Christian Federation, 1895–1925. Motives, Methods, and Influential Women*, Eugene, Pickwick, 2011.

Sharma Sonya, « Navigating Religion between University and Home. Christian Students' Experiences in English Universities », *Social & Cultural Geography* 14, no. 1, 2013, p. 59-79.

Shaw R. Daniel, « Beyond Contextualization. Toward a Twenty-First-Century Model for Enabling Mission », *International Bulletin of Missionary Research* 34, no. 4, octobre 2010, p. 208-215.

Shedd Clarence, *Two Centuries of Student Christian Movements. Their Origin and Inter-Collegiate Life*, New York, Association Press, 1934.

Shinn Ruth E., « The International Fellowship of Evangelical Students (Inter-Varsity). Its Role in the Ecumenical Life of Christian Student Movements », Bachelor's thesis, Yale Divinity School, 1955, WSCF Archive 213.16.39/2.

SKAAHEIM Anfin, « IFES and a Global Strategy for Mission Work among Students », Discussion paper, Yahara Center, Madison, États-Unis, 21 avril 1985, IFES e-archives, EC 1985 minutes, Appendix.

SKRESLET Stanley, « Thinking Missiologically about the History of Mission », *International Bulletin of Missionary Research* 31, no. 2, 1 avril 2007, p. 59-65.

SMD, *Rechenschaft geben von unserer Hoffnung. Festschrift zum 50jährigen Bestehen der Studentenmission in Deutschland*, Marburg, SMD, 1999.

SMITH Christian, SNELL Patricia, *Souls in Transition. The Religious and Spiritual Lives of Emerging Adults*, Oxford, OUP Premium, 2009.

SMITH James K. A., « Loving the University. Engaging the Big Questions on Your Campus », Emerging Scholars Blog, 20 février 2023, https://blog.emergingscholars.org/2023/02/loving-the-university-engaging-the-big-questions-on-your-campus/.

SNG Bobby, « Unity and Diversity in IFES », Senior Staff Consultation, mai 1998, IFES Archive, Oxford, SSC 98 papers.

SNYDER Howard A., « The Church as God's Agent in Evangelism. Conference Presentation », dans *Let the Earth Hear His Voice. Official Reference Volume, Papers and Responses*, sous dir. International Congress on World Evangelization et J. D. Douglas, Minneapolis, World Wide Publications, 1975, p. 352-360.

SNYDER Howard A., « The Church as God's Agent in Evangelism. Working Paper », dans *Let the Earth Hear His Voice. Official Reference Volume, Papers and Responses*, sous dir. International Congress on World Evangelization et J. D. Douglas, Minneapolis, World Wide Publications, 1975, p. 327-351.

SNYDER Howard A., *Liberating the Church. The Ecology of Church and Kingdom*, Downers Grove, IVP, 1983.

SOMMERVILLE, C. John, *Religious Ideas for Secular Universities*, Grand Rapids, Eerdmans, 2009.

SPENER Philipp Jacob, *Pia desideria oder herzliches Verlangen nach gottgefälliger Besserung der wahren evangelischen Kirche, nebst einigen dahin abzweckenden christlichen Vorschlägen*, original en 1675, Leipzig, Köhler, 1841.

SPIES Gernot, SCHOWALTER Achim, « Der Hochschul-SMD-Leitfaden zur Feier des Abendmahls in SMD-Gruppen », s.d. Internal training document.

STACEY Vivienne, sous dir., *Mission Ventured. Dynamic Stories across a Challenging World*, Leicester, IVP, 2001.

STACKHOUSE John G., *Canadian Evangelicalism in the Twentieth Century. An Introduction to Its Character*, Toronto, University of Toronto Press, 1993.

STACKHOUSE John G., « Engaging the University. The Vocation of Campus Ministry », John G. Stackhouse, Jr. (blog), 2007. https://www.johnstackhouse.com/post/engaging-the-university.

STACKHOUSE John G., *Evangelical Landscapes. Facing Critical Issues of the Day*, Grand Rapids, Baker Academic, 2002.

STALLINGS, Robert A., « Patterns of Belief in Social Movements. Clarifications from an Analysis of Environmental Groups », *The Sociological Quarterly* 14, no. 4, 1973, p. 465-480.

STAMOOLIS James, « An Evangelical Position on Ecclesiology and Mission », *International Review of Mission* 90, no. 358, 1 juillet 2001, p. 309-316.

STANLEY Brian, *Christianity in the Twentieth Century. A World History*, Princeton, Princeton University Press, 2018.

STANLEY Brian, « Conversion to Christianity. The Colonization of the Mind ? », *International Review of Mission* 92, no. 366, 1 juillet 2003, p. 315-331.

STANLEY Brian, *The Global Diffusion of Evangelicalism. The Age of Billy Graham and John Stott*, vol. 5 de *A History of Evangelicalism*, 5 vols., Downers Grove, IVP, 2013.

STANLEY Brian, « "Lausanne 1974": The Challenge from the Majority World to Northern-Hemisphere Evangelicalism », *Journal of Ecclesiastical History* 64, no. 3, 2013, p. 533-551.

STANLEY Brian, Low Alaine, sous dir., *Missions, Nationalism, and the End of Empire*, Grand Rapids, Eerdmans, 2003.

STARK Rodney, *L'essor du christianisme. Un sociologue revisite l'histoire du christianisme des premiers siècles*, trad. Philippe Malidor, Charols, Excelsis, 2013.

STEENSLAND Brian, GOFF Philip, sous dir., *The New Evangelical Social Engagement*, Oxford, OUP, 2013.

STEVENS R. Paul, *The Abolition of the Laity. Vocation, Work and Ministry in Biblical Perspectives*, Cumbria, Paternoster, 1999.

STOTT John, *Christ the Controversialist*, Downers Grove, IVP, 1970.

STOTT John, « Evangelical Essentials. Plenary Address to IFES WA 1999 », Hyundai Learning Center, Yong-In, Corée du Sud, 23 juillet 1999, IFES e-archives, GC 1999 Papers.

STOTT John, *La foi évangélique. Un défi pour l'unité*, Valence, Ligue pour la lecture de la Bible, 2000.

STOTT John, *One People*, Downers Grove, InterVarsity Press, 1971.

STOTT John, « The Significance of Lausanne », *International Review of Mission* 64, no. 255, juillet 1975, p. 288-294.

STOTT John, *Une foi intelligente et équilibrée*, coll. Éclairages 8, Charols/Paris, Excelsis/Presses Bibliques Universitaires, 2016.

STRINGFELLOW William, *An Ethic for Christians and Other Aliens in a Strange Land*, Waco, Word, 1973.

Students' Christian Organisation (SCO) South Africa, « Statement of Faith », https://web.archive.org/web/20210621163925/https://www.sco.org.za/statement-of-faith/, consulté le 21 mai 2020.

Sundkler Bengt, Steed Christopher, *A History of the Church in Africa*, Cambridge, CUP, 2001.

Swann John T., « Priests », dans *The Lexham Bible Dictionary*, sous dir. John D. Barry, Bellingham, Lexham, 2016.

Tatlow Tissington, *The Story of the Student Christian Movement of Great Britain and Ireland*, Londres, SCM, 1933.

Taylor Charles, *L'âge séculier*, Montréal, Boréal, 2011.

« T2. Oral History Interview with René Padilla », Transcript of audio tape, vol. 2, 4 vols., « Collection 361 Oral History Interviews with C. René Padilla », Wheaton College, 1987. https://archives.wheaton.edu/repositories/4/archival_objects/238467.

« Tertullien-Oeuvres 3. Exhortation à la Chasteté (De exhortatione castitatis) », https://www.tertullian.org/french/g3_14_de_exhortatione_castitatis.htm, consulté le 25 mars 2023.

Thacker Justin, Clark Susannah, « A Historical and Theological Exploration of the 1910 Disaffiliation of the Cambridge Inter-Collegiate Christian Union from the Student Christian Movement. Unpublished Conference Paper », Evangelicalism and Fundamentalism in Britain, Oxford, 2008.

Tomlin Graham, *The Widening Circle. Priesthood as God's Way of Blessing the World*, Londres, SPCK, 2014.

Torrey Reuben Archer, *Ce que la Bible enseigne. Une étude complète des grandes doctrines bibliques*, original anglais 1898, Bruxelles, Mission belge évangélique, 1923.

Treloar Geoffrey, *The Disruption of Evangelicalism. The Age of Torrey, Mott, McPherson and Hammond*, 5 vols., Londres, IVP, 2016.

Treloar Geoffrey, « Hammond, Thomas Chatterton », dans *Biographical Dictionary of Evangelicals*, sous dir. Timothy Larsen, Leicester, IVP, 2003, p. 286-287.

Treloar Geoffrey, « T. C. Hammond the Controversialist », *Anglican Historical Society Diocese of Sydney Journal* 51, no. 1, 2006, p. 20-35.

Trueman Carl R., *The Real Scandal of the Evangelical Mind*, Chicago, Moody, 2011.

Tschannen Olivier, *Les théories de la sécularisation*, Genève, Droz, 1992.

Turner John G., *Bill Bright and Campus Crusade for Christ. The Renewal of Evangelicalism in Postwar America*, Chapel Hill, University of North Carolina Press, 2008.

UCCF, « Doctrinal Basis », https://www.uccf.org.uk/about/doctrinal-basis.htm, consulté le 9 mai 2020.

Van Aarde Timothy A., « The Missional Church Structure and the Priesthood of All Believers (Ephesians 4:7-16) in the Light of the Inward and Outward Function of the Church », *Verbum et Ecclesia* 38, no. 1, 31 janvier 2017.

Van den Toren Benno, « Y a-t-il un noyau supra-culturel de l'Evangile humainement accessible ? », dans *L'Église mondiale et les théologies contextuelles une approche évangélique de la contextualisation*, sous dir. Matthew Cook, Rob Haskell, Ruth Julian, Natee Tanchanpongs et Hannes Wiher, coll. REMEEF, Nuremberg/Charols/Ecublens, VTR/Excelsis/Alliance Missionnaire Evangélique, 2015, p. 157-186.

Vaux Roland (de), *Les Institutions de l'Ancien Testament. Institutions militaires, institutions religieuses*, vol. 2, Paris, Éd. du Cerf, 1982.

VBG, « Geistliche Leitlinien: Leitlinien der VBG », 25 mars 2017, https://wp.vbg.net/spirituelle-traditionen/.

Village Andrew, *The Bible and Lay People. An Empirical Approach to Ordinary Hermeneutics*, coll. Explorations in Practical, Pastoral, and Empirical Theology, Aldershot, Ashgate, 2007.

Voelkel Jack, *Student Evangelism in a World of Revolution*, Contemporary Evangelical Perspectives, Grand Rapids, Zondervan, 1974.

Volf Miroslav, *After Our Likeness. The Church as the Image of the Trinity*, Grand Rapids, Eerdmans, 1998.

Volf Miroslav, « Soft Difference. Theological Reflections on the Relation between Church and Culture in 1 Peter », *Ex Auditu* 10, 1994, http://www.pas.rochester.edu/~tim/study/Miroslav%20Volf%201%20Peter.pdf.

Volz Verna Claire, « The InterVarsity Christian Fellowship and the Lacks in the Student Christian Movement Program Which Its Rise Reveals », Master's essay commissioned by the Program Commission of the National Intercollegiate Christian Council (YMCA), Union Theological Seminary, 1945, WSCF Archive 213.14.66/1.

Voss Henry J., « The Priesthood of All Believers and the *Missio Dei*. A Canonical, Catholic, and Contextual Perspective », thèse de doctorat, Wheaton, 2013.

Wagner C. Peter, *Latin American Theology : Radical or Evangelical ? The Struggle for the Faith in a Young Church*, Grand Rapids, Eerdmans, 1970.

Wall McTair, sous dir., *Mission intégrale 2. Regards historiques, philosophiques, bibliques et théologiques*, coll. REMEEF, Charols, Excelsis, 2023.

Walls Andrew F., « Christianity in the Non-Western World », dans *The Cross-Cultural Process in Christian History. Studies in the Transmission and Appropriation of Faith*, Maryknoll, Orbis, 2002, p. 27-48.

Walls Andrew F., *The Cross-Cultural Process in Christian History. Studies in the Transmission and Appropriation of Faith*, Maryknoll, Orbis, 2002.

Walls Andrew F., « Globalization and the Study of Christian History », dans *Globalizing Theology. Belief and Practice in an Era of World Christianity*, sous dir. Craig Ott and Harold A. Netland, Grand Rapids, Baker, 2006, p. 70-82.

Walls Andrew F., « L'Évangile, prisonnier et libérateur de la culture », *Hokhma* 30, 1985, p. 66-81.

Walls Andrew F., « The Missionary Movement a Lay Fiefdom ? », dans *The Rise of the Laity in Evangelical Protestantism*, sous dir. Deryck W. Lovegrove, Londres, Routledge Chapman & Hall, 2002, p. 167-186.

Walls Andrew F., *The Missionary Movement in Christian History. Studies in the Transmission of Faith*, Maryknoll, Orbis, 1996.

Walsh Michael, « The Religious Ferment of the Sixties », dans *World Christianities c.1914–c.2000*, vol. 9 de *The Cambridge History of Christianity*, sous dir. Hugh McLeod, Cambridge, Cambridge University Press, 2006, p. 304-322.

Walton John H., *Ancient Near Eastern Thought and the Old Testament. Introducing the Conceptual World of the Hebrew Bible*, Grand Rapids, Baker, 2006.

Walton John H., *The Lost World of Genesis One*, Downers Grove, IVP, 2009.

Ward Pete, *Participation and Mediation. A Practical Theology for the Liquid Church*, Londres, SCM, 2008.

Warner Rob, « Evangelical Bases of Faith and Fundamentalizing Tendencies », dans *Evangelicalism and Fundamentalism in the United Kingdom During the Twentieth Century*, sous dir. David Bebbington et David Ceri Jones, Oxford, OUP, 2013, p. 328-347.

Watkin Christopher, *Biblical Critical Theory. How the Bible's Unfolding Story Makes Sense of Modern Life and Culture*, Grand Rapids, Zondervan Academic, 2022.

Webster Warren W., « The Messenger and Mission Societies », dans *Perspectives on the World Christian Movement. A Reader*, sous dir. Ralph D. Winter, Pasadena, William Carey Library, 1981, p. 763-769.

Wellings Martin, *Evangelicals Embattled. Responses of Evangelicals in the Church of England to Ritualism, Darwinism and Theological Liberalism 1890–1930*, Carlisle, Paternoster, 2003.

Wells Robin, « A Work amongst Graduates for a Student Movement ? », London Bible College, Northwood, Middlesex, Angleterre, août 1988, IFES e-archives.

White Jerry E., *The Church and the Parachurch. An Uneasy Marriage*, Portland, Multnomah, 1983.

Wiher Hannes, sous dir., *Les Églises d'initiative africaine. Un laboratoire de contextualisation*, coll. REMIF, Carlisle, Langham Global Library, 2019.

Wiher Hannes, « Missio Dei : de quoi s'agit-il ? 1re partie », *Théologie Evangélique* 14, no. 1, 2015, p. 45-61.

WIHER Hannes, « Missio Dei : de quoi s'agit-il ? 2ᵉ partie », *Théologie Evangélique* 14, no. 2, 2015, p. 55-67.
WIHER Hannes, « Une contextualisation critique. Méthodologie et exemples pratiques », dans *L'Église mondiale et les théologies contextuelles une approche évangélique de la contextualisation*, sous dir. Matthew Cook, Rob Haskell, Ruth Julian, Natee Tanchanpongs et Hannes Wiher, coll. REMEEF, Nuremberg/Charols/Ecublens, VTR/Excelsis/Alliance Missionnaire Evangélique, 2015, p. 283-288.
WILLAIME Jean-Paul, « La formule d'adhésion, la déclaration de foi et le problème ecclésiologique du protestantisme : un point de vue sociologique », dans *Vers l'unité pour quel témoignage ? La restauration de l'unité Réformée (1933-1938)*, sous dir. Jean Baubérot, Paris, Les Bergers et les Mages, 1982, p. 288-304.
WILLAIME Jean-Paul, « La sécularisation. Une exception européenne ? Retour sur un concept et sa discussion en sociologie des religions », *Revue française de sociologie* 47, no. 4, 1 octobre 2006, p. 755-783.
WILLAIME Jean-Paul, *La précarité protestante. Sociologie du protestantisme contemporain*, coll. Histoire et Société 25, Genève, Labor et Fides, 1992.
WILLIAMS Alex, *Holy Spy*, Budapest, Harmat, 2003.
WILLIAMS Clifford, *The Life of the Mind. A Christian Perspective*, Grand Rapids, Baker Academic, 2002.
WILLMER Wesley Kenneth, SCHMIDT J. David, SMITH Martyn, *The Prospering Parachurch. Enlarging the Boundaries of God's Kingdom*, San Francisco, Jossey-Bass, 1998.
WINTER Ralph D., « The Two Structures of God's Redemptive Mission », *Missiology. An International Review* 2, no. 1, 1ᵉʳ janvier 1974, p. 121-139.
WISLØFF Carl F., « The Doctrinal Position of the IFES », *IFES Journal* 3, 1963, p. 1-6.
WISLØFF Carl F., *Ce que je crois. Introduction à la doctrine luthérienne*, trad. Erik S. Sandvik, Amstelveen, IMPROCEP, 1991.
WISLØFF Carl F., *I Know in Whom I Believe. Studies in Bible Doctrine*, original norvégien 1946, Minneapolis, AFLC Seminary Press, 1983.
WOODS C. Stacey, « Biblical Principles for Unity and Separation », *IFES Journal* 20, no. 3, 1967, p. 2-5.
WOODS C. Stacey, « Evangelical Unions and the Church », *IFES Journal* 10, no. 3, 1957, p. 3-5.
WOODS C. Stacey, « God's Initiative and Ours », *IFES Journal* 1, 1966, p. 2-4.
WOODS C. Stacey, *The Growth of a Work of God. The Story of the Early Days of the Inter-Varsity Christian Fellowship of the United States of America as Told by Its First General Secretary*, Downers Grove, IVP, 1978.
WOODS C. Stacey, « The IFES Doctrinal Basis », *IFES Journal* 25, no. 3, 1971, p. 10-11.

Woods C. Stacey, « IFES History Draft », manuscrit non publié, Lausanne, 1977.
Woods C. Stacey, « The Inner-Directed Christian », *IFES Journal* 1, 1966, p. 17-19.
Woods C. Stacey, « The Medium Is the Message », *IFES Journal* 21, no. 1, 1968, p. 8-10.
Woods C. Stacey, « Memorandum on Charismatic Gifts », septembre 1970, IFES e-archives.
Woods C. Stacey, « Perspectives and Priorities in the 1970s », *IFES Journal* 23, no. 2, 1970, p. 1-4.
Woods C. Stacey, « Report of the General Secretary », Schloss Mittersill, Autriche, 1971, IFES e-archives, GC 1971 minutes, Appendix A.
Woods C. Stacey, « Report of the General Secretary to the Seventh General Committee of the IFES », Wuppertal-Barmen, Allemagne, 1967, IFES e-archives, EC 1967 minutes, Appendix B.
Woods C. Stacey, *Some Ways of God*, Downers Grove, InterVarsity Press, 1975.
Woods C. Stacey, « Student Work. Strategy and Tactics », *IFES Journal* 1, 1966, p. 13-16.
Woods C. Stacey, « Take Heed unto Doctrine », *IFES Journal* 1, 1955, p. 14-16.
World Council of Churches, « Baptism, Eucharist and Ministry », Faith and Order Paper no. 111, Genève, 1982, https://www.oikoumene.org/resources/documents/baptism-eucharist-and-ministry-faith-and-order-paper-no-111-the-lima-text.
World Council of Churches, Commission on World Mission and Evangelism, « Mission in the Context of Empire. Putting Justice at the Heart of Faith », *International Review of Mission* 101, no. 1, avril 2012, p. 195-211.
World's Student Christian Federation, « The Relationships of the World's Student Federation and Student Christian Movements with the International Fellowship of Evangelical Students and Inter-Varsity Fellowships », Symposium for the use of Student Christian Movements and Their Leaders, Genève, World Student Christian Federation, 1957, WSCF Archive 211.16.39/1.
Wright Christopher J. H., *Knowing Jesus through the Old Testament*, Downers Grove, IVP, 2014.
Wright Christopher J. H., *La mission de Dieu. Fil conducteur du récit biblique*, trad. Alexandre Saran, Charols, Excelsis, 2012.
Yamamori Tetsunao, *God's New Envoys. A Bold Strategy for Penetrating Closed Countries*, Portland, Multnomah Pub, 1987.
Yri N., « Wisløff Carl Fredrik », dans *New Dictionary of Theology*, sous dir. Sinclair B. Ferguson, David F. Wright et J. I. Packer, Downers Grove, IVP, 1988, p. 726.
Zald Mayer N., « Theological Crucibles. Social Movements in and of Religion », *Review of Religious Research* 23, no. 4, 1982, p. 317-336.

Table des matières

Remerciements ix
Liste des abréviations xiii
Introduction 1

Partie 1 : Un aperçu sélectif de l'histoire de l'IFES

1 Ministères étudiants avant l'IFES (1800-1909) 15
2 Le récit fondateur d'une séparation (1909-1935) 21
3 Se réunir pour des conférences (1934-1946) 31
4 Tout a commencé dans un monde en mutation (1946-1962) 35
5 Une Bonne Nouvelle pour un monde en révolutions ?
  Les années 1960 69
6 Quand le Sud vient au Nord. Les années 1970 101
7 Des partenariats en pleine expansion. Les années 1980 121
8 Une nouvelle carte du monde pour clore un siècle. Les années 1990 145
9 L'IFES dans un nouveau millénaire 183

Partie 2 : Les activités de l'IFES

10 Le fonctionnement pratique du ministère dirigé par les étudiants 189

Partie 3 : Réflexion ecclésiologique et missiologique dans l'IFES

11 Une base solide 209
12 Les auteurs de l'IFES discutent d'ecclésiologie 241

Partie 4 : Ressources théologiques

13 Le sacerdoce de tous les croyants 263
14 Réflexions dogmatiques. Les laïcs dans l'Église 279
15 L'ecclésiologie missionnaire 291

16   Un ministère d'expansion ? La missiologie de Roland Allen et
     le ministère de l'IFES.. 319
17   Participer à la *Missio Dei* 329
18   Apostolicité, théologie et expansion missionnaire.................... 345

Partie 5 : Quelques pistes pour l'avenir

19   Le ministère des étudiants à la lumière du sacerdoce de tous
     les croyants... 357
20   Conclusion générale.. 385

Annexes

Annexe 1 : Deux discours qui ont changé le monde évangélique 395
Annexe 2 : La base doctrinale de l'IFES................................. 399
Annexe 3 : La bibliologie dans la base doctrinale 401
Bibliographie 415

Langham Literature, et sa branche éditoriale, est un ministère de Langham Partnership.

Langham Partnership est un organisme chrétien international et interdénominationnel qui poursuit la vision reçue de Dieu par son fondateur, John Stott :

> *promouvoir la croissance de l'église vers la maturité en Christ en relevant la qualité de la prédication et de l'enseignement de la Parole de Dieu.*

Notre vision est de voir des églises équipées pour la mission, croissant en maturité en Christ, par le ministère de pasteurs et de responsables qui croient, qui enseignent et qui vivent la Parole de Dieu.

Notre mission est de renforcer le ministère de la Parole de Dieu de trois manières:
- par la mise en place de mouvements nationaux de formation à la prédication biblique
- par la rédaction et la distribution de livres évangéliques
- par la formation d'enseignants théologiques évangéliques qualifiés qui formeront ensuite des pasteurs et responsables d'églises dans leurs pays respectifs

Notre ministère

Langham Preaching collabore avec des responsables nationaux en vue de la création de mouvements de prédication biblique dirigés par les nationaux eux-mêmes. Ces mouvements, qui naissent progressivement un peu partout dans le monde, rassemblent non seulement des pasteurs mais aussi des laïcs. Nos équipes de formateurs venus de beaucoup de pays différents proposent une formation pratique qui comporte plusieurs niveaux, suivie d'une formation de facilitateurs locaux. La continuité est assurée par des groupes de prédicateurs locaux et par des réseaux régionaux et nationaux. Ainsi nous espérons bâtir des mouvements solides et dynamiques, constitués de prédicateurs entièrement consacrés à la prédication biblique.

Langham Literature fournit des livres évangéliques et des ressources électroniques par la publication et la distribution, par des subventions et des réductions à des leaders et futurs leaders, à des étudiants et bibliothèques de séminaires dans le monde majoritaire. Nous encourageons aussi la rédaction de livres évangéliques originaux dans de nombreuses langues nationales par le biais de bourses pour des écrivains, en soutenant des maisons d'éditions évangéliques locales, et en investissant dans quelques projets majeurs comme *le Commentaire Biblique Contemporain* qui est un commentaire de la Bible en un seul volume rédigé par des auteurs africains pour l'Afrique.

Langham Scholars soutient financièrement des doctorants évangéliques du monde majoritaire dans le but de les voir retourner dans leurs pays d'origine pour former des pasteurs et d'autres chrétiens nationaux en leur proposant un enseignement biblique et théologique solide. Cette branche de Langham cherche donc à équiper ceux qui en équiperont d'autres. Langham Scholars travaille aussi en partenariat avec des séminaires dans le monde majoritaire afin de renforcer l'éducation théologique évangélique sur place. De ce fait, un nombre croissant de « Langham Scholars » (le nom « Scholars » signifie « boursiers ») peut aujourd'hui suivre des programmes doctoraux de haut niveau au cœur même du monde majoritaire. Une fois leurs études terminées, ces « Langham Scholars » vont non seulement former à leur tour une nouvelle génération de pasteurs mais exercer une grande influence par leurs écrits et par leur leadership.

Pour plus d'informations, consultez notre site: langham.org